Max-Planck-Institut für ausländisches öffentliches Recht und Völkerrecht

Beiträge zum ausländischen öffentlichen Recht und Völkerrecht

Begründet von Viktor Bruns

Herausgegeben von
Armin von Bogdandy · Rüdiger Wolfrum

Band 184

Jürgen Bast

Grundbegriffe der Handlungsformen der EU

entwickelt am Beschluss als praxisgenerierter Handlungsform des Unions- und Gemeinschaftsrechts

Basic Principles of the EU's Legal Instruments

(English Summary)

Springer
the language of science

ISSN 0172-4770
ISBN 3-540-34472-1 Springer Berlin · Heidelberg · New York

Bibliografische Information Der Deutschen Bibliothek

Die Deutsche Bibliothek verzeichnet diese Publikation in der Deutschen Nationalbibliografie; detaillierte bibliografische Daten sind im Internet über <http://dnb.ddb.de> abrufbar.

Printed in Germany

Satz: Reproduktionsfertige Vorlagen vom Autor
Druck- und Bindearbeiten: Strauss Offsetdruck, Mörlenbach
SPIN: 11760542   64/3153 – 5 4 3 2 1 0 – Gedruckt auf säurefreiem Papier

Vorwort

Die vorliegende Arbeit wurde im Wintersemester 2004/2005 vom Fachbereich Rechtswissenschaft der Johann Wolfgang Goethe-Universität Frankfurt am Main als Dissertation angenommen. Für die Druckfassung habe ich das Manuskript an einigen Stellen aktualisiert und verbessert. Rechtsprechung und Literatur sind bis zum 31. Dezember 2004 systematisch berücksichtigt. Die Bearbeitung wurde im Mai 2005 abgeschlossen.

Mein herzlicher Dank gilt Herrn Prof. Dr. Armin von Bogdandy. Er hat mein Interesse für die Rechtswissenschaft geweckt und die Arbeit von Beginn an begleitet und unterstützt, zunächst an seinem Lehrstuhl in Frankfurt, später als Direktor am Max-Planck-Institut für ausländisches öffentliches Recht und Völkerrecht in Heidelberg. Herrn Prof. Dr. Dr. h.c. Manfred Zuleeg möchte ich für die Erstellung des Zweitgutachtens danken. Ich hatte das Glück, ihn nach seiner Rückkehr aus Luxemburg als engagierten Hochschullehrer kennen zu lernen und von seinen europarechtlichen Seminaren zu profitieren. Herrn Prof. Dr. Dr. h.c. Rüdiger Wolfrum danke ich für seine Bereitschaft, die Arbeit in die Reihe der „Beiträge zum ausländischen öffentlichen Recht und Völkerrecht" aufzunehmen.

Ich zögere, von den vielen Kollegen und Freunden, die mir durch Anregungen, linguistischen Rat oder auf andere Weise zur Seite gestanden haben, nur einige dankend zu erwähnen. Dr. Florian von Alemann, Stephan Bitter und Dr. Philipp Dann haben Teile des Manuskripts kritisch gelesen und mit hilfreichen Anmerkungen versehen. Bei der Abfassung der englischsprachigen Zusammenfassung hat mich, nicht zum ersten Mal, Joseph Windsor unterstützt. Julia Heesen schließlich hat die Arbeit in Gänze auf inhaltliche und stilistische Schwächen durchgesehen, und dies ist bei weitem nicht der einzige Grund, warum ich sie an herausragender Stelle nennen möchte.

Heidelberg, im Juni 2005 Jürgen Bast

Inhaltsübersicht

Inhaltsverzeichnis

Abkürzungsverzeichnis

ABl.	Amtsblatt der Europäischen Gemeinschaften *bzw.* der Europäischen Union
Anm.	Anmerkung (des vorliegenden Buches)
AöR	Archiv des öffentlichen Rechts
AStV	Ausschuss der Ständigen Vertreter
BayVBl.	Bayerische Verwaltungsblätter
BB	Der Betriebs-Berater
BVerfGE	Entscheidungen des Bundesverfassungsgerichts
CDE	Cahiers de droit européen
CMLRev.	Common Market Law Review
DÖV	Die Öffentliche Verwaltung
DVBl.	Deutsches Verwaltungsblatt
EA	Vertrag zur Gründung der Europäischen Atomgemeinschaft
EAG	Europäische Atomgemeinschaft (Euratom)
EEA	Einheitliche Europäische Akte
EG	Europäische Gemeinschaft *oder* Vertrag zur Gründung der Europäischen Gemeinschaft (in der Amsterdamer bzw. Nizzaer Fassung)
EGKS	Europäische Gemeinschaft für Kohle und Stahl
EGV	Vertrag zur Gründung der Europäischen Gemeinschaft (in der Maastrichter Fassung)
ELJ	European Law Journal
ELRev.	European Law Review
ESZB	Europäisches System der Zentralbanken
EU	Europäische Union *oder* Vertrag über die Europäische Union (in der Amsterdamer bzw. Nizzaer Fassung)
EuG	Gericht erster Instanz beim EuGH
EuGH	Gerichtshof der Europäischen Gemeinschaften (bis 1958: Gerichtshof der EGKS)

EuGRZ	Europäische Grundrechte-Zeitschrift
EuR	Europarecht
EUV	Vertrag über die Europäische Union (in der Maastrichter Fassung)
EuZW	Europäische Zeitschrift für Wirtschaftsrecht
EWG	Europäische Wirtschaftsgemeinschaft
EWGV	Vertrag zur Gründung der Europäischen Wirtschaftsgemeinschaft (in der Römischen Fassung)
EWS	Europäisches Wirtschafts- und Steuerrecht
EZB	Europäische Zentralbank
Fn.	Fußnote (in der angegebenen Quelle)
FS	Festschrift *oder* Festgabe
FSN	Fundstellennachweis des geltenden Gemeinschaftsrechts
GA	Generalanwalt
GASP	Gemeinsame Außen- und Sicherheitspolitik
GATT	General Agreement on Tariffs and Trade
GG	Grundgesetz
GO	Geschäftsordnung
GS	Gedächtnisschrift
HStR	Handbuch des Staatsrechts
IGH	Internationaler Gerichtshof
ILO	International Labour Organization
IO	Internationale Organisation
JöR	Jahrbuch des öffentlichen Rechts
JZ	Juristenzeitung
KOM	Dokument der Kommission
KS	Vertrag zur Gründung der Europäischen Gemeinschaft für Kohle und Stahl
n.F.	neue Fassung *oder* neue Folge (im Zusammenhang mit JöR)
NJW	Neue Juristische Wochenschrift
No.	number
NVwZ	Neue Zeitschrift für Verwaltungsrecht

ÖJZ	Österreichische Juristenzeitung
PJZ	Polizeiliche und justitielle Zusammenarbeit in Strafsachen
RIW	Recht der internationalen Wirtschaft
RJ	Rechtshistorisches Journal
Rs.	Rechtssache
SEW	Sociaal-economische wetgiving
Slg.	Sammlung der Rechtsprechung des EuGH
u.a.	und andere
ÜLG	Überseeische Länder und Hoheitsgebiete
verb.	verbundene
Verw.	Die Verwaltung
Vol.	volume
VVDStRL	Veröffentlichungen der Vereinigung Deutscher Staatsrechtslehrer
VVE	Vertrag über eine Verfassung für Europa
VwGO	Verwaltungsgerichtsordnung
VwVfG	Verwaltungsverfahrensgesetz
WM	Wertpapier-Mitteilungen
WSA	Wirtschafts- und Sozialausschuss
WTO	World Trade Organization
WVRK	Wiener Vertragsrechtskonvention
ZaöRV	Zeitschrift für ausländisches öffentliches Recht und Völkerrecht
ZEuS	Zeitschrift für europarechtliche Studien
ZG	Zeitschrift für Gesetzgebung
ZLR	Zeitschrift für das gesamte Lebensmittelrecht
ZÖR	Zeitschrift für öffentliches Recht

Einleitung

Wollte man einen Preis ausloben für das Projekt, mit dem die Europäische Union den nachhaltigsten Beitrag leistet zur Entstehung einer europäischen Bürgerschaft, die sich als solche begreift – das ERASMUS-Programm hätte gute Aussicht auf den Gewinn. Im Rahmen des Stipendienprogramms, das mit „Beschluss des Rates vom 15. Juni 1987 über ein gemeinschaftliches Aktionsprogramm zur Förderung der Mobilität von Hochschulstudenten (ERASMUS) (87/327/EWG)" eingeführt wurde,[1] haben mittlerweile mehr als 1,2 Millionen Menschen[2] einen Abschnitt ihrer Berufsausbildung im europäischen Ausland absolviert und Europa als Teil der eigenen Lebenswelt erfahren.[3] Rechtswissenschaftliche Neugier weckt die ungewöhnliche rechtliche Form, die der Rat gewählt hat, um das Programm zu schaffen und die Förderkriterien zu definieren. Keine der vertrauten Handlungsformen des Art. 189 EWGV (jetzt Art. 249 EG), sondern ein „Beschluss" schien ihm das Mittel der Wahl. Was bedeutet diese Qualifizierung für die rechtlichen Wirkungen des ERASMUS-Beschlusses? Steht es einem Mitgliedstaat frei, das ERASMUS-Programm zu boykottieren, wenn er eine Einmischung in seine bildungspolitischen Kompetenzen fürchtet? Benötigte der Rat einen spezifischen Kompetenztitel für diesen Rechtsakt, und wäre die Frage anders zu beantworten, wenn er die Form einer Verordnung gewählt hätte? Kann ein Mitgliedstaat oder ein enttäuschter Student beim Europäischen Gerichtshof Klage erheben? Wurde der ERASMUS-Beschluss zu Recht in der Abteilung des Amtsblatts veröffentlicht, die für „nicht veröffentlichungsbedürftige Rechtsakte" reserviert ist? Hat sich die Rechtslage geändert, seit Parlament und Rat unter Art. 149 EG gemeinsam über die Fortsetzung des ERASMUS-Programms beschließen?

Auf diese und ähnliche Fragen möchte die vorliegende Arbeit Antworten geben, indem sie den ERASMUS-Beschluss nicht als bildungspoliti-

---

1 ABl. L 166 vom 25.6.1987, S. 20.

2 Nach Angaben der Kommission, <http://europa.eu.int/comm/education/policies/2010/doc/progressreport05.pdf> (25.4.2005).

3 Zum ERASMUS-Gefühl: «L'auberge espagnole» (deutsch „Barcelona für 1 Jahr"), Buch und Regie Cédric Klapisch, Frankreich 2002; vgl. *R. Picht*, Generation Erasmus, Merkur Bd. 660 (2004), S. 306, 314 f.

sche Besonderheit, sondern als Individuum einer Gattung begreift, die auch in anderen Sachbereichen präsent ist: als Vertreter einer Handlungsform namens Beschluss, die von den Organen der Gemeinschaft bzw. der Union entwickelt wurde und die den Kanon der in Art. 249 EG kodifizierten Handlungsformen um eine weitere, gleichwertige Formenwahloption ergänzt. Das übergreifende Interesse gilt indes nicht allein dieser Handlungsform. Vielmehr beansprucht die Studie, zur Klärung dogmatischer Grundbegriffe der europäischen Handlungsformen beizutragen und sie teilweise neu zu bestimmen. Die Untersuchung des Besonderen, der Handlungsform Beschluss, und des Allgemeinen, des Handlungsformensystems der Union, ergänzen einander. Entsprechend besteht die vorgelegte Arbeit aus zwei Teilen, die einem einheitlichen Erkenntnisinteresse dienen. Der Erste Teil entwickelt auf der Grundlage des geltenden Rechts den Gegenstand einer Handlungsformenlehre des Unionsrechts, hat jedoch von vorne herein im Blick, die Existenzbedingungen einer praxisgenerierten Handlungsform zu klären, wie sie der Beschluss nach der These des Verfassers darstellt. Der Zweite Teil entfaltet die dogmatischen Konturen dieser Handlungsform, wird aber hierzu inzident die Handlungsformen in ihrer Gesamtheit aufbereiten und zueinander in Beziehung setzen.

Auf einige terminologische Vorentscheidungen sei vorab hingewiesen. Die Arbeit verwendet die Begriffe ‚Handlung', ‚Rechtsakt' und ‚Akt' als Synonyme, ebenso die Begriffe ‚Handlungsform' und ‚Rechtsform'. Sie stützt sich dabei auf die Terminologie der Verträge, die „Handlung" und „Rechtsakt" als austauschbare Entsprechungen für den französischen Terminus *acte* und den englischen *act* einsetzen (z.B. Art. 230 I und 251 I EG). Im Unterschied zu einer verwaltungsrechtlichen Tradition, nach der der Handlungs-Begriff den Bereich faktischer, nicht im engeren Sinne rechtsförmiger Tätigkeit eines Hoheitsträgers miterfasst, sind jegliche Handlungen im Sinne dieser Studie Rechtshandlungen. Dabei liegt, wie noch erläutert wird, ein weiter Rechtsbegriff zugrunde, der unverbindliche Verlautbarungen und Einzelakte einschließt. Ferner spricht die Studie von dem Unionsrecht als einer einheitlichen Rechtsordnung, die das Gemeinschaftsrecht als ihren qualifizierten Kernbereich einschließt.[4] Konstituiert wird die Rechtsordnung der EU durch

---

[4] *A. v. Bogdandy*, The Legal Case for Unity, CMLRev. 36 (1999), S. 887; *M. Zuleeg*, Die Organisationsstruktur der Europäischen Union, EuR Beiheft 2/1998, S. 151; *B. de Witte*, The Pillar Structure and the Nature of the European Union, in: T. Heukels u.a. (Hrsg.), The European Union after Amsterdam, 1998, S. 51; anders *M. Pechstein/Ch. Koenig*, Die Europäische Union, 2000, Rdnrn. 56 ff.

die „Verträge, auf denen die Union beruht“ (Art. 48, 49 EU), die hier mit einer im Vordringen befindlichen Auffassung als formelle Verfassung dieses Verbands verstanden wird.[5] Irreversible Vorfestlegungen für die Handlungsformenlehre sind mit dieser Terminologie nicht verbunden, denn unbestritten ist die unionale Verfassungsordnung horizontal differenziert, was nicht zuletzt seinen Ausdruck darin findet, dass bestimmte Handlungsformen den rechtsetzenden Unionsorganen nur unter einer gemeinschaftsrechtlichen Kompetenz zur Verfügung stehen.

---

[5] *K. Lenaerts/P. Van Nuffel*, Constitutional Law of the European Union, 2005, Rdnrn. 1-020 und 17-056; *Ch. Möllers*, Verfassunggebende Gewalt – Verfassung – Konstitutionalisierung, in: A. v. Bogdandy (Hrsg.), Europäisches Verfassungsrecht, 2003, S. 1, 36 ff.; *M. Zuleeg*, Die Vorzüge der Europäischen Verfassung, ebd., S. 931; *A. Verhoeven*, The European Union in Search of a Democratic and Constitutional Theory, 2002, S. 119 ff.; *I. Pernice* und *P. M. Huber*, Europäisches und nationales Verfassungsrecht, VVDStRL 60 (2001), S. 148 bzw. S. 194; mit stärkerer Betonung des materiellen Aspekts *A. v. Bogdandy*, Europäische Prinzipienlehre, in: ders. (Hrsg.), Europäisches Verfassungsrecht, S. 149; *A. Peters*, Elemente einer Theorie der Verfassung Europas, 2001, S. 56 ff.; aus dem älteren Schrifttum *P. Pescatore*, Die Gemeinschaftsverträge als Verfassungsrecht, in: FS H. Kutscher, 1981, S. 319.

Erster Teil

Normative Prämissen einer Handlungsformenlehre für die Europäische Union

Der erste Teil der Studie zielt darauf, Grundfragen der Handlungsformenlehre zu klären: Was versteht das Unionsrecht unter einer Handlungsform? Welche Rechtsfolgen schließen sich an die Wahl der Handlungsform an? Wie ist die Formenwahl kompetenzrechtlich eingebunden? Welche Wahlalternativen stehen grundsätzlich zur Verfügung? Wie vermeidet das Unionsrecht rechtsstaatlich problematische Resultate einer Formenwahl?

Es bietet sich an, diese Fragen nach der rechtlichen Bedeutung der formenbezogenen Differenzierung des Unionsrechts und nach der verfassungsrechtlichen Einbindung der Formenwahl vor die Klammer zu ziehen. Ihre Beantwortung gibt Aufschluss über die Implikationen der These des Zweiten Teils, dass der Beschluss als eine eigenständige, praxisgenerierte Handlungsform zu konzeptualisieren sei. Zudem ist die rechtliche Möglichkeit einer solchen Handlungsform erst zu begründen und der verfassungsrechtliche Rahmen abzustecken, in dem sich die rechtsetzenden Organe bewegen. Darüber hinaus dient es der methodologischen Selbstreflexion, sich des verfassungsrechtlichen Ortes zu versichern, den die Kategorie der Handlungsform in der Unionsrechtsordnung einnimmt. Getragen wird diese Reflexion von der Annahme, dass die praktischen Aufgaben und das disziplinäre Selbstverständnis der Handlungsformenlehre wesentlich durch die positiv-rechtliche Definition ihres Gegenstands bestimmt sind bzw. bestimmt sein sollten. Insofern liefert eine Aufarbeitung der verfassungsrechtlichen Vorgaben für die Handlungsformen zugleich normative Prämissen für die Handlungsformenlehre.

Der Untersuchungsgang folgt den oben aufgeworfenen Leitfragen. Am Ende eines Kapitels werden jeweils Schlussfolgerungen für die Lehre von den Handlungsformen des Unionsrechts gezogen.

Das erste Kapitel entwickelt ein allgemeines Modell einer Handlungsform des Unionsrechts. Normative Grundlage hierfür ist Art. 249 EG, dessen Unterscheidung zwischen verschiedenen Arten von Rechtsakten als handlungsformenbezogene verstanden wird (A.). Das folgende Kapitel thematisiert das Verhältnis von Kompetenzen und Handlungsformen. Untersucht wird, für welche Handlungsformen ein Kompetenznormerfordernis gilt und welche kompetenzrechtlichen Vorgaben für die Wahl der Handlungsform bestehen (B.). Das dritte Kapitel zeigt, dass die Formenwahl nicht auf die vertraglich kodifizierten Handlungsformen begrenzt ist, sondern die Rechtsetzungsorgane grundsätzlich atypische Handlungen nutzen und in der Praxis zu neuen Handlungsformen verdichten dürfen. Entwickelt werden die kompetenz- und materiell-rechtlichen Maßstäbe, an denen die Ausübung dieser Formenprägungsbefugnis zu messen ist (C.). Das vierte Kapitel klärt, dass die Qualifizierung der gewählten Handlungsform *ex ante* durch die rechtsetzenden Organe erfolgt. Im Lichte der hierdurch aufgeworfenen Umgehungsprobleme wird die Rechtsprechung des Gerichtshofs analysiert, aus der sich die Verselbständigung des unionalen Prozessrechts gegenüber der Kategorie der Handlungsform ergibt (D). Ein abschließendes Kapitel fasst die wesentlichen Ergebnisse des Ersten Teils zusammen (E.).

A. Handlungsform als Kategorie des Unionsrechts – eine Annäherung

Dieses Kapitel beginnt seine Annäherung an die unionalen Handlungsformen, indem es „Handlungsform“ als einen Differenzierungsbegriff einführt (I.). Die weiteren Untersuchungsschritte fokussieren auf Art. 249 EG und entwickeln an ihm die Regimeelemente einer Handlungsform des Unionsrechts (II.). Das Kapitel schließt mit einer ersten Reflexion auf die verfassungsrechtliche Ausgangslage, die eine Handlungsformenlehre des Unionsrechts bei der Entfaltung ihres Gegenstands in Rechnung stellen muss (III.).

I. Handlungsform als Differenzierungsbegriff

Wer von „Handlungsform“ spricht, will unterscheiden und ordnen. Eine mögliche Unterscheidung ist die von Recht und Nicht-Recht. Diese Differenzierungsabsicht tritt bei anderen Terminologien deutlicher zu Tage: Wenn ein Sollenssatz einer „Rechtsquelle“ zugeordnet werden kann, dann ist er als Recht erkannt,[6] eine Willensäußerung, die einer bestimmten „Rechtsform" angehört, besitzt die Form des Rechts.[7] Die Zuordnung einer Norm zu einer Handlungsform kann ferner der Unterscheidung zwischen Rechtsordnungen dienen: Ein Rechtsakt, der als Vertreter einer Handlungsform des Unionsrechts bestimmt ist, gehört dieser Rechtsordnung an, nicht einer mitgliedstaatlichen oder der Völkerrechtsordnung. Eine dritte Unterscheidung ist diejenige, auf die es dieser Studie im Besonderen ankommt: Die Kategorie der Handlungsform ermöglicht, innerhalb einer Rechtsordnung zwischen verschiedenen Arten von Handlungen zu unterscheiden.

Allen drei Zuordnungen liegt die logisch-begriffliche Dichotomie von Form und Inhalt zugrunde, von Rechtsform und Rechtsinhalt.[8] Sie folgt der Annahme, dass eine Norm nicht nur nach dem Inhalt ihrer Sollenssätze, sondern unter weiteren Gesichtspunkten qualifiziert werden kann, etwa nach der Art ihrer Entstehung, den an der Normerzeugung beteiligten Personen oder dem äußeren Erscheinungsbild des Normtexts. Der Begriff der Handlungsform vollzieht eine Abstraktion, mit der inhaltlich übereinstimmende Normen geschieden, aber auch Normen unterschiedlichen Inhalts als Vertreter einer Gattung erkannt werden. Eine bestimmte Handlungsform definiert sich über gattungskonstitutive „formale" Merkmale; zugleich kann die Zugehörigkeit einer Norm zu einer Formengattung als eine ihrer Qualitäten beschrieben werden, als „ihre Handlungsform" (ihre formale Identität).

Wird „Handlungsform" als Differenzierungsbegriff innerhalb einer Rechtsordnung benutzt, geschieht dies in der Erwartung, die Klassifizierung nach bestimmten „formalen" Merkmalen entspringe nicht allein rechtswissenschaftlichem Ordnungssinn, sondern bilde objektive Strukturen der Rechtsordnung ab. Die Abstraktion muss also im Hinblick auf solche Aspekte stattfinden, die die betreffende Rechtsordnung selbst als unterscheidungsrelevant ansieht. Aus dem Wort „Form" kann nicht abgeleitet werden, welche Gesichtspunkte dies sind. Wie das Beispiel des Verwaltungsakts des deutschen Rechts zeigt, der als „Regelung" legaldefiniert ist, kommen als formkonstitutive Merkmale auch

---

[6] *A. Ross*, Theorie der Rechtsquellen, 1929, S. 309: „Erkenntnisgrund für etwas als Recht".

[7] Zur Unterscheidung von Handlungs- und Rechtsformen des Verwaltungsrechts *E. Schmidt-Aßmann*, Das allgemeine Verwaltungsrecht als Ordnungsidee, 2004, 6. Kap., Rdnr. 34.

[8] Grundlegend *A. Merkl*, Prolegomena einer Theorie des rechtlichen Stufenbaus, in: FS H. Kelsen, 1931, S. 252 ff.

Aspekte in Betracht, die man rein begrifflich dem Norminhalt zuschlagen würde. Klassifikatorische Unterscheidungen, die unter bestimmten Aspekten vom konkreten Inhalt der Normen absehen, sind in praktisch unbegrenzter Zahl möglich. Von einer Unterscheidung nach Handlungsformen kann sinnvollerweise nur gesprochen werden, wenn sich an die Qualifizierung Rechtsfolgen anschließen, etwa im Hinblick auf das Rechtsschutzregime oder auf spezifische Rechtmäßigkeitsmaßstäbe.[9]

Vermutlich sind schon an dieser Stelle die Möglichkeiten erschöpft, gehaltvolle Aussagen über den Begriff zu formulieren, ohne auf konkrete Rechtsordnungen Bezug zu nehmen. Unter welchen Gesichtspunkten Handlungsformen unterschieden werden und welche Rechtsfolgen sich daran anschließen, ist eine Frage des positiven Rechts: Die „Speicherfunktion"[10] der Handlungsformen kann sich rechtsordnungsspezifisch auf ganz verschiedene Informationen beziehen. Die Kategorie der Handlungsform erbringt gewisse Ordnungsleistungen, ihr strukturierendes Potenzial für die Rechtsordnung aber ist kontingent.

II. Art. 249 EG als Zentralnorm für die unionalen Handlungsformen

Die Unionsverträge sprechen weder von „Handlungsform", noch nutzen sie einen alternativen Terminus. Art. 230 IV EG verwendet in einigen Sprachfassungen das Wort „Form" und appliziert es auf die Nomenklatur des Art. 249 EG (engl. *in the form of a regulation*, niederl. *in de vorm van een verordening*; franz. aber *sous l'apparence d'un règlement*). Auch ohne diese Anregung wird es kaum Widerspruch ernten, wenn im Folgenden Art. 249 EG mit dem Konzept der Handlungsform in Verbindung gebracht wird: Das Primärrecht nimmt in Art. 249 EG (und parallel in Art. 161 EA) die Art von abstrakter Unterscheidung zwischen Rechtsaktgattungen vor, die diese Studie als handlungsformbezogene versteht.

Selbstverständlich ist diese konzeptionelle Vorentscheidung gleichwohl nicht. Der EG-Vertrag kennt weitere Gattungsbegriffe, die sich in der Tradition der Handlungsformenlehre als Handlungsformen deuten lie-

---

[9] *E. Schmidt-Aßmann*, Die Lehre von den Rechtsformen des Verwaltungshandelns, DVBl. 1989, S. 533, 534; *P. Krause*, Rechtsformen des Verwaltungshandelns, 1974, S. 14.

[10] *Schmidt-Aßmann*, Ordnungsidee (Anm. 7), 6. Kap., Rdnr. 34.

ßen, aber quer zu der Unterscheidung liegen, die Art. 249 EG vornimmt. Wenn beispielsweise Art. 95 III EG von „Harmonisierungsmaßnahmen“ spricht, Art. 137 II EG von „Mindestvorschriften“ und Art. 149 IV EG von „Fördermaßnahmen unter Ausschluss jeglicher Harmonisierung“, könnte hierin ein begrifflicher Grundstock für ein alternatives Unterscheidungsprogramm liegen. Art. 249 EG als die zentrale handlungsformenbezogene Vorschrift des Unionsrechts zu begreifen, ist folgenreich. Es bedeutet, eine Vielzahl von Differenzierungen, die das Unionsrecht nutzt und die operativ von großer Bedeutung sind, nicht mit der Kategorie der Handlungsform zu erfassen. Missverständnisse und Enttäuschungen sind vorprogrammiert, wenn sich erweist, dass Differenzierungen, die im staatlichen Verwaltungs- oder Verfassungsrecht an die Kategorie angekoppelt sind, im Unionsrecht mit der Art von Unterscheidung, die Art. 249 EG vorsieht, nichts zu tun haben. Art. 249 EG gibt einen bestimmten Modus der Abstraktion vor, von dem bestimmte – nicht notwendig die erwarteten – Strukturierungsleistungen für die Unionsrechtsordnung ausgehen.

Die folgenden Abschnitte tragen kursorisch normative Gehalte des Art. 249 EG zusammen. Abgeschichtet werden zunächst solche, die die Union als Verband betreffen (1.), bevor Art. 249 EG im Zusammenspiel mit anderen Vertragsbestimmungen beobachtet (2.) und die interne Struktur des Artikels beleuchtet wird (3.). Am Ende steht eine erste Bestandsaufnahme, aus welchen Elementen sich eine unionsrechtliche Handlungsform zusammensetzt (4.).

1. Art. 249 EG und die Verbandskompetenz der Union

Die Union nimmt, wie Art. 249 EG insgesamt zeigt, auf der Grundlage des EG-Vertrags autonome Rechtsetzungsbefugnisse wahr.[11] Insbesondere die Qualifizierung der Verordnung als unmittelbar in jedem Mitgliedstaat geltendes Recht bedeutet, dass die Union gegenüber den Rechtsbürgern eigene, supranationale Hoheitsgewalt ausübt, was sie von herkömmlichen internationalen Organisationen unterscheidet.[12] Art. 249 III EG zeigt ferner, dass die Unionsorgane den Mitgliedstaaten

---

[11] Grabitz/Hilf-*Nettesheim*, Rdnr. 1 zu Art. 249 EG.

[12] So bereits *C. F. Ophüls*, Staatshoheit und Gemeinschaftshoheit, in: FS Heymanns Verlag, 1965, S. 519, 550; heute etwa Grabitz/Hilf-*Nettesheim*, Rdnr. 2 zu Art. 249 EG.

verbindliche Anweisungen erteilen können,[13] einschließlich der Verpflichtung, rechtsetzend tätig zu werden.[14]

Diese Gehalte des Art. 249 EG (bzw. vormals Art. 189 EWGV) spielten eine wichtige Rolle bei der Grundlegung der beiden zentralen Rechtsinstitute des Gemeinschaftsrechts: Vorrang und unmittelbare Wirkung. Die „Schaffung von Organen, welchen Hoheitsrechte übertragen sind, deren Ausübung in gleicher Weise die Mitgliedstaaten wie die Staatsbürger berührt"[15], ist eines der Argumente, die der EuGH für die unmittelbare Anwendbarkeit des EWG-Vertrags mobilisierte. In *Costa* verwies der EuGH zur Rechtfertigung des Vorrangs auf die unbedingte Verbindlichkeit der Verordnung und ihre unmittelbare Geltung.[16] Diese heute anerkannte Bedeutung des Art. 249 EG als Kollisionsnorm zur Lösung von Konflikten zwischen Gemeinschafts- und nationalem Recht[17] wurde namentlich von *Grabitz*, *Zuleeg* und *Ipsen* herausgearbeitet.[18]

Art. 249 EG enthält also normative Aussagen über die Art und Weise der Einwirkungen auf und die Wirkungen innerhalb der Rechtsordnungen der Mitgliedstaaten: Das rechtliche Potenzial der Handlungsformen der Union informiert über die qualitative Dimension ihrer Verbandskompetenz.

2. Art. 249 EG als Scharnier zu anderen Vertragsbestimmungen

Wie kaum ein anderer Artikel der Verträge ist Art. 249 EG in ein Netz von Beziehungen zu anderen Vertragsbestimmungen eingesponnen, die er – im Sinne einer Definitionsnorm – informiert und die ihn ihrerseits näher konkretisieren. Art. 249 EG dient als Scharnier, das unterschiedliche Vorschriften des EG-Vertrags miteinander verbindet.

---

[13] Groeben/Schwarze-*Zuleeg*, Rdnr. 8 zu Art. 1 EG.

[14] Groeben/Schwarze-*Zuleeg*, Rdnr. 19 zu Art. 5 EG.

[15] EuGH, Rs. 26/62, *van Gend & Loos*, Slg. 1963, S. 1, 24 f.

[16] EuGH, Rs. 6/64, *Costa*, Slg. 1964, S. 1251, 1270.

[17] Groeben/Schwarze-*Schmidt*, Rdnr. 1 zu Art. 249 EG; Lenz/Borchardt-*Hetmeier*, Rdnr. 23 zu Art. 249 EG.

[18] *E. Grabitz*, Gemeinschaftsrecht bricht nationales Recht, 1966, S. 96 f.; *M. Zuleeg*, Das Recht der Europäischen Gemeinschaften im innerstaatlichen Bereich, 1969, S. 154 f.; *Ipsen*, Gemeinschaftsrecht, 10/41 f.

a. Zu den Kompetenznormen

Gemäß Art. 249 I EG werden Handlungen in den fünf genannten Formen „nach Maßgabe dieses Vertrags" erlassen. Hierin liegt zum einen eine Aussage über die interne Struktur des Unionsrechts, denn „nach Maßgabe" bedeutet (auch) „in Übereinstimmung mit", also „vertragsmäßig".[19] Damit kommt in Art. 249 I EG, wie in einer Reihe weiterer Vertragsbestimmungen (etwa Art. 230 II EG), ein hierarchisches Verhältnis von Primär- und Sekundärrecht zum Ausdruck.[20] Zum anderen hat die Formel eine kompetenzrechtliche Bedeutung. Sie stellt klar, dass die Befugnis zum Erlass von Verordnungen, Richtlinien usw. nicht bereits aus Art. 249 EG selbst folgt. Dies setzt vielmehr eine Kompetenz voraus, die sich aus einer anderen Vorschrift „dieses Vertrags" ergeben muss. Art. 249 I EG ist eine der Bestimmungen, in der das Prinzip der begrenzten Ermächtigung positiv-rechtlichen Niederschlag findet.[21]

Art. 249 EG stellt damit eine sternförmige Verbindung her zu sämtlichen Kompetenznormen, die eines der in Art. 249 I EG genannten Organe zur Rechtsetzung ermächtigen. Welche der fünf Handlungsformen jeweils zur Verfügung stehen, muss durch Auslegung dieser Normen ermittelt werden. Hierfür ist auch die Art der Rückverweisung von Relevanz. Spricht eine Kompetenznorm unspezifisch von „Tätigwerden", „Vorschriften" usw., steht grundsätzlich das gesamte Formenspektrum des Art. 249 EG offen.[22] Schwieriger zu deuten ist die Verknüpfung, wenn die Kompetenznorm ausdrücklich eine bestimmte Handlungsform vorsieht, der sie definierende Absatz des Art. 249 EG also in die Kompetenznorm ‚hineingelesen' werden muss. Es fragt sich, ob dies (allein) die Rechtsfolgenseite der Ermächtigung betrifft, also z.B. eine unter den Voraussetzungen des Art. 39 III lit. d EG erlassene Verordnung in der Konsequenz die in Art. 249 II EG genannten Rechtswirkungen entfaltet, oder ob (auch) die Tatbestandsseite der Befugnisnorm angereichert wird, Art. 249 II EG also weitere Voraussetzungen beinhaltet, unter denen ein Rechtsakt auf Art. 39 III lit. d EG gestützt werden darf. Die Antwort hängt von der Auslegung ab, die man Art. 249 EG selbst gibt (dazu in Abschnitt 3.).

---

19 Calliess/Ruffert-*Calliess*, Rdnr. 16 zu Art. 7 EG.

20 Calliess/Ruffert-*Ruffert*, Rdnr. 9 zu Art. 249 EG.

21 Schwarze-*Biervert*, Rdnr. 12 zu Art. 249 EG; hierzu näher im Kapitel B.

22 Schwarze-*Biervert*, Rdnr. 14 zu Art. 249 EG.

Der umfassende Verweis des Art. 249 I EG auf eine vorausgesetzte Rechtsgrundlage beinhaltet indes eine normative Implikation, die bereits hier notiert werden kann: Die Differenzierung des Unionsrechts nach Handlungsformen läuft nicht parallel zu der nach Kompetenzen. Ein und dieselbe Handlungsform steht unter ganz unterschiedlichen Rechtsgrundlagen zur Verfügung, und dabei spielt offenbar weder das Verfahren, in dem der Rechtsakt erlassen wird, noch das Organ, dem er verantwortlich zugerechnet wird, eine Rolle. Art. 249 EG jedenfalls nimmt eine solche Differenzierung nicht vor. Die Kategorie der Handlungsform meint im Unionsrecht eine Gattung von Rechtsakten, die sich im Hinblick auf Erlassverfahren und Erlassorgan unterscheiden können.[23]

b. Zu den Aufgabennormen für die Organe

Das Verhältnis von Organen und Handlungsformen wird durch eine zweite Verweisung weiter konkretisiert. Die Formen des Art. 249 EG stehen den drei in Absatz 1 genannten Organen „[z]ur Erfüllung ihrer Aufgaben" zur Verfügung (wobei das Parlament nur gemeinsam mit dem Rat genannt wird). Hierin liegt im Besonderen eine Bezugnahme auf die Artikel, die die Aufgaben des jeweiligen Organs zusammenfassend beschreiben: Art. 192, 202 und 212 EG.

In diesen sind Abstufungen, aber auch eine grundlegende Gemeinsamkeit zu erkennen. Der Rat hat gemäß Art. 202 EG „nach Maßgabe dieses Vertrages ... eine Entscheidungsbefugnis", fast gleich lautend die Kommission gemäß Art. 211 EG, die darüber hinaus am Zustandekommen von Rechtsakten der beiden anderen Organe mitwirkt (dritter Gedankenstrich) sowie Befugnisse ausübt, die ihr von diesen übertragen werden (vierter Gedankenstrich). Das Parlament hingegen wird in Art. 192 I EG nicht als eigenständiges Entscheidungsorgan charakterisiert, sondern ist „an dem Prozess, der zur Annahme der Gemeinschaftsakte führt, ... beteiligt". Die Beteiligung kann jedoch, wie Art. 192 EG durch den Verweis auf Art. 251 EG klarstellt, die Intensität einer gleichberechtigten Ko-Autorenschaft annehmen. Die Aufgabennormen für die drei Organe haben mithin eine entscheidende Schnittmenge: Diese Organe nehmen arbeitsteilig und miteinander kooperierend die Funktion der Rechtsetzung in der Union wahr,[24] wobei die endgültigen

---

[23] *S. Magiera*, Zur Reform der Normenhierarchie im Recht der Europäischen Union, integration 1995, S. 197, 200; *Ipsen*, Gemeinschaftsrecht, 21/5.

[24] Grabitz/Hilf-*Nettesheim*, Rdnr. 70 zu Art. 249 EG.

Rechtsakte – je nach Gewicht der einzelnen Handlungsbeiträge, die das einschlägige Rechtsetzungsverfahren vorsieht – entweder dem Rat oder der Kommission oder Rat und Parlament gemeinsam zugerechnet werden.[25] In diesem Überschneidungsbereich ihrer organspezifischen Aufgaben spricht sie Art. 249 I EG an und stellt ihnen ein einheitliches Tableau von Handlungsformen zur Verfügung.

Auf dieser Linie hat auch der Gerichtshof alle Versuche zurückgewiesen, der Kommission den Zugriff auf die Form der Verordnung zu versagen[26] oder einer Kommissions-Richtlinie beschränktere Wirkungen zuzuschreiben als einer Rats-Richtlinie.[27] Weder Art. 249 EG noch die Normen über die Aufgaben der Organe lassen derartige Schlüsse zu.

c. Zu den Art. 253, 254 und 256 EG

Weitere Verknüpfungen ergeben sich aus den Bestimmungen, die spezielle Regelungen für die einzelnen Formen enthalten, wie dies in Art. 253, 254 und 256 EG der Fall ist. Art. 253 EG statuiert Begründungspflichten für Rechtsakte, die bestimmten Handlungsformen angehören, und Art. 254 EG enthält differenzierte Vorschriften über Voraussetzungen und Zeitpunkt des In-Kraft-Tretens.[28] Der Vertrag zieht also aus der Zuordnung eines Rechtsakts zu einer bestimmten Handlungsform die Konsequenz, spezifische Anforderungen für seine Gültigkeit aufzustellen (Gültigkeit hier verstanden als Oberbegriff, der Wirksamkeit und Rechtmäßigkeit einschließt[29]).

Eine ähnliche Verknüpfung findet sich in Art. 256 I EG, der bestimmte Entscheidungen zu vollstreckbaren Titeln erklärt. An die Prämisse, dass ein Akt einer bestimmten Handlungsform angehört (Entscheidung), wird, bei Vorliegen weiterer Voraussetzungen (Autorenschaft von Rat oder Kommission, Auferlegung einer Zahlungspflicht, kein staatlicher Adressat) eine Rechtsfolge angeschlossen (Vollstreckbarkeit). Die

---

[25] Zu den Regeln über die Organzurechnung *A. v. Bogdandy/J. Bast/F. Arndt*, Handlungsformen im Unionsrecht, ZaöRV 62 (2002), S. 77, 133 f.

[26] EuGH, Rs. 41/69, *ACF Chemiefarma/Kommission*, Slg. 1970, S. 661, Rdnrn. 60/62.

[27] EuGH, verb. Rs. 188/80 bis 190/80, *Frankreich u.a./Kommission*, Slg. 1982, S. 2545, Rdnr. 6.

[28] Beides ist Gegenstand näherer Erörterung im Zweiten Teil, D. II. bzw. D. III.

[29] Zur Unterscheidung Zweiter Teil, D. I.

Rechtsfolge bezieht sich hier jedoch nicht auf das Eingreifen von Gültigkeitsanforderungen, sondern auf bestimmte Rechtswirkungen, die (nur) ein Vertreter dieser Handlungsform innerstaatlich entfalten kann.

Verallgemeinernd kann festgehalten werden, dass die Unionsrechtsordnung sich hier jenes Strukturierungspotenzial zu Eigen macht, das in Unterkapitel I. als kennzeichnend für die Kategorie der Handlungsform beschrieben wurde: Die Zuordnung eines Akts zu einer Handlungsform des Art. 249 EG aktiviert bestimmte Rechtsfolgen, indem sie Tatbestandswirkung für andere Vertragsbestimmungen hat. Die verschiedenen Verweisungslinien müssen mithin zusammengedacht werden, Art. 249 EG schaltet sie zusammen: Wenn die Kommission unter Art. 39 III lit. d EG eine Verordnung erlässt, dann muss sie gemäß Art. 253 EG begründet werden und bedarf nach Art. 254 II EG der Veröffentlichung; einen vollstreckbaren Titel liefert sie nicht, *arg. ex* Art. 256 I EG.

d. Zu den Rechtskontrollvorschriften

Eine vierte Normengruppe, mit der Art. 249 EG kommuniziert, sind die Bestimmungen über den Gerichtshof in Art. 220 ff. EG. Verschiedene Vorschriften, die die judikative Kontrolle der Rechtsakte betreffen, bedienen sich der Terminologie des Art. 249 EG, indem sie bestimmte Handlungsformen als Streitgegenstände ausschließen (Art. 230 I, 232 III EG) oder nur unter qualifizierten Voraussetzungen zulassen (Art. 230 IV EG). Folgt man dem Wortlaut des Vertrags, nimmt die Verordnung insgesamt eine Sonderstellung im Rechtskontrollsystem ein (Art. 229, 230 IV, 231 II und 241 EG). Die Bestimmungen haben teils Rechtsschutz eröffnenden Charakter (Art. 230 IV, 241 EG), teils kontrollverschließenden (Art. 230 I, 232 III EG). Jeweils fragt sich, ob die Nennung einer bestimmten Handlungsform die übrigen automatisch ausschließt. Hierzu hat sich eine ausgedehnte Judikatur entwickelt, die differenzierte Antworten gibt.[30] Fest steht jedenfalls, dass – zumindest nach dem ursprünglichen Plan des Vertrags[31] – das gemeinschaftsrechtliche Rechtskontrollsystem über die Handlungsformen des Art. 249 EG geordnet ist.

---

[30] Unten, D. II.; Zweiter Teil, E. IV. und E. V.

[31] *H.-J. Rabe*, Das Verordnungsrecht der Europäischen Wirtschaftsgemeinschaft, 1963, S. 39.

3. Interne Verknüpfungen des Art. 249 EG

Welche normativen Gehalte bringt nun Art. 249 EG selbst in das von ihm hergestellte Netzwerk ein? Normintern leistet Art. 249 EG zwei Verknüpfungen: zwischen Organen und Formen und zwischen Formen und ihren jeweiligen Rechtswirkungen.

Absatz 1 bringt dic drei Rechtsetzungsorgane in der bereits dargestellten Weise mit fünf Handlungsformen zusammen. Der Wortlaut der Vorschrift lässt offen, wie exklusiv diese Verbindung ist. Dies wirft zum einen die Frage auf, ob noch weitere Organe und Einrichtungen Zugang zu den genannten Handlungsformen haben, zum anderen, ob die drei Organe auch andere als die genannten Handlungsformen nutzen können. Beide Fragen werden zurückgestellt und im Kapitel C. beantwortet.

Hier interessiert, welchen normativen Gehalt die Charakterisierungen haben, die die fünf Handlungsformen in den Absätzen 2 bis 5 erfahren. Eine herausgehobene Stellung nimmt der Begriff der Verbindlichkeit ein, der in allen vier Absätzen verwendet wird. Allerdings belässt es nur Absatz 5 bei der schlichten Dichotomie verbindlich/unverbindlich. In den übrigen wird die Verbindlichkeit jeweils näher qualifiziert, einerseits im Hinblick auf den Adressaten, „für" den sie eintritt, andererseits danach, auf welche „Teile" sich die Verbindlichkeit bezieht. Weitere Informationen über die „Geltung" der Verordnung gibt Absatz 2. Den Verordnungen, Richtlinien und Entscheidungen wird also jeweils eine Mehrzahl von charakteristischen Eigenschaften zugeschrieben.[32] Ihnen ist gemeinsam, sich auf den Modus der Wirkungen zu beziehen, die ein Rechtsakt entfaltet: festzulegen, wem gegenüber und in welcher Weise von ihm Wirkungen ausgehen. Art. 249 EG weist den einzelnen Handlungsformen ein spezifisches *Bündel von Rechtswirkungen* zu, er definiert sie über ihren Wirkungsmodus.

Wie aber lässt sich diese Verknüpfung – von formaler Identität eines Rechtsakts und formspezifischen Rechtswirkungen – in der Konditionalstruktur des Rechts formulieren? Ist eine Handlung dann eine Verordnung, wenn sie in allen ihren Teilen verbindlich ist und unmittelbar in jedem Mitgliedstaat gilt? Oder ist umgekehrt eine Handlung dann in allen Teilen verbindlich und unmittelbar geltend, wenn sie eine Verordnung ist? Untersteht ein Rechtsakt den Regeln über Entscheidungen, wenn er für einen bezeichneten Adressaten verbindlich ist – oder ist er

---

[32] Diese Studie wird einen Vorschlag unterbreiten, wie diese systematisiert werden können, Zweiter Teil, C. I.

gerade deshalb für seinen Adressaten verbindlich, weil er eine Entscheidung ist? In der ersten Lesart handelt es sich bei den benannten Rechtswirkungen um formidentifizierende Eigenschaften, was allerdings das Problem aufwirft, wie diese Wirkungen festgestellt werden können (wenn nicht durch den Schluss von der Handlungsform auf die Rechtswirkungen). In der zweiten Lesart ergeben sich Rechtswirkungen, die ein Akt entfaltet, als Rechtsfolgen aus seiner Handlungsform, was aber zum Problem führt, woran die formale Identität eines Rechtsakts erkannt werden kann (wenn nicht durch den Schluss von den Rechtswirkungen auf die Handlungsform). Logisch führt es offensichtlich in einen Zirkel, beide Lesarten zugleich für zutreffend zu halten.

Zumindest in ihrer Reinform kann die erste Lesart nicht die des Vertrages sein. Dies zeigt Art. 249 V EG, der zwei Handlungsformen ein identisches Merkmal zuschreibt und im Übrigen schweigt. Ein Schluss von der Unverbindlichkeit eines Rechtsakts auf die Handlungsform brächte kein eindeutiges Ergebnis. Ein Rechtsakt muss also aufgrund einer hermeneutischen Operation zunächst als Empfehlung erkannt werden, seine Unverbindlichkeit ist eine auf Art. 249 V EG gestützte rechtliche Schlussfolgerung aus dieser formalen Identität. Ähnliche Probleme stellen sich beispielsweise bei der Abgrenzung zwischen Entscheidung und Richtlinie: Ob eine Handlung, die eine staatengerichtete Handlungsaufforderung ausspricht, „in allen ihren Teilen" oder nur „hinsichtlich des zu erreichenden Ziels" verbindlich ist, kann ohne das Wissen, welcher Handlungsform dieser Akt angehört, nicht beantwortet werden.[33] Einzig die Definition der Verordnung in Art. 249 II EG lädt zu einer möglichen anderen Deutung ein: Ein Rechtsakt könnte, weil er bezüglich seiner Normstruktur „allgemeine Geltung" (Satz 1) besitzt, als Verordnung zu qualifizieren sein, und als Rechtsfolge die in Satz 2 bezeichneten Wirkungen besitzen. Diese Lesart wird indes dadurch dementiert, dass, wie die Rechtsprechung des Gerichtshofs zeigt, andere Handlungsformen ebenfalls Rechtsnormen mit allgemeiner Geltung beinhalten können.[34] Dieses Merkmal ist also nicht exklusiv eines

---

[33] In der Literatur ist der Versuch unternommen worden, aus diesen Bestimmungen einen Unterschied von Entscheidung und Richtlinie bezüglich ihrer Regelungsdichte abzuleiten; der Gerichtshof ist dem nicht gefolgt (Zweiter Teil, C. I. 3. a. und D. IV. 2. b.). Für das Argument an dieser Stelle ist entscheidend, dass auch diese Interpretation die Bestimmungen als Rechtsfolgenanordnungen liest, die formale Identität eines Rechtsakts wird aus einem anderen, angeblich konstitutiven Merkmal (Regelungsdichte) hergeleitet.

[34] EuGH, Rs. 70/83, *Kloppenburg*, Slg. 1984, S. 1075, Rdnr. 11; Rs. C-298/89, *Gibraltar/Rat*, Slg. 1993, S. I-3605, Rdnr. 16 (jeweils zu Richtlinien);

der Verordnung und überdies – wie Art. 230 IV 2. Alt. EG verdeutlicht – auch keine notwendige, sondern nur eine typische Eigenschaft dieser Handlungsform.[35]

Eine Interpretation, die Art. 249 II bis V EG als Katalog formkonstitutiver Gattungsmerkmale von Rechtsakten liest, lässt sich also nicht widerspruchsfrei durchhalten und wird auch vom Wortlaut nicht nahe gelegt. Stimmig ist allein die Lesart, dass es sich um einen Katalog von Rechtswirkungen handelt, die Rechtsakte gerade deshalb entfalten, weil sie aufgrund *anderer* Merkmale den entsprechenden Handlungsformen zugeordnet werden können. Es handelt sich um (weitere) Rechtsfolgenbestimmungen, die an die Gattungszugehörigkeit eines Rechtsakts anschließen.[36] Mitten im Zentrum der Handlungsformen offenbart sich also ein normatives Vakuum: Der EG-Vertrag knüpft in Art. 249 EG an die formale Identität eines Rechtsakts Rechtsfolgen, schweigt jedoch zu der Frage, aufgrund welcher Merkmale diese Identität festgestellt werden kann.

Ausgehend von diesem Befund überrascht es, wie gering die Probleme sind, die in der Praxis hierdurch aufgeworfen werden. In der ganz überwiegenden Zahl der Fälle wissen alle Beteiligten genau, welcher Handlungsform ein Rechtsakt angehört: Sie steht ihm schlicht auf die Stirn geschrieben. Bereits in ihrem Titel nehmen Unionsrechtsakte eine Selbstzuordnung zu einer bestimmten Handlungsform vor, und sie ergänzen dies durch eine selbstbezüglich formulierte Behauptung von Rechtswirkungen, die der primärrechtlichen Definition einer bestimmten Handlungsform entspricht („Diese Verordnung ist in allen ihren Teilen verbindlich und gilt unmittelbar in jedem Mitgliedstaat."). Das Vakuum des Art. 249 EG wird durch eine *Autoqualifizierung der Rechtsakte* gefüllt, oder aus einer Akteursperspektive formuliert: durch eine Qualifizierung seitens der Organe, die den Rechtsakt erlassen und ihn mit den angeführten Textmerkmalen ausgestattet haben. Damit hält ein dezisionistisches Moment Einzug in die Dogmatik der Handlungsformen: Die Zuordnung eines Rechtsakts zu einer Handlungsform be-

---

Rs. C-313/90, *CIRFS u.a./Kommission*, Slg. 1993, S. I-1125, Rdnr. 44 (zu einem „Kodex"); Rs. C-171/00 P, *Libéros/Kommission*, Slg. 2002, S. I-451, Rdnr. 36 (zu „Verwaltungsmitteilungen").

[35] Hierzu im Einzelnen unten, D. II. 2. b.

[36] *J. Bengoetxea*, Direct Applicability or Effect, in: M. Hoskins/W. Robinson (Hrsg.), A True European, 2004, S. 353, 359.

ruht auf einer bewussten Entscheidung der rechtsetzenden Organe. Wer handelt, bestimmt die Handlungsform.

Dies provoziert Widerspruch vonseiten der Rechtswissenschaft, die aus ihren nationalen Kontexten gewöhnt ist, die Qualifikation von Handlungsformen der Judikative vorzubehalten. Einhellig billigt die Literatur einer Autoqualifizierung der Rechtsakte aufgrund der äußeren Form allenfalls Indizcharakter zu (wobei durchweg nur die Relevanz der Bezeichnung, nicht aber weiterer Merkmale thematisiert wird).[37] Damit ist die Frage aufgeworfen, unter welchen Voraussetzungen und in welchem Umfang die Zuweisung einer Handlungsform durch das Erlassorgan einer judikativen Korrektur zugänglich ist (hierzu in Kapitel D.).

In bestimmten Konstellationen jedenfalls hilft die Selbstzuordnung eines Rechtsakts zu einer primärrechtlich definierten Handlungsform ersichtlich nicht weiter, und zwar dann, wenn die Qualifikationsmerkmale widersprüchlich sind (bzw. ihre Eindeutigkeit streitig ist) oder ein Rechtsakt gar keine Selbstzuordnung zu einer kodifizierten Handlungsform vornimmt. Der Gerichtshof rekurriert in solchen *hard cases* auf zwei alternative Strategien, deren Verhältnis ungeklärt ist. Zuweilen arbeitet er mit einer *Rechtmäßigkeitsunterstellung*, die es ihm erlaubt, die Kategorie der Kompetenz für die Qualifizierung der Rechtswirkungen einer Handlung fruchtbar zu machen: Fehlt es an einer Befugnis, im betreffenden Sachbereich oder zumindest in dem gewählten Verfahren verbindliches Recht zu setzen, so liegt auch dann eine unverbindliche Handlung vor, wenn der Wortlaut Gegenteiliges evoziert;[38] ebenso stiftet das Bestehen einer Kompetenz ein Indiz dafür, dass verbindliche Rechtswirkungen intendiert sind.[39] In anderen Fällen hingegen legt der Gerichtshof an den zu qualifizierenden Rechtsakt eine *Verbindlichkeitsunterstellung* an. Die Bestimmungen eines Rechtsakts werden in

---

[37] Lenz/Borchardt-*Hetmeier*, Rdnr. 5 zu Art. 249 EG; *Nicolaysen*, Europarecht I, S. 327; *Ipsen*, Gemeinschaftsrecht, 21/4; weitere Nachweise unten, D. I. 1.

[38] EuGH, Rs. 19/67, *van der Vecht*, Slg. 1967, S. 445, 457; EuGH, Rs. 182/80, *Gauff/Kommission*, Slg. 1982, S. 799, Rdnr. 18; Rs. C-322/88, *Grimaldi*, Slg. 1989, S. I-4407, Rdnr. 15; Rs. 151/88, *Italien/Kommission*, Slg. 1990, S. I-3571, Rdnr. 22; Rs. C-188/91, *Deutsche Shell*, Slg. 1993, S. I-363, Rdnrn. 14 f.

[39] EuGH, verb. Rs. 8/66 bis 11/66, *Cimenteries C.B.R. Cementbedrijven u.a./Kommission*, Slg. 1967, S. 99, 122; Rs. 81/72, *Kommission/Rat*, Slg. 1973, S. 575, Rdnrn. 7 f.; Rs. 175/84, *Krohn/Kommission*, Slg. 1986, S. 753, Rdnr. 21.

diesen Fällen „wörtlich" genommen: Das juristische Präsens einer Formulierung hat zur Folge, dass der Rechtsakt verbindliche Wirkungen – gegebenenfalls rechtswidrigerweise – tatsächlich entfaltet.[40] Diese Verbindlichkeitsunterstellung vermag sich sowohl gegen äußere Merkmale durchzusetzen, die auf eine unverbindliche Handlung hindeuten (etwa die Bezeichnung „Mitteilung"), als auch das Indiz zugunsten unverbindlicher Wirkungen zu widerlegen, das durch das Fehlen einer Kompetenz gestiftet wird.

Der zweiten judikativen Qualifikationsstrategie liegt letztlich dieselbe Methodik zugrunde wie bei der unkommentierten Anerkennung der Formenwahl, die in der Rechtsprechung des EuGH den praktischen Regelfall darstellt. Die objektiven Rechtswirkungen eines Akts beruhen auch hier auf einer Autoqualifikation, zwangsweise jedoch ohne die begründungsentlastende Hilfestellung durch die Kategorie der Handlungsform. Im Fall einer eindeutigen Selbstzuordnung eines Rechtsakts zu einer primärrechtlich definierten Handlungsform (*clear cases*) senkt dies den Selbstexplikationsaufwand, indem es lediglich der nominellen Inanspruchnahme einer formalen Identität bedarf. Im Fall von Unklarheiten über die Identität (*hard cases*) muss der Modus der Wirkungen eines Akts aus dem Text seiner Normen rekonstruiert werden, indem von den implizit in Anspruch genommenen Rechtswirkungen seiner Bestimmungen auf die tatsächlich erzielten geschlossen wird. Die Kategorie der Kompetenz dient dann als fallweise aktualisierbares Korrekturinstrument, mit dessen Hilfe von der Art der Rechtswirkungen, die ein Akt erzielen darf, auf seine tatsächlich erzielten geschlossen wird. In *clear cases* stünde Letzteres nicht zu Gebote: Eine kompetenzwidrige Verordnung ist rechtswidrig, nicht unverbindlich.

Die methodischen Probleme einer Rekonstruktion der Rechtswirkungen eines Akts aus dem Text seiner Bestimmungen verdeutlichen den Zugewinn an Rechtssicherheit, den die Kategorie der Handlungsform in das Unionsrecht hineinträgt. Die Selbstzuordnung eines Rechtsakts zu einer Formengattung dient als Kürzel, das ohne großen Aufwand an Selbstexplikation das rechtliche Potenzial dieses Rechtsakts verdeutlicht.

---

[40] EuGH, Rs. 22/70, *Kommission/Rat*, Slg. 1971, S. 263, Rdnrn. 52/54; Rs. C-366/88, *Frankreich/Kommission*, Slg. 1990, S. I-3571, Rdnr. 12, gegen GA Tesauro, der auf der Basis einer Rechtmäßigkeitsunterstellung zum gegenteiligen Ergebnis kam, ibid., Nr. 12; EuGH, Rs. C-303/90, *Frankreich/Kommission*, Slg. 1991, S. I-5315, Rdnrn. 10 f.; Rs. C-57/95, *Frankreich/Kommission*, Slg. 1997, S. I-1627, Rdnr. 10.

4. Regimeelemente einer unionalen Handlungsform

Als erstes Zwischenergebnis kann zusammengetragen werden, aus welchen ‚Bausteinen' eine unionsrechtliche Handlungsform besteht. Vorausgesetzt wird, dass die Gattungsunterscheidungen des Art. 249 EG als handlungsformenbezogene zu verstehen sind und dieser Artikel Modellcharakter dafür besitzt, was eine unionale Handlungsform auszeichnet.

Handlungsform ist demnach eine rechtliche Qualität, die das Resultat eines Rechtsetzungsprozesses, einen Rechtsakt, auszeichnet. Im Anwendungsbereich des Art. 249 EG kommen als Rechtsetzungsorgane, denen er autorenschaftlich zugerechnet wird, Rat und Parlament als Mitentscheidungsgesetzgeber, der Rat und die Kommission in Betracht. Sie stützen sich dabei auf eine Kompetenznorm, aus der sich das einschlägige Rechtsetzungsverfahren ergibt. Für die Unterscheidung nach Handlungsformen selbst ist weder die Organzurechnung noch das angewendete Erzeugungsverfahren maßgeblich, vielmehr sind für Art. 249 EG Organ und Verfahren einerseits, Handlungsformen andererseits unabhängige Variablen.[41]

Art. 249 EG und die mit ihm kommunizierenden Bestimmungen sprechen der Kategorie der Handlungsform in anderer Weise rechtliche Bedeutung zu. Zentral ist die primärrechtliche Festlegung von bestimmten Rechtswirkungen, die in Art. 249 II bis V EG erfolgt und durch weitere Bestimmungen, etwa Art. 256 I EG, konkretisiert wird. Unter Rechtswirkungen ist dabei ein komplexes Bündel rechtlicher Potenziale zu verstehen: der spezifische Wirkungsmodus einer Handlungsform. Zweitens determiniert die Handlungsform eines Akts spezifische Aspekte, unter denen seine Gültigkeit zu beurteilen ist, wie dies namentlich in Art. 253 und 254 EG geschieht. Weiter definiert die Handlungsform unter bestimmten Rechtsgrundlagen, welche Art von Handlung bei der Wahrnehmung vertraglicher Befugnisse eingesetzt werden kann. Systematisch kann dieses Element ebenfalls zu den Gültigkeitserfordernissen gezählt werden, da die entsprechenden Rechtsgrundlagen Anforderungen an eine rechtmäßige Formenwahl formulieren. Drittens schließlich hat die Handlungsform – in noch näher zu bestimmendem

---

[41] Problematisch *B. Biervert*, Der Mißbrauch von Handlungsformen im Gemeinschaftsrecht, 1999, S. 106 f., der die Kategorien verwechselt, wenn die Variabilität der Verfahren die „Handlungsformengerichtetheit der europäischen Rechtsordnung" demonstrieren soll.

Umfang – Auswirkungen auf das Regime der judikativen Rechtmäßigkeitskontrolle.

Diese drei Elemente einer unionalen Handlungsform – Wirkungsmodus, Gültigkeitsregime, Kontrollregime – sollen im Folgenden zusammenfassend als das Rechtsregime einer Handlungsform bezeichnet werden.[42] Hierunter versteht diese Studie die Gesamtheit der spezifischen rechtlichen Regeln, die aufgrund der Handlungsform eines Rechtsakts aktiviert werden.

Gezeigt wurde ferner, dass zum Begriff der Handlungsform in dem durch Art. 249 EG definierten Sinne ein viertes Element gehört, das logisch gewissermaßen das erste ist: die formale Identität eines Rechtsakts. Die vorgenannten Regimeelemente bezeichnen jeweils Rechtsfolgen, die gerade deshalb eintreten, weil ein Rechtsakt sich als Vertreter einer bestimmten Handlungsform qualifiziert. Die formale Identität eines Rechtsakts beruht auf einer Autoqualifikation, die – jedenfalls im Normalfall – das Ergebnis einer Auswahlentscheidung der Rechtsetzungsorgane ist, welche ihren Ausdruck in bestimmten formidentifizierenden Merkmalen findet. Ob die endgültige Identitätsfeststellung in die Befugnis politischer Organe fällt oder durch Gerichte erfolgt, ändert nichts daran: Zum Begriff einer Handlungsform im Unionsrecht gehören ihre formidentifizierenden Merkmale, die über die Anwendbarkeit des spezifischen Rechtsregimes entscheiden.

III. Eine Handlungsformenlehre jenseits der Gewaltenteilung

Das Problem der Identifizierung der Handlungsform eines Rechtsakts und das damit verbundene Institut der Formenwahl bedürfen noch weiterer Aufhellung in den folgenden Kapiteln. Eine gesicherte verfassungsrechtliche Prämisse für die Handlungsformenlehre des Unionsrechts kann jedoch bereits jetzt festgehalten werden: Das Verhältnis von Verfassungsorganen und Handlungsformen beruht auf einer Struktur, die in einem wesentlichen Punkt verschieden ist von der, die aus dem staatlichen Verfassungsrecht vertraut ist.

Die Eigenständigkeit der unionalen Handlungsformen, die einen Rückgriff auf Erkenntnisse aus dem nationalen Recht nur eingeschränkt ermöglicht, wird meist mit der Eigenart des nicht-staatlichen Integrati-

---

[42] Ähnlich Lenz/Borchardt-*Hetmeier*, Rdnr. 5 zu Art. 249 EG.

onsverbands, seinen spezifischen Aufgaben und Strukturen begründet.[43] Diese These verliert in ihrer Pauschalität zunehmend an Überzeugungskraft, wenn heute Denkfiguren und Rechtsinstitute des Verfassungsrechts ihre Leistungsfähigkeit im unionsrechtlichen Kontext vielfach beweisen. Die *sui-generis*-Charakterisierung der Union erhält jedoch bei den Handlungsformen starken Rückhalt durch die eigenwillige Entkopplung von Organen und Handlungsformen, wie sie oben dargestellt wurde.

Den Verfassungsordnungen der Mitgliedstaaten ist, trotz einer Fülle von Unterschieden untereinander, eine solche Entkopplung von Organ und Verfahren einerseits, Handlungsformen andererseits weithin unbekannt. Die wechselseitige Zuordnung ist dort, dies ist rechtsvergleichend ohne Mühe darstellbar,[44] normalerweise so eng, dass die Begriffe ineinander fließen: Ein Gesetz im formellen (handlungsformbezogenen) Sinne ist eine im Gesetzgebungsverfahren erzeugte Rechtsnorm.[45] Ungeachtet von Gestaltungsmöglichkeiten zugunsten direkter Volksgesetzgebung und formeller Regierungsgesetze, die einige Verfassungsordnungen nutzen, hat bislang keine der liberal-demokratisch geprägten Staatsverfassungen den Konnex zwischen der Handlungsform Gesetz und einem parlamentarischen Gesetzgebungsverfahren ernsthaft in Frage gestellt.[46] Die hierarchische Unterscheidung von Gesetz und Rechtsverordnung, die gemeineuropäischer Bestand ist, erklärt sich historisch

---

[43] *Biervert*, Mißbrauch (Anm. 41), S. 70 ff.; *Borchardt*, Die rechtlichen Grundlagen der EU, Rdnr. 331; *Ipsen*, Gemeinschaftsrecht, 19/8 f.

[44] Vgl. hierzu nur die Beiträge zu den "National sources and categories of legal acts" in G. Winter (Hrsg.), Sources and Categories of European Union Law, 1996, S. 69 ff.

[45] *R. Carré de Malberg*, La Loi, expression de la volonté générale, 1931, S. 38 f.; *H. Heller*, Der Begriff des Gesetzes in der Reichsverfassung, VVDStRL 4 (1928), S. 98, 118; *O. Mayer*, Deutsches Verwaltungsrecht, Bd. 1, 1924, S. 64; *Merkl*, Prolegomena (Anm. 8), S. 259 f.; besonders ausgeprägt im britischen Verfassungsrecht, *H. W. R. Wade/C. F. Forsyth*, Administrative Law, 2004, S. 26; *E. Ellis*, Sources of Law and the Hierarchy of Norms, in: D. Feldman (Hrsg.), English Public Law, 2004, S. 44, Rdnrn. 1.128 ff.

[46] Rechtsvergleichend *A. v. Bogdandy*, Gubernative Rechtsetzung, 2000, S. 161 ff. und 261 ff.; für die deutsche Rechtsordnung *W. Hoffmann-Riem*, Gesetz und Gesetzesvorbehalt im Umbruch, AöR 130 (2005), S. 5; *F. Ossenbühl*, Gesetz und Recht, in: HStR III, § 61, Rdnr. 13; *Ch. Starck*, Der Gesetzesbegriff des Grundgesetzes, 1970, S. 157 ff.; *D. Jesch*, Gesetz und Verwaltung, 1968, S. 171 ff.; zur französischen Entwicklung *R. Grote*, Das Regierungssystem der V. französischen Republik, 1995, S. 93 ff.

und rechtfertigt sich durch die besonderen Legitimationsressourcen gewählter Abgeordnetenkammern und durch die Eigenarten parlamentarischer Rechtserzeugungsprozeduren. Die Unterscheidung dieser Handlungsformen dient damit, ebenso wie die Rechtsinstitute, die sie steuern (namentlich die Gesetzesvorbehalte), primär der Verteilung von hoheitlichen Aufgaben im Bereich der Rechtsetzung auf verschiedene Verfassungsorgane.

Eben diese Verteilungsfunktion fällt bei den Handlungsformen des Unionsrechts aus. Man erfasst die Tragweite dieser abweichenden verfassungsrechtlichen Vorgabe, vergegenwärtigt man sich, dass damit der Diskurs über die Trennung der Gewalten innerhalb der Handlungsformenlehre des Unionsrechts keinen dogmatischen Ort findet: Die Gewaltenteilungslehre mit ihrer materiellen Unterscheidung von legislativen und exekutiven Staatsfunktionen[47] und ihrer prinzipiengeleiteten Zuordnung von Funktion und Organ hat keinen Erkenntniswert für die unionalen Handlungsformen. Wohlgemerkt, für diese Aussage kommt es nicht darauf an, ob die klassische Gewaltenteilungsdoktrin bereits als solche auf das institutionelle System der Union nicht übertragbar ist[48] oder ob sie auch in diesem Kontext erkenntnisstiftend sein kann.[49] Fest steht jedenfalls, dass das Unionsrecht die Kategorien der Gewaltenteilungslehre nicht auf seine Unterscheidung nach Handlungsformen appliziert. Art. 249 EG unterscheidet nicht nach exekutiven und legislativen Organen und/oder Tätigkeiten, und solche Unterscheidungen lassen sich *de constitutione lata* auch nicht von außen in die Handlungsformen hereintragen.[50]

Die Verteilung der Rechtsetzungsbefugnisse auf die Verfassungsorgane wird nicht von den Handlungsformen, sondern von den vertraglichen Rechtsgrundlagen geleistet. Eine Handlungsformenlehre, die dieser verfassungsrechtlichen Ausgangslage gerecht werden will, muss sich vom Paradigma der Gewaltenteilung lösen. Sie sollte es als Chance und als

---

47 Paradigmatisch *G. Jellinek*, Gesetz und Verordnung, 1919, S. 213 ff.

48 So die in den älteren Stellungnahmen verbreitete Ansicht, *Ipsen*, Gemeinschaftsrecht, 11/3 ff.; *E.-W. Fuß*, Rechtssatz und Einzelakt im Europäischen Gemeinschaftsrecht (Teil 1), NJW 1964, S. 327, 329.

49 *K. Lenaerts*, Some Reflections on the Separation of Powers in the European Community, CMLRev. 28 (1991), S. 11.

50 Dies wird in der jüngeren Reformdiskussion zu den Handlungsformen gesehen und kritisch gewürdigt, exemplarisch *H. Hofmann*, Normenhierarchien im europäischen Gemeinschaftsrecht, 2000, S. 31.

funktionale Entlastung begreifen, mit der Entfaltung ihrer dogmatischen Begriffe nicht zugleich über die Kompetenzsphären von Verfassungsorganen zu befinden. Diese mühevolle Aufgabe kann sie der Lehre von den Kompetenzen überantworten – womit die Frage nach dem Verhältnis von Kompetenzen und Handlungsformen aufgeworfen wäre, der das folgende Kapitel nachgeht.

B. Handlungsformen und Kompetenzen – Anforderungen an die Formenwahl

Das Prinzip der begrenzten Ermächtigung wird allgemein als die tragende Säule der Kompetenzdogmatik des Unions- bzw. Gemeinschaftsrechts angesehen. Mit einer Rekonstruktion dieses Prinzips beginnt das Kapitel, das nach dem Zusammenhang von Kompetenzen und Handlungsformen fragt. Das kompetenzdogmatische Verständnis dieser Studie ist in gebotener Kürze offen zu legen und gegen alternative Deutungen zu verteidigen (I.). Im zweiten Schritt wird eine Reihe von Lesarten zum dogmatischen Verhältnis von Kompetenzen und Handlungsformen erörtert. Dabei rückt der Begriff des Formenwahlermessens in den Mittelpunkt des Interesses (II.). Aus den gewonnenen Einsichten können weitere Schlussfolgerungen für das Selbstverständnis der Handlungsformenlehre gezogen werden (III.).

I. Das Prinzip der begrenzten Ermächtigung und seine Deutungen

Übergreifend für alle Unionsverträge hat das Prinzip der begrenzten Ermächtigung in Art. 5 EU Ausdruck gefunden, wonach die fünf Hauptorgane der Union „ihre Befugnisse nach Maßgabe und im Sinne der Verträge" ausüben. Bis zur Gründung der Union konnte der Grundsatz, dass die Befugnisse[51] der Gemeinschaft auf vertraglicher Zuweisung beruhen, aus Art. 4 I 2 EWGV hergeleitet werden (heute Art. 7 I 2 EG, parallel Art. 3 I 2 EA). Als Positivierung des Prinzips für

[51] Diese Studie behandelt, in Übereinstimmung mit der Terminologie der Verträge, die Begriffe Kompetenz, Befugnis, Zuständigkeit und Ermächtigung als Synonyme.

den Bereich des EG-Vertrags ist Art. 5 I EG zu lesen.[52] Art. 7 I 2 EG betrifft nunmehr speziell die Organkompetenzen, während Art. 5 I EG die Verbandskompetenzen anspricht.[53] Sowohl für das Interorganverhältnis (horizontale Kompetenzordnung) als auch für das Verhältnis der Union zu den Mitgliedstaaten (vertikale Kompetenzordnung) gilt der Grundsatz: Eine Kompetenz besteht nur kraft vertraglicher Zuweisung.[54]

Die Unterscheidung von Verbands- und Organkompetenz dient in erster Linie der begrifflichen Klarheit, denn beide werden durch die Verträge simultan zugewiesen. Das geltende Unionsrecht kennt keine Befugnisse, die abstrakt dem Verband überantwortet würden, ohne zugleich das Organ bzw. die Organe festzulegen, die sie ausüben dürfen.[55] Hierin kommt mehr zum Ausdruck als eine redaktionelle Technik zur Abfassung vertraglicher Rechtsgrundlagen: Die Union besitzt kein Organ, dem residual all diejenigen Befugnisse zufallen würden, die bei keinem anderen Organ verortet sind.[56] Insofern haben Art. 5 I und 7 I 2 EG einen unterschiedlichen Regelungsgehalt. Während das Interorganverhältnis von kompetenzieller Gleichrangigkeit geprägt ist („*Jedes* Organ ..."), beruht das Verhältnis von Union und Mitgliedstaaten auf einer Verteilungsregel, nach der Letztere alle Hoheitsbefugnisse ausüben können, die nicht der Union zugewiesen sind.[57]

Legt man ein Verständnis des Unionsprimärrechts als Verfassung zugrunde, können dem Prinzip der begrenzten Ermächtigung im Kern

---

[52] EuGH, Gutachten 2/94, *EMRK-Beitritt*, Slg. 1996, S. I-1759, Rdnr. 23; Rs. C-376/98, *Deutschland/Parlament und Rat*, Slg. 2000, S. I-8419, Rdnr. 83.

[53] Calliess/Ruffert-*Calliess*, Rdnr. 17 zu Art. 7 EG; *D. Triantafyllou*, Vom Vertrags- zum Gesetzesvorbehalt, 1996, S. 29.

[54] *H.-P. Kraußer*, Das Prinzip begrenzter Ermächtigung im Gemeinschaftsrecht als Strukturprinzip des EWG-Vertrages, 1991, S. 24.

[55] *Ch. Trüe*, Das System der Rechtsetzungskompetenzen der Europäischen Gemeinschaft und der Europäischen Union, 2002, S. 70 f.

[56] Dies ist eine der Bedeutungsebenen des Prinzips, das der Gerichtshof das „institutionelle Gleichgewicht" nennt, EuGH, verb. Rs. 7/56 und 3/57 bis 7/57, *Algera u.a./Gemeinsame Versammlung*, Slg. 1957, S. 83, 121; Rs. 138/79, *Roquette Frères/Rat*, Slg. 1980, S. 3333, Rdnr. 33; Rs. 204/86, *Griechenland/Rat*, Slg. 1988, S. 5323, Rdnr. 17.

[57] Letzteres ist allg. Ansicht, *Borchardt*, Rechtliche Grundlagen der EU, Rdnr. 311; *H. D. Jarass*, Die Kompetenzverteilung zwischen der Europäischen Gemeinschaft und den Mitgliedstaaten, AöR 121 (1996), S. 173, 175.

drei Funktionen zugeordnet werden.[58] Es spricht erstens die *Konstituierungsfunktion* der Verträge an: Diese errichten den europäischen Hoheitsträger und statten ihn mit Handlungsbefugnissen aus, die er durch seine Organe und Einrichtungen wahrnimmt. Ohne vertragliche Zuweisung entsteht eine unionale Befugnis erst gar nicht, und dann fehlt es an einer Legalgrundlage, auf die – nach einem modernen Verfassungsverständnis – hoheitliches Handeln zu seiner Legitimierung gegenüber den Bürgern stets angewiesen ist. Zweitens erfüllen die Verträge eine *Begrenzungsfunktion*, indem sie die Kompetenzen, die der Union zustehen, inhaltlich definieren und ihre Ausübung an die Beachtung bestimmter Vorgaben binden. Dies impliziert, dass den Kompetenznormen der Verträge Maßstabsfunktion für die Beurteilung der formellen und materiellen Rechtmäßigkeit des auf ihrer Grundlage geschaffenen Rechts zukommt. Drittens erfüllen die Verträge eine *Stabilisierungsfunktion*, indem sie die vertikale und die horizontale Zuständigkeitsverteilung gegen ihre *ad-hoc*-Modifizierung absichern. Außerhalb der eigens vorgesehenen Vertragsänderungsverfahren steht die Kompetenzordnung nicht zur Disposition, weder für die Unionsorgane noch für die Mitgliedstaaten. Die Verträge schaffen einen stabilen verfassungsrechtlichen Rahmen, in dem Konflikte um Recht- und Zweckmäßigkeit eines unionalen Rechtsetzungsprojekts ausgetragen werden können.

Das Prinzip der begrenzten Ermächtigung ordnet sich damit in den größeren Rahmen des Prinzips der verfassungsmäßigen Legalität hoheitlichen Handelns ein und formuliert dessen kompetenzrechtliche Dimension. Danach müssen sich sämtliche Handlungen der Unionsorgane auf eine vertraglich zugewiesene Befugnis zurückführen lassen und mit deren formellen und materiellen Vorgaben in Übereinstimmung stehen. Kompetenzloses Handeln der Unionsorgane ist rechtswidrig (Art. 230 II EG) oder, sofern es bereits an einer Zurechenbarkeit zum Verband fehlt, aus dessen Perspektive ein Nicht-Handeln.

Das dargestellte Verständnis ist nicht unangefochten. Engere Lesarten deuten das Prinzip der begrenzten Ermächtigung als nur partiell verwirklicht und sehen verschiedene Ausnahmen, die sich auf alternative Modi der Kompetenzbegründung beziehen (oftmals ist dann vom Prin-

---

[58] Hierzu *A. v. Bogdandy/J. Bast*, Die vertikale Kompetenzordnung der Europäischen Union, EuGRZ 2001, S. 441, 443 ff.; *F. C. Mayer*, Die drei Dimensionen der europäischen Kompetenzdebatte, ZaöRV 61 (2001), S. 577, 578 ff.; *I. Pernice*, Kompetenzabgrenzung im Europäischen Verfassungsverbund, JZ 2000, S. 866.

zip der begrenzten *Einzel*ermächtigung die Rede[59]). Zum einen wird die Methode der Kompetenzzuweisung mittels spezifischer Rechtsgrundlagen mit sog. Generalermächtigungen kontrastiert, insbesondere mit Art. 308 EG, der als Ermächtigung zur Erweiterung der Gemeinschaftskompetenzen gedeutet wird.[60] Zuzugeben ist dieser Lesart, dass die Enumeration von Spezialbefugnissen im Dritten Teil des EG-Vertrags nur eine der Kompetenzzuweisungstechniken der Verträge ist. Daneben bestehen weit formulierte Befugnisse sektorübergreifender Art. Indes wird auch durch diese Vertragsbestimmungen keine unbegrenzte Rechtsetzungsbefugnis eröffnet, sie stehen nicht außerhalb der vertraglich fixierten Kompetenzordnung.[61] Bei näherer Betrachtung erweist sich die Gesamtheit der vertraglichen Rechtsgrundlagen als ein Kontinuum unterschiedlicher Anwendungsbreite und tatbestandlicher Bestimmtheit, an deren einem Ende Art. 308 EG steht.[62] Ein kategorialer Unterschied, an welchem sich ein Systembruch innerhalb der Kompetenzordnung festmachen ließe, besteht nicht.

Ähnlich ist zu argumentieren, wenn in der Anerkennung von stillschweigenden Rechtsetzungsbefugnissen (*implied powers*) durch den EuGH[63] eine Abweichung vom Prinzip der begrenzten Ermächtigung

---

[59] Exemplarisch *Hobe*, Europarecht, Rdnr. 154; *Herdegen*, Europarecht, Rdnrn. 189 ff.; *Bleckmann*, Europarecht, Rdnrn. 380 ff.

[60] *Herdegen*, Europarecht, Rdnr. 193; Maunz/Dürig-*Scholz*, Rdnr. 73 zu Art. 23 GG; *Schweitzer/Hummer*, Europarecht, Rdnr. 339; *E. Steindorff*, Grenzen der EG-Kompetenzen, 1990, S. 114; *J. Schwarze*, Europäisches Verwaltungsrecht, 1988, S. 239; *R. Bernhardt*, Quellen des Gemeinschaftsrechts, in: Kommission (Hrsg.), Dreißig Jahre Gemeinschaftsrecht, 1983, S. 77, 87; *J. H. Kaiser*, Grenzen der EG-Zuständigkeit, EuR 1980, S. 97, 115.

[61] Streinz-*Streinz*, Rdnrn. 4 und 10 zu Art. 5 EG; Grabitz/Hilf-*Nettesheim*, Rdnr. 60 zu Art. 249 EG; *Trüe*, Rechtsetzungskompetenzen (Anm. 55), S. 80.

[62] EuGH, Gutachten 2/94 (Anm. 52), Rdnr. 30: „integrierender Bestandteil einer auf dem Grundsatz der begrenzten Ermächtigung beruhenden institutionellen Ordnung“.

[63] Unter dem EGKS-Vertrag EuGH, Rs. 8/55, *Fédéchar/Hohe Behörde*, Slg. 1956, S. 297, 312; Rs. 20/59, *Italien/Hohe Behörde*, Slg. 1960, S. 683, 708; für die EG-Außenbeziehungen Rs. 22/70, *Kommission/Rat*, Slg. 1971, S. 263, Rdnrn. 15/19; Gutachten 1/76, *Stilllegungsfonds*, Slg. 1977, S. 741, Rdnrn. 3 f.; zu Koordinierungsbefugnissen der Kommission verb. Rs. 281/85, 283/85 bis 285/85 und 287/85, *Deutschland u.a./Kommission*, Slg. 1987, S. 3203, Rdnr. 28.

gesehen wird.[64] Von einer ungeschriebenen Unionskompetenz ist dann auszugehen, wenn ein unzweifelhaft bestehender Kompetenztitel nicht sinnvoll genutzt werden kann, ohne sich auf von seinem Wortlaut nicht ausdrücklich erfasste Bereiche zu erstrecken.[65] Stillschweigende Befugnisse finden damit ihre normative Verankerung in den Vertragsbestimmungen, aus denen sie hergeleitet werden und mit deren Hilfe sich das zuständige Organ und das anzuwendende Rechtsetzungsverfahren ermitteln lassen.[66] Ein vollständiges Bild der Verbands- und Organkompetenzen bietet erst die Zusammenschau der ausdrücklich oder implizit durch die Verträge zugewiesenen Befugnisse.[67] Es wäre deshalb wenig erkenntnisträchtig, *implied powers* als eine Ausnahme vom Prinzip der begrenzten Ermächtigung zu verstehen.[68] Gerade mit Blick auf die Funktionen dieses Prinzips ist die Aktivierung der Rechtsfigur stillschweigend zugewiesener Befugnisse auf Fälle zu begrenzen, in denen ein objektives Erfordernis nachweisbar ist, da anderenfalls die vertragliche Kompetenzordnung destabilisiert würde.

Ein besonderes enges Verständnis des Prinzips begrenzter Ermächtigung wird nahe gelegt, wenn man es in Analogie zum Rechtsinstitut des Gesetzesvorbehalts in den nationalen Rechtsordnungen konzipiert, wie dies etwa bei *Schwarze* geschieht. Sein Ausgangspunkt ist ein gemeinschaftsrechtliches Rechtmäßigkeitsprinzip, das funktional dem Institut der Gesetzmäßigkeit der Verwaltung entspreche.[69] Als dessen Teilaspekte werden der Vorrang der Verträge als höherrangiges Recht und der Vorbehalt der vertraglichen Ermächtigung vorgestellt.[70] Die Verträge

---

64 *Bleckmann*, Europarecht, Rdnr. 391; *Schwarze*, Verwaltungsrecht (Anm. 60), S. 239; besorgt auch BVerfGE 89, 155, 210.

65 *K. Lenaerts/P. Van Nuffel*, Constitutional Law of the European Union, 2005, Rdnr. 5-016; Groeben/Schwarze-*Zuleeg*, Rdnr. 3 zu Art. 5 EG; Calliess/Ruffert-*Calliess*, Rdnr. 18 zu Art. 7 EG.

66 *O. Dörr*, Die Entwicklung der ungeschriebenen Außenkompetenzen der EG, EuZW 1996, S. 39, 40; *N. Emiliou*, Opening Pandora's Box, ELRev. 19 (1994), S. 488, 500; *G. Nicolaysen*, Zur Theorie von den implied powers in den Europäischen Gemeinschaften, EuR 1966, S. 129, 135.

67 EuGH, Gutachten 2/94 (Anm. 52), Rdnrn. 25 und 29.

68 Wie hier *M. Nettesheim*, Kompetenzen, in: A. v. Bogdandy (Hrsg.), Europäisches Verfassungsrecht, 2003, S. 415, 434; Groeben/Schwarze-*Zuleeg*, Rdnr. 3 zu Art. 5 EG; *A. Dashwood*, The Limits of European Community Powers, ELRev. 21 (1996), S. 113, 126.

69 *Schwarze*, Verwaltungsrecht (Anm. 60), S. 219.

70 Ibid., Rdnrn. 220 ff. und 238 ff.

rücken hier an eine funktionsanaloge Stelle zum nationalen Gesetz. Im Unterschied zum Vorbehalt des Gesetzes diene der „Vertragsvorbehalt" jedoch nicht primär dem Schutz des Einzelnen vor hoheitlicher Machtentfaltung, sondern grenze gemeinschaftliche und nationale Regelungsbefugnisse voneinander ab.[71]

Man mag bereits skeptisch sein, ob es überzeugt, den gemeinschaftsrechtlichen Rechtskorpus in seiner Gänze als Verwaltungsrecht zu qualifizieren[72] und das Handeln der Unionsorgane an Rechtsinstituten zu messen, die zur rechtsstaatlichen Einhegung von Verwaltungsbehörden entwickelt worden sind. Es begegnet jedenfalls erheblichen Zweifeln, die innerstaatliche Verteilungsregel zwischen parlamentarischem Gesetzgeber und regierungsabhängiger Verwaltung auf die föderale ‚Gewaltenteilung' zwischen Mitgliedstaaten und Union zu übertragen. Eine Implikation der Konstruktion des Prinzips begrenzter Ermächtigung als „Vertragsvorbehalt" ist hier besonders kritisch: seine Relativierung. Aus rechtsvergleichender Perspektive ist der Vorbehalt des Gesetzes kein absoluter, sondern ein relativer Vorbehalt: Er verlangt nach einer Abstufung, welche Arten von Handlungen ihm unterliegen und welche von ihm freigestellt sind.[73] Damit wird die Möglichkeit von Ausnahmen begrifflich vorbereitet. Da jedoch für die Union jenseits ihrer Gründungsverträge keine alternative Kompetenzquelle in Sicht ist, führt die Konzeption eines „Vertragsvorbehalts" zu der höchst problematischen Annahme, dass im Unionsrecht kompetenzfreie Räume existieren.[74] Unbeabsichtigt werden so staatstheoretische Positionen des monarchistischen Konstitutionalismus reaktiviert und auf die Union übertragen, die mit ihrem Selbstverständnis (Art. 6 I EU) gänzlich unvereinbar sind.[75]

---

[71] Ibid., S. 238; dagegen betont *Kraußer*, Prinzip (Anm. 54), S. 27 und 77, den individualschützenden Charakter der Kompetenzordnung.

[72] *J. Schwarze*, Sources of European Administrative Law, in: St. Martin (Hrsg.), The Construction of Europe, 1994, S. 183.

[73] *A. v. Bogdandy*, Gubernative Rechtsetzung, 2000, S. 168 ff.

[74] Besonders deutlich bei *Bleckmann*, Europarecht, Rdnr. 384.

[75] *Nettesheim*, Kompetenzen (Anm. 68), S. 429.

II. Implikationen des Zuweisungsprinzips für die Handlungsformen

Auf Grundlage des vorstehend unterbreiteten Verständnisses wird nun die Relevanz des Prinzips vertraglicher Kompetenzzuweisung für die Dogmatik der Handlungsformen evaluiert. Das Interesse gilt zwei Fragen, die in der Literatur zum Verhältnis von Kompetenzen und Handlungsformen aufgeworfen werden: die nach der formenbezogenen Reichweite des Prinzips begrenzter Ermächtigung (1.) und die nach der kompetenzrechtlichen Determination der Formenwahl (2.). Ein weiterer Abschnitt kontrastiert das Kontrollregime der Rechtsgrundlagenwahl mit dem der Formenwahl (3.).

1. Das Kompetenzerfordernis gilt für alle Handlungsformen

Ein Diskussionsstrang zum Zusammenhang von Kompetenzen und Handlungsformen widmet sich dem Problem, für welche Handlungsformen das Prinzip der begrenzten Ermächtigung „gilt".[76] Bei einem Verständnis als fundamentales Verfassungsprinzip ist diese Fragestellung unverständlich. Das Erfordernis einer ausreichenden Kompetenz gilt für *jegliches* amtliches Handeln und liegt damit der Frage, in welchen Formen es Gestalt annimmt, voraus.

Offenbar hat diese Diskussion ein engeres Verständnis des Prinzips begrenzter Ermächtigung zur Prämisse. Die nachhaltigste Reduktion seiner Reichweite nimmt *Bleckmann* vor, der es als bloßen Eingriffsvorbehalt konstruiert.[77] Das Erfordernis einer Rechtsgrundlage gelte nur für die verbindlichen Handlungsformen des Art. 249 EG und komme auch nur dann zum Tragen, wenn für Mitgliedstaaten oder Individuen Verpflichtungen begründet werden. Für begünstigende „Verwaltungsakte" bedürfe es keiner „bestimmten" Ermächtigungsgrundlage.[78] Diese Auffassung widerspricht dem geltenden Recht[79] und verkennt, dass hoheitliches Handeln nicht erst dann rechtliche Legitimation benötigt, wenn

---

[76] *Kraußer*, Prinzip (Anm. 54), S. 77 ff.; *B. Biervert*, Der Mißbrauch von Handlungsformen im Gemeinschaftsrecht, 1999, S. 89 f.

[77] *Bleckmann*, Europarecht, Rdnr. 382.

[78] Ibid., Rdnrn. 383 und 387.

[79] EuGH, Rs. 111/63, *Lemmerz-Werke/Hohe Behörde*, Slg. 1965, S. 893, 911; Rs. C-106/96, *Großbritannien/Kommission*, Slg. 1998, S. I-2729, Rdnrn. 22 und 28; näher Zweiter Teil, C. I. 1. c.

es Verpflichtungskraft in Anspruch nimmt.[80] Dies gilt zumal für die Union angesichts der residualen Zuständigkeitsvermutung zugunsten der Mitgliedstaaten.

Diese Einwände treffen auch Lesarten, die das Prinzip allein auf Handlungen mit verbindlicher Außenwirkung erstrecken[81] oder, etwas weiter gefasst, noch bestimmte Organisationsakte mit Wirkungen im Interorganverhältnis einbeziehen.[82] Zur Kategorie der Außenwirkung ist zunächst zu sagen, dass die Selbstverständlichkeit ihrer Verwendung oftmals nicht einhergeht mit hinreichender Klarheit, was darunter rechtlich zu verstehen sei. Ungeklärt ist beispielsweise, ob die Möglichkeit des Bürgers, sich vor Gericht auf die Verletzung einer Vorschrift zu berufen, Prämisse oder Folgerung einer Qualifizierung als ‚Handlung mit Außenwirkung' sein soll – oder keines von beidem. Überdies werden mit der begrifflichen Unterscheidung von Innen- und Außenrecht problematische staatstheoretische Vorstellungen transportiert, zumal wenn sie für die Reichweite eines Kompetenznormerfordernisses fruchtbar gemacht werden soll.[83] Stellt man terminologische Fragen hintan, so ist auch in der Sache nicht einzusehen, warum bei der sekundärrechtlichen Ausgestaltung der Organisationsstruktur der Union oder bei der Regelung des Dienstbetriebs der Organe der Nachweis einer entsprechenden Kompetenz verzichtbar sein soll. Organisation und Verfahren sind, das hat die jüngere verwaltungsrechtliche Diskussion gezeigt,[84] effektive Steuerungsinstrumente, deren Einsatz verfassungsrechtlicher Einbindung bedarf. Für die Union im Besonderen ergibt sich das Erfordernis der Legitimierung durch eine Befugnisnorm bereits zwingend aus der kompetenzrechtlichen Gleichordnung ihrer Hauptorgane. Auch in Fällen, in denen aus der institutionellen Autonomie der Union unproblematisch auf eine Verbandskompetenz geschlossen werden kann, ist stets noch zu klären, welches Organ zur Wahrnehmung solcher impliziten Organisationsbefugnisse berufen ist.[85]

---

80 *Jarass*, Kompetenzverteilung (Anm. 57), S. 175; *Schwarze*, Verwaltungsrecht (Anm. 60), S. 239.

81 *Biervert*, Mißbrauch (Anm. 76), S. 90; *Oppermann*, Europarecht, Rdnr. 517.

82 *Kraußer*, Prinzip (Anm. 54), S. 90 ff.

83 Hierzu *Ch. Möllers*, Staat als Argument, 2000, S. 154 ff.

84 Vgl. nur die Beiträge in E. Schmidt-Aßmann/W. Hoffmann-Riem (Hrsg.), Verwaltungsorganisationsrecht als Steuerungsressource, 1997.

85 Calliess/Ruffert-*Calliess*, Rdnr. 18 zu Art. 7 EG.

Die verfassungsrechtlichen Funktionen einer in den Verträgen verorteten Kompetenzordnung sprechen schließlich dafür, auch unverbindliche Handlungsformen nicht als Ausnahme vom Prinzip der begrenzten Ermächtigung[86] anzuerkennen, denn es geht um hoheitliches und folglich legitimationsbedürftiges Handeln eines nicht allzuständigen Verbands.[87] Das Fehlen einer Ermächtigungsgrundlage führt nicht zur Unverbindlichkeit einer Handlung,[88] vielmehr bedürfen auch unverbindliche Handlungen der Union einer ausdrücklichen oder impliziten Ermächtigung. Zuzugeben ist, dass aufgrund der weniger einschneidenden Wirkungen die Herleitung entsprechender ungeschriebener Befugnisse unproblematischer ist als bei verbindlichen Handlungsformen, sodass die Begrenzungsfunktion der Kompetenzordnung hier weniger stark gefordert ist.[89] Eine Grenze finden implizite Verlautbarungsbefugnisse gleichwohl an ausdrücklichen Regelungen zu unverbindlichen Handlungen. Nach Art. 211 EG ist nur die Kommission im Anwendungsbereich des EG-Vertrags umfassend zur Abgabe von Stellungnahmen und Empfehlungen berechtigt, andere Organe benötigen gemäß Art. 249 I EG eine spezifische Ermächtigung.[90] Im Fall ihres Fehlens ist der Rat auf andere unverbindliche Handlungsformen, insbesondere die Entschließung, verwiesen.

Ob ein Kompetenznormerfordernis für sämtliche oder nur für bestimmte Handlungsformen gilt, ist, so kann zusammenfassend fest-

---

[86] So aber Groeben/Schwarze-*Zuleeg*, Rdnr. 2 zu Art. 5 EG, unter Verweis auf *Kraußer*, Prinzip (Anm. 54), S. 88 f.; Schwarze-*Biervert*, Rdnr. 12 zu Art. 249 EG; *Geiger*, EUV/EGV, Rdnr. 23 zu Art. 249 EG; *Schweitzer/Hummer*, Europarecht, Rdnr. 381; *Th. Bodewig/Th. Voß*, Die „offene Methode der Koordinierung“ in der Europäischen Union, EuR 2003, S. 310, 322.

[87] *L. Senden*, Soft Law in European Community Law, 2004, S. 291 ff.; *Huber*, Recht der Europäischen Integration, Rdnr. 113 zu § 8 und Rdnr. 14 zu § 16.

[88] Wie *Triantafyllou*, Gesetzesvorbehalt (Anm. 53), S. 73 f., meint.

[89] Die Begründung einer Befugnis zum Erlass von unverbindlichen Handlungen hat am Aufgabenprofil der verschiedenen Unionsorgane anzuknüpfen, Groeben/Schwarze-*Bieber*, Rdnr. 55 zu Art. 7 EG; zur Befugnis des Parlaments zum Erlass von Entschließungen „über jede Frage ..., die die Gemeinschaften betrifft“ EuGH, Rs. C-230/81, *Luxemburg/Parlament*, Slg. 1983, S. 255, Rdnr. 39; zu unverbindlichen Äußerungen der Kommission gegenüber mitgliedstaatlichen Behörden Rs. 132/77, *Société pour l'exportation des sucres/Kommission*, Slg. 1978, S. 1061, Rdnrn. 11 ff.

[90] Calliess/Ruffert-*Ruffert*, Rdnr. 120 zu Art. 249 EG; a.A. Schwarze-*Biervert*, Rdnr. 12 zu Art. 249 EG; *Senden*, Soft Law (Anm. 87), S. 303.

gehalten werden, nicht bloß eine Frage terminologischer Konstruktion. Es zeigt sich, dass Anleihen beim Konzept des Gesetzesvorbehalts mit gewisser Folgerichtigkeit dazu führen, bestimmte Handlungen, die sich nicht als „Eingriff“ oder als „Regelung“ darstellen, außerhalb der Kompetenzordnung anzusiedeln und *bereits deshalb* für zulässig zu halten. Rigiditäten vermeidet die hier vertretene Gegenauffassung, indem im Bereich des Organisationsrechts und bezüglich unverbindlicher Verlautbarungen gewisse implizite Befugnisse anerkannt werden. Diese Ansicht verdient auch deshalb den Vorzug, weil nur die Rückbindung an den Text der Verträge die Frage beantworten kann, welches Organ für die Wahrnehmung einer solchen Befugnis zuständig ist.

2. *Formenwahlermessen als Regelfall*

Wie gezeigt, setzt der rechtmäßige Einsatz einer Handlungsform stets eine ausreichende Kompetenz voraus. Davon zu unterscheiden ist die Frage, ob bei einer gegebenen Kompetenz das Prinzip der begrenzten Ermächtigung etwas über die einzusetzende Handlungsform aussagt. In der Literatur trifft man hierzu auf eine überraschend strikte Kopplung von Kompetenzen und Handlungsformen, die von der Idee geleitet ist, grundsätzlich definiere jede Kompetenznorm auch die zu wählende Handlungsform.

Die radikalste Ausführung dieser Lesart findet sich bei *Ipsen*. Für ihn ist die „Begrenzung nach Handlungsformen“[91] *der* zentrale Gehalt des Prinzips der begrenzten Ermächtigung, er rangiert noch vor der Versagung einer allgemeinen Rechtsetzungsbefugnis[92] und den „Inhaltsbegrenzungen“[93] der einzelnen Ermächtigungsnormen. Die Festlegung der Gemeinschaftsbefugnisse „nach Materie und Rechtsform“[94] dosiere die auf den Bürger durchgreifende Hoheitsgewalt „von der Quelle her“[95] und limitiere den Kompetenzverlust der Mitgliedstaaten. Angesichts dieser Zentralität der Handlungsformen für die Kompetenzordnung wundert es nicht, dass *Ipsen* die spezifizierte Zuweisung von

---

91 *Ipsen*, Gemeinschaftsrecht, 20/23 ff.

92 Ibid., 20/26 ff.

93 Ibid., 20/30 ff.

94 Ibid., 20/33.

95 Ibid., 20/35.

Handlungsformen zur allgemeinen Regel erklärt („Normalprinzip“[96]) und ihr quantitatives Überwiegen unterstellt.[97] Rechtsgrundlagen ohne Formenwahlgebote werden als Ausnahmefälle begriffen, die sich teils aus unzulänglicher Koordinierung der Redaktionsarbeiten erklären sollen, teils als Ausdruck dilatorischer Kompromisse zwischen den Vertragsparteien zu werten seien.[98] Nur in besonderen Fällen komme in Ermächtigungsnormen, die „ungekennzeichnete Rechtshandlungen“ vorsehen, der Wille der Vertragsautoren zum Ausdruck, die Befugnis zum Erlass von Rechtsakten einzuräumen, die sich in den Katalog der Formen nicht einfügen.[99]

Dieses Verständnis der Zuordnung von Kompetenz und Handlungsform entfaltete erstaunliche Deutungsmacht.[100] *Ipsens* „Normalprinzip“ und die ihm unterliegende Regel-Ausnahme-Struktur wird bis heute in einer Vielzahl von Beiträgen ungeprüft als adäquate Konzeptualisierung des geltenden Primärrechts unterstellt.[101]

Jedoch hält das „Normalprinzip“ bereits für die römische Fassung der Verträge nur schwer einer kritischen Prüfung stand. Wie ein zeitgenössischer Beobachter zutreffend feststellte, schwieg der ursprüngliche EWG-Vertrag in den meisten Fällen über die Art der von den Organen zu treffenden Maßnahmen.[102] Dies ergibt sich auch aus der tabellari-

---

[96] Ibid., 20/24.

[97] Ibid., 20/26.

[98] Ibid., 20/25 und 21/39.

[99] Ibid., 20/41 und 21/41; zum Theorem der ungekennzeichneten Rechtshandlungen unten, C. I. 1. a., und Zweiter Teil, A. III. 1.

[100] *E. Grabitz* verlieh ihm europaweite Verbreitung in *ders.*, Rechtshandlungen der Gemeinschaftsorgane, in: Kommission (Hrsg.), Dreißig Jahre (Anm. 60), S. 91, 97: „überwiegend keine Wahlmöglichkeit hinsichtlich der Rechtsform ... Nur gelegentlich stellen die Verträge die Wahl des Eingriffsmittels in das Ermessen der Gemeinschaftsorgane“.

[101] *Trüe*, Rechtsetzungskompetenzen (Anm. 55), S. 113; *P.-Ch. Müller-Graff*, Die Kompetenzen der Europäischen Union, in: W. Weidenfeld (Hrsg.), Europa-Handbuch, 2002, S. 374, 378; Streinz-*Streinz*, Rdnr. 7 zu Art. 5 EG; *Bieber/Epiney/Haag*, Die Europäische Union, Rdnr. 24 zu § 6; *Streinz*, Europarecht, Rdnr. 436; anders aber Streinz-*Schroeder*, Rdnr. 9 zu Art. 249 EG; *P. Craig/G. de Búrca*, EU Law, 2003, S. 112 und 114.

[102] Wohlfarth/Everling/Glaesner/Sprung-*Wohlfarth* (1960), Rdnr. 17 zu Art. 189 EWGV.

schen Zusammenstellung bei *Ipsen* selbst.[103] Eine qualitative Analyse vertieft die Skepsis gegenüber dem positiv-rechtlichen Fundament der These. Oftmals waren es gerade Bestimmungen mit befristeter Geltung, die der EWG-Vertrag mit Formenwahlgeboten versehen hatte; die Konsolidierung des Primärrechts durch den Amsterdamer Vertrag hat sie konsequenterweise gestrichen.[104] In anderen Fällen erweist sich, dass die Deutung als Formenwahlgebot grammatischer und systematischer Auslegung im Lichte anderer Sprachfassungen nicht standhält.[105] Bereits die ursprünglichen Gründungsverträge also versahen die Mehrheit ihrer Rechtsgrundlagen nicht mit ausdrücklichen Vorgaben für die zu wählende Handlungsform, stellten in einigen Fällen mehrere Handlungsformen zur Auswahl und legten das ermächtigte Organ nur selten auf eine bestimmte Handlungsform fest.

Die Verantwortung dafür, dass *Ipsens* „Normalprinzip“ für das geltende Primärrecht nicht einmal heuristischen Nutzen beanspruchen kann, liegt bei den Autoren der Vertragsrevisionen, die seit der Einheitlichen Europäischen Akte (EEA) in dichter Folge die heutige Gestalt der Verträge prägten. Die zahlreichen Rechtsgrundlagen, die neu in die Verträge aufgenommen wurden, weisen kaum einmal einen Hinweis auf das einzusetzende Rechtsinstrument auf.[106] Der dominierende Begriff in der jüngeren Generation von Kompetenzen ist der der „Maßnahmen“, der als Blankett auf das vorhandene Tableau der Handlungsformen verweist und die jeweilige Wahl in das Ermessen des ermächtigten Organs stellt.[107] Paradigmatisch für diese – in der formendogmatischen Literatur kaum mitvollzogene – verfassunggeberische Grundentscheidung zugunsten eines Formenwahlermessens steht Art. 95 I EG, der als Art. 100a EWGV durch die EEA in die Verträge eingefügt wurde. In der Gemeinschaftspraxis hatte sich nicht nur das Einstimmigkeitsprinzip unter Art. 100 EWGV (jetzt Art. 94 EG) als zu schwerfällig erwiesen, um unter ihm das avancierte Ziel der Verwirklichung des Binnenmarkts

---

103 *Ipsen*, Gemeinschaftsrecht, 20/7 ff.

104 Etwa Art. 13 II, 33 VII, 45 II Ua. 4 und 97 EWGV.

105 Etwa in Art. 92 III lit. d EWGV (jetzt Art. 87 III lit. e EG); siehe Zweiter Teil, A. I. 2. c.

106 Die einzige relevante Ausnahme ist Art. 118a II EGV (Maastricht), heute mit erweitertem Anwendungsbereich Art. 137 II EG.

107 Etwa Art. 57 II, 60 II, 62, 63, 65, 66, 95 I, 104 XI, 106 II, 129, 135, 137 II lit. a, 138 I, 141 III, 150 IV, 152 IV, 153 IV, 157 III, 164, 175 III, 179 I, 181a II, 280 IV, 299 II EG; siehe auch Art. 5 II, III EG.

zu erreichen. Auch die starre Festlegung auf die Form der Richtlinie wurde als Teil der „strukturellen Schwächen“[108] des Art. 100 EWGV angesehen, die der gewünschten Vertiefung der Integration im Wege standen.[109]

Die Marginalisierung vertraglicher Formenwahlgebote trägt erheblich zur Entschärfung eines dogmatischen Streits bei, der in den 1960er und 1970er Jahren ausgetragen wurde und in der heutigen Literatur nachhallt. Man diskutierte über rechtliche Konsequenzen aus dem Umstand, dass EWG- und EAG-Vertrag keine mit Art. 14 V KS vergleichbare Bestimmung aufweisen. Gemäß dieser Vorschrift konnte sich die Hohe Behörde der EGKS darauf beschränken, eine (bloß zielverbindliche) EGKS-Empfehlung auszusprechen, wenn sie dazu befugt war, eine EGKS-Entscheidung (sie entsprach EG-Verordnung oder -Entscheidung) zu erlassen.[110] Nach einer überwiegenden Auffassung war für die jüngeren Gemeinschaftsverträge der Schluss zu ziehen, dass die vertragliche Ermächtigung zur Anwendung einer bestimmten Handlungsform zugleich die Verpflichtung zu ihrem Einsatz bedeute.[111] Andere vertraten die Ansicht, auch unter dem EWG-Vertrag gelte ein „Grundsatz des Interventionsminimums“[112], nach dem beispielsweise unter einer Rechtsgrundlage, die eine Verordnung vorsehe, auch eine Richtlinie zu-

---

[108] Calliess/Ruffert-*Kahl*, Rdnr. 1 zu Art. 95 EG; hierzu auch *Nicolaysen*, Europarecht II, S. 305.

[109] Der Rückgriff auf eine Verordnung als Harmonisierungsinstrument erforderte die ergänzende Inanspruchnahme von Art. 235 EWGV (jetzt Art. 308 EG), EuGH, Rs. 8/73, *Massey-Ferguson*, Slg. 1973, S. 897, Rdnr. 3.

[110] Zur Austauschbarkeit der Formen unter dem EGKS-Vertrag zuletzt GA Alber, verb. Rs. C-172/01 P, C-175/01 P, C-176/01 P und C-180/01 P, *International Power*, Slg. 2003, S. I-11421, Nr. 131.

[111] *H.-J. Rabe*, Das Verordnungsrecht der Europäischen Wirtschaftsgemeinschaft, 1963, S. 74 ff.; *Ipsen*, Gemeinschaftsrecht, 20/24; heute etwa *Streinz*, Europarecht, Rdnr. 436; *Trüe*, Rechtsetzungskompetenzen (Anm. 55), S. 115; *Biervert*, Mißbrauch (Anm. 76), S. 91; *Triantafyllou*, Gesetzesvorbehalt (Anm. 53), S. 60; *Kraußer*, Prinzip (Anm. 54), S. 24 f.; *A. Haratsch*, Zur Dogmatik von Rücknahme und Widerruf von Rechtsakten der Europäischen Gemeinschaft, EuR 1998, S. 387, 407; *M. Schweitzer*, Die Rechtshandlungen der Europäischen Gemeinschaften und ihre Wirkung in den Mitgliedstaaten, in: FS F. Klein, 1994, S. 85, 86.

[112] Für den EGKS-Vertrag *A. Schüle*, Marktinterventionen der Hohen Behörde und finanzielle Einrichtung, ZaöRV 19 (1958), S. 464, 472.

gelassen sei.[113] Die praktische Bedeutung dieser Diskussion ist gering, stellt man in Rechnung, dass gerade einmal zwei Ermächtigungsnormen des EG-Vertrags nach einer Verordnung verlangen. Unter der Prämisse ubiquitären Formenwahlermessens stellt sich die Frage nach einem formenbezogenen Interventionsminimum kaum mehr als Problem der Auslegung vertraglicher Formenwahlgebote, sondern als eines der Steuerung und Einhegung dieses Auswahlermessens. Die Umkehrung des Regel-Ausnahme-Verhältnisses drängt vielmehr darauf, auch die fortbestehenden Formenwahlgebote aus der ältesten Schicht der Verträge auf ihre aktuelle Relevanz hin zu untersuchen und zu ermitteln, ob und in welchem Umfang unter ihnen alternative Formenwahloptionen zur Verfügung stehen.[114]

Eine weitere Folge der verfassunggeberischen Grundentscheidung *pro* Formenwahlermessen ist mehr konzeptioneller Natur. Wenn das positive Recht Kompetenzen und Handlungsformen derart voneinander entkoppelt, müssen beide Kategorien auch theoretisch auf eigenständige Grundlagen gestellt werden. Die Formendogmatik kann nicht mehr, wie noch bei *Ipsen*, als bloße Subdisziplin der Kompetenzlehren firmieren und dem Prinzip der begrenzten Ermächtigung zuarbeiten. Dabei entlastet es die Handlungsformendogmatik erheblich, wenn mit der dogmatischen Konturierung der einzelnen Handlungsformen nicht immer zugleich über Inhalt und Reichweite der Rechtsetzungsbefugnisse des Verbands mitverhandelt wird. Rückgebunden an ein formenübergreifendes Kompetenznormerfordernis, können die Handlungsformen einen eigenen, dynamischeren Weg gehen, ohne dass diese Dynamik die Stabilität der Kompetenzordnung zu beeinträchtigen droht.

3. Wahl der Rechtsgrundlage und Wahl der Handlungsform – unterschiedliche Kontrolldichte

Die dogmatische Auseinanderentwicklung von Kompetenzen und Handlungsformen erhält noch deutlichere Konturen, nimmt man die jeweilige Dichte der Kontrolle in den Blick, der die Organe unterliegen.

---

113 *M. Zuleeg*, Die Kompetenzen der Europäischen Gemeinschaften gegenüber den Mitgliedstaaten, JöR n.F. 20 (1971), S. 1, 14.

114 Dies wird unten im Zusammenhang mit der Frage diskutiert, ob ein Beschluss unter solchen Rechtsgrundlagen eine rechtmäßige Formenwahl ist, Zweiter Teil, D. IV. 2.

Wahl der Rechtsgrundlage und Wahl der Handlungsform sind im geltenden Unionsrecht streng zu unterscheidende Phänomene.

Unbestritten können die Unionsorgane nicht autonom über Bestehen und Umfang einer Verbandskompetenz bestimmen. Weniger evident ist, ob die Organe über ein Auswahlermessen bezüglich der Rechtsgrundlage verfügen, wenn eine Verbandskompetenz außer Zweifel steht und auch das zuständige Erlassorgan zwischen den Wahloptionen nicht variiert. In der Gemeinschaftspraxis der ersten Jahrzehnte scheint namentlich der Rat von gewissen Ermessensspielräumen ausgegangen zu sein, wenn er im Zweifel mehrere Vertragsbestimmungen kumulativ in Anspruch nahm oder bei Streitigkeiten über den Umfang einer Kompetenz ‚vorsichtshalber' Art. 235 EWGV (jetzt Art. 308 EG) ergänzend heranzog. Der Gerichtshof ist dem zunächst nicht entgegengetreten.[115] Unter dem sog. Luxemburger Kompromiss entschied der Rat ohnehin, ungeachtet der einschlägigen Rechtsgrundlage, im Konsens. Erst die Verabschiedung der EEA kündigte eine Hinwendung zur qualifizierten Mehrheitsentscheidung und eine Ausweitung der Mitwirkungsbefugnisse des Parlaments an. Nunmehr verschärfte der Gerichtshof die Anforderungen massiv.[116] Er erklärte nicht nur die jahrelange Politik der Doppelabstützung für verfassungsrechtlich irrelevant,[117] er formulierte überdies strenge Vorgaben, die die Wahl der Rechtsgrundlage an objektiven Kriterien ausrichten.[118] Nicht zuletzt die Unterschiedlichkeit der Verfahrensanforderungen dränge darauf, selbst bei sachlich überlappenden Rechtsgrundlagen präzise die im konkreten Fall vorzugswürdige zu identifizieren.[119] In der Sache verneint der Gerichtshof seitdem in ständiger Rechtsprechung jegliches Ermessen der Organe bei der Wahl

---

[115] Vgl. EuGH, Rs. 8/73 (Anm. 109), Rdnr. 4.

[116] Hierzu im Überblick *Nettesheim*, Kompetenzen (Anm. 68), S. 473 ff.

[117] EuGH, Rs. 68/86, *Großbritannien/Rat*, Slg. 1988, S. 855, Rdnrn. 24 und 38; Rs. 131/86, *Großbritannien/Rat*, Slg. 1988, S. 905, Rdnr. 31; Rs. C-271/94, *Parlament/Rat*, Slg. 1996, S. I-1689, Rdnrn. 24 und 34.

[118] EuGH, Rs. 45/86, *Kommission/Rat*, Slg. 1987, S. 1493, Rdnr. 11; Rs. 131/87, *Kommission/Rat*, Slg. 1989, S. 3743, Rdnr. 7; Rs. 62/88, *Griechenland/Rat*, Slg. 1990, S. I-1527, Rdnr. 13.

[119] EuGH, Rs. C-300/89, *Kommission/Rat*, Slg. 1991, S. I-2867, Rdnrn. 17 ff.; Rs. 70/88, *Parlament/Rat*, Slg. 1991, S. I-4529, Rdnr. 9 und 17; Rs. C-155/91, *Kommission/Rat*, Slg. 1993, S. I-939, Rdnrn. 7 und 19.

der Rechtsgrundlage.[120] „Wahl" bedeutet hier soviel wie *Ermittlung der rechtlich zutreffenden* Rechtsgrundlage(n).

Kontrastiert man diese Judikatur mit der zur Wahl der Handlungsform, hat man Schwierigkeiten, überhaupt ein Kontrollregime zu identifizieren. Diese Studie vermochte kein einziges Urteil zu ermitteln, das einen Rechtsakt wegen einer fehlerhaften Formenwahl für rechtswidrig erklärte. Vereinzelte klägerische Rügen in diese Richtung blieben ungehört[121] oder wurden ausdrücklich verworfen.[122] Ein eigenständiges Rechtsinstitut des objektiven Formenmissbrauchs ist im geltenden Recht nicht nachweisbar.[123] Die liberale formenpolitische Konzeption des Gerichtshofs spiegelt sich schon in einem frühen Urteil:

> „Die Wendung ‚die der Lage entsprechenden Maßnahmen' in Artikel 103 Absatz 2 [EWGV] deutet darauf hin, dass der Rat auch mit Bezug auf die Form der Maßnahmen je nach Falllage diejenige wählen darf, die ihm als die geeignetste erscheint."[124]

Ganz im Gegensatz zur Frage der einschlägigen Rechtsgrundlage räumt der EuGH den ermächtigten Organen bei der Wahl der Handlungsform nicht nur ein Ermessen ein, sondern erkennt auch einen sehr weiten Gestaltungsspielraum an.[125] Wissenschaftliche Vorschläge älteren Da-

---

[120] EuGH, Rs. C-491/01, *BAT*, Slg. 2002, S. I-11453, Rdnrn. 93 f.; Rs. C-281/01, *Kommission/Rat*, Slg. 2002, S. I-12049, Rdnrn. 33 ff.; Rs. C-211/01, *Kommission/Rat*, Slg. 2003, S. I-8913, Rdnrn. 38 ff.

[121] In EuGH, Rs. 70/88, *Parlament/Rat*, Slg. 1991, S. I-4529, Rdnr. 19, berief sich das Parlament auf die „ungeeignete Rechtsform" der angegriffenen Verordnung, da Art. 31 EA nur den Erlass von Richtlinien erlaube; mangels Zulässigkeit der Rüge blieb die Frage offen.

[122] So die Behauptung der Klägerin, zur Durchführung einer auf Art. 95 I EG gestützten Richtlinie könne keine staatengerichtete Entscheidung mit Einzelfallcharakter erlassen werden, in EuGH, Rs. C-359/92, *Deutschland/Rat*, Slg. 1994, S. I-3681, Rdnrn. 13, 17 und 37.

[123] Dies wird unterstrichen von den Schwierigkeiten der diesem Thema gewidmeten Dissertation *Bierverts*, überzeugende Beispiele zu offerieren, *ders.*, Mißbrauch (Anm. 76), S. 114 ff.

[124] EuGH, Rs. 5/73, *Balkan-Import-Export*, Slg. 1973, S. 1091, Rdnr. 18; ebenso in Rs. 9/73, *Schlüter*, Slg. 1973, S. 1135, Rdnr. 18, und Rs. 10/73, *Rewe*, Slg. 1973, S. 1175, Rdnr. 18.

[125] EuGH, Rs. C-163/99, *Portugal/Kommission*, Slg. 2001, S. I-2613, Rdnr. 20; Grabitz/Hilf-*Nettesheim*, Rdnr. 78 zu Art. 249 EG.

tums, die für ein strikt kontrolliertes Prinzip eines sachgerechten Formengebrauchs plädierten, vermochten sich nicht durchzusetzen.[126]

Dies heißt gewiss nicht, dass die Ausübung des Formenwahlermessens überhaupt nicht justiziabel wäre: Wie jegliches Organhandeln ist es am Maßstab allgemeiner Rechtsgrundsätze zu messen, hier insbesondere am Verhältnismäßigkeitsprinzip. Wie dieses im Hinblick auf die Formenwahl operationalisiert werden könnte, wird an späterer Stelle erörtert.[127] Hier kommt es zunächst nur auf die Beobachtung an, dass die Kontrolldichte bezüglich der Formenwahl eher am Ende einer Skala angesiedelt ist, an deren Anfang die Kompetenzkontrolle rangiert. Wenig Erfolg versprechend sind daher Ansätze, die durch Exegese der gewählten Rechtsgrundlage möglichst jedem konkreten Rechtsetzungsprojekt eine rechtlich gebotene Handlungsform zuordnen wollen.[128] Die Wahl der angemessenen Handlungsform fällt vielmehr in weitem Umfang in den Bereich politischer Gestaltungsfreiheit und ist aus einer vertraglichen Rechtsgrundlage zumeist ebenso wenig abzuleiten wie der Inhalt eines Rechtsakts im Übrigen.

III. Formenwahlermessen und die Aufgaben der Handlungsformenlehre

Die Hinwendung zum Formenwahlermessen als Regelfall entfernt das Unionsrecht weiter von den Ausgangsbedingungen des staatlichen Verfassungsrechts.[129] Das Unionsrecht löst seine Handlungsformen nicht nur von der Gewaltenteilungsdoktrin, indem es seine rechtsetzenden Verfassungsorgane mit einem identischen Grundbestand an Handlungsformen ausstattet. In der Mehrzahl der Fälle besitzen die Unionsorgane auch ein weites Ermessen, welche Handlungsform sie bei einem geplanten Rechtsetzungsprojekt zum Einsatz bringen wollen: Die auf bestimmte Ziele und Gegenstände ausgerichteten Kompetenznormen der

---

[126] *M. Wegmann*, Die Nichtigkeitsklage Privater gegen Normativakte der Europäischen Gemeinschaften, 1976, S. 151 f.; *E.-W. Fuß*, Rechtssatz und Einzelakt im Europäischen Gemeinschaftsrecht (Teil 1), NJW 1964, S. 327, 330.

[127] Zweiter Teil, D. IV. 1.

[128] So aber z.B. *Biervert*, Mißbrauch (Anm. 76), S. 99; *Bieber/Epiney/Haag*, Die Europäische Union, Rdnr. 24 zu § 6.

[129] Zum Kontrast vgl. *H. Goerlich*, „Formenmißbrauch“ und Kompetenzverständnis, 1987, S. 95 ff.

Verträge determinieren zwar stets das Verfahren, in dem ein Rechtsakt zu erlassen ist, schweigen jedoch im Regelfall über die einzusetzende Handlungsform.[130]

Für die Dogmatik der Handlungsformen bedeutet dies zunächst, dass für das Rechtsregime der einzelnen Formen kaum noch etwas durch eine Zusammenschau der sie anführenden vertraglichen Rechtsgrundlagen gewonnen werden kann – auf sie sind nur noch minimale Anteile des geltenden Sekundärrechts gestützt. Mit ihrer Entkopplung von einzelnen Befugnisnormen verlieren die Handlungsformen zugleich jegliche sektorspezifische Prägung. Wenn auf allen Politikfeldern der Union mit ihren je speziellen Rechtsgrundlagen grundsätzlich das gesamte Spektrum der Handlungsformen zur Verfügung steht, dann sind auch die dogmatischen Konturen der einzelnen Formen aus einer sektorübergreifenden Perspektive zu entwickeln. Die Auseinanderentwicklung von Kompetenzen und Handlungsformen überträgt Letzteren die Aufgabe, ein Moment der horizontalen Einheitsbildung im europäischen Verfassungsrecht zu sein.

Formenwahlermessen als Regelfall verändert ferner die Funktion, die der rechtlichen Differenzierung zwischen den einzelnen Handlungsformen zukommt. Die dogmatischen Unterschiede zwischen den Formen sind nicht mehr in erster Linie aus der Perspektive des rechtlichen Dürfens, sondern aus der des gesetzgeberischen Wollens zu konstruieren. Wenn die Wahl zwischen einer Verordnung oder einer Richtlinie weder über das Bestehen einer Kompetenz noch über die Modalitäten ihrer Ausübung entscheidet, dann kann sich die Auswahlentscheidung an den unterschiedlichen Gestaltungspotenzialen orientieren. Die Handlungsformen des Unionsrechts sind vor allem *Gestaltungsmittel*, die die Rechtsordnung den rechtsetzenden Organen an die Hand gibt, um einem Regelungsanliegen angemessene Form zu geben. Von dieser Rechtsfolgenseite der Formenwahl her sind die unionalen Handlungsformen zu begreifen, ihre Differenzen zu entwickeln und ihr Profil zu schärfen: von den formspezifischen Rechtswirkungen her, die sich mit der Zuordnung eines Rechtsakts zu einer bestimmten Handlungsform verbinden, und den formspezifischen Gültigkeitsanforderungen und

---

[130] In dieser Hinsicht gleicht die verfassungsrechtliche Ausgangslage, in der sich die Rechtsetzungsorgane der Union befinden, mehr dem staatlichen Verwaltungsrecht, in welchem die situationsgerechte Auswahl zwischen Handlungsformen (etwa zwischen Verwaltungsakt und Verwaltungsvertrag) eine gewohnte Situation ist, *E. Schmidt-Aßmann*, Das allgemeine Verwaltungsrecht als Ordnungsidee, 2004, 6. Kap., Rdnrn. 37 f.

Kontrollmöglichkeiten, die die Rechtsordnung hieran knüpft. Die Handlungsformenlehre des Unionsrechts informiert darüber, welche dogmatischen Regeln aktiviert werden, wenn eine bestimmte Handlungsform gewählt wird. Dieses Informationsangebot richtet sich sowohl an die rechtsetzenden Instanzen, deren Auswahlentscheidung *ex ante* einer rationalen Entscheidungsbasis bedarf, als auch an die Rechtsadressaten, die *ex post* über das durch die Formenwahl Bewirkte informiert sein wollen.

C. Die Handlungsformen des Unionsrechts als entwicklungsoffenes System

Die Option der Verträge für ein Formenwahlermessen sagt nichts darüber aus, welche Wahlalternativen zur Verfügung stehen. Lässt sich den Verträgen ein *numerus clausus* der Handlungsformen entnehmen, sodass die Formenwahl unter einem Typenzwang steht – oder wird das Formenwahlermessen ergänzt um ein Formengestaltungsermessen, sodass die Organe neue, in den Verträgen nicht vorgesehene Handlungsformen ‚erfinden' können?

Die Frage in den Raum zu stellen, erscheint naiv. Die Praxis hat sich seit den Gründungstagen mit großer Eindeutigkeit gegen einen *numerus clausus* der Formen entschieden. Angesichts der bunten Vielzahl von „Beschlüssen", „Entschließungen", „Mitteilungen", „Erklärungen", „Interinstitutionellen Vereinbarungen" u.a.m., die das geltende Recht verzeichnet,[131] bedürfte es schon mutiger Entschlossenheit und starker verfassungsrechtlicher Argumente, wollte man den Rechtsetzungsstrom erfolgreich in ein von den Verträgen ‚eigentlich' gewolltes Bett des Typenzwangs zurückleiten. Wenn dieses Kapitel gleichwohl die Frage nach der Offenheit des unionalen Formenkanons stellt, geschieht dies in erster Linie, um ein klareres Bild von den rechtlichen Grenzen der Entwicklungsdynamik zu erhalten.

Hierzu untersucht das erste Unterkapitel mögliche Sperrwirkungen des Art. 249 EG (I.), das zweite rekonstruiert die Prägung neuer Handlungsformen als eine implizite Befugnis und entwickelt verfassungsrechtliche Maßstäbe, an denen ihre Ausübung zu messen ist (II.), bevor

---

[131] Ein Überblick bei *A. v. Bogdandy/J. Bast/F. Arndt*, Handlungsformen im Unionsrecht, ZaöRV 62 (2002), S. 77, 87 ff.

abschließend erneut einige Konsequenzen für die Handlungsformenlehre zu notieren sind (III.).

I. Sperrwirkungen des Art. 249 EG

In der Literatur wird die Offenheit des unionsrechtlichen Formenkanons durchweg als Auslegungsfrage zu Art. 249 EG behandelt. Die Studie folgt dieser Vorgabe zunächst und prüft, ob Art. 249 EG hinsichtlich der katalogisierten Handlungsformen (1.) und hinsichtlich der Organe, die sich ihrer bedienen können (2.), abschließend ist.

1. Kein numerus clausus *der Handlungsformen*

Zunächst ist die Frage nach einem *numerus clausus* der Formen genauer zu formulieren. Unbestritten ermächtigen die Verträge weitere Organe und Einrichtungen neben den in Art. 249 I EG angeführten zum Erlass von rechtserheblichen Handlungen. Dies gilt etwa für die beratenden Nebenorgane des Art. 7 II EG, die zur Abgabe von vorbereitenden Stellungnahmen befugt sind (Art. 262, 265 EG); der Rechnungshof äußert sich in Form von (Sonder-) Berichten (Art. 248 EG). Daneben sieht der EG-Vertrag verbindliche Rechtsetzungsbefugnisse des Parlaments vor (z.B. Art. 195 IV EG). Die EZB erlässt gemäß Art. 110 I EG in ihrem Aufgabenbereich Verordnungen, Entscheidungen, Empfehlungen und Stellungnahmen. Überdies gelten Art. 249 EG und Art. 161 EA für den Bereich des EU-Vertrags nicht („nach Maßgabe *dieses* Vertrags"). Die Fragestellung ist also dahin gehend zu präzisieren, ob der Rat, die Kommission sowie Rat und Parlament als Mitentscheidungsgesetzgeber unter dem EG-Vertrag andere als die Handlungsformen des Art. 249 EG nutzen dürfen.

a. Die Argumente der herrschenden Meinung

Nach einer ganz herrschenden Ansicht in der Literatur beinhaltet Art. 249 EG (bzw. Art. 161 EA) eine unvollständige Enumeration: Mit dem typisierten Formenquintett seien nur die wichtigsten unter den verbindlichen und unverbindlichen Handlungsformen benannt,[132] die den

---

[132] *M. Kaltenborn*, Gibt es einen *numerus clausus* der Rechtsquellen?, Rechtstheorie 2003, S. 459, 473 f.; *K. Lenaerts/P. Van Nuffel*, Constitutional

rechtsetzenden Organen zur Verfügung stehen. Dieser Meinungsstand in der Wissenschaft datiert schon sehr früh.[133]

Nur vereinzelt melden sich Stimmen, Art. 249 EG sei als ein abschließender Kanon der sekundärrechtlichen Handlungsformen zu lesen.[134] Am prononciertesten fordert *Oppermann*, dass sich die Organe

> „bei gegebener Kompetenz *ganz bestimmter Handlungsformen (-typen)* zu bedienen haben, die in den Verträgen ... als Verordnungen, Richtlinien usf. jeweils allgemein festgelegt sind. Es gibt kein ‚Typenerfindungsrecht' der Gemeinschaftsorgane."[135]

Der Rigorismus dieser Formulierung wird jedoch auch von ihm sogleich zurückgenommen, ein Typenzwang zum bloßen Regelfall zurückgestuft:

> „Der grundsätzliche Anwendungszwang der von den Verträgen exklusiv vorgegebenen Handlungsformen kennt seinerseits gewisse Ausnahmen in den ‚*Rechtsakten sui generis*', die teilweise in den Verträgen angelegt sind, z.T. sich in der Gemeinschaftspraxis entwickelt haben."[136]

Wenn selbst der rhetorisch schärfste Kritiker eines „Typenerfindungsrechts" die Existenz eines von den Organen entwickelten Segments von

---

Law of the European Union, 2005, Rdnr. 17-140; Groeben/Schwarze-*Schmidt*, Rdnr. 1 zu Art. 249 EG; Streinz-*Schroeder*, Rdnrn. 2 und 10 zu Art. 249 EG; Grabitz/Hilf-*Nettesheim*, Rdnr. 74 zu Art. 249 EG; Calliess/Ruffert-*Ruffert*, Rdnr. 121 zu Art. 249 EG; Schwarze-*Biervert*, Rdnr. 5 zu Art. 249 EG; Lenz/Borchardt-*Hetmeier*, Rdnrn. 1 und 3 zu Art. 249 EG; *Nicolaysen*, Europarecht I, S. 345; *Borchardt*, Die rechtlichen Grundlagen der EU, Rdnr. 68; *J.-P. Jacqué*, Droit institutionnel de l'Union européenne, 2003, Rdnr. 881; *G. Isaac/M. Blanquet*, Droit communautaire général, 2001, S. 156.

[133] *U. Everling*, Die ersten Rechtsetzungsakte der Organe der Europäischen Gemeinschaften, BB 1959, S. 52, 53; Wohlfarth/Everling/Glaesner/Sprung-*Wohlfarth* (1960), Rdnr. 18 zu Art. 189 EWGV; *H.-J. Rabe*, Das Verordnungsrecht der Europäischen Wirtschaftsgemeinschaft, 1963, S. 47.

[134] Ohne nähere Begründung *A. Bleckmann*, Die Rechtsquellen des Europäischen Gemeinschaftsrechts, NVwZ 1993, S. 824, 825; in seinem Lehrbuch erkennt *Bleckmann*, wenn auch in begrenztem Umfang, „Akte sui generis" an, *ders.*, Europarecht, Rdnrn. 470 ff.; konsequenter Streinz-*Streinz*, Rdnr. 29 zu Art. 5 EG, und *Streinz*, Europarecht, 2003, Rdnr. 375, der lediglich Protokollerklärungen als weiteren Handlungstypus erwähnt, ibid., Rdnrn. 420 f.

[135] *Oppermann*, Europarecht, Rdnr. 535 [Hervorhebung im Original].

[136] Ibid., Rdnr. 536 [Hervorhebung im Original]; ebenso Rdnr. 577.

Handlungen jenseits des Art. 249 EG anerkennt, würde man eine gesicherte verfassungsrechtliche Basis für die Offenheit des Formenkanons erwarten. Bei näherer Analyse erweisen sich die gängigen Argumente gegen einen *numerus clausus* aber als überraschend schwach. Soweit sich die Literatur nicht mit einem schlichten Verweis auf die Praxis begnügt, werden im Wesentlichen drei systematische Argumente ins Feld geführt:

Das erste ist ein Hinweis darauf, dass zahlreiche Rechtsgrundlagen der Verträge keine bestimmte Handlungsform vorsehen, sondern „Maßnahmen", „Vorschriften", „Festlegungen" usw., also ungekennzeichnete Rechtshandlungen (in *Ipsens* Terminologie).[137] Um aus deren bloßer E-xistenz den nicht-abschließenden Charakter des Formenkatalogs zu folgern, müsste man jedoch unterstellen, dass der Rückgriff auf eine typisierte Handlungsform unter formal unspezifizierten Rechtsgrundlagen *generell* ausgeschlossen ist. Dies wird indes von niemandem vertreten.[138] Die These, unter manchen Rechtsgrundlagen seien andere als die in Art. 249 EG genannten Formen zulässig oder sogar geboten, setzt bereits voraus, was es erst zu demonstrieren gilt: die Offenheit des Formenkanons. Der Schluss von vertraglich vorgesehenen „ungekennzeichneten Rechtshandlungen" auf die Unabgeschlossenheit des Formenkatalogs ist zirkulär und somit aussagelos.

Das zweite Argument reichert das erste um ein materielles Kriterium an: Die Verträge sähen Rechtsgrundlagen vor, deren Handlungsermächtigungen mit dem Instrumentarium des Art. 249 EG nicht angemessen abgearbeitet werden könnten. Wenn aber in einer Reihe von Fällen die typisierten Formen zur Wahrnehmung einer ausdrücklichen Befugnis „unpassend" sind, könne der Formenkatalog nicht abschließend sein.[139] In einer schwachen Lesart teilt dieses Argument die logischen Probleme

---

[137] Grabitz/Hilf-*Nettesheim*, Rdnr. 74 zu Art. 249 EG; *M. Schweitzer*, Die Rechtshandlungen der Europäischen Gemeinschaften und ihre Wirkung in den Mitgliedstaaten, in: FS F. Klein, 1994, S. 85; *B. Biervert*, Der Mißbrauch von Handlungsformen im Gemeinschaftsrecht, 1999, S. 73, im Spannungsverhältnis zur zutreffenden Beobachtung, dass sich die genannten Begriffe nicht auf die einzusetzende Handlungsform beziehen, ibid., S. 81.

[138] *Ipsen* erhebt sogar zur Auslegungsregel, dass bei Rechtsgrundlagen mit „ungekennzeichneten Rechtshandlungen" vorrangig ein Rückgriff auf die kodifizierten Handlungsformen zu prüfen sei, um „deren relative Eindeutigkeit … zu bewahren", *ders.*, Gemeinschaftsrecht, 21/42.

[139] *Everling*, Rechtsetzungsakte (Anm. 133), S. 52; *R. Bieber*, Das Verfahrensrecht von Verfassungsorganen, 1992, S. 286.

des ersten: Dass in der Praxis entwickelte, vertraglich nicht vorgesehene Handlungsformen unter Umständen besser geeignet sind, eine Befugnis wahrzunehmen, spricht für ein praktisches Bedürfnis, nicht für die Zulässigkeit einer solchen Praxis.

Nur in einer starken Lesart gewinnt das Argument Gewicht: Es wäre zu zeigen, dass zumindest einige Rechtsgrundlagen andere als die typisierten Handlungsformen *erzwingen*. Als Kandidaten für notwendig atypische Akte werden in erster Linie solche im Rahmen der Organisationsbefugnis der Organe sowie autonome Vertragsänderungen genannt.[140] Als normative Prämisse liegt dem zugrunde, Art. 249 EG sei für Rechtsnormen und Einzelakte ‚im Außenverhältnis' reserviert.[141] Diese Deutung des Art. 249 EG ist vorne herein nicht darauf angelegt, sämtliche Handlungsaufträge der Verträge in den typisierten Formen abzuarbeiten. Genau genommen sagt hier nicht die Existenz gewisser Rechtsgrundlagen etwas über Art. 249 EG aus, vielmehr wird umgekehrt aus einer (restriktiven) Interpretation des Art. 249 EG auf die zulässige Formenwahl geschlossen. Der weitere Schluss auf den nicht-abschließenden Charakter des Formenkatalogs ist also ebenfalls zirkulär. Wenn man diese Lesart des Art. 249 EG – mit der heute ganz herrschenden Auffassung – verwirft und beispielsweise Verordnungen mit organisationsinternem Regelungsgehalt (wie die Haushaltsordnung, das Beamtenstatut usw.) problemlos für zulässig hält, ist das Argument gegen einen *numerus clausus* obsolet.

Ein drittes Argument schließlich führt den Wortlaut der Vertragsbestimmungen über den Gerichtshof ins Feld, insbesondere Art. 230 I EG. Wenn dort „Handlungen ... soweit es sich nicht um Empfehlungen und Stellungnahmen handelt" als zulässige Streitgegenstände definiert sind, haben die Vertragsautoren offenbar mit der Möglichkeit verbindlicher Rechtsakte gerechnet, die sich nicht als Verordnung, Richtlinie oder Entscheidung qualifizieren lassen.[142] Der Gerichtshof hat sich dieser Lesart des Art. 230 I EG im AETR-Urteil angeschlossen und eine einschränkende Auslegung zurückgewiesen, nach der eine Nichtigkeitsklage nur gegen die in Art. 249 EG genannten Handlungen zulässig wä-

---

[140] *Rabe*, Verordnungsrecht (Anm. 133), S. 48 ff.; näher Zweiter Teil, A. III. 2.

[141] Ibid., S. 48; *Everling*, Rechtsetzungsakte (Anm. 133), S. 53.

[142] Streinz-*Schroeder*, Rdnr. 10 zu Art. 249 EG; Groeben/Schwarze-*Gaitanides*, Rdnr. 12 zu Art. 230 EG; *H.-W. Daig*, Nichtigkeits- und Untätigkeitsklagen im Recht der Europäischen Gemeinschaften, 1985, Rdnr. 22.

re.[143] Das Rechtskontrollregime der Verträge zeigt sich damit gerüstet, mit einem offenen Formensystem umzugehen, ein durchschlagender Einwand *gegen* eine Öffnung des Formenkanons ist aus dem Weg geräumt. Andererseits könnte sich die Funktion der gewählten Formulierung auch in dieser präventiven Rechtsweggarantie erschöpfen: Ob und für welche *rechtmäßigen* Handlungen neben Art. 249 EG Raum ist, darüber schweigt die Bestimmung.

Im Ergebnis zeigen die vorgebrachten Argumente nur (aber immerhin), dass eine Deutung des Art. 249 EG als unvollständige Enumeration nicht zu systematischen Brüchen mit anderen Vertragsbestimmungen führt. Wortlaut und Systematik der Verträge lassen die Frage nach der Offenheit des Formenkanons also offen. Ihre rechtswissenschaftliche Beantwortung bedarf des Rückgriffs auf teleologische Gesichtspunkte.

b. Funktionale Vorteile eines entwicklungsoffenen Formensystems

Zu fragen ist also nach den funktionalen Vorteilen, die sich aus einem tendenziell offenen Handlungsformensystem für die Unionsrechtsordnung ergeben.[144]

Man ist zunächst versucht, die Möglichkeit einer autonomen Fortentwicklung des unionalen Formenkanons mit dem dynamischen Charakter der europäischen Integration in Verbindung zu setzen.[145] Dem Ausgangspunkt kann insofern zugestimmt werden, als die Gemeinschaften von Beginn an als ein Transformationsmotor konzipiert waren, mit dessen Hilfe sich die Mitgliedstaaten zielgerichteten Veränderungsprozessen unterziehen wollten.[146] Art. 2 EU und Art. 2 EG demonstrieren, dass diese Zielbezogenheit die Gestalt der Union weiterhin prägt.[147] Gewiss muss sich im Zuge der durch ihn induzierten Veränderungen auch der europäische Hoheitsträger selbst in bestimmtem Umfang au-

---

[143] EuGH, Rs. 22/70, *Kommission/Rat*, Slg. 1971, S. 263, Rdnrn. 38/42.

[144] *A. v. Bogdandy* ist dem entsprechenden Problem in einer vergleichenden Untersuchung des staatlichen Verfassungsrechts nachgegangen, *ders.*, Gubernative Rechtsetzung, 2000, S. 217 ff.; die folgenden Überlegungen nutzen dort vorgebrachte Gesichtspunkte für das Verfassungsrecht der Union.

[145] *Biervert*, Mißbrauch (Anm. 137), S. 73.

[146] *A. v. Bogdandy*, Europäische Prinzipienlehre, in: ders. (Hrsg.), Europäisches Verfassungsrecht, 2003, S. 149, 186.

[147] Grabitz/Hilf-*v. Bogdandy*, Rdnrn. 4 ff. zu Art. 2 EG; Dauses-*Müller-Graff*, A. I., Rdnrn. 99 ff.

tonom fortentwickeln. Dieser Gedanke einer Ko-Evolution beantwortet jedoch nicht die Frage, welche Systemelemente des Unionsrechts als tendenziell dynamische zu verstehen sind. Wie bei der Diskussion der Kompetenzen gezeigt wurde, benötigt das europäische Verfassungsrecht auch Elemente relativer Stabilität. Es ist daher spezifischer zu begründen, warum die Kompetenzen als eine tendenziell geschlossene, die Handlungsformen als eine tendenziell offene Ordnung zu deuten sind.

Eine Klärung ergibt sich in historischer Perspektive. Als die Gemeinschaften als internationale Wirtschaftsorganisationen mit Rechtsetzungsbefugnis gegründet wurden, war dies ein Vorgang ohne historisches Vorbild.[148] Auch die Erfahrungen mit dem Montanvertrag waren erst wenige Jahre alt und nur begrenzt übertragbar. Vor diesem Hintergrund hieße es, den Gründungsstaaten Hochmut zu unterstellen, interpretierte man den Reißbrettentwurf des Art. 189 EWGV als eine perfekte Ordnung. Weitaus plausibler erscheint es, dass die Römischen Verträge den Organen einen Kernbestand an Handlungsformen zur Verfügung stellen wollten, dessen praktische Erprobung, Ausgestaltung *und Ergänzung* von vorne herein beabsichtigt war.[149] Die gegenteilige Lesart verweigerte dem noch jungen Gemeinschaftssystem jene Flexibilität und Lernfähigkeit, die es um der Erfüllung der ihm zugedachten Aufgaben willen benötigte. Gerade die starke Determiniertheit der zur effektiven Wahrnehmung zugewiesenen Kompetenzen rief nach einer schwachen Determiniertheit der Handlungsformen.

Das gilt im Grundsatz für die heutige Union in gleicher Weise, und dies nicht nur, weil die Entscheidung zugunsten eines offenen Formensystems praktisch längst gefallen ist. Auch heute würde es bedeuten, die verfassungsrechtlichen Grundlagen mutwillig auf einen Widerspruch zwischen den Erwartungen an die von der Union zu erbringenden Leistungen einerseits, den angemessenen Instrumenten zu ihrer Erbringung andererseits hin zu interpretieren, wollte man der Union die nötige Flexibilität bei der Prägung von Handlungsformen nehmen. Eine solche Deutung des Unionsprimärrechts als strukturell defizitär überzeugt nicht. Nur ein offenes Formensystem erlaubt der Union, punktuell Handlungstypen aus den nationalen Rechtsordnungen zu rezipieren, wo dies einem funktionalen Bedürfnis entspricht. Ein Beispiel hierfür ist die Verwaltungsvorschrift, die in Gestalt von „Mitteilungen“ der

---

[148] Zur Genese *Th. Giegerich*, Europäische Verfassung und deutsche Verfassung im transnationalen Konstitutionalisierungsprozeß, 2003, S. 153 ff.

[149] Aus zeitgenössischer Perspektive eindrücklich *H. v. Meibom*, Die Rechtsetzung durch die Organe der Europäischen Gemeinschaften, BB 1959, S. 127.

Kommission auf dem Weg zu einer formalen Verfestigung ist.[150] Zudem kann die institutionelle Praxis der Union, wo den Mitgliedstaaten vergleichbare Problemlagen unbekannt sind, eigene Wege gehen und Handlungsformen hervorbringen, die spezifisch auf das verfassungsrechtliche Umfeld der Union zugeschnitten sind, wie dies namentlich bei den Interinstitutionellen Vereinbarungen der Fall ist.[151]

Es verspricht also auch unter den Bedingungen fortgeschrittener Konstitutionalisierung des Unionsrechts funktionale Vorteile, die primärrechtliche Ordnung der Handlungsformen als eine fragmentarische zu begreifen und sie damit für weitere Lernprozesse zu öffnen.[152] Die Zurückweisung eines *numerus clausus* der Formen bedeutet ja nicht die Anerkennung grenzenloser Entwicklungsoffenheit. Jedoch verschiebt sich die Perspektive auf die Begründung exogener Schranken. Aufruhend auf der relativen Stabilität der Kompetenzordnung und eingehegt durch ein übergreifendes Regime materieller Maßstabsnormen können die Handlungsformen ein dynamisches Element des unionalen Verfassungsrechts bilden.

2. *Organbezogene Exklusivität des Art. 249 EG*

Droht damit nicht Art. 249 EG insgesamt funktionslos zu werden, wenn ihm lediglich einige Handlungsformen*angebote* zu entnehmen sind? Eine solche Deutung wäre in der Tat systematisch nicht überzeugend, denn dann wäre nicht nachvollziehbar, warum der EG-Vertrag gerade diese Handlungsformen einer ausdrücklichen Normierung zuführt. Es wird deshalb zum einen zu klären sein, ob Art. 249 EG zwar kein generelles Formenkreationsverbot, aber gleichwohl Grenzen für die Herausbildung neuer Handlungsformen zu entnehmen sind (hierzu im nächsten Unterkapitel). Zum anderen ist die bislang diskutierte exklusive Verknüpfung von Handlungsformen und Organen nur eine von

---

150 *L. Senden*, Soft Law in European Community Law, 2004, S. 138 ff.; *I. Schübel-Pfister*, Kommissionsmitteilungen im Lebensmittelrecht, ZLR 2004, S. 403, 405 ff.; *Th. Groß*, Exekutive Vollzugsprogrammierung durch tertiäres Gemeinschaftsrecht?, DÖV 2004, S. 20; *H. Adam*, Die Mitteilungen der Kommission, 1999.

151 Vgl. *F. v. Alemann*, Die Handlungsform der interinstitutionellen Vereinbarung, 2006.

152 *Kaltenborn*, Rechtsquellen (Anm. 132), S. 477; zur Selbstreferenzialität als Strukturmerkmal einer Verfassung *G. Frankenberg*, The Return of the Contract, ELJ 6 (2000), S. 257, 270 f.

zwei möglichen Weisen, auf die Art. 249 EG eine abschließende Regelung enthalten kann. Zwar dürfen die in Art. 249 I EG genannten Organe nicht nur die Formen des Art. 249 EG zum Einsatz bringen, möglicherweise dürfen aber *nur diese Organe* diese Formen zum Einsatz bringen.

Für eine solche Deutung sprechen gute Gründe. Sie ist vom Wortlaut des Art. 249 I EG gedeckt und wird von der Überschrift des Vertragskapitels unterstützt („Gemeinsame Bestimmungen für mehrere [also nicht alle, *d. Verf.*] Organe"). Vor allem aber verleiht sie der Normierungstechnik des Vertrages, die auf eine herausgehobene Bedeutung dieser Handlungsformen ausgerichtet ist, Stimmigkeit. Indem Art. 249 I EG die primären Rechtsetzungsorgane der Union „zur Erfüllung ihrer Aufgaben" mit der Verwendung seiner Formen betraut, unterstreicht er die Zentralität und Exklusivität dieser Formen. Zwar ermächtigen die Verträge weitere Organe und Einrichtungen partiell zu verbindlicher Rechtsetzung (z.B. das Parlament, das in Art. 249 I EG als alleiniges Erlassorgan nicht genannt ist) oder lassen sie ausdrücklich zu (z.B. die rechtsetzenden Kooperationsgremien nach Art. 300 II Ua. 2 EG). Zur Wahrnehmung solcher Befugnisse stehen jedoch nach der hier vertretenen Lesart die Handlungsformen des Art. 249 II–IV EG nicht zur Verfügung.[153] Sollen andere Organe oder Einrichtungen auf diese Handlungsformen zugreifen, bedarf es einer ausdrücklichen primärrechtlichen Regelung, die die organbezogene Sperrwirkung durchbricht.[154] Dies ist namentlich für die EZB (Art. 110 EG) so geschehen, mit Ausnahme der Richtlinie, die folglich auch nicht zum Formenbestand der EZB gehört.[155] Vorbehaltlich einer vertraglichen Spezialregelung ist die Liste der Rechtsetzungsorgane in Art. 249 I EG abschließend.[156]

[153] In der Praxis ergehen entsprechende verbindliche Rechtsakte unter der Bezeichnung „Beschluss", hierzu mehr im Zweiten Teil.

[154] Zur Frage, ob die Befugnis zur Nutzung von Formen des Art. 249 EG übertragen werden kann, differenzierend *D. Fischer-Appelt*, Agenturen der Europäischen Gemeinschaft, 1999, S. 117 ff.

[155] Calliess/Ruffert-*Calliess*, Rdnr. 1 zu Art. 110 EG; Streinz-*Kempen*, Rdnr. 3 zu Art. 110 EG.

[156] Groeben/Schwarze-*Schmidt*, Rdnr. 15 zu Art. 249 EG; Grabitz/Hilf-*Grabitz*, Rdnr. 17 zu Art. 189 EWGV (Vorkommentierung, 5. EL); anders Schwarze-*Biervert*, Rdnr. 2 zu Art. 249 EG; Lenz/Borchardt-*Hetmeier*, Rdnr. 3 zu Art. 249 EG.

II. Rechtsetzungsbefugnis als begrenzte Ermächtigung zur Formenprägung

Die Verträge enthalten kein allgemeines Verbot der Nutzung atypischer Handlungen. Im folgenden Unterkapitel wird hieraus der Schluss auf eine implizite Formenprägungsbefugnis der Rechtsetzungsorgane gezogen (1.). Ein weiterer Abschnitt untersucht die diesbezügliche Relevanz der Kategorie Gewohnheitsrecht (2.), bevor schließlich Maßstäbe zur Begrenzung der Formengestaltungsfreiheit entwickelt werden (3.).

1. Formenprägung als implizite Befugnis

Es stellt sich die Frage, wie es zur Herausbildung neuer Handlungsformen kommen kann und wie dieser Vorgang dogmatisch einzuordnen ist. Hierzu ist es hilfreich, die Perspektive eines rechtsetzenden Organs einzunehmen, das eine vertragliche Ermächtigung nutzen will. Diese Rechtsgrundlage wird im Regelfall keine Angaben über die Art des einzusetzenden Handlungsinstruments machen, und ein Typenzwang existiert, wie dargelegt, nicht. In dieser Situation ist das Erlassorgan – im Rahmen von noch näher zu bestimmenden Grenzen – frei, den zu erlassenden Rechtsakt atypisch zu gestalten, also mit einer in den Verträgen nicht vorgesehenen Kombination von rechtlichen Eigenschaften zu versehen. Verlässt man die Mikroperspektive und blickt auf die Gesamtheit der Rechtsgrundlagen, die dieses Organ zur Rechtsetzung ermächtigen, verliert die ‚Erfindung' neuer Handlungsformen ihren mysteriösen Charakter: Eine neue Handlungsform entsteht idealtypisch dadurch, dass ein Rechtsetzungsorgan bei einer Mehrzahl von Gelegenheiten und unter verschiedenen Rechtsgrundlagen auf die gleiche atypische Kombination von rechtlichen Eigenschaften zurückgreift und so eine eigene Gattung von Rechtsakten hervorbringt. Mit Verstetigung und Routinisierung einer atypischen Formengestaltungspraxis kann es so zur Herausbildung eines neuen Handlungstyps kommen, der einem einheitlichen Rechtsregime unterliegt, das ihn von anderen Handlungsformen charakteristisch unterscheidet. Wird er als solches erkannt, ergänzt er das bisherige Spektrum der Formenwahloptionen um eine weitere. Andere Organe wiederum können prüfen, ob die gefundenen Lösungen attraktive Angebote auch für ihre eigene Praxis bereitstellen. Eine Schlüsselstellung für die transorganschaftliche Proliferation neuer Handlungsformen kommt wegen ihres Initiativmonopols der Kommission zu.

Die Prägung einer Handlungsform ist damit nichts, was außerhalb der vertraglich eingeräumten Rechtsetzungsbefugnisse angesiedelt wäre. Unter der Prämisse eines fehlenden Verbots atypischer Handlungen bedarf die Befugnis der Rechtsetzungsorgane, sich bei der Formengestaltung an selbst gegebenen Regeln zu orientieren, keiner weiteren Rechtfertigung. Es handelt sich nicht um eine Erweiterung bestehender Kompetenzen, sondern um eine rationalisierte Form ihrer Ausübung. Diese Rationalisierung durch Rückgriff auf vergangene Erfahrungen bedarf nicht notwendig der Verrechtlichung: Es kann bei einer bloß tatsächlichen Handhabung von Anwendungsregeln bleiben, die im institutionellen Gedächtnis der Organe, namentlich bei den Juristischen Diensten, gespeichert sind.[157] Es ist dann der Wissenschaft überlassen, eine bestimmte Gattung von atypischen Rechtsakten als Vertreter einer Handlungsform zu beschreiben. Der Prozess der Prägung einer Handlungsform kann aber auch, zumindest partiell, zu einer normativen Fixierung führen. Der geeignete Ort hierfür sind die Geschäftsordnungen der Rechtsetzungsorgane, wobei jedes Organ selbstverständlich nur die eigene Formengestaltungspraxis auf diesem Weg an Rechtsregeln binden kann.[158] Besteht der Bedarf nach einer organübergreifenden Fixierung von Lernerfahrungen aus der Formengestaltungspraxis, kommt hierfür eine Interinstitutionelle Vereinbarung in Frage, deren Ergebnisse in den Geschäftsordnungen der Organe verankert werden können.[159]

Die Prägung neuer Handlungsformen ist damit eine implizite Befugnis jedes unionalen Rechtsetzungsorgans, die ihm stillschweigend mit der Zuweisung von Sachregelungsbefugnissen erteilt wurde. Sie ermächtigt dazu, die eigene Formengestaltungspraxis an Regeln zu orientieren, die

---

[157] Instruktiv hierzu *Generalsekretariat des Rates der Europäischen Union* (Dienst der Rechts- und Sprachsachverständigen), Muster und Hinweise für Rechtsakte im Rahmen des Rates der Europäischen Union, 4. Ausgabe Juli 2002.

[158] Vgl. zu Entschließungen des Rates Art. 7 II und 17 IV seiner Geschäftsordnung, Beschluss des Rates vom 22. März 2004 zur Festlegung seiner Geschäftsordnung (2004/338/EG, Euratom), ABl. L 106 vom 15.4.2004, S. 22, zuletzt geändert durch Beschluss 2004/701/EG, Euratom, ABl. L 319 vom 20.10.2004, S. 15.

[159] Vgl. Gemeinsamer Leitfaden des Europäischen Parlaments, des Rates und der Kommission für Personen, die in den Gemeinschaftsorganen an der Abfassung von Rechtstexten mitwirken, <http://europa.eu.int/eur-lex/de/about/techleg/guide/index_de.htm> (25.4.2005); diese Leitlinien haben die Juristischen Dienste der beteiligten Organe erarbeitet.

sich auf die Ausgestaltung nicht-kodifizierter Handlungsformen beziehen.

2. *Gewohnheitsrecht?*

Vorstehend wurde unterstellt, dass die normative Fixierung praktischer Erfahrungen bei der Formengestaltung in den Geschäftsordnungen der Organe, gegebenenfalls auch in Interinstitutionellen Vereinbarungen erfolgen kann. Als Alternative kommt in Betracht, der Praxis der Organe selbst einen normativen Status zuzubilligen. Eine solche Normgenerierung durch tatsächliches Handeln ist in verschiedenen Rechtsordnungen als Gewohnheitsrecht bekannt.

Nach verbreiteter Ansicht ist Gewohnheitsrecht als Teil des Rechtsquellensystems des Unions- bzw. Gemeinschaftsrechts anzusehen.[160] Die Selbstverständlichkeit, mit der seine Existenz bejaht wird, beruht wohl auf der Annahme, bei Gründung der Gemeinschaften habe man diese anerkannte Rechtsquelle des Völkerrechts (vgl. Art. 38 I lit. b IGH-Statut) nicht ausschließen wollen. Einigkeit besteht darüber, dass dem Gewohnheitsrecht für die unionale Rechtsordnung allenfalls randständige Bedeutung zukommt.[161] Das immer wieder vorgebrachte Beispiel[162] des Art. 146 I EWGV (nach Änderung jetzt Art. 203 I EG) überzeugt jedenfalls nicht: Zur Entsendung von Staatssekretären als deutsche Ratsvertreter bedarf es keiner Bemühung von Gewohnheitsrecht, da der Begriff der „Mitglieder" einer Regierung bzw. jetzt „auf Ministerebene" gemeinschaftsrechtlich in diesem Sinne auszulegen ist.[163]

---

[160] Calliess/Ruffert-*Ruffert*, Rdnr. 4 zu Art. 249 EG; Schwarze-*Schwarze*, Rdnr. 20 zu Art. 220 EG; Grabitz/Hilf-*Nettesheim*, Rdnr. 11 zu Art. 249 EG; vereinzelt werden Einwände grundsätzlicher Art vorgebracht, *W. Meng*, Das Recht der Internationalen Organisationen, 1979, S. 98 f.; zurückhaltend auch Streinz-*Schroeder*, Rdnr. 15 zu Art. 249 EG.

[161] Nur selten wird versucht, mithilfe des Gewohnheitsrechts spezifische Rechtsprobleme zu lösen, etwa Groeben/Schwarze-*Zimmermann*, Vorb. zu Art. 182–188 EG, Rdnr. 5.

[162] *D. Ostertun*, Gewohnheitsrecht in der Europäischen Union, 1996, S. 212 ff.; Lenz/Borchardt-*Breier*, Rdnr. 4 zu Art. 203 EG; Schwarze-*Hix*, Rdnr. 7 zu Art. 203 EG; *Ipsen*, Gemeinschaftsrecht, 13/2.

[163] *Bieber/Epiney/Haag*, Die Europäische Union, Rdnr. 22 zu § 6.

Daneben spielt die Kategorie des Gewohnheitsrechts eine Rolle für das Verhältnis des Unionsrechts zum allgemeinen Völkerrecht, dessen Regeln überwiegend gewohnheitsrechtlich ausgeformt sind. Ein Diskussionsstrang widmet sich der Frage, ob neben Art. 48 EU noch Raum für Vertragsänderungen durch informellen Konsens der Mitgliedstaaten bleibt,[164] was der Gerichtshof zurückgewiesen hat.[165] Insgesamt werden Rechtsinstitute des allgemeinen Völkerrechts durch spezielle Regeln des Unionsrechts verdrängt[166] und kommen in innerunionalen Rechtsbeziehungen allenfalls subsidiär zur Anwendung.[167] Etwas anderes gilt selbstverständlich, wenn die Union selbst als Subjekt des Völkerrechts agiert.[168]

Diese kurze Bestandsaufnahme verdeutlicht, wie eng die Spielräume für gewohnheitsrechtliche Argumentationen in Bezug auf die Formengestaltungspraxis der Organe sind. Als Handlungssubjekte für eine gewohnheitsrechtliche Erzeugung von Unionsrecht kommen nur die Mitgliedstaaten in Betracht.[169] Eine beständige Praxis der Organe allein kann, wie der Gerichtshof betont hat, die Bestimmungen der Verträge weder ändern noch sonst Maßstäbe für späteres Organhandeln errich-

---

[164] Hierzu der Überblick bei Groeben/Schwarze-*Meng*, Rdnrn. 24 ff. zu Art. 48 EU.

[165] EuGH, Rs. 59/75, *Manghera*, Slg. 1976, S. 91, Rdnr. 21; Rs. 43/75, *Defrenne*, Slg. 1976, S. 455, Rdnrn. 56/58; Gutachten 2/94, *EMRK-Beitritt*, Slg. 1996, S. I-1759, Rdnr. 30.

[166] EuGH, verb. Rs. 90/63 und 91/63, *Kommission/Belgien und Luxemburg*, Slg. 1964, S. 1329, 1344; Rs. 52/75, *Kommission/Italien*, Slg. 1976, S. 277, Rdnrn. 11/13; Calliess/Ruffert-*Ruffert*, Rdnr. 5 zu Art. 249 EG; Groeben/Schwarze-*Tomuschat*, Rdnr. 45 zu Art. 281 EG; *J. Schwarze*, Europäisches Verwaltungsrecht, 1988, S. 236; anders noch *H. Wagner*, Grundbegriffe des Beschlußrechts der Europäischen Gemeinschaften, 1965, S. 235 und 241.

[167] EuGH, Rs. 41/74, *van Duyn*, Slg. 1974, S. 1337, Rdnrn. 21/23; *J. Schwarze*, Das allgemeine Völkerrecht in den innergemeinschaftlichen Rechtsbeziehungen, EuR 1983, S. 5, 34.

[168] EuGH, Rs. C-286/90, *Poulsen und Diva Navigation*, Slg. 1992, S. I-6019, Rdnr. 9; Rs. C-162/96, *Racke*, Slg. 1998, S. I-3655, Rdnr. 46.

[169] *Bieber/Epiney/Haag*, Die Europäische Union, Rdnr. 22; *Borchardt*, Die rechtlichen Grundlagen der EU, Rdnr. 77; *H. G. Schermers/D. Waelbroeck*, Judicial Protection in the European Union, 2001, § 267.

ten.[170] Die Zurechnung von Organhandeln zu den Mitgliedstaaten über eine Duldungsfiktion würde der institutionellen Autonomie der Union nicht gerecht und erwiese sich als Hebel, die Organe von der Bindung an die Verträge freizustellen und das förmliche Vertragsänderungsverfahren zu unterlaufen.[171]

Einzig *Bleckmann* hat den Versuch unternommen, ein „europäisches Gewohnheitsrecht" als eine von völkerrechtlichen Vorbildern unabhängige, spezifisch gemeinschaftsrechtliche Rechtsquelle zu etablieren; dieses soll sich allein aufgrund einer von Rechtsüberzeugung getragenen Praxis der Organe bilden können.[172] *Bleckmann* geht es um die Stabilisierung eines erreichten Stands der Integration: Da im Gemeinschaftsrecht „jede neue Rechtsschicht auf der Existenz früherer Rechtsschichten auf[baue]", würde es zu massiven Störungen des Integrationsprozesses kommen, wenn „die Wirksamkeit dieser früheren Rechtsschichten jahrelang später noch bestritten werden könnte".[173] Einen solchen Modus der zukunftsgerichteten Stabilisierung von vergangenen Konsensen will *Bleckmann* für die Handlungsformen fruchtbar machen, denn nach seiner Auffassung „müssen gerade auch alle Rechtsquellen so definiert werden, dass das *Integrationsziel* gefördert wird"[174].

Gegen diese Konzeption können eine Reihe von Einwänden geltend gemacht werden. Der Integrationsbegriff erfährt hier eine problematische, fast geschichtsteleologische Aufladung, die mit den Vertragszielen nicht zu begründen ist. *von Bogdandy* hat in seinem Entwurf einer europäischen Prinzipienlehre überzeugend dargelegt, dass das europäische Verfassungsrecht kein Rechtsprinzip eines ständig höheren Integrationsniveaus anerkennt, sondern eine föderale Balance zwischen Einheit und Vielfalt wahren muss.[175] Diese Balance findet ihren Ausdruck im positiven Text der Verträge, deren Normierungen nicht durch die pau-

---

[170] EuGH, Rs. C-426/93, *Deutschland/Rat*, Slg. 1995, S. I-3723, Rdnr. 21; Rs. C-271/94, *Parlament/Rat*, Slg. 1996, S. I-1689, Rdnrn. 24 und 34; Rs. C-301/96, *Deutschland/Kommission*, Slg. 2003, S. I-9919, Rdnrn. 80 f.

[171] Zu weit gehend daher Grabitz/Hilf-*Nettesheim*, Rdnr. 11 zu Art. 249 EG.

[172] *A. Bleckmann*, Die Rechtsquellen des Europäischen Gemeinschaftsrechts, NVwZ 1993, S. 824, 827; *ders.*, Zur Funktion des Gewohnheitsrechts im Europäischen Gemeinschaftsrecht, EuR 1981, S. 101, 117 und 123.

[173] Dauses-*Bleckmann/Pieper*, B. I, Rdnr. 162.

[174] Ibid., Rdnr. 163 [Hervorhebung im Original].

[175] *v. Bogdandy*, Prinzipienlehre (Anm. 146), S. 188.

schale Annahme einer „Bindungswirkung" der Praxis der Organe[176] überspielt werden dürfen.[177] An dieser Sicherung verfassungsmäßiger Legalität haben auch diejenigen Bestimmungen der Verträge teil, die den politischen Organen Gestaltungsspielräume eröffnen. Dies streitet dagegen, die zukünftige Nutzung dieser Spielräume durch die Organe gewohnheitsrechtlich zu versteinern bzw. nur für eine Revision in eine integrationsfreundlichere Richtung offen zu halten. Soweit im Einzelfall berechtigte Erwartungen in den Fortbestand einer einmal geschaffenen Regelungslage geweckt wurden, kann den tangierten Interessen weitaus zielgenauer mit dem Vertrauensschutzgrundsatz begegnet werden.

Für die Dynamik der Handlungsformen hält die Kategorie des Gewohnheitsrechts somit insgesamt keine brauchbaren Angebote bereit. Da es bei der Frage nach Umfang und Grenzen eines Formengestaltungsermessens um Handeln der Unionsorgane geht, das den Mitgliedstaaten nicht zugerechnet werden kann, fällt ein von völkerrechtlichen Vorbildern geprägtes Gewohnheitsrecht schon tatbestandlich aus. Eine normative Kraft der Praxis der Organe im Sinne eines „europäischen Gewohnheitsrechts" ist aus grundsätzlichen Erwägungen nicht anzuerkennen. Es ist ohnehin nicht klar, was damit gewonnen wäre, eine in der Praxis der Organe entwickelte Handlungsform als gewohnheitsrechtlich gefestigt zu bezeichnen. Im Rahmen ihres Formenwahlermessens könnten die Organe jederzeit eine einmal etablierte Form durch schlichten Nichtgebrauch wieder in der Bedeutungslosigkeit verschwinden lassen. Zudem widerstreitet die gewohnheitsrechtliche Fixierung eines bestimmten Entwicklungsstands des Formensystems der von den Verträgen gewollten Offenheit und Flexibilität.

3. *Verfassungsrechtliche Grenzen*

Damit bleibt es bei dem Befund, dass die rechtsetzenden Organe atypische Handlungen erlassen können, ohne dass von einer früheren For-

---

[176] *A. Bleckmann*, Die Bindungswirkung der Praxis der Organe und der Mitgliedstaaten der EG bei der Auslegung und Lückenfüllung des Europäischen Gemeinschaftsrechts, in: R. Bieber/G. Ress (Hrsg.), Die Dynamik des Europäischen Gemeinschaftsrechts, 1987, S. 161.

[177] EuGH, verb. Rs. C-95/99 bis C-98/99 und C-180/99, *Khalil*, Slg. 2001, S. I-7413, Rdnrn. 43 ff., zeigt eindrucksvoll, dass die Auslegung einer Kompetenznorm durch die Organe auch nach einer vier Jahrzehnte währenden Praxis noch in Frage gestellt werden kann; die Möglichkeit einer gewohnheitsrechtlichen Rechtfertigung erwähnt der EuGH mit keinem Wort.

mengestaltungspraxis „Bindungswirkungen" ausgehen würden. Grund und Schranke finden die Formenprägungen der Organe nicht gleichsam in sich selbst, sondern in den Bestimmungen des Primärrechts. Im ersten Zugriff ist jeder atypische Rechtsakt, nach allgemeinen Kompetenzregeln, an den Maßstäben seiner spezifischen Rechtsgrundlage zu messen. Zu fragen ist aber, ob den Verträgen darüber hinaus allgemeine, Kompetenznormen übergreifende Schranken für die Ausübung der Formenprägungsbefugnis der Organe zu entnehmen sind.

a. Typenzwang bei bestimmten Rechtswirkungen?

Einige Autoren wollen Art. 249 EG weit reichende Beschränkungen für die Prägung neuer Handlungsformen entnehmen: Dieser schließe immer dann eine atypische Formengestaltung aus, wenn die Organe Rechtswirkungen nach ‚außen', insbesondere gegenüber Mitgliedstaaten oder Bürgern, erzielen wollen.[178] Eine ähnliche Deutung des Art. 249 EG als geschlossenes System wurde oben zitiert, um einen generellen *numerus clausus* der Handlungsformen zu verneinen.[179] Hier dient sie dazu, einen Typenzwang für bestimmte Arten von Handlungen zu begründen. Am deutlichsten spricht *Triantafyllou* von der

> „Existenz eines Förmlichkeits- (Typizitäts-) Prinzips, ... wonach nur vertraglich vorgesehene, förmliche und nach vertraglichen Verfahren erlassene Akte Rechtswirkungen nach außen erzeugen können."[180]

Klammert man Abgrenzungsprobleme bezüglich des Begriffs ‚Rechtswirkungen nach außen' aus, lässt sich diese Position konsistent vertreten, zumal die weiter gehende Anforderung, in den Formen des Art. 249 EG dürften *ausschließlich* ‚außengerichtete' Handlungen ergehen,

---

[178] Streinz-*Schroeder*, Rdnr. 10 zu Art. 249 EG; *Hobe*, Europarecht, Rdnr. 147; *X. Lewis*, in: Ph. Léger (Hrsg.), Commentaire article par article des traités UE et CE, 2000, Rdnr. 1 zu Art. 249 EG; *D.-W. Dorn*, Art. 235 EWGV – Prinzipien der Auslegung, 1986, S. 150 f.; *Rabe*, Verordnungsrecht (Anm. 133), S. 48; ihm folgend *D. Oldekop*, Die Richtlinien der EWG, 1968, S. 46 und 192; etwas weniger streng *H. J. Glaesner*, Übertragung rechtsetzender Gewalt auf internationale Organisationen in der völkerrechtlichen Praxis, DÖV 1959, S. 653, 656: „[s]oweit ... in die Rechte von Privatpersonen eingegriffen wird"; unklar Grabitz/Hilf-*Nettesheim*, Rdnr. 104 zu Art. 249 EG, im Widerspruch zu Rdnr. 77.

[179] Oben, C. I. 1. a.

[180] *D. Triantafyllou*, Vom Vertrags- zum Gesetzesvorbehalt, 1996, S. 74.

nicht notwendig impliziert ist. In der Konsequenz stünden jedoch nur noch sehr begrenzte Bereiche der Rechtsetzung für eine dynamische Entwicklung der Handlungsformen offen. Sie bliebe im Wesentlichen auf das organisationsinterne Recht und auf unverbindliche Handlungen beschränkt.[181] Zu fragen ist, ob Art. 249 EG ein derart weit reichendes implizites Verbot entnommen werden muss.

Zu ihren Gunsten könnte diese Lesart eine frühe Äußerung des Gerichtshofs anführen, in der er – in ähnlichen Worten wie *Triantafyllou* – bestimmte Rechtswirkungen dem typisierten Formenkatalog vorzubehalten scheint. In der Rechtssache *Krohn* heißt es bündig:

> „Die einheitliche Anwendung des Gemeinschaftsrechts wird nur durch im Rahmen des Vertrages ergangene förmliche Maßnahmen gewährleistet."[182]

Die nähere Analyse des Urteils zeigt jedoch, dass sich diese apodiktische Formulierung einem spezifischen Kontext verdankt. Dem Gerichtshof ging es im konkreten Fall darum, die Bestimmungen einer Agrarmarkt-Verordnung nicht nur gegen einseitige Auslegungsversuche durch die Mitgliedstaaten, sondern auch gegen „inoffizielle Auslegungen ..., wie sie in formlosen Verlautbarungen der Kommission zum Ausdruck kommen"[183], abzuschirmen. Ohne eine besondere Ermächtigung ist (auch) die Kommission nicht befugt, normkonkretisierende Vorschriften zu geltenden Bestimmungen des Gemeinschaftsrechts zu erlassen, so die Aussage des EuGH.[184] Die zitierte Formulierung ist in einem kompetenzrechtlichen, nicht notwendigerweise in einem formendogmatischen Sinne zu lesen.

Den kritischen Fall, in dem sich das Kompetenzproblem nicht stellte, entschied der Gerichtshof etliche Jahre später.[185] Die Kommission hatte im sachlichen Anwendungsbereich des Art. 90 III EWGV (jetzt Art. 86 III EG) eine „Mitteilung" mit ergänzenden Vorschriften zu einer gel-

---

[181] Hier zeigen sich Querbezüge zu bestimmten Lesarten des Prinzips begrenzter Ermächtigung; der Bereich des „Vertragsvorbehalts" wäre zugleich der des Typenzwangs, vgl. oben, B. II. 1.

[182] EuGH, Rs. 74/69, *Krohn*, Slg. 1970, S. 451, Rdnr. 9.

[183] Ibid.

[184] Dies entspricht ständiger Rechtsprechung, Rs. 132/77, *Société pour l'exportation des sucres/Kommission*, Slg. 1978, 1061, Rdnrn. 11 ff.; Rs. 175/84, *Krohn/Kommission*, Slg. 1986, S. 753, Rdnr. 21; Rs. C-50/90, *Sunzest/Kommission*, Slg. 1991, S. I-2917, Rdnr. 13.

[185] EuGH, Rs. C-325/91, *Frankreich/Kommission*, Slg. 1993, S. I-3283.

tenden Kommissions-Richtlinie erlassen. Generalanwalt *Tesauro* bezog sich auf die Rechtssache *Krohn* und hielt die „Mitteilung" schon wegen der gewählten Form für rechtswidrig, denn nach Art. 90 III EWGV könne die Kommission entsprechende Bestimmungen nur in Form von Richtlinien oder Entscheidungen erlassen.[186] Der EuGH hingegen argumentierte nicht mit einem Typenzwang, weder im Speziellen aus Art. 90 III EWGV noch aus Art. 189 EWGV. Die „Mitteilung" scheiterte vielmehr (erst) an ihrer mangelhaften Begründung.[187] Den EuGH kann die diskutierte Position mithin nicht als ihren Bundesgenossen anführen. Dessen formenpolitische Konzeption ist – wie im Kapitel D. beleuchtet wird – von einer anderen Herangehensweise geprägt.

Mit der wohl herrschenden Meinung – die die Frage indes kaum je ausdiskutiert – ist davon auszugehen, dass Art. 249 EG auch hinsichtlich möglicher Handlungsformen mit ‚Außenwirkung' nicht abschließend ist.[188] Eine gegenteilige Anordnung kann den Verträgen nicht mit hinreichender Deutlichkeit entnommen werden. Die Gründe, die allgemein für ein entwicklungsoffenes Formensystem sprechen, streiten gegen einen Typenzwang für Handlungen, die Rechtswirkungen wie diejenigen für sich in Anspruch nehmen, die in Art. 249 II–IV EG aufgeführt sind. Eine Öffnung bloß für ‚interne' oder unverbindliche Handlungen ließe den Rechtsetzungsorganen zu geringe Spielräume, für spezifische Zwecke jeweils angemessene Formen zu wählen. Es überzeugt nicht, Gefahren für Rechtsgüter und Verfassungsprinzipien bereits in *jedem einzelnen Fall* zu vermuten, in dem die Organe dabei auf eine nicht-kodifizierte Handlungsform zurückgreifen. Berechtigten Anliegen, die hinter dem Konzept eines Typenzwangs für ‚außenwirksame' Handlungen stehen, ist angemessener Rechnung zu tragen, indem Grenzen für die Entwicklung vertraglich nicht vorgesehener Handlungsformen als Kompetenzschranken und als materiell-rechtliche Maßstäbe ausformuliert werden, deren Überschreitung im jeweils konkreten Fall zu prüfen ist.

---

186 GA Tesauro, Rs. C-325/91 (Anm. 185), Nr. 22.

187 EuGH, Rs. C-325/91 (Anm. 185), Rdnr. 30.

188 Ausdrücklich Lenz/Borchardt-*Hetmeier*, Rdnr. 3 zu Art. 249 EG; im Übrigen wird die Aussage eines nicht-abschließenden Charakters des Art. 249 EG meist nicht näher qualifiziert.

b. Kompetenzrechtliche Schranken aus Art. 249 EG

Die soeben zurückgewiesene Position entnahm Art. 249 EG einen Katalog von Rechtswirkungen, die diesen Formen vorbehalten bleiben müssten. Diese Studie kehrt das Argument um: Art. 249 EG verdeutlicht Rechtswirkungen, die, eine entsprechende Ermächtigung vorausgesetzt, von den Rechtsetzungsorganen der Union in Anspruch genommen werden können. Die Union darf Recht setzen, das unmittelbar in allen Mitgliedstaaten gilt (Art. 249 II 2 EG), sie kann Einzelne unmittelbar berechtigen oder verpflichten (Art. 249 IV EG), sie kann gegenüber Mitgliedstaaten verbindliche Anordnungen treffen, einschließlich solcher Anweisungen, die sich auf die Modifizierung der staatlichen Rechtsordnung beziehen (Art. 249 III, IV EG).[189]

Dies sind weit reichende Wirkungen, deren Potenzial zur massiven Einflussnahme auf die mitgliedstaatlichen Rechtsordnungen allgemein bekannt ist. Sie markieren jedoch keineswegs die äußere Grenze des rechtlich Denkbaren, wie der vergleichende Blick auf andere föderale Systeme zeigt.[190] Art. 249 EG enthält vor diesem Hintergrund nicht nur Aussagen darüber, welche Art von Rechtswirkungen die Union im Verhältnis zu den Mitgliedstaaten in Anspruch nehmen darf, sondern auch, welche Rechtswirkungen von ihrer Verbandskompetenz *nicht* gedeckt sind. Eine implizite Organkompetenz zur Formenprägung darf nur unter Wahrung der Kompetenzgrenzen des Verbands wahrgenommen werden. Es ist den Organen daher ganz allgemein untersagt, Handlungstypen zu entwickeln und einzusetzen, deren Rechtswirkungen über diejenigen hinausgehen, die von den Verträgen anerkannt sind.

Zu denken ist hier zum einen an mögliche Innovationen im Bereich der Entscheidung. Art. 249 IV EG spricht allgemein von der Verbindlichkeit einer Entscheidung für „denjenigen“, den sie bezeichnet; Art. 256 I EG und eine Reihe anderer Bestimmungen zeigen, dass der Adressat einer Entscheidung auch ein Mitgliedstaat sein kann. Den Verträgen gänzlich unbekannt hingegen sind Entscheidungen, die an mitgliedstaatliche Behörden oder staatliche Gliedkörperschaften gerichtet sind.[191] Dies gilt auch in Fällen, in denen das staatliche Verfassungsrecht entsprechende Körperschaften mit Gesetzgebungsbefugnissen ausstattet, wie dies etwa bei den deutschen Bundesländern oder den spani-

---

[189] Oben, A. II. 1.

[190] Siehe hierzu nur Art. 31, 37, 85 und 91 II GG.

[191] Dies übersieht *A. Haratsch*, Zur Dogmatik von Rücknahme und Widerruf von Rechtsakten der Europäischen Gemeinschaft, EuR 1998, S. 387, 411.

schen autonomen Gemeinschaften der Fall ist. Eine Entscheidung der Kommission nach Art. 88 EG ist auch dann an die Bundesrepublik Deutschland zu richten, wenn für den beihilfenrechtlichen Vorgang ausschließlich das betreffende Bundesland zuständig ist.[192] Gleiches gilt für die unionale Steuerung des nationalen Verwaltungsvollzugs. Zu den aufsichtsrechtlichen Instrumenten, mit denen das Sekundärrecht die Kommission ausstattet, gehört es nicht, Entscheidungen unmittelbar an die zuständigen staatlichen Vollzugsbehörden zu adressieren.[193] Die innerstaatliche Kompetenzverteilung fällt in die Zuständigkeit der Mitgliedstaaten, die als Zurechnungsgesamtheiten für das unionsrechtskonforme Verhalten ihrer Behörden und subnationaler Einheiten einzustehen haben.[194] Normativ verankert ist dies durch das Schweigen des Art. 249 EG, der die Verfassungsautonomie der Mitgliedstaaten in das Handlungsformensystem der Union abbildet. Es wäre deshalb *de constitutione lata* unzulässig, sollten die Organe einen neuen Typus von Entscheidung kreieren, in dem mitgliedstaatlichen Behörden oder Gliedkörperschaften unmittelbar Weisungen erteilt würden. Derartige Anordnungen sind stets – eine spezifische Befugnis vorausgesetzt – an den Mitgliedstaat als solchen zu richten.

Vor diesem Hintergrund erhellt sich das innovative Potenzial des ESZB-Statuts, das EZB-Leitlinien und EZB-Weisungen als neuartige Handlungsformen eingeführt hat. Leitlinien und Weisungen sind unmittelbar an nationale Zentralbanken gerichtete Handlungen, die für ihre Adressaten verbindlich sind, Art. 12.1 und 14.3 ESZB-Statut. Die nationalen Zentralbanken der Eurozone sind „integraler Bestandteil des ESZB" (Art. 14.3), von Weisungen der nationalen Regierungen unabhängig (Art. 109 EG) und werden von den Organen der EZB zentral gesteuert (Art. 107 III EG). Diese Zentralbanken bleiben zwar in der Rechtsträgerschaft der Mitgliedstaaten, sind aber aus dem staatlichen Verantwortungszusammenhang weit gehend herausgelöst. Dies eignet sie dazu, selbst formeller Adressat von Entscheidungs-ähnlichen Hand-

---

[192] Vgl. EuG, verb. Rs. T-132/96 und T-143/96, *Freistaat Sachsen u.a./Kommission*, Slg. 1999, S. II-3663, Rdnrn. 81 ff.

[193] *A. Hatje*, Die gemeinschaftsrechtliche Steuerung der Wirtschaftsverwaltung, 1998, S. 161 ff. und 438.

[194] EuGH, Rs. C-33/90, *Kommission/Italien*, Slg. 1991, S. I-5987, Rdnr. 24; Rs. C-359/92, *Deutschland/Rat*, Slg. 1994, S. I-3681, Rdnr. 38; Rs. C-302/97, *Konle*, Slg. 1999, S. I-3099, Rdnr. 63; Rs. C-388/01, *Kommission/Italien*, Slg. 2003, S. I-721, Rdnr. 27; Rs. C-224/01, *Köbler*, Slg. 2003, S. I-10239, Rdnrn. 32 und 46 f.

lungen zu sein.[195] Die hier vertretene These eines allgemeinen Verbots behördengerichteter Entscheidungen findet in diesen Sondervorschriften *e contrario* ihre Bestätigung. Allein auf der Grundlage von Art. 110 EG besäße die EZB gerade nicht die Befugnis, unter Umgehung der Mitgliedstaaten nationalen Zentralbanken verbindliche Anweisungen zu erteilen. Eine solche wird konstitutiv erst durch das ESZB-Statut primärrechtlich zugewiesen.

Eine weitere Schranke der Verbandskompetenz der Union ist Art. 249 EG zu entnehmen. Die Unionsorgane können den Mitgliedstaaten in Form von Verordnungen, Richtlinien und Entscheidungen bis ins Detail gehende Vorgaben zur Veränderung der nationalen Rechtsordnung machen und darüber hinaus Recht setzen, das im Konfliktfall mitgliedstaatliches Recht verdrängt. Weder Art. 249 EG noch eine andere Bestimmung der Verträge aber sehen vor, eine mitgliedstaatliche Rechtsnorm unmittelbar außer Geltung zu setzen – das Unionsrecht kennt keine Handlungsform mit kassatorischer Wirkung für nationales Recht.[196] Unter der Prämisse der Autonomie der Rechtsordnungen hat der EuGH zwar stets auf dem Anwendungsvorrang des Gemeinschaftsrechts beharrt,[197] einem Geltungsvorrang aber steht ebendiese Autonomie entgegen.[198] Diese Grenze der unionalen Verbandskompetenz müssen die rechtsetzenden Unionsorgane auch dann beachten, wenn sie auf neuartige Handlungsformen zurückgreifen wollen.

Zusammenfassend kommt Art. 249 EG somit eine Begrenzungsfunktion für die autonome Weiterentwicklung der unionalen Handlungsformen zu, die sich auf zulässige Einwirkungen auf die nationalen Rechtsordnungen bezieht. Vorbehaltlich abweichender Spezialregelungen im Primärrecht müssen sich neuartige, von den Organen entwickelte Handlungsformen innerhalb des von Art. 249 II–V EG aufgespannten Spektrums möglicher Rechtswirkungen bewegen. Die Dynamik der Handlungsformen ist darauf beschränkt, den Verträgen bekannte oder

---

[195] Anders Schwarze-*Potacs*, Rdnr. 1 zu Art. 110 EG, der auf ein „Betriebsverhältnis" abstellen will; wie hier *J.-V. Louis*, The Economic and Monetary Union, CMLRev. 41 (2004), S. 575, 588 f.; Groeben/Schwarze-*Zilioli/Kroppenstedt*, Rdnrn. 26 und 30 zu Art. 110 EG.

[196] Groeben/Schwarze-*Zuleeg*, Rdnr. 18 zu Art. 5 EG.

[197] EuGH, Rs. 11/70, *Internationale Handelsgesellschaft*, Slg. 1970, S. 1125, Rdnr. 3.

[198] *M. Zuleeg*, Das Recht der Europäischen Gemeinschaften im innerstaatlichen Bereich, 1969, S. 154 f.

von ihnen als zulässig vorausgesetzte Rechtswirkungen miteinander zu kombinieren und diese Kreuzungen in der Praxis zu neuen Formen zu verdichten.[199]

c. Rechtssicherheit als zentrale Maßstabsnorm

Das soeben entwickelte kompetenzrechtliche Kriterium zieht nur eine äußere Grenze der Formenprägungsbefugnis, dürfte im Normalfall jedoch zu grob sein, um problematische Fälle zu beurteilen. Da die meisten Stellungnahmen eine Formenprägungsbefugnis der Organe entweder unproblematisch voraussetzen oder apodiktisch, zumindest für bestimmte Arten von Rechtswirkungen, verneinen, findet kaum ein Diskurs darüber statt, an welchen materiell-rechtlichen Maßstäben atypische Formengestaltungen zu messen sind. In Ermangelung ausdrücklicher Vorschriften müssen solche Maßstäbe den vom Gerichtshof entwickelten allgemeinen Rechtsgrundsätzen entnommen werden.

Diese Studie schlägt vor, als zentrale Maßstabsnorm für den Einsatz atypischer Handlungen das Prinzip der Rechtssicherheit zum Einsatz zu bringen.[200] Diesem Rechtsgrundsatz hat der Gerichtshof das Erfordernis entnommen, dass die gemeinschaftsrechtlichen Vorschriften klar sein müssen und dass ihre Anwendung für alle Betroffenen vorhersehbar sein muss.[201] Bislang wird dies vor allem als Anforderung an den Inhalt unionaler Rechtsnormen verstanden. Die Anforderung ist jedoch ohne weiteres auf die formenbezogene Ausgestaltung eines Rechtsakts zu erstrecken und als zwingendes *Gebot der Formenklarheit* zu verstehen: Die Rechtswirkungen, die einem Akt aufgrund der gewählten Form zukommen, müssen klar und vorhersehbar sein.[202] Hierzu ist die Perspektive der Rechtsadressaten einzunehmen und zu fragen, ob begründeter Anlass zu der Befürchtung besteht, bei ihnen könnten Ver-

---

[199] Konsequent Streinz-*Schroeder*, Rdnr. 10 zu Art. 249 EG, der gerade Kreuzungen kodifizierter Handlungsformen für unzulässig hält.

[200] So auch Grabitz/Hilf-*Nettesheim*, Rdnr. 76 zu Art. 249 EG.

[201] EuGH, Rs. 70/83, *Kloppenburg*, Slg. 1984, S. 1075, Rdnr. 11; Rs. 325/85, *Irland/Kommission*, Slg. 1987, S. 5041, Rdnr. 18; Rs. C-63/93, *Duff*, Slg. 1996, S. I-569, Rdnr. 20; Rs. C-301/97, *Niederlande/Rat*, Slg. 2001, S. I-8853, Rdnr. 43; EuG, Rs. T-308/00, *Salzgitter/Kommission*, Slg. 2004, S. II-0000, Rdnr. 160 (Urteil vom 1.7.2004).

[202] Vgl. *Ch. Tomuschat*, Normenpublizität und Normenklarheit in der Europäischen Gemeinschaft, in: FS H. Kutscher, 1981, S. 461, 468.

wirrung oder Unsicherheit über die mit einem Rechtsakt verbundenen Rechtswirkungen entstehen.[203] Soweit es sich bei den Betroffenen um Rechtsbürger handelt, hat das Gebot der Formenklarheit einen bürgerschützenden Gehalt. Es ist jedoch kein Grund ersichtlich, hoheitliche Rechtsadressaten, namentlich die rechtsanwendenden Instanzen in den Mitgliedstaaten, aus seinem Schutzbereich auszuschließen.

So eindeutig diese Vorgabe abstrakt ist, so schwierig wird sich ihre praktische Handhabung erweisen. Die Anforderungen dürfen nicht so eng gezogen werden, dass über den Umweg der materiell-rechtlichen Beurteilung die Strukturentscheidung für ein entwicklungsoffenes Formensystem unterlaufen wird. Nicht jedes bislang unbekannte Formenphänomen darf von vorne herein dem Verdikt der Formenunklarheit verfallen.[204] Zu fordern ist vielmehr, dass ein Akt, zu dessen Rechtswirkungen das Primärrecht schweigt, die Rechtsadressaten selbst hinreichend darüber aufklärt, welche Rechtswirkungen mit ihm erreicht werden sollen. Diese Anforderungen sinken in gewissem Umfang, wenn ein Organ auf eine nicht-kodifizierte, aber in der Praxis fest etablierte Handlungsform zurückgreift. Klarheit und Vorhersehbarkeit der Rechtswirkungen eines Akts können auch durch den Rückbezug auf durch frühere Praxis generierte Handlungsformen hergestellt werden. Je ‚atypischer' ein Akt auch mit Blick auf vergangene Praxis ist, desto schärfer sind die Anforderungen an Selbstexplikation. Die materiellrechtlichen Schranken eines auf Entwicklungsoffenheit angelegten Systems sind also nicht starr, sondern bestimmen sich relativ zum *acquis* etablierter Handlungsformen.[205]

Ergänzende Abstützung erhält das Gebot der Formenklarheit durch ein allgemeines Verbot missbräuchlicher Ermessensbetätigung, das selbstverständlich auch für die Ausübung des Formengestaltungsermessens gilt. An das Vorliegen dieses in Art. 230 II EG normierten Rechtsfehlers stellt die Rechtsprechung hohe Anforderungen. Ermessensmissbrauch liegt (erst) dann vor, wenn objektive, schlüssige und übereinstimmende Indizien darauf hindeuten, dass eine Handlung intentional anderen als den angeblich verfolgten Zwecken dient oder mit dem Ziel erlassen

---

[203] In diese Richtung GA Tesauro, Rs. C-325/91 (Anm. 185), Nr. 21.

[204] Schwarze-*Biervert*, Rdnr. 40 zu Art. 249 EG.

[205] Ein anderer methodischer Ansatz bei *Biervert*, Mißbrauch (Anm. 137), S. 105 ff.

worden ist, ein speziell vorgesehenes Verfahren zu umgehen.[206] Dies kann sachlich mit dem Gebot der Formenklarheit überlappen, wenn ein handelndes Organ eine atypische Form gewählt hat, um auf diesem Weg bestimmte Rechtswirkungen eines Akts zu verschleiern.

Eigenständige Bedeutung erhält das Verbot des Ermessensmissbrauchs als formenbezogenes Umgehungsverbot. Wenn dargelegt werden kann, dass ein Organ eine atypische Formengestaltung gewählt hat, um zielgerichtet zwingende Gültigkeitsanforderungen einer kodifizierten Handlungsform zu umgehen, kann darin ein Ermessensmissbrauch liegen. Ein objektiver Umgehungstatbestand setzt aber voraus, dass mit der atypischen Handlung gerade diejenigen Rechtswirkungen erzielt werden, um derer willen die vermiedene Gültigkeitsanforderung von der Rechtsordnung aufgestellt wurde.[207] Wenn beispielsweise der Rat statt einer Verordnung eine unverbindliche Entschließung erlässt, dann liegt darin keine verbotene Umgehung des Art. 254 II EG, da mit einer Entschließung auch nicht die Wirkungen einer Verordnung erzielt werden.[208] Überdies ist in möglichen Umgehungsfällen vorrangig zu prüfen, ob die vermeintlich umgangene Vorschrift nicht bereits direkt oder analog auf die fragliche Handlung anzuwenden ist.[209]

III. Offenes Formensystem und die Aufgaben der Handlungsformenlehre

Diese Studie sprach beiläufig von einem „System", wenn die Gesamtheit der Handlungsformen der Union gemeint war. Je nach philosophisch-theoretischer Tradition sind mit diesem Begriff Vorstellungen von Rationalität und Kohärenz, aber auch von operativer Geschlossenheit und Selbstreferenzialität assoziiert.[210] Mit Blick auf die Untersu-

---

206 EuGH, Rs. 69/83, *Lux/Rechnungshof*, Slg. 1984, S. 2447, Rdnr. 30; Rs. C-331/88, *Fedesa*, Slg. 1990, S. I-4023, Rdnr. 24; Rs. C-210/03, *Swedish Match*, Slg. 2004, S. I-11893, Rdnr. 75.

207 Hierzu unten, D. I. 2. b.

208 In diesem Fall liegt aber gegebenenfalls ein Verstoß gegen Art. 7 II GO-Rat (Anm. 158) vor, der ein spezielles Umgehungsverbot zum Schutz des Initiativrechts der Kommission normiert.

209 Näheres im folgenden Kapitel, D. I. 2.

210 Zu verschiedenen System-Begriffen im Rechtsdiskurs *M. Schroeder*, Das Gemeinschaftsrechtssystem, 2002, S. 46 ff.

chungsergebnisse dieses Kapitels kann von einem System der Handlungsformen nur mit einer weniger anspruchsvollen Bedeutung gesprochen werden. Zum einen errichten die Verträge keinen *numerus clausus* der Handlungsformen, sodass von einem System nur in einem Sinne die Rede sein kann, der Offenheit und Entwicklungsfähigkeit nicht ausschließt. Zum anderen dürfen auch die Erwartungen an Rationalität und Kohärenz nicht zu hoch geschraubt werden. Die doppelte Strukturentscheidung für Formenwahl- und Formengestaltungsermessen geht notwendig mit einem experimentellen Charakter des Formensystems einher, das sich durch Versuch *und* Irrtum fortentwickelt. Nicht jede atypische Handlung setzt ein Signal für die Herausbildung einer neuen Handlungsform – manche *ad-hoc*-Kreation bleibt ein Unikat, das als Rechtsakt *sui generis* bestaunt werden oder kopfschüttelnd in Vergessenheit geraten mag.

Umso größere Aufgaben warten auf die Rechtswissenschaft, die die Entwicklung empirisch beobachten und dogmatisch aufarbeiten muss. Für Letzteres kann der System-Begriff eine sinnvolle Funktion erfüllen, indem er das Ideal einer arbeitsteiligen Interaktion der Teile einer Gesamtheit auf die Handlungsformen appliziert. Konstruktiv sind die Handlungsformen so zu bauen, dass es sich bei ihnen jeweils um rechtlich klar profilierte und hinreichend voneinander unterschiedene Rechtsaktgattungen handelt. Eine praxisgenerierte Handlungsform hat dann ihre Berechtigung, wenn sie auf Defizite bislang etablierter Formen reagiert und das Spektrum der Formenwahloptionen um eine eigenständige Möglichkeit erweitert. Den Abstraktionsgrad, der bei der Synthetisierung von atypischen Handlungen zu einer neuen Handlungsform anzulegen ist, gibt Art. 249 EG modellhaft vor. Ein Verständnis der unionalen Handlungsformen als offenes System orientiert also die wissenschaftliche Suche, welche durch gemeinsame Merkmale geeinten Gattungen von Rechtsakten als eigenständige Handlungsformen zu begreifen sind.

Das methodische Gebot eines eigenständigen rechtlichen Profils kollidiert nur scheinbar mit dem kompetenzrechtlichen Verbot für die Organe, bei ihren Handlungen Rechtswirkungen in Anspruch zu nehmen, die den Verträgen unbekannt sind. Der Widerspruch löst sich auf, wendet man sich von der Idee ab, eine nicht-kodifizierte Handlungsform müsse unbedingt ‚mehr' können als die kodifizierten. Zu intensiveren Einwirkungen auf die Rechtsstellung Privater und die mitgliedstaatlichen Rechtsordnungen, als sie mittels Verordnungen und Entscheidungen bewirkt werden können, sind die Unionsorgane in der Tat nicht befugt. Die Eigenständigkeit einer Handlungsform besteht indes gerade in der spezifischen *Kombination* rechtlicher Eigenschaften. Spielräume für zulässige Kreationen vermag die Handlungsformenlehre dadurch auszuloten, dass sie die bekannten Bündel von Rechtswirkungen aufschnürt, die Handlungsformen also gewissermaßen analytisch in ihre Bestandteile zerlegt und so den Blick freilegt für bislang unbekannte Synthesen. Dass Art. 249 EG die Kombinationsmöglichkeiten nicht ausschöpft, wird die Fallstudie zum Beschluss im Zweiten Teil dieser Arbeit zeigen. Dort wird sich auch erweisen, dass das Leistungspotenzial einer Handlungsform darin bestehen kann, bestimmte Rechtswirkungen gerade *nicht* in Anspruch zu nehmen und so ein eigenständiges Profil durch spezifische Limitierungen zu gewinnen.

D. Handlungsformen und Rechtskontrolle – zur Qualifikationsbefugnis der Judikative

Die vorherigen Kapitel haben die Bedeutung der Formenwahl aufgezeigt: ihre Folgen für das Rechtsregime des erlassenen Akts, ihre schwache Determiniertheit über die Kompetenzen und ihre Reichweite jenseits der kodifizierten Wahloptionen. Offen blieb, ob die Formenwahl einer judikativen Korrektur zugänglich ist, ob also die Befugnis, die formale Identität eines Rechtsakts zu bestimmen, bei den rechtsetzenden Organen liegt oder in letzter Instanz beim Gerichtshof. Um diese Frage der Gewaltenteilung geht es im Kern bei der Diskussion über einen formellen oder einen materiellen Begriff der Handlungsformen: Ist die äußere Form eines Rechtsakts, die eine Formenwahlabsicht des Erlassorgans zum Ausdruck bringt, maßgeblich, oder kommt es letztlich auf den materiellen Gehalt des Rechtsakts an, den der Gerichtshof zu ermitteln hat? Die wohl überwiegende Auffassung in der Literatur präferiert einen materiell-inhaltlichen Formenbegriff und glaubt sich einig mit der Rechtsprechung. Das abschließende Kapitel dieses Teils wird dagegen zeigen, dass das unionale Verfassungsrecht die formbezogene Qualifikationsbefugnis den rechtsetzenden Organen zuweist und dieses Verständnis auch die Praxis des Gerichtshofs leitet.

In einem ersten Schritt wird die Gefahr einer Umgehung von Gültigkeits- und Kontrollanforderungen als Argument für ein materielles Verständnis der Handlungsformen aufgenommen und diskutiert. Die Studie rekonstruiert diese Umgehungsgefahren als Problem der adäquaten Ausgestaltung des Rechtsregimes der einzelnen Handlungsformen und identifiziert das judikative Kontrollregime als wunden Punkt (I.). Aufschluss über die Problembewältigungsstrategie des Gerichtshofs und damit insgesamt über dessen Methodik im Umgang mit den Handlungsformen gibt die Judikatur zu den zulässigen Klagegegenständen einer Nichtigkeitsklage. Gezeigt werden die Bedingungen, unter denen der Gerichtshof das Institut der Formenwahl für verträglich hält mit einem umfassend verstandenen Rechtswahrungsauftrag an die dritte Gewalt in der Union (II.). Hieraus folgen weitere Prämissen für die Handlungsformenlehre des Unionsrechts, die die vom Gerichtshof vorangetriebene Entkopplung von Handlungsform und Rechtskontrollform konzeptionell verarbeiten muss (III.).

I. Umgehungsprobleme und Strategien zu ihrer Bewältigung

Das vorstehende Kapitel erarbeitete materiell- und kompetenzrechtliche Maßstäbe, an denen atypische Rechtswirkungskombinationen zu messen sind. Nur am Rande thematisiert wurde das Gefahrenpotenzial, das sich mit den beiden anderen Regimeelementen einer unionalen Handlungsform verbindet: ihrem spezifischen Gültigkeits- und Kontrollregime. Das strukturprägende Rechtsinstitut des Formenwahlermessens wirft die kritische Frage auf, ob es den Rechtsetzungsorganen ermöglicht, sich gleichsam auszusuchen, ob und an welchen Maßstäben ihre Rechtsakte gerichtlich überprüfbar sind.

Nach einer verbreiteten Lesart ist dieser Gefahr durch eine materiell-inhaltliche Qualifizierung der Handlungsform zu begegnen (1.). Demgegenüber präferiert diese Studie, eine Lösung bei der adäquaten Ausgestaltung des Rechtsregimes der einzelnen Handlungsformen zu suchen (2.).

1. Relativierung der Formenwahl durch ein materielles Verständnis der Handlungsformen?

Die Sorgen, die sich mit der Anerkennung einer Formenwahl nach dem Willen des Erlassorgans verbinden, hat *Scherzberg* formuliert, der hier stellvertretend für eine starke Tendenz in der Literatur zitiert wird. Die Analyse der vertraglichen Bestimmungen, die an die Verwendung einer kodifizierten Handlungsform besondere Rechtsfolgen anschließen, wirft für ihn unmittelbar die Gefahr ihrer Umgehung auf:

> „Würde bei der Subsumtion unter diese Bestimmungen auf Form und Bezeichnung einer Maßnahme abgestellt, würde es den zuständigen Organen ermöglicht, durch die Wahl einer dem gewünschten

> Regelungsinhalt nicht adäquaten Handlungsform den Vorbehalt der vertraglichen Rechtsgrundlage zu umgehen oder den Betroffenen den vertraglich vorgesehenen Rechtsschutz zu entziehen."[211]

Der bloße Umstand, dass mit der Formenwahl zugleich für ein bestimmtes Gültigkeits- und Kontrollregime optiert wird, führt *Scherzberg* zu dem Schluss, die nach „Form und Bezeichnung" intendierte Formenwahl für unmaßgeblich zu erklären. Die Qualifizierung der objektiv vorliegenden Handlungsform könne allein das Ergebnis einer hermeneutischen Operation *ex post* sein. Hierfür sei eine materielle Betrachtungsweise anzulegen, die auf den „Regelungsgehalt" einer Maßnahme abstellt.[212] Es gelte, in *Grabitz'* Worten, dass die „von den Gemeinschaftsorganen gewählte Bezeichnung über die wirkliche Rechtsnatur des Rechtsakts nichts aussagt", vielmehr sei gemäß der „vom Inhalt her wirklich zustehenden Rechtsnatur" zu qualifizieren.[213]

In der Sache wird damit an die Rechtsprechung appelliert, eine endgültige Formenwahl durch die Rechtsetzungsorgane nicht zu akzeptieren, sondern in Fällen einer Inadäquanz von Regelungsgehalt und intendierter Handlungsform mit einer „Fiktion der adäquaten Handlungsform"[214] zu arbeiten. Man kann von einer *Strategie der Umdeutung* oder *Re-Qualifizierung* sprechen, da es der diskutierten Position gerade um Fälle geht, in denen die Handlungsform, die das Erlassorgan einsetzen wollte, unzweifelhaft eine andere ist. Diese Strategie agiert präventiv zur Vermeidung von Situationen, in denen ohne Umdeutung eine ermessensfehlerhafte Formenwahl vorliegen würde. Sie ist damit als Alternative zu einer repressiven *Strategie der Sanktionierung* zu verste-

---

[211] *A. Scherzberg*, Mittelbare Rechtssetzung durch Gemeinschaftsrecht, Jura 1992, S. 572, 573.

[212] Ibid.; ebenso Lenz/Borchardt-*Hetmeier*, Rdnr. 5 zu Art. 249 EG: Bezeichnung „lediglich ein Indiz", „Gegenstand und Inhalt" maßgeblich; Schwarze-*Biervert*, Rdnr. 17 zu Art. 249 EG: „nach materiellen Kriterien"; Grabitz/Hilf-*Nettesheim*, Rdnr. 106 zu Art. 249 EG: Bezeichnung als „prima-facie-Hinweis" auf die „wahre Rechtsnatur"; *Ipsen*, Gemeinschaftsrecht, 21/4: „nach materiellen, nicht formellen Kriterien", Kennzeichnung „nicht präjudiziell"; *H.-J. Rabe*, Das Verordnungsrecht der Europäischen Wirtschaftsgemeinschaft, 1963, S. 38: „subjektive Wertung" nicht ausschlaggebend, es komme auf „materiellen Gehalt" an.

[213] *E. Grabitz*, Rechtshandlungen der Gemeinschaftsorgane, in: Kommission (Hrsg.), Dreißig Jahre Gemeinschaftsrecht, 1983, S. 91, 96.

[214] *B. Biervert*, Der Mißbrauch von Handlungsformen im Gemeinschaftsrecht, 1999, S. 177.

hen, für die eine sachunangemessene Formenwahl zur Rechtswidrigkeit des Rechtsakts führt.[215] Nur ganz selten wird der Versuch unternommen, beide Strategien zu kumulieren, namentlich wenn *Oppermann* postuliert, eine *falsa demonstratio* bei der Bezeichnung eines Rechtsakts sei nicht maßgebend, könne aber zur Nichtigkeit des Akts führen.[216] Es ist jedoch nur schwer nachvollziehbar, wie eine irrelevante Fehlbezeichnung zugleich einen relevanten Bezeichnungsfehler begründen soll.

Die Strategie der Re-Qualifizierung sieht sich mit einer Reihe methodischer Probleme konfrontiert. Im ersten Schritt sind die Schwierigkeiten zu überwinden, wie ohne Wissen um die Handlungsform eines Akts seine Rechtswirkungen erkannt werden können.[217] Der unmittelbare Zugriff auf „Gegenstand und Inhalt" – wie es in Anlehnung an eine Formel des Gerichtshofs, deren Kontext noch beleuchtet wird, heißt – erweist sich als ein Programm, dessen Prämissen allemal explikationsbedürftig sind.[218] Weiter müssten abgrenzungsfähige „materiell-inhaltliche Begriffsmerkmale"[219] der vertraglich vorgesehenen Handlungsformen erarbeitet werden, wobei die knappen Normierungen des Art. 249 EG einer nicht unerheblichen interpretativen Ausfüllung bedürfen.[220] Ein solches Vorhaben harrt zur Kenntnis des Verfassers noch einer überzeugenden Ausführung.[221] Drittens schließlich wäre zu explizieren, wie

---

[215] Oben, B. II. 3.

[216] *Oppermann*, Europarecht, Rdnr. 538; der letzte Halbsatz wurde in der aktuellen 2. Auflage eingefügt; eine nähere Erläuterung wird nicht gegeben.

[217] Unbeeindruckt *Scherzberg*, Rechtssetzung (Anm. 211), S. 573: „gelegentlich unter Inkaufnahme eines Zirkelschlusses".

[218] Zu den variablen Unterstellungen des EuGH bei der Ermittlung von Verbindlichkeit oben, A. II. 3.

[219] *W. Möller*, Die Verordnung der Europäischen Gemeinschaften, 1967, S. 9.

[220] *Scherzberg*, Rechtssetzung (Anm. 211), S. 573.

[221] Materiell-inhaltliche Beschreibungen der Handlungsformen tendieren regelmäßig dazu, bestimmte typische (empirisch häufige) Regelungszwecke einer Handlungsform zu formkonstitutiven Merkmalen zu erheben, ohne dies als normativ geboten darstellen zu können. Als Gedankenexperiment nehme man die Bestimmungen einer beliebigen Richtlinie und füge sie unverändert in eine thematisch verwandte Verordnung oder staatengerichtete Entscheidung ein. Hat man „in Wirklichkeit" (teilweise) eine Richtlinie vor sich? Könnte ein fachkundiger Dritter die Herkunft der einzelnen Artikel noch bestimmen? Diesbezüglichen Optimismus dämpft die Lektüre von EuGH, Rs. 31/78, *Bussone*, Slg. 1978, S. 2429, Rdnrn. 28/33.

ein konkreter Rechtsakt unter einen so definierten Handlungstypus zu subsumieren ist. Konsequenterweise müsste man als weitere Prämisse einführen, dass ein und dieselbe Bestimmung rechtsfehlerfrei nur einer einzigen Handlungsform angehören kann.

Man mag die dargelegten Probleme für überwindbar halten und die Skepsis des Verfassers für übertrieben. Nicht zu leugnen sind jedoch die Verluste, die ein solcher Umgang mit den Handlungsformen mit sich bringt. Gravierende Einbußen erleidet zum einen die Transparenz der Handlungsform und damit das Prinzip der Rechtssicherheit. Welche Rechtswirkungen ein Akt entfaltet und welchem Rechtsregime er im Übrigen unterliegt, kann nicht an leicht zugänglichen Merkmalen abgelesen werden, sondern ist das Ergebnis komplexer juristischer Operationen. Letztlich bleibt die „wirkliche" Handlungsform solange in der Schwebe, bis der Gerichtshof endgültig über sie befunden hat – was für die große Mehrzahl der Rechtsakte, die nie gerichtlich prozessiert wird, bedeutet: auf Dauer. Zum anderen ist ein konsequent „materiell-inhaltlicher" Formenbegriff mit dem Institut des Formenwahlermessens inkompatibel. Ihm liegt vielmehr das Ideal der *einen* richtigen Handlungsform zugrunde, die das Erlassorgan objektiv „gewählt" hat, weil es sie hätte wählen sollen. Dies kollidiert mit tragenden verfassungsrechtlichen Prämissen, wie sie die vorstehenden Kapitel als geltendes Recht herausgearbeitet haben.

2. *Adäquanz der Regimeelemente einer Handlungsform als Auslegungsgebot*

Erinnert sei an den Ausgangspunkt der Überlegungen: Die Option *Scherzbergs* für einen materiellen Formenbegriff präsentierte sich ja nicht als apriorische Privilegierung der Substanz über die Form, sondern als eine von rechtsstaatlichen Anliegen getragene Antwort auf eine Umgehungsgefahr. Zu fragen ist also, ob alternative Strategien zur Verfügung stehen, mit denen diesen Anliegen Rechnung getragen werden kann.

a. Perspektivenwechsel: von der Adäquanz der Formenwahl zur Adäquanz der Form

Festzuhalten ist zunächst, dass von den Elementen einer unionalen Handlungsform hier nicht der Wirkungsmodus als solcher die Probleme verursacht. Die Rechtswirkungen, die ein Akt kraft seiner Handlungsform beansprucht, müssen generell zulässig und von der gewählten Rechtsgrundlage gedeckt sein. Auf Verstöße gegen „den Vorbehalt der vertraglichen Rechtsgrundlage“ (*Scherzberg*) ist nach allgemeinen Kompetenzlehren nicht mit einer Re-Qualifizierung, sondern mit einer Rechtswidrigkeitssanktion zu reagieren. Sorgen bereitet allein die Kopplung des Wirkungsmodus mit anderen Regimeelementen. Dann drängt sich jedoch die Frage auf, ob präventive Maßnahmen gegen eine „dem gewünschten Regelungsinhalt nicht adäquate Handlungsform“ das Problem nicht von der falschen Seite her angehen: Wenn die Rechtsetzungsorgane durch die bloße Wahl einer Handlungsform eine rechtsstaatlich defizitäre Situation herbeiführen können, dann stimmt etwas nicht mit dem Rechtsregime dieser Handlungsform. Derartige Umgehungsgefahren sind möglichst schon durch eine Ausgestaltung der betreffenden Form zu neutralisieren, die ihre Regimeelemente in ein adäquates Verhältnis zueinander bringt. Dieses Adäquanzgebot ist, wie *Schmidt-Aßmann* für das Verwaltungsrecht festgehalten hat, der Zentralpunkt der Handlungsformenlehre: „Wirkungsziel, Wirkungsweise und rechtliche Absicherungen müssen in einem ausgewogenen Verhältnis stehen.“[222] Gesucht wird also eine konstruktive *Neutralisierungsstrategie*, die das Formenwahlermessen intakt lässt und zugleich den hierdurch aufgeworfenen Umgehungsproblemen durch eine adäquate Ausgestaltung der Handlungsformen begegnet.

b. Adäquanz von Wirkungsmodus und Gültigkeitsregime

Hinsichtlich der Umgehung von Gültigkeitsanforderungen sei daran erinnert, dass sich die Formenwahl nicht isoliert auf einzelne Regimeelemente bezieht. Vielmehr steht das Rechtsregime einer bestimmten Handlungsform nur ‚im Paket‘ zur Auswahl: Wenn ein rechtsetzendes Organ eine Richtlinie erlässt, weil es die Rechtswirkungen dieser Handlungsform in Anspruch nehmen will, dann wird hierdurch automatisch ein spezifisches Gültigkeitsregime aktiviert, aus dem das Organ nicht gesondert ‚herausoptieren‘ kann. Das Gültigkeitsregime ist die Antwort der Rechtsordnung auf das rechtliche Potenzial einer Handlungsform: ein Wirkungsmodus – ein Gültigkeitsregime.

Die Frage nach der Adäquanz von Rechtswirkungen und Gültigkeitsanforderungen stellt sich mithin für kodifizierte oder eine nicht-kodifi-

---

[222] *E. Schmidt-Aßmann*, Das allgemeine Verwaltungsrecht als Ordnungsidee, 2004, 6. Kap., Rdnr. 36.

zierte Handlungsform verschieden. Bei einer primärrechtlich definierten Handlungsform stellt das positive Recht, das *beide* Elemente ihres Rechtsregimes definiert, eine Vermutung der Adäquanz auf: Art. 249 II 2 EG verleiht einer Verordnung die Fähigkeit zur unmittelbaren Anwendbarkeit in jedem Mitgliedstaat, und Art. 254 II EG hält es deshalb für angemessen, ihre Wirksamkeit an eine amtliche Veröffentlichung zu knüpfen; eine Entscheidung ist für ihren Adressaten verbindlich, Art. 249 IV EG, und bedarf deshalb (nur) einer individuellen Bekanntgabe, Art. 254 III EG. Solche Verknüpfungen von Rechtswirkungen und Gültigkeitsanforderungen bringen zum Ausdruck, was die Verträge als einen forminternen Gleichgewichtszustand ansehen. Wenn sich ein Organ für eine dieser Handlungsformen entscheidet, liegt darin *de constitutione lata* keine Umgehung von Rechtsfolgen einer anderen Handlungsform.

Probleme können allerdings entstehen, wenn ein Organ auf eine nicht-kodifizierte Handlungsform zurückgreift. Da es hier definitionsgemäß an primärrechtlichen Spezialregelungen über ihre Gültigkeit fehlt, ist die Gefahr von Regelungslücken nicht von der Hand zu weisen. Zu einer Entwertung der Formenwahl (Umdeutung in eine typisierte Handlungsform) besteht jedoch ebenso wenig Anlass wie zu einer Sanktionierungsstrategie (Typenzwang, Formenmissbrauch), wenn das positive Recht andere Wege eröffnet, die das von den Verträgen gewollte Formengestaltungsermessen weniger beschneiden. Hier ist die Rechtswissenschaft gefordert, ihre konstruktive Kraft unter Beweis zu stellen. Wenn die primärrechtliche Ordnung der Formen eine fragmentarische ist, dann ist sie es naturgemäß auch hinsichtlich der Gültigkeitsanforderungen an nicht-kodifizierte Handlungsformen. Das Gebot der Adäquanz von Rechtswirkungen und Gültigkeitsanforderungen gewinnt vor diesem Hintergrund den normativen Status einer Auslegungsmaxime für das positive Recht. Nimmt eine atypische Handlung bestimmte Rechtswirkungen für sich in Anspruch, die von einer kodifizierten Handlungsform bekannt sind, dann verlangt das Adäquanzgebot nach einer Prüfung, ob die atypische Handlung nicht denselben Anforderungen unterliegt, die die Verträge an ebendiese Rechtswirkung im Fall der kodifizierten Handlungsform richten: Eine atypische Handlung, die wie eine Verordnung unmittelbare Anwendbarkeit für sich in Anspruch nimmt, muss wie eine Verordnung veröffentlicht werden. Man könnte von einer Strategie der *Neutralisierung durch Regimeexport* sprechen. Methodisch stehen zu ihrer Verwirklichung zwei gleichwertige juristische Argumentationstopoi zur Verfügung: der Rekurs auf einen allgemeinen Rechtsgrundsatz, der in einer formspezifischen Vorschrift zum Ausdruck kommt, und die analoge Anwendung dieser Vorschrift.

Es hängt letztlich von einem Test auf die Flexibilität des positiven Rechts ab, ob für alle Entwicklungen im Bereich atypischer Formengestaltung adäquate Antworten bereitstehen. Im Zweiten Teil dieser Studie wird für die Handlungsform Beschluss ein solcher Test exemplarisch durchgeführt werden.[223] Bei der Zusammenstellung, welche Gültigkeitsanforderungen überhaupt formenvariabel ausgestaltet sind, wird dort eine Struktur sichtbar werden, die zur Entspannung der Problemlage beiträgt: Das Unionsrecht entlastet seine Handlungsformen in vieler Hinsicht von der Aufgabe, über die anwendbaren Prüfungsmaßstäbe zu entscheiden, indem es Gültigkeitsanforderungen an die Rechtsakte überwiegend formenneutral ausgestaltet. Man kann von einer *Neutralisierung durch Generalisierung* sprechen. Die verbleibenden Probleme sollten mit den Mitteln juristischer Auslegungstechnik in den Griff zu bekommen sein.

c. Adäquanz von Wirkungsmodus und Kontrollregime

Als Kern des Umgehungsproblems schält sich damit das spezifische Kontrollregime der Handlungsformen heraus, und hier liegt wohl die eigentliche Quelle der rechtswissenschaftlichen Skepsis gegenüber der äußeren Form und der in ihr zum Ausdruck kommenden Formenwahl. Denn dabei geht es nicht „nur" um eine begrenzte Zahl von Gültigkeitsanforderungen, die das Unionsrecht formenvariabel ausgestaltet, sondern um die Frage, ob überhaupt eine gerichtliche Kontrolle stattfinden kann – am Maßstab formenneutraler wie formenvariabler Gültigkeitsanforderungen. Eine ungebundene Dispositionsbefugnis der rechtsetzenden Organe hierüber wäre eine rechtsstaatlich inakzeptable Situation.

Bei dieser Frage kann die Rechtswissenschaft auch nicht ohne weiteres auf Adäquanzvermutungen des positiven Rechts vertrauen. Die Regelungstechnik der Verträge, die Handlungsformen als Ordnungsfaktor für das System der judikativen Kontrolle zu nutzen, reibt sich an der gleichzeitigen Strukturentscheidung für ein offenes Formensystem. Der Siegeszug des Formenwahlermessens trug ein Übriges dazu bei, dass der ursprüngliche Plan der Vertragsautoren für ein kohärentes Rechtskontrollregime mit der dynamischen Entwicklung der Handlungsfor-

---

[223] Zweiter Teil, D.

men nicht Schritt halten konnte. Die Probleme kristallisieren sich bei der Rechtmäßigkeitskontrolle unter Art. 230 EG, der auf einer eigenwilligen Kombination von formneutralen und formbezogenen Begriffen aufbaut. Insbesondere bestimmt Art. 230 IV EG die Entscheidung als das Nadelöhr, durch das eine natürliche oder juristische Person hindurch muss, die die Rechtmäßigkeit einer Handlung im Wege der Direktklage bestreiten will. Diese enumerative Ausgestaltung des Individualrechtsschutzes wirft bereits für die übrigen kodifizierten Handlungsformen und erst recht bei atypischen Akten eine evidente Umgehungsgefahr auf. Da ein Ermessensmissbrauch kaum je erweislich sein wird, bleibt nur die Alternative, entweder – trotz aller Schwierigkeiten und Folgeprobleme – einer forcierten Re-Qualifizierungsstrategie das Wort zu reden, oder aber eine Anpassung des Rechtsregimes der übrigen Handlungsformen vorzunehmen, indem auch ihnen gegenüber Rechtsschutz eröffnet wird wie gegen eine Entscheidung. Diese Studie wird im Weiteren zeigen, dass der Gerichtshof den zweiten Weg gegangen ist, und zwar so konsequent, dass sich die Unterschiede der Kontrollregime der Handlungsformen weit gehend eingeebnet haben.

II. Die Entkopplung von Rechtskontrollform und Handlungsform in der Rechtsprechung des Gerichtshofs

Die Zulässigkeitsvoraussetzungen einer Nichtigkeitsklage gehören zu den großen Themen der Rechtsprechung wie der rechtswissenschaftlichen Diskussion, und dies seit den frühen Tagen des Gemeinschaftsrechts.[224] Die einschlägige Judikatur wird im Folgenden unter dem Gesichtspunkt aufgearbeitet, welche methodischen Prämissen den Gerichtshof[225] im Umgang mit der Kategorie der Handlungsform leiten. Die spezifische Fragestellung ist, welche Bedeutung er der Autoqualifizierung der formalen Identität eines Rechtsakts zuerkennt und welche

---

[224] Exemplarisch *L. Allkemper*, Rechtsschutz des einzelnen nach dem EG-Vertrag, 1995, S. 57 ff.; *H.-W. Daig*, Nichtigkeits- und Untätigkeitsklagen im Recht der Europäischen Gemeinschaften, 1985, Rdnrn. 27 ff.; *M. Wegmann*, Die Nichtigkeitsklage Privater gegen Normativakte der Europäischen Gemeinschaften, 1976; *G. Bebr*, Judicial Control of the European Communities, 1962, S. 68 ff.

[225] Unter „Gerichtshof" wird hier das in Art. 7 EG genannte Organ unter Einschluss des Gerichts erster Instanz verstanden, soweit sich aus dem historischen oder sachlichen Kontext der Formulierung nichts anderes ergibt.

Rolle bei der Qualifizierung er für sich beansprucht. Die Formenpolitik des Gerichtshofs wird anhand zweier Zentralbegriffe des unionalen Prozessrechts nachvollzogen: der „Handlung“ in Art. 230 I EG (1.) und der „Entscheidung“ in Art. 230 IV EG (2.).[226] Anschließend sind die Implikationen für die Kategorie der Handlungsform zusammenfassend zu würdigen (3.).

1. Organhandlungen mit Rechtswirkungen, Art. 230 I EG

Vergleichsweise günstige Bedingungen zur Entwicklung eines kohärenten Rechtskontrollregimes bietet der Vertragswortlaut in Art. 230 I und 234 I lit. b EG, indem er an zwei Schlüsselstellen, die den Zugang zu den unionalen Gerichten steuern, einen formneutralen Begriff verwendet. Gegenstand eines Vorabentscheidungsersuchens können „Handlungen der Organe ... und der EZB“ sein, und auch die Nichtigkeitsklage ist gegenüber „Handlungen“ eröffnet, wobei der Begriff hier einschränkend bestimmt wird („soweit es sich nicht um Empfehlungen oder Stellungnahmen handelt“ bzw. „mit Rechtswirkungen gegenüber Dritten“). Sowohl für den Handlungs-Begriff als solchen (a.) als auch für dessen Einschränkung in Art. 230 I EG (b.) stellt sich die Frage nach der Qualifikationsbefugnis.

a. „Handlungen der Organe“ als prozessrechtliche Generalklausel

Bei der Auslegung des Handlungs-Begriffs sah sich der Gerichtshof von Beginn an mit einem Zielkonflikt konfrontiert. Auf der einen Seite galt es, die Autonomie der gemeinschaftsrechtlichen Handlungsformen zu wahren und einer ‚Flucht ins Völkerrecht‘ zu wehren. Die formenpolitische Konzeption der Rechtsprechung ist ohne die untergründige Furcht vor einer Infragestellung der Gemeinschaftsrechtsordnung durch die Informalität völkerrechtlicher Praxis nicht zu verstehen. Aus dieser Motivlage erklären sich Urteile, die Vereinbarungen zwischen den Mitgliedstaaten, die außerhalb der Verfahren der Gründungsverträge geschlossen wurden, die Qualität einer Handlung im Sinne der

---

[226] Zum Begriff der Verordnung in Art. 241 und 231 II EG im Zweiten Teil, E. IV. und E. V.

Art. 230, 234 EG absprechen.[227] Auf der anderen Seite kollidiert ein an strengen Förmlichkeiten oder gar am Formenkatalog der Verträge orientierter Handlungs-Begriff mit dem umfassenden Rechtswahrungsauftrag in Art. 220 EG und hätte das Monopol des Gerichtshofs auf authentische Interpretation des Gemeinschaftsrechts untergraben. Die zweite Sichtweise gewann tendenziell die Oberhand: Jegliche rechtserhebliche Aktivität der politischen Organe sollte der Jurisdiktion des Gerichtshofs unterstehen.[228] Hierzu baute der Gerichtshof den Wortlaut des Art. 230 I EG konsequent zu einer Generalklausel aus, nach der „alle Handlungen der Organe, die dazu bestimmt sind, Rechtswirkungen zu erzeugen, ohne Unterschied ihrer Rechtsnatur oder Form", mit der Nichtigkeitsklage angefochten werden können.[229]

Der Prüfungspunkt ‚Handlung eines Organs' dient in erster Linie der Abgrenzung zu Handlungen der Mitgliedstaaten; diese sind einer Nichtigerklärung durch den EuGH entzogen.[230] Der angesprochene Zielkonflikt bleibt virulent, wenn informelle Absprachen in Rede stehen, die im institutionellen Kontext des Rates getroffen werden. Einerseits sollen den *inter-se*-Abkommen der Mitgliedstaaten nicht die Weihen des Gemeinschaftsrechts verliehen werden, andererseits darf es auch nicht im Belieben des Rates stehen, sich der Rechtskontrolle des Gerichtshofs allein dadurch zu entziehen, dass sich seine Mitglieder *ad hoc* als Regierungskonferenz konstituieren. Eine Teillösung für dieses Problem fand der EuGH in der Dogmatik der Verbandskompetenzen. Definitiv liegt eine Handlung des Rates vor, wenn eine im Ratszusammenhang getroffene Absprache in eine ausschließliche Gemeinschaftskompetenz fällt.[231] Auf die Bezeichnung des Akts oder andere formelle Merkmale, die auf eine gegenteilige Intention der Akteure hindeuten,

---

[227] Ausdrücklich EuGH, Rs. 44/84, *Hurd*, Slg. 1986, S. 29, Rdnr. 20; implizit Rs. 59/75, *Manghera*, Slg. 1976, S. 91, Rdnr. 21; Rs. 43/75, *Defrenne*, Slg. 1976, S. 455, Rdnrn. 56/58.

[228] Noch den formlosesten Schriftstücken blieb eine Anerkennung als anfechtbare Handlung nicht versagt, exemplarisch EuGH, Rs. C-106/96, *Großbritannien/Kommission*, Slg. 1998, S. I-2729, Rdnr. 41 (Pressemitteilung der Kommission).

[229] Erstmals in EuGH, Rs. 22/70, *Kommission/Rat*, Slg. 1971, S. 263, Rdnrn. 38/42, im Folgenden „AETR-Formel".

[230] EuGH, verb. Rs. 31/86 und 35/86, *LAISA u.a./Rat*, Slg. 1988, S. 2285, Rdnrn. 9 ff.; Rs. C-313/89, *Kommission/Spanien*, Slg. 1991, S. I-5231, Rdnr. 10.

[231] EuGH, Rs. 22/70 (Anm. 229), Rdnrn. 3/4.

kommt es in einem solchen Fall nicht an.[232] Wenn der betreffende Akt im Bereich nicht-ausschließlicher Kompetenzen ergeht, ist eine Prüfung anhand der Umstände des Einzelfalls erforderlich, wobei das Fehlen einer Autoqualifikation als Organakt ein nur schwer widerlegbares Indiz gegen das Vorliegen einer anfechtbaren Handlung stiftet.[233]

Der formneutrale Begriff der Handlung entlastet den Gerichtshof also davon, bereits auf dieser Prüfungsstufe Erwägungen zur Handlungsform eines Akts anzustellen. In kritischen Fällen, in denen die Zurechnung zu einem Unionsorgan im Streit steht, beansprucht der Gerichtshof die endgültige Qualifikationsbefugnis für sich. Die Bezeichnung ist ein *prima-facie*-Hinweis auf die Organzurechnung, der aber überspielt werden kann, wenn kompetenzrechtliche Gesichtspunkte die Umdeutung in einen anfechtbaren (nicht notwendig: einen rechtmäßigen) Organakt rechtfertigen. Eine Qualifikationsbefugnis der rechtsetzenden Organe mit kontrollverschließender Wirkung erkennt der Gerichtshof mithin nicht an. Umgekehrt ist aus der Rechtsprechung kein Fall bekannt, in dem die Umdeutung eines als Organhandlung autoqualifizierten Rechtsakts in eine nicht-anfechtbare Handlung auch nur erwogen wurde. Die Wahl einer kodifizierten Handlungsform verleiht einem Rechtsakt ohne weiteres die Eigenschaft als „Handlung" eines Unionsorgans.

b. Qualifizierung als Handlung mit „Rechtswirkungen"

Ähnliche Argumentationsmuster bestimmen die Judikatur zum Erfordernis, dass eine anfechtbare Handlung „Rechtswirkungen" entfalten muss. Dieses Kriterium dient als Korrektiv für die Weite des Handlungs-Begriffs.[234] In der Terminologie des Art. 249 EG ist hierunter die Verbindlichkeit einer Handlung zu verstehen.[235] Diese Auslegung des

232 EuGH, verb. Rs. C-181/91 und C-248/91, *Parlament/Rat und Kommission*, Slg. 1993, S. I-3685, Rdnr. 14.

233 Ibid., Rdnrn. 17 ff.

234 Diese Funktion erfüllt unter Art. 234 EG die Entscheidungserheblichkeit, die vom vorlegenden Gericht zu prüfen ist; auch unverbindliche Handlungen können somit Gegenstand eines Vorabentscheidungsersuchens sein, EuGH, Rs. 113/75, *Frescassetti*, Slg. 1976, S. 983, Rdnrn. 8/9; Rs. 90/76, *van Ameyde*, Slg. 1977, S. 1091, Rdnr. 15; Rs. C-188/91, *Deutsche Shell*, Slg. 1993, S. I-363, Rdnr. 18.

235 Vgl. die Paraphrase der AETR-Formel in EuGH, Rs. 60/81, *IBM/Kommission*, Slg. 1981, S. 2639, Rdnr. 9: „verbindliche Rechtswirkungen".

Art. 230 I EG eröffnet ein klares und handhabbares Schema: Rechtsakte in verbindlichen Handlungsformen sind stets anfechtbare Handlungen, solche in unverbindlichen Handlungsformen, jedenfalls grundsätzlich, nicht.[236]

Wie schon bei der Organzurechnung wirft die Orientierung an der Selbstzuordnung der Akte ein Umgehungsproblem auf: Die Organe könnten motiviert sein, auf die Nutzung einer verbindlichen Handlungsform zu verzichten, um die Rechtsfolge der Anfechtbarkeit zu vermeiden. Vor diesem Hintergrund hat der Gerichtshof die indizielle Relevanz einer Unverbindlichkeit anzeigenden Bezeichnung zwar anerkannt,[237] sich in kritischen Fällen aber eine weitere Prüfung vorbehalten. Die variablen Auslegungsregeln, die der Gerichtshof in solchen Fällen aktiviert, wurden bereits angesprochen.[238] Insoweit es bereits an einer Kompetenz fehlt, einen verbindlichen Rechtsakt zu erlassen, können je nach methodischer Unterstellung konträre Ergebnisse erzielt werden. Die Auslegung, ob ein konkreter Rechtsakt „Rechtswirkungen" entfaltet, erfolgt offenbar mit Blick auf die unmittelbare Rechtsfolge, die Anfechtbarkeit des Akts.[239] Hierbei sind Besonderheiten des unionalen Prozessrechts in Rechnung zu stellen: Da dieses keine Feststellungsklage kennt, ist die Nichtigkeitsklage der einzige Weg, auf dem ein Kläger den Anschein von verbindlichen Wirkungen eines als unverbindlich autoqualifizierten Rechtsakts beseitigen kann. Bei einem engen Verständnis von „Rechtswirkungen" müsste der Kläger paradoxerweise für die Unzulässigkeit der eigenen Klage streiten.[240] Dieser Gesichtspunkt kommt namentlich bei der Anfechtung von „Mitteilungen" zum Tragen, in denen die Kommission ihre Auffassung über Inhalt und Umfang von Pflichten bekannt gibt, die sich angeblich aus geltendem Recht ergeben. Der Gerichtshof reagierte auf die zunehmende Nutzung solcher norminterpretierenden Verlautbarungen, indem er ihnen dann „Rechtswirkungen" bescheinigte, wenn sie die geltende Rechtslage un-

---

[236] Streinz-*Ehricke*, Rdnr. 9 zu Art. 230 EG.

[237] EuGH, verb. Rs. 90/63 und 91/63, *Kommission/Belgien und Luxemburg*, Slg. 1964, S. 1329, 1345.

[238] Oben, A. I. 3.

[239] *Daig*, Nichtigkeitsklagen (Anm. 224), Rdnr. 45.

[240] Die Verantwortung des beklagten Organs für die Erzeugung des Anscheins verbindlicher Wirkungen könnte lediglich bei der Kostenentscheidung zum Ausdruck kommen, so in EuGH, verb. Rs. 16/59 bis 18/59, *Geitling/Hohe Behörde*, Slg. 1960, S. 45, 65 f.

zutreffend erläutern. In dieser Prozesskonstellation geht der EuGH unmittelbar zur Prüfung der Begründetheit der Klage über: Schafft die angegriffene Handlung ihrem Inhalt nach neue (Schein-) Verpflichtungen, ist die Klage zulässig und, bei Fehlen eines Kompetenztitels für eine verbindliche Handlung, zugleich begründet.[241] Der Gerichtshof orientiert sich hier an Vorbildern aus dem französischen Verwaltungsprozessrecht, in dem sich eine *circulaire interprétative*, die geltendes Recht inkorrekt auslegt, als anfechtbare *circulaire réglementaire* darstellt.[242]

Der Grenzfall, in dem die Kommission statt einer fehlerhaften Auslegungs-Mitteilung auch einen verbindlichen Rechtsakt hätte erlassen dürfen, wurde schon erwähnt.[243] Das Urteil ist im hiesigen Kontext insofern erneut von Interesse, als sich die Strategie des EuGH in der Qualifizierung als anfechtbare Handlung erschöpft, die fragliche Mitteilung also gerade nicht in eine Entscheidung oder eine Richtlinie umgedeutet wurde, und auch die Rechtskontrolle nicht am Maßstab von Anforderungen erfolgte, die für diese Handlungsformen spezifisch sind (hier: Art. 253 EG). Das Begründungserfordernis, an dem die Mitteilung scheiterte, hat der Gerichtshof vielmehr aus einem allgemeinen Rechtsgrundsatz hergeleitet. Eine anfechtbare Mitteilung bleibt bezüglich ihres weiteren Rechtsregimes eine Mitteilung.

Die Bereitschaft des Gerichtshofs, eine sich als unverbindlich autoqualifizierende Handlung als potenziell anfechtbare zu behandeln, sichert also seinen Anspruch auf umfassende Kontrolle gegenüber den Rechtsetzungsorganen: Kein Akt ist allein wegen der gewählten Form der Anfechtung definitiv entzogen. Die Qualifizierungsbefugnis, die sich der Gerichtshof vorbehält, bleibt jedoch auf den Bereich des Prozessrechts beschränkt und erklärt sich aus dessen Bedürfnissen.[244] Die Rechtsetzungsorgane müssen sich hinsichtlich der Rechtswirkungen, die ihre Akte in Anspruch nehmen, beim Wort nehmen lassen und unterliegen einem diesen Wirkungen adäquaten Kontrollregime. Eine Umdeutung

---

[241] EuGH, Rs. C-366/88, *Frankreich/Kommission*, Slg. 1990, S. I-3571, Rdnrn. 24 f.; Rs. C-303/90, *Frankreich/Kommission*, Slg. 1991, S. I-5315, Rdnr. 35; Rs. C-57/95, *Frankreich/Kommission*, Slg. 1997, S. I-1627, Rdnrn. 23 ff.

[242] *J. Gundel*, Rechtsschutz gegen Kommissions-Mitteilungen zur Auslegung des Gemeinschaftsrechts, EuR 1998, S. 90, 97.

[243] EuGH, Rs. C-325/91, *Frankreich/Kommission*, Slg. 1993, S. I-3283; oben, C. II. 3. a.

[244] Streinz-*Schroeder*, Rdnr. 8 zu Art. 249 EG.

in eine Handlungsform, die das Erlassorgan gerade nicht gewählt hat, findet nicht statt.

2. *Individuell anfechtbare Entscheidungen, Art. 230 IV EG*

Die sich hier schon abzeichnende Strategie des Gerichtshofs, die Kategorien des Prozessrechts von der Dogmatik der Handlungsformen abzukoppeln, lässt sich noch deutlicher an Art. 230 IV EG nachweisen. Dessen Wortlaut erwies sich jedoch als erheblich sperriger als der des Art. 230 I EG. Der enumerative Ansatz des Vertrages wirft in doppelter Hinsicht Probleme im Spannungsverhältnis von Formenwahlermessen und judikativer Qualifikationsbefugnis auf: Wie ist zu verfahren, wenn eine Handlung auf eine Autoqualifikation als Entscheidung verzichtet (a.), und wie, wenn sich ein Rechtsakt ausdrücklich einer anderen Handlungsform zuordnet (b.)? Es wird zu zeigen sein, dass die verschiedenen Rechtsprechungslinien, trotz unterschiedlicher Ausgangspunkte, eine bemerkenswerte Konvergenz auf einen einheitlichen Begriff der Entscheidung im Sinne des Art. 230 IV EG aufweisen (c.).[245]

a. Die an den Kläger ergangene Entscheidung

Blickt man allein auf die Charakterisierungen der Entscheidung in den Art. 249 ff. EG, gewinnt man das Bild einer Handlungsform, für die Förmlichkeiten eine große Rolle spielen: Entscheidungen müssen ihren Adressaten ausdrücklich bezeichnen (Art. 249 IV EG, niederl. *uitdrukkelijk is gericht*), sind ihm individuell bekannt zu geben und mit einer qualifizierten Begründung zu versehen (Art. 253, 254 III EG). Der Aspekt der Förmlichkeit ist besonders ausgeprägt in Art. 256 EG, wonach vor der Vollstreckung einer durch Entscheidung auferlegten Zahlungspflicht allein die Echtheit des Titels zu prüfen ist. Dass der Wortlaut des Vertrages den prinzipalen Individualrechtsschutz so exklusiv an diese Handlungsform bindet, führt unvermeidlich zu forminternen Spannungen: Je strenger man die formellen Voraussetzungen formuliert, unter denen ein Akt einer Person verbindliche Anweisungen erteilen kann, die gegebenenfalls vollstreckt werden können, desto schmaler wird

---

[245] Die folgenden Untersuchungen stützen sich auf eine Studie von *H. Ch. Röhl*, der die Zugehörigkeit dieses Begriffs zum Prozessrecht aufgezeigt hat, *ders.*, Die anfechtbare Entscheidung nach Art. 230 Abs. 4 EGV, ZaöRV 60 (2000), S. 331.

gleichzeitig der Korridor individuell anfechtbarer Handlungen. Optiert man hingegen rechtsschutzfreundlich für einen weiten Entscheidungsbegriff, drohen die formellen Garantien Schaden zu nehmen, die dem Empfänger eines Schriftstücks die gesicherte Feststellung ermöglichen, dass ein Rechtsakt mit den einschneidenden Wirkungen einer Entscheidung an ihn gerichtet wurde.

Hier zeichnet sich ein Zielkonflikt ab ähnlich dem, mit dem sich der Gerichtshof beim Begriff der Handlung konfrontiert sah. Wie im Folgenden gezeigt wird, optierte er auch in diesem Fall für eine weite Auslegung, die den Begriff der Entscheidung primär von seiner Rechtsschutzfunktion her versteht. Angesichts der Vielzahl von mehr oder weniger informellen Handlungen, die nach Eröffnung von Individualrechtsschutz riefen, mussten die Förmlichkeitspostulate der Art. 249 ff. EG zurücktreten. Anderenfalls würde es den rechtsetzenden Organen allzu leicht fallen, die Rechtsfolge der Anfechtbarkeit zu umgehen. Alternative judikative Strategien waren zwar denkbar, aber wohl schlicht nicht praktikabel: Weder ließen sich sämtliche unförmlichen Entscheidungen mit einer rigiden Rechtswidrigkeitssanktion belegen noch pauschal in unverbindliche Handlungen umdeuten, ohne die Handlungsfähigkeit der Organe über Gebühr einzuschränken.

In die letztgenannte Richtung waren aber zunächst die Bemühungen der Hohen Behörde bezüglich der Parallelbestimmungen des EGKS-Vertrags gegangen. Nachdem sich in der Rechtsprechung abzeichnete, dass auch formlose Schreiben anfechtbare Entscheidungen sein können, pochte sie auf eigene Definitionshoheit: Die Montanunternehmen könnten sich darauf verlassen, dass für sie nur aus solchen Verlautbarungen rechtliche Verpflichtungen erwachsen, die sich durch bestimmte Förmlichkeiten auszeichnen. Hierzu hatte die Hohe Behörde in ihrer Allgemeinen Entscheidung Nr. 22/60 verbindliche Festlegungen über die äußere Form ihrer Rechtsakte getroffen, was die ausdrückliche Bezeichnung der Handlungsform in der Überschrift einschloss.[246] Diese Bemühungen wurden vom Gerichtshof souverän durchkreuzt – obwohl mit Art. 15 IV KS ein kompetenzieller Anknüpfungspunkt für eine solche Definitionsbefugnis der Hohen Behörde vorhanden war. Wenn ein Akt nicht als „Entscheidung“ bezeichnet ist, so der Gerichtshof, begründet diese Abweichung von den Vorgaben der Entscheidung Nr. 22/60 weder einen wesentlichen formellen Mangel noch nimmt sie ihm

[246] Art. 1 der Entscheidung Nr. 22/60 vom 7. September 1960 über die Ausführung des Artikels 15 des Vertrages, ABl. 61 vom 29.9.1960, S. 1248/60.

automatisch die Eigenschaft einer Entscheidung.[247] Immerhin erkannte er in diesem Urteil noch an, dass nur solche Verlautbarungen Entscheidungen sein können, „deren äußere Form dem Adressaten die Feststellung gestattet, dass eine Entscheidung vorliegt".[248] Die Anforderungen, die der Gerichtshof später hieran richtete, waren jedoch minimal; sie stellen in erster Linie darauf ab, dass das fragliche Schriftstück überhaupt erkennbar eine Willensäußerung der Hohen Behörde zum Ausdruck bringt.[249]

Damit legte sich der Gerichtshof schon früh auf eine Linie fest, nach der das Fehlen einer positiven Qualifizierung als Entscheidung aus judikativer Perspektive irrelevant ist. Diesen Ansatz verfolgte er unter dem EWG-Vertrag konsequent weiter und dehnte ihn auf Fälle aus, in denen eine Verlautbarung nach Auffassung des handelnden Organs ausdrücklich keine Entscheidung darstellen sollte: Wenn in einer formlosen Mitteilung an den Kläger ein Entschluss der Kommission zum Ausdruck kommt, der im konkreten normativen Kontext rechtliche Nachteile für ihn auslöst, dann handelt es sich um eine Entscheidung.[250] Dieses Urteil aus dem Jahr 1967 ist eine der wenigen Gelegenheiten, bei denen die Qualifizierung als Entscheidung nicht nur prozessrechtliche Folgen hat (Anfechtbarkeit), sondern auch die Anwendbarkeit einer Rechtmäßigkeitsanforderung präjudiziert (Begründungspflicht). Die Umdeutung einer formlosen Handlung in eine formell rechtswidrige Entscheidung ist also nicht ausgeschlossen. Wie der Generalanwalt zu Recht festhielt, ist dieses Ergebnis nur zu erzielen, wenn die „äußere Form" als Identifizierungsmerkmal einer Entscheidung letztlich ganz aufgegeben wird.[251]

In *IBM/Kommission* schließlich findet der Prüfungsmaßstab für das Vorliegen einer an den Kläger gerichteten Entscheidung seine bis heute gültige Formulierung:

---

[247] EuGH, verb. Rs. 23/63, 24/63 und 52/63, *Usines Émile Henricot u.a./Hohe Behörde*, Slg. 1963, S. 467, 483 f.

[248] Ibid., S. 484; ebenso Rs. 54/65, *Compagnie des Forges de Châtillon, Commentry et Neuves-Maison/Hohe Behörde*, Slg. 1966, S. 529, 544.

[249] EuGH, verb. Rs. 275/80 und 24/81, *Krupp/Kommission*, Slg. 1981, S. 2489, Rdnr. 9.

[250] EuGH, verb. Rs. 8/66 bis 11/66, *Cimenteries C.B.R. Cementbedrijven u.a./Kommission*, Slg. 1967, S. 99, Leitsatz 1.

[251] GA Roemer, ibid., S. 145.

„[A]lle Maßnahmen, die verbindliche Rechtswirkungen erzeugen, welche die Interessen des Klägers durch einen Eingriff in seine Rechtsstellung beeinträchtigen, [sind] Handlungen oder Entscheidungen, gegen die die Anfechtungsklage ... gegeben ist. Die Form, in der diese Handlungen oder Entscheidungen ergehen, ist dagegen grundsätzlich ohne Einfluss auf ihre Anfechtbarkeit.“[252]

Nunmehr wird der Entscheidungs-Begriff ganz von seiner prozessrechtlichen Funktion her definiert: „Die Form [der Rechtsakte] ist ohne Einfluss auf ihre Anfechtbarkeit.“ Dieses Programm des Gerichtshofs steht in bemerkenswertem Kontrast zu dem des Vertragswortlauts, wonach die Handlungsform der Akte maßgeblich über ihre Anfechtbarkeit entscheiden sollte. Selbst wenn man „Form“ zurückhaltender im Sinne von „äußere Form“ versteht, bleibt für eine Identität der Entscheidungsbegriffe in Art. 230 IV und 249 IV EG schwerlich noch Raum: Eine an den Kläger gerichtete förmliche Entscheidung belastenden Inhalts ist nur noch ein Unterfall der anfechtbaren Entscheidung,[253] für die als solche nur ein Minimum an Förmlichkeit gefordert ist.[254]

Dies zieht den Kreis von Schriftstücken, die Entscheidungen enthalten können, denkbar weit. Abgrenzungsprobleme ergeben sich vor allem zu nicht selbständig anfechtbaren Verfahrenshandlungen, Zwischenentscheidungen, Ankündigungen und Bestätigungen bereits getroffener Entscheidungen.[255] Gerade bei komplexen Verwaltungsvorgängen nötigt der weit gehende Verzicht auf Förmlichkeiten den Gerichtshof und

---

252 EuGH, Rs. 60/81 (Anm. 235), Rdnr. 9.

253 *A. Lengauer*, Nichtigkeitsklage vor dem EuGH, 1998, S. 61; *M. Burgi*, in: H.-W. Rengeling/A. Middeke/M. Gellermann (Hrsg.), Handbuch des Rechtsschutzes in der Europäischen Union, 2003, Rdnr. 37 zu § 8; Lenz/Borchardt-*Borchardt*, Rdnr. 34 zu Art. 230 EG; Schwarze-*Schwarze*, Rdnr. 12 zu Art. 230 EG; Streinz-*Ehricke*, Rdnr. 42 zu Art. 230 EG; a.A. *M. Borowski*, Die Nichtigkeitsklage gem. Art. 230 Abs. 4 EGV, EuR 2004, S. 879, 882 f.; *Ch. Koenig/M. Pechstein/C. Sander*, EU-/EG-Prozessrecht, 2002, Rdnr. 358.

254 Die mündliche Entscheidung ist bisher nur im Dienstrecht als zulässiger Klagegegenstand anerkannt, EuGH, verb. Rs. 316/82 und 40/83, *Kohler/Rechnungshof*, Slg. 1984, S. 641, Rdnr. 9; mit Blick auf Art. 232 EG fragwürdig EuG, Rs. T-3/93, *Air France/Kommission*, Slg. 1994, S. II-121, Rdnr. 58: mündliche Erklärung eines Pressesprechers, die Kommission werde keine Entscheidung erlassen, als anfechtbare Entscheidung.

255 Im Überblick Lenz/Borchardt-*Borchardt*, Rdnrn. 16 ff. zu Art. 230 EG; *H. G. Schermers/D. Waelbroeck*, Judicial Protection in the European Union, 2001, §§ 679 ff.

– wegen der Gefahr der Unanfechtbarkeit aufgrund von Fristablauf (Art. 230 V EG) – auch den Empfänger eines Schriftstücks zu anspruchsvollen Analysen,[256] ob gerade hierin eine amtliche Willensäußerung zum Ausdruck kommt, die ein Anfechtungsrecht, aber auch eine Anfechtungslast nach sich zieht. Diese Probleme nimmt der Gerichtshof um der Garantie effektiven Rechtsschutzes willen hin. Implizit verabschiedet er jedoch das Projekt einer Parallelführung der Entscheidungsbegriffe des Vertrages. Die an den Kläger adressierte förmliche Entscheidung nach Art. 249 IV, 254 III, 256 EG markiert nur den sicheren Kernbereich einer anfechtbaren Entscheidung gemäß Art. 230 IV 1. Alt. EG, im Übrigen aber können die Organe den Rechtsschutz, den Art. 230 IV EG für die Einzelnen vorsieht, nicht durch Vermeidung einer bestimmten Handlungsform ausschließen.

b. Die „als Verordnung" ergangene Entscheidung

Zu parallelen Ergebnissen führt die Analyse der Judikatur zur zweiten Alternative des Art. 230 IV EG: der „als Verordnung" ergangenen Entscheidung. Allerdings ist die Situation hier unübersichtlicher. Die Rechtsprechung ist durch Kasuistik geprägt und weist überraschende Kehrtwendungen auf. Lange hatte der Gerichtshof nicht nur mit den Vorgaben des Vertragswortlauts, sondern auch mit eigenen Vorfestlegungen zu kämpfen, bis er schließlich zeitversetzt eine strategische Option verwirklichte, die beim Begriff der „Handlung" und bei der ersten Alternative des Art. 230 IV EG bereits fest etabliert war: die Entkopplung von Handlungsform und Rechtsschutzform. Die Entwicklung soll im Folgenden nachgezeichnet werden.

aa. Grundsteinlegung in *Confédération nationale*

Im Jahr 1962 bot sich dem Gerichtshof erstmals die Gelegenheit, eine Prüfungssystematik zur anfechtbaren Verordnung unter Art. 173 II EWGV (jetzt Art. 230 IV EG) zu entwickeln.[257] Die Ausgangslage hatte

---

[256] Exemplarisch EuGH, Rs. C-39/93 P, *SFEI u.a./Kommission*, Slg. 1994, S. I-2681, Rdnrn. 27 ff.; EuG, Rs. T-465/93, *Murgia Messapica*, Slg. 1994, S. II-361, Rdnrn. 27 ff.; verb. Rs. T-432/93 bis 434/93, *Socurte u.a./Kommission*, Slg. 1995, S. II-503, Rdnrn. 46 ff.

[257] EuGH, verb. Rs. 16/62 und 17/62, *Confédération nationale des producteurs de fruits et légumes u.a./Rat*, Slg. 1962, S. 961.

sich gegenüber dem Montanvertrag insofern verändert, als Klagen privater Rechtssubjekte unter Art. 33 II KS auch gegen eine Allgemeine EGKS-Entscheidung (den Vorläufer der EG-Verordnung) generell zulässig waren, dort jedoch auf den Klagegrund des Ermessensmissbrauchs beschränkt.[258] Der EWG-Vertrag hingegen ließ Individualklagen gegen Verordnungen nur unter den besonderen Voraussetzungen des Art. 173 II 2. Alt. EWGV zu, dann aber unter Berufung auf sämtliche Klagegründe (jetzt Art. 230 II EG). Diese Einschränkung seiner Kontrollbefugnis wurde vom Gerichtshof – mit deutlich vernehmbarem Zähneknirschen[259] – akzeptiert: Die Argumentation der Kläger, unter „Entscheidungen" im Sinne des Art. 173 II EWGV seien jegliche Rechtsakte ohne Rücksicht auf ihre Handlungsform zu verstehen, wies er unter Hinweis auf die Definition in Art. 189 EWGV zurück. In diesem Kontext fällt der folgenschwere Satz, den der Gerichtshof niemals ausdrücklich zurückgenommen hat:

> „Es ist undenkbar, dass der Ausdruck ‚Entscheidung' in Artikel 173 in einem anderen als dem sich aus Artikel 189 ergebenden technischen Sinne gebraucht sei."[260]

Damit war als Prämisse in die Diskussion der Rechtsschutzkonzeption des Vertrages eingeführt, dass ein und dieselbe Maßnahme nicht gleichzeitig eine Verordnung und eine Entscheidung sein kann.[261] Es sollte mehr als drei Jahrzehnte dauern, bis sich der Gerichtshof von dieser selbst auferlegten Fessel befreien konnte.

War somit die Nichtigkeitsklage eines Einzelnen bereits dann unzulässig, wenn der streitgegenständliche Akt als Verordnung zu qualifizieren ist, erschien es dem Gerichtshof undenkbar, diese Beurteilung allein in die Hände der rechtsetzenden Organe zu legen. Bei der Prüfung der Zulässigkeit könne er sich „nicht mit der amtlichen Bezeichnung der Maßnahme zufrieden geben", vielmehr komme es „in erster Linie auf

---

[258] EuGH, Rs. 8/55, *Fédéchar/Hohe Behörde*, Slg. 1955/56, S. 197, 225.

[259] EuGH, verb. Rs. 16/62 und 17/62 (Anm. 257), S. 978: „Es ist … nicht Sache des Gerichtshofes, ein Werturteil über diese … Regelung zu fällen"; Vermutungen zur gemischten Motivlage des Gerichtshofs bei *H. Rasmussen*, The European Court of Justice, 1998, S. 173 ff.

[260] Ibid.; bekräftigt in Rs. C-298/89, *Gibraltar/Rat*, Slg. 1993, S. I-3605, Rdnr. 15; ebenso EuG, Rs. T-17/00, *Rothley u.a./Parlament*, Slg. 2000, S. II-2085, Rdnr. 58.

[261] GA Lagrange, verb. Rs. 16/62 und 17/62 (Anm. 257), S. 991.

deren Gegenstand und Inhalt" an.[262] Als maßgebliches Unterscheidungsmerkmal stellte der Gerichtshof auf die „allgemeine Geltung" (franz. *portée générale*) ab, die Art. 189 II 1 EWGV der Verordnung zuschreibt, und kontrastierte sie mit der individuellen Betroffenheit des Adressaten, die eine Entscheidung gemäß Art. 173 II und 189 IV EWGV kennzeichne. Nur solche als Verordnung bezeichnete Handlungen seien einer Individualanfechtung entzogen, deren Bestimmungen im so definierten Sinne „Verordnungscharakter" (franz. *caractère réglementaire*) bzw. – synonym – „normativen Charakter" (franz. *caractère normatif*) aufweisen.[263]

In der Sache re-etablierte der Gerichtshof damit die Unterscheidung von Allgemeiner und Individueller EGKS-Entscheidung und seine hierzu ergangene Judikatur.[264] Auf dieser Basis entwickelte sich eine umfangreiche Rechtsprechung, die die Dichotomie von allgemeiner Geltung und individueller Betroffenheit weiter konkretisierte. Allgemeine Geltung besitzt ein Akt dann, wenn er „für objektiv bestimmte Situationen [gilt] und ... Rechtswirkungen gegenüber allgemein und abstrakt bezeichneten Personengruppen" entfaltet.[265] Nach anfänglichen Unklarheiten, wie Abstraktheit und Allgemeinheit einer Regelung zu bestimmen seien,[266] legte sich der EuGH auf die Geschlossenheit des Adressatenkreises als maßgebliches negatives Kriterium fest.[267] Auf die Größe des Adressatenkreises und die Bestimmbarkeit der zu einem ge-

---

[262] EuGH, ibid., S. 978.

[263] Ibid., S. 978 f.

[264] Zu den Abgrenzungskriterien EuGH, verb. Rs. 36/58 bis 38/59, 40/58 und 41/58, *SIMET u.a./Hohe Behörde*, Slg. 1959, S. 331, 368.

[265] EuGH, Rs. 101/76, *Scholten Honig/Rat*, Slg. 1977, S. 797, Rdnrn. 20/22; verb. Rs. 789/79 und 790/79, *Calpak u.a./Kommission*, Slg. 1980, S. 1949, Rdnr. 9; diese Definition ist weiter gültig, Rs. C-41/99 P, *Sadam Zuccherifici u.a./Rat*, Slg. 2001, S. I-4239, Rdnr. 24; Rs. C-171/00 P, *Libéros/Kommission*, Slg. 2002, S. I-451, Rdnr. 31.

[266] Hierzu *E.-W. Fuß*, Rechtssatz und Einzelakt im Europäischen Gemeinschaftsrecht (Teil 2), NJW 1964, S. 945, 946 ff.; *B. Börner*, Die Entscheidungen der Hohen Behörde, 1965, S. 117 ff.

[267] EuGH, verb. Rs. 41/70 bis 44/70, *International Fruit Company u.a./Kommission*, Slg. 1971, S. 411, Rdnrn. 16/22; verb. Rs. 87/77, 130/77, 22/83, 9/84 und 10/84, *Salerno u.a./Kommission und Rat*, Slg. 1985, S. 2523, Rdnr. 30.

gebenen Zeitpunkt Betroffenen komme es nicht an.[268] Eine Verordnung war damit nur individuell anfechtbar, wenn es sich, materiell betrachtet, um ein „Bündel individueller Entscheidungen“[269] (eine sog. Scheinverordnung[270]) handelt.

Nach den gleichen Abgrenzungskriterien beurteilte der Gerichtshof, ob ein Einzelner gegen eine staatengerichtete Entscheidung klagen kann. Auch hier gibt den Ausschlag, ob ein Rechtsakt von „allgemeiner Tragweite“ vorliegt (was nur eine andere Übersetzung von *portée générale* ist) oder aber ein Akt, der den Kläger individuell und mangels Ermessen der implementierenden Stellen auch unmittelbar betrifft.[271] Sachlich bilden die Rechtsprechungslinien zur zweiten und dritten Alternative des Art. 230 IV EG eine Einheit.[272] Am Gegenstand einer staatengerichteten Entscheidung entwickelte der Gerichtshof schon 1963 in der Rechtssache *Plaumann* die bis heute gültige Definition von „individueller Betroffenheit“: Es komme darauf an, ob ein Rechtsakt den Kläger „wegen bestimmter persönlicher Eigenschaften oder besonderer, ihn aus dem Kreis aller übrigen Personen heraushebender Umstände berührt und ihn daher in ähnlicher Weise individualisiert wie den Adressaten“ einer Entscheidung.[273] Diese Formel fand bald Eingang in die Rechtsprechung zur Verordnung.[274]

Rekapituliert man die Methodik des Gerichtshofs in dieser Phase, werden bereits bekannte Motive sichtbar. Die selektive Ausgestaltung des Individualrechtsschutzes im EWG-Vertrag legitimiert, ja verlangt aus Sicht des EuGH, die rechtliche Qualifizierung einer Maßnahme jeden-

---

[268] EuGH, Rs. 6/68, *Watenstedt/Rat*, Slg. 1968, S. 611, 621; Rs. 101/76 (Anm. 265), Rdnrn. 23/25; Rs. 45/81, *Moksel/Kommission*, Slg. 1982, S. 1129, Rdnr. 17.

[269] Nachweise in Anm. 267; auch das Konzept der „getarnten individuellen Entscheidung“ war schon unter dem EGKS-Vertrag bekannt, EuGH, Rs. 8/55 (Anm. 258), S. 225.

[270] Dieser Begriff wird in der Literatur verwendet, Groeben/Schwarze-*Gaitanides*, Rdnr. 54 zu Art. 230 EG; Calliess/Ruffert-*Cremer*, Rdnr. 27 zu Art. 230 EG; Streinz-*Ehricke*, Rdnr. 46 zu Art. 230 EG.

[271] EuGH, Rs. 231/81, *Spijker Kwasten/Kommission*, Slg. 1983, S. 2559, Rdnr. 10; Rs. 206/87, *Lefebvre/Kommission*, Slg. 1989, S. 275, Rdnr. 13.

[272] *Schermers/Waelbroeck*, Judicial Protection (Anm. 255), § 860.

[273] EuGH, Rs. 25/62, *Plaumann/Kommission*, Slg. 1963, S. 211, 238.

[274] EuGH, Rs. 100/74, *CAM/Kommission*, Slg. 1975, S. 1393, Rdnr. 19; Rs. 26/86, *Deutz u.a./Rat*, Slg. 1987, S. 941, Rdnr. 9.

falls „nicht allein“[275] von deren amtlicher Bezeichnung abhängig zu machen. Anderenfalls könnten die rechtsetzenden Organe mit einem redaktionellen Federstrich darüber verfügen, ob ihre Akte mit der Nichtigkeitsklage angegriffen werden können. „[D]ie Wahl der Form [kann] die Rechtsnatur einer Handlung nicht ändern“[276], lautet auch hier das Credo des Gerichtshofs. Eine „als Verordnung“ ergangene Entscheidung ist damit ein Rechtsakt, der sich durch seine äußere Form als Verordnung auszeichnet, seiner „Rechtsnatur“ nach aber einen Einzelnen individuell betrifft und deshalb von ihm gemäß Art. 230 IV EG angefochten werden kann.

Hinsichtlich der weiteren Rechtsfolgen dieser Qualifizierung ist zunächst festzuhalten, dass die Zulässigkeit der Klage nicht automatisch ihre Begründetheit nach sich zieht.[277] Art. 230 IV 2. Alt. EG normiert also keinen Fall eines rechtswidrigen Formenmissbrauchs, wie manche Autoren meinen.[278] Auch Ausführungen zum Fehlen einer individuellen Bekanntgabe beim betroffenen Kläger sucht man in der Judikatur zur individuell anfechtbaren Verordnung vergebens.[279] Der Verfasser vermochte kein einziges Urteil zu ermitteln, in dem der Gerichtshof aus der Feststellung, dass es sich bei der angegriffenen Verordnung „in Wirklichkeit“ um eine Entscheidung handelt, jenseits ihrer Anfechtbarkeit weitere Konsequenzen abgeleitet hätte. Vielmehr wendet der Gerichtshof die für Verordnungen einschlägigen Regeln an.[280] Dies zeigt etwa der Fall einer verfahrensfehlerhaft erlassenen ‚Scheinverordnung‘,

---

[275] EuGH, verb. Rs. 16/62 und 17/62 (Anm. 257), Leitsatz 4.

[276] EuGH, Rs. 101/76 (Anm. 265), Rdnrn. 5/7; verb. Rs. 789/79 und 790/79 (Anm. 265), Rdnr. 7; Rs. 307/81, *Alusuisse Italia/Kommission und Rat*, Slg. 1982, S. 3463, Rdnr. 7.

[277] Hierzu nur EuGH, Rs. 100/74 (Anm. 274), Rdnrn. 21 ff.

[278] *Biervert*, Mißbrauch (Anm. 214), S. 108 und 123; *Oppermann*, Europarecht, Rdnr. 752; *E.-W. Fuß*, Rechtssatz und Einzelakt im Europäischen Gemeinschaftsrecht (Teil 1), NJW 1964, S. 327, 330.

[279] Laut *Fuß*, ibid., müsste auch dies automatisch zur Begründetheit der Klage führen.

[280] *T. C. Hartley*, The Foundations of European Community Law, 1998, S. 100; diesen Befund erkennt auch *Biervert*, Mißbrauch (Anm. 214), S. 124 und 177, an; zu weit gehend daher *G. Isaac/M. Blanquet*, Droit communautaire général, 2001, S. 142.

die *erga omnes* für nichtig erklärt wurde, also auch mit Wirkung für die weiteren Betroffenen, die keine Klage erhoben hatten.[281]

Der Gerichtshof verfolgt also eine zurückhaltendere Strategie, als es seine Rhetorik glauben macht. Mit der Qualifizierung als Entscheidung im Sinne des Art. 230 IV EG unterstellt er einen „als Verordnung" ergangenen Akt einem bestimmten Rechtsschutzregime, verzichtet jedoch auf weiter reichende Umdeutungen.[282] Der Gerichtshof bestreitet den Rechtsetzungsorganen keineswegs die Befugnis, die Handlungsform eines Akts und damit dessen Rechtswirkungen und Gültigkeitsregime zu determinieren. Die Privilegierung der „Rechtsnatur" gegenüber der „Wahl der Form" erfolgt *aufgrund* der Gefahr einer willkürlichen Rechtsschutzverschließung, aber auch nur *soweit* es zur Abwehr dieser Gefahr erforderlich ist. Hierzu unterscheidet der Gerichtshof zwei Varianten von Verordnungen: solche mit und solche ohne allgemeine Geltung. Letztere sind für die Frage des Rechtsschutzes als Entscheidungen im Sinne des Art. 230 IV EG anzusehen, also wie eine an den Kläger gerichtete förmliche Entscheidung anfechtbar. Art. 249 II 1 EG liefert ein negatives Tatbestandsmerkmal für Art. 230 IV EG, sein normativer Gehalt erschöpft sich jedoch in dieser rechtsschutzverschließenden Funktion. Allgemeine Geltung ist weder ein konstitutives Merkmal der Verordnung noch eine Anforderung an ihre Rechtmäßigkeit, sondern eine notwendige – und in dieser Phase der Judikatur auch hinreichende – Bedingung ihrer Unanfechtbarkeit für einen Einzelnen.

bb. Dammbruch im Antidumpingsektor

An der Rigidität dieses Schlusses von der Allgemeingültigkeit auf die Unanfechtbarkeit setzen die Modifikationen an, die eine zweite Rechtsprechungsphase kennzeichnen. Sie stellt sich retrospektiv als eine des Übergangs auf dem Weg zur Formenneutralität des Individualrechtsschutzes dar. An die Stelle des (rechtsschutzverschließenden) Kriteriums der allgemeinen Geltung rückt schrittweise das (rechtsschutzeröff-

---

[281] EuGH, Rs. 138/79, *Roquette Frères/Rat*, Slg. 1980, S. 3333, Rdnr. 37; anders bei einer echten Sammel-Entscheidung nach Art. 249 IV EG, Rs. C-310/97 P, *Kommission/AssiDomaen Kraft Products u.a.*, Slg. 1999, S. I-5363, Rdnrn. 52 ff.: Bestandskraft für diejenigen Adressaten, die keine Nichtigkeitsklage erhoben haben.

[282] Anders etwa *Borowski*, Nichtigkeitsklage (Anm. 253), S. 884 f.; *Allkemper*, Rechtsschutz (Anm. 224), S. 61; *Daig*, Nichtigkeitsklagen (Anm. 224), Rdnrn. 96 und 119; wie hier Streinz-*Schroeder*, Rdnr. 8 zu Art. 249 EG.

nende) Kriterium der Individualbetroffenheit. Die Perspektive verschiebt sich von der abstrakten Qualifizierung einer Norm hin zu einer Analyse des Verhältnisses von Kläger und angegriffener Bestimmung – vom Streitgegenstand zur Klagebefugnis.[283]

Schon zuvor hatte der Gerichtshof gelegentlich den „Verordnungscharakter“ einer Maßnahme dahinstehen lassen und war sofort zur Feststellung übergegangen, jedenfalls sei der Kläger von ihr nicht individuell und unmittelbar betroffen.[284] Ein Paradigmenwechsel kündigte sich jedoch an, als der Gerichtshof erstmals anerkannte, dass eine Maßnahme „aufgrund ihrer Rechtsnatur und ihrer Tragweite normativen Charakter“ haben kann, und ihre Bestimmungen gleichwohl bestimmte Wirtschaftsteilnehmer individuell betreffen können.[285]

Dieser Dammbruch erfolgte im Antidumpingsektor. Antidumpingzölle werden stets, wie in der einschlägigen Grundverordnung ausdrücklich vorgeschrieben, durch Verordnungen festgesetzt, deren allgemeine Geltung nach den vom Gerichtshof entwickelten Grundsätzen schwerlich zu leugnen ist.[286] Ein Festhalten an der etablierten Dogmatik hätte bedeutet, diesen Bereich der Verwaltungstätigkeit einer effektiven Rechtmäßigkeitskontrolle zu entziehen und die in der Grundverordnung eingeräumten Verfahrensrechte der betroffenen Unternehmen schutzlos zu stellen.[287] Die Anerkennung eines Klagerechts gegen „echte“ Verordnungen schien sich allein aus den Besonderheiten dieses Sektors zu erklären und war dogmatisch schwer zu fassen.[288] In anderen Bereichen blieb es zunächst bei der alten Doktrin.[289]

---

[283] Calliess/Ruffert-*Cremer*, Rdnr. 35 zu Art. 230 EG.

[284] EuGH, Rs. 123/77, *UNICME u.a./Rat*, Slg. 1978, S. 845, Rdnrn. 6/7.

[285] EuGH, verb. Rs. 239/82 und 275/82, *Allied u.a./Kommission*, Slg. 1984, S. 1005, Rdnr. 11; anders noch Rs. 307/81 (Anm. 276), Rdnr. 13.

[286] Vgl. EuGH, Rs. 113/77, *NTN Toyo Bearing/Rat*, Slg. 1979, S. 1185, Rdnr. 11.

[287] EuGH, Rs. 264/82, *Timex/Rat*, Slg. 1985, S. 849, Rdnr. 12, vorbereitet in Rs. 191/82, *Fediol/Kommission*, Slg. 1983, S. 2913, Rdnr. 30.

[288] Vgl. EuGH, Rs. 240/84, *NTN Toyo Bearing/Rat*, Slg. 1987, S. 1809, Rdnrn. 5 f.; Rs. C-358/89, *Extramet/Rat*, Slg. 1991, S. I-2501, Rdnr. 16.

[289] EuGH, Rs. 26/86 (Anm. 274), Rdnr. 12.

cc. Individualanfechtbarkeit normativer Akte seit *Codorniu*

Den Übergang in eine dritte, bis heute andauernde Periode vollzog der Gerichtshof mit der Rechtssache *Codorniu* im Jahr 1994.[290] Die Feststellung, dass die angegriffene Verordnung allgemeine Geltung auszeichnet, beinhaltet nunmehr auch außerhalb des Antidumpingsektors kein definitives Urteil über die Zulässigkeit der Klage. Die *Plaumann*-Formel tritt nicht mehr in ihrer Funktion auf den Plan, den „normativen Charakter" der angegriffenen Handlung zu falsifizieren, sondern beschreibt die Voraussetzungen, unter denen eine Person ungeachtet der „Rechtsnatur" der Maßnahme hinreichend individualisiert ist, um als Kläger auftreten zu dürfen.[291]

Die Zulässigkeitsprüfung unter Art. 230 IV EG erfolgt jetzt in zwei Schritten. Zuerst wird (wie bisher) ermittelt, ob die Klage bereits deshalb zulässig ist, weil es sich um eine Verordnung mit geschlossenem Adressatenkreis handelt. Bestätigt sich dies nicht, ist im zweiten Schritt zu prüfen, ob persönliche Eigenschaften oder besondere Umstände den Kläger aus dem Kreis der Betroffenen so herausheben, dass der Rechtsakt für ihn Entscheidungscharakter hat.[292] Diese neue Prüfungssystematik ist mittlerweile zur ständigen Rechtsprechung gereift und wird vom Gerichtshof wie vom Gericht erster Instanz praktiziert.[293]

Als Anknüpfungspunkt für eine hinreichende Individualisierung der betroffenen Person kommen unterschiedlichste Aspekte in Betracht,

---

[290] EuGH, Rs. C-309/89, *Codorniu/Rat*, Slg. 1994, S. I-1853.

[291] Ibid., Rdnrn. 19 f.

[292] *Schermers/Waelbroeck*, Judicial Protection (Anm. 255), § 866; für einen Atavismus hält Grabitz/Hilf-*Booß*, Rdnr. 56 zu Art. 230 EG, den ersten Prüfungsschritt: „Diese Abgrenzung zwischen normativem Akt und Entscheidung, so reizvoll sie dogmatisch scheinen mag, hat keine praktische Wirkung."; ebenso *Röhl*, Die anfechtbare Entscheidung (Anm. 245), S. 354 f.: „Ein eigener dogmatischer Gehalt kommt der Einordnung unter eine Rechtsform nicht mehr zu."

[293] EuGH, Rs. C-50/00 P, *Unión de Pequeños Agricultores/Rat*, Slg. 2002, S. I-6677, Rdnr. 36; Rs. C-142/00 P, *Kommission/Nederlandse Antillen*, Slg. 2003, S. I-3483, Rdnr. 65; Rs. C-263/02 P, *Kommission/Jégo-Quéré*, Slg. 2004, S. I-3425, Rdnrn. 44 f.; EuG, Rs. T-116/94, *Cassa nazionale/Rat*, Slg. 1995, S. II-1, Rdnr. 26; Rs. T-18/95, *Atlanta u.a./Kommission*, Slg. 1996, S. II-1669, Rdnr. 47; Rs. T-109/97, *Molkerei Großbraunshain u.a./Kommission*, Slg. 1998, S. II-3533, Rdnr. 57; eine Analyse der Rechtsprechung bei *A. Arnull*, Private Applicants and the Action for Annulment since Codorniu, CMLRev. 38 (2001), S. 7, 23 ff.

etwa der Eingriff in besondere Rechte oder eine qualifizierte Beteiligung des Klägers am Erlass der angegriffenen Maßnahme.[294] Die Rechtsprechung hierzu ist noch stark im Fluss, die Liste anerkannter Fallgruppen nicht abschließend.[295] In diesen Kontext einzuordnen ist der Vorstoß des EuG, bei der Ermittlung der individuellen Betroffenheit über die Grenzen der *Plaumann*-Formel hinauszugehen, wenn das Grundrecht auf effektiven gerichtlichen Rechtsschutz dies verlange[296] – was der EuGH unter Hinweis auf die Rechtsschutzfunktion des Vorlageverfahrens abgelehnt hat.[297] Als dogmatische Prämisse liegt dieser von der Literatur mit großer Aufmerksamkeit verfolgten Kontroverse[298] die von beiden Gerichten geteilte Auffassung zugrunde, dass die Qualifizierung der „Rechtsnatur" des angefochtenen Akts noch kein negatives Urteil über die Zulässigkeit der Klage enthält.

Nachdem mit *Codorniu* die Individualanfechtbarkeit jeglicher Verordnungen anerkannt war, blieb ein letzter Schritt zur endgültigen Verabschiedung des Enumerationsprinzips noch zu gehen. Zu klären war, ob auch Richtlinien Entscheidungen im Sinne des Art. 230 IV EG sein können. Zunächst ließ der Gerichtshof in einer Reihe von Fällen die abstrakte Frage nach der Anfechtbarkeit von Richtlinien dahinstehen und wies die Klagen aufgrund der fehlenden Individualbetroffenheit

---

[294] Übersichten nach Fallgruppen bei Grabitz/Hilf-*Booß*, Rdnrn. 57 ff. zu Art. 230 EG; Lenz/Borchardt-*Borchardt*, Rdnrn. 42 ff. zu Art. 230 EG; Calliess/Ruffert-*Cremer*, Rdnrn. 51 ff. zu Art. 230 EG.

[295] Vgl. etwa EuG, Rs. T-243/01, *Sony/Kommission*, Slg. 2003, S. II-4189, Rdnrn. 63 ff.

[296] EuG, Rs. T-177/01, *Jégo-Quéré/Kommission*, Slg. 2002, S. II-2365, Rdnrn. 50 f.

[297] EuGH, Rs. C-50/00 P (Anm. 293), Rdnrn. 62 ff.; Rs. C-263/02 P (Anm. 293), Rdnrn. 29 ff.

[298] *F. C. Mayer*, Individualrechtsschutz im Europäischen Verfassungsrecht, DVBl. 2004, S. 606, 608 ff.; *J. Temple Lang*, Declarations, Regional Authorities, Subsidiarity, Regional Policy Measures, and the Constitutional Treaty, ELRev. 29 (2004), S. 94; *J. A. Usher*, Direct and Individual Concern, ELRev. 28 (2003), S. 575; *P. Craig*, Standing, Rights, and the Structure of Legal Argument, European Public Law 9 (2003), S. 493; *H. Ch. Röhl*, Rechtsschutz gegen EG-Verordnungen, Jura 2003, S. 830; *St. Bitter*, Procedural Rights and the Enforcement of EC Law through Sanctions, in: A. Bodnar u.a. (Hrsg.), The Emerging Constitutional Law of the European Union, 2003, S. 15, 29 ff.; *M. Nettesheim*, Effektive Rechtsschutzgewährleistung im arbeitsteiligen System europäischen Rechtsschutzes, JZ 2002, S. 928.

der Kläger ab.[299] In *Gibraltar/Rat* scheiterte die Klage an der allgemeinen Geltung der angegriffenen Richtlinie, was bereits als implizite Anerkennung ihrer Eignung als Klagegegenstand verstanden werden konnte.[300] Gegen die Skepsis des EuG, das mit dem Wortlaut des Vertrags argumentierte,[301] mochte der EuGH dann die Individualanfechtbarkeit auch von „echten" Richtlinien nicht ausschließen.[302] Sachlich gehören diese Beschlüsse und Urteile der zweiten, ‚tastenden' Phase der Entwicklung an.

Es blieb schließlich dem EuG überlassen, die Konsequenzen aus *Codorniu* zu ziehen und erstmals die Klage einer privaten Person gegen eine „echte" Richtlinie grundsätzlich für zulässig zu erklären.[303] Weitere Gerichtsbeschlüsse bekräftigten die Individualanfechtbarkeit von Richtlinien,[304] zeigen jedoch auf, dass dies auf außergewöhnliche Fälle beschränkt bleiben dürfte: Zumeist wird es jedenfalls an der Unmittelbarkeit der Betroffenheit fehlen, da eine Richtlinie nicht selbst Verpflichtungen für einen Einzelnen begründet.[305] In Betracht kommt aber z.B. eine Klage einer öffentlich-rechtlichen Körperschaft, die zu den Primärverpflichteten einer Richtlinie gehört und zugleich eine juristische Person im Sinne des Art. 230 IV EG ist.[306]

---

[299] EuGH, Rs. 138/88, *Flourez u.a./Rat*, Slg. 1988, S. 6393, Rdnrn. 11 f.; Rs. 160/88, *Fedesa u.a./Rat*, Slg. 1988, S. 6399, Rdnr. 14.

[300] EuGH, Rs. C-298/89, *Gibraltar/Rat*, Slg. 1993, S. I-3605, Rdnrn. 16 und 23.

[301] EuG, Rs. T-99/94, *Asocarne/Rat*, Slg. 1994, S. II-871, Rdnr. 17.

[302] EuGH, Rs. C-10/95 P, *Asocarne/Rat*, Slg. 1995, S. I-4149, Rdnrn. 28 ff.

[303] EuG, Rs. T-135/96, *UEAPME/Rat*, Slg. 1998, S. II-2335, Rdnr. 63.

[304] EuG, Rs. T-223/01, *Japan Tobacco u.a./Parlament und Rat*, Slg. 2002, S. II-3259, Rdnr. 30; Rs. T-167/02, *Établissements Toulorge/Parlament und Rat*, Slg. 2003, S. II-1111, Rdnr. 24; Rs. T-213/02, *SNF/Kommission*, Slg. 2004, S. II-0000, Rdnr. 54 (Beschluss vom 6.9.2004); Rs. T-196/03, *EFfCI/Parlament und Rat*, Slg. 2004, S. II-0000, Rdnr. 34 (Beschluss vom 10.12.2004).

[305] EuG, verb. Rs. T-172/98 und T-175/98 bis T-177/98, *Salamander u.a./ Parlament und Rat*, Slg. 2000, S. II-2487, Rdnrn. 30 und 58.

[306] Zu strikt daher Schwarze-*Schwarze*, Rdnr. 34 zu Art. 230 EG, und *W. Cremer*, Individualrechtsschutz gegen Richtlinien, EuZW 2001, S. 453, 455; auf eine weitere Fallkonstellation weisen *K. Lenaerts/D. Arts*, Procedural Law of the European Union, 1999, Rdnr. 7-044, hin.

c. Die anfechtbare Entscheidung als prozessrechtlicher Begriff

Ein zusammenfassender Blick auf die Kriterien, anhand derer der Gerichtshof prüft, ob ein Rechtsakt von einem Einzelnen angefochten werden kann, zeigt eine bemerkenswerte Konvergenz. Substanzielle Unterschiede nach der Art des streitgegenständlichen Akts haben sich zugunsten eines einheitlichen Begriffs der Entscheidung im Sinne des Art. 230 IV EG aufgelöst. Je nach gewählter Handlungsform eines Akts und seiner materiell zu bestimmenden „Rechtsnatur" (allgemeingültige Handlung oder Einzelakt) kann die Prüfung in unterschiedlichem Umfang abgekürzt erfolgen. Im Kern ist stets zu prüfen, ob eine Handlung die Interessen des Klägers durch einen unmittelbaren Eingriff in seine Rechtsstellung beeinträchtigt. Ist eine Mehrzahl von Personen auf diese Weise betroffen, bedarf es weiterer Eingrenzungskriterien. Bei einem offenen Kreis potenziell Betroffener muss der Kläger die Umstände darlegen, aus denen sich seine hinreichende Individualisierung ergibt. Das Merkmal der Individualbetroffenheit wird anhand der *Plaumann*-Formel geprüft, eine zukünftige Erweiterung um von ihr nicht erfasste Fallkonstellationen wäre jedoch ohne Systembruch möglich.[307] Kurz: „Entscheidungen" im Sinne des Art. 230 IV EG sind, unabhängig von Handlungsform und Rechtsnatur, alle Handlungen, die den Kläger „individuell und unmittelbar betreffen".

Diese Definition deckt sich ersichtlich nicht mit der in Art. 249 IV EG. Die Aussage des Gerichtshofs, nach der „Entscheidung" in Art. 230 EG in dem „technischen Sinne" des Art. 249 EG zu verstehen sei, kann nicht als angemessene Selbstbeschreibung seiner Praxis gelten. Sie vermag die Individualanfechtbarkeit von „echten" Verordnungen und Richtlinien nicht zu erklären, und sie verfehlt auch für die älteren Rechtsprechungslinien die begrenzte Reichweite der judikativen Re-Qualifizierung. Hier ist eine begriffliche Neuordnung gefragt, die die Praxis angemessener reflektiert. Mit *Röhl* ist davon auszugehen, dass die Qualifizierung eines Rechtsakts als anfechtbare Entscheidung im Sinne des Art. 230 IV EG ausschließlich prozessrechtliche Bedeutung hat.[308] Jede Handlung kann, wie bereits die Kläger in *Confédération nationale* gefordert hatten, eine Entscheidung im Sinne des Art. 230 IV

---

[307] Hierzu *Schermers/Waelbroeck*, Judicial Protection (Anm. 255), §§ 899 ff., insb. 912.

[308] *Röhl*, Die anfechtbare Entscheidung (Anm. 245), S. 333 f.; ebenso Streinz-*Schroeder*, Rdnr. 8 zu Art. 249 EG: „kein Problem der gemeinschaftlichen Rechtsquellenlehre".

EG sein – mit der Rechtsfolge ihrer Anfechtbarkeit. Dies entspricht der Konzeption des französischen Verwaltungsprozessrechts, das unter einer *décision* in eben diesem Sinne jeden *acte administratif* individueller oder genereller Natur versteht, gegen den der *recours pour excès de pouvoir* statthaft ist.[309] Die Übertragung dieser Unterscheidung zwischen Handlungsform (Art. 249 EG) und Rechtsschutzform (Art. 230 EG) löst das eingangs geschilderte Dilemma zwischen Förmlichkeitsanforderung an die Handlungsform und Verengung des Individualrechtsschutzes elegant auf: Eine Qualifizierung als anfechtbare Entscheidung lässt die formale Identität eines Akts unberührt.

3. Implikationen der Entkopplung für die Kategorie der Handlungsform

Die Ergebnisse der Untersuchungen zur „Handlung" und zur „Entscheidung" im Sinne des Art. 230 EG können nun im Hinblick auf ihre Implikationen für die Handlungsformen verallgemeinert werden. Beide Begriffe sind als solche des Prozessrechts zu verstehen, die den Zugang zu den Gerichten der Union steuern und die mit Blick auf die Rechtsfolge der Anfechtbarkeit ausgelegt werden. Sie bezeichnen Rechtskontrollformen, die eine bestimmte Handlungsform weder voraussetzen noch bedingen. Diese Entkopplung hat eine Reihe von Konsequenzen für den Begriff einer unionalen Handlungsform.

Erstens bestätigt sich die Annahme, dass die formale Identität eine objektive Eigenschaft ist, die sich auf einen Rechtsakt als Ganzes bezieht. Bereits in *Confédération nationale* hat der Gerichtshof eingeräumt, eine Maßnahme könne „als Ganzes" eine Verordnung darstellen und gleichwohl einzelne Bestimmungen enthalten, die den Kläger individuell betreffen und deshalb von ihm angefochten werden können.[310] Unter der Prämisse einer Einheit von Rechtskontroll- und Handlungsform war dies – wörtlich genommen – nur schwer mit der weiteren Aussage in Einklang zu bringen, eine Bestimmung könne „nicht zugleich ein Rechtsakt von allgemeiner Geltung und eine Einzelfallmaßnahme sein"[311]. Die Entkopplung der Kategorien erlaubt problemlos, an der einheitlichen Handlungsform eines Rechtsakts festzuhalten, für die Frage des Rechtsschutzes aber auf der Ebene seiner Bestimmungen an-

---

[309] *R. Chapus*, Droit administratif général, Bd. 1, 2001, Rdnr. 670.

[310] EuGH, verb. Rs. 16/62 und 17/62 (Anm. 257), Leitsatz 5; ebenso Rs. 30/67, *AG Industria Molitaria Imolse u.a./Rat*, Slg. 1968, S. 171, 183.

[311] EuGH, Rs. 45/81 (Anm. 268), Rdnr. 18.

zusetzen und sie gegebenenfalls differenziert zu beantworten.[312] Würde man hingegen für die Qualifizierung der Handlungsform auf die ‚subatomare' Ebene der einzelnen Bestimmungen abstellen, führte dies zu kaum lösbaren Problemen für das In-Kraft-Treten der Akte (vgl. Art. 254 EG). Ein Rechtsakt kann bezüglich seiner Handlungsform keine gespaltene Identität besitzen – sie ist für sämtliche Bestimmungen und gegenüber jedermann dieselbe. Bezüglich der Rechtsschutzform Entscheidung ist eine Aufspaltung möglich, in personenbezogener Hinsicht sogar nötig: Sie dient ja gerade der Unterscheidung zwischen Personen, für die ein Rechtsakt Entscheidungscharakter hat, und solchen, für die das nicht zutrifft. Wenn der Gerichtshof den Antidumpingverordnungen gelegentlich eine „Doppelnatur" bescheinigt,[313] dann ist dies als Hinweis darauf zu verstehen, dass sie ihrer Handlungsform nach (echte) Verordnungen sind und zugleich typischerweise für bestimmte Wirtschaftsteilnehmer ihrer Rechtsschutzform nach anfechtbare Entscheidungen.[314]

Zweitens klärt die Unterscheidung von Rechtskontroll- und Handlungsform, in wessen Kompetenzsphäre die Fixierung der formalen Identität eines Rechtsakts fällt: Die Festlegung der Handlungsform liegt in den Händen der rechtsetzenden Organe, die einem Akt eine bestimmte äußere Form geben und ihm seine formcharakteristischen Rechtswirkungen zuweisen, kraft derer er einem bestimmten Gültigkeitsregime untersteht. Die judikative Zurückhaltung, die der Gerichtshof insoweit übt, bringt das von den Verträgen gewollte Formenwahl- und -gestaltungsermessen überhaupt erst zur Entfaltung. Im Gegenzug reserviert der Gerichtshof die Letztentscheidungsbefugnis über die Eröffnung von objektiver Rechtmäßigkeitskontrolle und individuellem Rechtsschutz exklusiv für sich. Die politischen Organe haben keine Verfügungsgewalt über das Rechtskontrollregime ihrer Akte, jedenfalls soweit eine Rechtskontrollverschließung in Rede steht. Diesbezüglich beansprucht und praktiziert der Gerichtshof eine Re-Qualifikationsbefugnis gegenüber allen Versuchen, sich der Kontrolle durch unförmliches Handeln oder durch Unverbindlichkeit suggerierende äußere Form zu entziehen. Weiter reichende Umdeutungen sind nicht erfor-

---

[312] Streinz-*Ehricke*, Rdnr. 42 zu Art. 230 EG.

[313] EuGH, Rs. C-239/99, *Nachi Europe*, Slg. 2001, S. I-1197, Rdnr. 37; Rs. C-11/00, *Kommission/EZB*, Slg. 2003, S. I-7147, Rdnr. 75.

[314] So wohl auch Streinz-*Ehricke*, Rdnr. 47 zu Art. 230 EG; anders *Borowski*, Nichtigkeitsklage (Anm. 253), S. 885 ff.; *Ch. Koenig/M. Pechstein/C. Sander*, EU-/EG-Prozessrecht (Anm. 253), Rdnr. 361.

derlich, weil die Wahl der Handlungsform den Zugang zu den Gerichten nicht abschneidet.

Die Wahrung der formalen Identität der Rechtsakte wird also, drittens, erkauft durch eine massive Zurückstufung des Kontrollregimes als Element einer unionalen Handlungsform: Die forcierte Neutralisierungsstrategie der Rechtsprechung löst dieses Regimeelement tendenziell auf, indem sie die verschiedenen Kontrollregime einander annähert. Gänzlich beziehungslos stehen sich Handlungs- und Rechtskontrollform jedoch nicht gegenüber. Erstens kann die Selbstzuordnung eines Akts zu einer bestimmten Handlungsform unmittelbar rechtskontrolleröffnende Wirkungen haben. Namentlich folgt aus der Wahl einer kodifizierten Handlungsform ohne weiteres, dass es sich um eine Organhandlung im Sinne der Art. 230 I, 234 I lit. b EG handelt. Noch größere praktische Bedeutung hat die kontrolleröffnende Qualifikationsbefugnis bei einer förmlichen Entscheidung: Belastenden Inhalt für ihren Adressaten vorausgesetzt, handelt es sich für ihn offenkundig um eine anfechtbare Entscheidung. Hieran schließen sich weitere Rechtsfolgen an, die der dogmatischen Kategorie der Bestandskraft zuzuordnen sind.[315] Zweitens können sich aus der gewählten Handlungsform Konsequenzen für die konkrete Beantwortung der Frage ergeben, ob eine Person „individuell und unmittelbar betroffen" ist. So ist bei einer Verordnung die gesonderte Prüfung der Unmittelbarkeit zumeist verzichtbar, da diese Rechtswirkung aufgrund von Art. 249 II 2 EG außer Zweifel steht. Andererseits steht bei einer Richtlinie das Unmittelbarkeitserfordernis einer Individualanfechtung im Regelfall entgegen. Dieser mittelbare Zusammenhang von Rechtskontrollform und Handlungsform knüpft an das Element des Wirkungsmodus an: Insofern ein Rechtsakt gemäß seiner Handlungsform bestimmte Rechtswirkungen in Anspruch nimmt oder, wie bei der Richtlinie, gerade auf sie verzichtet, beeinflusst dies die Anwendung formneutral formulierter Kontrollvoraussetzungen. Die Verselbständigung der Begriffe des unionalen Prozessrechts entlastet mithin das Rechtsregime der Handlungsformen von bestimmten Funktionen, bringt das Element des Kontrollregimes jedoch nicht gänzlich zum Verschwinden.

---

[315] Hierzu Zweiter Teil, E. III. 2. und IV. 1.

III. Eine Handlungsformenlehre jenseits des Rechtsschutzparadigmas

Akzeptiert man die gefestigte Rechtsprechung zur Entkopplung von Handlungsform und Rechtskontrolle als Teil des verfassungsrechtlichen *acquis*, bleibt dies nicht ohne Einfluss auf das Selbstverständnis der Handlungsformenlehre. Drei Schlussfolgerungen scheinen dem Verfasser im Besonderen angebracht.

Eine erste, praktische Konsequenz besteht darin, den nicht unerheblichen Korrekturbedarf zu sichten, den diese Entkopplung für sicher geglaubte Erkenntnisse zu den einzelnen Handlungsformen beinhaltet. Dies beginnt mit der Einstufung des Art. 249 II 1 EG als Regelfallvermutung mit prozessrechtlichen Implikationen – mit der Folge, dass die Unterscheidung zwischen Normativ- und Einzelakt rechtlich und tatsächlich unabhängig ist von der Unterscheidung zwischen den Handlungsformen Verordnung und Entscheidung (die „Wahl der Form" kann die „Rechtsnatur" nicht ändern, wie der Gerichtshof sagt). Dies verlangt einer in der Tradition des kontinentalen Verwaltungsrechts stehenden Handlungsformenlehre[316] erhebliche geistige Emanzipationsanstrengungen ab, will sie ihren unionsrechtlichen Gegenstand nicht durch falsche Projektionen verfehlen: Die Begriffsunterscheidung zwischen allgemeiner Norm und Einzelregelung ist eine rechtsstaatliche Errungenschaft von fundamentaler Bedeutung[317] – dies nötigt das Unionsrecht jedoch nicht dazu, sie gerade für seine Unterscheidung nach Handlungsformen zu nutzen.[318] Noch ausgeprägter dürfte der Revisionsbedarf zur Dogmatik der Entscheidung sein: Kaum ein Kommentarbeitrag zu Art. 249 IV EG differenziert zwischen den Aussagen der Rechtsprechung, die allein der prozessrechtlichen Kategorie gelten, und solchen, die die Handlungsform Entscheidung betreffen. Die auch hier geforderte Loslösung von nationalen Vorbildern trifft die deutsche verwaltungsrechtliche Tradition besonders hart, da sie zu ihrer Zentralkategorie, dem Verwaltungsakt, bei den Handlungsformen des Unionsrechts keine Entsprechung vorfindet.[319] Bereits die staatengerichtete

---

[316] Hierzu nur *O. Mayer*, Deutsches Verwaltungsrecht, Bd. 1, 1924, S. 73 ff. und 92 ff.

[317] *Fuß*, Rechtssatz und Einzelakt (Anm. 266), S. 945.

[318] Zur Bedeutung für Hierarchien im abgeleiteten Recht Zweiter Teil, C. II. 2. a. bb.

[319] Anders aber z.B. *A. Bockey*, Die Entscheidung der Europäischen Gemeinschaft, 1997, S. 31; *C. Junker*, Der Verwaltungsakt im deutschen und fran-

Entscheidung ist mit dieser Kategorie nicht zu fassen, aber auch die privatgerichtete Entscheidung baut nicht nach dem Modell des deutschen Verwaltungsakts auf einer Einheit von prozessrechtlichen (§§ 42, 68 ff., 80 f., 113 VwGO), verfahrensrechtlichen (§§ 9 ff. VwVfG) und materiell-rechtlichen (z.B. §§ 48 ff. VwVfG) Rechtsfolgen der Formenwahl auf.[320]

Zweitens ermutigt die Analyse der Rechtsprechung, die viel geschmähte äußere Form in ihr Recht einzusetzen und als Medium der Formenwahl anzuerkennen. Nachdem der Gerichtshof sein Programm so konsequent verwirklicht hat, dass die Form der Rechtsakte „ohne Einfluss auf ihre Anfechtbarkeit" ist, besteht kein durchgreifender Grund mehr, sie als Instrument der Willkür zu verdächtigen. Wie anders als durch die Gestaltung der äußeren Merkmale eines Rechtsakts soll ein Rechtsetzungsorgan zu erkennen geben, welcher Handlungsform dieser Akt angehören soll? Die gängige Vernachlässigung der äußeren Form ist eine der großen Schwachstellen der unionalen Handlungsformenlehre. Dies zeigt sich nicht zuletzt an der Verengung der Diskussion auf das Merkmal der Bezeichnung, obwohl die Organpraxis ein weit ausgefeilteres Instrumentarium herausgebildet hat.[321]

Drittens schließlich darf die Handlungsformenlehre die tendenzielle Formenneutralität des judikativen Kontrollregimes als eine Aufforderung begreifen, sich von der Rechtsschutzperspektive als Paradigma der Formenlehre zu lösen. Die Handlungsformenlehre des Unionsrechts kann ohne Einbußen für den gerichtlichen Schutz der Rechtsbürger methodisch die *ex-ante*-Perspektive der rechtsetzenden Organe einnehmen und über alternative Formenwahloptionen informieren. Judikative Organe kommen bei diesem Ansatz in erster Linie an der Nahtstelle zwischen Unionsrecht und nationalem Recht wieder ins Spiel. Zur Bewältigung der materiell-rechtlichen Streitfragen, die bei der Interaktion der Rechtsordnungen auftreten, sind die staatlichen Fachgerichte auf Erkenntnisse über die Wirkungen der je in Rede stehenden Unionsrechtsakte angewiesen – und damit auf Informationsangebote der Handlungsformenlehre. Unter den Verfahrensarten vor den unionalen Gerichten ist nicht Art. 230 EG, sondern das Vorlageverfahren des

---

zösischen Recht und die Entscheidung im Recht der Europäischen Gemeinschaften, 1990, S. 164.

[320] Auf diese Differenz weist *Röhl*, Die anfechtbare Entscheidung (Anm. 245), S. 332 und 363 f., nachdrücklich hin.

[321] Zweiter Teil, B. II. und III.

Art. 234 EG das eigentliche Terrain, auf dem sich die Praxistauglichkeit der Dogmatik der Handlungsformen zu beweisen hat.

E. Zusammenfassung des Ersten Teils

Die wesentlichen Erträge des Ersten Teils seien an dieser Stelle zusammengefasst.

Das erste Kapitel führt die Kategorie der Handlungsform als Differenzierungsbegriff ein, der Rechtsnormen unterschiedlichen Inhalts im Hinblick auf gemeinsame Merkmale zu Gattungen zusammenfasst und an die Gattungszugehörigkeit nach Maßgabe des positiven Rechts Rechtsfolgen anschließt. Das Unionsrecht nutzt diese Kategorie in Art. 249 EG zur Unterscheidung von Rechtsakten, die von den Organen der Union erlassen werden. Die Analyse der normativen Gehalte des Art. 249 EG und weiterer primärrechtlicher Bestimmungen, die mit ihm in Verbindung stehen, gibt Aufschluss darüber, was das Unionsrecht unter einer Handlungsform versteht.

Gegliedert nach Art der Rechtsfolgen, die sich an die Zugehörigkeit zu einer Handlungsform anschließen, lassen sich modellhaft drei Elemente einer unionalen Handlungsform bestimmen: Wirkungsmodus, Gültigkeitsregime und Kontrollregime, zusammenfassend hier als das Rechtsregime einer Handlungsform bezeichnet. Zentral für den Wirkungsmodus ist Art. 249 II bis V EG, der den genannten Handlungsformen jeweils eine spezifische Kombination von Rechtswirkungen zuschreibt. Formspezifische Anforderungen an die Gültigkeit eines Rechtsakts folgen zum einen aus Art. 253 und 254 EG, zum anderen aus einigen vertraglichen Rechtsgrundlagen, die ausdrückliche Vorgaben für die zu wählende Handlungsform enthalten. Eine formspezifische Prägung der judikativen Kontrolle resultiert aus Bestimmungen, die die Handlungsform als Regulativ für zulässige Streitgegenstände etablieren (insbesondere in Art. 230 EG), wenngleich sich die Kontrollregime der Handlungsformen in der Auslegung des Gerichtshofs stark angenähert haben.

Keine der angeführten Vorschriften normiert, an welchen formkonstitutiven Merkmalen die Handlungsform eines Rechtsakts, seine formale Identität, erkannt werden kann. Dieses vierte, den übrigen logisch vorausliegende Element verweist auf das praktische Erfordernis einer Autoqualifikation der Rechtsakte, die selbst darüber Auskunft geben müssen, welcher Handlungsform sie angehören. Fällt die (eindeutige)

Selbstzuordnung zu einer kodifizierten Handlungsform aus, sind die Rechtswirkungen eines Akts und hieran anschließend die weiteren Elemente seines Rechtsregimes nur mithilfe zusätzlicher Prämissen zu rekonstruieren. Zu diesen gehören kompetenzrechtliche Erwägungen und eine an den Wortlaut der Bestimmungen anzulegende Verbindlichkeitsunterstellung.

Art. 249 I EG ist zu entnehmen, dass die autorenschaftliche Zurechnung und das angewandte Rechtsetzungsverfahren das Rechtsregime eines Akts nicht determinieren. Zuständiges Erlassorgan und einschlägiges Verfahren ergeben sich aus der gewählten Rechtsgrundlage und sind damit der Kategorie der Kompetenz zugeordnet. Das Verhältnis dieser Kategorie zu der der Handlungsform untersucht das zweite Kapitel. Das Hauptinstitut der unionalen Kompetenzdogmatik, das Prinzip der begrenzten Ermächtigung, erfüllt Konstituierungs-, Begrenzungs- und Stabilisierungsfunktionen für die unionale Verfassungsordnung. Vor diesem Hintergrund sind alle Deutungen des Prinzips zurückzuweisen, die auf die Annahme hinauslaufen, im Unionsrecht existierten kompetenzfreie Räume. Ein Kompetenznormerfordernis gilt für jegliches amtliches Handeln und damit unabhängig von der in Rede stehenden Handlungsform. Die Verselbständigung der Kategorien wird weiter deutlich, untersucht man die Rechtsgrundlagen der Verträge daraufhin, ob sie die zu wählende Handlungsform normativ vorgeben. Entgegen fortwirkender älterer Lesarten ist unter den meisten Befugnisnormen ein Formenwahlermessen eingeräumt. Ein und dieselbe Handlungsform kann damit nicht nur von mehreren Organen genutzt werden, das zuständige Organ kann auch in aller Regel zwischen mehreren Handlungsformen auswählen. Dabei erkennt der Gerichtshof, im Gegensatz zur Wahl der richtigen Rechtsgrundlage, bei der Wahl der Handlungsform einen weiten Gestaltungsspielraum an.

Das dritte Kapitel widmet sich der Anschlussfrage, welche Wahlalternativen den rechtsetzenden Organen zur Verfügung stehen, ob also das Formenwahlermessen unter einem Typenzwang steht. Mit der herrschenden Ansicht in der Literatur ist Art. 249 EG als eine unvollständige Enumeration zu lesen. Dies folgt zwar nicht bereits aus Wortlaut und Systematik des EG-Vertrags, jedoch aus teleologischen Erwägungen, die sich auf die funktionalen Vorteile eines offenen und damit entwicklungsfähigen Formensystems beziehen. Die tendenziell geschlossene Ordnung der Kompetenzen ermöglicht ein hohes Maß an Flexibilität bei der Prägung neuer Handlungsformen. Ihre Exklusivität wahren die in Art. 249 EG kodifizierten Handlungsformen, indem sie, vorbehaltlich vertraglicher Spezialregelungen, nur von den primären Rechtsetzungsorganen der Union genutzt werden dürfen, die in Art. 249 I EG abschließend aufgelistet sind. Die Ermächtigung zur Prägung neuer Handlungsformen ist als eine *implied power* zu verstehen, die unter der Prämisse eines fehlenden *numerus clausus* der Formen ohne weiteres aus den ausdrücklich zugewiesenen Rechtsetzungsbefugnissen folgt. Idealtypisch entsteht eine neue Handlungsform, indem ein Organ seine Formengestaltungspraxis an vergangenen Erfahrungen bzw. selbst gegebenen Regeln ausrichtet und sich so eine Gattung atypischer Handlungen herausbildet, die sich durch ein einheitliches Rechtsregime auszeichnet. In diesem Sinne kennt das Unionsrecht praxisgenerierte Handlungsformen. Eine Formengestaltungspraxis der Unionsorgane führt jedoch nicht zur Bildung von Gewohnheitsrecht; dieser Modus der Rechtsentstehung hat für die Handlungsformen des Unionsrechts keine Bedeutung.

Als Ausübung einer vertraglich zugewiesenen Befugnis unterliegt das Formgestaltungsermessen der Organe dem Vorrang des Primärrechts. Keine Zustimmung jedoch verdient eine Literaturmeinung, die den Erlass atypischer Handlungen auf Fälle beschränken will, in denen keine ‚Rechtswirkungen nach außen' erzielt werden. Einen solchen ‚gemäßigten' Typenzwang ordnet Art. 249 EG nicht an. Dieser Artikel hat insofern einen begrenzenden Gehalt, als ihm im Gegenschluss Rechtswirkungen entnommen werden können, die Unionsrechtsakte *de constitutione lata* gegenüber den Mitgliedstaaten nicht in Anspruch nehmen dürfen, etwa durch die ‚Erfindung' einer unmittelbar behördengerichteten Weisung. Materiell-rechtlich sind atypische Formengestaltungen insbesondere am Gebot der Formenklarheit zu messen, das dem Rechtsgrundsatz der Rechtssicherheit zu entnehmen ist. Darüber hinaus verwirklicht ein Organ den Tatbestand des Ermessensmissbrauchs, wenn es eine atypische Handlung zwecks Verschleierung von Rechtswirkungen einsetzt.

Das letzte Kapitel thematisiert die Gefahr der Umgehung von Gültigkeits- und Kontrollanforderungen, die das Institut der Formenwahl aufwerfen könnte. Diese Gefahr legitimiert für einen starken Zweig der Literatur, die Qualifizierung der gewählten Handlungsform nach materiell-inhaltlichen Kriterien vorzunehmen, auch gegen eine abweichende Intention des erlassenden Organs, die in der äußeren Form des Akts zum Ausdruck kommt. Ein solcher Ansatz führt zu Einbußen für die Rechtssicherheit und ist mit der Strukturentscheidung der Verträge für ein Formenwahlermessen inkompatibel. Den Umgehungsgefahren ist vielmehr durch eine adäquate Ausgestaltung des Rechtsregimes der einzelnen Handlungsformen zu wehren. Das Problem einer möglichen Inadäquanz von Wirkungsmodus und Gültigkeitsregime stellt sich substanziell nur bei nicht-kodifizierten Handlungsformen. Soweit das positive Recht die Gefahren nicht ohnehin durch Formenneutralität seiner Gültigkeitsanforderungen entschärft, ist ihnen mit einer partiellen Übertragung des Gültigkeitsregimes kodifizierter Handlungsformen zu begegnen. Für das Problem der Inadäquanz von Wirkungsmodus und Kontrollregime hat die Rechtsprechung überzeugende Antworten gefunden.

Die Judikatur zu den Begriffen „Handlung" und „Entscheidung" in Art. 230 EG zeigt, dass der Gerichtshof beide zu handlungsformneutralen Generalklauseln ausgebaut hat. Hierzu wurden die Begriffe sukzessive von den Bestimmungen der Art. 249 ff. EG gelöst und also solche des Prozessrechts etabliert, die eine bestimmte Handlungsform des streitgegenständlichen Akts weder voraussetzen noch bedingen. Insbesondere ist die Rechtsschutzform der anfechtbaren Entscheidung in Art. 230 IV EG nicht identisch mit der Handlungsform der förmlichen Entscheidung in Art. 249 IV EG. Diese Entkopplung ermöglicht dem Gerichtshof eine Praxis, die die judikative Befugnis zur Re-Qualifizierung des streitgegenständlichen Akts auf prozessrechtliche Folgen beschränkt. Im Übrigen erkennt der Gerichtshof die Befugnis der rechtsetzenden Organe an, die Handlungsform der Rechtsakte *ex ante* selbst zu qualifizieren. Diese Arbeitsteilung lässt das von den Verträgen gewollte Formenwahlermessen intakt und erlaubt – in aller Regel – die Identifizierung der gewählten Handlungsform bereits aufgrund der äußeren Form eines Rechtsakts. Das Kontrollregime der Akte ist somit nur noch in begrenztem Umfang über ihre Handlungsform determiniert, insbesondere indem die Formenwahl unmittelbar rechtskontrolleröffnende Wirkung entfalten kann.

Die vorstehenden Ergebnisse beinhalten eine Reihe von überraschenden Implikationen für das Selbstverständnis und die Aufgabenstellungen einer Handlungsformenlehre des Unionsrechts. Die Vorgaben der Verträge und die auf ihrer Grundlage entfaltete Rechtsprechung weisen der Kategorie der Handlungsform einen verfassungsrechtlichen Ort zu, der in mancher Hinsicht ein anderer ist, als es aus dem öffentlichen Recht der Mitgliedstaaten bekannt ist. Vier Gesichtspunkte seien hier hervorgehoben.

Erstens dienen die Handlungsformen des Unionsrechts nicht dazu, hoheitliche Aufgaben auf die rechtsetzenden Verfassungsorgane zu verteilen und deren Zuständigkeitsbereiche gegeneinander abzugrenzen. In der Union wird die Funktion der Rechtsetzung arbeitsteilig von einer

Mehrzahl von Organen wahrgenommen, die auf einen identischen Grundbestand an Handlungsformen zurückgreifen. Daher kann die begriffliche Unterscheidung nach exekutiven und legislativen Hoheitsfunktionen die Dogmatik dieser Handlungsformen nicht leiten.

Zweitens hat die Kategorie der Handlungsform auch keine unmittelbare Relevanz für die Abgrenzung der Kompetenzsphären von Union und Mitgliedstaaten. Die Formenneutralität der meisten Rechtsgrundlagen und das unter ihnen eingeräumte Formenwahlermessen lassen Bemühungen ins Leere laufen, die sich von der dogmatischen Ausgestaltung einzelner Handlungsformen eine Limitierung der Verbandskompetenzen der Union erhoffen. Die Funktion der primärrechtlichen Ausrichtung und Begrenzung der Unionsgewalt lastet auf der Kompetenzordnung, nicht auf den Handlungsformen.

Drittens sind die Konsequenzen der Strukturentscheidung für ein entwicklungsoffenes Formensystem zu reflektieren. Gewiss hat die Formenlehre die normativen Maßstäbe zu verdeutlichen, an denen atypische Formengestaltungen gemessen werden können. Innerhalb des so abgesteckten Terrains aber ist empirische Neugier gefragt, welche Entwicklungen sich im Bereich atypischer Handlungen abzeichnen und wo sich praxisgenerierte Handlungsformen herausgebildet haben, die nach einer dogmatischen Aufarbeitung rufen. Das Dickicht des geltenden Rechts jenseits des Art. 249 EG bedarf weniger dringlich der rechtswissenschaftlichen Suche nach rechtswidrigen Einzelphänomen als der Entfaltung der ordnungsstiftenden Kraft, die der Kategorie der Handlungsform eigen ist. Dabei sollte sich die Formenlehre vom Ideal einer arbeitsteiligen Interaktion von Handlungsformen mit einem je eigenständigen Profil leiten lassen.

Viertens schließlich kann die Handlungsformenlehre darauf verzichten, ihre Begriffe in erster Linie aus einer Rechtsschutzperspektive zu entfalten. Es ist keine rechtsstaatlich defizitäre Situation zu befürchten, wenn die Formenwahl als eine gegen judikative Re-Qualifizierungen abgeschirmte Ermessensentscheidung anerkannt wird, die in der äußeren Form des Rechtsakts ihren Ausdruck findet. Auch hier ist eine Loslösung von national vorgeprägten Erwartungen gefordert, etwa wenn das Unionsrecht die Unterscheidung von Normativ- und Einzelakt zwar im Rahmen des Prozessrechts, nicht aber für seine Unterscheidung nach Handlungsformen nutzt.

Es ist eine Frage des rechtspolitischen Standpunktes, ob man die vorgefundenen verfassungsrechtlichen Prämissen eher als strukturelle Defizite oder als Chance für die Handlungsformen begreift. In der vielstimmigen Klage über die fehlende Hierarchie der Rechtsakte[322] artikuliert sich wohl nicht zuletzt ein Unbehagen damit, dass die unionalen Handlungsformen nicht gerade das leisten, was man von ihnen gewöhnlich erwartet, insbesondere eine Zuordnung von Handlungsform und Organkompetenz sowie von Handlungsform und materiellem Regelungsgehalt. *De constitutione lata* bevorzugt der Verfasser eine Sichtweise, die die eigenwillige Verfasstheit der unionalen Handlungsformen als historisches Fundstück mit innovativen Qualitäten versteht. Die Handlungsformenlehre muss gewiss eine Zurücksetzung ihrer Bedeutung hinnehmen, wenn ‚große Fragen' des Verfassungsrechts wie die nachholende Parlamentarisierung der Union oder die Abgrenzung der Zuständigkeiten von Union und Mitgliedstaaten nur am Rande in ihr Ressort fallen. Mag sie es als Entlastung begreifen, dass für ihren Gegenstand ein dreifaches Sicherheitsnetz aufgespannt ist aus übergreifenden Maßstabnormen in Gestalt allgemeiner Rechtsgrundsätze, einer lückenlosen Kompetenzordnung und der Garantie von Rechtskontrolle gegenüber Handlungen mit verbindlichen Rechtswirkungen. So kann sie ihre Aufgabe in erster Linie darin sehen, den rechtsetzenden Organen ein dogmatisch aufgearbeitetes Tableau von Gestaltungsmitteln an die Hand zu geben, das ihnen eine nuancierte Ausübung ihrer Befugnisse ermöglicht. Als Schlüsselbegriff der Handlungsformenlehre erweist sich der Wirkungsmodus, der das Leistungsprofil einer Handlungsform definiert und an dem sich die übrigen Regimeelemente einer Handlungsform ausrichten. Eine eigenständige Handlungsform liegt dann vor, wenn Rechtsakte in der Art und Weise ihrer Einwirkungen auf die Unionsrechtsordnung, die Mitgliedstaaten und die Rechtssphäre der Bürger grundlegende Gemeinsamkeiten aufweisen und sich in diesem Bündel von Eigenschaften charakteristisch von anderen Rechtsakten unterscheiden.

Die letzte These weist über den Gegenstand des Ersten Teils hinaus, denn sie betrifft im Kern die Fragestellung des Zweiten Teils, unter wel-

---

[322] *A. D'Atena*, L'anomalo assetto delle fonti comunitarie, Il Diritto dell' Unione Europea 6 (2001), S. 591; *P.-Y. Monjal*, Recherches sur la hiérarchie des normes communautaires, 2000, Rdnrn. 1039 ff.; *H. Hofmann*, Normenhierarchien im europäischen Gemeinschaftsrecht, 2000, S. 76 ff. und 247 f.; *R. Kovar*, La déclaration no 16 annexée au Traité sur l'Union européenne, CDE 1997, S. 3, 5 ff.; *A. Tizzano*, The Instruments of Community Law and the Hierarchy of Norms, in: J. A. Winter u.a. (Hrsg.), Reforming the Treaty on European Union, 1996, S. 207, 210 ff.; *S. Magiera*, Zur Reform der Normenhierarchie im Recht der Europäischen Union, integration 1995, S. 197, 202 ff.

chen Voraussetzungen im Bereich der Rechtsetzung jenseits des Art. 249 EG von der Etablierung einer praxisgenerierten Handlungsform gesprochen werden kann. Die Studie wird nunmehr ihrer eigenen Aufforderung nach empirischer Sättigung Folge leisten und sich „ins Feld" begeben, um in den schattigeren Regionen des europäischen Gartens nach einer Blüte Ausschau zu halten, der die Bestimmungsbücher der europäischen Forscher nur wenig Beachtung schenken: dem Beschluss.

Zweiter Teil

Der Beschluss als Handlungsform

Der zweite Teil der Studie will den Beschluss als unionsrechtliche Handlungsform vorstellen und sein dogmatisches Profil erarbeiten. Das Vorhaben sieht sich mit einer methodischen Schwierigkeit konfrontiert: Da diese Handlungsform in der Praxis der Organe entwickelt wurde, steht keine primärrechtliche Definition zur Verfügung, und auch die normativen Anhaltspunkte in den Geschäftsordnungen der Organe sind karg. Die somit gebotene induktive Vorgehensweise steht jedoch vor dem Problem, immer schon wissen zu müssen, welche Rechtsakte als Untersuchungsobjekte für eine dogmatische Analyse in Frage kommen. Die Studie kann mithin ihren Gegenstand erst sukzessive bestimmen, und die These von der Existenz einer eigenständigen Handlungsform bewahrheitet sich in dem Umfang, in dem ihr dies überzeugend gelingt.

Das erste Kapitel leuchtet den Stand der Erkenntnisse zum Beschluss aus und entfaltet die These. Es beginnt mit einer Klärung des Begriffs in verschiedenen linguistischen und normativen Kontexten. Sodann werden empirische Erkenntnisse über die Rechtsetzungspraxis zusammengetragen. Aufzubereiten sind schließlich die Interpretationsangebote der Rechtswissenschaft, wie das empirische Phänomen der Beschlüsse dogmatisch zu fassen sei (A.).

Der weitere Untersuchungsgang richtet sich am Modell einer unionalen Handlungsform aus, das im Ersten Teil erarbeitet wurde. Im ersten Schritt werden die Merkmale herausgearbeitet, die die Rechtsetzungsorgane der Union nutzen, um einem Rechtsakt die äußere Form eines Beschlusses zu geben (B.). Das folgende Kapitel weist nach, dass sich die so gekennzeichneten Rechtsakte – mit wenigen Ausnahmen – durch charakteristische Gemeinsamkeiten ihrer Rechtswirkungen auszeichnen (C.). Im nächsten Schritt können die spezifischen Anforderungen erarbeitet werden, die das Unionsrecht an Wirksamkeit und Rechtmäßigkeit von Rechtsakten richtet, die durch äußere Form und Wirkungsmodus als Beschlüsse qualifiziert sind (D). Schließlich sind die Voraussetzungen zu klären, unter denen die Rechtswidrigkeit eines Beschlusses gerichtlich geltend gemacht werden kann (E.). Ein abschließendes Kapitel würdigt die funktionalen Vorteile des Beschlusses und fasst zusammen, welche Lücke im Kanon der kodifizierten Handlungsformen mit der Entwicklung des Beschlusses geschlossen wurde (F.).

A. Bestandsaufnahme und These

Dieses Kapitel dient einer dreifachen Bestandsaufnahme. Den Anfang macht eine rechtsterminologische Klärung des Begriffs „Beschluss", wobei der Unterscheidung von „Beschluss" und „Entscheidung" besondere Aufmerksamkeit gewidmet wird (I.). Es folgt eine rechtsempirische Bestandsaufnahme, die sich mit dem Erlass von „Beschlüssen" in der Praxis der Rechtsetzungsorgane beschäftigt (II.). Sodann wird der Stand der rechtswissenschaftlichen Diskussion zum Phänomen der „Beschlüsse" evaluiert (III). Das Kapitel schließt mit der These, dass sich der Beschluss, entgegen vorherrschender Skepsis in der Literatur, als eigenständige Handlungsform konzeptualisieren lässt (IV.).

I. Beschluss und Entscheidung als Rechtsbegriffe des Unionsrechts

Den Beschluss als Handlungsform zu interpretieren heißt, den Terminus „Beschluss" als einen Rechtsbegriff des Unionsrechts aufzunehmen und zu einer dogmatischen Kategorie zu entwickeln. Dies erweist sich schon unter linguistischen Gesichtspunkten als überraschend problematisch, denn dieses Vorhaben impliziert nicht nur, einem vieldeutigen und häufig unspezifisch genutzten Wort kontextabhängig eine sehr spezifische Bedeutung beizumessen. Besondere Schwierigkeiten resultieren auch aus der Multilingualität des Unionsrechts (1.). Zwecks weiterer Klärung der Begriffe werden die Bestimmungen des EG-Vertrags analysiert, die von „Beschluss" oder „Entscheidung" sprechen (2.).

1. Terminologische Differenzierung in einer multilingualen Rechtsordnung

Das Unionsrecht ist eine mehrsprachige Rechtsordnung. Die Gründungsverträge erklären sämtliche ihrer sprachlichen Fassungen für gleichermaßen authentisch, Art. 53 EU, Art. 314 EG und Art. 225 EA. Zuletzt bestanden somit 12 Vertragssprachen, der jüngste Erweiterungsvertrag fügt neun weitere hinzu.[323] Verordnung Nr. 1 zur Regelung der Sprachenfrage[324] verlängert das Prinzip der Mehrsprachigkeit in das Sekundärrecht, indem sie die Vertragssprachen zu offiziellen Amtssprachen erklärt, mit Ausnahme des Irischen. Gemäß Art. 4 Verordnung Nr. 1 werden Verordnungen und „andere Schriftstücke von allgemeiner Geltung" in allen Amtssprachen abgefasst, sodass relevante Teile des organgeschaffenen Rechts am 30. April 2004 in 11 Sprachfassungen simultan verbindlich waren.[325] Die Multilingualität des Unionsrechts hat gewichtige Konsequenzen für seine Auslegung.[326] Eine wortlautbezogene Interpretation einer Vorschrift erfordert einen Vergleich ihrer verbindlichen Sprachfassungen, an die die methodische Unterstellung einer einheitlichen Bedeutung anzulegen ist.[327] Diese Prämisse einer einheitlichen Auslegung steuert auch den Umgang mit Divergenzen zwischen den verschiedenen Wortlauten: Einzelne abweichende Fassungen können nicht gegenüber den übrigen den Ausschlag geben.[328] Andererseits sind Fälle bekannt, in denen einzelne Sprachfassungen eine gesetzgeberische Intention klarer zum Ausdruck bringen als andere.[329] Eine Aus-

---

[323] Art. 61 der Akte über die Bedingungen des Beitritts der Tschechischen Republik, der Republik Estland, der Republik Zypern, der Republik Lettland, der Republik Litauen, der Republik Ungarn, der Republik Malta, der Republik Polen, der Republik Slowenien und der Slowakischen Republik und die Anpassungen der die Europäische Union begründenden Verträge, ABl. L 236 vom 23.9.2003, S. 1.

[324] Verordnung Nr. 1 zur Regelung der Sprachenfrage für die Europäische Wirtschaftsgemeinschaft vom 15. April 1958, ABl. 17 vom 6.10.1958, S. 385/58, beitrittsbedingt jeweils geändert.

[325] Zur Auslegung dieser Bestimmung unten, D. III. 2.

[326] *I. Schübel-Pfister*, Sprache und Gemeinschaftsrecht, 2004, S. 122 ff.; ähnliche Probleme sind aus dem Völkervertragsrecht bekannt (vgl. Art. 33 WVRK), *S. Rosenne*, The Meaning of 'Authentic Text' in Modern Treaty Law, in: FS H. Mosler, 1983, S. 759, 769.

[327] EuGH, Rs. 19/67, *van der Vecht*, Slg. 1967, S. 461, 473; Rs. 283/81, *CILFIT*, Slg. 1982, S. 3415, Rdnr. 18; *A. Arnull*, The European Union and its Court of Justice, 1999, S. 522; *F. Müller/R. Christensen*, Juristische Methodik, Bd. 2: Europarecht, 2003, S. 23; *Schübel-Pfister*, Sprache (Anm. 326), S. 230 f.

[328] EuGH, Rs. 29/69, *Stauder*, Slg. 1969, S. 419, Rdnr. 3; Rs. C-219/95 P, *Ferriere Nord/Kommission*, Slg. 1997, S. I-4411, Rdnr. 15; Rs. C-268/99, *Jany*, Slg. 2001, S. I-8615, Rdnr. 47.

[329] EuGH, Rs. C-296/95, *EMU Tabac*, Slg. 1998, S. I-1605, Rdnr. 33; Rs. C-375/97, *General Motors*, Slg. 1999, S. I-5421, Rdnrn. 20 ff.

legungsregel, nach der bei Divergenzen stets die Mehrheit der Sprachfassungen den Ausschlag gäbe, existiert nicht.[330]

Vor diesem Hintergrund haben sich Bemühungen um den Beschluss als eigenständige Handlungsform dem Problem zu stellen, dass die Unterscheidung der Termini „Beschluss“ und „Entscheidung“ keineswegs in allen Amtssprachen vorgenommen wird. Zwar geht es zunächst nur um die Etablierung einer juristischen Kategorie, nicht um die Auslegung eines Rechtstexts. Dies ändert sich jedoch spätestens dann, wenn sich die Frage stellt, ob die Bezeichnung eines Akts als „Beschluss“ einen rechtlichen Unterschied zu der als „Entscheidung“ beinhaltet. Die nachstehende Tabelle 1 verfolgt die jeweiligen Bezeichnungen in 11 Amtssprachen, basierend auf der üblichen Selbstbezeichnung der Rechtsakte in ihrem Titel.

Tabelle 1

Amtssprachen	**Entscheidung**	**Beschluss**
Dänisch	beslutning	afgørelse
Deutsch	Entscheidung	Beschluss
Griechisch	απόφαση	απόφαση
Englisch	decision	decision
Finnisch	päätos	päätos
Französisch	décision	décision
Italienisch	decisione	decisione
Niederländisch	beschikking	besluit
Portugiesisch	decisão	decisão
Schwedisch	beslut	beslut
Spanisch	decisión	decisión

Hieraus ist ersichtlich, dass drei der Amtssprachen zwischen „Entscheidung“ und „Beschluss“ unterscheiden: neben dem Deutschen sind

330 EuGH, Rs. C-296/95 (Anm. 329), Rdnr. 36; *Müller/Christensen*, Methodik (Anm. 327), S. 25.

dies Niederländisch (*beschikking* und *besluit*) und Dänisch (*beslutning* und *afgørelse*).[331] Die übrigen offiziellen Sprachen, insbesondere alle romanischen, verfügen nicht über diese lexikalische Differenzierung oder bringen sie jedenfalls als Rechtssprache des Unionsrechts nicht zum Einsatz.[332] Eine Unterscheidung von Beschluss und Entscheidung ist also – nur, aber immerhin – in fünf der fünfzehn alten Mitgliedstaaten unmittelbar nachvollziehbar (in Dänemark, Deutschland, den Niederlanden, Österreich sowie in einer der offiziellen Sprachen Belgiens). Darunter befinden sich zwei der vier Gründungssprachen. Von den neuen Amtssprachen – die hier nicht systematisch untersucht werden konnten – zeigt sich eine einzige unterscheidungsfreundlich: Die slowenische Fassung der Rechtsakte differenziert zwischen *odločba* (= Entscheidung) und *sklep* (= Beschluss), nicht jedoch die estnische, lettische, litauische, polnische, slowakische, tschechische und die ungarische Fassung.[333]

Die Unterscheidung von „Beschluss" und „Entscheidung" ist damit jedenfalls kein rein deutsches Artefakt, das bereits unter dem Gesichtspunkt des Sprachenvergleichs als Marginalie abzutun ist. Vielmehr spricht einiges dafür, dass sich hinter der terminologischen Differenzierung auch Differenzen in der Sache verbergen könnten.

2. *„Beschluss" und „Entscheidung" im EG-Vertrag*

Auf der Suche nach der unionsrechtlichen Bedeutung der Begriffe „Beschluss" und „Entscheidung" gilt der erste Blick dem geschriebenen Primärrecht. Legen die Verträge der terminologischen Unterscheidung rechtliche Bedeutung bei, und wenn ja, nutzen sie „Beschluss" in einer Weise, die auf eine Handlungsform dieses Namens schließen lässt?

Die folgende Sichtung beschränkt sich auf den Text des geltenden EG-Vertrags; für Euratom- und EU-Vertrag gilt Entsprechendes. Ausge-

---

[331] Diese Beobachtung – unter Einschluss des Dänischen – bei Groeben/Schwarze-*Schwartz*, Rdnr. 207 zu Art. 308 EG, und *P.-Y. Monjal*, Recherches sur la hiérarchie des normes communautaires, 2000, Rdnr. 561.

[332] Letzteres gilt insbesondere für das Schwedische, das parallel zum Dänischen linguistisch zwischen *beslut* und *avgörande* unterscheiden könnte.

[333] In Maltesisch liegen bislang praktisch keine Übersetzungen vor; zugelassen durch Verordnung (EG) Nr. 930/2004 des Rates vom 1. Mai 2004 über eine befristete Ausnahmeregelung für die Abfassung von Rechtsakten der Organe der Europäischen Union in maltesischer Sprache, ABl. L 169 vom 1.5.2004, S. 1.

klammert bleibt zunächst das Sonderproblem der „Beschlüsse" nach Art. 34 II lit. c EU.[334]

a. „Beschluss" und „Entscheidung" als Handlungen privater Akteure und judikativer Organe

Eine erste Abschichtung wird erreicht durch die Qualifizierung der Termini „Beschluss" und „Entscheidung" nach handelnden Akteuren. Wenn diese Studie nach ihren Bedeutungen im EG-Vertrag fragt, dann gilt das Interesse allein solchen Handlungen bzw. Willensäußerungen, die hoheitlichen Charakter haben und dem europäischen Hoheitsträger zugerechnet werden. Nicht von Interesse sind deshalb Bestimmungen, die „Beschluss" als eine Bezeichnung für Handlungen *privater* Akteure verwenden, wie dies etwa in Art. 81 und 84 EG der Fall ist.

Weitere Orientierung gewinnt man, indem man auf eine funktionale Charakterisierung des handelnden Organs abstellt. Es entspricht gemeineuropäischer Tradition, dass judikative Organe auf andere Handlungsformen zurückgreifen, als sie die Rechtsordnung für die erste und zweite Gewalt zur Verfügung stellt – zumindest dann, wenn das Gericht in Wahrnehmung seiner Rechtsprechungsfunktion und nicht als Verwaltungsbehörde handelt. Diese Studie interessiert sich allein für Beschlüsse und Entscheidungen als Handlungen rechtsetzender politischer Organe. Damit liegen auch *gerichtsspezifische* „Entscheidung(en)", von denen etwa in Art. 234 II, III oder 256 IV EG die Rede ist, außerhalb der Betrachtung.[335]

b. „Entscheidung" als Name einer Handlungsform

Ein sicherer Ausgangspunkt für terminologische und begriffliche Klärungen ist Art. 249 EG. Er definiert in den Absätzen 1 und 4 die Entscheidung als eine von fünf Handlungsformen, die die in Absatz 1 genannten Organe nutzen können. Der niederländische Terminus lautet *beschikking*, der dänische *beslutning*. In sämtlichen Sprachfassungen findet ein Substantiv Verwendung. „Entscheidung" ist hier der Eigenname einer bestimmten Art von Rechtsakten, deren Eigenschaften Art. 249 EG beschreibt.

---

[334] Unten, C. I. 5. c.

[335] Aus dem gleichen Grund ist die Unterscheidung von Beschluss und Urteil, die das unionale Prozessrecht kennt, hier nicht von Belang.

Sprachenvergleich und systematischer Kontext lassen erkennen, dass der EG-Vertrag in einer Reihe weiterer Bestimmungen das Wort „Entscheidung“ in dem ihm von Art. 249 EG beigegebenen Sinn einsetzt. Vier Normgruppen sind hier zu nennen. Erstens greifen die Art. 253, 254 I und III sowie 256 I EG den in Art. 249 EG eingeführten Begriff auf und knüpfen an das Vorliegen einer Entscheidung bestimmte Rechtsfolgen. Zweitens verwenden einige Rechtsgrundlagen des EG-Vertrags den Terminus mit der in Art. 249 EG eingeführten Bedeutung. Anzuführen sind etwa Art. 37 II und 86 III EG, die dem ermächtigten Organ eine Teilmenge der in Art. 249 EG genannten Handlungsformen zur Verfügung stellen.[336] Drittens verwendet Art. 110 EG den Begriff in Sinne der Handlungsform: in Absatz 2 als Parallelvorschrift zu Art. 249 IV EG, in den Absätzen 1 und 3 als formgebundene Rechtsgrundlage für die EZB. Viertens meint auch Art. 230 IV EG mit „Entscheidungen“ nach der ursprünglichen Konzeption des EWG-Vertrags Entscheidungen im Sinne des Art. 249 EG.[337]

c. „Entscheidung“ in einem formneutralen Sinne (= Rechtsakt)

Der EG-Vertrag kennt eine zweite Bedeutung des deutschen Terminus „Entscheidung“, die von dem Eigennamen einer spezifischen Handlungsform unterschieden werden muss.

Den sichtbarsten Hinweis geben Art. 202 zweiter Gedankenstrich und Art. 211 dritter Gedankenstrich EG, nach denen der Rat „eine Entscheidungsbefugnis“ besitzt bzw. die Kommission die Aufgabe hat, „Entscheidungen zu treffen“. Damit wird nicht etwa die Aussage des Art. 249 I EG wiederholt, dass die genannten Organe auf die Handlungsform Entscheidung zurückgreifen können. Vielmehr wird ganz allgemein die Wahrnehmung rechtsetzender Befugnisse (franz. *pouvoir de décision*; engl. *power to take decisions* bzw. *power of decision*) als Aufgabe dieser Organe ausgewiesen.[338] „Entscheidungsbefugnis“ bedeutet also so viel wie „Rechtsetzungsbefugnis“: Das Wort „Entscheidung“ wird synonym mit „Rechtsakt“ verwendet, ohne dass etwas über

---

[336] Zur Analyse weiterer Rechtsgrundlagen unten, D. IV. 2. c.

[337] Dies wurde bereits diskutiert, Erster Teil, D. II. 2.

[338] EuGH, verb. Rs. 188/80 bis 190/80, *Frankreich u.a./Kommission*, Slg. 1982, S. 2545, Rdnr. 6.

die Handlungsform des Rechtsakts ausgesagt wäre.[339] Die Bedeutungsdifferenz findet einen klareren Ausdruck in der niederländischen Fassung, die das formbezogene *beschikking* vermeidet (*beslissingsbevoegdheid*).

In diesem formneutralen Sinne sind einzelne weitere Bestimmungen des EG-Vertrags zu lesen. So ermächtigt Art. 87 III lit. e EG den Rat zur Qualifizierung bestimmter Beihilfen „durch eine Entscheidung"; in der Praxis diente diese Vorschrift als Rechtsgrundlage für Richtlinien.[340] Die niederländische Fassung (*besluit*) stützt die Auslegung, dass nicht Entscheidungen im Sinne von Art. 249 IV EG gemeint sind.[341]

Es ist wohl kein Zufall, dass die zuletzt angeführten Artikel der ältesten Schicht des EG-Vertrags entstammen. Bei der Abfassung des deutschen Gründungsdokuments wurde der Begriff „Entscheidung" offenbar noch ohne eindeutige Präferenz zweifach verwendet: als Bezeichnung für eine bestimmte Handlungsform und als Synonym für Rechtsakt. Die niederländische Fassung der Römischen Verträge war stringenter und reservierte den Terminus *beschikking* für die Handlungsform. In dieser, nicht aber in der deutschen Fassung deutet sich bereits an, dass sich an die terminologische Differenz von Beschluss und Entscheidung eine sachliche Unterscheidung anlagern wird. In späteren Phasen der Primärrechtsentwicklung, die mit der Einheitlichen Europäischen Akte eingeleitet wird, herrscht vergleichsweise größere Kohärenz innerhalb und zwischen den Sprachfassungen: Dem französischen Terminus *décision* entspricht, wenn keine Bezugnahme auf Art. 249 EG beabsichtigt ist, in aller Regel das deutsche Wort „Beschluss". Zunehmend setzte sich in der gemeinschaftsrechtlichen Sprachenpraxis als Formulierungs- und Übersetzungsregel durch, die Termini „Entscheidung", *beschikking* und *beslutning* für Handlungen im Sinne des Art. 249 IV EG zu reservieren.[342]

Ausgehend von dieser Regelmäßigkeit lässt sich eine Auslegungsregel für den Umgang mit dem deutschen Wort „Entscheidung" im gemeinschaftsrechtlichen Kontext formulieren: Es besteht nur dann eine Vermutung dafür, dass eine Entscheidung im Sinne des Art. 249 IV EG ge-

---

[339] Lenz/Borchardt-*Breier*, Rdnr. 3 zu Art. 202 EG und Rdnr. 7 zu Art. 211 EG.

[340] Lenz/Borchardt-*Rawlinson*, Rdnr. 34 zu Art. 87 EG.

[341] Bis zum Amsterdamer Vertrag auch Art. 63 III EGV (nach Änderung jetzt Art. 52 II EG).

[342] Zur Rechtsetzungspraxis unten in Unterkapitel II.

meint ist, wenn auch die niederländische und die dänische Fassung auf die Termini *beschikking* und *beslutning* zurückgreifen. Abweichungen zwischen diesen Sprachfassungen drängen auf die vorsichtigere Auslegung, dass Entscheidungen im weiteren Sinne gemeint sind, von denen Rechtsakte in der Handlungsform Entscheidung eine Teilmenge sind.[343]

Mit dieser Auslegungsregel können nicht nur die angeführten primärrechtlichen Bestimmungen angemessen bearbeitet werden, sondern auch gelegentliche Abweichungen in der Formulierungspraxis aus jüngerer Zeit. So ist zwar in Art. 60 II Ua. 2, 104 XII oder 120 I EG von „Entscheidungen" die Rede, schon der Blick auf die niederländische Vertragsfassung (dort jeweils: *besluit*) klärt, dass die dort vorgesehenen Rechtsakte nicht notwendig in der Form einer Entscheidung ergehen müssen.

d. „Beschluss" als Ergebnis der Willensbildung eines Kollegialorgans

Für den Begriff „Beschluss" fehlt im EG-Vertrag eine definitorische Bestimmung, sodass die jeweiligen Kontexte seiner Verwendung in den Blick genommen werden müssen.

Ein erster Bedeutungskontext ist die Willensbildung eines Kollegialorgans, wie er im deutschen Wort „Beschlussfassung" zum Ausdruck kommt. Einen „Beschluss" fassen heißt hier so viel wie einen kollektiven Willen bilden, also „etwas (endgültig) beschließen". Dieser verfahrensbezogene Beschluss-Begriff stellt auf den Endpunkt eines Willensbildungsprozesses ab und bezeichnet zugleich dessen materialisiertes Produkt (eine ähnliche Doppeldeutigkeit von Verfahrensabschluss und Verfahrensergebnis, von *agere* und *actus*, zeichnet das deutsche Wort Entscheidung aus, etwa in „Entscheidungsfindung").

In manchen Bestimmungen des EG-Vertrags ist dieser Beschluss-Begriff daran zu identifizieren, dass seine französische Entsprechung nicht *décision*, sondern *délibération* ist.[344] Dies gilt namentlich in Art. 205 EG für die „Beschlüsse" des Rates und in Art. 219 I EG für die der Kommission. Diese allgemeinen Vorschriften über die Willensbildung der

---

[343] Zu diesem Ergebnis kommt auch die detaillierte Textanalyse bei *R. Thierfelder*, Die Entscheidung im EWG-Vertrag, 1968, S. 39 ff.

[344] Zur Herkunft aus dem französischen Recht GA Lagrange, verb. Rs. 16/72 und 17/62, *Confédération nationale des producteurs de fruits et légumes u.a./Rat*, Slg. 1962, S. 961, 990 f.; von *délibérations* ist auch in Art. 237 lit. b und lit. c EG die Rede; die englische Fassung spricht dort von *measures*.

Organe decken, ohne Rücksicht auf die gewählte Form, jedes rechtlich erhebliche Handeln ab (die englische Fassung spricht schlicht von *acts*). „Beschluss“ bedeutet hier also dasselbe wie „Handlung“, wobei der Begriff neben Rechtsakten im engeren Sinne auch vorbereitende Handlungen und Verfahrenshandlungen einschließt.[345]

Ein weiterer Indikator für einen formal unspezifischen Beschluss-Begriff ist es, wenn andere Vertragssprachen nicht auf ein entsprechendes Nomen für „Beschluss“, sondern auf eine Verbalkonstruktion zurückgreifen. Ein Beispiel gibt Art. 250 II EG (franz. *n'a pas statué*; engl. *has not acted*). Der Vergleich der Sprachfassungen liefert hier ein starkes Argument dafür, dass mit „Beschluss“ nicht der Eigenname einer bestimmten Art von Handlung gemeint ist, sondern das Resultat einer Beschlussfassung. Ein von der Rechtsprechung erörterter Fall ist Art. 232 I EG. Der deutsche wie der niederländische Wortlaut (*besluit*) gaben einer Interpretation Raum, wonach nur das Unterlassen eines als „Beschluss“ näher qualifizierten Rechtsakts als Gegenstand einer Untätigkeitsklage in Betracht komme. Zur Widerlegung dieser Ansicht verwies der Gerichtshof auf die anderen authentischen Sprachen (etwa franz. *s'abstiennent de statuer*; engl. *fail to act*), sodass alle Organhandlungen Anlass zu einer Untätigkeitsklage geben können,[346] unter Einschluss von vorbereitenden Handlungen, gegen die eine Nichtigkeitsklage nicht zulässig wäre.[347]

Dieser weite Beschluss-Begriff, der jegliches rechtserhebliche Handeln einschließt, das einen Willensbildungsprozess eines Organs zum Abschluss bringt, vermag der Wendung „Rechtsakte und Beschlüsse“ (franz. *actes et décisions*; engl. *acts and decisions*) in Art. 11 III EG einen Sinn zu unterlegen, der vollständige Redundanz vermeidet. Die Vertragsautoren wollten offenbar jede Deutung ausschließen, nach der gewisse rechtserhebliche Handlungen von diesem Artikel nicht erfasst sein könnten.[348]

---

[345] Lenz/Borchardt-*Breier*, Rdnr. 1 zu Art. 219 EG; Calliess/Ruffert-*Wichard*, Rdnr. 1 zu Art. 205 EG.

[346] EuGH, Rs. 13/83, *Parlament/Rat*, Slg. 1985, S. 1513, Rdnrn. 34 ff.

[347] EuGH, Rs. 377/87, *Parlament/Rat*, Slg. 1988, S. 4017, Rdnrn. 9 f.; Rs. 302/87, *Parlament/Rat*, Slg. 1988, S. 5615, Rdnr. 16, EuG, verb. Rs. T-344/00 und T-345/00, *CEVA/Kommission*, Slg. 2003, S. II-229, Rdnrn. 84 f.

[348] Ähnlich in Art. 68 II EG: „Maßnahmen oder Beschlüsse“.

e. „Beschluss" in einem formneutralen Sinne (= Rechtsakt)

In anderen Vertragsbestimmungen dagegen wird der Begriff „Beschluss" als ein Synonym für „Rechtsakt" verwendet, hier im etwas engeren Sinne verstanden als rechtliche Regelung eines bestimmten Sachverhalts; der entsprechende französische Terminus heißt *décision*, der niederländische *besluit*, der dänische *afgørelse*. In diesen Fällen ist „Beschluss" gleichzusetzen mit der formneutralen Bedeutung von „Entscheidung".

Dieser Beschluss-Begriff findet sich gelegentlich dann, wenn eine vertragliche Rechtsgrundlage eine verbindliche Rechtsetzungsbefugnis einräumt, ohne die zu erlassenden Rechtsakte formal näher zu qualifizieren. Exemplarisch können Art. 148 und Art. 162 EG genannt werden, die zum Erlass von „Durchführungsbeschlüsse[n]" (franz. *décisions d'applications*; engl. *implementing decisions*) ermächtigen.[349] Weiteres Anschauungsmaterial für diesen formneutralen Gebrauch der Termini „beschließen" und „Beschluss" bietet Art. 104 IX und XI EG: Die Regelungsintention dieser Absätze ist die Ermächtigung zu einseitig-verbindlichem Handeln des Rates auf fortgeschrittenen Stufen der gemeinschaftlichen Defizitkontrolle.[350] In der Terminologie des EG-Vertrags tritt der Begriff „Beschluss" demnach gerade in Kontexten auf, in denen der Erlass von Rechtsakten ohne Bezug auf eine bestimmte Handlungsform, dezidiert aber unter Einschluss von verbindlichen Handlungen bezeichnet werden soll. Die in dieser Hinsicht klarste Stelle ist Art. 300 II Ua. 2 EG über „rechtswirksame Beschlüsse" (franz. *décisions ayant des effets juridiques*; engl. *decisions having legal effects*).[351]

Zwischen dieser und der im vorherigen Unterabschnitt angesprochenen Bedeutung bestehen fließende Übergänge: Einen „Beschluss" (im Sinne von *délibération*) zu fassen und dadurch einen Willensbildungsprozess zum Abschluss zu bringen, beinhaltet im Regelfall, dass das betreffende Organ einen Rechtstext schriftlich fixiert und in Geltung setzt, also einen „Beschluss" (= Rechtsakt) erlässt. In der zweiten Variante steht lediglich das Potenzial zu einseitig-verbindlichem Handeln stärker im Vordergrund. Im vorliegenden Zusammenhang kommt es auf eine

---

349 In der Praxis werden hierauf Verordnungen gestützt, Calliess/Ruffert-*Krebber*, Rdnr. 1 zu Art. 149 EG; Calliess/Ruffert-*Puttler*, Rdnr. 1 zu Art. 162 EG.

350 Calliess/Ruffert-*Häde*, Rdnrn. 53 ff. zu Art. 104 EG.

351 Hierzu näher unten, C. I. 5. a. bb.

trennscharfe Abgrenzung zwischen diesen beiden semantischen Ebenen des Beschluss-Begriffs nicht an. Die exakte Bedeutung muss ohnehin für jede Vertragsbestimmung gesondert ermittelt werden, mit Blick auf Kontext und Zweck der jeweiligen Norm. Von Interesse ist hier allein die Feststellung, dass in beiden Varianten „Beschluss" keine über ihre Handlungsform näher qualifizierte Teilmenge von Rechtsakten meint. Der Inhalt der Artikel ändert sich jeweils nicht, wenn man die Termini „Rechtsakt" oder „Handlung" einsetzt.[352]

f. „Beschluss" als Name einer Handlungsform?

Die Durchsicht des Gemeinschaftsprimärrechts vermochte einen einzigen Vertragsartikel zu identifizieren, der ein Verständnis andeutet, bei dem der Terminus „Beschluss" sich nicht neutral gegenüber der gewählten Handlungsform verhält. Ein „Beschluss" bzw. die „Beschlüsse" über die Genehmigung von Ausgaben nach Art. 273 III, IV EG (niederl. *beluit(en)*, dän. *afgørelse(r)*) könnten eine spezifische Art von Handlung sein, mit der – in einem besonderen haushaltsrechtlichen Kontext – rechtsgestaltende Wirkungen speziell im Interorganverhältnis generiert werden. Dies korrespondiert, soviel kann vorweggenommen werden, mit dem spezifischen Wirkungsmodus der Handlungsform Beschluss, wie er in dieser Studie entwickelt werden wird. Die entsprechenden Passagen sind in den vormaligen Art. 204 EWGV im Zuge der Reform der Finanzvorschriften im Jahr 1975 eingefügt worden. Möglicherweise sind hier Erwartungen der Praxis bezüglich der Handlungsform, in der der Rat die in Art. 273 EG vorgesehene Ausgabengenehmigung im Fall eines Nothaushalts voraussichtlich erlassen würde (nämlich in Form von Beschlüssen), unversehens in das Primärrecht eingewandert.

Zwingend ist diese Deutung indes nicht: Der normative Gehalt der Rechtsgrundlage in Art. 273 II–IV EG bleibt unberührt, wenn man auch hier „Beschluss" im weiten Sinne als „Rechtsakt" versteht, dem der Rat lediglich im Rahmen seines Formenwahlermessens (voraussichtlich) die Handlungsform Beschluss zuweisen wird. Auch in Art. 273 EG verwendet der EG-Vertrag den Begriff „Beschluss" nicht mit letzter Klarheit im Sinne einer spezifischen Handlungsform. Weit reichende Schlussfolgerungen können auf eine mögliche Auslegung einer einzigen Bestimmung des EG-Vertrags nicht gestützt werden.

---

[352] Etwa in Art. 207 I, 276 III, 299 II oder 309 IV EG.

g. Ergebnis der terminologischen Bestandsaufnahme

Der EG-Vertrag nutzt, so kann zusammengefasst werden, den Terminus „Entscheidung" einerseits als Eigennamen einer Handlungsform (niederl. stets *beschikking*), andererseits in einer formneutralen Bedeutung im Sinne von Rechtsakt (niederl. *besluit*). Das Wort „Beschluss" (niederl. *besluit*) meint entweder jedes rechtserhebliche Ergebnis eines Willensbildungsprozesses eines Kollegialorgans (franz. oft *délibération*) oder, in einem etwas engeren Sinne, einen Akt, der Rechtsvorschriften beinhaltet (franz. *décision*). Im letztgenannten Fall ist „Beschluss" ein Synonym zu „Entscheidung" im zweiten, formneutralen Sinne.

In allen Fällen aber ist „Beschluss" ein Oberbegriff für Rechtsakte, die unterschiedliche Handlungsformen annehmen können. „Beschluss" ist also – neben „Handlung" „Rechtsakt" oder „Maßnahme" – eine der Formulierungen, die der EG-Vertrag wählt, wenn er sich zu der Handlungsform eines Organakts nicht äußert. Der Text des EG-Vertrags kennt keine Handlungsform mit dem Namen Beschluss.

II. „Beschlüsse" in der Rechtsetzungspraxis

Der normative Befund auf der Ebene des Primärrechts soll nun mit einer empirischen Bestandsaufnahme des tatsächlich erlassenen Sekundärrechts kontrastiert werden. Einer schlaglichtartigen Untersuchung der Rechtsetzungspraxis unmittelbar nach Gründung der EWG (1.) folgt eine quantitative Beschreibung des heute geltenden Sekundärrechts (2.). Beide Stichproben verzeichnen rege Aktivität in Bezug auf jenes Phänomen, von dem das Primärrecht schweigt: den Erlass von „Beschlüssen". Ein eigener Abschnitt sucht nach Orientierung in der Vielzahl von geltenden „Beschlüssen" durch Bildung von Regelungstypen (3.).

1. Die ersten „Beschlüsse" nach Gründung der EWG

Aus heutiger Perspektive nimmt sich die Gesamtzahl der Rechtsakte, die in den ersten Jahren nach Gründung der EWG erlassen wurden, recht bescheiden aus. Umso mehr interessiert, von welchen Handlungsformen die neuen Gemeinschaftsorgane bei ihren ersten Schritten

Gebrauch gemacht haben. Der folgende Überblick greift die Rechtsetzungsaktivität des Rates der EWG heraus.[353]

Der erste Jahrgang des „Amtsblatts der Europäischen Gemeinschaften“ führt sechs Verordnungen des EWG-Rates auf; Richtlinien wurden nicht erlassen. Unter der Rubrik „Rat der EWG – Entscheidungen“ verzeichnet das Sachregister des Jahres 1958 vier Einträge. In den betreffenden Nummern des Amtsblatts ist jedoch nur einer dieser Akte tatsächlich auf Deutsch als „Entscheidung“ betitelt. Zwei Akte – vom 18. März 1958, offenbar die ersten Rechtsakte der EWG überhaupt – sind Organisationsakte nach Art. 153 EWGV (jetzt Art. 209 EG); sie wurden ohne Bezugnahme auf eine Handlungsform als „Satzung des Währungsausschusses“ bzw. „Satzung des Verkehrsausschusses“ veröffentlicht.[354] Der dritte betrifft die „Zusammensetzung des Wirtschafts- und Sozialausschusses“, welche in einer tabellarischen Aufstellung mitgeteilt wurde. Dort wird einführend auf einen „Beschluss“ vom 22. April 1958 und zwei weitere vom 1. Juli 1958 verwiesen, mit denen der EWG-Rat die aufgeführten Personen „ernannt“ habe.[355]

Im Folgejahr erließ der EWG-Rat weder Verordnungen noch Richtlinien, dagegen finden sich unter „Rat der EWG – Entscheidungen“ neun Einträge. Sechs dieser Akte werden in ihrer deutschen Textfassung als „Beschluss“ betitelt, zwei als „Entscheidung“, und einer ist wie im Vorjahr ein formal ungekennzeichneter Rechtsakt („Statut des Kontrollausschusses“). Der erste Rechtsakt, der als „Beschluss“ überschrieben und – in einer „Information“ genannten Abteilung des Amtsblatts – im Volltext veröffentlicht wurde, stammt also aus dem Jahr 1959.[356] Im Jahr 1960 änderte sich das Bild nicht wesentlich: Der EWG-Rat erließ drei Verordnungen und erstmals zwei Richtlinien, ferner drei „Beschlüsse“, fünf „Entscheidungen“ und eine „Satzung“. Die Redaktion des Amtsblatts in Luxemburg reagierte jetzt auf die Varianz in der Bezeichnungspraxis des Rates, indem sie die einschlägige Rubrik in „Rat der EWG – Beschlüsse und Entscheidungen“ umbenannte.

---

[353] Für den Euratom-Rat und die Kommissionen ließe sich Ähnliches zeigen.

[354] ABl. 17 vom 6.10.1958, S. 390/58; ABl. 25 vom 27.11.1958, S. 509/58.

[355] ABl. 17 vom 6.10.1958, S. 393/58.

[356] Beschluss über die Beauftragung der Kommission der Europäischen Wirtschaftsgemeinschaft mit den Sekretariatsgeschäften der in den Artikeln 43 und 44 der Verordnung Nr. 3 der EWG vorgesehenen Verwaltungskommission (EWG-Rat), ABl. 38 vom 16.6.1959, S. 703/59.

Drei Beobachtungen können aufgrund dieser kleinen Stichprobe notiert und verallgemeinert werden. Erstens dominieren die in Art. 189 EWGV kodifizierten Handlungsformen die Rechtsetzungspraxis der ersten Jahre nicht. Nur eine knappe Mehrheit der Akte des EWG-Rates erging als „Verordnung", „Richtlinie" oder „Entscheidung", daneben finden sich Akte mit der Bezeichnung „Beschluss" sowie formal ungekennzeichnete Rechtsakte, die teilweise ihrerseits auf einen „Beschluss" zurückgehen.[357] Zweitens erweist sich, dass nach einer kurzen Phase der Unsicherheit „Entscheidung" in der Organpraxis nicht mehr als Sammelbegriff verwendet wurde, der Akte jenseits von „Verordnung" oder „Richtlinie" bündelt. Vielmehr begann der EWG-Rat, in seiner Bezeichnungspraxis zwischen „Entscheidung" und „Beschluss" zu differenzieren. Damit ist über Kohärenz und rechtliche Bedeutung der Unterscheidung noch nichts gesagt – jedenfalls existiert sie seitdem. Drittens begann, parallel zur letzten Entwicklung, die Bezeichnung „Beschluss" den Bereich der sonstigen Rechtsakte zu dominieren, ohne allerdings ungekennzeichnete (Organisations-) Akte ganz zu verdrängen.

Bereits drei Jahre nach Gründung der EWG hatte sich nicht nur Art. 189 EWGV als zu eng erwiesen, um sämtlichen Regelungsanliegen angemessene Formen zur Verfügung zu stellen. Die Organpraxis brachte auch eine neue Bezeichnung für nicht-kodifizierte Rechtsakte hervor: „Beschluss". Die Verwendung dieses Begriffs hatte, anders als in der Terminologie des EWG-Vertrags, einen handlungsformbezogenen Gehalt: Er zeigte an, dass es sich bei dem betreffenden Rechtsakt nicht um eine Verordnung, Richtlinie oder Entscheidung im Sinne des Art. 189 EWGV handelt.

Rechtliche Probleme warf diese Praxis zunächst nicht auf. Die wissenschaftliche Literatur begrüßte einhellig, dass die Organe ihre Rechtsetzungsbefugnisse nicht in das Korsett des Art. 189 EWGV zwängten, und kritisierte lediglich, dass von dieser Möglichkeit nicht konsequent genug Gebrauch gemacht werde.[358] Der erste politische und rechtliche

---

[357] Dieses Bild änderte sich erst im Jahr 1962, als die Gemeinsame Agrarpolitik Gestalt annahm. Im Dezember 1962 erreichte die Liste der Verordnungen – mittlerweile ohne Rücksicht auf das handelnde Organ und den anwendbaren Vertrag fortlaufend nummeriert – die Nr. 162.

[358] *U. Everling*, Die ersten Rechtsetzungsakte der Organe der Europäischen Gemeinschaften, BB 1959, S. 52, 53; *H. v. Meibom*, Die Rechtsetzung durch die Organe der Europäischen Gemeinschaften, BB 1959, S. 127, 130; *ders.*, Zur rechtlichen Systematik der Beschlußtätigkeit der Organe der Europäischen Gemeinschaften, BB 1959, S. 583; Wohlfarth/Everling/Glaesner/Sprung-

Konflikt um eine atypische Bezeichnung wurde, soweit ersichtlich, 1962/63 über die „allgemeine[n] Grundsätze zur Durchführung einer gemeinsamen Politik" geführt, die der Rat gemäß Art. 128 EWGV „in bezug auf die Berufsausbildung" aufzustellen hatte.[359] Die EWG-Kommission schlug zunächst einen Akt mit dem Titel „Verwaltungsordnung" (franz. *arrêté*) vor. Der Wirtschafts- und Sozialausschuss dagegen trat für einen „Beschluss" ein, da dies die Verbindlichkeit der „Grundsätze" zum Ausdruck bringe und zugleich eine Differenz zu den Wirkungen markiere, die mit einer der Formen des Art. 189 EWGV verbunden wären. Im Europäischen Parlament war insbesondere die Verbindlichkeit der „Grundsätze" für die Mitgliedstaaten umstritten; von der Kommission und dem zuständigen Ausschuss-Berichterstatter wurde sie grundsätzlich bejaht. Andere Parlamentarier forderten aus diesem Grund die Wahl einer Empfehlung oder einer Stellungnahme. Der Rat erließ schließlich den fraglichen Akt als „Beschluss", der keinen spezifischen Adressaten benannte.[360] Welchen Einfluss diese Qualifikation auf die Rechtswirkungen des Akts hatte, insbesondere im Verhältnis zu den Mitgliedstaaten, konnte nie ganz geklärt werden; vor den EuGH gelangten die „Allgemeinen Grundsätze" nie. Als einende Formel für die Unsicherheit diente in der Literatur der Befund, es handele sich bei den „Grundsätzen" um einen Rechtsakt *„sui generis"*.[361]

An diese Episode lässt sich eine weitere Beobachtung anknüpfen, in der sich eine bemerkenswerte Artikulation zwischen der Bezeichnung „Beschluss" und der Dogmatik der Handlungsformen zeigt. Der Begriff ist auch insofern negativ auf Art. 189 EWGV bzw. Art. 249 EG bezogen, als er die Ausstattung eines Rechtsakts mit in Art. 249 EG so nicht vor-

---

Wohlfarth (1960), Rdnr. 18 zu Art. 189 EWGV; zur Kritik an adressatenlosen „Entscheidungen" noch unten, B. IV. 3.

[359] Die Konfliktlinien zeichnet *J.-V. Louis*, Les règlements de la Communauté économique européenne, 1969, S. 280 ff., detailliert nach.

[360] Beschluss des Rats vom 2. April 1963 über die Aufstellung allgemeiner Grundsätze für die Durchführung einer gemeinsamen Politik der Berufsausbildung (63/266/EWG), ABl. 63 vom 20.4.1963, S. 1338/63.

[361] Für *Ipsen*, Gemeinschaftsrecht, 52/21, haben die Grundsätze „die Funktion von Richtlinien", die deshalb „als solche der Ergebnisfixierung verbindlich sind"; nach Groeben/Boeckh/Thiesing/Ehlermann-*Stabenow* (1983), Rdnr. 4 zu Art. 128 EWGV, enthalten sie „Elemente ..., die entweder der Empfehlung oder der Richtlinie verwandt sind, also je nach den sachlichen Notwendigkeiten [sic!] zu einem Teil verbindlich, zu einem anderen Teil für den Adressaten [sic!] verbindlich sein können".

gesehenen Rechtswirkungen („*sui generis*") ermöglicht. Ein „Beschluss" ist offenbar ein *aliud* zu den kodifizierten Handlungsformen des Art. 249 EG.

2. *Quantitative Erkenntnisse: „Beschlüsse" im geltenden Recht*

Gegen das terminologische Programm der Gründungsdokumente hat der Begriff „Beschluss" in den frühen Jahren des Gemeinschaftsrechts eine formbezogene Bedeutung erhalten und reüssierte als Bezeichnung für eine besondere Art von Rechtsakten. Ein Zeitsprung in die Gegenwart zeigt, dass es sich dabei nicht im Geringsten um eine Kinderkrankheit eines noch ungefestigten Handlungsformensystems handelt, sondern um einen integralen Bestandteil der Formenwahlpraxis der Gemeinschafts- bzw. Unionsorgane.

Die folgenden Daten über die quantitative Zusammensetzung des Unionsrechts basieren auf einer empirischen Untersuchung des „Fundstellennachweises des geltenden Gemeinschaftsrechts".[362] Der Fundstellennachweis, eine halbjährliche Publikation des Amts für amtliche Veröffentlichungen, dient als Inventar der Rechtsakte, die sich zu einem gegebenen Zeitpunkt in Kraft befinden und zuvor im Amtsblatt veröffentlicht wurden, unter Ausschluss der Verordnungen der laufenden Agrarverwaltung sowie von bloßen Änderungsakten. Die nachstehenden Prozentangaben beziehen sich auf eine repräsentative Stichprobe aus der Gesamtheit von 12.255 Rechtsakten, die sich am 1.1.2004 in Geltung befanden; die in Klammern angeführten Vergleichsdaten informieren über den statistischen Anteil an den 9.797 Akten, die am 1.12.1997 galten.

Den größten Anteil an der Gesamtheit des geltenden Unionsrechts haben Rechtsakte, die als Verordnungen oder als Entscheidungen ausgezeichnet sind, mit 21 % bzw. 34 % (1997: 31 % bzw. 27 %). Bereits auf dem dritten Platz folgen die Akte, die in ihrer deutschen Fassung als

---

[362] Wesentliche Ergebnisse der ersten Phase des Forschungsprojekts unter der Leitung von *A. v. Bogdandy* sind veröffentlicht in *ders./J. Bast/F. Arndt*, Handlungsformen im Unionsrecht, ZaöRV 62 (2002), S. 77; dort auch Näheres zum Forschungsdesign und zum Begriff „geltendes Gemeinschaftsrecht", der dem Fundstellennachweis zugrunde liegt. Die bislang unpublizierten Untersuchungsergebnisse zum geltenden Recht am Stichtag 1.1.2004 (42. Ausgabe des FSN) beruhen auf Arbeiten des Verfassers am Max-Planck-Institut für ausländisches öffentliches Recht und Völkerrecht in Heidelberg. Ich danke Nicole Betz und Tilmann Altwicker für ihre wertvolle Unterstützung.

„Beschluss“ bezeichnet sind, mit einem statistischen Anteil vom 12,8 % (1997: 10,4 %). Erst danach kommen Richtlinien und völkerrechtliche Abkommen mit jeweils 9 % (ebenso 1997). Mit deutlichem Abstand folgen Entschließungen mit 5 % (1997: 4 %), Empfehlungen mit 4 % (1997: 3 %), Stellungnahmen mit 1 % (1997: 2 %) sowie Sonderformen unter dem EU-Vertrag mit 1 % (ebenso 1997). 2 % der Akte (1997: 4 %) sind unter sonstigen Bezeichnungen ergangen.

Mehr als vierzig Jahre nach Gründung der EWG ist die Bezeichnung „Beschluss“ keineswegs aus der Rechtsetzungspraxis verschwunden. Über ein Achtel des geltenden, im Amtsblatt nachgewiesenen Rechts, also hochgerechnet etwa 1.500 Rechtsakte, firmieren unter „Beschluss“. Man erhält eine Vorstellung von der jährlichen Produktion von „Beschlüssen“, wenn man bedenkt, dass zwei Fünftel aller am 1.1.2004 geltenden Rechtsakte weniger als sechs Jahre alt waren und „Beschlüsse“ eine noch jüngere Altersstruktur aufweisen (52 % stammen aus 1998–2003). Hinzuzufügen ist, dass die Zahl der tatsächlich erlassenen „Beschlüsse“ noch deutlich höher liegt, da der Fundstellennachweis Beschlüsse über die Annahme eines Gemeinschaftsabkommens nicht selbständig dokumentiert, sondern nur die Abkommen selbst.

Differenziert man die im Fundstellennachweis aufgeführten „Beschlüsse“ nach den handelnden Organen, ergeben sich weitere Einsichten. 44 % der „Beschlüsse“ wurden von den in Art. 249 I EG genannten Organen erlassen (1997: 67 %). „Beschlüsse“, die dem Rat zugerechnet werden, überwiegen dabei mit 33 % aller „Beschlüsse“ klar (1997: 58 %). Die größte Gruppe von Erlassorganen jenseits des Art. 249 I EG bilden die Kooperationsgremien, die durch ein Gemeinschaftsabkommen eingerichtet wurden, mit einem Anteil von 33 % aller „Beschlüsse“ (1997: 21 %). Weiter finden sich „Beschlüsse“ der Vertreter der Regierungen der Mitgliedstaaten mit 6 % (1997: 4 %) sowie „Beschlüsse“ des Europäischen Parlaments (ohne Ko-Autorenschaft des Rates), der EZB und einer sozialkoordinierungsrechtlichen „Verwaltungskommission“ mit jeweils 3 % (Letztere 1997: 6 %, die Übrigen waren 1997 in der Stichprobe nicht vertreten). Weitere 8 % verteilen sich auf sonstige Erlassorgane oder atypische Organkombinationen (1997: 2 %, der Anstieg geht maßgeblich auf „Beschlüsse“ des Schengen-Exekutivausschusses zurück, die durch den Amsterdamer Vertrag in den *acquis* überführt wurden).

Ein doppelter Befund kann festgehalten werden: Einerseits sind „Beschlüsse“ zum großen Teil ein Phänomen, das von den regulären Rechtsetzungsorganen des Art. 249 I EG verantwortet wird; es wird zu klären sein, warum und unter welchen Voraussetzungen diese auf eine in

Art. 249 II–V EG nicht vorgesehene Qualifikation zurückgreifen.[363] Andererseits scheint ein gewisser Zusammenhang zu bestehen zwischen den in Art. 249 I EG nicht genannten Organen und Einrichtungen und der Bezeichnung eines Rechtsakts als „Beschluss“: Der relative Beitrag dieser rechtsetzenden Instanzen zur Produktion von „Beschlüssen“ liegt mit 56 % (1997: 33 %) deutlich über dem Durchschnitt ihres Anteils an der Gesamtheit der Rechtsakte, der 13 % beträgt (1997: 10 %).

Für das hier verfolgte Erkenntnisinteresse mögen diese statistischen Daten genügen. Jeder achte Akt, der amtlich zum geltenden Recht gerechnet wird, und jeder fünfzehnte, der von einem regulären Rechtsetzungsorgan stammt, ist als „Beschluss“ erlassen worden. „Beschlüsse“ haben sich als selbstverständlicher Teil des Unionsrechts etabliert.

3. Ordnung empirischer Vielfalt: Regelungstypen von „Beschlüssen“

Die empirische Bestandsaufnahme soll abgerundet werden mit einem Überblick über die unterschiedlichen Regelungsgegenstände und -zwecke, auf die „Beschlüsse“ angewendet bzw. für die sie eingesetzt werden. Die Darstellung bedient sich der Technik der Typenbildung. Sie nimmt Gemeinsamkeiten von bestimmten „Beschlüssen“ zum Anlass, sie zu einer – mehr oder minder homogenen – Gruppe zusammenzufassen und sie als Vertreter eines Regelungstypus zu präsentieren.[364]

Die Sortierung der „Beschlüsse“ nach Regelungstypen beansprucht keinen normativen Status. Sie dient zunächst allein heuristischen Zwecken, um in der Vielzahl der tatsächlich vorkommenden „Beschlüsse“ gewisse Ordnungsmuster zu verdeutlichen und einen Eindruck zu vermitteln, bei welchen Gelegenheiten „Beschlüsse“ in der Praxis eingesetzt werden.[365] Unschärfen in der Definition eines Regelungstypus

---

[363] Vergleichsweise hoch ist der Anteil von „Beschlüssen“ an der Rechtsproduktion des Rates (2004: 13 %, 1997: 16 %); er bleibt nur unwesentlich hinter dem der Richtlinien zurück (2004: 16 %, 1997: 18 %). Für die Rechtsetzung der Kommission spielen „Beschlüsse“ angesichts der Masse ihrer Verordnungen (2004: 25 %, 1997: 37 %) und Entscheidungen (2004: 60 %, 1997: 51 %) eine geringere Rolle (2004: 2 %, 1997: 2 %).

[364] Dass bei einem Regelungstypus mit einer gewissen Regelmäßigkeit „Beschlüsse“ eingesetzt werden, schließt nicht aus, dass andere Handlungsformen für solche Regelungsanliegen tatsächlich genutzt werden oder genutzt werden könnten.

[365] Auf Beispiele wird an dieser Stelle verzichtet. Sie werden im Apparat der Abschnitte dieser Arbeit gegeben, die auf den jeweiligen Typus näher eingehen.

sind ebenso unvermeidlich wie unschädlich, denn an die Zuordnung eines Rechtsakts zu einem Typus schließen sich vorläufig keine dogmatischen Folgerungen an. Auch über die Handlungsform der betreffenden Akte ist kein Urteil gesprochen. Welchen Handlungsformen diese „Beschlüsse" angehören, soll im weiteren Fortgang der Untersuchung erst ermittelt werden. Die gemeinsame Firma, die sich an der Überschrift der Rechtsakte orientiert, verdankt sich einer intuitiven Eingrenzung des empirischen Felds. Und schließlich sei noch vorab vermerkt, dass die vorgestellte Typologie nicht beansprucht, sämtliche „Beschlüsse" zu erfassen.

Vor die Klammer gezogen wird eine rechtliche Unterscheidung, die sich auf die autorenschaftliche Zurechnung bezieht. Es dient der Übersicht sowie einer später zu entwickelnden Untersuchungsmethodik, zwischen „Beschlüssen" von Organen, denen die Handlungsformen des Art. 249 EG (bzw. Art. 161 EA) zur Verfügung stehen (a.), und sonstigen „Beschlüssen" (b.) zu unterscheiden. Erstere sind demnach Gemeinschaftsrechtsakte, die der Kommission, dem Rat oder dem Mitentscheidungsgesetzgeber zugerechnet werden. Zu Letzteren gehören gemeinschaftsrechtliche „Beschlüsse" anderer Organe oder Einrichtungen der Union einschließlich des Parlaments sowie „Beschlüsse" jenseits des Kompetenzbereichs des EG- oder Euratom-Vertrags.

a. „Beschlüsse" im organbezogenen Anwendungsbereich des Art. 249 EG

Quantitative Gesichtspunkte verlangen, mit dem Regelungsfeld des Organisationsrechts zu beginnen. Eine Vielzahl von „Beschlüssen" der in Art. 249 I EG genannten Organe dienen der Selbstorganisation des institutionellen Systems der Union. Hier legt ein Organ Regeln und Verfahren für den eigenen Geschäftsbereich fest oder trifft Regelungen für die Zusammensetzung und Arbeitsweise anderer Organe und Einrichtungen.

Zum organinternen Organisationsrecht gehören die *Geschäftsordnungen* von Rat und Kommission, die in bestimmten Fällen als „Beschluss" erlassen werden – ein erster Regelungstypus, den es festzuhalten gilt.[366] Weitere Beschlusstypen des organinternen Organisationsrechts sind *Ermächtigungs-Beschlüsse*, auf deren Grundlage bestimmte Handlungen im Namen des gesamten Organs von einem seiner Mit-

[366] Näher dazu unten, C. II. 2. b. und E. IV. 2. b.

glieder oder einem Beamten vorgenommen werden können, und *Veröffentlichungs-Beschlüsse*, in deren Folge bestimmte Dokumente der allgemeinen Öffentlichkeit zugänglich gemacht werden. Zu nennen sind in diesem Zusammenhang auch die *Dokumentenzugangs-Beschlüsse*, mit denen die Organe für ihren jeweiligen Bereich das Akteneinsichtsrecht der Rechtsbürger normieren.[367] Zum organübergreifenden Organisationsrecht zählt, wenn ein Organ dazu befugt ist, über die personelle Zusammensetzung eines anderen Organs oder einer Einrichtung zu bestimmen. Ein derartiger „Beschluss" soll als *Ernennungs-Beschluss* bezeichnet werden.[368] Wird eine Einrichtung, etwa ein beratender Expertenausschuss, durch einen „Beschluss" geschaffen und seine Arbeitsweise festgelegt, soll von einem *Errichtungs-Beschluss* gesprochen werden.[369]

Um Selbstorganisation, allerdings in einem etwas anderen Sinne, geht es auch beim Typus des *Rahmenprogramm-Beschlusses*. Diese „Beschlüsse" dienen der inhaltlichen und zeitlichen Strukturierung des Rechtsetzungsprozesses, indem zukünftige Aktivitäten der Organe programmatisch festgelegt und gegebenenfalls mit Prioritäten versehen werden. Je nach konkretem Rahmenprogramm können die geplanten Aktivitäten einen mehr legislativen oder mehr administrativ-operativen Charakter haben.[370]

Von dieser Art Programm zu unterscheiden ist der Typus des *Förderprogramm-Beschlusses*. Dieser Typus verdient auch deshalb Hervorhebung, weil diese „Beschlüsse" häufig im Mitentscheidungsverfahren erlassen werden. Bei Förderprogrammen definiert der Gesetzgeber politische Ziele, deren Erreichung durch ein Bündel von dezentralen Aktionen gefördert werden soll. Entsprechende Projekte werden nicht von den Unionsorganen geplant und durchgeführt, sondern von zivilgesellschaftlichen und/oder hoheitlichen Akteuren in den Mitgliedstaaten. Steuernde Wirkung entfaltet ein Förderprogramm, indem es finanzielle oder sonstige Anreize für das gewünschte Verhalten schafft.[371]

Zahlenmäßig große Bedeutung haben „Beschlüsse" ferner für die Außenbeziehungen der Union, die in völkervertragsrechtlichen Formen

[367] Unten, C. I. 4. c. aa.

[368] Unten, C. I. 2. c. und E. II. 2.

[369] Unten, D. III. 1. d.

[370] Unten, C. II. 2. d.

[371] Unten, C. I. 1. c., C. I. 4. b. bb. (2) und C. I. 4. b. cc.

gestaltet werden. Entsprechende Abkommen mit Drittstaaten bedürfen im Regelfall eines internen Annahmeakts durch ein Unionsorgan. Eine präferierte Bezeichnung für diesen Akt ist „Beschluss", der entsprechende Typus soll kurz als *Annahme-Beschluss* bezeichnet werden.[372] Ein weiterer Beschlusstypus im Bereich der auswärtigen Beziehungen sind „Beschlüsse", mit denen *Standpunkte* der Vertreter der Union *in internationalen Gremien* festgelegt werden (soweit dies nicht in den Anwendungsbereich des EU-Vertrags fällt, der hierfür eine Handlungsform namens Gemeinsamer Standpunkt kennt).[373]

Dass Beschlüsse auch in verwaltungsrechtlich geprägten Kontexten auftreten können, zeigt das Recht der handelspolitischen Schutzmaßnahmen. In Antidumping- oder Antisubventionsverfahren kommen verschiedene Beschlusstypen mit verfahrensbeendigender oder -unterbrechender Wirkung vor, etwa der „Beschluss" zur schlichten *Verfahrenseinstellung* oder der „Beschluss" über die Annahme einer Preisverpflichtung eines Exporteurs, hier als *Verpflichtungsannahme-Beschluss* bezeichnet.[374]

Zu erwähnen sind noch, trotz vergleichsweise geringer Häufigkeit ihres Auftretens, zwei Beschlusstypen, deren Besonderheit sich auf den primärrechtlichen Rang der erzeugten Rechtsnormen bezieht. Dies sind zum einen *Beschlüsse über autonome Vertragsänderungen*, bei denen neues Primärrecht allein durch „Beschluss" eines Unionsorgans gesetzt wird,[375] zum anderen sog. halbautonome Vertragsänderungen, bei denen ein entsprechender „Beschluss" zusätzlich der Annahme durch alle Mitgliedstaaten bedarf (*annahmebedürftiger Beschluss*).[376]

Abschließend seien noch zwei „Beschlüsse" angesprochen, die keine Gruppe von Rechtsakten repräsentieren, sondern singuläre Phänomene von allerdings großer praktischer Bedeutung sind und zudem rechtliche Spezialprobleme aufwerfen. Der erste ist der *Übersee-Assoziationsbeschluss* gemäß Art. 187 EG,[377] der zweite der „Beschluss" gemäß Art. 202 EG, mit dem der Rat Modalitäten für die Ausübung übertra-

[372] Unten, C. I. 5. a. aa., D. II. 4. und E. I.

[373] Unten, C. I. 5. a. bb.

[374] Unten, C. I. 4. b. bb. (3), E. II. 3. und E. III. 2.

[375] Unten, C. II. 1. d.

[376] Unten, C. I. 3. c.

[377] Unten, C. I. 5. d.

gener Rechtsetzungsbefugnisse durch die Kommission festlegt (sog. *Komitologiebeschluss*).[378]

b. „Beschlüsse" jenseits des Art. 249 EG

Unter den „Beschlüssen", die von anderen Organen und Einrichtungen als den in Art. 249 I EG genannten stammen, sind zunächst erneut organisationsrechtliche Beschlüsse zu nennen. Insbesondere die *Organe der EZB* greifen für den Geschäftsbereich der EZB auf „Beschlüsse" zurück, die sich den oben genannten organisationsrechtlichen Regelungstypen zuordnen lassen. Ferner erlässt das *Europäische Parlament*, soweit ihm der EG-Vertrag Rechtsetzungsbefugnisse ohne Ko-Autorenschaft des Rates zuweist, Akte mit der Bezeichnung „Beschluss", die in diese Typologie eingeordnet werden können. Im Bereich des organübergreifenden Organisationsrechts sind die (wenigen) Fälle angesiedelt, in denen Organe einen *gemeinsamen Beschluss* fassen, etwa wenn Parlament und Rat „im gegenseitigen Einvernehmen" (also nicht nach dem Verfahren des Art. 251 EG) eine Ernennung vornehmen.[379]

Als eigenständiger Typus eines gemeinschaftsrechtlichen Beschlusses sollen die Akte sozialkoordinierungsrechtlichen Inhalts geführt werden, die die „*Verwaltungskommission* für die soziale Sicherheit der Wanderarbeitnehmer" erlässt.[380] Ebenso wird verfahren mit „Beschlüssen" der *Kooperationsgremien*, die auf einem Gemeinschaftsabkommen beruhen. Ausgehend von der Bezeichnung der Akte werden sämtliche „Beschlüsse", die zur Konkretisierung des jeweiligen Abkommens dienen, zu einem Typus zusammengefasst, unabhängig vom Gegenstand des Abkommens und den variierenden Bezeichnungen des handelnden Gremiums als „Assoziationsrat", „Kooperationsrat", „Gemeinsamer Ausschuss" usw.[381]

Jenseits des Gemeinschaftsrechts sind ebenfalls „Beschlüsse" zu finden. Zum einen greift der Rat auch im Kompetenzbereich des EU-Vertrags auf die Bezeichnung „Beschluss" zurück. Manche dieser Akte können problemlos bereits entwickelten Beschlusstypen zugeordnet werden, namentlich organisationsrechtliche Beschlüsse wie Ernennungen und

---

[378] Unten, C. II. 2. c.

[379] Jeweils unten, C. I. 5. b.

[380] Unten, C. I. 1. d.

[381] Unten, C. I. 5. a. bb.

Errichtungen. Seit einiger Zeit existiert auch eine Praxis völkervertragsrechtlichen Handelns unter der Rechtspersönlichkeit der EU (Art. 24 und 38 EU), in der Annahme-Beschlüsse genutzt werden. Daneben aber kennt der EU-Vertrag in Art. 34 II lit. c EU den Begriff „Beschlüsse" als eigenständige Kategorie. Die unter Bezug auf diesen Artikel erlassenen „Beschlüsse" werden als eigener, klärungsbedürftiger Regelungstypus behandelt (*PJZ-Beschlüsse*).[382] Zum anderen existieren als „Beschluss" bezeichnete Akte, die nicht den Organen und Einrichtungen der Union zugerechnet werden und gleichwohl im Amtsblatt veröffentlicht werden. Es handelt sich um „Beschlüsse", die von den „im Rat vereinigten Vertretern der Regierungen der Mitgliedstaaten" erlassen werden. Als Sammelbegriff für alle Handlungen, die auf kollektives Handeln der Mitgliedstaaten zurückgehen und gleichwohl einen engen sachlichen Bezug zum Unionsrecht aufweisen, wird hier von *Komplementärrecht* gesprochen. Komplementärrechtliche „Beschlüsse" stellen einen gesondert zu diskutierenden Regelungstypus dar.[383]

III. Stand der wissenschaftlichen Diskussion

Wie geht die rechtswissenschaftliche Diskussion mit dem Phänomen „Beschluss" um, welche Angebote werden unterbreitet, um diesen Bestandteil des geltenden Unionsrechts theoretisch und dogmatisch in den Griff zu bekommen?

Einleitend ist zu konzedieren, dass die Rechtswissenschaft in ihrer Mehrheit der Praxis der rechtsetzenden Organe gefolgt ist und die beiden deutschen Entsprechungen für den französischen Begriff *décision* nicht mehr als formneutrale Oberbegriffe benutzt. Mit „Rechtsakt" (engl. *act*) stand ein terminologisches Alternativangebot bereit, das heute weithin genutzt wird. Geräuschlos vollzog die Literatur die Abwendung von der Formentypologie des EGKS-Vertrags nach[384] und reservierte den Begriff „Entscheidung" für das spezifische Handlungsinstrument,[385] ungeachtet der Ambiguitäten des EWG-Vertrags.[386] Paral-

---

[382] Unten, C. I. 5. c.

[383] Unten, C. II. 1. c.

[384] Vgl. *B. Börner*, Die Entscheidungen der Hohen Behörde, 1965.

[385] *Thierfelder*, Entscheidung (Anm. 343); *H. Pabel*, Rechtscharakter und Anwendung der Entscheidung im Vertrag zur Gründung der Europäischen Wirtschaftsgemeinschaft, 1969.

lel dazu dient auch „Beschluss“ nur noch selten als Sammelbegriff, der die Formen des Art. 249 EG einschließt.[387]

Die in der Literatur dominierende Ansicht ordnet „Beschlüsse“, wie sie oben skizziert wurden, unterschiedslos den sog. Rechtsakten *sui generis* zu – ein Auffangbegriff, der jegliche Handlungen jenseits des Formenkatalogs des Art. 249 EG umfasst. Diese Zuordnung impliziert die These, dass sich über „Beschlüsse“ keine gemeinsamen Aussagen von dogmatischem Gehalt treffen lassen, auch nicht über einen qualifizierten Teil der „Beschlüsse“. Derartige wissenschaftliche Resignation herrschte nicht in allen Phasen der Integration. Verschiedentlich sind Handlungen jenseits der Formenkataloge zum Gegenstand dogmatischer Bemühungen geworden, und diese Ansätze wirken heute in den summarischen Beschreibungen der Rechtsakte *sui generis* fort. Im Wesentlichen lassen sich drei Diskussionsstränge identifizieren, die zunächst vorgestellt werden sollen (1. bis 3.). Anschließend wird die herrschende Ansicht näher charakterisiert (4.) und mit Ansätzen zur Formulierung von Gegenthesen konfrontiert (5.).

1. Beschluss als „ungekennzeichnete Rechtshandlung“ auf vertraglicher Rechtsgrundlage

Ein wirkungsmächtiger Deutungsversuch geht auf *Ipsen* zurück.[388] Ausgangspunkt seiner Handlungsformenlehre ist, wie im Ersten Teil der Studie diskutiert, die Kompetenzlehre. *Ipsen* unterscheidet zwei Arten von vertraglichen Rechtsgrundlagen: solche mit und solche ohne explizite Formenwahlgebote.[389] Aus der Formel „nach Maßgabe dieses Vertrags“ in Art. 189 EWGV folge zwar nicht,

---

386 Siehe aber noch *R. H. Lauwaars*, Lawfulness and Legal Force of Community Decisions, 1973, dessen Studie allen verbindlichen Gemeinschaftsakten galt; ganz selten wird die Differenz von Entscheidung und Beschluss vollständig übersehen, *S. Douglas-Scott*, Constitutional Law of the European Union, 2002, S. 113.

387 So noch bei *H. Wagner*, Grundbegriffe des Beschlußrechts der Europäischen Gemeinschaften, 1965; *L.-J. Constantinesco*, Das Recht der Europäischen Gemeinschaften I, 1977, S. 582: „spezifizierte“ und „unspezifizierte Beschlüsse“.

388 *Ipsen*, Gemeinschaftsrecht, 21/39 ff.

389 Zur Deutung als Regel-Ausnahme-Verhältnis Erster Teil, B. II. 2.

> „dass die Gemeinschaftsorgane die formalen Rechtshandlungen nur verwenden dürfen, wo dies ausdrücklich zugelassen ist. Anderseits gilt aber *nicht* umgekehrt, dass die Organe *nur sie* verwenden dürften, wenn Vertragsvorschriften formal nicht gekennzeichnete Rechtshandlungen vorsehen.“[390]

Die Zweiteilung der Rechtsgrundlagen verlängert sich also in das Sekundärrecht: Es besteht aus „formal gekennzeichneten Rechtshandlungen“ einerseits, Organhandlungen „ohne Zuweisung bestimmter Handlungsformen“[391] andererseits. Dabei stehen unter formal unbestimmten Rechtsgrundlagen grundsätzlich beide Möglichkeiten zur Auswahl, das „Begrenzungsprinzip“ ist insoweit gelockert. Jede Rechtsgrundlage ohne Formenwahlgebot ist gesondert darauf zu untersuchen, ob *auch* der Zugriff auf die Handlungsformen des Art. 189 EWGV eröffnet ist, oder ob *nur* eine „ungekennzeichnete Rechtshandlung“ zugelassen ist.[392] Ein Beschluss ist für *Ipsen* nichts anderes als ein Akt, der ohne Zuweisung einer vertraglich definierten Handlungsform ergangen ist. Zur Bestimmung seiner rechtlichen Wirkungen kommt es maßgeblich auf eine Auslegung im Lichte der jeweiligen Befugnisnorm an; sie definiert den spezifischen Zweck eines auf sie gestützten Rechtsakts und damit seinen Charakter *sui generis*.

Grundsätzlich existieren damit so viele Varianten von Beschlüssen, wie die Verträge „ungekennzeichnete Rechtshandlungen“ vorsehen. Beschlüsse sind nach dieser Lesart formal undefinierte Handlungen der regulären Rechtsetzungsorgane, die auf einer vertraglichen Rechtsgrundlage ohne Formenwahlgebot ergehen und der Erfüllung spezifischer Zwecke dienen. Ein einheitliches Rechtsregime dieser Akte wird nicht unterstellt. Andererseits unterliegen Beschlüsse in ihren möglichen Wirkungen auch keinen Beschränkungen, diese sind von Fall zu Fall nach Maßgabe ihrer Rechtsgrundlage zu ermitteln. Terminologisch knüpft diese Deutung an den formneutralen Beschluss-Begriff des Vertrags an: Die Bezeichnung „Beschluss“ ist der Verzicht auf eine spezifische Bezeichnung, so als würde man einem Kind den Namen „Kind“ geben.

---

[390] *Ipsen*, Gemeinschaftsrecht, 21/40 [Hervorhebung im Original].

[391] Ibid., 5/9.

[392] Ibid., 21/40, vgl. auch 20/25.

Die Rede von den „ungekennzeichneten“ Rechtsakten ist bis heute verbreitet,[393] die kompetenzdogmatische Prämisse jedoch meist verloren gegangen.[394] Das Dogma einer Regelzuordnung von Kompetenzen und Handlungsformen ist, wie im Ersten Teil dargelegt, unter den geltenden Verträgen nicht mehr tragfähig.[395] Wenn heute die überwältigende Mehrzahl von Rechtsgrundlagen „ungekennzeichnete“ Handlungen vorsieht, vermag der Ansatz von *Ipsen* auch über das Phänomen der „Beschlüsse“ kaum mehr etwas auszusagen. Dass jeder „Beschluss“ auf eine Rechtsgrundlage zurückgeführt werden könnte, die ihm einen Charakter als Rechtshandlung *sui generis* verleiht und seine formale (Nicht-) Kennzeichnung erklärt, ist für das geltende Recht eine gänzlich unplausible Annahme. Im Übrigen finden sich in der Rechtspraxis auch „Beschlüsse“, die auf Rechtsgrundlagen mit Formenwahlgeboten gestützt sind.[396]

2. *Beschluss als Rechtsakt ohne Außenwirkung*

Ein zweiter Ansatz denkt den Beschluss vom überkommenen Rechtssatzbegriff her und ordnet ihn den Rechtsakten ohne Außenwirkung zu. Diese Deutung wurde zuerst von *Everling* formuliert,[397] durch *von Meibom* aufgenommen[398] und von *Rabe* systematisch ausgearbeitet.[399]

Rabe definiert „Beschlüsse“ außerhalb der Handlungsformen des Art. 189 EWGV als „verbindliche, rechtsgestaltende“ Akte von Rat und Kommission, die „nicht das Merkmal der ‚direkten Außenwirkung‘ aufweisen“.[400] Dem liegt eine spezifische Interpretation des Art. 189

---

[393] Etwa bei Calliess/Ruffert-*Ruffert*, Rdnr. 121 zu Art. 249 EG; Calliess/Ruffert-*Blanke*, Rdnr. 16 zu Art. 151 EG; *Koenig/Haratsch*, Europarecht, Rdnr. 270; *Fischer*, Europarecht, Rdnrn. 42 f. zu § 5.

[394] In Reinform erhalten bei *Schweitzer/Hummer*, Europarecht, Rdnrn. 412 f.; ähnlich *Bieber/Epiney/Haag*, Die Europäische Union, Rdnrn. 42 f.; *Geiger*, EUV/EGV, Rdnr. 24 zu Art. 249 EG.

[395] Erster Teil, B. II. 2.

[396] Zur Zulässigkeit unten, D. IV. 2. b.

[397] *Everling*, Rechtsetzungsakte (Anm. 358).

[398] *v. Meibom*, Rechtsetzung (Anm. 358); *ders.*, Beschlußtätigkeit (Anm. 358).

[399] *H.-J. Rabe*, Das Verordnungsrecht der Europäischen Wirtschaftsgemeinschaft, 1963, S. 47 ff.

[400] Ibid., S. 48.

EWGV zugrunde: Er bilde „insofern ein geschlossenes System", als sich die Gemeinschaftsorgane der dort festgelegten Formen bedienen müssen, wenn ihre Rechtsakte „sich an außerhalb des institutionellen Bereichs der Gemeinschaft stehende Rechtssubjekte wenden und ... diesen unmittelbar Rechte gewähren oder Pflichten auferlegen".[401] Umgekehrt sei der Rückgriff auf die verbindlichen Formen des Art. 189 EWGV nicht erforderlich, unangebracht[402] und gegebenenfalls sogar unzulässig,[403] wenn ein Rechtsakt keine Außenwirkung im so verstandenen Sinne entfaltet.

Diese Sichtweise fokussiert insbesondere auf zwei Gruppen von Rechtsakten. Beschlüsse eigener Art seien zum einen diejenigen Rechtsakte, die „nur das institutionelle ‚Innenleben der Gemeinschaft' und ihrer Organe betreffen",[404] also nach der oben unterbreiteten Typologie organisationsrechtliche Akte darstellen. Außerhalb des Systems des Art. 189 EWGV stünden zum anderen die Fälle, in denen „der Rat den Vertrag autonom ändern oder ergänzen kann".[405] Der Begriff ‚Vertragsergänzung' ist hier weit zu verstehen und schließt bestimmte Sekundärrechtsakte ein.[406]

Im Gegensatz zur Konzeption *Ipsens* weist diese Charakterisierung den „Beschlüssen *sui generis*" gemeinsame rechtliche Merkmale zu, nämlich das der Verbindlichkeit und das der fehlenden Außenwirkung. Letzteres erfüllt zugleich eine begrenzende Funktion. Ein Beschluss ist ein Minus gegenüber den verbindlichen Formen des Art. 189 EWGV, was in Formulierungen wie „einfacher Beschluss"[407] mitschwingt. Die Schwäche dieser Konzeption liegt in ihrem traditionellen Rechtsverständnis, das auf der begrifflichen Unterscheidung von Innen- und Außenrecht beruht und diese unmittelbar in die Handlungsformendogmatik abbilden will. So vermag eine Sichtweise, wonach Vertragsände-

---

[401] Ibid.; ganz ähnlich Groeben/Boeckh-*Daig* (1960), Vorb. zu Art. 189–192 EWGV, S. 205.

[402] *Everling*, Rechtsetzungsakte (Anm. 358), S. 53.

[403] *Rabe*, Verordnungsrecht (Anm. 399), S. 94.

[404] Ibid., S. 51.

[405] Ibid., S. 49; ebenso Wohlfarth/Everling/Glaesner/Sprung-*Wohlfarth* (1960), Rdnr. 18 zu Art. 189 EWGV.

[406] Näher dazu unten, C. I. 5. d.

[407] *Everling*, Rechtsetzungsakte (Anm. 358), S. 53; vgl. heute Calliess/Ruffert-*Ruffert*, Rdnr. 123 zu Art. 249 EG; Groeben/Schwarze-*Tomuschat*, Rdnr. 53 zu Art. 300 EG.

rungen oder -ergänzungen *per se* keine Außenrechtsqualität zukomme, nicht zu überzeugen; seit *van Gend & Loos* ist die Fähigkeit vertraglicher Bestimmungen, Rechte und Pflichten für die Bürger zu begründen, allgemein anerkannt. Auch die subjektivrechtliche Irrelevanz von Organisationsrechtsakten ist zweifelhaft und für das heutige Gemeinschaftsrecht unzutreffend.[408] Überdies hat die Konzeption erhebliche Schwierigkeiten, die Breite heutiger „Beschlüsse", etwa Förderprogramm- oder Annahme-Beschlüsse, abzudecken. Weder lassen sich überzeugend alle „Beschlüsse" begrifflich als ‚interne' Handlungen qualifizieren noch alle Rechtsakte nach Art. 249 EG als ‚externe'.

Von den frühen Bemühungen um eine normativ-begrenzende Konzeption des „Beschlusses *sui generis*" ist vor allem ihre deskriptive Grundlage geblieben. Spätere Klassifizierungen schreiben *Rabes* Systematisierung der Beschlüsse fort und erweitern sie um weitere Referenztypen, verzichten jedoch zumeist darauf, unter den „sonstigen" Rechtsakten noch gemeinsame dogmatische Konturen ermitteln zu wollen.[409] Es wird zu untersuchen sein, ob das Konzept eines begrenzten rechtlichen Leistungsvermögens von Beschlüssen auf der Basis eines moderneren Rechtsbegriffs reformuliert werden kann.

3. Beschluss als „atypische Handlung" ohne vertragliche Rechtsgrundlage

Ein weiterer Erklärungsansatz wird in den 1980er Jahren in die Diskussion eingebracht und nimmt, schon weil sich die Rechtsetzungsaktivität der Gemeinschaft erheblich ausgeweitet und an Vielgestaltigkeit zugenommen hatte, andere Rechtsakte in den Blick. Als Paradigma des Gemeinschaftsrechts jenseits von Art. 189 EWGV dienten nicht mehr „Beschlüsse" von Rat und Kommission, sondern Akte, die unter vielfältigen anderen Bezeichnungen ergingen und oftmals nicht von einem Gemeinschaftsorgan, sondern – zumindest ko-autorenschaftlich – von den Mitgliedstaaten erlassen wurden. Es war erneut *Everling*, der zur

---

408 Näher unten, C. I. 4. c.

409 Vollständig dem Ansatz *Rabes* folgt wohl nur noch *Bleckmann*, Europarecht, Rdnrn. 470 ff.; ferner *D.-W. Dorn*, Art. 235 EWGV – Prinzipien der Auslegung, 1986, S. 150 f.; konzeptionelle Nähe bei Groeben/Schwarze-*Schmidt*, Rdnr. 16 zu Art. 249 EG; aus dem älteren Schrifttum *D. Oldekop*, Die Richtlinien der EWG, 1968, S. 46 und 192.

Auseinandersetzung mit atypischen Handlungen beitrug[410] und der bis heute in diesem Zusammenhang prominent zitiert wird.[411]

Den methodischen Ausgangspunkt bildet nicht mehr, wie in den beiden ersten Ansätzen, die Exegese der Verträge. Der Zugang ist jetzt ein induktiver, der von der Rechtsetzungspraxis ausgeht und nach den rechtlichen Wirkungen der „atypischen Rechts- und Handlungsformen" fragt. Als solche definiert *Everling*

> „die Beschlüsse, Entschließungen, Vereinbarungen und Erklärungen ..., die der Rat, die im Rat vereinigten Vertreter der Mitgliedstaaten oder die Mitgliedstaaten ständig fassen und die keine Rechtsgrundlage im EWG-Vertrag haben, aber im Zusammenhang mit diesem stehen und der Verwirklichung seiner Ziele dienen."[412]

Im Gegensatz zu *Ipsen*, dessen Interesse gerade atypischen Akten unter vertraglichen Rechtsgrundlagen galt, wird hier das Fehlen ausdrücklicher Rechtsgrundlagen thematisch. Bezeichnenderweise setzt *Everling* eine Verbindlichkeit der untersuchten Rechtsakte nicht voraus – ihre Verbindlichkeit ist die eigentliche Fragestellung. *Ipsens* und auch *Rabes* Untersuchungsobjekten gilt ausdrückliches Desinteresse.[413] Als „Beschluss" bezeichnete Akte sind nur insofern berührt, als der komplementärrechtliche Beschlusstyp breiten Raum einnimmt.

In der Sache ist *Everlings* Ansatz weiterhin bedeutend. Er konnte zeigen, dass die Pluralität der Rechtsaktgestaltungen praktischen Bedürfnissen entspringt und ein partielles Ausbrechen aus dem vertraglich vorgesehenen Formenkanon integrationsfördernde Effekte zeitigen

---

[410] *U. Everling*, Zur rechtlichen Wirkung von Beschlüssen, Entschließungen, Erklärungen und Vereinbarungen des Rates oder der Mitgliedstaaten der Europäischen Gemeinschaft, in: GS L.-J. Constantinesco, 1983, S. 133; *ders.*, Probleme atypischer Rechts- und Handlungsformen bei der Auslegung des europäischen Gemeinschaftsrechts, in: R. Bieber/G. Ress (Hrsg.), Die Dynamik des Europäischen Gemeinschaftsrechts, 1987, S. 417.

[411] Etwa bei Calliess/Ruffert-*Ruffert*, Rdnr. 121 zu Art. 249 EG; *Oppermann*, Europarecht, Rdnr. 577; *Nicolaysen*, Europarecht I, S. 345; *B. Biervert*, Der Mißbrauch von Handlungsformen im Gemeinschaftsrecht, 1999, S. 84 ff.; *S. Magiera*, Zur Reform der Normenhierarchie im Recht der Europäischen Union, integration 1995, S. 197, 201.

[412] *Everling*, Rechts- und Handlungsformen (Anm. 410), S. 417.

[413] „An ihrer Verbindlichkeit wird nicht gezweifelt, sie können im folgenden außer Betracht bleiben.", *Everling*, Wirkung von Beschlüssen (Anm. 410), S. 134.

kann.[414] Wegweisend war auch die Einsicht, dass das Fehlen einer Rechtsgrundlage in den Verträgen nicht mit Wirkungslosigkeit innerhalb der Gemeinschaftsrechtsordnung gleichgesetzt werden darf.[415] Als problematisch erwies sich jedoch in der Folge, dass *Everlings* einzelfallbezogene Analyse möglicher Rechtswirkungen von Akten in der „Grauzone" zwischen Gemeinschafts- und Völkerrecht[416] als generelle Absage an eine formendogmatische Durchdringung verstanden werden konnte. Dass er gelegentlich selbst den Begriff „Beschluss" als Oberbegriff für die „atypischen Rechts- und Handlungsformen" verwendete,[417] lud zu weiteren Missverständnissen ein. Wirkungsgeschichtlich hat *Everling* den Blick (neu) geöffnet für die Vielgestaltigkeit der Rechtsakte jenseits der Formenkataloge, zugleich aber mit der Fokussierung auf komplementärrechtliche Akte die Aufmerksamkeit von längst gefestigten Strukturen im Bereich der Organhandlungen abgezogen.

4. Beschluss als diffuses Phänomen: „Rechtsakte sui generis*"*

Heutige Darstellungen zum Gemeinschaftsrecht nehmen durchweg zur Kenntnis, dass sich das Arsenal der rechtsetzenden Organe nicht in den Handlungsformen des Art. 249 EG erschöpft. Kaum ein Kommentar, ein Lehrbuch oder ein Überblicksaufsatz verzichtet auf eine eigene Sektion zu „sonstigen Rechtsakten", „ungekennzeichneten Rechtshandlungen" oder „Akten *sui generis*".[418]

Den „Beschlüssen" wird dabei in aller Regel keine herausgehobene Bedeutung beigemessen, die ihrer empirischen Proportion entsprechen würde. Zumeist werden beispielhaft einige Typen von „sonstigen" Handlungen und/oder in der Praxis entwickelte Bezeichnungen aufgelistet, wobei offen bleibt, ob es sich bei diesen um eigene Handlungsformen handeln soll oder um „ungekennzeichnete" Rechtsakte eines

---

[414] Ibid., S. 144 ff.

[415] Ibid., S. 147 ff.

[416] Ibid., S. 155 f.

[417] Ibid., S. 154.

[418] Die große Ausnahme ist *Streinz*, Europarecht, Rdnrn. 375 ff.; in der englischsprachigen Literatur wird von *acts sui generis* gesprochen, *T. C. Hartley*, The Foundations of European Community Law, 1998, S. 101; *P. J. G. Kapteyn/ P. VerLoren van Themaat*, Introduction to the Law of the European Communities, 1998, S. 323 f.

bestimmten Regelungsgehalts.[419] Häufig findet sich beispielsweise ein Hinweis auf den angeblichen Erlass von „Programmen“ bzw. „Aktionsprogrammen“, deren formendogmatischer Status ungeklärt bleibt.[420] Bezeichnend ist auch, dass entsprechende Listen „Beschlüsse“ regelmäßig in einem Atemzug mit Entschließungen, Erklärungen und Mitteilungen nennen, also mit Handlungen, denen allenfalls mittelbar verbindliche Rechtswirkungen zukommen.[421]

Häufig zitiert wird im deutschsprachigen Raum das europarechtliche Lehrbuch von *Oppermann*, das vergleichsweise ausführlich „Sonstige Rechtsakte (‚Akte sui generis‘) der EG/EU und der Gesamtheit der Mitgliedstaaten“ abhandelt.[422] *Oppermanns* Kategorie der „Akte sui generis“ ist denkbar breit angelegt:

> „Die Gemeinschaftspraxis kennt auch seit langem einen umfänglichen, vielgestaltigen und rechtsdogmatisch noch wenig erschlossenen Bestand solcher ‚unbenannten‘, ‚unspezifischen‘, ‚ungekennzeichneten‘, ‚uneigentlichen‘ Rechtshandlungen oder wie die Kennzeichnungen sonst noch lauten mögen. ... Gemeinsam ist ihnen im wesentlichen nur, dass die Gemeinschaft oder gemeinschaftliche Stellen mit ihnen entweder *gewisse Rechtswirkungen* erzielen möchten oder aber wenigstens *politische Effekte*. Nach der erlassenden Instanz, dem Grad und der Art der Wirkung und auch nach den Adressaten sind diese sonstigen Rechtsakte dagegen sehr unterschiedlich und nur einer begrenzten Systematisierung fähig.“[423]

Kennzeichnend für die Rechtsakte *sui generis* ist mithin ihre Heterogenität, die es unmöglich macht, über sie als Gruppe rechtswissenschaftli-

---

[419] Zu Recht kritisch Schwarze-*Biervert*, Rdnr. 14 zu Art. 249 EG.

[420] Groeben/Schwarze-*Schmidt*, Rdnr. 17 zu Art. 249 EG; Calliess/Ruffert-*Ruffert*, Rdnr. 125 zu Art. 249 EG; Lenz/Borchardt-*Hetmeier*, Rdnr. 4 zu Art. 249 EG; *Koenig/Haratsch*, Europarecht, Rdnr. 269; *Borchardt*, Die rechtlichen Grundlagen der EU, Rdnr. 357; hier wirkt die Konzeption der ‚ungekennzeichneten Rechtshandlungen‘ nach, vgl. *Ipsen*, Gemeinschaftsrecht, 22/28.

[421] Exemplarisch *Th. Öhlinger/M. Potacs*, Gemeinschaftsrecht und staatliches Recht, 2001, S. 10; Calliess/Ruffert-*Ruffert*, Rdnr. 123 zu Art. 249 EG; *Biervert*, Mißbrauch (Anm. 411), S. 85; *D. Triantafyllou*, Vom Vertrags- zum Gesetzesvorbehalt, 1996, S. 67 ff.; *P.-Ch. Müller-Graff*, Die Kompetenzen der Europäischen Union, in: W. Weidenfeld (Hrsg.), Europa-Handbuch, 2002, S. 374, 380; *Magiera*, Reform (Anm. 411), S. 201.

[422] *Oppermann*, Europarecht, Rdnrn. 536 und 577 ff.

[423] Ibid., Rdnr. 577 [Hervorhebung im Original].

che Aussagen zu machen, die über die Anerkennung ihrer Existenz als systematisierungsresistentes Phänomen hinausgehen.[424] Entsprechend müssen die Rechtswirkungen der betreffenden Akte von Fall zu Fall ermittelt werden.

Auf einer weiteren Differenzierungsebene führt *Oppermann* den Beschluss-Begriff ein, nämlich als „verbindlich gemeinte, unbenannte Beschlüsse verschiedener Art", die ihrerseits in Beschlüsse von Gemeinschaftsorganen, Beschlüsse unter dem Unionsvertrag und in Beschlüsse der im Rat vereinigten Vertreter der Mitgliedstaaten untergliedert werden.[425] Auch diese Subkategorien sind jedoch nicht als Handlungsformen mit einheitlichem Rechtsregime konzipiert, wie die Aufnahme von innerdienstlichen Rundschreiben der Kommission bei den Beschlüssen der Gemeinschaftsorgane zeigt.[426] Für *Oppermann* sind Rechtsakte *sui generis* dann Beschlüsse, wenn sie – im Gegensatz zu Entschließungen und anderen „Rechtsakte[n] verschiedener Bezeichnungen" – „irgendwie verbindlich gemeint[ ]" sind.[427]

Beschlüsse sind in dieser Konzeption mithin ein qualifizierter Teil der „Akte sui generis" jenseits der Formenkataloge, die, ohne unter der Bezeichnung „Beschluss" ergangen sein zu müssen, „irgendwie" Verbindlichkeit beanspruchen. Welche Rechtsakte dieser Sammelkategorie angehören, darüber ist wiederum nur von Fall zu Fall zu befinden.

Man wird den Schlussfolgerungen *Oppermanns* unter den gegebenen Prämissen kaum widersprechen können: Sowohl die „Akte sui generis" als auch deren Teilmenge, die „verbindlich gemeinten" Beschlüsse, sind so breit angelegte, konturenlose Kategorien, dass sich in der Tat über sie keine gehaltvollen Aussagen formulieren lassen. Ein solcher Ansatz erklärt den Verzicht auf eine systematische Durchdringung zum Programm – die *sui-generis*-Formel dient als Platzhalter für die Abwesenheit rechtswissenschaftlicher Erkenntnisse. Über das weite Feld jenseits des Art. 249 EG weiß man nur eines genau: *hic sunt leones*.

---

[424] Ein Hinweis auf die begrenzte Systematisierbarkeit ist gängig, *Biervert*, Mißbrauch (Anm. 411), S. 84; *Magiera*, Reform (Anm. 411), S. 201.

[425] *Oppermann*, Europarecht, Rdnrn. 580 ff.

[426] Ibid., Rdnr. 580.

[427] Ibid., Rdnr. 586; noch weiter der Begriff bei *Fischer*, Europarecht, Rdnr. 42 zu § 5.

5. *Ansätze zur Deutung als Handlungsform*

Als *Everling* 1983 lapidar feststellte, an der Verbindlichkeit der „Beschlüsse" von Rat und Kommission werde nicht gezweifelt,[428] überschätzte er den erreichten Stand der europarechtlichen Dogmatik oder zumindest ihre Fähigkeit, einmal erreichte Kenntnisstände zu konservieren. Je vielgestaltiger und diffuser die Rechtsetzungspraxis jenseits des Art. 249 EG wurde, umso mehr gerieten „Beschlüsse" in den Strudel der Rechtsakte *sui generis*, über die keine positiven Aussagen gemacht werden. Es ist heute eine eher vereinzelte Stimme, wenn *Lenaerts* und *Van Nuffel* darauf hinweisen, dass ein Gemeinschaftsorgan mit der Bezeichnung „Beschluss" im Regelfall beabsichtigt, einen verbindlichen Rechtsakt zu erlassen.[429]

Ansätze zu einer Deutung des Beschlusses als einer eigenständigen praxisgenerierten Handlungsform wurden bezeichnenderweise von Autoren mit biographischer Nähe zu den Organen formuliert. *Dewost*, seinerzeit Generaldirektor des Juristischen Dienstes des Rates, zählt den Beschluss zu den im Vertrag nicht ausdrücklich vorgesehenen Rechtsaktformen, von denen die Organe regelmäßig Gebrauch machen («*la décision sui generis ou décision/Beschluss, pour employer le vocabulaire communautaire*»).[430] Der Beschluss gehöre zu den verbindlichen Gemeinschaftsrechtsakten und zeichne sich durch allgemeine Geltung sowie durch das Fehlen eines spezifizierten Adressaten aus. Als Anwendungsfelder nennt *Dewost* das Organisationsrecht sowie die Annahme von Abkommen. Tragweite und rechtliche Wirkungen von Beschlüssen müssten jedoch von Fall zu Fall beurteilt werden.

Eine ähnliche Beschreibung findet sich bei *Schwartz*, einem (ehemaligen) Mitarbeiter der Kommission, in seiner Kommentierung zu Art. 235 EWGV, die jedoch an einem wesentlichen Punkt über *Dewost* hinausgeht.[431] Ein Beschluss, der im Unterschied zur Entscheidung keinen Empfänger bezeichne, binde „nach ständiger Praxis des Rates" nur

---

[428] Zitiert in Anm. 413.

[429] *K. Lenaerts/P. Van Nuffel*, Constitutional Law of the European Union, 2005, Rdnr. 17-141; ähnlich *Bieber/Epiney/Haag*, Die Europäische Union, Rdnr. 43.

[430] *J.-L. Dewost*, Décisions des institutions en vue du développement des compétences et des instruments juridiques, in: Bieber/Ress (Hrsg.), Dynamik (Anm. 410), S. 321, 327.

[431] Groeben/Schwarze-*Schwartz*, Rdnrn. 204 ff. zu Art. 308 EG (6. Aufl. 2004).

die Organe und Einrichtungen der Gemeinschaft.[432] Wenn den Mitgliedstaaten oder Einzelnen Pflichten auferlegt oder Rechte gewährt werden sollten, sei eine Entscheidung erforderlich. Die Differenz zu einer Entscheidung könne an der dänischen, deutschen und niederländischen Bezeichnung sowie einer Reihe äußerer Merkmale abgelesen werden.[433] *Schwartz* verlässt also die Ebene der bloßen Deskription einer Praxis und weist dem Beschluss eigenständige dogmatische Konturen zu, die an die Stelle einer Einzelfallbeurteilung treten. In der Sache setzt dieser Ansatz die Bemühungen *Rabes* fort, allerdings ohne auf eine restriktive Auslegung des Art. 249 EG gestützt zu sein.

In der Literatur hat dieser Beitrag, soweit erkennbar, keine Resonanz gefunden. Gewisse Parallelen zeigen sich in einigen Stellungnahmen aus dem französischen Schrifttum. Dort wird, unter Hinweis auf die deutsche Sprachfassung der Rechtsakte, die Existenz von *décisions sui generis* registriert und deren Besonderheiten, namentlich das Fehlen eines Adressaten, hervorgehoben.[434] Die Aufzählung von Regelungstypen, bei denen Beschlüsse genutzt werden, verbleibt jedoch, ähnlich wie in der deutschen Literatur, deskriptiv. Aufgeworfen aber wird die Frage nach Begründungs-, Notifikations- und Publikationspflichten für Beschlüsse, ein Problem, das in der deutschen Kommentarliteratur zu Art. 253 und 254 EG praktisch unbearbeitet ist.[435]

Erst in jüngster Zeit melden sich einzelne Stimmen, die auf die empirische Bedeutung der „Beschlüsse" der Organe reagieren und sie als Vertreter einer besonderen Gattung des Gemeinschaftssekundärrechts interpretieren. Zu nennen ist hier insbesondere die Kommentierung zu

---

[432] Ibid., Rdnr. 206; diese Passage fehlt noch in *Schwartz'* Kommentierung in der 3. Auflage, die Beschlüsse zwar als zulässige Formenwahloption anerkennt, in Abgrenzung zur Entscheidung aber lediglich ihre äußeren Merkmale beschreibt, Groeben/Boeckh/Thiesing/Ehlermann-*Schwartz* (1983), Rdnrn. 296 und 299 zu Art. 235 EWGV; der Hinweis auf die Praxis des Rates findet sich erstmals, unter Bezugnahme auf *Dewost*, in der 4. Auflage, Groeben/Thiesing/Ehlermann-*Schwartz* (1991), Rdnr. 195 zu Art. 235 EWGV.

[433] Groeben/Schwarze-*Schwartz*, Rdnr. 207 zu Art. 308 EG.

[434] *J.-P. Jacqué*, Droit institutionnel de l'Union européenne, 2003, Rdnr. 882; *G. Isaac/M. Blanquet*, Droit communautaire général, 2001, S. 157 f.; *P.-Y. Monjal*, Recherches sur la hiérarchie des normes communautaires, 2000, Rdnrn. 44 und 561 f.

[435] Hierzu unten, D. II. und D. III.

Art. 249 EG von *Schroeder.*[436] Unter Zurückweisung des Theorems der ‚ungekennzeichneten Rechtshandlungen' deutet er den Beschluss als eine verbindliche Handlung, die nicht an einen bestimmten Adressaten gerichtet ist und „unmittelbare Bindungswirkung" nur für die Gemeinschaft und ihre Organe entfaltet.[437] Anders als *Rabe* und *Schwartz* hält *Schroeder* es auch für möglich, dass Beschlüsse Rechte gegenüber den Organen begründen, die die Einzelnen vor dem Gemeinschaftsrichter geltend machen können.

Etwas vorsichtiger ist die Kommentierung von *Nettesheim*, der gleichfalls die Beschlüsse unter den sonstigen Rechtshandlungen hervorhebt.[438] Beschlüsse seien „normativ dadurch gekennzeichnet, dass sie eine Änderung der Rechtslage herbeiführen, ohne sich dabei an einen bestimmten Adressaten zu richten"; im Unterschied zu Entscheidungen bestehe „ihr Regelungsgegenstand nicht in der Begründung von Ansprüchen oder Pflichten dritter Rechtssubjekte".[439] Hinsichtlich des rechtlichen Potenzials von Beschlüssen herrscht also große Übereinstimmung mit der Lesart von *Schwartz*. Angesichts der Unterschiedlichkeit der Beschlusstypen steht *Nettesheim* der Entwicklung eines allgemeinen Rechtsregimes des Beschlusses skeptisch gegenüber und meldet „erhebliche Zweifel" am möglichen Ertrag weiterer Dogmatisierungsbemühungen an.

IV. Gegenthese: Der Beschluss ist eine eigenständige Handlungsform

Genau auf diesen Weg aber wird sich diese Studie begeben und die vorstehenden Ansätze weiterführen. Sie möchte demonstrieren, dass auch in dem Bereich der Rechtsetzung, der von Art. 249 EG nicht determiniert wird, dogmatische Strukturen aufweisbar sind, die sich mit der Kategorie der Handlungsform fassen lassen.

Die These lautet: Der Beschluss ist eine eigenständige, in der Praxis der Organe entwickelte Handlungsform des Unionsrechts. Er steht unter Rechtsgrundlagen, die ein Rechtsetzungsorgan der Union zum Erlass

---

[436] Streinz-*Schroeder*, Rdnrn. 29 ff. zu Art. 249 EG (2003), unter freundlicher Bezugnahme auf Vorarbeiten des Verfassers.

[437] Ibid., Rdnr. 30.

[438] Grabitz/Hilf-*Nettesheim*, Rdnr. 218 zu Art. 249 EG (20. Ergänzungs-Lieferung 2002).

[439] Ibid.

eines verbindlichen Rechtsakts ermächtigen, als Formenwahloption grundsätzlich zur Verfügung. Der Beschluss ist neben Verordnung, Richtlinie und Entscheidung die vierte reguläre Rechtsform des Gemeinschaftsrechts.

Die verschiedenen Teilaspekte dieser These sind:

(1) Kohärentes Rechtsregime

Beschlüsse bilden eine durch äußere Form, Wirkungsmodus, Gültigkeits- und Kontrollregime geeinte Gattung von Rechtsakten. Dieses kohärente Rechtsregime erlaubt, sie als Angehörige einer einzigen Handlungsform zu verstehen.

(2) Autonomie als Handlungsform

Dieses Rechtsregime unterscheidet den Beschluss signifikant von anderen Handlungsformen; er ist kein Unterfall der Entscheidung oder einer anderen Handlungsform.

(3) Präsenz im Unions- und Gemeinschaftsrecht

Der Beschluss gehört der Rechtsordnung der Europäischen Union an und findet sein Zentrum in dem unter den Gemeinschaftsverträgen erlassenen Recht.

(4) Reguläre Rechtsetzungsorgane

Der Beschluss steht den in Art. 249 I EG genannten Organen (Parlament und Rat als Mitentscheidungsgesetzgeber, Rat und Kommission) zur Verfügung.

(5) Rechtsform im engeren Sinne

Der Beschluss gehört zu denjenigen Handlungsformen, die verbindliche Rechtswirkungen entfalten; er steht in einer Reihe mit Verordnung, Richtlinie und Entscheidung.

(6) Intersektoralität und Multifunktionalität

Der Beschluss ist nicht an bestimmte Rechtsgrundlagen gebunden und über sie definiert. Er ist auch nicht von einem einzelnen Regelungstypus her zu interpretieren. Empirische Korrelationen zu bestimmten Sektoren und Funktionen resultieren umgekehrt aus einem rechtlichen Profil, das die Wahl von Beschlüssen dort attraktiv macht.

Das Programm der Studie besteht also darin, den Beschluss vom Makel des Sonstigen, Diffusen und Extraordinären zu emanzipieren und ihn wissenschaftlich so zu stellen, wie ihn die Rechtsetzungspraxis seit langem handhabt: als reguläres Rechtsetzungsinstrument, das den vertraglich kodifizierten Formenkanon um eine gleichwertige Option erweitert. Der Beschluss ist eine vertraglich nicht typisierte, längst aber keine ‚atypische' Handlungsform mehr.

Gleichwohl: Diese Arbeit muss sich hüten, den Bogen zu überspannen und die Opposition zum Theorem der undefinierten Rechtsakte *sui generis* zu weit zu treiben. Weder lässt sich für sämtliche Rechtsakte jenseits des Art. 249 EG ein einheitliches Rechtsregime zeigen, noch für alle als „Beschluss" bezeichneten Rechtsakte. Die vorsichtigere Annahme ist vielmehr, dass jenseits des Katalogs des Art. 249 EG eine weitere Handlungsform namens Beschluss existiert und Vertreter dieser Gattung unter den oben präsentierten Regelungstypen von „Beschlüssen" gefunden werden können; über die inklusive und exklusive Relevanz der Bezeichnung für die Konstituierung der Handlungsform wird eigens nachzudenken sein. Als Arbeitshypothese wird unterstellt, dass sich eine konturenscharfe Handlungsform Beschluss am wahrscheinlichsten im organbezogenen und kompetenziellen Anwendungsbereich des Art. 249 EG zeigen lässt, also bei „Beschlüssen" von Organen, denen als alternative Handlungsoptionen die kodifizierten Formen des Art. 249 EG zur Verfügung stehen. Wenn es gelingt, im Kernbereich der gemeinschaftsrechtlichen Rechtsetzung eine eigenständige Handlungsform zu identifizieren, ist ein Vergleichsmaßstab gewonnen, an dem „Beschlüsse" in weiteren Bereichen des Unionsrechts gemessen werden können.

B. Die äußere Form: identifizierende Merkmale eines Beschlusses

Im Anschluss an das im Ersten Teil entwickelte Modell einer unionalen Handlungsform erarbeitet dieses Kapitel die äußeren Merkmale, an denen abzulesen ist, dass ein Rechtsakt die formale Identität eines Beschlusses besitzt.

Die eminent praktische Bedeutung dieses Elements erschließt sich, nimmt man die Perspektive der Rechtsadressaten ein. Für die Rechtsbürger geht es um die Erkennbarkeit der ihnen entgegengebrachten Verhaltenserwartungen, denn die Reaktionen des Rechtssystems auf ein künftiges Verhalten der Bürger können von der Handlungsform abhängen, der eine sachlich einschlägige Rechtsnorm angehört. In einer ähnlichen Lage sind die rechtsanwendenden Instanzen in den Mitgliedstaaten. Hoheitliche Stellen sind für eine ordnungsgemäße Anwendung eines Unionsrechtsakts auf die Identifizierung seiner Handlungsform angewiesen, weil diese darüber mitentscheidet, ob sich aus einem Rechtstext relevante Handlungsaufträge oder -schranken für sie ergeben. Die Merkmale, die die Identifizierung der gewählten Handlungsform erlauben, dienen mithin der Kommunikation zwischen rechtsetzenden Instanzen einerseits, den Rechtsbürgern und Rechtsanwendern andererseits.[440]

Es ist leicht einzusehen, dass im Fall des Beschlusses diese Kommunikation störungsanfällig ist und ein reibungsloser Gesprächsablauf gesteigerter Bemühungen beider Seiten bedarf. Das Unionsrecht ist ohnehin für viele Rechtsadressaten immer noch ein ungewohntes Feld, auf dem es oft zu Missverständnissen kommt. Die Verständigung ist bei Beschlüssen zusätzlich erschwert, weil die Mehrzahl der Rechtssprachen der Union eine terminologische Unterscheidung von „Beschluss" und „Entscheidung" nicht kennt. Hinzu kommt, dass die Verträge zu den identifizierenden Merkmalen eines Beschlusses naturgemäß schweigen, da dieser Handlungstypus von den rechtsetzenden Organen ohne Stütze in den Verträgen entwickelt wurde. Umso größere Bedeutung kommt der wissenschaftlichen Durchdringung der Handlungsformen zu. Indem die Formenlehre vorhandene Regelmäßigkeiten zu Regeln verdichtet, kann sie Orientierungsleistungen erbringen, die die Chancen auf gelingende Kommunikationsprozesse zwischen Rechtsetzern und Rechtsadressaten erhöhen.

Die Aufgabe dieses Kapitels ist deshalb im Kern eine der Dekodierung. Es gilt, die – überwiegend ungeschriebenen – Regeln zu entschlüsseln, die die rechtsetzenden Organe ihrer routinisierten Praxis zugrunde legen, wenn sie einem Rechtsakt die Form eines Beschlusses zuweisen wollen. Über den normativen Status dieser praxisleitenden Regeln ist damit noch nicht befunden – und dies nicht nur, weil erst noch gezeigt werden muss, dass mit den auf gesetzgeberischen Konventionen beruhenden äußeren Merkmalen rechtliche Eigenschaften korrespondieren, die sich auf die Kategorie der Handlungsform beziehen. Auch bei den Merkmalen einer praxisgenerierten Handlungsform kann sich die Formenlehre nicht mit einer bloß beschreibenden Rolle begnügen. Aus den beobachteten Üblichkeiten sind in einem eigenen Reflexionsschritt diejenigen äußeren Merkmale herauszufiltern, die die Identifizierung eines Beschlusses nicht nur praktisch erleichtern, sondern für seine formale Identität konstitutiv sind.

---

[440] Zur Einbettung hoheitlichen Handelns in eine öffentliche Informationsordnung *E. Schmidt-Aßmann*, Das allgemeine Verwaltungsrecht als Ordnungsidee, 2004, 6. Kap., Rdnr. 3.

Im ersten Unterkapitel wird die Suche nach den formidentifizierenden Merkmalen des Beschlusses methodisch reflektiert und das weitere Vorgehen festgelegt (I.). Das zweite gewinnt auf diesem Weg eine Mehrzahl äußerer Gemeinsamkeiten (II.), die auf ihren rechtlichen Gehalt hin evaluiert werden, sodass am Ende des dritten Unterkapitels eine Definition der formkonstitutiven Merkmale des Beschlusses steht (III.). Als Gegenprobe dient die Beschäftigung mit Rechtsakten, die einige, aber nicht alle Merkmale eines Beschlusses aufweisen (IV.).

I. Methodische Überlegungen zur Orientierung der Suche

Die Untersuchung im Ersten Teil hat ergeben, dass die Handlungsform, der ein Rechtsakt angehört, das Resultat einer Qualifizierung ist, die *ex ante* von den Rechtsetzungsorganen vorgenommen wird: Seine formale Identität haftet dem Rechtsakt als objektive Eigenschaft an.[441] Vor diesem Hintergrund wird in zwei Schritten zunächst der Untersuchungsgang dieses Kapitels entwickelt. Näher zu bestimmen ist, in welchen Medien formidentifizierende Merkmale eines Beschlusses gesucht werden können (1.) und welche Methoden dabei zur Anwendung kommen (2.).

1. Textimmanenz formidentifizierender Merkmale

Eine erste Vorüberlegung ist auf die Frage gerichtet, welchen Quellen Informationen über formdeterminierende Merkmale eines Rechtsakts entnommen werden können. Die Rede von den Merkmalen „des Rechtsakts" impliziert vielleicht zu voreilig, dass sich die Handlungsform allein aus dem schriftlich verfügbaren Rechtstext selbst ergeben müsste. Alternativ könnten für die Handlungsform (auch) Umstände relevant sein, die den Rechtsetzungsvorgang begleiten und gegebenenfalls in anderen Texten ihren Niederschlag finden, etwa in vorbereitenden Stellungnahmen oder in späteren Erklärungen, die von den beteiligten Organen abgegeben werden.

In der Rechtsprechung scheint ein weiter Ansatz zur Anwendung zu kommen, wenn es zu bestimmen gilt, ob es sich um einen verbindlichen Rechtsakt handelt. Wie im Ersten Teil dargestellt wurde, kommt es in Zweifelsfällen auf die in Anspruch genommene Rechtsgrundlage und

---

[441] Erster Teil, D. II. 3.

auf den Wortlaut des verfügenden Teils an.[442] Daneben aber spielen weitere Aspekte eine gewisse Rolle. In einer Reihe von Verfahren, in denen Kommissions-Mitteilungen angefochten wurden, setzten sich Generalanwalt und Gerichtshof damit auseinander, ob bestimmte Förmlichkeiten ein Indiz für verbindliche Rechtswirkungen stiften. Angesprochen wurden unter anderem: die Bezeichnung des Akts in der Überschrift, ob eine Unterzeichnung im Namen des handelnden Organs auf ein reguläres Verfahren der Beschlussfassung hindeutet, ob der Akt den Mitgliedstaaten förmlich bekannt gegeben wurde, ob eine amtliche Veröffentlichung stattgefunden hat und wenn ja, in welcher Abteilung des Amtsblatts sie erfolgte.[443] Namentlich bei Veröffentlichung und Bekanntgabe handelt es sich um Umstände, die sich nicht im Text des Rechtsakts widerspiegeln. In einem Fall erklärt der Gerichtshof sogar die politische Konfliktlage, in der der angefochtene Akt erlassen wurde, zum relevanten Faktor für die Frage nach seinen Rechtswirkungen.[444] Bei der Qualifizierung der Verbindlichkeit beschränkt sich der Gerichtshof demnach nicht auf textimmanente Merkmale.

Diese Studie schlägt vor, zur Ermittlung der formidentifizierenden Merkmale eines Rechtsakts ein engeres Verständnis zugrunde zu legen, als es sich in den vorgenannten Fällen andeutet. Würde man die fluiden und oftmals opaken Umstände, unter denen ein Rechtsakt erlassen wird, als relevant für dessen Handlungsform ansehen, hieße dies, das auf Stabilität und Transparenz angelegte Konzept der Handlungsform in Frage zu stellen. Die Handlungsform ist maßgeblich für die rechtlichen Wirkungen, die ein Rechtsakt auszulösen vermag, und ist deshalb von seinem Inhalt nicht abzulösen. Der zwingende Charakter der Rechtsetzungsverfahren und das Prinzip der Rechtssicherheit verlangen, dass die Handlungsform eines Rechtsakts gerade *nicht* von Umständen abhängt, die außerhalb des regulären Normerzeugungsprozesses angesiedelt sind und die keinen Niederschlag im positiven Rechts-

---

[442] Erster Teil, A. II. 3.

[443] EuGH, Rs. C-303/90, *Frankreich/Kommission*, Slg. 1991, S. I-5315, Rdnr. 9; Rs. C-325/91, *Frankreich/Kommission*, Slg. 1993, S. I-3283, Rdnr. 10; Rs. C-57/95, *Frankreich/Kommission*, Slg. 1997, S. I-1627, Rdnr. 8; GA Tesauro, Rs. C-366/88, *Frankreich/Kommission*, Slg. 1990, S. I-3571, Nr. 12; ders., Rs. C-303/90, ibid., Nr. 6; ders., Rs. C-325/91, ibid., Nr. 6; ders., Rs. C-57/95, ibid., Nr. 10.

[444] EuGH, Rs. C-366/88 (Anm. 443), Rdnr. 9; anders z.B. in Rs. 38/69, *Kommission/Italien*, Slg. 1970, S. 47, Rdnr. 12/13; Rs. C-147/83, *Binderer/Kommission*, Slg. 1985, S. 257, Rdnr. 14.

text gefunden haben.[445] Dies gilt nicht nur für alle Arten von vorbereitenden Stellungnahmen und begleitenden Erklärungen der Verfahrensbeteiligten, sondern auch für Handlungen, die nach der Beschlussfassung über den endgültigen Text des Rechtsakts datieren, namentlich seine anschließende Veröffentlichung oder Bekanntgabe. Amtliche Publikation und individuelle Notifikation sind relevant für die Wirksamkeit des Akts (für das ‚Ob' und das ‚Wann'), nicht für seine Wirkungen (für das ‚Wie'); ob sie erforderlich sind, hängt von der Handlungsform ab, nicht umgekehrt.[446] Etwas anderes gilt für die Überschrift des Akts sowie seine Unterzeichnungsformel, denn diese sind Bestandteile des Rechtstexts, der im regulären Verfahren festgelegt wurde.

Zur Abstützung ihrer Sichtweise beruft sich die Studie auf ein anderes Konzept des Gerichtshofs: das der Einheit und Unantastbarkeit eines Rechtsakts. Danach muss die Begründung eines Rechtsakts in diesem selbst enthalten sein und darf außerhalb des regulären Rechtsetzungsverfahrens nicht geändert oder ergänzt werden.[447] Wenn schon die Begründung ein wesentlicher Bestandteil ist, deren nachträgliche Modifikation den Inhalt des Rechtsakts berühren könnte, dann muss dies auch für alle Merkmale gelten, die die Handlungsform des Akts determinieren, denn mit ihnen wird direkt über den Inhalt des verfügenden Teils bestimmt.[448]

Alle Merkmale, die die Handlungsform eines Akts determinieren, müssen sich demnach als Merkmale des Rechtstextes selbst auszeichnen. Die Handlungsform eines Akts wird ausschließlich im vorgeschriebenen Rechtsetzungsverfahren festgelegt.

---

[445] So auch EuGH, Rs. 237/84, *Kommission/Belgien*, Slg. 1986, S. 1247, Rdnr. 17: „die objektive Bedeutung der Bestimmungen des Gemeinschaftsrechts [kann sich] nur aus diesen Bestimmungen selbst, unter Berücksichtigung ihres Zusammenhangs ergeben"; Rs. 25/94, *Kommission/Rat*, Slg. 1996, S. I-1469, Rdnr. 38: „der Inhalt dieser Erklärung [hat] im Wortlaut des Beschlusses keinen Niederschlag [gefunden] und somit keine rechtliche Bedeutung".

[446] Dazu näher unten, D. II.

[447] EuGH, Rs. 131/86, *Großbritannien/Rat*, Slg. 1988, S. 905, Rdnr. 37; Rs. C-137/92 P, *Kommission/BASF u.a.*, Slg. 1994, S. I-2555, Rdnr. 67; Rs. C-291/98 P, *Sarrió/Kommission*, Slg. 2000, S. I-9991, Rdnr. 75; Rs. C-378/00, *Kommission/Parlament und Rat*, Slg. 2003, S. I-937, Rdnr. 66.

[448] So bereits *R. H. Lauwaars*, Lawfulness and Legal Force of Community Decisions, 1973, S. 120.

2. *Zu Untersuchungsgegenstand und -methoden des Kapitels*

Nachdem geklärt wurde, in welchen Informationsquellen formidentifizierende Merkmale zu finden sind, müssen die Methoden definiert werden, mit deren Hilfe sie erkannt werden können. Hierzu bedient sich die Studie einer Verknüpfung von induktiv-empirischen und deduktiv-juristischen Methoden.

Das übergreifende Ziel ist, diejenigen Kennzeichen eines Rechtsakts zu ermitteln, aus denen sich ergibt, dass das erlassende Organ die Handlungsform Beschluss gewählt hat. Als identifizierende Merkmale kommen sowohl das Vorhandensein bestimmter Kennzeichen in Frage als auch das charakteristische Fehlen von Kennzeichen, die sich bei anderen Arten von Akten finden. Eine solche Bestandsaufnahme erfordert eine induktive Vorgehensweise, die auf einen Vergleich einer Vielzahl von Rechtsakten ausgerichtet ist. Aus dem empirischen Material der vorhandenen Beschlüsse soll zusammengetragen werden, welche äußeren Gemeinsamkeiten sie aufweisen und in Bezug auf welche Merkmale sie sich von Rechtsakten in anderen Handlungsformen unterscheiden.

In einem weiteren Schritt wird unterschieden zwischen *konstitutiven* und *typischen Merkmalen*. Diejenigen identifizierenden Merkmale, die notwendig vorliegen müssen, damit eine Handlung dem Rechtsregime des Beschlusses untersteht, sollen konstitutive genannt werden. Diejenigen Merkmale, die zwar im Regelfall vorliegen, wenn ein Beschluss gewählt wurde, aber unter rechtlichen Gesichtspunkten nicht unbedingt erforderlich sind, werden hier typische genannt. Diese Unterscheidung ist mit empirischen Methoden nicht zu leisten: Das gelegentliche Fehlen eines üblichen Kennzeichens könnte für das Vorliegen eines typischen Merkmals sprechen, es könnte jedoch auch zur Folge haben, dass die Rechtsakte in diesen Fällen einem (zumindest partiell) anderen Rechtsregime unterliegen. Andererseits könnten auch durchgängig aufweisbare Merkmale für die Handlungsform eines Akts von letztlich nur indizieller Bedeutung sein. Fragen dieser Art können allein mit juristischer Methodik beantwortet werden.

Die Gefahr eines Zirkelschlusses bei einem solchen Vorgehen ist nicht von der Hand zu weisen. Die empirische Untersuchung der „vorhandenen Beschlüsse“ setzt das Wissen voraus, an welchen Merkmalen ein Beschluss zu erkennen ist. Zumindest *ein* identifizierendes Merkmal muss also gesetzt werden, nach dem sich der Untersuchungsgegenstand bestimmt.

Eine rein pragmatische Antwort auf dieses Problem rekurriert auf die in Kapitel A. formulierte Arbeitshypothese, dass die Handlungsform Beschluss mit größter Aussicht auf Erfolg bei den dort dargestellten Beschlusstypen im Anwendungsbereich des Art. 249 EG gefunden werden kann. Maßgebliches Auswahlkriterium ist dann (neben der Organzurechnung) die Bezeichnung eines Akts als „Beschluss", deren Qualität als formidentifizierendes Merkmal damit unterstellt würde. Auch für eine rechtswissenschaftliche Arbeit ist ein intuitives Auswahlkriterium, dessen Berechtigung sich *ex post* aufgrund der mit seiner Hilfe erzielten Ergebnisse erweist, gewiss zulässig. Befriedigender wäre es indes, auch ein normatives Argument ins Feld führen zu können, das für die Eingrenzung des empirischen Untersuchungsgegenstands anhand eines bestimmten Merkmals streitet.

Hier kann die Geschäftsordnung des Rates[449] helfen, die die Bezeichnung der Rechtsakte als ein formidentifizierendes Merkmal normativ festlegt. Zwar regelt die GO-Rat detailliert nur die „Form der Verordnungen" (Anhang V, Punkt A.) und begnügt sich für Richtlinien, Entscheidungen und Beschlüsse mit dem Hinweis, diese Formvorschriften fänden „vorbehaltlich der anwendbaren Bestimmungen des EG-Vertrags sinngemäß ... Anwendung" (Punkt B.3). Grundsätzlich bleibt damit offen, welche der Bestimmungen über die Verordnung ohne Modifikation auf Beschlüsse anwendbar sind und welche gerade mit der gewählten Form variieren. Definitiv aber ist die GO-Rat im Hinblick auf die Bezeichnung: Richtlinien, Entscheidungen und Beschlüsse sollen die Überschrift „Richtlinie", „Entscheidung" bzw. „Beschluss" tragen (Punkt B.1).[450] Eine parallele Regelung findet sich in der Geschäfts-

---

[449] Beschluss des Rates vom 22. März 2004 zur Festlegung seiner Geschäftsordnung (2004/338/EG, Euratom), ABl. L 106 vom 15.4.2004, S. 22.

[450] Die verschiedenen Sprachfassungen der geltenden GO-Rat weisen in diesem Punkt Inkonsistenzen auf, die nur durch mangelhafte Übersetzungsleistungen zu erklären sind. Nach dem Wortlaut der deutschen Version sollen „Richtlinien, Entscheidungen und Beschlüsse ... die Überschrift ‚Richtlinie' bzw. ‚Entscheidung'" tragen. Die niederländische Fassung dagegen erwähnt im gesamten Punkt B Beschlüsse nicht, sondern lediglich *beschikkingen*. Allein der dänische Text differenziert akkurat zwischen den für Beschlüsse und Entscheidungen vorgesehenen Bezeichnungen, was offenkundig der Regelungsintention des Rates entspricht: *„I hovedet til direktiver, beslutninger og afgørelser ... anføres henholdsvis direktiv, beslutning og afgørelse."* Damit fällt die jüngste GO-Rat hinter das in ihrer Vorgängerin erreichte Niveau an Präzision zurück. Im Beschluss des Rates vom 22. Juli 2002 zur Festlegung seiner Geschäftsordnung (2002/682/EG, Euratom), ABl. L 230 vom 28.8.2002, S. 7, lautete es in allen drei Fassungen übereinstimmend: „Die gemeinsam vom Europäischen Parlament und vom Rat erlassenen Richtlinien, Entscheidungen und Beschlüsse

ordnung des Europäischen Parlaments, die sich in Art. 68 mit den Formalia der von Parlament und Rat gemeinsam erlassenen Rechtsakte beschäftigt.[451] Nach Art. 68 Nr. 2 GO-Parlament ist bei der Titulierung der im Mitentscheidungsverfahren ergehenden Rechtsakte unter anderem „die Art des entsprechenden Rechtsakts" anzugeben.[452]

Die Geschäftsordnungen von Rat und Parlament ermutigen also zu der Annahme, dass die Bezeichnung der Rechtsakte von rechtlicher Relevanz für die Handlungsform ist.[453] Im Weiteren ist somit davon auszugehen, dass es sich um ein identifizierendes Merkmal des Beschlusses handelt. Bei der späteren Evaluierung des rechtlichen Gehalts der aufgefundenen Merkmale wird zu erörtern sein, ob die Bezeichnung „Beschluss" zu den konstitutiven Merkmalen des Beschlusses gehört.

Hieraus ergibt sich der empirische Untersuchungsgegenstand (die als „Beschluss" bezeichneten Akte) und die relevante Vergleichsgruppe (die ihrerseits nach Bezeichnungen differenzierte Gesamtheit der übrigen Rechtsakte). Die weitere Eingrenzung nach Organen, denen diese Akte zugerechnet werden, erfolgt unter pragmatischen Gesichtspunkten. Eine Ausdehnung auf sämtliche „Beschlüsse" jenseits des Art. 249 EG erscheint angesichts der Heterogenität der dort auftretenden rechtsetzenden Instanzen nicht zweckmäßig. Andererseits wäre eine Beschränkung allein auf Rechtsakte, die im Anwendungsbereich der Geschäftsordnung des Rates erlassen wurden, zu eng und würde dem organübergreifenden Charakter der unionalen Handlungsformen nicht gerecht. Einbezogen werden deshalb alle Akte, die im organbezogenen Anwendungsbereich des Art. 249 EG erlassen wurden, also auch solche

---

sowie die Richtlinien, Entscheidungen und Beschlüsse des Rates tragen die Überschrift ‚Richtlinie', ‚Entscheidung' bzw. ‚Beschluss'."

451 Europäisches Parlament – Geschäftsordnung (16. Auflage Juli 2004), ABl. L 44 vom 15.2.2005, S. 1.

452 Die Geschäftsordnungen der Kommission und der EZB kennen keine entsprechenden Vorschriften, Geschäftsordnung der Kommission vom 29. November 2000, ABl. L 308 vom 8.12.2000, S. 2, zuletzt geändert durch Beschluss 2004/563/EG, Euratom, ABl. L 251 vom 27.7.2004, S. 9; Beschluss der Europäischen Zentralbank vom 19. Februar 2004 zur Verabschiedung der Geschäftsordnung der Europäischen Zentralbank (EZB/2004/2) (2004/257/EG); ABl. L 80 vom 18.3.2004, S. 33.

453 Die GO-Rat legt die genaue Bezeichnung auch für weitere Handlungsformen fest, namentlich Empfehlungen und Stellungnahmen (Punkt B.2) sowie für die Handlungsformen nach Art. 12 EU (Punkt C.) und nach Art. 34 II EU (Punkt D.).

der Kommission, und darüber hinaus „Beschlüsse" der EZB. Letztere Erweiterung rechtfertigt sich, wie zu sehen sein wird, aus den großen Übereinstimmungen, die über die Bezeichnungen der Akte hinausgehen.

II. Empirische Beobachtung gemeinsamer Merkmale von Beschlüssen

Die erste Beobachtung zu den als „Beschluss" überschriebenen Rechtsakten betrifft ihren Aufbau. Dieser entspricht dem Schema, das für verbindliche Handlungen (wie etwa für Verordnungen, Richtlinien und EZB-Leitlinien) üblich ist: Sie gliedern sich in den Titel des Rechtsakts, einen Einleitungsteil, einen verfügenden Teil und gegebenenfalls Anhänge. Ihr Titel nennt eine Ordnungsnummer, den Zeitpunkt der Annahme und den Gegenstand des Rechtsakts; es folgen der Name des handelnden Organs, die Rechtsgrundlage(n) und die vorbereitenden Handlungen. Dieser Aufbau ist in der Geschäftsordnung des Rates (für Verordnungen) und in der des Parlaments (für Rechtsakte nach dem Mitentscheidungsverfahren) detailliert beschrieben.[454] Nach weniger strengen Vorgaben verfährt die Organpraxis bei Empfehlungen, Stellungnahmen und Entschließungen. Bei diesen ist die Unterscheidung von Begründung und verfügendem Teil oft wenig deutlich. Insgesamt zeichnen sich die durch ihre Bezeichnung als unverbindlich ausgewiesenen Rechtsakte durch eine geringe Standardisierung im Hinblick auf ihre äußere Form aus; die Orientierung am Modell der verbindlichen Rechtsakte bleibt jedoch erkennbar.[455]

Eine weitere Gemeinsamkeit von „Beschlüssen" mit den verbindlichen Rechtsakten nach Art. 249 EG betrifft den verfügenden Teil. Dieser Teil des Rechtsakts wird, auch bei einem „Beschluss", stets in Artikel unterteilt; die einzelnen Bestimmungen eines unverbindlichen Akts dagegen sind nach arabischen oder römischen Ziffern gegliedert.[456]

---

[454] GO-Rat (Anm. 449), Anhang V, A.1, lit. a bis lit. e; Art. 68 Nr. 2 und Nr. 3 GO-Parlament (Anm. 451).

[455] Auch die GO-Rat (Anm. 449) ordnet in Punkt B.2 für Empfehlungen und Stellungnahmen des Rates nicht die entsprechende Anwendbarkeit der Vorschriften über die Form der Verordnungen an.

[456] GO-Rat (Anm. 449), Anhang V, A.2; Art. 68 Nr. 4 GO-Parlament (Anm. 451).

Der erste signifikante Unterschied zu Verordnungen, Richtlinien und Entscheidungen betrifft die Formel, die sich an die Erwägungsgründe anschließt und – im grammatischen Anschluss an den Namen des Erlassorgans – den verfügenden Teil einleitet. In der von der GO-Rat in Punkt A.1, lit. f vorgegebenen Formel „hat [bzw. haben] folgende Verordnung erlassen" wird nicht nur die Gattungsbezeichnung des Rechtsakts ausgewechselt, sondern auch die gewählte Formulierung modifiziert. Die nachstehende Tabelle 2 listet die üblichen Einleitungsformeln im Vergleich auf.

Tabelle 2

Überschrift	**Einleitungsklausel**
„Verordnung"	„hat [bzw. haben] folgende Verordnung erlassen"
„Richtlinie"	„hat [bzw. haben] folgende Richtlinie erlassen"
„Entscheidung"	„hat [bzw. haben] folgende Entscheidung erlassen"
„Beschluss"	„beschließt [bzw. beschließen]"

Die zitierten Einleitungsformeln finden sich unterschiedslos in Rechtsakten des Rates (mit und ohne Ko-Autorenschaft des Parlaments), der Kommission und der EZB, obwohl sie nur für Rats-Verordnungen normativ fixiert sind. Die bei Richtlinien, Entscheidungen und Beschlüssen üblichen Formulierungen haben nur im Anwendungsbereich der Geschäftsordnung des Parlaments eine Normierung erfahren, die jedoch offener ausgestaltet ist. Die gemeinsam mit dem Rat erlassenen Rechtsakte enthalten gemäß Art. 68 Nr. 3 lit. e GO-Parlament

> „eine Formel wie ‚haben folgende Verordnung/Richtlinie/Entscheidung erlassen' oder ‚beschließen', an die sich der verfügende Teil des Rechtsakts anschließt."

Die rechtsetzenden Organe und die EZB nutzen offenbar die Einleitungsklausel, um die Identifizierung der Handlungsform eines Akts zu gewährleisten oder sie zumindest zu erleichtern. Die abweichende sprachliche Konstruktion bei Beschlüssen ist ersichtlich eine Strategie, um mit dem Problem der terminologischen Indifferenz zwischen „Beschluss" und „Entscheidung" umzugehen: Die Formel „hat folgenden Beschluss erlassen" ließe nur in der dänischen, deutschen und niederländischen Fassung einen Unterschied zu einer Entscheidung erkennen. Dies bestätigt Tabelle 3, die die charakteristischen Einleitungsformeln dieser beiden Handlungsformen gegenüberstellt (wobei der Einfachheit halber nur der Singular aufgeführt wird).

Tabelle 3

Amtssprache	**Entscheidung**	**Beschluss**
Dänisch	„vegtaget følgende beslutning“	„truffet følgende afgørelse“
Deutsch	„hat folgende Entscheidung erlassen“	„beschließt“
Griechisch	„εχεδωσε την παρουσα απόφαση“	„απόφασιζει“
Englisch	„has adopted this decision“	„has decided as follows“
Finnisch	„on tehnyt tämän päätöksen“	„on päättänyt seuraavaa“
Französisch	„a arrêté la présente décision“	„décide“
Italienisch	„ha adottato la presente decisione“	„ha decisi quanto seque“ oder „decide“
Niederländisch	„heeft de volgende beschikking gegeven“	„besluit“
Portugiesisch	„adoptou a presente decisão“	„decide“
Schwedisch	„har fattat detta beslut ... härigenom föreskrivs följande“	„har beslutat följande ... härigenom föreskrivs följande“
Spanisch	„ha adoptado la presente decisión“	„decide“

Sämtliche der untersuchten Amtssprachen nutzen für Rechtsakte, die durch ihre dänische, deutsche und niederländische Überschrift als Beschluss ausgewiesen sind, eine Einleitungsformel, die von der bei Entscheidungen üblichen abweicht.[457] Sieben von elf Sprachen nutzen für Entscheidungen die von der GO-Rat vorgegebene Formulierung für die Verordnung und tauschen nur die Formenbezeichnung aus (Deutsch, Griechisch, Englisch, Französisch, Italienisch, Portugiesisch und Spanisch), die übrigen vier verwenden darüber hinaus bei Entscheidungen ein anderes Verb als bei Verordnungen und Richtlinien (Dänisch *vegtaget* statt *udstedt*; Finnisch *tehnyt* statt *antanut*; Niederländisch *gegeven* statt *vastgesteld*, Schwedisch *fattat* statt *antagit*). Die meisten Sprachen meiden bei einem Beschluss die substantivische Bezeichnung, die in der Überschrift gewählt wird, zugunsten einer Verbalkonstruktion. Den sichtbarsten Hinweis auf eine eigene Gattung gibt die dänische Nominalkonstruktion.

Bezüglich der gewählten Einleitungsformel für „Beschlüsse" bestehen keine erkennbaren Unterschiede zwischen der Rechtsetzungspraxis von Parlament, Rat und Kommission. Diese Kohärenz ist vermutlich darauf zurückzuführen, dass diese Rechtsakte praktisch ausnahmslos auf Vorschläge oder Empfehlungen der Kommission zurückgehen. Demgegenüber folgen „Beschlüsse", die von den Organen der EZB erlassen werden, zwar ihrerseits einem konsistenten Muster, weichen jedoch bei der Einleitungsformel in einigen Sprachfassungen von der Praxis der Unionsorgane ab. Aufgrund ihrer – währungspolitisch gewollten – institutionellen Autonomie muss die EZB auf das in der Kommission gesammelte Erfahrungswissen zur Gesetzgebungstechnik verzichten. Allerdings achtet auch die von den EZB-Organen bisher entwickelte Formulierungspraxis zur Einleitung von Beschlüssen weit gehend auf Unterscheidungsfähigkeit zu Entscheidungen.

Ein weiteres Merkmal ist zu beobachten, das mit der Bezeichnung der Rechtsakte variiert, aber allen untersuchten „Beschlüssen" gemeinsam ist: die Klausel, die auf den letzten Artikel des verfügenden Teils folgt oder selbst diesen Artikel bildet. Diese Abschlussklausel, die der Unterzeichnungsformel („Geschehen zu ...") unmittelbar vorangestellt ist, enthält „die auf die Anwendbarkeit bezogene Formel", wie es in Art. 68 Nr. 6 GO-Parlament heißt. Tabelle 4 zeigt die verschiedenen Varianten.

---

[457] Dies scheint ebenso für die neuen Amtssprachen zu gelten, vgl. auch die jeweilige Fassung von Art. 68 Nr. 3 lit. e GO-Parlament (Anm. 451).

Tabelle 4

Handlungsform (mit Varianten)	**Abschlussklausel**
Verordnung	„Diese Verordnung ist in allen ihren Teilen verbindlich und gilt unmittelbar in jedem Mitgliedstaat“
Verordnung mit eingeschränktem räumlichen Geltungsbereich (verstärkte Zusammenarbeit)	„Diese Verordnung ist in allen ihren Teilen verbindlich und gilt gemäß dem Vertrag zur Gründung der Europäischen Gemeinschaft unmittelbar in den Mitgliedstaaten“
Richtlinie, die an alle Mitgliedstaaten gerichtet ist	„Diese Richtlinie ist an die Mitgliedstaaten gerichtet.“ oder „Diese Richtlinie ist an alle Mitgliedstaaten gerichtet.“
Richtlinie, die an einen bestimmten Mitgliedstaat gerichtet ist	„Diese Richtlinie ist an die Bundesrepublik Deutschland gerichtet.“
Entscheidung, die an alle Mitgliedstaaten gerichtet ist	„Diese Entscheidung ist an die Mitgliedstaaten gerichtet.“ oder „Diese Entscheidung ist an alle Mitgliedstaaten gerichtet.“
Entscheidung, die an einen bestimmten Mitgliedstaat gerichtet ist	„Diese Entscheidung ist an die Bundesrepublik Deutschland gerichtet.“ oder „Empfänger der vorliegenden Entscheidung ist die Bundesrepublik Deutschland.“
Entscheidung, die an natürliche oder juristische Privatpersonen gerichtet ist	„Diese Entscheidung ist gerichtet an: [Name/n der Person/en].“ oder „Diese Entscheidung ist an die in Artikel 1 genannten Unternehmen gerichtet.“
Beschluss	*keine entsprechende Klausel*

Die Aufstellung zeigt, dass Verordnungen, Richtlinien und Entscheidungen eine individuelle Abschlussformel besitzen, die je nach dem personellen oder räumlichen Anwendungsbereich weiter variiert. Bei den als „Beschluss" bezeichneten Rechtsakten fehlt eine entsprechende Klausel. Hierin stehen Beschlüsse wiederum den Empfehlungen gleich. Bei Letzteren ergibt sich der Adressat direkt aus der Einleitungsformel („empfiehlt den Mitgliedstaaten") oder sonst aus dem fortlaufend gegliederten Normtext („Aus diesen Gründen empfiehlt die Kommission, ..."). Die Korrelation zwischen der Überschrift „Entscheidung" und der Benennung des oder der Entscheidungsadressaten in der Schlussformel ist in der Praxis ebenso strikt wie die zwischen der Überschrift „Beschluss" und dem Fehlen einer Abschlussklausel. Auf die seltenen Ausnahmen von dieser Zuordnungsregel wird weiter unten eingegangen.

Zusammengefasst ergibt die Durchsicht der untersuchten Beschlüsse der unionalen Rechtsetzungsorgane und der EZB drei Merkmale ihrer äußeren Form, die in großer Regelmäßigkeit gemeinsam auftreten und sie in dieser Kombination von anderen Rechtsakten unterscheiden: Erstens die dänische, deutsche und niederländische Titulierung als *„afgørelse"*, „Beschluss" und *„besluit"*, zweitens eine spezielle Einleitungsformel, die in der Mehrzahl der Amtssprachen von der bei einer „Entscheidung" üblichen verschieden ist, und drittens das Fehlen einer besonderen Abschlussklausel.[458] Die empirische Korrelation zwischen diesen drei Merkmalen ist so hoch, dass die handelnden Organe erkennbar eine bestimmte Gattung von Akten erlassen wollen, wenn sie sich dieser äußeren Form bedienen. Weil sich auch die in Art. 249 EG kodifizierten Handlungsformen Verordnung, Richtlinie und Entscheidung gerade in Bezug auf diese Merkmale voneinander unterscheiden, darf vermutet werden, dass sich die so gekennzeichnete Gattung durch gewisse rechtliche Eigenschaften auszeichnet, die systematisch der Kategorie Handlungsform zugeordnet werden können. Es handelt sich um die drei formidentifizierenden Merkmale eines Beschlusses.

---

[458] Diese Beschreibung des Beschlusses bzw. der *décision sui generis* findet sich auch bei Groeben/Schwarze-*Schwartz*, Rdnrn. 206 f. zu Art. 308 EG, und *P.-Y. Monjal*, Recherches sur la hiérarchie des normes communautaires, 2000, Rdnr. 561; sie stimmt überein mit den Formulierungshilfen der Experten des Rates: *Generalsekretariat des Rates der Europäischen Union* (Dienst der Rechts- und Sprachsachverständigen), Muster und Hinweise für Rechtsakte im Rahmen des Rates der Europäischen Union, 4. Ausgabe Juli 2002, ebenso schon in der 2. Ausgabe Oktober 1983.

III. Rechtlicher Gehalt dieser Merkmale

Im Folgenden werden die drei formidentifizierenden Merkmale eines Beschlusses auf ihren rechtlichen Gehalt untersucht. Wohlgemerkt, es geht hier nicht erneut um die bereits positiv beantwortete Frage, ob die äußere Form als solche konstitutive Bedeutung für die gewählte Handlungsform haben kann. Zu klären ist vielmehr, welche Merkmale notwendig sind, um die formale Identität eines Beschlusses anhand seiner äußeren Form zu bestimmen. Angesichts der weit reichenden Folgen für das Rechtsregime ist davon auszugehen, dass nur solche Merkmale einen formkonstitutiven Charakter beanspruchen können, die sich auf ein Aufbauelement der Rechtsakte beziehen, dem die Rechtsordnung eigenständige rechtliche Relevanz beimisst. Anderen Merkmalen kommt nur die Bedeutung eines typischen Merkmals eines Beschlusses zu, das die Identifizierung der gewählten Handlungsform praktisch erleichtert.

1. Bezeichnung in der Überschrift

Das herausragende unter den Merkmalen ist die Bezeichnung im Titel des Rechtsakts, und dies nicht nur, weil es für die jüngeren Beschlüsse des Rates durch dessen Geschäftsordnung normativ vorgegeben ist. Die Überschrift ist integraler Bestandteil eines Rechtsakts,[459] und mit dieser an exponierter Stelle des Normtexts stehenden Selbstbeschreibung ordnet er sich einer bestimmten Gruppe von Akten zu, nimmt mithin eine abstrakte Kategorisierung vor.

Gewiss ist die in der Überschrift ausgesprochene Selbstbezeichnung zunächst nur der *Name* einer Gattung, ohne dass hiermit bereits qualitative Aussagen über die Gattung verbunden wären. Insbesondere können aus dem gewählten Terminus keine rechtlichen Schlussfolgerungen gezogen werden. So ist anerkanntermaßen für die Rechtswirkungen von EG-Richtlinien ohne Bedeutung, dass in den vielen Amtssprachen das Wort „Richtlinie“ einen unverbindlichen Klang hat und diese Bezeichnung im nationalen Recht teilweise für verwaltungsinterne Handlungen Verwendung findet.[460]

---

[459] EuGH, Rs. C-255/99, *Humer*, Slg. 2002, S. I-1205, Rdnr. 48.

[460] Die Einsicht in die relative Autonomie von national vorgeprägten Rechtsbegriffen steht am Beginn einer unionsrechtlichen Handlungsformenlehre, *Ipsen*, Gemeinschaftsrecht, 19/9.

Rechtlichen Gehalt gewinnt die Selbstbezeichnung eines Rechtsakts durch eine zweifache Verweisung. Zum einen verweisen die in der Überschrift gewählten Bezeichnungen auf die Verträge, aus denen die Akte ihren Geltungsanspruch ableiten. Mit der Überschrift „Verordnung", „Richtlinie" oder „Entscheidung" nehmen die Rechtsakte auf die Bestimmungen über die Handlungsformen Bezug und ordnen sich damit einem primärrechtlich determinierten Rechtsregime zu. Auch in der Bezeichnung als „Beschluss" liegt eine solche Bezugnahme, allerdings eine negative, indem der Rechtsakt sich gerade *keiner* der in Art. 249 EG kodifizierten Handlungsformen zuordnet. Mag dies auch nur in drei Amtssprachen erkennbar sein: Mit der Bezeichnung als „Beschluss" nimmt ein Rechtsakt für sich in Anspruch, keine Entscheidung im Sinne des Art. 249 IV EG zu sein.

Eine zweite Verweisung ist möglicherweise ebenso relevant, zumal für eine praxisgenerierte Handlungsform. Durch die Gattungsbezeichnung in der Überschrift ordnet sich ein Rechtsakt der Gruppe der *bisher* unter dieser Bezeichnung erlassenen Rechtsakte zu. Diejenigen rechtlichen Erkenntnisse, die für Verordnungen allgemein Anwendung fanden, sollen auch auf eine neue „Verordnung" anwendbar sein. Ein rechtsetzendes Organ, das so verfährt, nimmt die Vermutung der Gleichmäßigkeit und Regelhaftigkeit seines Handelns für sich in Anspruch und weckt bei den Rechtsadressaten die Erwartung, dass – auch jenseits der primärrechtlichen Vorgaben und ihrer Konkretisierung durch die Rechtsprechung – gewisse gemeinsame Eigenschaften von gleich bezeichneten Rechtsakten bestehen. In gewissem Umfang rechtlich geschützt sind derartige Erwartungen durch das Prinzip der Rechtssicherheit, demzufolge unionale Rechtsakte eindeutig sein müssen und ihre Anwendung für die Betroffenen vorhersehbar sein muss.[461]

Durch beide Bezugnahmen ordnet sich ein Rechtsakt einem Ensemble rechtlicher Eigenschaften zu, das sich auf die Kategorie der Handlungsform und die von ihr geleistete Unterscheidung zwischen Rechtsakten bezieht. Allerdings dürfen die Erwartungen, die sich allein mit der Bezeichnung als „Beschluss" verknüpfen, nicht zu hoch gesteckt werden. Zum einen ist mit der kollektiven Absonderung der „Beschlüsse" von den Formen des Art. 249 EG noch nicht gesagt, dass sich für diese Gattung positiv ein kohärentes Rechtsregime feststellen lässt. Zum anderen ist auch der umgekehrte Fall denkbar: Rechtsakte, die ihrer Bezeichnung nach unterschiedlichen Gattungen angehören, sind rechtlich als Unterfälle der selben Handlungsform zu qualifizieren, wenn sie im

---

[461] Erster Teil, C. II. 3. c.

Hinblick auf alle formdeterminierten rechtlichen Eigenschaften übereinstimmen. So war beispielsweise für staatengerichtete EGKS-Empfehlungen und EG-Richtlinien anerkannt, dass es sich um Vertreter einer identischen Handlungsform handelte.[462] Allein die in drei Amtssprachen unterschiedliche Bezeichnung von Beschlüssen und Entscheidungen konstituiert noch keinen Unterschied ihrer Handlungsform, wenn die Differenzierung letztlich folgenlos bleiben sollte.

Aus diesen allgemeinen Überlegungen ergibt sich für den Beschluss: Eine unmittelbare Selbstzuschreibung von bestimmbaren Rechtswirkungen geht von der Bezeichnung nicht aus. Sie verweist aber auf gewisse gemeinsame Eigenschaften einer Gattung von Rechtsakten, der der so bezeichnete Rechtsakt angehört, insbesondere durch die negative Bezugnahme auf Art. 249 EG. Insofern ist die Bezeichnung als „Beschluss", „*afgørelse*" und „*besluit*" ein rechtserhebliches Merkmal, das konstitutiv ist für diese Gattung. Über deren Autonomie und Kohärenz als Handlungsform muss die Analyse ihres Rechtsregimes entscheiden.

2. *Einleitungsklausel*

Demgegenüber ist die Beobachtung, dass die Handlungsformen über eine für sie typische Einleitungsformel verfügen, von rechtlich geringerem Gewicht.

Dass in den Geschäftsordnungen von Rat und Parlament eine Einleitungsklausel ausdrücklich verlangt wird, erklärt sich in erster Linie mit ihrer gliedernden Funktion. Die entsprechende Formel markiert den Beginn des verfügenden Teils eines Rechtsakts, der die eigentlichen Rechtsnormen enthält, und trennt diesen vom Einleitungsteil, dem ein anderer rechtlicher Status zukommt. Ein zwingendes Gebot, dass sich Handlungsformen stets durch ihre Einleitungsformeln ausweisen müssten, kann den Geschäftsordnungen wohl nicht entnommen werden.[463] Nach allgemeinen Fehlerfolgenlehren dürfte selbst der für Verordnungen des Rates wörtlich vorgegebenen Formel kaum eine Bedeutung zukommen, die über die einer Ordnungsvorschrift hinausgeht.[464] Wenn die Einleitungsformel einer Verordnung ihr einmal nicht entsprechen

---

[462] EuGH, Rs. 221/88, *Busseni*, Slg. 1990, S. I-495, Rdnr. 21.

[463] Bezeichnenderweise verzichtet Art. 68 Nr. 3 lit. e GO-Parlament (Anm. 451) auf eine strikte Normierung der zu wählenden Formeln.

[464] Zur Irrelevanz untergeordneter Formvorschriften für die Rechtswidrigkeit der Akte EuGH, Rs. 165/87, *Kommission/Rat*, Slg. 1988, S. 5545, Rdnr. 19.

sollte, verliert der Rechtsakt allein dadurch gewiss weder den Charakter als Verordnung noch verstößt er gegen eine wesentliche Formvorschrift, solange er an anderen Merkmalen zweifelsfrei als eine Verordnung erkennbar ist und ihr normativer Bestandteil deutlich von den Erwägungsgründen unterschieden ist.

Eine eigenständige Bezugnahme auf das primärrechtliche Formenregime ist, sieht man von der Wiederholung der in der Überschrift verwendeten Selbstbezeichnung ab, mit der Einleitungsklausel nicht verbunden. Für sich genommen aber kann die hierin liegende Bezugnahme auf frühere Rechtsakte einen konstitutiven Charakter nicht beanspruchen: Wenn die Zuordnung aufgrund anderer Merkmale eindeutig ist, mag die Einleitungsformel eines Beschlusses von der in der Praxis entwickelten Gesetzgebungskonvention abweichen, ohne die Zugehörigkeit zu dieser Handlungsform in Frage zu stellen. Bezeichnenderweise ist der genaue Wortlaut der Einleitungsklausel eines Beschlusses in keiner Geschäftsordnung vorgegeben.

Damit fehlt es an einem rechtlichen Argument, der bei Beschlüssen üblichen Einleitungsformel „beschließt" einen anderen Status zuzuerkennen als den eines typischen Merkmals. Entsprechend unschädlich sind die eigensinnige Praxis der EZB und gelegentliche Abweichungen von der Konvention auch in der Praxis der Unionsorgane, die namentlich bei älteren Rechtsakten zu beobachten ist.[465]

Die praktische Bedeutung der konventionell gewählten Einleitungsformeln für die Unterscheidung von Entscheidung und Beschluss sollte gleichwohl nicht gering geschätzt werden. Bei der Lektüre einer *décision* vermag ein in die Geheimnisse der Gesetzgebungstechnik eingeweihter französischer Bürger erstmals an der Einleitungsklausel zu erkennen, ob es sich (vermutlich) um eine Entscheidung oder einen Beschluss handelt. Die beschlusstypische Formel *„décide"* stiftet ein starkes Indiz dafür, dass das rechtsetzende Organ einen Beschluss erlassen wollte, denn es kann als der Regelfall unterstellt werden, dass die Unionsorgane die Rechtswirkungen ihrer Akte nicht verschleiern, sondern sie kommunizieren wollen. Konstitutiver Charakter für die Handlungsform kommt diesem identifizierenden Merkmal des Beschlusses aber nicht zu.

---

465 Beispiel: Beschluss der Kommission vom 18. April 1973 über die Bestellung der für die Finanzkontrolle zuständigen Bediensteten (73/138/EGKS, EWG, Euratom), ABl. L 153 vom 9.6.1973, S. 38: „hat folgenden Beschluss gefasst".

3. *Abschlussklausel*

Den komplexesten rechtlichen Gehalt unter den hier untersuchten Aufbauelementen der Rechtsakte hat die Abschlussklausel.

Zunächst handelt es sich bei den gängigen Schlussformeln um gesetzgebungstechnische Konventionen, deren Wiederkehr, ähnlich wie bei den Einleitungsformeln, zur Erkennbarkeit der Handlungsform beiträgt (die dort überdies erneut beim Namen genannt wird). Dies erklärt die erstaunliche Regelmäßigkeit und Beständigkeit ihrer Verwendung[466] indes nur teilweise und erfasst ihre volle rechtliche Bedeutung nicht.

Das Verständnis der Abschlussklauseln wird erleichtert, vergegenwärtigt man sich ihren historischen Ursprung im Recht, das unter dem Vertrag für Kohle und Stahl erlassen wurde. Mit Art. 14 KS besaß der Montanvertrag ein im Hinblick auf die Bezeichnung der Akte weniger ausdifferenziertes Handlungsformenspektrum.[467] Die Unterscheidung von Verordnungen und Entscheidungen wurde erst durch den EWG-Vertrag in das Gemeinschaftsrecht eingeführt. Wenn die Hohe Behörde der EGKS eine „Entscheidung" erließ, war erst an der Schlussformel zu erkennen, ob es sich um eine unternehmensgerichtete Entscheidung, eine staatengerichtete Entscheidung oder um eine Entscheidung handelte, die „in allen ihren Teilen verbindlich" ist und „unmittelbar in jedem Mitgliedstaat" galt. Die Schlussformel einer EGKS-Entscheidung war also weit davon entfernt, gegenüber den Rechtswirkungen des Akts neutral zu sein: Sie definierte seinen Anwendungsbereich und damit seinen normativen Gehalt. Dem entspricht die systematische Stellung der Schlussformel am Ende (und damit als Bestandteil!) des verfügenden Teils des Rechtsakts.

Welche Bedeutung die Autoqualifizierung der Gemeinschaftsakte durch ihre Schlussformel auch nach der ‚Erfindung' einer eigenen Bezeichnung für Verordnungen hat, ist durch nähere Analyse der jeweiligen Formeln zu ermitteln.

Inhaltlich treffen die üblichen Schlussformeln Aussagen über Rechtswirkungen der betreffenden Rechtsakte, wobei es zu einem bemerkenswerten Zusammenspiel mit den Definitionen kommt, die das Primärrecht vorsieht.[468] *Bieber* spricht von der „Gesetzgebungstechnik, die

---

[466] Vgl. schon die Schlussformel der Verordnung Nr. 1 (Anm. 324).

[467] Zu den Handlungsformen des EGKS-Vertrags *J. Bast*, Handlungsformen, in: A. v. Bogdandy (Hrsg.), Europäisches Verfassungsrecht, 2003, S. 479, 482 ff.

[468] Beschreibend *E. Grabitz*, Rechtshandlungen der Gemeinschaftsorgane, in: Kommission (Hrsg.), Dreißig Jahre Gemeinschaftsrecht, 1983, S. 91, 97 ff.

einem Rechtsakt gemäß Art. 189 EWGV zugewiesene Rechtswirkung zu wiederholen“[469]. Streng genommen trifft diese Beobachtung nur für Verordnungen zu, deren allteilige Verbindlichkeit und unmittelbare Anwendbarkeit sich bereits aus Art. 249 II 2 EG ergibt. Es darf bezweifelt werden, dass autoqualifizierte Rechtswirkungen dieser Reichweite auch ohne eine primärrechtliche Anordnung Anerkennung finden könnten. Bei der Ermittlung des rechtlichen Potenzials von Verordnungen hat der Gerichtshof durchweg mit dem Text des Vertrags, nicht mit dem Text des betreffenden Rechtsakts argumentiert.[470] Zutreffend dürfte deshalb eine Interpretation sein, nach der ein Rechtsakt mit der für eine Verordnung üblichen Schlussformel für sich in Anspruch nimmt, eine Verordnung im Sinne des Art. 249 II EG zu sein *und deshalb* die dort niedergelegten Rechtswirkungen entfalten zu können.

Bei Richtlinien und Entscheidungen hingegen beinhaltet die Abschlussklausel keine bloße Wiederholung derjenigen Rechtswirkungen, von denen Art. 249 EG bereits spricht (Verbindlichkeit hinsichtlich des Resultats bzw. in allen Teilen). Die jeweiligen Schlussformeln legen vielmehr fest, *wem* gegenüber diese Wirkungen eintreten, ohne den Wirkungsmodus selbst zu bezeichnen. Die formentypischen Rechtswirkungen des Rechtsakts ergeben sich mithin aus dem Primärrecht, die Identität des formellen Adressaten aus dem Rechtsakt.[471] Im Zweifel kommt, wie der Gerichtshof entschieden hat, der eindeutigen Individualisierung des Adressaten in der Schlussformel interpretatorischer Vorrang vor unklar formulierten sonstigen Bestimmungen des Rechtsakts zu.[472] Die von *Bieber* beobachtete Redundanz findet sich gleichwohl in gewissem Umfang auch bei Richtlinien. Richtlinien verlassen sich üblicherweise nicht darauf, dass sich die Umsetzungsverpflichtung der Mitgliedstaaten bereits mit einiger Deutlichkeit aus dem Wortlaut des Art. 249 III EG entnehmen lässt.[473] Vielmehr ordnet einer der letzten Artikel der Richtlinie zumeist ausdrücklich an, das nationale Recht in Übereinstimmung mit den Vorgaben der Richtlinie zu bringen („Die Mit-

---

[469] *R. Bieber*, Das Verfahrensrecht von Verfassungsorganen, 1992, S. 190.

[470] EuGH, Rs. 17/67, *Neumann*, Slg. 1967, S. 571, 608; Rs. 40/69, *Bollmann*, Slg. 1970, S. 69, Rdnr. 4; Rs. 43/71, *Politi*, Slg. 1971, S. 1039, Rdnr. 9.

[471] Zur Rechtspflicht, den Adressaten einer förmlichen Entscheidung ausdrücklich zu bezeichnen *R. Thierfelder*, Die Entscheidung im EWG-Vertrag, 1968, S. 48.

[472] EuGH, Rs. 173/73, *Italien/Kommission*, Slg. 1979, S. 709, Rdnr. 18.

[473] EuGH, Rs. 102/79, *Kommission/Belgien*, Slg. 1980, S. 1473, Rdnr. 12.

gliedstaaten erlassen die Rechts- und Verwaltungsvorschriften, die erforderlich sind, um dieser Richtlinie spätestens ab dem ... nachzukommen.“). Mit einer solchen Formulierung wird nicht nur eine Frist bestimmt.[474] Wie der Gerichtshof gelegentlich betont hat, wird die Umsetzungsverpflichtung durch Art. 249 III EG *und durch die Richtlinie selbst* begründet, sodass ein säumiger Mitgliedstaat auch gegen Letztere verstößt.[475]

Die Abschlussklausel hat damit Anteil an der Fähigkeit der unionalen Rechtsakte, in den von den Verträgen vorgegebenen Grenzen die von ihnen ausgelösten Rechtswirkungen selbst festzulegen, teils indirekt durch die Bezugnahme auf eine primärrechtlich kodifizierte Handlungsform, teils direkt durch Selbstzuschreibung bestimmter Wirkungen im verfügenden Teil des Rechtsakts.

Was bedeutet in diesem Kontext das *Fehlen* einer Abschlussklausel im Fall der Beschlüsse? Dieser Frage wird die Studie bei der Diskussion des Wirkungsmodus des Beschlusses im Einzelnen nachgehen. An dieser Stelle mag zunächst die Feststellung genügen, dass diesem formidentifizierenden Merkmal bei anderen Handlungsformen rechtliche Erheblichkeit in Bezug auf die Rechtswirkungen zukommt und deshalb auch das beredte Schweigen der Beschlüsse hierauf nicht ohne Einfluss ist. Offenbar nimmt ein Beschluss bestimmte Rechtswirkungen, von denen die Schlussformeln von Verordnungen, Richtlinien und Entscheidungen sprechen, gerade *nicht* für sich in Anspruch.[476]

Für die Abgrenzung zu diesen Handlungsformen ist das Fehlen einer formentypischen Abschlussklausel somit ein konstitutives Merkmal des Beschlusses. Gewiss, es ist wenig plausibel, dass die Abwesenheit eines Kennzeichens für sich genommen einer Gattung von Akten schon rechtliche Kontur verleihen kann. Empirisch wird dies unterlegt durch den Umstand, dass beispielsweise auch die Empfehlungen keine formentypische Schlussformel aufweisen. Es bedarf eines positiven Merkmals, das durch das Fehlen eines weiteren näher qualifiziert wird. Als

---

[474] EuGH, Rs. 52/75, *Kommission/Italien*, Slg. 1976, S. 277, Rdnr. 10.

[475] EuGH, Rs. C-72/95, *Kraaijeveld*, Slg. 1996, S. I-5403, Rdnr. 55; Rs. C-129/96, *Inter-Environnement Wallonie*, Slg. 1997, S. I-7411, Rdnr. 40; Rs. C-157/02, *Rieser Internationale Transporte*, Slg. 2004, S. I-1477, Rdnr. 66.

[476] In diese Richtung bereits *U. Everling*, Die Neuregelung des Assoziationsverhältnisses zwischen der Europäischen Wirtschaftsgemeinschaft und den afrikanischen Staaten und Madagaskar sowie den überseeischen Ländern und Hoheitsgebieten, ZaöRV 24 (1964), S. 472, 565.

solches wurde oben die Bezeichnung ermittelt. Erst das Zusammentreffen beider Merkmale ist hinreichend, um eine Handlung formal als Beschluss zu qualifizieren.

4. Konstitutive Merkmalskombination eines Beschlusses

Im Hinblick auf die Merkmale seiner äußeren Form ist ein Beschluss somit dadurch definiert, dass er als „Beschluss" bezeichnet ist und zugleich eine formentypische Abschlussklausel am Ende des verfügenden Teils fehlt. Diese Merkmalskombination konstituiert eine unter dem Gesichtspunkt der Handlungsform von anderen Rechtsakten klar unterschiedene Gattung.

Dieser Befund impliziert eine wichtige Entlastung für die besonderen Kommunikationsprobleme in einer multilingualen Rechtsordnung. Wäre man zur Identifizierung eines Beschlusses allein auf die Bezeichnung angewiesen, würde dessen Eigenständigkeit als Handlungsform kaum auf rechtlich tragendem Untergrund stehen. Das Gebot der Rechtssicherheit und die Gleichwertigkeit der verbindlichen Sprachfassungen verlangen nach Unterscheidbarkeit von Beschluss und Entscheidung in allen Amtssprachen. Es hieße auch praktisch die Anforderungen an die Gesprächsbereitschaft der Rechtsbürger und Rechtsanwender in der Mehrzahl der Mitgliedstaaten zu überspannen, wären sie zur Identifizierung eines Beschlusses darauf angewiesen, die dänische, deutsche oder niederländische Ausgabe des Amtsblatts zu konsultieren. Durch das zusätzliche Merkmal einer fehlenden entscheidungstypischen Abschlussklausel wird dies überflüssig: Eine *décision* ist eine Entscheidung, wenn sie ausweislich ihrer Abschlussformel an einen bestimmten Adressaten gerichtet ist, sie ist ein Beschluss, wenn eine solche formelle Adressierung fehlt. In der Mehrzahl der Amtssprachen sind die Rechtsadressaten gewissermaßen weiterhin in einer Lage, in der sie sich während der fünfzig Jahre der Geltung des EGKS-Vertrags befanden: Die Bezeichnung als *décision* leistet erst eine erste Weichenstellung zur Bestimmung der Handlungsform, über ihren Charakter als privatgerichtete Entscheidung, staatengerichtete Entscheidung oder Beschluss informiert der Blick auf die Abschlussklausel.

IV. Qualifizierung von Akten, denen ein konstitutives Merkmal fehlt

Es wurde bereits angedeutet, dass die Kombination der Überschrift „Entscheidung“ mit einer entscheidungstypischen Schlussformel und die Kombination der Überschrift „Beschluss“ mit dem Fehlen einer solchen Formel die empirische Regel ist. Sie überschreitet im geltenden Recht die 99 %-Marke. Gleichwohl verspricht es rechtsdogmatischen Ertrag, sich mit der Ausnahme von der Regel zu beschäftigen. Der nachfolgende Kontrollblick in die Empirie beschäftigt sich mit „Beschlüssen“, die ausweislich einer Schlussformel an einen bestimmten Adressaten gerichtet sind, und mit „Entscheidungen“, denen eine adressatenbezogene Abschlussklausel fehlt.

1. Übersetzungsfehler

Einer gesonderten Behandlung bedürfen vorab die Fälle, in denen es sich um offenkundige Übersetzungsfehler handelt. Nicht jede Abweichung bei der konstitutiven Selbstbezeichnung als „Beschluss“ oder „Entscheidung“ nötigt dazu, von einer atypischen Handlung auszugehen. Die Handlungsformenlehre muss pragmatisch in Rechnung stellen, dass ein Gemeinschaftsrechtsakt nur manchmal auf einen in deutscher Sprache erstellten Arbeitsentwurf zurückgeht und kaum je auf einen dänischen oder niederländischen. Zumeist handelt es sich schon bei dem in allen Amtssprachen vorgelegten Kommissions-Vorschlag um Übersetzungen aus einem englischen oder französischen Dokument.[477] Auch bei divergierenden Bezeichnungen eines Rechtsakts sind die Auslegungsmethoden zur Anwendung zu bringen, die der Gerichtshof bei Inkongruenzen zwischen verschiedenen Sprachfassungen praktiziert, um die Einheit des Gemeinschaftsrechts zu wahren.[478] Diese Methodik schließt ein, einen abweichenden Wortlaut im Lichte anderer Fassungen einer harmonisierenden Interpretation zuzuführen[479] und gegebenen-

---

[477] Zum Arbeitssprachenregime in der Praxis *F. C. Mayer*, The Language of the European Constitution – beyond Babel?, in: A. Bodnar u.a. (Hrsg.), The Emerging Constitutional Law of the European Union, 2003, S. 359, 366 ff.; *I. Schübel-Pfister*, Sprache und Gemeinschaftsrecht, 2004, S. 67 ff.

[478] Hierzu bereits Zweiter Teil, A. I. 1.

[479] EuGH, verb. Rs. C-283/94, C-291/94 und C-292/94, *Denkavit*, Slg. I-1996, S. 5063, Rdnr. 25; Rs. C-310/95, *Road Air*, Slg. 1997, S. I-2229, Rdnr. 32; Rs. C-72/95 (Anm. 475), Rdnr. 28; Rs. C-259/95, *Parlament/Rat*, Slg. 1997, S. I-

falls einzelne Fassungen als übersetzungsbedingten „Irrtum“ oder als „Redaktionsversehen“ ganz außer Acht zu lassen.[480] Diese Vorgehensweise wird bei der Bezeichnung der Akte kaum jemals nötig sein, denn regelmäßig arbeiten die Übersetzungsdienste, was den Wortlaut der Rechtsakte angeht, mit großer Präzision, zumal bei einem Standardproblem wie der korrekten Übersetzung von *decision* bzw. *décision*.

Vor diesem Hintergrund und angesichts der rechtlichen Relevanz der Bezeichnung verbietet es sich in aller Regel, ein Übersetzungsdefizit zu unterstellen und interpretativ zu korrigieren, wenn die dänische, die deutsche und die niederländische Sprachfassung ein schlüssiges Bild liefern. Die Annahme eines Übersetzungsfehlers dagegen drängt sich auf, wenn nur eine der drei ‚unterscheidungsfreundlichen‘ Sprachfassungen in der Überschrift auf eine „Entscheidung“ hindeutet, der Akt im Übrigen alle drei identifizierenden Merkmale eines Beschlusses aufweist und für Rechtsakte dieses Gegenstands typischerweise Beschlüsse Verwendung finden.[481] Zwischen diesen Polen liegen Grenzfälle, die im Einzelfall gewürdigt werden müssen.[482]

Dass irritierende Übersetzungsfehler in der Praxis vorkommen, zeigt ein Urteil zu einem unveröffentlichten „Beschluss“ des Rates, von dem die Öffentlichkeit Kenntnis erhielt, als die Kommission dessen Recht-

---

5303, Rdnrn. 12 f.; EuG, Rs. T-188/99, *Euroalliages/Kommission*, Slg. 2001, S. II-1757, Rdnrn. 43 f.

480 EuGH, verb. Rs. 424/85 und 425/85, *Frico*, Slg. 1987, S. 2755, Rdnr. 25; verb. Rs. 138/86 und 139/86, *Direct Cosmetics*, Slg. 1988, S. 3937, Rdnr. 31; Rs. C-27/90, *Sitpa*, Slg. 1991, S. I-133, Rdnr. 13.

481 Beispiel: Entscheidung der Kommission vom 13. März 1981 zur Änderung des Beschlusses 76/559/EWG zur Einsetzung eines Beratenden Veterinärausschusses (81/156/EWG), ABl. L 72 vom 18.3.1981, S. 21 (nicht mehr in Geltung).

482 Um einen Beschluss handelt es sich bei Entscheidung Nr. 2318/2003/EG des Europäischen Parlaments und des Rates vom 5. Dezember 2003 über ein Mehrjahresprogramm (2004–2006) für die wirksame Integration von Informations- und Kommunikationstechnologien (IKT) in die Systeme der allgemeinen und beruflichen Bildung in Europa (Programm „eLearning“), ABl. L 345 vom 31.12.2003, S. 9. Hier deutet allein der Titel der deutschen und der niederländischen Fassung, nicht aber der dänischen auf eine Entscheidung hin, alle übrigen Merkmale auf einen Beschluss. Im Normtext selbst ist durchgängig von „dieser Beschluss“ bzw. „*dit besluit*“ die Rede. Der Vorschlag der Kommission war noch als Beschluss/*besluit* ausgewiesen, KOM(2003) 751 endg.

mäßigkeit in Zweifel zog.[483] Den näheren Angaben im Urteilstext kann entnommen werden, dass es sich bei der angegriffenen Gewährung einer Sonderbeihilfe um eine normale Entscheidung handelt, die an die französische Republik gerichtet ist, dieser förmlich zugestellt wurde und nach allgemeinen Regeln auch nur in ihrer französischen Fassung verbindlich ist.[484] Dass die deutsche und die niederländische Fassung des Urteils von einem „Beschluss" sprechen, kann nur damit erklärt werden, dass es sich um eine fehlerhafte Übersetzung des in französischer Sprache beratenen Urteilsentwurfs handelt.[485] In der dänischen Urteilsfassung sowie in den Schlussanträgen des Generalanwalts ist zutreffend von einer „Entscheidung" des Rates die Rede.[486]

2. *„Beschluss" mit adressatenbezogener Schlussformel: nicht existent*

Wenn ein Rechtsakt in den drei hier relevanten Amtssprachen kohärent als Beschluss überschrieben ist, ist eine entsprechende Intention des rechtsetzenden Organs zu unterstellen. Höchst Ungewöhnliches läge deshalb vor, wenn ein als „Beschluss" bezeichneter Rechtsakt mit einer entscheidungstypischen Schlussformel versehen würde. Das empirische Ergebnis ist in dieser Hinsicht beruhigend: Derartige Rechtsakte kommen, soweit ermittelt werden konnte, in der Praxis nicht vor.

Nur scheinbar ein Vertreter dieser Gattung ist ein auf Art. 50 EA gestützter „Beschluss" des Rates zur Billigung einer Statutenänderung eines Gemeinsamen Unternehmens auf dem Atomsektor, der ausweislich der Abschlussklausel an die Mitgliedstaaten und an das betroffene Unternehmen gerichtet ist.[487] Die dänische und niederländische Fassung

---

[483] EuGH, Rs. C-309/95, *Kommission/Rat*, Slg. 1998, S. I-655.

[484] Ibid., Rdnrn. 9, 12 und 16; die Entscheidung wurde auf Art. 93 II Ua. 3 EGV (jetzt Art. 88 II Ua. 3 EG) gestützt.

[485] Zu Französisch als einziger Arbeitssprache des Gerichtshofs *Ch. Kohler*, Zur institutionellen Stellung des Gerichtshofes der Europäischen Gemeinschaften, EuGRZ 2003, S. 117, 120; im konkreten Fall war auch die Verfahrenssprache Französisch, die nach Art. 31 der EuGH-Verfahrensordnung die verbindliche Urteilsfassung definiert.

[486] GA Cosmas, Rs. C-309/95 (Anm. 483), Nrn. 20 ff.

[487] Beschluss des Rates vom 17. November 1975 zur Billigung einer Änderung des Gesellschaftsvertrags des gemeinsamen Unternehmens Schnell-Brüter-Kernkraftwerksgesellschaft mbH (SBK) (75/725/Euratom), ABl. L 311 vom 1.12.1975, S. 38.

sind korrekt als *„beslutning"* bzw. *„beschikking"* (= Entscheidung) überschrieben. Dieses Kuriosum fällt in die Phase der Umstellung der Formenpraxis unter Art. 49 und 50 EA in der Mitte der 1970er Jahre, als der Rat von seiner in den frühen 1960er Jahren begründeten Praxis Abstand nahm, Errichtung und Statutenänderungen der Gemeinsamen Unternehmen durch adressatenlose „Entscheidung" vorzunehmen bzw. zu billigen. Damals setzte sich die Deutung durch, dass die Formel „durch Entscheidung" (*„ingevolge beschikking"*, *„til Rådets beslutning"*) in Art. 49 I EA nicht als zwingendes Formenwahlgebot zu interpretieren sei, sondern die Wahl zwischen adressatenbezogener Entscheidung und adressatenlosem Beschluss eröffnet. Der zitierte „Beschluss", eine auf Deutsch irreführend bezeichnete Entscheidung, steht an der Schwelle der Bewusstwerdung der Leistungsfähigkeit der Handlungsform Beschluss auch in den abgelegenen Provinzen des Atomrechts.

In diesem Zusammenhang noch anzuführen ist ein „Beschluss" der Kommission über die Bereitstellung von Gemeinschaftsmitteln zugunsten der Azoren und Madeiras, der auf eine Sonderregelung in der Akte über den Beitritt Spaniens und Portugals zurückgeht.[488] Verbindlichkeit beanspruchte der Rechtsakt allerdings nur in der portugiesischen Fassung. Die amtlich veröffentlichten Übersetzungen in Deutsch, Dänisch und Niederländisch deuten einheitlich auf einen Beschluss hin, gemäß seinem Art. 3 aber ist „[d]ieser Beschluss ... an die Regierungen Portugals und der autonomen Regionen der Azoren und Madeiras gerichtet". Ohne besondere Ermächtigung im Vertrag ist die Adressierung eines Rechtsakts an die Regierung eines der Hoheitsgewalt eines Mitgliedstaats unterstehenden Territoriums unzulässig.[489] Dies wird auch nicht dadurch geheilt, dass die Überschrift „Beschluss" gewählt wird, um die Differenz zu einer zulässig adressierten Entscheidung sichtbar zu machen. Ein solcher Rechtsakt fügt sich also nicht nur nicht in den Kanon

---

[488] Beschluss der Kommission vom 29. Juli 1992 über die erste Bereitstellung von Gemeinschaftsmitteln zugunsten der autonomen Regionen der Azoren und Madeiras gemäß dem Beschluss 91/315/EWG des Rates über das Programm POSEIMA zum Ausgleich der Mehrkosten für die Mineralölversorgung auf diesen Inselgruppen im Jahr 1991 (nur der portugiesische Text ist verbindlich) (92/435/EWG), ABl. L 239 vom 22.8.1992, S. 13.

[489] Erster Teil, C. II. 3. b.

etablierter Handlungsformen ein, er ist wegen einer formenbezogenen Befugnisüberschreitung rechtswidrig.[490]

3. „Entscheidung" ohne adressatenbezogene Schlussformel: nahezu ausgestorben

Eine durchaus beachtliche Zahl von Rechtsakten dagegen ist konsistent als „Entscheidung" überschrieben, während ihnen eine entscheidungstypische Schlussformel fehlt. Dabei handelt es sich überwiegend um Phänomene aus vergangenen Phasen der Gesetzgebungsgeschichte der Union. Diese Rechtsakte dokumentieren die prozesshafte Herausbildung des Beschlusses als einer praxisgenerierten Handlungsform, die sich mit sektorspezifischen Verzögerungen etabliert hat und teilweise immer noch mit Unsicherheiten behaftet ist.

Die Analyse des Primärrechts ergab, dass die älteste Schicht der Römischen Verträge nicht konsistent zwischen den Termini „Entscheidung" und „Beschluss" unterscheidet. Das Sekundärrecht aber entdeckte rasch die Möglichkeit, mit dieser Unterscheidung eine rechtserhebliche Differenz zum Ausdruck zu bringen und entwickelte „Beschluss" bzw. „*besluit*" zu einer Bezeichnung für eine besondere Gattung von Rechtsakten fort.[491] Gleichwohl weist verständlicherweise das frühe Gemeinschaftsrecht noch gewisse Schwankungen bei der Wahl der angemessenen deutschen und niederländischen Bezeichnung auf.

Entsprechend ergingen in den ersten Jahren nach Gründung der EWG „Entscheidungen", denen eine entscheidungstypische Schlussformel fehlt. Das älteste Beispiel sind zwei als „Entscheidungen" bezeichnete Akte vom 15. September 1958, mit denen der Rat über die Gründung des Amtsblatts befunden hat.[492] Man versetze sich in die Lage der da-

---

[490] Im Folgejahr vermied die Kommission diesen Fehler: Entscheidung der Kommission vom 28. Juli 1993 über die zweite Bereitstellung von Gemeinschaftsmitteln zugunsten der autonomen Regionen der Azoren und Madeiras … (93/426/EWG), ABl. L 196 vom 5.8.1993, S. 63; die Entscheidung ist gemäß Art. 3 allein an die portugiesische Republik gerichtet.

[491] Zweiter Teil, A. II. 1.

[492] Entscheidung vom 15.9.1958 über die Gründung des „Amtsblattes der Europäischen Gemeinschaften", ABl. 17 vom 6.10.1958, S. 390/58 (EWG-Rat) und ABl. 17 vom 6.10.1958, S. 419/58 (Euratom-Rat); beide Akte zeichnen sich bereits durch die beschlusstypische Einleitungsformel aus, die eine Differenz zu einer normalen Entscheidung markiert.

maligen Räte: Die Wahl einer Verordnung mit ihrem gesetzesgleichen Leistungspotenzial erschien für einen Organisationsakt wohl nicht angemessen. Andererseits ist die Festlegung des amtlichen Publikationsortes angesichts des konstitutiven Charakters der Veröffentlichung nach Art. 191 EWGV keine Maßnahme von bloß organisationsinterner Relevanz. An wen aber sollte eine außenwirksame „Entscheidung" sinnvollerweise „gerichtet" werden? Weder Mitgliedstaaten noch Rechtsbürger sind taugliche Adressaten für den Rechtsanwendungsbefehl zur Gründung eines EG-Publikationsorgans. Diese oder ähnliche Überlegungen müssen die an der Ausarbeitung des Rechtsakts beteiligten Organe bewogen haben, als man sich auf eine „Entscheidung" verständigte, die *an niemanden im Besonderen* gerichtet ist. Schließlich haben diese „Entscheidungen" zur Folge, dass das „Amtsblatt der EG" *für jedermann* das Amtsblatt der EG *ist*. Heute würde gewiss ohne Zögern ein solcher Rechtsakt als Beschluss ausgestaltet werden.[493]

Eine andere, heute nicht mehr gebräuchliche Lösung wählte die Euratom-Kommission, um nach Art. 60 VI EA die Vollzugsordnung der Euratom-Versorgungsagentur zu billigen und gemäß Art. 222 EA den Zeitpunkt festzulegen, zu dem die Agentur ihre Tätigkeit aufnahm.[494] Art. 5 der „Entscheidung" lautet: „Diese Entscheidung gilt für die Euratom-Versorgungsagentur sowie für alle Verbraucher und Erzeuger von Erzen, Ausgangsstoffen und besonderen spaltbaren Stoffen." Formell betrachtet bezeichnet der Rechtsakt, wie für eine Entscheidung in Art. 161 IV EA vorgesehen, diejenigen, für die sie verbindlich ist. Eine sinnvolle Eingrenzung des Adressatenkreises ist damit indes nicht verbunden, denn die Entscheidung richtet sich an sämtliche Rechtspersonen im Anwendungsbereich des Atomvertrags, und eine individuelle Bekanntgabe, wie sie Art. 163 II EA für Entscheidungen verlangt, hat gewiss nicht stattgefunden. Den heutigen Erkenntnisstand zu den

---

[493] Die Bezeichnung der diskutierten Rechtsakte hat früh Kritik erfahren, *H. v. Meibom*, Die Rechtsetzung durch die Organe der Europäischen Gemeinschaften, BB 1959, S. 127, 130; *H.-J. Rabe*, Das Verordnungsrecht der Europäischen Wirtschaftsgemeinschaft, 1963, S. 44 f. (dort weitere Beispiele für adressatenlose „Entscheidungen"); *Thierfelder*, Entscheidung (Anm. 471), S. 48 f.; *Ipsen*, Gemeinschaftsrecht, 22/20.

[494] Entscheidung betreffend die Festlegung des Zeitpunkts, zu dem die Euratom-Versorgungsagentur ihre Tätigkeit aufnimmt, sowie die Billigung der von der Agentur am 5. Mai 1960 erlassenen Vollzugsordnung über das Verfahren betreffend die Gegenüberstellung von Angeboten und Nachfragen bei Erzen, Ausgangsstoffen und besonderen spaltbaren Stoffen, ABl. 32 vom 11.5.1960, S. 776/60.

Handlungsformen vorausgesetzt, hätte sich die Wahl eines Beschlusses aufgedrängt. Schließlich nimmt die Versorgungsagentur für jedermann ihre Tätigkeit auf der Grundlage ihrer Vollzugsordnung und zum festgelegten Termin auf, auch wenn von ihren späteren Maßnahmen nur der genannte Adressatenkreis betroffen ist. Wie bereits oben angesprochen, fand im Bereich des Atomvertrags noch eine Weile der Rückgriff auf atypische „Entscheidungen" statt, namentlich gegenüber den Gemeinsamen Unternehmen nach Art. 45 ff. EA. Die ersten Gründungsakte nach Art. 49 EA erfolgten als „Entscheidung" ohne entscheidungstypische Adressierungsformel;[495] der letzte nachweisbare Rechtsakt dieser Art stammt aus dem Jahr 1982.[496]

Auch im Bereich des EG-Vertrags finden sich Beispiele dafür, dass sich die Verwendung von Beschlüssen erst einspielen und festigen musste. Hier ist die Gemeinsame Handelspolitik mit ihrer Befugnis zur Festsetzung eines Antidumpingzolls zu nennen. In den 1980er Jahren ist noch erstaunliche Unsicherheit zu konstatieren bei der Bezeichnung von Maßnahmen, die bereits in dieser Phase üblicherweise als Beschluss erlassen wurden.[497] Einige Akte ohne entscheidungstypische Schlussformel wurden in der deutschen Fassung als „Entscheidung" überschrieben, ohne dass eine nachvollziehbare Motivation erkennbar ist. Die Konsultation der dänischen und der niederländischen Ausgabe des Amtsblatts steigert die Verwirrung: Neben der Trias „Entscheidung–*afgørelse–besluit*"[498] finden sich auch die Kombinationen „Entscheidung–*beslutning–besluit*"[499] und „Entscheidung–*beslutning–beschik-*

---

[495] Beispiel: Entscheidung über die Errichtung des gemeinsamen Unternehmens «Société d'énergie nucléaire franco-belge des Ardennes», ABl. 65 vom 9.10.1961, S. 1173/61 (Euratom-Rat).

[496] Entscheidung des Rates vom 15. November 1982 zur Genehmigung von Änderungen des Gesellschaftsvertrags des Gemeinsamen Unternehmens „Kernkraftwerk Lingen GmbH" (82/794/Euratom), ABl. L 329 vom 25.11.1982, S. 27 (nicht mehr in Geltung).

[497] Zum Formengebrauch im Antidumpingrecht Grabitz/Hilf-*Weigl*, Vorb. E 6, Rdnrn. 23 ff.

[498] Beispiel: Entscheidung der Kommission vom 17. Dezember 1984 über die Annahme von Verpflichtungen im Rahmen des Antidumpingverfahrens betreffend die Einfuhren von Klavieren mit aufrecht stehendem Rahmen mit Ursprung in der Sowjetunion (84/638/EWG), ABl. L 332 vom 20.12.1984, S. 79 (nicht mehr in Geltung).

[499] Beispiel: Entscheidung der Kommission vom 17. Juli 1986 zur Einstellung des Antidumpingverfahrens betreffend die Einfuhren von Portlandzement mit

king“[500]. Dies spricht eher für das Vorliegen von Übersetzungsproblemen als für intentionales Handeln. Angesichts der Vielzahl von Maßnahmen im Rahmen der Antidumpingpolitik wird man diesen atypisch bezeichneten *decisions* keine allzu hohe Bedeutung zumessen dürfen. Ihr Rechtsregime unterscheidet sich letztlich in nichts von den Akten, die seit den 1990er Jahren durchgängig als Beschluss erlassen werden.[501]

Vereinzelt reicht der Rückgriff auf atypische „Entscheidungen“ bis in die jüngste Dekade. So wählte die Kommission mehrfach die Variante einer adressatenlosen „Entscheidung“ zur jährlichen Festlegung der Bereiche, in denen ein Aktionsprogramm vorrangig durchzuführen war.[502] Diese atypische Formengestaltung hat die Kommission zuletzt doch noch zugunsten eines Beschlusses aufgegeben.[503] Ein besonderes Motiv für die ursprüngliche Praxis ist nicht erkennbar. Das jüngste Beispiel für die atypische Ausgestaltung als adressatenlose „Entscheidung“, das die Studie ermitteln konnte, ist auch der Sache nach ein untypischer Akt: der Rechtsakt, mit dem der Rat in der Zusammensetzung der Staats- und Regierungschefs gemäß Art. 121 III EG den Zeitpunkt für den Be-

---

Ursprung in der Deutschen Demokratischen Republik, Polen und Jugoslawien (86/344/EWG), ABl. 202 vom 25.7.1986, S. 43 (nicht mehr in Geltung).

[500] Beispiel: Entscheidung der Kommission vom 23. November 1987 zur Aussetzung des Verfahrens wegen unerlaubter Handelspraktiken in Form widerrechtlicher Reproduktion von Tonaufzeichnungen in Indonesien (87/553/EWG), ABl. L 335 vom 25.11.1987, S. 22 (nicht mehr in Geltung).

[501] Diese Praxis wurde reflektiert in Art. 14 I Verordnung (EG) Nr. 3283/94 des Rates vom 22. Dezember 1994 über den Schutz gegen gedumpte Einfuhren aus nicht zur Europäischen Gemeinschaft gehörenden Ländern, ABl. L 349 vom 31.12.1994, S. 1 (nicht mehr in Geltung), die, anders als ihre Vorgänger, erstmals eine ausdrückliche Anerkennung des Beschlusses als Instrument der Handelspolitik brachte.

[502] Entscheidung der Kommission vom 22. Dezember 1992 zur Festlegung der vorrangigen Bereiche für den mit der Entscheidung 92/481/EWG beschlossenen Aktionsplan für den zwischen den Verwaltungen der Mitgliedstaaten vorzunehmenden Austausch nationaler Beamter, die mit der zur Verwirklichung des Binnenmarktes erforderlichen Durchführung des Gemeinschaftsrechts betraut sind (Programm Karolus) (93/11/EWG), ABl. L 8 vom 14.1.1993, S. 31 (nicht mehr in Geltung).

[503] Beschluss der Kommission vom 16. Juli 1998 zur Festlegung der vorrangigen Bereiche für den mit der Entscheidung 92/481/EWG des Rates beschlossenen Aktionsplan … (98/471/EG), ABl. L 208 vom 24.7.1998, S. 62.

ginn der dritten Stufe der Wirtschafts- und Währungsunion bestimmt bzw. im konkreten Fall einen vorzeitigen Eintritt abgelehnt hat.[504]

Würdigt man zusammenfassend das Phänomen der „Entscheidungen" ohne entscheidungstypische Schlussformel, handelt es sich um eine tendenziell aussterbende Spezies, die sich jedoch mit einer gewissen Beharrlichkeit gegen ihr vollständiges Verschwinden aus dem geltenden Recht sperrt. Da sie in der Vergangenheit gerade bei Regelungstypen auftrat, für die den Organen heute zumeist die Wahl eines Beschlusses angemessen erscheint, könnte man von einer Art Proto-Beschluss sprechen. Einiges spricht für die Annahme, dass es sich in Bezug auf Rechtswirkungen und Gültigkeitserfordernisse um Beschlüsse handelt, die nur im Hinblick auf ihre Bezeichnung von der später entwickelten und gefestigten konstitutiven Merkmalskombination abweichen. Diese Studie präferiert ein vorsichtigeres Vorgehen: Das Rechtsregime des Beschlusses wird allein anhand der Beschlüsse in ihrer heute gefestigten äußeren Form entfaltet. Soweit es sich bei „Entscheidungen", die ohne entscheidungstypische Schlussformel ergehen, nicht lediglich (nach den oben entwickelten Kriterien) um Produkte eines fehlerhaften Übersetzungsvorgangs handelt, sind sie als Akte mit einer atypischen Formengestaltung anzusehen. Es ist unschädlich, für diese verhältnismäßig geringe Zahl von „Entscheidungen" eine Einzelfallprüfung vorzubehalten, ob sie im konkreten Fall dem Rechtsregime des Beschlusses in vollem Umfang unterliegen.

Der Geschäftsordnung des Rates kann jedenfalls die Absicht entnommen werden, von der Bezeichnung „Beschluss" in den drei relevanten Amtssprachen zukünftig ausnahmslos Gebrauch zu machen, sodass im Weiteren an einem engeren Verständnis der formkonstituierenden Merkmale des Beschlusses festgehalten wird. Adressatenlose „Entscheidungen" sind demnach keine Beschlüsse, sondern atypische Akte, die – im jeweils zu betrachtenden Einzelfall – gegebenenfalls wie Beschlüsse zu behandeln sind.

---

[504] Entscheidung des Rates vom 13. Dezember 1996 nach Artikel 109j Absatz 3 des Vertrags zur Gründung der Europäischen Gemeinschaft über den Eintritt in die dritte Stufe der Wirtschafts- und Währungsunion (96/736/EG), ABl. L 335 vom 24.12.1996, S. 48.

V. Zusammenfassung zur äußeren Form des Beschlusses

In diesem Kapitel wurden Merkmale herausgearbeitet, die die rechtsetzenden Organe nutzen, um einem Rechtsakt die äußere Form eines Beschlusses zu verleihen. Hierzu waren aus dem Erscheinungsbild der Vielzahl von Beschlüssen die – überwiegend ungeschriebenen – Regeln zu rekonstruieren, von denen sich die Formengestaltungspraxis leiten lässt.

Zunächst wurde die Einsicht des Ersten Teils, dass die Qualifizierung der Handlungsform vom Willen des handelnden Organs abhängt, einschränkend konkretisiert: Zur Bestimmung der gewählten Handlungsform kommen ausschließlich solche Merkmale in Betracht, die im Text des Rechtsakts ihren Niederschlag gefunden haben. Die notwendige Textimmanenz formdeterminierender Merkmale folgt aus dem zwingenden Charakter der Rechtsetzungsverfahren und dem Grundsatz der Rechtssicherheit.

In einem ersten, induktiven Untersuchungsschritt wurden die als „Beschluss" bezeichneten Rechtsakte der regulären Rechtsetzungsorgane und der EZB auf Gemeinsamkeiten untersucht und mit den übrigen Akten dieser Urheber verglichen. Die Auswahl des empirischen Untersuchungsgegenstands rechtfertigt sich zum einen pragmatisch durch die Erwartung, eine eigenständige Handlungsform dieses Namens gerade bei diesen Organen und Einrichtungen aufzufinden. Zum anderen stützen die Geschäftsordnungen von Rat und Parlament normativ die Prämisse, dass es sich bei der Bezeichnung „Beschluss" um ein formidentifizierendes Merkmal dieser Handlungsform handelt.

Mit der Überschrift der untersuchten Akte korrelieren Unterschiede bezüglich der Formel, die den einleitenden vom verfügenden Teil des Rechtsakts trennt. Die Einleitungsformel eines „Beschlusses" lautet „beschließt", bei einer „Entscheidung" lautet sie „hat folgende Entscheidung erlassen". Diese Differenz ist in allen Amtssprachen nachweisbar (gewisse Eigenheiten zeigen die „Beschlüsse" der EZB). Ferner weisen Verordnungen, Richtlinien und Entscheidungen stets eine charakteristische Formel auf, die den verfügenden Teil abschließt. Die Abschlussformel von Verordnungen wiederholt inhaltlich Art. 249 II 2 EG, die von Richtlinien und Entscheidungen nennt die Adressaten, an die sie gerichtet sind. Eine derartige Klausel weisen die als „Beschluss" bezeichneten Rechtsakte ausnahmslos nicht auf. Die drei identifizierenden Merkmale eines Beschlusses sind damit die dänische, deutsche und niederländische Titulierung als *„afgørelse"*, *„Beschluss"* und *„besluit"*, eine spezielle Einleitungsformel und das Fehlen einer besonderen Abschlussklausel.

Im zweiten Schritt wurde untersucht, welchen rechtlichen Gehalt diese drei variierten Aufbauelemente der Rechtsakte besitzen. Die Bezeichnung in der Überschrift kann den Status eines formkonstitutiven Merkmals beanspruchen. Erstens ist sie im Anwendungsbereich der Geschäftsordnung des Rates normativ vorgegeben, zweitens werden die formbezogenen Vorschriften der Verträge – im Fall eines Beschlusses abgrenzend – in Bezug genommen und drittens ordnet sich ein Rechtsakt so der Gruppe der bisher unter dieser Bezeichnung erlassenen Rechtsakte zu. Die Einleitungsformel hat nur den Status eines typischen Merkmals, das die Identifizierung der gewählten Handlungsform praktisch erleichtert. Die Abschlussklauseln sind Bestandteil des verfügenden Teils des Rechtsakts und tragen zur Definition seiner Rechtswirkungen bei. Auch das charakteristische Fehlen einer solchen Klausel ist damit als ein konstitutives Merkmal anzusehen. Die Bezeichnung eines Rechtsakts als „Beschluss" in Kombination mit dem Fehlen einer formentypischen Abschlussklausel konstituiert eine Rechtsaktgattung, die in allen Amtssprachen als solche erkennbar ist. Hier zeigen sich Parallelen zur *décision* unter dem EGKS-Vertrag, bei der ebenfalls erst die Kombination von Überschrift und Schlussformel Aufschluss über die gewählte Handlungsform gab.

Als Kontrollblick in die Empirie diente die Beschäftigung mit Rechtsakten, denen eines der beiden konstitutiven Merkmale eines Beschlusses fehlt. Bei „Beschlüssen", die ausweislich ihrer Schlussformel an einen bestimmten Adressaten gerichtet sind, und bei „Entscheidungen", denen eine adressatenbezogene Abschlussklausel fehlt, ist zunächst die Möglichkeit eines Übersetzungsfehlers in Rechnung zu stellen. Dies kann durch Vergleich der Sprachfassungen überprüft werden. Bieten die dänische, deutsche und niederländische Fassung eines Rechtsakts ein kohärentes Bild, verbietet sich eine Interpretation, die der gewählten Bezeichnung keine Beachtung schenkt.

„Beschlüsse" mit adressatenbezogener Schlussformel sind praktisch nicht existent. Dies kann als Bestätigung der These gelten, dass die konstitutive Merkmalskombination des Beschlusses eine spezifische gesetzgeberische Intention zum Ausdruck bringt. „Entscheidungen" ohne adressatenbezogene Schlussformel hingegen lassen sich, in begrenzter Zahl, in der Rechtsetzungspraxis nachweisen. Sie finden sich vor allem in der Frühphase des Gemeinschaftsrechts und als vereinzelte Phänomene auch in jüngerer Zeit. Auch wenn einiges dafür spricht, dass sich diese adressatenlosen „Entscheidungen" funktional und in Bezug auf ihre Rechtswirkungen nicht von Beschlüssen unterscheiden, werden sie als atypische Formengestaltungen bei der weiteren Entfaltung des Rechtsregimes des Beschlusses ausgeklammert. Sie verdeutlichen die unvermeidlichen Unschärfen bei der prozesshaften Herausbildung einer praxisgenerierten Handlungsform.

C. Der Wirkungsmodus: Rechtswirkungen von Beschlüssen

Der Wirkungsmodus einer Handlungsform, also die Gesamtheit ihrer formdeterminierten Rechtswirkungen, ist die zentrale Kategorie für die Ausdifferenzierung der Rechtsakte des Unionsrechts. Mit dem Wirkungsmodus des Beschlusses erarbeitet dieses Kapitel mithin das Herzstück der Studie. Hier entscheidet sich das Schicksal der These, dass es sich bei der durch äußere Merkmale verbundenen Gattung um eine kohärente Handlungsform handelt.

Das Kapitel gliedert sich in zwei größere Teile. Das erste Unterkapitel analysiert die Rechtswirkungen, die Beschlüsse nach der Struktur und dem Inhalt ihrer Normen für sich in Anspruch nehmen. Die gewählte Methode ist die der Abstraktion, und die leitende Idee ist es, grundlegende Gemeinsamkeiten ihrer Wirkungen aufzuzeigen, die sie in ihrer Gesamtheit von Akten in anderen Handlungsformen unterscheiden (I.). Das zweite Unterkapitel ordnet den Beschluss in die Unionsrechtsordnung ein, indem es seine Wirkungen im dynamischen Verhältnis zu anderen Rechtsakten beobachtet und seine derogatorische Kraft evaluiert (II.).

Untersuchungsgegenstand sind, entsprechend der im Kapitel A. formulierten Arbeitshypothese, die Akte der regulären Rechtsetzungsorgane der Union, die die im Kapitel B. beschriebenen konstitutiven Merkmale eines Beschlusses aufweisen. Der aus diesem empirischen Material rekonstruierte Wirkungsmodus dient als Maßstab, um weitere Gruppen von Rechtsakten zu befragen, ob sie diese Rechtswirkungen teilen. Überdies wird an Stellen, an denen es dem Verfasser zweckmäßig erscheint, auf einzelne Beschlusstypen näher eingegangen, um zu demonstrieren, wie bestimmte Aspekte seines Wirkungsmodus den Gebrauch des Beschlusses in der Praxis leiten und sein heterogenes Funktionenprofil ermöglichen. Dabei werden zugleich Fragen des materiellen Rechts aufgeworfen und auf der Basis der hier unterbreiteten formendogmatischen Konzeption beantwortet.

Der in diesem Kapitel sukzessive entwickelte und erläuterte Wirkungsmodus des Beschlusses wird hinreichende Unterscheidungsfähigkeit zu den vertraglich kodifizierten Handlungsformen erweisen. Dieser eigenständigen Handlungsform lässt sich die ganz überwiegende Zahl der untersuchten Beschlüsse zuordnen. Nur an wenigen Stellen muss die aus dem empirischen Material der Beschlüsse geschöpfte allgemeine Konzeption einen kontrafaktischen Gehalt reklamieren: Die Hypothese, dass sich für *sämtliche* Rechtsakte der regulären Organe, die die äußeren Merkmale des Beschlusses teilen, ein einheitliches Rechtsregime identifizieren lasse, bedarf in Randbereichen der Korrektur.

I. Rechtswirkungen, die Beschlüsse für sich in Anspruch nehmen

Zur Gewinnung des Wirkungsprofils des Beschlusses wurde soeben auf eine abstrahierende Methode verwiesen. Damit ist indes noch nicht gesagt, in Hinblick auf welche Kriterien von Besonderheiten der konkreten Rechtsakte und der von ihnen in Anspruch genommenen Wirkungen abzusehen sei. Abstraktion bedarf theoretischer Anleitung, will sie Wesentliches erfassen. Der Verfasser geht von folgender Vorüberlegung aus: Es ist unwahrscheinlich, dass sich der Beschluss nur durch ein einziges Kriterium von dem Quintett der Handlungsformen des Art. 249 EG abhebt. Plausibler ist die Annahme eines Ensembles rechtlicher Eigenschaften, die in ihrer Gesamtheit so nur bei Beschlüssen nachweisbar ist: Zu rechnen ist mit einer multivariablen Definition seines Wirkungsmodus. Weiter ist plausibel, dass der Beschluss im Hinblick auf bestimmte Eigenschaften mit dieser Handlungsform, in Hinblick auf andere aber mit jener Handlungsform des Art. 249 EG übereinstimmt. Dann sollte es sich als ertragreich erweisen, zunächst die Handlungsformen des Art. 249 EG darauf hin zu untersuchen, unter welchen Gesichtspunkten sich die Rechtswirkungen dieser Formen unterscheiden lassen. Die so gewonnenen Ordnungskriterien zur Klassifizierung der vertraglich normierten Handlungsformen können dann auf Beschlüsse angelegt werden. Möglicherweise reicht dieses Kategorienraster bereits aus, um zu einer aussagekräftigen Beschreibung der Rechtswirkungen des Beschlusses zu gelangen. Ein gewichtiger Vorteil dieses Vorgehens ist die Chance, Brücken zu schlagen zu gesicherten dogmatischen Erkenntnissen über die Formen des Art. 249 EG. Überdies stellt dieser Ansatz sicher, dass sich die zu beobachtenden Eigenarten des Beschlusses gerade auf diejenigen rechtlichen Differenzierungen beziehen, die das Unionsrecht mit der Kategorie der Handlungsform abbildet.

1. Beschlüsse sind verbindliche Rechtsakte

a. Erste Variable: Verbindlichkeit oder Unverbindlichkeit der Wirkungen

Grundlegend ist die Unterscheidung, ob die Rechtswirkungen eines Akts verbindlicher oder unverbindlicher Art sind. Mit Empfehlung und Stellungnahme stellt Art. 249 EG den Organen zwei Handlungsformen zur Verfügung, die ausdrücklich als „nicht verbindlich" qualifiziert werden; weitere unverbindliche Formen wurden in der Praxis entwickelt. Zugleich verwenden die Verträge die Termini „Handlung" und „Rechtsakt" erkennbar in einem Sinne, der unverbindliche Handlungsformen einschließt.[505] Für einen traditionellen Rechtsbegriff ist dies eine Provokation, gilt ihm doch gerade die Fähigkeit, Verhaltenssteuerung durch verbindliche Regelungen zu erzielen, als Inbegriff der Rechtsqualität einer Norm.[506] Im Anschluss an den weiten Rechtsbegriff der Verträge versteht diese Studie die Differenz zwischen verbindlichen und unverbindlichen Handlungen nicht als Unterscheidung von Recht und Nicht-Recht bzw. von Rechtsformen (*instruments juridiques*) und politischen Handlungsformen (*instruments politiques*). Die Fähigkeit eines Rechtsakts, der in einer unverbindlichen Handlungsform ergeht, Steuerungseffekte zu erzielen und die ihm von der Rechtsordnung zugewiesenen Funktionen zu erfüllen, geht auf den spezifischen Wirkungsmodus dieser Handlungsform zurück.[507] Unverbindliche Wirkungen eines *Rechts*akts sind nach der hier verwendeten Terminologie stets *Rechts*wirkungen.[508]

---

[505] Vgl. insb. Art. 230 I und 232 III EG.

[506] *K. Larenz*, Methodenlehre der Rechtswissenschaft, 1991, S. 240 ff.; *H. Kelsen*, Reine Rechtslehre, 1960, S. 51 ff.; das staatliche Verfassungsrecht hat sich bislang nur zögerlich entschließen können, hoheitliche Handlungen, die nicht mit dem Anspruch strikter Verbindlichkeit auftreten, als Rechtsphänomene anzuerkennen und theoretisch zu verarbeiten, *Ch. Bumke*, Publikumsinformation, Verw. 2004, S. 3, 31 ff.; *A. v. Bogdandy*, Gubernative Rechtsetzung, 2000, S. 449 ff.; *E. Schmidt-Aßmann*, Die Lehre von den Rechtsformen des Verwaltungshandelns, DVBl. 1989, S. 533, 541.

[507] Zu den Rechtswirkungen von Empfehlungen, Stellungnahmen und Entschließungen im Einzelnen *A. v. Bogdandy/J. Bast/F. Arndt*, Handlungsformen im Unionsrecht, ZaöRV 62 (2002), S. 77, 115 ff., 118 f. und S. 120 ff.; ein früher Überblick bei *C.-A. Morand*, Les recommandations, les résolutions et les avis du droit communautaire, CDE 1970, S. 623.

[508] Die Studie meidet daher den Begriff „Rechtswirkung" (im Singular), da dieser in der gängigen Terminologie meist ein Synonym für Verbindlichkeit ist;

Während die Wahl einer unverbindlichen Handlungsform sicherstellt, dass verbindliche Wirkungen nicht erzielt werden, trifft dies umgekehrt nicht zu. Aus Wortlaut und Systematik eines verbindlichen Rechtsakts kann sich ergeben, dass das Erlassorgan einzelnen seiner Bestimmungen gerade keinen zwingenden Charakter beilegen wollte.[509] Der verbindliche Wirkungsmodus einer Handlungsform definiert ein rechtliches Potenzial und damit eine ‚Leistungsobergrenze' für die betreffenden Rechtsakte.

Worin besteht dieses Potenzial, das einem Akt mit der Zuordnung zu einer verbindlichen Handlungsform verliehen wird? Nach einem anspruchsvollen Verständnis bedeutet Verbindlichkeit „die unmittelbare Begründung von Rechten und Pflichten der Adressaten aus dem Akt selbst heraus"[510]. Ähnlich definiert *Ipsen*: „Verbindlichkeit bedeutet rechtliche Gehorsamspflicht und rechtliche Berufungsmöglichkeit."[511] Für die Zwecke dieser Studie ist eine eingeschränktere Definition angebracht. Zur Entwicklung eines Kategorienrasters, das der Unterscheidung der Handlungsformen dient, werden aus dem Begriff der Verbindlichkeit diejenigen rechtlichen Eigenschaften ausgesondert, die Verbindlichkeit zwar voraussetzen, aber nicht notwendig mit ihr einhergehen. Namentlich ist die Verbindlichkeit einer Handlung begrifflich zu isolieren von ihrer Fähigkeit, Rechte und Pflichten für ihren Adressaten zu begründen. Wie sich im Weiteren zeigen wird, unterscheiden sich die verbindlichen Handlungsformen erheblich darin, wem sie Verpflichtungen auferlegen können. Die formentypische Verpflichtungskraft einer Handlung wird deshalb als eigenständige Variable eingeführt und dieser Aspekt des Wirkungsmodus an späterer Stelle erläutert. Verbindlichkeit zeichnet eine Handlungsform nach hiesigem Verständnis somit bereits dann aus, wenn die normativen Sätze eines Rechtsakts in dieser Handlungsform strikte Beachtung verlangen können, unabhängig da-

ähnlich *L. Senden*, Soft Law in European Community Law, 2004, S. 242 f., die zwischen *legally binding force* und *legal effect* in der Absicht unterscheidet, *indirect legal effects* von Handlungen zu ermitteln, denen keine '*inherent*' *legally binding force* zukommt.

[509] EuGH, Rs. C-478/99, *Kommission/Schweden*, Slg. 2002, S. I-4147, Rdnr. 20; Rs. C-378/00, *Kommission/Parlament und Rat*, Slg. 2003, S. I-937, Rdnrn. 43 ff.

[510] *H.-P. Kraußer*, Das Prinzip begrenzter Ermächtigung im Gemeinschaftsrecht als Strukturprinzip des EWG-Vertrages, 1991, S. 87.

[511] *Ipsen*, Gemeinschaftsrecht, 21/11.

von, an wen sich diese Normen richten oder ob sie ihrem Inhalt nach Rechte begründen und Pflichten auferlegen.[512]

Die Zuordnung der gängigen Handlungsformen fällt mit diesem weniger anspruchsvollen Begriff von Verbindlichkeit leicht. Empfehlungen und Stellungnahmen sind unverbindlich (Art. 249 V EG), Verordnungen und Entscheidungen sind „in allen ihren Teilen" verbindlich (Art. 249 II S. 2, IV EG). Dem missglückten Wortlaut des Art. 249 III EG zufolge sind Richtlinien zwar nur „hinsichtlich des zu erreichenden Ziels verbindlich", der Gerichtshof hat jedoch betont, dass diese Qualifizierung den Richtlinien keinen geringeren Grad an Verbindlichkeit verleiht.[513] Die Auffassung, nach der diejenigen Bestimmungen einer Richtlinie unverbindlich seien, die sich auf Form und Mittel der innerstaatlichen Umsetzung beziehen,[514] wird heute kaum noch vertreten.[515]

Neben Verbindlichkeit und Unverbindlichkeit kennt das Unionsrecht die Zwischenstufe der Regelfallverbindlichkeit von sog. Verhaltensnormen, wie sie z.B. innerdienstliche „Rundschreiben" und „Verwaltungsmitteilungen" der Kommission beinhalten.[516] Solche Handlungen legen das erlassende Organ und seine nachgeordneten Dienststellen zwar nicht strikt auf ein bestimmtes Vorgehen fest, eine Abweichung setzt jedoch das Vorliegen besonderer Umstände voraus und erfordert

---

[512] Diese Studie vermeidet deshalb nach Möglichkeit Wendungen wie „verbindlich (sein) für", da der Sache nach damit die Verpflichtungskraft einer Handlung umschrieben wird.

[513] Etwa in EuGH, Rs. 102/79, *Kommission/Belgien*, Slg. 1980, S. 1473, Rdnrn. 10 und 12; wenig gelungen der Begriff der „gestuften Verbindlichkeit" bei *Ipsen*, Gemeinschaftsrecht, 21/27, und Streinz-*Schroeder*, Rdnr. 68 zu Art. 249 EG; ähnlich *Nicolaysen*, Europarecht I, S. 326, und Lenz/Borchardt-*Hetmeier*, Rdnr. 1 zu Art. 249 EG, wonach Art. 249 EG nach dem „Grad" der Verbindlichkeit unterscheide.

[514] *U. Schatz*, Zur rechtlichen Bedeutung von Art. 189 Abs. 3 EWGV für die Rechtsangleichung durch Richtlinien, NJW 1967, S. 1694, 1967; zur Kritik der Konzeption einer Teilverbindlichkeit von Richtlinien *N. Weber*, Die Richtlinie im EWG-Vertrag, 1974, S. 61 ff.; *D. Oldekop*, Die Richtlinien der EWG, 1968, S. 140 ff.

[515] Siehe aber *P. J. G. Kapteyn/P. VerLoren van Themaat*, Introduction to the Law of the European Communities, 1998, S. 327.

[516] Zur Regelfallverbindlichkeit als Eigenschaft von Verwaltungsvorschriften *v. Bogdandy*, Gubernative (Anm. 506), S. 466 ff.

die Angabe von Gründen.[517] Ein ähnlicher Mechanismus greift bei Kommissions-Mitteilungen und vergleichbaren Akten („Leitlinie", „Bekanntmachung"), wenn diese die Ausübung von Entscheidungs-Befugnissen der Kommission betreffen, insbesondere im Wettbewerbsrecht.[518] Ihrem originären Wirkungsmodus nach sind solche Mitteilungen unverbindlich, die im Regelfall bestehende Pflicht der Kommission zur strikten Orientierung an ihren Normen kann sich indirekt aus allgemeinen Rechtsgrundsätzen ergeben, wenn die Kommission ihr Ermessen bei der Bewertung komplexer Sachverhalte an allgemeine Kriterien gebunden hat, sodass eine einzelfallbezogene Abweichung legitime Erwartungen der Rechtsadressaten enttäuschen würde.[519]

b. Beschlüsse: verbindlich

Wie sind Beschlüsse im Hinblick auf das Merkmal der Verbindlichkeit einzuordnen? Mangels Bezugnahme auf eine vertragliche Definition ihres Wirkungsmodus kann allein auf die Selbstbeschreibung der betreffenden Rechtsakte abgestellt werden.

Die gemeinsamen Kennzeichen der als „Beschluss" bezeichneten Organakte geben hier erste Hinweise: Ihrer äußeren Form nach machen sich Beschlüsse alle Merkmale zu Eigen, die bei verbindlichen Handlungsformen üblich sind, so z.B. die Gliederung des verfügenden Teils nach Artikeln.[520] Ein zweites, aussagekräftiges Indiz ist die beschlusstypische Einleitungsformel. Die Vokabel „beschließt" deutet auf einseitig-

---

[517] EuGH, Rs. 148/73, *Louwage/Kommission*, Slg. 1974, S. 81, Rdnrn. 11/18; verb. Rs. 80/81 bis 83/81 und 182/82 bis 185/82, *Adam u.a./Kommission*, Slg. 1984, S. 3411, Rdnr. 22; Rs. C-171/00 P, *Libéros/Kommission*, Slg. 2002, Rdnr. I-451, Rdnr. 35; EuG, Rs. T-63/89, *Latham/Kommission*, Slg. 1991, S. II-19, Rdnr. 25.

[518] Hierzu *Th. Groß*, Exekutive Vollzugsprogrammierung durch tertiäres Gemeinschaftsrecht?, DÖV 2004, S. 20, 23; *M. Cini*, The Soft Law Approach, Journal of European Public Policy 8 (2001), S. 192; *v. Bogdandy/Bast/Arndt*, Handlungsformen (Anm. 507), S. 118 und 129 f.; *H. Adam*, Die Mitteilungen der Kommission, 1999, S. 120 ff.; *F. Snyder*, Soft Law and Institutional Practice in the European Community, in: St. Martin (Hrsg.), The Construction of Europe, 1994, S. 197, 205 ff.

[519] EuG, Rs. T-7/89, *Hercules Chemicals/Kommission*, Slg. 1991, S. II-1711, Rdnr. 53; Rs. T-380/94, *AIUFFASS u.a./Kommission*, Slg. 1996, S. II-2169, Rdnr. 57; Rs. T-149/95, *Duros*, Slg. 1997, S. II-2031, Rdnr. 61.

[520] Zweiter Teil, B. II.

verbindliches Handeln hin, denn sie legt nahe, dass das handelnde Organ eine Rechtslage gestalten und nicht lediglich eine unverbindliche Verlautbarung abgeben wollte. Das „beschließende" Organ handelt in Wahrnehmung einer Entscheidungsbefugnis (engl. *power to take decisions*, franz. *pouvoir de décision*, niederl. *beslissingsbevoegdheid*). Die Einleitungsformel „beschließt" gibt dem nachfolgenden verfügenden Teil ein verbindliches Vorzeichen.

Entscheidend ist jedoch letztlich der Text des verfügenden Teils selbst. Hier findet durchweg das juristische Präsens Verwendung, das für Rechtsnormen mit striktem Verbindlichkeitsanspruch typisch ist; das dominierende Hilfsverb der englischen Fassung von Beschlüssen ist „*shall*", nicht die Unverbindlichkeit indizierenden Vokabeln „*should*" oder „*may*".[521] Beschlüsse sprechen keine deklaratorische, sondern eine normative Sprache. Formulierungen, die einen abgeschwächten („politischen") Regelungswillen des Erlassorgans anzeigen könnten, sind kaum nachweisbar.[522] Nur in seltenen Ausnahmefällen soll der Gebrauch des Konditionals für einzelne Bestimmungen den strikten Verbindlichkeitsanspruch, der den Rechtstext im Übrigen auszeichnet, gezielt zurücknehmen.[523]

Vor diesem Hintergrund bekommt ein negatives Merkmal ausschlaggebendes Gewicht: Es fehlt schlicht jeglicher Hinweis darauf, dass die Normen des verfügenden Teils einen anderen als strikt verbindlichen Charakter haben könnten. Dies wäre aber zu erwarten, wenn ein rechtsetzendes Organ, gegen den ersten Anschein der äußeren Form und der Normativität seiner Sprache, einen Akt mit unverbindlichem Wir-

---

[521] Vgl. Leitlinie 2.3. des Gemeinsamen Leitfadens des Europäischen Parlaments, des Rates und der Kommission für Personen, die in den Gemeinschaftsorganen an der Abfassung von Rechtstexten mitwirken (Anm. 159): „Bei der Formulierung des Rechtsakts wird berücksichtigt, ob er verbindlich oder nicht verbindlich ist. ... Im verfügenden Teil verbindlicher Rechtsakte werden Verben im Französischen im Indikativ Präsens verwendet, im Englischen wird ‚shall' mit Infinitiv gebraucht."

[522] Vgl. demgegenüber die typischen Formulierungen einer Entschließung, z.B. Entschließung des Rates vom 21. Januar 1974 über ein sozialpolitisches Aktionsprogramm, ABl. C 13 vom 12.2.1974, S. 1: „bringt den politischen Willen zum Ausdruck", „ist der Ansicht", „nimmt zur Kenntnis".

[523] Bezeichnenderweise stellte im Zuge der Auseinandersetzung um die Verbindlichkeit von Art. 2 des zweiten Komitologiebeschlusses kein Verfahrensbeteiligter die Verbindlichkeit des Beschlusses als solches in Frage, EuGH, Rs. C-378/00 (Anm. 509).

kungsmodus oder auch nur mit eingeschränkter Verbindlichkeit (im Sinne einer sog. Verhaltensnorm) erlassen wollte.

Dass es sich bei Beschlüssen um strikt verbindliche Rechtsakte handelt, war letztlich in Praxis und Wissenschaft nie umstritten.[524] Die frühe Aufmerksamkeit, die den „Beschlüssen *sui generis*" zuteil wurde, resultierte ja gerade daraus, dass Rat und Kommission auch außerhalb des Katalogs des Art. 189 EWGV verbindliche Rechtsakte erließen.[525] Streitig war lediglich im Einzelfall, welcher Art die verbindlichen Rechtswirkungen sein konnten, die mit „ungekennzeichneten" Akten erzielt werden, insbesondere welche Verpflichtungskraft sie für die Mitgliedstaaten entfalten.[526] Eine wenig präzise Unterscheidung verschiedener Aspekte des Wirkungsmodus der Handlungsformen bzw. ein aufgeladener Begriff von Verbindlichkeit hat zuweilen die Erkenntnis verstellt, dass Beschlüsse uneingeschränkt verbindlich sind.

So wird in der Literatur auf (unveröffentlichte) Gutachten des Juristischen Dienstes des Rates aus den Jahren 1985/86 verwiesen, die im Zuge der Auseinandersetzung um das erste ERASMUS-Programm verfasst wurden. Ihnen zufolge handelt es sich bei einem Beschluss um einen gemeinschaftlichen Rechtsakt, der „nur innerhalb der institutionellen Struktur der Gemeinschaft eine verbindliche Wirkung" habe.[527] In dieser Formulierung wird der Aspekt der Verbindlichkeit unglücklich vermischt mit der Frage, wem gegenüber die Rechtswirkungen von Beschlüssen eintreten (können). Die Ansicht, Beschlüsse entfalteten außerhalb der institutionellen Sphäre der Union keine verbindlichen

---

[524] Vgl. *K. Lenaerts/P. Van Nuffel*, Constitutional Law of the European Union, 2005, Rdnr. 17-141.

[525] *H.-J. Rabe*, Das Verordnungsrecht der Europäischen Wirtschaftsgemeinschaft, 1963, S. 47: „eine Reihe von Beschlüssen ..., deren Inhalt ohne Zweifel verbindlich ist, die aber nicht als Verordnungen, Richtlinien oder Entscheidungen qualifiziert ... wurden"; Wohlfarth/Everling/Glaesner/Sprung-*Wohlfarth* (1960), Rdnr. 18 zu Art. 189 EWGV: „es gibt nicht nur Verordnungen, Richtlinien und Entscheidungen, sondern auch andere Beschlüsse, die verbindlich sind".

[526] Zum Konflikt um die „Allgemeinen Grundsätze" der Berufsausbildungspolitik oben, Zweiter Teil, A. II. 1.

[527] Dok. 10545/85 JUR 108 4D 183, Dok. 10244/86 JUR 150 EDUC 67 SOC 342 und Dok. 9101/86 JUR 132 RECH 84 ATO 39, zitiert in *I. Hochbaum*, Politik und Kompetenzen der Europäischen Gemeinschaften im Bildungswesen, BayVBl. 1987, S. 481, 483; und Groeben/Schwarze-*Schwartz*, Rdnr. 206 zu Art. 308 EG.

Wirkungen, ist theoretisch unbefriedigend und sachlich nicht zutreffend.

Theoretisch fragwürdig ist das Konzept einer nur ‚internen' Verbindlichkeit, weil diese Begriffsbildung überholte staatstheoretische Positionen transportiert, die bereits bei der Diskussion verbandskompetenzfreier Handlungen kritische Erwähnung fanden.[528] Die Idee einer strikten Trennung von Innen- und Außensphäre eines Hoheitsträgers wurzelt im vordemokratischen Verfassungsverständnis des 19. Jahrhunderts, nach dem der Staat ein von der Gesellschaft strikt geschiedenes (‚impermeables') Wesen sei, dessen Handlungen Rechtssatzqualität nur besitzen, wenn sie als ‚außengerichtete' subjektive Rechte und Freiheiten der Bürger berühren.[529] Diese Vorstellungen sind von vorne herein nicht auf die Union zu übertragen, deren rechtsgemeinschaftliches Selbstverständnis uneingeschränkt die institutionelle Sphäre des Verbands einschließt.[530] Die unionalen Gerichte haben konsequenterweise auch nie ausgeschlossen, dass eine begrifflich als ‚intern' qualifizierte Maßnahme ‚externe' Rechtswirkungen entfaltet und die Rechtsbürger sich auf Verpflichtungen berufen können, die sie einem Organ auferlegt.[531] Gewiss existieren in allen Verfassungsordnungen, so auch in der Union, Handlungsformen, die exklusiv in den Intra- und Interorganbeziehungen Verwendung finden und die in ihrem Wirkungsmodus auf diese Sphäre zugeschnitten sind.[532] Unter bestimmten Voraussetzungen kann die ‚interne' Wirkungsrichtung zur prozessualen Konsequenz haben, dass sich ein Einzelner nicht mit Erfolg auf eine Verletzung solcher

---

[528] Erster Teil, B. I. und B. II. 1.

[529] *G. Jellinek*, Gesetz und Verordnung, 1919, S. 240; hierzu *Ch. Möllers*, Staat als Argument, 2000, S. 154 ff.

[530] Grabitz/Hilf-*Nettesheim*, Rdnr. 33 zu Art. 4 EGV; *R. Bieber*, Das Verfahrensrecht der Verfassungsorgane, 1992, S. 135 ff.

[531] EuGH, Rs. 137/80, *Kommission/Belgien*, Slg. 1981, S. 2393, Rdnr. 8 (zur Verordnung über das Beamtenstatut); Rs. C-58/94, *Niederlande/Rat*, Slg. 1996, S. I-2169, Rdnr. 38 (zum Beschluss über den Dokumentenzugang, dazu näher unten, C. I. 4. c. aa.).

[532] Zur Handlungsform der Interinstitutionellen Vereinbarung *F. v. Alemann*, Die Handlungsform der interinstitutionellen Vereinbarung, 2006; *Ch. Bobbert*, Interinstitutionelle Vereinbarungen im Europäischen Gemeinschaftsrecht, 2001; *F. Snyder*, Interinstitutional Agreements, in: G. Winter (Hrsg.), Sources and Categories of European Union Law, 1996, S. 453; *Bieber*, Verfahrensrecht (Anm. 530), S. 187 ff.; *Th. Läufer*, Die Organe der EG, 1990.

Vorschriften berufen kann.[533] Diese Eigenarten stellen die Verbindlichkeit der entsprechenden Handlungen keineswegs in Frage. Vielmehr ist auch bei ‚internen' Maßnahmen zu unterscheiden, ob sie verbindlich, unverbindlich oder im Regelfall verbindlich sind.

Auch in der Sache geht der Schluss von der Handlungsform Beschluss auf einen nur ‚intern-verbindlichen' Charakter an den in diesen Akten in Anspruch genommenen Rechtswirkungen vorbei.[534] Beschlüsse differenzieren im Hinblick auf die Maßgeblichkeit der Festlegungen, die sie treffen, nicht zwischen Verbindlichkeit nach ‚innen' und Unverbindlichkeit nach ‚außen'. Auch der Gerichtshof hat sich die These ausschließlich interner Wirkungen von Beschlüssen nicht zu Eigen gemacht, sondern im einschlägigen ERASMUS-Urteil) den verbindlichen Charakter eines Förderprogramm-Beschlusses im Hinblick auf die in ihm vorgesehenen gemeinschaftlichen Aktionen vorbehaltlos anerkannt.[535] Dass einem Beschluss gleichwohl bestimmte Limitierungen seiner Rechtswirkungen eigentümlich sind, ist offenbar nicht das Resultat einer nach Innen- und Außensphäre gespaltenen Verbindlichkeit.

Wenig erhellend ist deshalb ferner ein Vergleich mit dem unverbindlichen Recht klassischer internationaler Organisationen. Dem Völkerrecht ist es durchaus geläufig, dass Beschlüsse (hier in einem unspezifischen Sinne gemeint) von Organen einer internationalen Organisation für die Vertragsstaaten mangels weiter reichender Befugnisse nur einen empfehlenden Charakter haben, jedoch im internen Organisationsbereich verbindliche Rechtswirkungen erzeugen können.[536] Hierauf ist im

---

[533] EuGH, Rs. C-69/89, *Nakajima/Rat*, Slg. 1991, S. I-2069, Rdnrn. 49 f.; näher zu den Geschäftsordnungen der Organe unten, C. II. 2. b.

[534] Streinz-*Schroeder*, Rdnr. 30 zu Art. 249 EG; Lenz/Borchardt-*Hetmeier*, Rdnr. 3 zu Art. 249 EG; *Bieber/Epiney/Haag*, Die Europäische Union, Rdnr. 67 zu § 6.

[535] EuGH, Rs. 242/87, *Kommission/Rat*, Slg. 1989, S. 1425, Rdnrn. 11 und 19; unzutreffend daher *Hochbaum*, Bildungswesen (Anm. 527), S. 483: „formell nicht verbindliche Beschlüsse"; der Gerichtshof hat den ERASMUS-Beschluss auch nicht „als Entscheidung betrachtet", wie *D. Triantafyllou*, Vom Vertrags- zum Gesetzesvorbehalt, 1996, S. 69, meint.

[536] *H. G. Schermers/N. M. Blokker*, International Institutional Law, 1995, §§ 707 und 1241 ff.; *I. Seidl-Hohenveldern/G. Loibl*, Das Recht der Internationalen Organisationen einschließlich der Supranationalen Gemeinschaften, Rdnr. 1548; zur Dynamik der Rechtsquellen des Völkerrechts *E. Riedel*, Farewell to the Exclusivity of the Sources Triad in International Law?, European Journal of International Law 2000, S. 58.

Zuge der Bemühungen um die Einführung der Kategorie *soft law* in die Dogmatik des Gemeinschaftsrechts hingewiesen worden.[537] Dass das *soft law* einer internationalen Organisation im internen System der Organisation den Charakter von *hard law* besitzen kann, umschreibt ein Regime gespaltener Verbindlichkeit ähnlich dem, wie es dem Beschluss in der zitierten Formulierung unterlegt wird. Der Übertragung auf die Dogmatik des Beschlusses stehen indes nicht nur die Bedenken entgegen, die sich auf die grundlegende Verschiedenheit der Union von herkömmlichen internationalen Organisationen beziehen, etwa hinsichtlich der Rechtsstellung des Einzelnen. Schon der Ausgangspunkt des Vergleichs ist mit dem Phänomen des *soft law* falsch gewählt, weil es sich bei einem Beschluss – wie gezeigt – nicht weniger als bei einer Verordnung oder einer Entscheidung um *hard law* handelt.

Als Ergebnis festzuhalten ist die strikte Verbindlichkeit der normativen Sätze, die im verfügenden Teil eines Beschlusses ausgesprochen werden. Der Beschluss gehört uneingeschränkt zur Gruppe der verbindlichen Handlungsformen.[538] Ausgehend von diesem Befund erweist sich, wie unglücklich das Verständnis des Beschlusses erschwert wird, wenn er – im missverstehenden Anschluss an *Everlings* Bemühungen um die „atypischen Rechts- und Handlungsformen“[539] – in einem Atemzug mit Entschließungen und Erklärungen diskutiert wird.[540] Bei einem den Rechtsetzungsorganen der Union zuzurechnenden Beschluss hängt die Verbindlichkeit seiner Rechtswirkungen gerade nicht von besonderen Umständen ab, sondern folgt ohne weiteres aus der Wahl dieser Handlungsform.

---

537 *M. Bothe*, „Soft Law“ in den Europäischen Gemeinschaften?, in: FS H.-J. Schlochauer, 1981, S. 761, 765; *K. C. Wellens/G. M. Borchardt*, Soft Law in European Community Law, ELRev. 14 (1989), S. 267, 315; *R. Baldwin*, Rules and Government, 1995, S. 251.

538 Streinz-*Schroeder*, Rdnr. 30 zu Art. 249 EG; Grabitz/Hilf-*Nettesheim*, Rdnr. 218 zu Art. 249 EG; Lenz/Borchardt-*Hetmeier*, Rdnr. 3 zu Art. 249 EG.

539 *U. Everling*, Zur rechtlichen Wirkung von Beschlüssen, Entschließungen, Erklärungen und Vereinbarungen des Rates oder der Mitgliedstaaten der Europäischen Gemeinschaft, in: GS L.-J. Constantinesco, 1983, S. 133; *ders.*, Probleme atypischer Rechts- und Handlungsformen bei der Auslegung des europäischen Gemeinschaftsrechts, in: R. Bieber/G. Ress (Hrsg.), Die Dynamik des Europäischen Gemeinschaftsrechts, 1987, S. 417.

540 Nachweise oben, Erster Teil, A. III. 4.

Tabelle 5 gibt einen Überblick über die Zuordnung der wichtigsten gemeinschaftsrechtlichen Handlungsformen im Hinblick auf das Kriterium der Verbindlichkeit.

Tabelle 5

	verbindlicher Wirkungsmodus	**unverbindlicher Wirkungsmodus**
Art. 249 II EG	• Verordnung	
Art. 249 III EG	• Richtlinie	
Art. 249 IV EG	• Entscheidung	
Art. 249 V EG		• Empfehlung
Art. 249 V EG		• Stellungnahme
keine Erwähnung	• Beschluss	
keine Erwähnung		• Entschließung

c. Typus des Förderprogramms: Beschluss als Ausgabenermächtigung

Mit der Qualifizierung des Beschlusses im ERASMUS-Urteil als verbindlicher Rechtsakt hat eine für sein Funktionenprofil höchst bedeutsame Rechtsetzungspraxis richterliche Bestätigung erfahren: der Einsatz von Beschlüssen, um mit ihnen gemeinschaftliche Förderprogramme festzulegen. Auf diesen Typus der Programm-Beschlüsse wird noch verschiedentlich zurückzukommen sein. Hier interessiert zunächst die haushaltsrechtliche Seite. Aufgrund ihres verbindlichen Wirkungsmodus sind Beschlüsse uneingeschränkt dazu geeignet, als Rechtsgrundlage für Subventionen aus dem Unionshaushalt zu dienen.

Der verfassungsrechtliche Hintergrund dieser Feststellung ist folgender. Der Gerichtshof hat bereits früh entschieden, dass im Unionsrecht auch begünstigende Verwaltungsakte einer Rechtsgrundlage bedürfen.[541] Die

[541] EuGH, Rs. 111/63, *Lemmerz-Werke/Hohe Behörde*, Slg. 1965, S. 893, 911; Rs. 236/86, *Dillinger Hüttenwerke/Kommission*, Slg. 1988, S. 3761, Rdnr. 32.

in der Literatur teilweise vertretene Gegenansicht[542] verdient keine Zustimmung, weil sie von einem zu engen Verständnis des Prinzips der begrenzten Ermächtigung ausgeht. Dieses unterscheidet nicht nach begünstigender, belastender, planender oder in anderer Weise handelnder Verwaltung.[543] Nach zutreffender Ansicht gilt das Kompetenznormerfordernis als Ausdruck des Prinzips verfassungsmäßiger Legalität ausnahmslos und für jede Form amtlichen Handelns.[544] Bestritten wurde das Erfordernis einer Rechtsgrundlage insbesondere für die Gewährung von Gemeinschaftssubventionen. Behauptet wurde eine allgemeine „Beihilfenkompetenz" der Organe, die sich auf die Ziele des Vertrags in Präambel und Art. 2 EG stützen könne.[545] Diese Ansicht ist nicht nur als kompetenzdogmatisch verfehlt abzulehnen, sie unterschätzt auch die Bedeutung hoheitlicher Steuerung durch finanzielle Anreize und den hieraus folgenden Bedarf nach ihrer verfassungsrechtlichen Einbindung.

Die Praxis der Organe war in dieser Hinsicht nicht immer frei von Zweifeln. Unbestritten benötigt die Kommission zur Ausreichung von Subventionen einen entsprechenden Titel im Haushaltsplan, also eine Autorisierung durch die „Haushaltsbehörde" (i.e. das komplexe Verfahren, in dem die Organe gemäß Art. 272 EG zusammenwirken). In den 1970er und 1980er Jahren war es jedoch durchaus üblich, auch umfangreiche finanzwirksame Programme in den Haushaltsplan einzustellen, die ihre ‚Grundlage' allein in einem unverbindlichen Rechtsakt fanden, namentlich in Entschließungen des Rates.[546] Der Gerichtshof ist dieser Praxis schließlich entgegengetreten: Die Ausreichung von Mitteln durch die Kommission (im streitigen Fall: ein Aktionsprogramm zur Bekämpfung sozialer Ausgrenzung) erfordere grundsätzlich außer der Anweisung im Haushaltsplan einen legislativen Akt des abgeleiteten

---

[542] *Bleckmann*, Europarecht, Rdnr. 383.

[543] *J. Schwarze*, Europäisches Verwaltungsrecht, 1988, S. 239.

[544] *M. Nettesheim*, Kompetenzen, in: A. v. Bogdandy (Hrsg.), Europäisches Verfassungsrecht, 2003, S. 415, 428 f.; Erster Teil, B. II. 1.

[545] *A. Bleckmann*, Die Beihilfekompetenz der Europäischen Gemeinschaften, DÖV 1977, S. 615; *ders.*, Europarecht, Rdnr. 385.

[546] Beispiel: Entschließung des Rates vom 27. Juni 1974 über das erste gemeinschaftliche Aktionsprogramm zur beruflichen Rehabilitation von Behinderten, ABl. C 80 vom 9.7.1974, S. 30; zu dieser Praxis *J.-L. Dewost*, Décisions des institutions en vue du développement des compétences et des instruments juridiques, in: Bieber/Ress (Hrsg.), Dynamik (Anm. 539), S. 321, 328; *A. Dashwood*, The Limits of European Community Powers, ELRev. 21 (1996), S. 113, 126; *Triantafyllou*, Gesetzesvorbehalt (Anm. 535), S. 218 ff.

Rechts.[547] Nur als Ausnahme von dieser Regel billigte der Gerichtshof der Kommission im Zusammenhang mit der Ausübung ihres Initiativrechts die Befugnis zu, Mittel in „nicht-bedeutendem" Umfang ohne vorherigen Basisrechtsakt zu verausgaben, z.B. für Pilotprojekte und Studien.[548]

Eine Entschließung des Rates oder eine Mitteilung der Kommission genügt den Anforderungen an einen legislativen Basisrechtsakt nicht; es fehlt ihnen die erforderliche Verbindlichkeit.[549] Beschlüsse hingegen haben sich, ermutigt durch das ERASMUS-Urteil, zur Standardhandlungsform für Förderprogramme entwickelt. Ihr verbindlicher Wirkungsmodus qualifiziert sie unangefochten dazu, die haushaltsrechtlichen Anforderungen an einen legislativen Basisrechtsakt zu erfüllen. Bezeichnenderweise wählten Parlament und Rat, als sie später das umstrittene Aktionsprogramm zur Bekämpfung der sozialen Ausgrenzung auf eine ausreichende rechtliche Grundlage stellten, einen Beschluss.[550]

---

[547] EuGH, Rs. C-106/96, *Großbritannien/Kommission*, Slg. 1998, S. I-2729, Rdnrn. 22 und 28; die Haushaltsordnung hat die Rechtsprechung zum Erfordernis der zweifachen Rechtsgrundlage nunmehr kodifiziert, Art. 49 I Verordnung (EG, Euratom) Nr. 1605/2002 des Rates vom 25. Juni 2002 über die Haushaltsordnung für den Gesamthaushaltsplan der Europäischen Gemeinschaften, ABl. L 248 vom 16.9.2002, S. 1; dass für die Ausübung haushaltsrechtlicher Befugnisse und die Ausübung der Rechtsetzungsbefugnis unterschiedliche Bedingungen gelten, ergab sich bereits aus der früheren Judikatur, verb. Rs. 87/77, 130/77, 22/83, 9/84 und 10/84, *Salerno u.a./Kommission und Rat*, Slg. 1985, S. 2523, Rdnr. 56; Rs. 294/83, *Les Verts/Parlament*, Slg. 1986, S. 1339, Rdnr. 28; Rs. 242/87 (Anm. 535), Rdnr. 18; Rs. 16/88, *Kommission/Rat*, Slg. 1989, S. 3457, Rdnr. 16.

[548] EuGH, Rs. C-106/96 (Anm. 547), Rdnrn. 26 und 29 f.; zu dieser Doktrin der *actions punctuelles* siehe *Dashwood*, Limits (Anm. 546), S. 127; vgl. jetzt Art. 49 II der Haushaltsordnung (Anm. 547).

[549] Für die Haushaltsordnung (Anm. 547) ist ein Basisrechtsakt „ein abgeleiteter Rechtsakt, der der Tätigkeit der Gemeinschaft oder der Union sowie der Ausführung der im Haushaltsplan ausgewiesenen entsprechenden Ausgabe eine rechtliche Grundlage verleiht. Empfehlungen und Stellungnahmen sowie Entschließungen, Schlussfolgerungen, Erklärungen und sonstige Rechtsakte, *die keine rechtlichen Wirkungen haben*, stellen keine Basisrechtsakte im Sinne dieses Artikels dar." [Hervorhebung hinzugefügt].

[550] Beschluss Nr. 50/2002/EG des Europäischen Parlaments und des Rates vom 7. Dezember 2001 zur Einführung eines Aktionsprogramms der Gemeinschaft zur Förderung der Zusammenarbeit der Mitgliedstaaten bei der Bekämpfung der sozialen Ausgrenzung, ABl. L 10 vom 12.1.2002, S. 1.

d. „Beschlüsse" der Wanderarbeitnehmer-Verwaltungskommission sind keine Beschlüsse

Die Verbindlichkeit des Beschlusses liefert ein erstes Kriterium dafür, welche „Beschlüsse" außerhalb des organbezogenen Anwendungsbereichs des Art. 249 EG einem abweichenden Rechtsregime unterliegen, also keine Beschlüsse im hier diskutierten Sinne sind. An dieser Stelle ist eine wenig bekannte Gruppe von Rechtsakten von Interesse, die einer sektoralen Sondereinrichtung des Gemeinschaftsrechts zugerechnet werden: der „Verwaltungskommission der Europäischen Gemeinschaften für die soziale Sicherheit der Wanderarbeitnehmer" (kurz: Verwaltungskommission).

Dieses auf Art. 80 und 81 Verordnung (EWG) Nr. 1408/71 des Rates beruhende Gremium behandelt Verwaltungs- und Auslegungsfragen, die sich aus der Verordnung zur Koordinierung der sozialen Sicherheitssysteme ergeben, einer der wichtigsten gemeinschaftsrechtlichen Regelungen zur Verwirklichung der Freizügigkeit im Unionsgebiet.[551] Die Verwaltungskommission setzt sich aus Sozialrechtsexperten der Mitgliedstaaten und Vertretern der Kommission zusammen. Im Gegensatz zu den Komitologieausschüssen mit ähnlicher Organisationsstruktur, die an der Rechtsetzung der Kommission durch die Abgabe von Stellungnahmen vorbereitend mitwirken, tritt die Verwaltungskommission selbst als rechtsetzendes Organ in Erscheinung. Ihre Rechtsakte, die als „Beschluss" und „Empfehlung" firmieren, werden regelmäßig im Amtsblatt veröffentlicht; der amtliche Fundstellennachweis führt sie ohne nähere Qualifizierung als geltendes Gemeinschaftsrecht.[552]

Bereits die Abgabe von „Empfehlungen" durch die Verwaltungskommission wirft mit Blick auf die organbezogene Sperrwirkung des

[551] Verordnung (EWG) Nr. 1408/71 des Rates vom 14. Juni 1971 über die Anwendung der Systeme der sozialen Sicherheit auf Arbeitnehmer und Selbständige sowie deren Familienangehörige, die innerhalb der Gemeinschaft zu- und abwandern, ABl. L 149 vom 5.7.1971, S. 2; die ihr voraussichtlich nachfolgende Verordnung (EG) Nr. 883/2004 des Europäischen Parlaments und des Rates vom 29. April 2004 zur Koordinierung der Systeme der sozialen Sicherheit, ABl. L 166 vom 30.4.2004, benennt das Gremium in „Verwaltungskommission für die Koordinierung der Systeme der sozialen Sicherheit" um, hält aber an seinen Aufgaben und Befugnissen im Wesentlichen unverändert fest.

[552] Rund 3 % der am 1.1.2004 im Fundstellennachweis geführten „Beschlüsse" stammen von der Verwaltungskommission; zum Stichtag 1.12.1997 waren es noch ca. 6 %, *v. Bogdandy/Bast/Arndt*, Handlungsformen (Anm. 507), S. 99.

Art. 249 EG Fragen auf.[553] Noch problematischer ist der Erlass von Durchführungsakten durch eine in den Verträgen nicht vorgesehene Einrichtung, wenn diese mit der Verbindlichkeit indizierenden Bezeichnung „Beschluss" versehen sind. Mehr noch, gewisse „Beschlüsse" der Verwaltungskommission beschränken sich nicht auf verwaltungstechnische Fragen. Art. 80 III, 81 lit. a Verordnung (EWG) Nr. 1408/71 ermächtigt die Verwaltungskommission dazu, „Beschlüsse" zur Auslegung der Grundverordnung zu erlassen; hierfür ist Einstimmigkeit der mitgliedstaatlichen Vertreter erforderlich.[554]

Nach dem Wortlaut ihrer Rechtsgrundlage und ihrer äußeren Form spricht nichts dafür, dass „Beschlüsse" der Verwaltungskommission einen geringeren Grad an Verbindlichkeit besäßen als Beschlüsse der regulären Rechtsetzungsorgane. Dem hat jedoch der Gerichtshof mit Entschiedenheit widersprochen. Bereits unter der Vorläufer-Verordnung Nr. 3 des EWG-Rates vom 25.9.1958 stellte er klar, dass Beschlüsse der Verwaltungskommission nur „den Rang von Gutachten" haben, also unverbindlich sind.[555] Seitdem betont der Gerichtshof in ständiger Rechtsprechung die Unverbindlichkeit derartiger „Beschlüsse".[556]

Der Gerichtshof aktiviert hierfür die Grundsätze über unzulässige Befugnisübertragungen, die sog. *Meroni*-Doktrin. Schon unter dem Montan-Vertrag hatte er es für rechtswidrig erklärt, die durch die Verträge errichtete horizontale Kompetenzordnung zu verfälschen, indem ein Organ eigene Entscheidungsbefugnisse auf vertragsfremde Einrichtungen transferiert.[557] Jenseits der vertraglich vorgesehenen Fälle – nament-

---

[553] Beispiel: Empfehlung Nr. 20 vom 31. Mai 1996 zur Verbesserung bei der Einreichung und Bereinigung gegenseitiger Forderungen (96/592/EG), ABl. L 259 vom 12.10.1996, S. 19; zur Sperrwirkung des Art. 249 EG Erster Teil, C. I. 2.

[554] Beispiel: Beschluss Nr. 163 vom 31. Mai 1996 zur Auslegung des Artikels 22 Absatz 1 Buchstabe a) der Verordnung (EWG) Nr. 1408/71 des Rates betreffend Personen, die Nierendialyse oder Sauerstofftherapie benötigen (96/555/EG), ABl. L 241 vom 21.9.1996, S. 31.

[555] EuGH, Rs. 19/67, *van der Vecht*, Slg. 1967, S. 445, 457.

[556] EuGH, Rs. 98/80, *Romano*, Slg. 1981, S. 1241, Rdnr. 20; Rs. 21/87, *Borowitz*, Slg. 1988, S. 3715, Rdnr. 19; Rs. C-102/91, *Knoch*, Slg. 1992, S. I-4341, Rdnr. 52.

[557] EuGH, Rs. 9/56 und 10/56, *Meroni/Hohe Behörde*, Slg. 1958, S. 9 ff. bzw. 51 ff.; das Prinzip des institutionellen Gleichgewichts kommt hier als justiziabler Maßstab zur Beurteilung von Kompetenzverschiebungen zum Einsatz, Calliess/Ruffert-*Calliess*, Rdnrn. 8 f. zu Art. 7 EG.

lich die in Art. 202 und 211 EG als Regelfall konzipierte Übertragung von Befugnissen auf die Kommission – sind interinstitutionelle Habilitationen nur in engen Grenzen zulässig.[558] Verbindliche Beschlüsse der Verwaltungskommission wären ein geradezu klassischer Anwendungsfall einer nach der *Meroni*-Doktrin verbotenen Habilitation zugunsten eines politisch nicht verantwortlichen Organs. Für den EuGH muss deshalb die Verwaltungskommission darauf beschränkt bleiben, praktische Schwierigkeiten bei der Anwendung der Verordnung (EWG) Nr. 1408/71 durch institutionalisierte Konsultationen und durch den Erlass von unverbindlichen Stellungnahmen abzumildern.[559] Die einschlägigen Befugnisnormen in der Verordnung (EWG) Nr. 1408/71 sind in diesem Sinne primärrechtskonform auszulegen.

Dies hat die Verwaltungskommission jedoch nicht davon abgehalten, weiterhin „Beschlüsse" zu fassen, auch in Auslegungsfragen. Ungeachtet ihrer Qualifikation als unverbindliche Akte sind diese, schon wegen der Komplexität des Regelungsfeldes, von erheblichem praktischem Gewicht. Unter dem Gesichtspunkt der Rechtssicherheit ist es deshalb höchst fragwürdig, mit „Beschluss" auch nach der Grundsatzentscheidung des EuGH eine Bezeichnung weiter zu verwenden, die verbindliche Rechtswirkungen suggeriert.

Die Wanderarbeitnehmer-Verwaltungskommission, von jeher eine sektorale Besonderheit ohne Modellcharakter,[560] stellt sich als bedauerlicher Anachronismus im institutionellen System der Union dar und steht im Widerspruch zu dem von Art. 202 und 211 EG gewollten Standardverfahren der normativen Konkretisierung von Gemeinschaftsrechtsakten durch Rechtsetzung der Kommission.[561] *De constitu-*

---

[558] EuGH, Rs. 9/56 (Anm. 557), S. 44; EuG, verb. Rs. T-369/94 und T-85/95, *DIR International Film u.a./Kommission*, Slg. 1998, S. II-357, Rdnr. 52; *Ch. Möllers*, Durchführung des Gemeinschaftsrechts, EuR 2002, S. 483, 493 f.; zur Übertragung von Entscheidungsbefugnissen auf Ämter und Agenturen *Nettesheim*, Kompetenzen (Anm. 544), S. 467 ff.

[559] EuGH, Rs. C-251/89, *Athanasopoulos*, Slg. 1991, S. I-2797, Rdnr. 53 f.; Rs. C-236/88, *Kommission/Frankreich*, Slg. 1990, S. I-3163, Rdnr. 17.

[560] *J.-V. Louis*, Les règlements de la Communauté économique européenne, 1969, S. 318 f.

[561] Grabitz/Hilf-*Langenfeld*, Komm. zu Art. 144 EG; zur rechtspolitischen Forderung nach ihrer Abschaffung *v. Bogdandy/Bast/Arndt*, Handlungsformen (Anm. 507), S. 150 f. und 157 f.; positivere Deutungen als Instrument transnational-sozialrechtlicher Koordinierung bei *R. Pitschas*, Strukturen des europäischen Verwaltungsrechts, in: E. Schmidt-Aßmann/W. Hoffmann-Riem (Hrsg.),

tione lata ist festzuhalten, dass es sich bei „Beschlüssen" der Verwaltungskommission nicht um Beschlüsse handelt, weil es ihnen an einem wesentlichen Charakteristikum dieser Handlungsform fehlt, ihrer Verbindlichkeit.

2. Beschlüsse sind adressatenlose Rechtsakte

a. Zweite Variable: adressatenspezifische oder adressatenunspezifische Wirkungen

Als weiteres Ordnungskriterium können die Handlungsformen des Unionsrechts danach unterschieden werden, ob die Rechtswirkungen der Akte adressatenspezifisch oder adressatenunspezifisch eintreten. Dieses Kriterium lässt sich aus Art. 249 und 254 EG gewinnen: Die Formulierungen „an die sie gerichtet wird", „die sie bezeichnet" und „für die sie bestimmt sind" definieren Richtlinien und Entscheidungen als Rechtsakte, die einen spezifischen Adressaten besitzen.[562] In die Gruppe der verbindlichen adressatenspezifischen Handlungsformen fallen auch Rahmenbeschlüsse nach Art. 34 II lit. b EU sowie die Leitlinien und Weisungen der EZB nach dem ESZB-Statut; Erstere sind an die Mitgliedstaaten gerichtet, Letztere an nationale Zentralbanken.

Die Rede ist hier vom Adressaten im formellen Sinne, also demjenigen, den ein Rechtsakt als seinen Empfänger bezeichnet und der nach der gesetzgeberischen Konvention in der Schlussformel des Akts benannt wird. Ihm gegenüber treten die primären Rechtswirkungen des Akts ein. So ist eine Entscheidung nur für denjenigen verbindlich, den sie bezeichnet, nicht hingegen für einen Dritten, der sich in der gleichen Lage befindet wie der Adressat. Nur der formelle Adressat definiert sich über die Handlungsform, nicht der Adressat im materiellen Sinne, also derjenige, der von einer Regelung ihrem Inhalt nach angesprochen wird und von ihr potenziell oder aktuell betroffen ist. Der formelle Adressat ist auch zu unterscheiden vom Adressaten im prozessrechtlichen Sinne,

---

Strukturen des Europäischen Verwaltungsrechts, 1999, S. 123, 145 f., und *Ch. Koch*, Arbeitsebenen der Europäischen Union, 2003, S. 254 ff.

[562] EuGH, verb. Rs. 188/80 bis 190/80, *Frankreich u.a./Kommission*, Slg. 1982, S. 2545, Rdnr. 7; treffend *R. Thierfelder*, Die Entscheidung im EWG-Vertrag, 1968, S. 48: „Keine Entscheidung ohne Adressaten"; ebenso *Lenaerts/Van Nuffel*, Constitutional Law (Anm. 524), Rdnr. 17-136.

für den eine Handlung eine Entscheidung im Sinne von Art. 230 IV EG darstellt, weil er von ihr individuell und unmittelbar betroffen ist.[563]

Den Handlungsformen, die einen formellen Adressaten besitzen, steht die Gruppe der Formen mit adressaten*un*spezifischem Wirkungsmodus gegenüber. Man könnte, im begrifflichen Anschluss an die Kategorisierung der Rechtskraft gerichtlicher Urteile, von Handlungsformen mit Rechtswirkungen *erga omnes* sprechen (einem adressatenspezifischen Wirkungsmodus entsprächen dann Wirkungen *inter partes*, hier: zwischen der Union und der adressierten Rechtsperson).[564] Gelegentlich wird zur Bezeichnung des gleichen Phänomens auch mit dem Gegensatzpaar von allgemeiner und individueller Geltung gearbeitet. Namentlich der unbeschränkte personelle Wirkungsbereich der Verordnung wird in der Literatur teilweise mit dem Begriff der allgemeinen Geltung belegt und in Art. 249 II 1 EG normativ verortet.[565] Die Qualifizierung als Rechtsakte mit individueller Geltung ist dagegen nur gebräuchlich für Entscheidungen, nicht aber für Richtlinien.[566] Der Begriff der allgemeinen Geltung ist jedoch zu komplex und findet in zu verschiedenen Kontexten Verwendung, als dass er für eine Kategorisierung der Handlungsformen geeignet erschiene. Namentlich ist er in der durch den Gerichtshof geprägten Terminologie in einem prozessrechtlichen Sinne besetzt. Danach können auch Rechtsakte in Handlungsformen mit adressatenspezifischem Wirkungsmodus allgemeine Geltung besitzen, wie dies typischerweise bei Richtlinien der Fall ist und zuweilen auch bei staatengerichteten Entscheidungen. Umgekehrt können auch Rechtsakte in Handlungsformen mit einem adressatenunspezifischen Wirkungsmodus individuell anfechtbare Entscheidungen sein; für Verordnungen ist dies in Art. 230 IV EG ausdrücklich normiert.

---

[563] Erster Teil, D. II. 2. c.

[564] Die Unterschiede zwischen einem Rechtsetzungsakt und einem gerichtlichen Urteil begrenzen jedoch die Leistungsfähigkeit dieser begrifflichen Anleihe.

[565] *Geiger*, EUV/EGV, Rdnr. 5 zu Art. 249 EG; *E. Klein*, Unmittelbare Geltung, Anwendbarkeit und Wirkung von Europäischem Gemeinschaftsrecht, 1988, S. 11; *Ipsen*, Gemeinschaftsrecht, 21/7.

[566] Streinz-*Schroeder*, Rdnr. 133 zu Art. 249 EG; *Koenig/Haratsch*, Europarecht, Rdnr. 289; *Borchardt*, Die rechtlichen Grundlagen der EU, Rdnr. 350; *Geiger*, EUV/EGV, Rdnr. 19 zu Art. 249 EG; *Streinz*, Europarecht, Rdnr. 413; selten auch der Gerichtshof, etwa in EuGH, Rs. 302/87, *Parlament/Rat*, Slg. 1988, S. 5615, Rdnr. 10.

Wie bereits für die Kategorie der Verbindlichkeit expliziert, betrifft auch der adressatenbezogene Aspekt nicht die Rechtswirkungen, die ein konkreter Rechtsakt auslöst, sondern die Rechtswirkungen, die ein Rechtsakt auslösen könnte, weil die Handlungsform, der er angehört, diese ermöglicht. Er bezeichnet eine formbedingte ‚Leistungsobergrenze', wie am Beispiel einer Verordnung leicht einsehbar ist, die zwar potenziell alle Rechtsbürger betrifft, tatsächlich aber nur diejenigen, die ihre tatbestandlichen Voraussetzungen erfüllen (oder zumindest erfüllen könnten). Das Leistungspotenzial eines Rechtsakts, der in eine Handlungsform mit adressatenspezifischem Wirkungsmodus gekleidet ist, ist jedoch nicht nur im Hinblick auf die von ihm erfassten Tatbestände, sondern auch in einer formspezifischen Weise limitiert. Die formelle Adressierung eines Rechtsakts an bestimmte Adressaten beinhaltet eine Begrenzung seiner primären Wirkungen auf ebendiesen Adressatenkreis, und zwar selbst dann, wenn die normierten Tatbestände auch in der Person eines Nicht-Adressaten erfüllt sind. Ist der formelle Adressat ein bestimmter Mitgliedstaat, liegt in dieser personellen Limitierung zugleich eine Limitierung des räumlichen Wirkungsbereichs der betreffenden Handlung, was gezielte Normierungen für Teile des Unionsgebiets möglich macht.

Der personelle und räumliche Wirkungsbereich einer Verordnung dagegen kann nicht ohne weiteres beschränkt werden. Sie gilt gemäß Art. 249 II 2 EG „in jedem Mitgliedstaat"; es ist, nach der berühmt gewordenen Formel von *Ipsen*, ihre „Eigenart, in der Gemeinschaft ganzheitlich und einheitlich zu gelten"[567]. Entgegen vereinzelt gebliebener Ansichten[568] schließt Art. 249 II 2 EG verbindliche Wirkungen *für* die Mitgliedstaaten und die Organe ein.[569] In räumlicher Hinsicht ist der Wirkungsbereich einer Verordnung identisch mit dem räumlichen Geltungsbereich des Gemeinschaftsrechts, wie er in Art. 299 EG definiert ist.[570] Diese Unfähigkeit, sich selbst anders als durch die Tatbestände ih-

---

[567] *Ipsen*, Gemeinschaftsrecht, 21/8.

[568] *W. Möller*, Die Verordnung der Europäischen Gemeinschaften, 1967, S. 43 ff.; *ders.*, Die Verordnung der Europäischen Gemeinschaften, JöR n.F. 18 (1969), S. 1, 7 f.

[569] Dauses-*Lukes*, B. II, Rdnr. 55; Groeben/Schwarze-*Schmidt*, Rdnrn. 33 und 35 zu Art. 249 EG; Streinz-*Schroeder*, Rdnr. 57 zu Art. 249 EG.

[570] Grabitz/Hilf-*Nettesheim*, Rdnr. 119 zu Art. 249 EG; eine Ausnahme gilt nur für Fälle der verstärkten Zusammenarbeit, z.B. unter Art. 61 ff. EG: Der räumliche Geltungsbereich der betreffenden Rechtsakte, auch der einer Verordnung, ist auf das Territorium der teilnehmenden Mitgliedstaaten beschränkt,

rer Normen zu begrenzen, ist ein formspezifisches Unvermögen der Verordnung, welches ihrem adressatenunspezifischen Wirkungsmodus geschuldet ist.

Die Unterscheidung von adressatenspezifischem und adressatenunspezifischem Wirkungsmodus kann auch zwischen unverbindlichen Handlungsformen vorgenommen werden. Beide Variablen sind logisch und empirisch unabhängig voneinander: Auch unverbindliche Wirkungen treten entweder nur für bestimmte Adressaten oder gegenüber jedermann ein. Eindeutig den adressatenspezifischen Handlungsformen zuzuordnen ist die Empfehlung. Sie ist stets an einen bestimmten Adressaten gerichtet: häufig an Mitgliedstaaten, zuweilen auch an ein anderes Organ. Stellungnahmen, ohnehin eine seltene Erscheinung im geltenden Recht, sind im Hinblick auf den adressatenbezogenen Aspekt nicht festgelegt. Sie ergehen entweder als gutachterliche Stellungnahme, die an einen bestimmten Mitgliedstaat adressiert ist, oder als adressatenlose allgemeine Stellungnahme zu einer bestimmten Fragestellung.[571] Eine Sonderform der ersten Variante ist die „mit Gründen versehene Stellungnahme" nach Art. 226 und 227 EG, die die Kommission an einen Mitgliedstaat richtet, dem eine Vertragsverletzung vorgeworfen wird. Entschließungen sind unverbindliche Verlautbarungen, die keinen spezifischen Adressaten aufweisen, also gegenüber jedermann ergehen.

b. Beschlüsse: adressatenunspezifisch

Für die Zuordnung des Beschlusses hat das formidentifizierende Merkmal der Abschlussklausel, d.h. das charakteristische Fehlen einer solchen, ausschlaggebende Bedeutung. Gegenstand der selbstzugeschriebenen Rechtswirkungen, die über die individuelle Schlussformel einer Handlungsform zum Ausdruck gebracht werden, ist ja gerade der personelle Wirkungsbereich des betreffenden Rechtsakts. Indem die Beschlüsse auf die Auszeichnung eines Adressaten verzichten, ordnen sie sich den Handlungsformen mit adressatenunspezifischem Wirkungsmodus zu. Anders als eine Richtlinie und eine Entscheidung differenziert ein Beschluss seine Rechtswirkungen nicht zwischen Adressaten und Nicht-Adressaten. Der Beschluss wirkt unterschiedslos gegenüber

---

D. Thym, Ungleichzeitigkeit und europäisches Verfassungsrecht, 2004, S. 21 und 86.

[571] Zu den empirischen Varianten *v. Bogdandy/Bast/Arndt*, Handlungsformen (Anm. 507), S. 118 f.

jedermann, er hat, anders formuliert, objektive Wirkung *erga omnes*. In diesem Sinne ist ein Beschluss, wie einige Autoren bemerken, ein Rechtsakt mit ‚allgemeiner Geltung',[572] wenn man dies als einen Gegenbegriff zur ‚individuellen Geltung' einer adressatenspezifisch wirkenden Handlung begreift.

In diesem Aspekt ihres Wirkungsmodus treffen sich der Beschluss, der an niemanden im Besonderen gerichtet ist, und die Verordnung, die potenziell an jeden gerichtet ist. Verordnungen und Beschlüsse nehmen jeweils einen formell unbeschränkten personellen Wirkungsbereich für sich in Anspruch. Die Eingrenzung des materiell angesprochenen Adressatenkreises folgt allein aus dem Normtext selbst (tatbestandlich) und aus dem territorial limitierten Geltungsbereich des Unionsrechts (geltungsräumlich). Hier wird deutlich, dass das Fehlen einer entscheidungstypischen Schlussformel nicht nur ein äußerliches Unterscheidungsmerkmal zur Entscheidung beinhaltet, sondern eine Differenz ihres Wirkungsmodus konstituiert. Im Hinblick auf den adressatenbezogenen Aspekt des Wirkungsmodus sind Beschluss und Entscheidung grundlegend verschiedene Handlungsformen.[573]

Tabelle 6 fasst die bisherigen Ergebnisse zu den formenspezifischen Rechtswirkungen zusammen. Man erkennt die überraschende Nähe des Beschlusses zur Verordnung und die Differenz zur Entscheidung.

Tabelle 6

	verbindlich	**unverbindlich**
adressatenunspezifisch	• Verordnung • Beschluss	• Entschließung
adressatenspezifisch	• Richtlinie • Entscheidung	• Empfehlung

---

[572] *Dewost*, Décisions des institutions (Anm. 546), S. 327: «Il s'agit bien sûr de décisions de portée générale et qui de ce fait n'ont pas de destinataires»; *A. Tizzano*, Prime note sul progetto di Costituzione europea, Il Diritto dell'Unione Europea 2003, S. 249, 283: „la decisione … quella di carattere generale, senza destinatari determinati".

[573] *G. Isaac/M. Blanquet*, Droit communautaire général, 2001, S. 157; *P.-Y. Monjal*, Recherches sur la hiérarchie des normes communautaires, 2000, Rdnrn. 44 und 561.

c. Typus des Ernennungs-Beschlusses: Wirkung gegenüber jedermann

Die an das Merkmal eines fehlenden Adressaten im formellen Sinne anknüpfende Qualifizierung des Beschlusses gibt Anlass zu der Überlegung, ob nicht bestimmte Beschlüsse aufgrund ihres einzelfallbezogenen Charakters eine andere rechtliche Behandlung verlangen. Die Rede ist hier vom Typus des Ernennungs-Beschlusses.

Die Verträge sehen verschiedentlich vor, die Mitglieder eines Unionsorgans durch eine Investiturhandlung eines anderen Organs zu bestimmen. Zu den Befugnissen des Rates gehört es beispielsweise, die Mitglieder des Rechnungshofes (Art. 247 III EG), des Wirtschafts- und Sozialausschusses (Art. 258 II EG) und des Ausschusses der Regionen (Art. 263 III EG) zu ernennen. Als Abschluss eines komplexen Verfahren ernennt der Rat auch den Präsidenten und die übrigen Mitglieder der Kommission (Art. 214 II Ua. 3 EG). Das Parlament ernennt den Bürgerbeauftragten (Art. 195 I EG). Weitere Ernennungsbefugnisse kennt das abgeleitete Recht für die Besetzung von Einrichtungen, die durch Organakt geschaffen wurden.[574]

Solche Ernennungen erfolgen in ständiger Praxis durch Beschluss.[575] Diese Formenwahl mag in mehrfacher Hinsicht erstaunen. Bemerkenswert ist zum einen, dass für diesen speziellen Regelungstypus keine eigene Handlungsform benötigt wird.[576] Das Rechtsregime des Beschlusses ermöglicht offenbar ein sehr heterogenes Funktionsprofil, vergleicht man einen Ernennungs-Beschluss etwa mit der Annahme eines völkerrechtlichen Abkommens oder einem Förderprogramm-Beschluss. Erstaunlich ist weiter, dass unter den etablierten Handlungsformen die Wahl nicht auf eine Entscheidung fällt, die an die ernannte Person gerichtet ist. Hierfür sind zwei Gründe erkennbar, die zum einen mit einer formbedingten Schwäche der Entscheidung, zum anderen mit einer formbedingten Stärke des Beschlusses in Verbindung stehen.

---

[574] Beispiel: Art. 82 II Verordnung (EWG) Nr. 1408/71 (Anm. 551).

[575] Beispiel: Beschluss des Rates vom 19. November 2004 über die Ernennung des Präsidenten und der Mitglieder der Kommission der Europäischen Gemeinschaften (2004/780/EG, Euratom), ABl. L 344 vom 20.11.2004, S. 33.

[576] Die frühe Vermutung, dass sich das Organisationsrecht der Gemeinschaften in Verwaltungsordnung (*arrêté*) und Verwaltungsentscheidung (*décision administratif*) ausdifferenzieren werde, hat sich nicht bewahrheitet, *H. v. Meibom*, Zur rechtlichen Systematik der Beschlußtätigkeit der Organe der Europäischen Gemeinschaften, BB 1959, S. 583.

Nach dem engen Verständnis der Organe ist die Entscheidung eine Handlungsform, die für die Regelung von Inter- und Intraorganbeziehungen ungeeignet ist; sie kommt zum Einsatz, wenn sich die Organe an Dritte, also Mitgliedstaaten oder Rechtsbürger, richten,[577] und zwar typischerweise dann, wenn das Erlassorgan eine Anordnungsbefugnis gegenüber dem Adressaten für sich in Anspruch nimmt. Hieran ist richtig, dass das Interorganverhältnis vom Grundsatz der Autonomie und Gleichrangigkeit der Organe geprägt ist,[578] sodass auch eine vertraglich zugewiesene Ernennungsbefugnis nicht als Ausdruck eines Subordinationsverhältnisses gedeutet werden kann. Dies müsste einer Ernennung durch privatgerichtete Entscheidung, beispielsweise eines Interessenvertreters zum Mitglied des WSA, nicht entgegenstehen, denn ein hierarchisches Verhältnis der beteiligten Organe (hier: Rat und WSA) wird hierdurch nicht präjudiziert. Die Abwesenheit der Entscheidung in den interinstitutionellen Beziehungen offenbart jedoch ein zutreffendes Verständnis des Art. 249 EG, wenn man von vorne herein die Existenz des Beschlusses als nicht minder verbindliche Handlungsform in Rechnung stellt.[579] Es besteht schlicht kein praktisches Bedürfnis dafür, die Entscheidung in den interinstitutionellen Beziehungen zum Einsatz zu bringen.

Zweitens gründet die Eignung des Beschlusses für Ernennungen gerade in seinem adressatenunspezifischen Wirkungsmodus. Bei der Investitur von Mitgliedern eines Verfassungsorgans steht nicht die individualbegünstigende Seite im Vordergrund, auf der der Ernannte Rechte erwirbt, sondern die objektivrechtliche Seite, auf der der Ernannte kraft Ernennung als Organwalter tätig werden und an der Ausübung hoheitlicher Befugnisse mitwirken kann. Diese objektiven Wirkungen eines Ernennungsakts korrespondieren vortrefflich mit der *erga-omnes*-Wirkung des Beschlusses, nach der die Ernennung zu dem im Beschluss festgelegten Zeitpunkt mit Wirkung gegenüber jedermann eintritt.

Das Unionsrecht ist demnach in der Lage, auch materiell personenbezogene Handlungen in einer formell adressatenunspezifischen Handlungsform vorzunehmen. Die ‚allgemeine Geltung' eines Beschlusses im Sinne eines personell unlimitierten Wirkungsbereichs beinhaltet keine

---

[577] *Oppermann*, Europarecht, Rdnr. 569.

[578] EuGH, verb. Rs. 7/56 und 3/57 bis 7/57, *Algera u.a./Gemeinsame Versammlung*, Slg. 1957, S. 83, 122 f.

[579] Vgl. *U. Everling*, Die ersten Rechtsetzungsakte der Organe der Europäischen Gemeinschaften, BB 1959, S. 52, 53.

Festlegung auf einen bestimmten Grad an Abstraktheit der Norm (ein konkreterer Akt als die Ernennung einer namentlich bezeichneten Person ist kaum denkbar). Es erweist sich, dass der adressatenunspezifische Wirkungsmodus des Beschlusses gut verträglich ist mit einer materiellen Qualifizierung des betreffenden Akts als nicht-legislativ. Erinnert sei daran, dass der überkommene Begriff des Gesetzes im materiellen Sinne Investiturakte von vorne herein ausschloss.[580] Das Unionsrecht hingegen anerkennt Beschlüsse mit konkret-individuellem Regelungsgehalt ebenso wie Beschlüsse abstrakt-allgemeinen Inhalts, ohne dass dies die Einheit des Rechtsregimes dieser Handlungsform in Frage stellen würde.

3. Beschlüsse sind einstufige Rechtsakte

a. Dritte Variable: Einstufigkeit oder Zweistufigkeit

Ein dritter Aspekt, der die Handlungsform unterscheidet, ist in Art. 249 EG nur undeutlich angelegt, hingegen in Rechtsprechung und Praxis klar herausgearbeitet worden: die Unterscheidung, ob die Handlungsform eine einstufige oder eine zweistufige Normgebungsstruktur aufweist.

Die bekannteste zweistufige Handlungsform ist die Richtlinie.[581] Nach Art. 249 III EG begründet die Richtlinie für die Staaten, an die sie gerichtet ist, eine Verpflichtung zur Erreichung eines bestimmten Ziels, die bei Ablauf einer durch die Richtlinie selbst gesetzten Frist erfüllt sein muss. Wenn eine Richtlinie ordnungsgemäß umgesetzt wird, treffen ihre Wirkungen den Einzelnen auf dem Weg über die von dem jeweiligen Mitgliedstaat ergriffenen Maßnahmen.[582] Die Richtlinie ist damit ein Instrument mittelbarer Rechtsetzung, das – soweit nicht bloßes Unterlassen verlangt wird – konstitutiv die Mitwirkung der adressierten Mitgliedstaaten voraussetzt. Ihr Erlass schließt die unionsrechtliche Phase eines Rechtsetzungsvorgangs ab, der ohne die nachfolgende

---

[580] *P. Laband*, Das Budgetrecht nach den Bestimmungen der Preußischen Verfassungs-Urkunde (1871), 1971, S. 6.

[581] *M. Kaltenborn*, Rahmengesetzgebung im Bundesstaat und im Staatenverbund, AöR 128 (2003), S. 412; *A. Schramm*, Zweistufige Rechtsakte, ZÖR 56 (2001), S. 65; *A. Scherzberg*, Mittelbare Rechtssetzung durch Gemeinschaftsrecht, Jura 1992, S. 572.

[582] EuGH, Rs. 102/79 (Anm. 513), Rdnrn. 10 ff.; Rs. 8/81, *Becker*, Slg. 1982, S. 53, Rdnrn. 18 f.

zweite Phase auf mitgliedstaatlicher Ebene unvollständig bleibt.[583] Der Zweistufigkeit der Richtlinie entsprechen zwei Zeitphasen (vor und nach Ablauf der Umsetzungsfrist), in denen sich ihre Rechtswirkungen signifikant unterscheiden.[584]

In modifizierter Form gilt dies für die gesamte Familie der richtlinienförmigen Instrumente, namentlich den Rahmenbeschluss nach Art. 34 II lit. b EU, der als sektorspezifische Harmonisierungs-Richtlinie ohne Fähigkeit zu unmittelbaren Wirkungen beschrieben werden kann,[585] und die staatengerichtete Empfehlung, die unverbindliche kleine Schwester der Richtlinie. Letztere schlägt einen mitgliedstaatlichen Umsetzungsakt lediglich vor, stellt also die zweite Phase in das Ermessen des adressierten Mitgliedstaats.[586]

Hiervon zu unterscheiden sind einstufige Handlungsformen, die ihre Rechtswirkungen bereits vollständig dann entfalten, wenn sie auf unionsrechtlicher Ebene in Kraft treten. Ihrer Normgebungsstruktur nach beanspruchen einstufige Handlungsformen, den projektierten Rechtszustand unmittelbar selbst herbeizuführen. Dies gilt insbesondere für Verordnungen und Entscheidungen. Die Bestimmungen dieser Rechtsakte sind kraft ihrer Handlungsform unmittelbar anwendbar, ohne dass es einer mitgliedstaatlichen Mitwirkungshandlung bedürfte.[587] Ausschlaggebend für die Zuordnung ist nicht, dass eine Handlungsform zur

---

[583] Dies bedeutet bekanntlich nicht, dass bei einem Ausfall des geforderten Umsetzungsakts eine Richtlinie keine Wirkungen entfalten würde; aus der umfangreichen Literatur *Ch. Herrmann*, Richtlinienumsetzung durch die Rechtsprechung, 2003, S. 31 ff.; *S. Prechal*, Directives in European Community Law, 1995, S. 195 ff.; *A. Scherzberg*, Die innerstaatlichen Wirkungen von EG-Richtlinien, Jura 1993, S. 225; *U. Everling*, Zur direkten innerstaatlichen Wirkung der EG-Richtlinien, in: FS K. Carstens, Bd. 1, 1984, S. 95; zur unmittelbaren Wirkung im folgenden Abschnitt, C. I. 4. a.

[584] Zu den Rechtswirkungen vor Ablauf der Umsetzungsfrist EuGH, Rs. 148/78, *Ratti*, Slg. 1979, S. 1629, Rdnrn. 41 ff.; Rs. C-316/93, *Vaneetveld*, Slg. 1994, S. I-763, Rdnr. 16; Rs. C-129/96, *Inter-Environnement Wallonie*, Slg. 1997, S. I-7411, Rdnrn. 42 ff.; insbesondere zur richtlinienkonformen Auslegung *D. Koller*, Die Bedeutung von EG-Richtlinien im Zeitraum vor Ablauf der Umsetzungsfrist, 2003, S. 98 ff.

[585] *F. Zeder*, Der Rahmenbeschluss als Instrument der EU-Rechtsangleichung im Strafrecht, ÖJZ 2001, S. 81.

[586] EuGH, Rs. C-322/88, *Grimaldi*, Slg. 1989, S. I-4407; dazu erneut unten, D. IV. 2. d.

[587] *Ipsen*, Gemeinschaftsrecht, 21/10 und 21/16.

Einwirkung auf die mitgliedstaatlichen Rechtsordnungen in der Lage ist oder sie – wie es dem vollzugsföderalen Charakter des Verbundes von Union und Mitgliedstaaten entspricht – der Vollziehung durch mitgliedstaatliche Stellen bedarf. Entscheidend ist, dass bei den richtlinienförmigen Instrumenten die Zweistufigkeit über die Struktur der Handlungsform determiniert ist, sie also stets eine staatengerichtete Handlungsaufforderung zur (Nicht-) Modifizierung der nationalen Rechtsordnung beinhalten.

Die klassifikatorische Unterscheidung zwischen Handlungsformen mit einstufiger und zweistufiger Normgebungsstruktur wird dadurch erschwert, dass auch Verordnungen und Entscheidungen bei entsprechender Ausgestaltung ihrer Bestimmungen zu mittelbarer Rechtsetzung geeignet sind. Entscheidungen können an Mitgliedstaaten adressiert werden und die Vornahme mitgliedstaatlicher Umsetzungsakte zum Inhalt der unmittelbar auferlegten Verpflichtung machen. Verordnungen können ihre Wirkung zwar nicht formell auf die Mitgliedstaaten beschränken, sich jedoch materiell ausschließlich an diese richten, indem sie Verpflichtungen auferlegen, die nur von mitgliedstaatlichen Stellen erfüllt werden können. Auch zwingt die Wahl einer Verordnung nicht zu einer erschöpfenden Regelung, sodass eine Verordnung, wo sie nicht selbst materiell regelt, die Mitgliedstaaten zum Erlass von legislativen Durchführungsvorschriften verpflichten kann.[588] Damit sind staatengerichtete Entscheidungen und Verordnungen als Instrumente der Harmonisierung, einer vermeintlichen Domäne der Richtlinie,[589] einsetzbar.[590]

Der Typus der an alle Mitgliedstaaten gerichteten Harmonisierungs-Entscheidung hat in der Literatur erhebliche Einordnungsschwierigkeiten hervorgerufen. Während manche Autoren diesen Typus für tendenziell unzulässig halten und die staatengerichtete Entscheidung darauf festlegen wollen, Mitgliedstaaten administratives, nicht aber legislatives Handeln vorzugeben,[591] halten andere eine Abgrenzung gänzlich für

---

[588] EuGH, Rs. 31/78, *Bussone*, Slg. 1978, S. 2429, Rdnrn. 28/33; Rs. 230/78, *Eridania*, Slg. 1979, S. 2749, Rdnr. 34, Rs. 273/83, *Kommission/Italien*, Slg. 1985, S. 1057, Rdnr. 27.

[589] Dauses-*v. Danwitz*, B. II, Rdnr. 88.

[590] *Ch. Trüe*, Das System der Rechtsetzungskompetenzen der Europäischen Gemeinschaft und der Europäischen Union, 2002, S. 200 f., spricht von „einstufiger Rechtsangleichung".

[591] *U. Mager*, Die staatengerichtete Entscheidung als supranationale Handlungsform, EuR 2001, S. 661, 672 f.

unmöglich und erklären staatengerichtete Entscheidung und Richtlinie zu Varianten einer einheitlichen Handlungsform.[592] Wieder andere wollen erst entsprechend dem Inhalt der auferlegten Verpflichtung qualifizieren, welche Handlungsform vorliegt („Normen mit Entscheidungscharakter").[593] Nach der hier vertretenen Auffassung ist eine trennscharfe Abgrenzung in ihrem unterschiedlichen Verpflichtungsmodus im Verhältnis zu Privaten zu sehen.[594] Für das Ordnungskriterium der einstufigen oder zweistufigen Normgebungsstruktur ist ausschlaggebend, dass staatengerichtete Entscheidungen zwar häufig mitgliedstaatliches Handeln veranlassen und dabei gegebenenfalls – so wie bei Richtlinien – ein legislativer Umsetzungsakt gefordert sein kann. Staatengerichtete Entscheidungen sind jedoch ihrer Struktur nach nicht darauf festgelegt, Umsetzungspflichten aufzuerlegen. Dies wird am Beispiel der Genehmigung staatlicher Programme im Rahmen der Strukturfonds deutlich. Hier bringen staatengerichtete Entscheidungen einen kooperativen Planungsprozess zum Abschluss und schaffen die Voraussetzungen für die Ko-Finanzierung von Projekten, begründen jedoch weder administrative noch legislative Handlungspflichten für die Mitgliedstaaten.[595] Anders als bei einer Richtlinie gehört eine zweistufige Struktur nicht zu den formdeterminierten Eigenschaften der staatengerichteten Entscheidung, was ihre Zuordnung zu den einstufigen Handlungsformen rechtfertigt.

b. Beschlüsse: einstufig

Die Einordnung des Beschlusses bei den einstufigen Instrumenten bereitet keine Schwierigkeiten. Sie ist bereits durch den adressatenbezogenen Aspekt des Wirkungsmodus vorgeprägt: Es ist unwahrscheinlich, dass die Veranlassung einer nachfolgenden Rechtsetzungsstufe zu den formdeterminierten Eigenschaften einer adressatenlosen Handlungsform gehören soll. Dies wäre nur denkbar, wenn sich Beschlüsse zwar

---

[592] *A. Scherzberg*, Verordnung – Richtlinie – Entscheidung, in: H. Siedentopf (Hrsg.), Europäische Integration und nationalstaatliche Verwaltung, 1991, S. 17, 42; *Weber*, Richtlinie (Anm. 514), S. 127; *Thierfelder*, Entscheidung (Anm. 562), S. 115 ff.

[593] Grabitz/Hilf-*Nettesheim*, Rdnr. 127 zu Art. 249 EG.

[594] Näher sogleich unten, C. I. 4. a.

[595] Eingehend *B. Schöndorf-Haubold*, Die Strukturfonds der Europäischen Gemeinschaft, 2005, S. 387 ff.

nicht formell, stets aber materiell an einen Adressaten wenden würden, um diesen – mit appellierendem oder verpflichtendem Charakter – zur Vornahme einer Rechtsetzungshandlung aufzufordern. Die Analyse der Beschlüsse ergibt, dass das Gegenteil der Fall ist. So heterogen die Beschlusstypen und ihre jeweiligen Gegenstände sind, stets beanspruchen die Beschlüsse, den projektierten Rechtszustand selbst herbeizuführen: ein Ausschuss wird eingerichtet, eine Person ernannt, ein Programm festgelegt, ein Antidumpingverfahren ausgesetzt usw.

Gewiss wenden sich auch Beschlüsse materiell zuweilen an einen Adressaten, der zur Ergreifung von Maßnahmen aufgerufen ist. So dienen Förderprogramm-Beschlüsse als Basisrechtsakt für spätere Gemeinschaftssubventionen. Noch klarer ist die Einbindung in eine Abfolge von Rechtsetzungsaktivitäten beim Typus des Rahmenprogramms, das gerade bezweckt, späteres Organhandeln vorzustrukturieren und partiell zu determinieren. Beschlüsse bleiben jedoch nie in einer Weise unvollständig, wie es für zweistufige Handlungsformen charakteristisch ist. Vielmehr tritt der rechtliche Erfolg eines Beschlusses, wie die Festlegung eines Förderprogramms oder die Verpflichtung auf ein Legislativprogramm, bereits unmittelbar mit Wirksamwerden des entsprechenden Beschlusses ein. Als weitere Beobachtung kann hier vermerkt werden, dass die Handlungsaufforderungen, die in solchen Beschlüssen liegen, an Unionsorgane gerichtet sind, nicht an mitgliedstaatliche Stellen.

Beschlüsse sind damit ihrer Normgebungsstruktur nach einstufige Rechtsakte, die auf die unmittelbare Herbeiführung eines rechtlichen Gestaltungserfolgs gerichtet sind, wobei unter ‚Erfolg' hier jede Innovation innerhalb der unionalen Rechtsordnung zu verstehen ist. Dies korrespondiert mit ihrer Eigenschaft als adressatenlose Handlungen: Nicht Dritte, also Mitgliedstaaten oder Rechtsbürger, werden zu einem bestimmten Handeln oder Unterlassen aufgefordert, sondern das erlassende Organ handelt selbst zur Herbeiführung des gewünschten Ziels und wirkt hierzu gestaltend auf die unionale Rechtsordnung ein. *Nettesheim* trifft also einen wesentlichen Aspekt dieser Handlungsform, wenn er feststellt, dass Beschlüsse „eine Änderung der Rechtslage herbeiführen", indem sie „eine unmittelbare Statusveränderung" bewirken.[596]

Die strikt einstufige Normgebungsstruktur des Beschlusses darf im Übrigen nicht verwechselt werden mit einer zweigliedrigen logischen

[596] Grabitz/Hilf-*Nettesheim*, Rdnr. 218 zu Art. 249 EG.

Struktur, die Beschlüsse (ebenso wie andere Handlungsformen) aufweisen können: Wenn der rechtliche Erfolg, der mit einem Beschluss herbeigeführt wird, in der Inkraftsetzung von Rechtsnormen besteht, kann analytisch zwischen dem Inkraftsetzungsbefehl einerseits und den so erzeugten Rechtsnormen andererseits unterschieden werden. Dies wird besonders deutlich beim Typus des Annahme-Beschlusses, bei dem zwischen den Wirkungen des Beschlusses selbst und den Wirkungen des durch den Beschluss angenommenen Abkommens zu differenzieren ist.[597]

Somit ist ein Beschluss, nach der bisherigen Bestandsaufnahme, ein verbindlicher, adressatenloser Rechtsakt, der auf die unmittelbare Herbeiführung eines rechtlichen Gestaltungserfolgs gerichtet ist.

Die Tabellen 7 und 8 kombinieren das Ordnungskriterium der Normgebungsstruktur mit den beiden zuvor diskutierten Variablen.[598] In diesen Übersichten findet sich der Beschluss erneut im gleichen Quadranten mit der Verordnung wieder. Beide Handlungsformen ermöglichen ihrem Wirkungsmodus nach verbindliche, adressatenunspezifische und einstufige Rechtsakte. Die Differenz wird erst unter Hinzuziehung eines weiteren Aspekts sichtbar, ihrer unterschiedlichen Verpflichtungskraft. Dieser wird auch staatengerichtete Entscheidung und Richtlinie in ihrem eigenständigen Profil stärker konturieren.

---

[597] Unten, C. I. 5. a. aa.

[598] Stellungnahmen erweisen sich als zu undeterminiert, um sie im Hinblick auf die genannten Kriterien einzuordnen.

Tabelle 7

	verbindlich	**unverbindlich**
einstufig	• Verordnung • Entscheidung • Beschluss	• Entschließung
zweistufig	• Richtlinie	• Empfehlung

Tabelle 8

	adressatenunspezifisch	**adressatenspezifisch**
einstufig	• Verordnung • Beschluss • Entschließung	• Entscheidung
zweistufig		• Richtlinie • Empfehlung

c. Besonderheit: annahmebedürftige Beschlüsse (halbautonome Vertragsänderung)

Die Zuordnung des Beschlusses zu den einstufigen Handlungsformen führt zu der Frage, ob der Typus des annahmebedürftigen Beschlusses, wie er bei sog. halbautonomen Vertragsänderungen eingesetzt wird, aus dem so bestimmten Rechtsregime herausfällt.

Die Verträge sehen vier Arten von Verfahren vor, mit denen neues Primärrecht gesetzt werden kann. Auf alle Vertragsbestimmungen anwendbar ist das Verfahren des Art. 48 EU, nach dem eine Regierungskonferenz unter Mitwirkung der Organe einen Vertragstext festlegt, der der Ratifikation durch die Mitgliedstaaten bedarf. Dasselbe gilt für das Beitrittsverfahren nach Art. 49 EU, das einen Beschluss des Rates sowie ein ratifikationsbedürftiges Abkommen vorsieht. Daneben kennen die Verträge Einzelermächtigungen an den Rat, auch ohne Mitwirkung der Mitgliedstaaten primärrechtliche Vorschriften zu erlassen, sog. autonome Vertragsänderungen.[599] Eine Zwischenstellung nimmt das Verfahren der halbautonomen Vertragsänderung ein, bei dem der Rat einstimmig einen Beschluss mit primärrechtsänderndem Inhalt erlässt, der zu seiner Wirksamkeit der Annahme der Mitgliedstaaten „gemäß ihren verfassungsrechtlichen Vorschriften“ bedarf.[600] Die praktisch bedeutsamsten Ermächtigungen dieser Art sind Art. 190 IV (Art. 108 IV EA) zur Festlegung eines Wahlverfahrens zum Europäischen Parlament[601] und Art. 269 II EG (Art. 173 II EA) über das System der Eigenmittel.[602] Auf letztere Rechtsgrundlage wird periodisch der sog. Eigenmittelbeschluss gestützt, der die maßgeblichen Festlegungen für die Einnahmenseite des Haushalts der Union trifft.[603]

Äußerlich unterscheidet sich ein annahmebedürftiger Beschluss von den bisher diskutierten Beschlüssen in einem wichtigen Punkt: Laut seiner Einleitungsformel „beschließt“ der Rat nicht das System der Eigenmittel, sondern er „hat folgende Bestimmungen festgelegt, die er den Mitgliedstaaten zur Annahme empfiehlt“. Hierin kommt zum Ausdruck, dass ein solcher Beschluss allein mit der Annahme gemäß den verfassungsrechtlichen Vorschriften *der Union* noch nicht die Fähigkeit besitzt, gestaltend auf die Unionsrechtsordnung einzuwirken. Der Abschluss der unionalen Rechtsetzungsphase führt zu einem Rechtsakt, der empfehlenden Charakter hat. Das Wirksamwerden seiner verbindlichen Bestimmungen setzt die Durchführung des Annahmeverfahrens in allen Mitgliedstaaten voraus. Ohne dieses zweite Verfahrensstadium ist der Beschluss nur insoweit verbindlich, als der Wortlaut der zur Annahme empfohlenen Vorschriften endgültig fixiert ist, die Mitgliedstaa-

---

[599] Dazu unten, C. II. 1. d.

[600] Grabitz/Hilf-*Vedder/Folz*, Rdnr. 22 zu Art. 48 EU.

[601] Beschluss und Akt zur Einführung allgemeiner unmittelbarer Wahlen der Abgeordneten des Europäischen Parlaments (76/87/EGKS, EWG, Euratom), ABl. L 278 vom 8.10.1976.

[602] Ferner Art. 10.6 des ESZB-Statuts. Die übrigen Ermächtigungen haben bislang keine praktische Bedeutung erlangt, namentlich die in Art. 22 II EG geregelte Fortentwicklung der Unionsbürgerschaft und das in Art. 42 EU vorgesehene Verfahren zur Vergemeinschaftung von Regelungsbereichen des Titels VI EU-Vertrag. Der Vertrag von Nizza greift in Art. 229a EG auf diese Methode zurück.

[603] Zuletzt Beschluss des Rates vom 29. September 2000 über das System der Eigenmittel der Europäischen Gemeinschaften (2000/597/EG, Euratom), ABl. L 253 vom 7.10.2000, S. 42; zu dessen Einordnung als Primärrecht *B. Meermagen*, Beitrags- und Eigenmittelsystem, 2002, S. 195 ff.

ten also keine Änderungsbefugnis besitzen. Es handelt sich hier um ein rechtsordnungsübergreifendes Rechtsetzungsverfahren, bei dem der zur Annahme empfohlene Beschluss das Scharnier zwischen den beteiligten Rechtsordnungen bildet.

Die Zweiphasigkeit eines annahmebedürftigen Beschlusses unterscheidet sich jedoch grundlegend von der einer Handlungsform mit zweistufiger Normgebungsstruktur, wie sie für die richtlinienförmigen Instrumente nachgewiesen wurde. Die Zweistufigkeit der Richtlinie ist eine ihres Wirkungsmodus, die des annahmebedürftigen Beschlusses eine seines Verfahrensregimes. Von Richtlinie, Rahmenbeschluss und EZB-Leitlinie unterscheidet sich der annahmebedürftige Beschluss nicht nur darin, dass die Mitgliedstaaten bei diesem keiner Rechtspflicht unterliegen, die mitgliedstaatliche Phase des Rechtsetzungsprozesses durchzuführen. Der wesentliche Unterschied auch zu einer staatengerichteten Empfehlung liegt darin, dass die Annahme durch die Mitgliedstaaten zur Erzeugung von Unionsrecht, nicht von harmonisiertem mitgliedstaatlichem Recht führt. Im Hinblick auf seine – sodann verbindlichen – Rechtswirkungen handelt es sich um einen einstufigen Rechtsakt, der sich in seinem Wirkungsmodus insoweit nicht von den übrigen Beschlüssen unterscheidet.[604]

Die entfernte Verwandtschaft zwischen den richtlinienförmigen Handlungsformen, insbesondere der Empfehlung, und den annahmebedürftigen Beschlüssen ist gemeinsamen historischen Wurzeln in der Praxis älterer internationaler Organisationen und Konferenzen geschuldet.[605] Es ist typisch für die Erzeugung von Unionsprimärrecht, dass der völkerrechtliche Aspekt beim Verfahren der halbautonomen Vertragsänderung deutlicher erhalten geblieben ist. Aus völkerrechtlicher Sicht handelt es sich um ein vereinfachtes Verfahren des Vertragsschlusses, bei dem ein Vertragsentwurf den Parteien ohne vorherige Unterzeichnung zur Zustimmung vorgelegt wird, wobei sie zur Erteilung einer Zustimmung nicht verpflichtet sind.[606] Die Ablösung auch der annahmebe-

---

[604] Zur Problematik des primärrechtlichen Rangs dieser Beschlüsse unten, C. II. 1. d. cc.

[605] *H. Wagner*, Grundbegriffe des Beschlußrechts der Europäischen Gemeinschaften, 1965, S. 300 ff.; zu den Konventionen und Empfehlungen der ILO *E. Osieke*, Constitutional Law and Practice in the International Labour Organisation, 1985, S. 143 ff.

[606] *Seidl-Hohenveldern/Loibl*, Das Recht der IO'en (Anm. 536), Rdnr. 1529; *E. Klein*, Die Internationalen und Supranationalen Organisationen als Völkerrechtssubjekte, in: W. Graf Vitzthum (Hrsg.), Völkerrecht, 2001, Rdnr. 199.

dürftigen Beschlüsse von völkerrechtlichen Vorbildern kommt nicht zuletzt darin zum Ausdruck, dass jene von den Verfassungsorganen der Union autonom erarbeitet werden, die hierbei den verfahrensförmigen und materiellen Vorgaben der Unionsverträge unterworfen sind.[607]

4. Beschlüsse haben eingeschränkte Verpflichtungskraft

Die bislang entwickelten Kriterien erlauben, wie sich gezeigt hat, die Unterscheidung des Wirkungsmodus von Verordnung, Richtlinie, Entscheidung, Empfehlung und Entschließung, nicht aber von Verordnung und Beschluss. Ließen sich dem geltenden Recht keine weiteren Differenzierungsmerkmale entnehmen, wäre die Abgrenzung von Verordnung und Beschluss nur auf dem schwankenden Grund einer funktionalen Beschreibung ihrer Einsatzgebiete möglich, unter Inkaufnahme eines breiten Überlappungsbereichs: Verordnungen neigten mehr einem ‚außengerichteten' Regelungstypus zu, Beschlüsse mehr einem ‚organisationsinternen'.Der Beschluss wäre als interne Verordnung oder, wie *von Meibom* seinerzeit – noch einer verwaltungsrechtlichen Deutung des Gemeinschaftsrechts verhaftet – vorgeschlagen hat, als „verwaltungsinternes Gesetz" zu klassifizieren.[608] Es trifft gewiss zu, dass dem Rechtsregime des Beschlusses in mancher Hinsicht seine Herkunft aus dem Organisationsrecht anhaftet und auch heute noch dort ein empirischer Schwerpunkt liegt.[609] Wie aber nicht zuletzt der Typus des Förderprogramms zeigt, wendet sich die Union in Form von Beschlüssen durchaus nach ‚außen', etwa um bildungs- oder beschäftigungspolitische Ziele zu erreichen. Dabei machen sich die Unionsorgane gezielt gewisse Eigenarten des Beschlusses zu Nutze, die in seinem Wirkungsmodus gründen. Diese Eigenarten sollen hier mithilfe der Kategorie der Verpflichtungskraft abgebildet werden.

a. Vierte Variable: Umfang der Verpflichtungskraft

Bei der Definition von Verbindlichkeit wurde unterstellt, dass die Fähigkeit eines Rechtsakts, Rechte und Pflichten zu begründen, zwar dessen Verbindlichkeit voraussetzt, dieses Potenzial aber keine notwendige

---

[607] *A. v. Arnauld*, Normenhierarchien innerhalb des primären Gemeinschaftsrechts, EuR 2003, S. 191, 198 f.

[608] *v. Meibom*, Beschlußtätigkeit (Anm. 576), S. 583.

[609] Vgl. oben, Zweiter Teil, A. II. 3.

Bedingung der Verbindlichkeit einer Handlungsform ist. Der hier in Frage gestellte gedankliche Konnex von Verpflichtung und Verbindlichkeit beruht auf dem Paradigma des Rechts als einer Zwangsordnung, die im Kern durch die Androhung staatlicher Gewaltmittel stabilisiert wird.[610] Hiergegen hat *Bengoetxea* nicht nur darauf hingewiesen, dass die Existenz des Gemeinschaftsrechts die These vom notwendigen Zusammenhang von Staat und Recht massiv erschüttert, sondern mit dem *dogma of the coerciveness of law* auch das dominante Verständnis von *legal norms as command* in Frage gestellt werden muss.[611] Seine Einwände gegen das Befehlsparadigma des Rechts ermutigen diese Studie dazu, Rechtsnormen in das Zentrum der Aufmerksamkeit zu stellen, die keine oder nur in spezifisch beschränktem Umfang Verpflichtungen auferlegen und gleichwohl definitive Rechtsfolgen auslösen.

Im Folgenden werden verbindliche wie unverbindliche Handlungsformen jeweils danach befragt, ob sie dazu fähig sind, rechtliche Verpflichtungen aufzuerlegen bzw. ob Begrenzungen ihrer Verpflichtungskraft in ihren Wirkungsmodus eingebaut sind. Als Hauptalternativen wird dabei zwischen universeller, limitierter und fehlender Verpflichtungskraft unterschieden.

Die Verordnung zeichnet sich durch universelle, also nur geltungsräumlich begrenzte Verpflichtungskraft aus. Ihr unbeschränkter personeller Wirkungsbereich beschreibt zugleich den Kreis der potenziell durch eine Verordnung Verpflichteten. Hierin gleicht die Verordnung dem Gesetz in den nationalen Verfassungsordnungen. Dieser gesetzesgleiche Wirkungsmodus der Verordnung findet seinen Ausdruck in der unmittelbaren Geltung in jedem Mitgliedstaat, die Art. 249 II 2 EG ihr zuschreibt. Unmittelbare „Geltung" (genauer: unmittelbare Anwendbarkeit, franz. *applicabilité directe*, engl. *direct applicability*) bedeutet nach dem Verständnis des Gerichtshofs, dass

> „die Bestimmungen des Gemeinschaftsrechts ihre volle Wirkung einheitlich in sämtlichen Mitgliedstaaten vom Zeitpunkt ihres Inkrafttretens an und während der gesamten Dauer ihrer Gültigkeit entfalten müssen. Diese Bestimmungen sind somit *unmittelbare Quelle von Rechten und Pflichten für alle diejenigen, die sie betreffen*, ob es sich um die Mitgliedstaaten oder um solche Einzelperso-

---

[610] Etwa bei *Kelsen*, Reine Rechtslehre (Anm. 506), S. 34 ff.; kritisch auch *G. della Cananea*, Beyond the State, European Public Law 9 (2003), S. 563, 577.

[611] *J. Bengoetxea*, The Legal Reasoning of the European Court of Justice, 1993, S. 23 ff.

nen handelt, die an Rechtsverhältnissen beteiligt sind, welche dem Gemeinschaftsrecht unterliegen."[612]

Die unmittelbare Anwendbarkeit der Verordnung, d.h. ihre gesetzesgleiche Verpflichtungs- und Berechtigungskraft, muss unterschieden werden vom begrenzteren Konzept der unmittelbaren Wirkung (franz. *effet direct*, engl. *direct effect*), wie sie der Gerichtshof insbesondere den Bestimmungen einer Richtlinie zugemessen hat.[613] Anders als bei Verordnungen, die „schon wegen ihrer Rechtsnatur unmittelbare Wirkungen erzeugen können"[614], setzt unmittelbare Wirkung von Richtlinienbestimmungen voraus, dass die Richtlinie bei Ablauf der Umsetzungsfrist nicht oder nicht ordnungsgemäß umgesetzt worden ist. Über die fortbestehende Umsetzungspflicht hinaus entsteht für die staatlichen Behörden und Gerichte grundsätzlich die Verpflichtung, im Rahmen ihrer Zuständigkeit alle unbedingten und hinreichend bestimmten Vorschriften einer solchen Richtlinie zu beachten (objektive unmittelbare Wirkung).[615] Im Hinblick auf die Rechtsstellung des Einzelnen ist die unmittelbare Wirkung von Richtlinienbestimmungen darauf beschränkt, rechtsbegründende Effekte zu erzielen (subjektive unmittel-

---

[612] EuGH, Rs. 106/77, *Simmenthal*, Slg. 1978, S. 629, Rdnrn. 14/16 [Hervorhebung hinzugefügt].

[613] EuGH, Rs. 41/74, *van Duyn*, Slg. 1974, S. 1337, Rdnr. 12; Rs. 8/81 (Anm. 582), Rdnr. 21; Rs. 152/84, *Marshall*, Slg. 1986, S. 723, Rdnr. 46; hierzu aus deutscher Perspektive *S. Magiera*, Die Rechtswirkungen von EG-Richtlinien im Konflikt zwischen BFH und EuGH, DÖV 1985, S. 937; *M. Hilf*, Der Justizkonflikt um EG-Richtlinien: gelöst, EuR 1988, S. 1; *R. Wegmüller*, Der Anwendungsvorrang von Richtlinien – eine Diskussion ohne Ende?, RIW 1991, S. 501.

[614] EuGH, Rs. 9/70, *Grad*, Slg. 1970, S. 825, Rdnr. 5; Rs. 93/71, *Leonesio*, Slg. 1972, S. 287, Rdnr. 4; Rs. 31/78 (Anm. 588), Rdnrn. 28/33; *Lenaerts/Van Nuffel*, Constitutional Law (Anm. 524), Rdnrn. 17-118 f., dort auch die Unterscheidung zwischen der *direct applicability* einer Verordnung und dem *direct effect* ihrer Bestimmungen; klärend zum Begriff der unmittelbaren Wirkung auch *H. G. Schermers/D. Waelbroeck*, Judicial Protection in the European Union, 2001, §§ 346 f.

[615] EuGH, Rs. 103/88, *Fratelli Costanzo*, Slg. 1989, S. 1839, Rdnr. 31; Rs. C-431/92, *Kommission/Deutschland*, Slg. 1995, S. I-2189; hierzu *A. Epiney*, Unmittelbare Anwendbarkeit und objektive Wirkung von Richtlinien, DVBl. 1996, S. 409, 411 ff.; *M. Pechstein*, Die Anerkennung der rein objektiven unmittelbaren Richtlinienwirkung, EWS 1996, S. 261, 264; zu dieser Kategorie *W. Klagian*, Die objektiv unmittelbare Wirkung von Richtlinien, ZÖR 2001, S. 305, 319 f. und 355.

bare Wirkung). Eine Quelle von Pflichten für die Einzelnen sind auch fehlerhaft umgesetzte Richtlinien nicht.[616] Ausgeschlossen ist damit, bis auf bestimmte Dreieckskonstellationen, eine horizontale Direktwirkung zwischen Privaten.[617] Anders als bei der Verordnung[618] laufen Verpflichtungs- und Berechtigungswirkung einer Richtlinie hinsichtlich ihres personellen Anwendungsbereichs nicht parallel. Unmittelbare Verpflichtungskraft entfaltet eine Richtlinie nur für die adressierten Mitgliedstaaten.[619] Pflichten Einzelner können erst aus dem Umsetzungsakt erwachsen, es sei denn, eine juristische Person des Privatrechts ist kraft staatlichen Rechtsakts mit besonderen Befugnissen ausgestattet und wird deshalb dem Primärverpflichteten zugerechnet.[620] Die unmittelbare Berechtigungswirkung einer Richtlinie dagegen knüpft an die Verletzung der Umsetzungsverpflichtung an und begünstigt potenziell die Gesamtheit der Rechtsbürger. Der dogmatische Hintergrund ist ein weiter Begriff von individuellen Rechten, die im Gemeinschaftsrecht bereits dann entstehen können, wenn einem Rechtsadressaten eine klare

---

[616] EuGH, Rs. 152/84 (Anm. 613), Rdnr. 48; Rs. 14/86, *Pretore di Salò*, Slg. 1987, S. 2545, Rdnr. 19; Rs. C-91/92, *Faccini Dori*, Slg. 1994, S. I-3325, Rdnr. 24; Rs. C-443/98, *Unilever*, Slg. 2000, S. I-7535, Rdnr. 50; Rs. C-201/02, *Wells*, Slg. 2004, S. I-723, Rdnr. 56.

[617] Die Einzelheiten der Abgrenzung sind Gegenstand lebhafter Diskussion, *St. Kadelbach*, Allgemeines Verwaltungsrecht unter europäischem Einfluß, 1999, S. 82 ff.; *H. D. Jarass/S. Beljin*, Grenzen der Privatbelastung durch unmittelbar wirkende Richtlinien, EuR 2004, S. 714; *P. V. Figueroa Regueiro*, Invocability of Substitution and Invocability of Exclusion, Jean Monnet Working Paper 7/2002 <http://www.jeanmonnetprogram.org/papers/02/020701.html> (25.4.2005); *St. Weatherill*, Breach of Directives and Breach of Contract, ELRev. 26 (2001), S. 177; *M. Lenz/D. S. Tynes/L. Young*, Horizontal What? Back to Basics, ELRev. 25 (2000), S. 509; *K. Lackhoff/H. Nyssens*, Direct Effect of Directives in Triangular Situations, ELRev. 23 (1998), S. 397; ein Dogmatisierungsversuch bei *W. Hartisch*, Die unmittelbare Wirkung von Richtlinien in dreipoligen Rechtsbeziehungen, 2003.

[618] EuGH, Rs. 34/73, *Variola*, Slg. 1973, S. 981, Rdnrn. 8 und 10; Rs. C-253/00, *Muñoz*, Slg. 2002, S. I-7289, Rdnrn. 27 und 30.

[619] Zur Logik dieser formenbezogenen Differenzierung *J. Bengoetxea*, Direct Applicability or Effect, in: M. Hoskins/W. Robinson (Hrsg.), A True European, 2004, S. 353, 360 ff.

[620] EuGH, Rs. 152/84 (Anm. 613), Rdnr. 49; Rs. C-188/89, *Foster*, Slg. 1990, S. I-3313, Rdnrn. 16 ff.; Rs. C-157/02, *Rieser Internationale Transporte*, Slg. 2004, S. I-1477, Rdnr. 24; *D. Curtin*, The Province of Government, ELRev. 15 (1990), S. 195.

und unbedingte Verpflichtung auferlegt wird, die sich für einen Einzelnen rechtlich oder tatsächlich vorteilhaft auswirkt.[621]

Die Verpflichtungskraft einer Verordnung erstreckt sich also auf die Mitgliedstaaten und die Rechtsbürger, die einer Richtlinie auf die Mitgliedstaaten, an die sie gerichtet ist. Umstritten hingegen ist, welchen Beschränkungen die Verpflichtungskraft von Entscheidungen unterliegt. Unproblematisch kann eine Entscheidung für ihren formellen Adressaten unmittelbar Pflichten begründen, sei dieser eine Privatperson oder ein Mitgliedstaat. Wenig geklärt ist, welche bürgerverpflichtenden Wirkungen von einer staatengerichteten Entscheidung ausgehen können. Außer Zweifel steht zunächst deren Fähigkeit, mittelbar solche Wirkung zu entfalten, indem der adressierte Mitgliedstaat zur Ergreifung entsprechender Maßnahmen verpflichtet wird.[622] Der bekannteste Beispielsfall ist die Rückforderung einer rechtswidrigen Beihilfe aufgrund einer staatengerichteten Kommissions-Entscheidung. Kritisch ist die Frage, ob eine staatengerichtete Entscheidung daneben auch eine unmittelbare Quelle von Pflichten für Private sein kann. Dies wird von Teilen der Literatur in Analogie zur Dogmatik der Richtlinie verneint.[623] In der Rechtsprechung lässt sich eine derart scharfe Unterscheidung zwischen Verordnung und staatengerichteter Entscheidung, die damit implizit behauptet wird, bislang nicht nachweisen.[624] Vielmehr besitzen Verordnungen und Entscheidungen gleichermaßen die Fähigkeit, als Rechtsgrundlage für belastende Verwaltungsakte nationa-

---

[621] EuGH, Rs. 26/62, *van Gend & Loos*, Slg. 1963, S. 1, 25; verb. Rs. C-6/90 und C-9/90, *Francovich*, Slg. 1991, S. I-5357, Rdnr. 31.

[622] *Kadelbach*, Verwaltungsrecht (Anm. 617), S. 93.

[623] *R. Greaves*, The Nature and Binding Effect of Decisions under Article 189 EC, ELRev. 21 (1996), S. 3, 12 und 16; Grabitz/Hilf-*Nettesheim*, Rdnr. 203 zu Art. 249 EG; *T. C. Hartley*, The Foundations of European Community Law, 1998, S. 216; dagegen wie hier *Nicolaysen*, Europarecht I, S. 341; *E. Klein*, Unmittelbare Geltung, Anwendbarkeit und Wirkung von Europäischem Gemeinschaftsrecht, 1988, S. 21; wohl auch Groeben/Schwarze-*Zuleeg*, Rdnr. 20 zu Art. 5 EG.

[624] Das in diesem Zusammenhang angeführte Urteil EuGH, Rs. 30/75, *Unil-It*, Slg. 1975, S. 1419, Rdnr. 18, ist nicht einschlägig; im Sinne der hier vertretenen Ansicht Rs. C-192/94, *El Corte Inglés*, Slg. 1996, S. I-1281, Rdnr. 17: bei Anerkennung horizontaler Direktwirkungen von Richtlinien „würde der Gemeinschaft die Befugnis zuerkannt, mit unmittelbarer Wirkung Verpflichtungen zu Lasten einzelner zu schaffen, obwohl sie dazu ausschließlich in den Fällen berechtigt ist, in denen sie die Befugnis zum Erlass von Verordnungen *oder Entscheidungen* besitzt“ [Hervorhebung hinzugefügt].

ler Behörden zu dienen, also – im Gegensatz zur Richtlinie[625] – unmittelbar vollziehbar zu sein.[626] Jedenfalls müssen auch für den Bürger günstige nationale Vorschriften unangewendet bleiben, wenn dies zur Beachtung der staatengerichteten Verpflichtung einer Entscheidung erforderlich ist.[627] Damit ist auf der Ebene des Wirkungsmodus ein je eigenständiges Profil von staatengerichteter Entscheidung und Richtlinie erkennbar: Nur Letztere vermag die Mitgliedstaaten strikt zu verpflichten und zugleich sicherzustellen, dass bürgerverpflichtende Wirkungen erst von normativen Umsetzungsmaßnahmen der Mitgliedstaaten ausgehen.[628]

Über die fehlende Berechtigungs- und Verpflichtungskraft von Entschließungen und Empfehlungen ist im Grundsatz mit ihrer Unverbindlichkeit entschieden.[629] Unmittelbare Wirkungen einer staatengerichteten Empfehlung sind ausgeschlossen, weil es mangels Verbindlichkeit an einer mitgliedstaatlichen Umsetzungsverpflichtung fehlt.[630] Auch mit Entschließungen können unionsrechtliche Pflichten weder begründet noch suspendiert werden, weder für Bürger noch für Mitgliedstaaten.[631] Nur in außergewöhnlichen Konstellationen sind Mitgliedstaaten an Verhaltenserwartungen gebunden, die in einer Entschließung formuliert wurden.[632] Dies gilt insbesondere für Konsultationspflichten, kann im gesteigerten Fall jedoch auch in der Pflicht zur

---

[625] *Scherzberg*, Innerstaatliche Wirkungen (Anm. 583), S. 227.

[626] *Scherzberg*, Verordnung (Anm. 592), S. 37.

[627] EuGH, Rs. 249/85, *Albako*, Slg. 1987, S. 2345, Rdnr. 17; Rs. C-24/95, *Alcan*, Slg. 1997, S. I-1591, Rdnr. 38.

[628] Zu weiteren Unterschieden *Mager*, Staatengerichtete Entscheidung (Anm. 591), S. 679.

[629] *Kadelbach*, Verwaltungsrecht (Anm. 617), S. 93.

[630] EuGH, Rs. 322/88 (Anm. 586), Rdnr. 16.

[631] EuGH, Rs. 9/73, *Schlüter*, Slg. 1973, 1135, Rdnr. 40; Rs. 59/75, *Manghera*, Slg. 1976, S. 91, Rdnr. 21; Rs. 43/75, *Defrenne*, Slg. 1976, S. 455, Rdnrn. 56/58; Rs. C-149/96, *Portugal/Rat*, Slg. 1999, S. I-8395, Rdnr. 56; Rs. C-4/96, *NIFPO*, Slg. 1998, S. I-681, Rdnr. 31.

[632] EuGH, Rs. 141/78, *Frankreich/Großbritannien*, Slg. 1979, S. 2923, Rdnrn. 6 ff.; daran anschließend Rs. 32/79, *Kommission/Großbritannien*, Slg. 1980, S. 2403; Rs. 804/79, *Kommission/Großbritannien*, Slg. 1981, S. 1045, Rdnrn. 23 ff.; zu den maßgeblichen Besonderheiten dieser Fischereifälle Rs. 174/84, *Bulk Oil*, Slg. 1986, S. 559, Rdnr. 56.

Unterlassung einseitiger Maßnahmen bestehen.[633] Dogmatisch betrachtet resultieren solche Pflichten nicht aus der Entschließung selbst, sondern aus der in Art. 10 EG niedergelegten Pflicht zur loyalen Zusammenarbeit von Unionsorganen und Mitgliedstaaten.[634] Dieses Zusammenspiel von unverbindlicher Handlungsform und primärrechtlicher Pflicht ähnelt den Bindungen an eine unverbindliche Handlung, denen ein Unionsorgan kraft Gleichbehandlungs- oder Vertrauensschutzprinzip unterliegen kann.[635]

b. Beschlüsse: differenzierter Verpflichtungsmodus

Die Untersuchung, ob und in welchem Umfang ein Beschluss Quelle von Pflichten sein kann, unterscheidet nach drei Arten von Verpflichtungsadressaten. Dieser ist entweder ein Handlungsträger innerhalb der institutionellen Sphäre der Union, gehört also zu den durch die Verträge oder auf der Grundlage der Verträge errichteten Organen und Einrichtungen[636] (aa.), oder der Verpflichtete ist ein Rechtsbürger, d.h. eine natürliche oder juristische Privatperson, die der Hoheitsgewalt eines Mitgliedstaats untersteht (bb.), oder es handelt sich um einen Mitgliedstaat (cc.).

aa. Strikte Verpflichtung der Union (der Gesamtheit ihrer Organe und Einrichtungen)

In der Sache besteht bei den Autoren, die den Beschluss als eigenständige Handlungsform anerkennen, Konsens darüber: Beschlüsse vermögen die Organe und Einrichtungen der Union zu verpflichten.[637] Ausgedrückt wird dies etwa mit der Zuschreibung von Verbindlichkeit „in-

---

[633] *Everling*, Wirkung von Beschlüssen (Anm. 539), S. 155; vgl. auch EuGH, Rs. 42/82, *Kommission/Frankreich*, Slg. 1983, S. 1013, Rdnr. 36, zur Konsultationsverpflichtung zwischen den Mitgliedstaaten vor Änderung einer bestehenden Verwaltungspraxis.

[634] EuGH, Rs. 141/78 (Anm. 632), Rdnr. 8; Rs. C-4/96 (Anm. 631), Rdnr. 32: „stellt in diesem Kontext die Verpflichtungen klar, die sich für die Mitgliedstaaten aus [ex-] Artikel 5 des [EG-] Vertrages ergeben“.

[635] Zweiter Teil, C. I. 1. a.

[636] Diese Formulierung lehnt sich an Art. 286 I EG an.

[637] Groeben/Schwarze-*Schwartz*, Rdnr. 206 zu Art. 308 EG; Streinz-*Schroeder*, Rdnr. 30 zu Art. 249 EG.

nerhalb der institutionellen Struktur",[638] oder diese Qualifizierung liegt implizit in der Zuordnung zu den verbindlichen Rechtsformen, die für „interne" Organisationsregelungen Verwendung finden.[639] Verpflichtungskraft für die Organe und Einrichtungen folgt im Umkehrschluss auch aus der Charakterisierung als „verbindliche, rechtsgestaltende Beschlüsse, ... die ... nicht das Merkmal der ‚direkten Außenwirkung' aufweisen"[640].

Die Durchsicht der untersuchten Rechtsakte bestätigt diese Ansicht. Zahlreiche Beschlüsse enthalten Rechtsnormen, die sich ausdrücklich an Organe wenden, um ihnen konkrete Handlungspflichten aufzuerlegen. Als Beispiel sei der geltende Komitologiebeschluss genannt, der in Art. 1 dem Rat und dem Parlament vorschreibt: Die Verfahrensmodalitäten für die Annahme von Durchführungsrechtsakten „müssen ... im Einklang mit den in Artikeln 3, 4, 5 und 6 aufgeführten Verfahren stehen".[641] Im Beschluss des Parlaments und des Rates über das Programm zur Bekämpfung der sozialen Ausgrenzung heißt es beispielsweise in Art. 5 I lit. a: „Die Kommission sichert die Durchführung der in dem Programm verankerten Gemeinschaftsaktionen", was nach üblichen Auslegungsmethoden eine Ermächtigung, aber auch eine Verpflichtung der Kommission beinhaltet.[642] Nach Art. 12 IV dieses Beschlusses „legt [die Kommission] ... einen Abschlussbericht über die Durchführung des Programms vor". Beispiele für Verpflichtungen, die kein Organ im Sinne von Art. 5 EU und Art. 7 EG treffen, geben Beschlüsse des Rates nach Art. 300 II Ua. 2 und 3 EG, in denen der Standpunkt der Gemeinschaft festgelegt wird, den ihre Bevollmächtigten in einem rechtsetzenden Kooperationsgremium zu vertreten haben.[643] Die Liste ließe sich

---

638 So die oben (bei Anm. 527) zitierte Charakterisierung seitens des Juristischen Dienstes des Rates.

639 *Dewost*, Décisions des institutions (Anm. 546), S. 327; *Everling*, Wirkung von Beschlüssen (Anm. 539), S. 134.

640 *Rabe*, Verordnungsrecht (Anm. 525), S. 48.

641 Beschluss des Rates vom 28. Juni 1999 zur Festlegung der Modalitäten für die Ausübung der der Kommission übertragenen Durchführungsbefugnisse (1999/468/EG) („zweiter Komitologiebeschluss"), ABl. L 184 vom 17.7.1999, S. 23.

642 Beschluss Nr. 50/2002/EG des Europäischen Parlaments und des Rates (Anm. 550).

643 Beispiel: Vorschlag für einen Beschluss des Rates über den Standpunkt der Gemeinschaft in dem durch das Europa-Abkommen zwischen den Europäischen Gemeinschaften und ihren Mitgliedstaaten einerseits und Polen anderer-

problemlos fortsetzen. Unter der Prämisse eines einheitlichen Wirkungsmodus kann gefolgert werden, dass die gezielte Verpflichtung von Organen und Einrichtungen, durch die die Union handelt, zum rechtlichen Potenzial des Beschlusses gehört.

Die angeführten Beispiele zeigen ferner, dass dasjenige Organ, das den Beschluss erlassen hat, keineswegs identisch sein muss mit demjenigen, dem die Verpflichtung auferlegt wird: Der Modus der Verpflichtung ist nicht der einer Selbstbindung der handelnden Stelle (genauer: des Organs, dem der Rechtsakt autorenschaftlich zugerechnet wird). Es existieren zwar auch Beschlüsse, bei denen das Erlassorgan zugleich der alleinige materielle Adressat der Verpflichtung ist. Ein klassisches Beispiel ist die Geschäftsordnung des Rates[644], mit der der Rat sich selbst und seine Dienststellen an bestimmte Regeln und Verfahren bindet.[645] Die Handlungsform des Beschlusses nötigt jedoch nicht zu bloß intraorganschaftlicher Reichweite der auferlegten Verpflichtung. Ein Weiteres belegen die Beispiele: Beschlüsse besitzen das rechtliche Potenzial, auch für solche Organe rechtliche Verpflichtungen zu begründen, die zum Erlassorgan in keinem Subordinationsverhältnis stehen. So verpflichtet kraft Ermächtigung in Art. 202 EG der Komitologiebeschluss des Rates auch das Parlament, unbestritten ein gleichrangiges Verfassungsorgan.[646] Ob und in welchem Umfang mit Beschlüssen ranggleichen Organen einseitig Verpflichtungen auferlegt werden können, ist mithin eine Frage der gegebenen Kompetenz, nicht der Handlungsform. Ist die Kompetenzfrage positiv beantwortet, kann ein Beschluss zum Einsatz kommen. In Bezug auf seine Fähigkeit, innerhalb der institutionellen Sphäre der Union Verpflichtungen zu begründen, bleibt der Beschluss nicht hinter anderen verbindlichen Handlungsformen, auch nicht hinter der Verordnung, zurück.[647]

---

seits eingesetzten Assoziationsausschuss betreffend die Annahme einer Fördergebietskarte als Grundlage für die Prüfung der von Polen gewährten Regionalbeihilfen, ABl. C 71 E vom 25.3.2003, S. 57.

[644] Beschluss des Rates 2002/682/EG, Euratom (Anm. 449).

[645] Zur Verbindlichkeit dieser Verpflichtung EuGH, Rs. 68/86, *Großbritannien/Rat*, Slg. 1988, S. 855, Rdnr. 48.

[646] EuGH, Rs. C-378/00, *Kommission/Parlament und Rat*, Slg. 2003, S. I-937, Rdnr. 40.

[647] Groeben/Schwarze-*Schmidt*, Rdnr. 16 zu Art. 249 EG; zur Fähigkeit einer Verordnung des Parlaments und des Rates, rechtliche Pflichten für alle Organe und Einrichtungen zu begründen, GA Jacobs, Rs. C-11/00, *Kommission/EZB*, Slg. 2003, S. I-7147, Nr. 75.

Nun ist es nicht so, dass der Handlungsauftrag an ein Organ der durchgängige oder auch nur typische Inhalt eines Beschlusses wäre. Es dominieren vielmehr Normen, die – zumindest vordergründig – einen verpflichtungsneutralen Charakter haben: Ein Förderprogramm wird „festgelegt", ein Ausschuss „eingerichtet", eine Person „ernannt", ein Zeichnungsberechtigter „ermächtigt", ein Rahmenprogramm „aufgestellt". Solche Bestimmungen stellen keine Ge- oder Verbote auf, die an einen bestimmbaren Adressaten gerichtet wären, und sie beinhalten auch nur teilweise Ermächtigungen oder Erlaubnisse. Normen dieses Typus treffen in erster Linie verbindliche *Festlegungen*, sie gestalten, ohne ein Tun oder Unterlassen zu gebieten. Ziel dieser *Gestaltungsnormen* ist die Herbeiführung des rechtlichen Erfolgs, der den einstufigen Wirkungsmodus des Beschlusses auszeichnet. Dennoch gehen auch von derartigen Gestaltungsnormen rechtliche Wirkungen in der institutionellen Sphäre der Union aus, die sich mit der Kategorie der Verpflichtungskraft beschreiben lassen: Beschlüsse vermögen nicht nur punktuell einzelne Organe oder Einrichtungen zu verpflichten, vielmehr wird durch einen Beschluss *die Union* als solche *auf die Beachtung seiner verbindlichen Normen*, auch und gerade der Gestaltungsnormen, *verpflichtet*.

Diese These bedarf der Erläuterung. Die Rede ist hier von einer Wirkung, die Rechtsnormen kraft ihrer Geltung als verbindliches Recht zukommt. Sie folgt aus einem Prinzip, das allen modernen Verfassungsordnungen bekannt ist: dem Prinzip der Gesetzmäßigkeit oder Prinzip der negativen Legalität. In seiner allgemeinsten Fassung besagt es, dass hoheitliches Handeln auf die Beachtung der bestehenden Rechtsnormen verpflichtet ist.[648] Herausragende rechtsstaatliche Bedeutung hat das Prinzip, weil es den Geltungsanspruch des Rechts auf sämtliche hoheitlichen Stellen erstreckt und so die öffentliche Gewalt in allen ihren Erscheinungsformen der Herrschaft des Rechts unterwirft.[649] Dies schließt diejenigen Instanzen ein, die zur Rechtsetzung befugt sind: Auch der Gesetzgeber ist zum ‚negativen' Test verpflichtet, ob einer geplanten Handlung geltendes Recht entgegensteht.

---

[648] *v. Bogdandy*, Gubernative (Anm. 506), S. 166; *Triantafyllou*, Gesetzesvorbehalt (Anm. 535), S. 19.

[649] „Eben so ist äußere (rechtliche) Gleichheit in einem Staate dasjenige Verhältnis der Staatsbürger, nach welchem Keiner den andern wozu rechtlich verbinden kann, ohne dass er sich zugleich dem Gesetz unterwirft ...", *I. Kant*, Zum ewigen Frieden, Werkausgabe Bd. XI, 1977, S. 191, 204.

Im Widerstreit steht das Prinzip der negativen Legalität mit der Positivität des Rechts. Positives Recht steht unter einem Derogationsvorbehalt, d.h. es gilt nur so lange, wie es nicht durch späteres Recht aufgehoben oder geändert worden ist. Die Umstellung des überkommenen Rechts auf den Modus der Reversibilität, in dem Rechtsgeltung immer nur provisorische Geltung ist, ist ein allgemeines Kennzeichen modernen Rechts.[650] Sie verleiht dem Rechtssystem den Charakter eines wandelbaren, lernfähigen Systems.[651] Juristischen Ausdruck findet die Positivität im Satz vom Vorrang des jüngeren Rechts vor dem älteren (*lex-posterior*-Regel). Unter der Bedingung der Positivität droht sich die behauptete Verpflichtung auch der rechtsetzenden Instanzen auf das geltende Recht zu einer bloßen Fiktion zu verflüchtigen: Wenn der Gesetzgeber geltendes Recht jederzeit – im Zweifel auch konkludent – derogieren kann, ist er gerade nicht an es gebunden. Die moderne Rechtsentwicklung begegnet diesem Spannungsverhältnis zum einen durch interne Hierarchisierung der Rechtsordnung,[652] die wichtigste unter ihnen die Unterscheidung von Verfassung und ‚einfachem' Recht.[653] Die *lex-posterior*-Regel kann nur Anwendung finden, wo ihr der Vorrang des höherrangigen Rechts (*lex-superior*-Regel) nicht entgegensteht. Zum anderen verfügen Rechtsordnungen, wie an späterer Stelle für das Unionsrecht gezeigt wird, über Strategien, dem Prinzip der negativen Legalität auch zwischen gleichrangigen Rechtsakten Beachtung zu verschaffen.[654] Die Pflicht zur Beachtung des geltenden Rechts ist durch die Reversibilität des geltenden Rechts nur dann suspendiert, wenn im konkreten Fall die Voraussetzungen beachtet werden, die die Rechtsordnung für die Aufhebung oder Abänderung einer geltenden Rechtsnorm aufstellt.

Für die Verpflichtungskraft von Beschlüssen bedeutet dies: Das Prinzip der negativen Legalität findet auf Beschlüsse Anwendung, weil es sich um geltendes verbindliches Recht handelt. Sie verlangen kraft ihrer Zugehörigkeit zur Rechtsordnung der Union Beachtung von allen Orga-

---

[650] *I. Maus*, Zur Aufklärung der Demokratietheorie, 1994, S. 271 ff.

[651] *N. Luhmann*, Rechtssoziologie, 1987, S. 207 ff.

[652] *H. Kelsen*, Reine Rechtslehre, 1960, S. 228 ff.; *A. Ross*, Theorie der Rechtsquellen, 1929, S. 359 ff.; *A. Merkl*, Prolegomena einer Theorie des rechtlichen Stufenbaus, in: FS H. Kelsen, 1931, S. 252, 272 ff.

[653] *N. Luhmann*, Verfassung als evolutionäre Errungenschaft, RJ 9 (1990), S. 176, 182 f.

[654] C. II. 2. a.

nen und Einrichtungen, die diesem Hoheitsträger zugeordnet sind. Dies gilt nicht nur für Situationen, die sich als Rechtsanwendung kennzeichnen lassen, sondern schließt uneingeschränkt solche ein, in denen ein Handlungsträger legislative Funktionen ausübt.[655] Art. 220 und 230 II EG bringen diese Unterwerfung der rechtsetzenden Organe unter die Herrschaft des Rechts zum Ausdruck. Solange die Voraussetzungen für die Anwendung der *lex-posterior*-Regel nicht vorliegen, ist jeder Beschluss eine bei der „Durchführung [des Vertrages] anzuwendende Rechtsnorm“, deren Verletzung zur Rechtswidrigkeit einer abweichenden späteren Handlung führt.

Diese Maßgeblichkeit der geltenden Beschlüsse für das Handeln der Organe lässt sich in der Begrifflichkeit der Verpflichtungskraft rekonstruieren. Einem Adressaten eine Verpflichtung aufzuerlegen, bedeutet, ihn in seinen zukünftigen Handlungsmöglichkeiten rechtlich zu beschneiden. Jeder Beschluss schränkt die Handlungsträger der Union in ihrer Handlungsfreiheit ein, indem er ihnen auferlegt, alle Handlungen zu unterlassen, die nicht mit dem Beschluss in Einklang stehen und nicht zugleich die Voraussetzungen für seine Derogation erfüllen. Diese *negative Verpflichtungskraft* nehmen auch solche Beschlüsse für sich in Anspruch, die keine gezielten Handlungspflichten begründen, weil sie ausschließlich Gestaltungsnormen beinhalten. Ein Beschluss kann aufgehoben oder geändert werden, niemals aber ist er für die Organe der Union unbeachtlich.

Der Vergleich mit den übrigen Handlungsformen zeigt, dass die Fähigkeit, negative Verpflichtungskraft für das Handeln der Organe zu entfalten, kein Spezifikum des Beschlusses ist, sondern alle verbindlichen Rechtsakte auszeichnet. Auch Verordnungen, Richtlinien und Entscheidungen verlangen in der beschriebenen Weise von den Organen Beachtung als geltendes Recht,[656] mögen die Voraussetzungen einer Derogation auch formspezifisch variieren.[657] Dies trifft so nicht für die unverbindlichen Handlungsformen zu. Der Rat kann beispielsweise von

---

[655] Die Vollverrechtlichung des europäischen Hoheitsträgers charakterisiert den Integrationsprozess von Beginn an und steht nur in Randbereichen in Frage; zum Europäischen Rat EuGH, Rs. C-253/94 P, *Roujansky/Rat*, Slg. 1995, S. II-7, Rdnr. 11; zur Kritik *A. v. Bogdandy/J. Bast*, Die vertikale Kompetenzordnung der Europäischen Union, EuGRZ 2001, S. 441, 455.

[656] Davon zu unterscheiden ist die Frage, ob die Unionsorgane Adressat einer materiellen Verpflichtung sind, die die Handlung auferlegt, hierzu EuGH, Rs. C-25/02, *Rinke*, Slg. 2003, S. I-8349, Rdnr. 24.

[657] Dazu unten, C. II. 3.

seinen in einer Entschließung dokumentierten Ansichten und Absichten grundsätzlich jederzeit abweichen, ohne dass sich die Frage nach den Voraussetzungen einer zulässigen Derogation stellte.[658] Soweit die Organe im Einzelfall gleichwohl durch eine unverbindliche Handlung gebunden sind, folgt dies ausnahmsweise aus dem Einwirken allgemeiner Rechtsgrundsätze. Beispielsweise dürfte eine Stellungnahme der Kommission zu einem mitgliedstaatlichen Vorhaben, die die Vereinbarkeit mit dem Gemeinschaftsrecht feststellt, aufgrund des Vertrauensschutzgrundsatzes vor einer späteren Einleitung einer Aufsichtsklage nach Art. 226 EG schützen.[659] Originäre negative Verpflichtungskraft entfaltet eine Stellungnahme nicht: Dies setzt Verbindlichkeit voraus und folgt, soweit es die Organe und Einrichtungen der Union angeht, unmittelbar aus dieser.[660]

Wenn die Verpflichtungskraft von Beschlüssen innerhalb der institutionellen Sphäre der Union im Prinzip der negativen Legalität gründet, erklärt sich zwanglos, warum für die Begründung spezifischer Organpflichten keine Identität von erlassendem und verpflichtetem Organ gefordert ist. Diese Fähigkeit folgt aus der Zugehörigkeit des Beschlusses zum objektiven Recht der Union und aus der Zugehörigkeit des verpflichteten Organs zu diesem Hoheitsträger. Als letztes Glied einer mehrstufigen Zurechnungskette wird durch einen Organ-Beschluss die Union als Verband verpflichtet.[661] Die rechtsetzenden Organe handeln stets im Namen der Union (bzw. der Gemeinschaft), nicht im eigenen Namen, sodass auch hierdurch ausgelöste Verpflichtungen den Verband als solchen treffen.[662] Eine andere Deutung würde die rechtliche Bedeutung der autorenschaftlichen Zurechnung eines Rechtsakts zu (zumeist) nur einem der verfahrensbeteiligten Organe missverstehen, die in der Strukturierung des Rechtsschutzregimes und in der Benennung politischer Verantwortlichkeit besteht.[663] Das Unionsrecht kennt keine Seg-

---

658 EuGH, Rs. C-146/96 (Anm. 631), Rdnr. 56.

659 Grabitz/Hilf-*Nettesheim*, Rdnr. 214 zu Art. 249 EG.

660 Die Zweckmäßigkeit der begrifflichen Differenzierung erweist sich gegenüber anderen Rechtsadressaten, siehe sogleich, C. I. 4. bb. und cc.

661 Zur Gemeinschaft als Verpflichtete in Fällen außervertraglicher Haftung nach Art. 288 II EG EuGH, verb. Rs. 63/72 bis 69/72, *Werhahn u.a./Rat und Kommission*, Slg. 1973, S. 1229, Rdnr. 7.

662 EuGH, Rs. C-327/91, *Frankreich/Kommission*, Slg. 1994, S. I-3641, Rdnrn. 24 ff.

663 Dazu ausführlich *v. Bogdandy/Bast/Arndt*, Handlungsformen (Anm. 507), S. 131 ff.

mentierung in Kommissions-Recht, Rats-Recht, EZB-Recht usw., sondern bildet *eine* Rechtsordnung, zu deren Normenbestand eine Mehrzahl von rechtsetzenden Instanzen, im Regelfall in einem kooperativen Prozess, beitragen.[664] Konsequenterweise haben dann auch alle Organe und Einrichtungen, jede im Rahmen ihrer Zuständigkeiten, für die Verpflichtungen einzustehen, die den Hoheitsträger als Ganzen treffen.[665]

Im Ergebnis kann festgehalten werden, dass Beschlüsse die Union als Verband und damit die Gesamtheit ihrer Organe und Einrichtungen zu verpflichten vermögen. Ihre Verpflichtungskraft erstreckt sich für die Dauer ihrer Geltung auf die gesamte institutionelle Sphäre und schließt auch die Rechtsetzungsorgane ein. Die Voraussetzungen, unter denen ein Beschluss gegen seine Aufhebung oder Abänderung durch einen späteren Rechtsetzungsakt gesichert ist, werden in Teil II. dieses Kapitels diskutiert.

bb. Keine Verpflichtung der Rechtsbürger

Die Studie wendet sich nun dem entgegengesetzten Pol möglicher Verpflichtungsadressaten zu: den Rechtsbürgern. Hier herrscht weniger Klarheit über das Ergebnis. Während manche dem Beschluss jegliche Wirkung für die Einzelnen absprechen,[666] zumeist unter Hinweis auf fehlende „Außenwirkung",[667] gehen andere salopp von der Möglichkeit

---

[664] Hierzu *J. Bast*, Handlungsformen, in: A. v. Bogdandy (Hrsg.), Europäisches Verfassungsrecht, 2003, S. 503 ff.

[665] Ein Rechtsakt des abgeleiteten Gemeinschaftsrechts vermag auch die EZB und ihre Beschlussorgane zu verpflichten, EuGH, Rs. C-11/00, *Kommission/ EZB*, Slg. 2003, S. I-7147, Rdnr. 136, gegen die These, die EZB sei eine eigenständige Gemeinschaft neben der EG, vgl. *C. Zilioli/M. Selmayr*, The European Central Bank, CMLRev. 37 (2000), S. 591. Der Gerichtshof folgte den Argumenten des GA Jacobs, ibid., Nr. 60, und der überwiegenden Auffassung in der Literatur, etwa *R. Torrent*, Whom is the European Central Bank the Central Bank of? CMLRev. 36 (1999), S. 1229; *R. v. Borries*, Die Europäische Zentralbank als Gemeinschaftsinstitution, ZEuS 1999, S. 281, 293.

[666] Groeben/Schwarze-*Schwartz*, Rdnr. 206 zu Art. 308 EG; Grabitz/Hilf-*Nettesheim*, Rdnr. 218 zu Art. 249 EG.

[667] *Rabe*, Verordnungsrecht (Anm. 525), S. 48; *H. Pabel*, Rechtscharakter und Anwendung der Entscheidung im Vertrag zur Gründung der Europäischen Wirtschaftsgemeinschaft, 1969, S. 114.

solcher Wirkungen aus.[668] Wieder andere halten die „innerstaatlichen Wirkungen“ von Beschlüssen mangels Aussagen der Rechtsprechung noch für ungeklärt.[669] Diese Studie schlägt vor, zwischen Berechtigungs- und Verpflichtungswirkung für die Einzelnen zu unterscheiden. Die These ist, dass ein Beschluss für die Rechtsbürger stets verpflichtungsneutral ist.[670]

(1) Privatgerichtete Verpflichtungsneutralität als *rationale* des Beschlusses

Diese Charakterisierung kann sich zunächst auf den empirischen Normenfundus stützen. Ein Beschluss nimmt – in aller Regel[671] – nicht für sich in Anspruch, mit seinen Bestimmungen die Handlungsfreiheit von natürlichen oder juristischen Personen in den Mitgliedstaaten zu beschneiden oder deren Bestand an Rechten zu schmälern: Beschlüsse enthalten weder Rechtssätze, wenn man hierunter an den Einzelnen gerichtete Ge- oder Verbote versteht, noch einzelfallbezogene Anordnungen belastenden Inhalts, noch ermächtigen sie eine hoheitliche Stelle dazu, entsprechende Rechtsnormen genereller oder individueller Art zu erlassen.

Nun ist es weitaus schwieriger, aus einer Wirkung, die die empirischen Beschlüsse *nicht* für sich in Anspruch nehmen, auf eine immanente Begrenzung des Wirkungsmodus der Handlungsform zu schließen als umgekehrt aus der Inanspruchnahme einer Rechtswirkung auf das rechtliche Potenzial einer Form. Jedoch stützt sich die Beobachtung fehlender privatgerichteter Verpflichtungswirkung auf empirisches Material von so großer Häufigkeit, Regelmäßigkeit und Dauer, dass sich die dogmatische Verdichtung zu einem notwendigen rechtlichen Merkmal aufdrängt. Wenn die rechtsetzenden Organe bei einer vierstelligen Zahl von geltenden Rechtsakten, die durch gemeinsame identifizierende Merkmale geeint und von anderen Handlungstypen geschieden sind, eine bestimmte Wirkung nicht in Anspruch nehmen, zu der Gemeinschaftsrechtsakte grundsätzlich fähig sind, erscheint die An-

---

[668] Calliess/Ruffert-*Rossi*, Rdnr. 59 zu Art. 308 EG; *Geiger*, EUV/EGV, Rdnr. 12 zu Art. 308 EG und Rdnr. 26 zu Art. 249 EG.

[669] *M. Schweitzer*, Die Rechtshandlungen der Europäischen Gemeinschaften und ihre Wirkung in den Mitgliedstaaten, in: FS F. Klein, 1994, S. 85, 100.

[670] So auch Streinz-*Schroeder*, Rdnr. 30 zu Art. 249 EG.

[671] Zur Qualifizierung abweichender Beschlüsse sogleich.

nahme eines ungenutzten rechtlichen Potenzials dieser Handlungsform gekünstelt, ja abwegig. Die Bezugnahme auf die zuvor erlassenen Rechtsakte, die in jedem neuen Akt mit identischen formidentifizierenden Merkmalen liegt, weckt die Erwartung, dass der Neuankömmling auch hinsichtlich nicht in Anspruch genommener Rechtswirkungen mit jenen übereinstimmt.

Es fragt sich, in welchem Maße diese Erwartung rechtlichen Schutz genießt, also wie zu verfahren ist, wenn die Organe doch einmal in einen Akt, der sich durch seine äußere Form als Beschluss ausweist, Rechtsnormen bürgerverpflichtenden Inhalts aufnehmen sollten. Bei einer praxisgenerierten Handlungsform ohne rechtliche Konturierung durch die Verträge wird man nur schwer jede Abweichung von einem einmal etablierten Profil umstandslos als rechtswidrig sanktionieren können. Der Gesichtspunkt der Rechtssicherheit verlangt in jedem einzelnen Fall die Erkennbarkeit der intendierten Rechtswirkungen (dies wäre zu prüfen), bringt jedoch die von den Verträgen eröffnete Entwicklungsdynamik der Handlungsformen nicht zum Stillstand. Über die Rechtmäßigkeit einer intendierten Rechtswirkung im Sinne des rechtlichen Dürfens entscheidet in erster Linie die Rechtsgrundlage, auf die der Akt gestützt ist, auch bei einer atypischen Formengestaltung. Solange es bei vereinzelten Ausnahmen bleibt, die die praxisgenerierte Regel nicht in Frage stellen, wird sich die Formenlehre mit der kritischen Feststellung begnügen müssen, dass es sich nicht um Vertreter der betreffenden Handlungsform handelt, der sich ein Rechtsakt seinen identifizierenden Merkmalen nach zuordnet. Ein „Beschluss", der bürgerverpflichtende Wirkung zu entfalten beanspruchte, wäre demnach kein *per se* rechtswidriger Beschluss, sondern eben kein Beschluss, mithin eine atypische Handlung. Deuten jedoch objektive, schlüssige und übereinstimmende Indizien darauf hin, dass das erlassende Organ die äußerlichen Merkmale eines Beschlusses gewählt hat, um diese Wirkung zu tarnen, liegt ein Fall von Ermessensmissbrauch vor.[672]

Die hypothetische Frage nach der normativen Stabilisierung des Individualrechtsgüter schonenden Wirkungsmodus des Beschlusses tendiert ohnehin dazu, die verfassungsrechtliche Ausgangslage zu verfehlen, die mit der Strukturentscheidung der Verträge für ein Formenwahlermessen der Organe geschaffen wurde. Wo die Organe zum Erlass individueller oder genereller Normen individualverpflichtenden Inhalts ermächtigt sind, steht ihnen die Entscheidung bzw. die Verordnung als Handlungsform zur Verfügung. Es besteht überhaupt kein praktisches

[672] Erster Teil, C. II. 3. c.

Bedürfnis dazu, in einem solchen Fall auf einen „Beschluss“ zurückzugreifen, um diese Wirkungen zu erzielen. Einer judikativen Qualifizierung als anfechtbare Entscheidung im Sinne von Art. 230 IV EG könnten sich die rechtsetzenden Organe auf diesem Weg ohnehin nicht entziehen. Nachvollziehbar ist die Wahl eines Beschlusses dann, wenn die Organe einen Rechtsakt erlassen *wollen*, von dem bürgerverpflichtende Wirkungen gerade *nicht* ausgehen, sei es, weil die gewählte Rechtsgrundlage dies nicht zulässt, sei es, weil solche Wirkungen zwar zugelassen, aber im konkreten Fall nicht beabsichtigt sind. Das funktionale Bedürfnis, das mit der Kreation des Beschlusses gestillt worden ist, bezieht sich auf eine Handlungsform, die Verpflichtungskraft für Rechtsbürger nicht besitzt.

Aus dieser Perspektive erhellt sich eine weitere Botschaft, die in dem konstitutiven Merkmal einer fehlenden Schlussklausel, wie sie bei den verbindlichen Handlungsformen des Art. 249 EG üblich ist, liegt. Ein Beschluss besitzt nicht nur keine entscheidungstypische Schlussformel und qualifiziert sich damit als adressatenloser Rechtsakt. Er verzichtet zugleich auch auf eine verordnungstypische Schlussformel mit ihrer Selbstbeschreibung als unmittelbar anwendbare („geltende“) Handlung. Erinnert sei an die Definition des EuGH, nach der unmittelbare Anwendbarkeit, wie sie die Verordnung auszeichnet, die Fähigkeit ihrer Bestimmungen einschließt, „unmittelbare Quelle von Rechten und Pflichten“ für Einzelne zu sein.[673] Für Beschlüsse fehlt nicht nur eine dem Art. 249 II 2 EG entsprechende primärrechtliche Vorschrift, aus der sie privatgerichtete Verpflichtungskraft ableiten könnten: Wie der Vergleich mit der Schlussformel einer Verordnung zeigt, nehmen Beschlüsse eine unbeschränkte unmittelbare Anwendbarkeit gar nicht für sich in Anspruch. In diesem Individualrechtsgüter schonenden Wirkungsmodus liegt eine überraschende Gemeinsamkeit mit der Richtlinie. Im Gegensatz zu Verordnungen und Entscheidungen sind Beschlüsse und Richtlinien gleichermaßen dadurch gekennzeichnet, dass ihre Bestimmungen keine unmittelbare Quelle von Pflichten für private Rechtssubjekte sind.[674]

---

[673] Oben Anm. 612.

[674] Ob ein Beschluss ebenso wie die Richtlinie die Fähigkeit besitzt, mittelbar über einen mitgliedstaatlichen Umsetzungsakt Pflichten für Rechtsbürger begründen zu können, hängt davon ab, welche Verpflichtungskraft Beschlüsse im Verhältnis zu den Mitgliedstaaten besitzen, dazu sogleich, C. I. 4. b. cc.

(2) Bürgergerichtetes Handeln trotz limitierter Verpflichtungskraft

Der Verzicht auf einen Eingriff in die Rechte der Bürger oder von Unternehmen und Korporationen bedeutet indes nicht, dass sich Beschlüsse nicht gezielt an Rechtsbürger wenden könnten, um sie zu einem bestimmten Verhalten anzuhalten. Dies beweisen die zahlreichen Beschlüsse über Förderprogramme, die private Akteure durch positive Anreize zu einem bestimmten Verhalten motivieren wollen, und zwar in erster Linie durch Subventionen oder durch symbolische Aktionen. Ein Beispiel für beides ist die Ausrufung des Jahres 2003 zum „Europäischen Jahr der Menschen mit Behinderungen".[675] Ein solcher Beschluss hat einerseits nach ‚innen' gerichtete Wirkungen, indem die Unionsorgane auf bestimmte Ziele und Methoden festgelegt werden und, wie angesprochen, indem die Voraussetzungen für die Finanzierung von Projekten aus dem Unionshaushalt geschaffen werden. Andererseits aber zielt ein solcher Beschluss in seiner Regelungsintention primär nach ‚außen': Er will bei den Bürgern eine Sensibilisierung für die Interessen der Menschen mit Behinderungen erreichen. Das Recht wird dazu eingesetzt, den Einsatz nicht-rechtlicher Steuerungsressourcen (Geld und Diskurs) zu lenken und so die Bedingungen zu verändern, unter denen externe Akteure ihre Entscheidungen fällen – ohne dabei rechtlichem Zwang unterworfen zu sein.[676]

(3) Insbesondere: Verpflichtungsannahme-Beschlüsse im Handelsrecht

Eigenständige Würdigung verdient an dieser Stelle ein ungewöhnlicher, aber quantitativ bedeutender Typus von Beschlüssen: solche zur Annahme eines Verpflichtungsangebots im Rahmen der Gemeinsamen Handelspolitik. Hierbei geht es im doppelten Wortsinne um ‚außengerichtetes' Handeln der Organe: Die Beschlüsse dienen der gezielten Steuerung des Verhaltens von Rechtssubjekten außerhalb der institutionellen Sphäre der Union, und sie wenden sich an Wirtschaftsteilnehmer, die nicht der Hoheitsgewalt der Union unterstehen, nämlich Exporteure aus Drittstaaten bzw. deren Regierungen. Inhaltlich geht es um den

---

[675] Beschluss des Rates vom 3. Dezember 2001 über das Europäische Jahr der Menschen mit Behinderungen 2003 (2001/903/EG), ABl. L 335 vom 19.12.2001, S. 15.

[676] Zum Einsatz des Rechts für nicht-rechtliche Verhaltenssteuerung *Ch. Engel*, Die Grammatik des Rechts, in: H.-W. Rengeling (Hrsg.), Instrumente des Umweltschutzes im Wirkungsverbund, 2001, S. 17, 20 f.

Schutz von im Unionsgebiet ansässigen Herstellern gegen gedumpte oder subventionierte Einfuhren.

Die Antidumping- und Antisubventionspolitik der Union ist eine Materie des Gemeinschaftsverwaltungsrechts, die stark durch das internationale Handelsrecht beeinflusst ist.[677] Dieser Sektor der auswärtigen Beziehungen der Union wird nicht in erster Linie durch Kooperation in Form von bilateralen oder multilateralen Verträgen gestaltet, sondern durch einseitige Schutzmaßnahmen. Diese wiederum fügen sich in einen im Kontext des GATT bzw. der WTO ausgehandelten Rechtsrahmen ein.[678] Zu dessen Umsetzung sind die Voraussetzungen, unter denen die Unionsorgane außerordentliche Zölle gegen Billigimporte aus Drittländern erheben können, in zwei Verordnungen umfassend geregelt, die der Rat auf der Grundlage von Art. 133 EG erlassen hat.[679] Danach kann die Kommission einen vorläufigen und der Rat einen endgültigen Antidumpingzoll (bzw. Ausgleichszoll) auf bestimmte Waren eines Ursprungslands festsetzen.[680] Als Handlungsform ist jeweils die

---

[677] Überblick bei *S. Dillon*, International Trade and Economic Law and the European Union, 2002, S. 282 ff.; *F. Snyder*, International Trade and Customs Law of the European Union, 1998, S. 212 ff.

[678] Insb. Art. VI und XVI GATT 1947, das Übereinkommen zur Durchführung des Artikels VI des Allgemeinen Zoll- und Handelsabkommens 1994 vom 15.4.1994 (Antidumpingübereinkommen) sowie Art. 10 ff. des Übereinkommens über Subventionen und Ausgleichsmaßnahmen vom 15.4.1994; zur judikativen Praxis auf WTO-Ebene *H. Wenig/W. Müller*, Ex geneva lux?, EWS 2003, S. 498 und S. 544.

[679] Verordnung (EG) Nr. 384/96 des Rates vom 22. Dezember 1995 über den Schutz gegen gedumpte Einfuhren aus nicht zur Europäischen Gemeinschaft gehörenden Ländern („Antidumpinggrundverordnung"), ABl. L 56 vom 6.3.1996, S. 1, zuletzt geändert durch Verordnung (EG) Nr. 461/2004, ABl. L 77 vom 13.3.2004, S. 12; Verordnung (EG) Nr. 2026/97 des Rates vom 6. Oktober 1997 über den Schutz gegen subventionierte Einfuhren aus nicht zur Europäischen Gemeinschaft gehörenden Ländern („Antisubventionsgrundverordnung"), ABl. L 288 vom 21.10.1997, S. 1, zuletzt geändert durch Verordnung (EG) Nr. 461/2004, ABl. L 77 vom 13.3.2004, S. 12.

[680] Der Rat ist bei Erlass einer solchen Verordnung auch dann auf die Beachtung der Grundverordnung verpflichtet, wenn er in einem nicht von Art. 133 IV EG abweichenden Verfahren beschließt, EuGH, Rs. 113/77, *NTN Toyo Bearing/Rat*, Slg. 1979, S. 1185, Rdnr. 21; zum Konzept der partiellen Hierarchisierung unten, C. II. 2. a.; nach der klassischen Staatsfunktionenlehre nimmt der Rat hier eine exekutive Aufgabe wahr, *K. Lenaerts*, Some Reflections on the Separation of Powers in the European Community, CMLRev. 28 (1991), S. 11, 17.

Verordnung vorgeschrieben.[681] Wie im Folgenden an der Antidumpingpolitik demonstriert wird, spielt neben und in Interaktion mit der Verordnung auch der Beschluss eine bedeutende Rolle, und es fragt sich, wie dies vereinbar ist mit einem Wirkungsmodus, der eine Verpflichtung privater Rechtssubjekte ausschließt.

Unspektakulär ist die Verwendung von Beschlüssen, um mit ihnen Untersuchungsverfahren, die auf Betreiben eines inländischen Herstellers eingeleitet wurden, förmlich einzustellen, ohne (weitere) Schutzmaßnahmen zu ergreifen.[682] Die Organzuständigkeit liegt bei der Kommission bzw. bei Dissens in einem beratenden Ausschuss beim Rat, Art. 9 II Verordnung (EG) Nr. 384/96. Diese Einstellungs-Beschlüsse sind im Amtsblatt zu veröffentlichen und überdies den bekanntermaßen betroffenen Parteien in Kopie zuzusenden, Art. 14 II.[683] Eine zweite Gruppe von Beschlüssen verfügt die Aussetzung eines bereits eingeführten Antidumpingzolls. Ein solcher Beschluss ist für die Rechte der betroffenen Exporteure unmittelbar von Belang, weil er die Geltung einer sie belastenden Verordnung befristet suspendiert.[684] Bemerkenswert ist, dass in Art. 14 IV als Handlungsform des Aussetzungsakts der Beschluss vorgegeben ist. Die Antidumpinggrundverordnung reflektiert hier eine Formenwahlpraxis, in der sich eine Interaktion von belastender Verordnung und begünstigendem Beschluss als effizientes Instrumentarium der Handelspolitik bewährt hat.

Bei einer dritten, hier im Besonderen interessierenden Gruppe von Rechtsakten tastet sich der Beschluss bis an die Grenze heran, ab der er für private Rechtssubjekte verpflichtende Wirkung entfalten würde: der

---

[681] Art. 14 I S. 1 Verordnung (EG) Nr. 384/96 (Anm. 679); Art. 24 I S. 1 Verordnung (EG) Nr. 2026/97 (Anm. 679).

[682] Beispiel: Beschluss der Kommission vom 11. März 2003 zur Einstellung des Antidumpingverfahrens betreffend die Einfuhren bestimmter Filamentgarne aus Celluloseacetat mit Ursprung in Litauen und den Vereinigten Staaten von Amerika und zur Freigabe der Sicherheitsleistungen für die vorläufigen Zölle (2003/167/EG), ABl. L 67 vom 12.3.2003, S. 20.

[683] Zum Rechtsschutz gegen einen Einstellungs-Beschluss unten, E. II. 3. a.

[684] Beispiel: Beschluss der Kommission vom 14. Juli 1995 über die Aussetzung des endgültigen Antidumpingzolls auf die Einfuhren bestimmter elektronischer Mikroschaltungen, sogenannter EPROMs (löschbare, programmierbare Nur-Lese-Speicher), mit Ursprung in Japan (95/272/EG), ABl. L 165 vom 15.7.1995, S. 26 (nicht mehr in Geltung, das Verfahren wurde mit Beschluss der Kommission 97/251/EG vom 14. April 1997 eingestellt).

Typus des Verpflichtungsannahme-Beschlusses. Art. 8 I S. 1 Verordnung (EG) Nr. 384/96 lautet:

> „Wurde im Rahmen der vorläufigen Sachaufklärung das Vorliegen von Dumping und Schädigung festgestellt, kann die Kommission zufrieden stellende freiwillige Verpflichtungsangebote annehmen, in denen sich ein Ausführer verpflichtet, seine Preise zu ändern oder die Ausfuhren zu Dumpingpreisen zu unterlassen, sofern sie, nach besonderen Konsultationen im Beratenden Ausschuss, davon überzeugt ist, dass die schädigenden Auswirkungen auf diese Weise beseitigt werden."

Die Annahme eines solchen „freiwilligen" Verpflichtungsangebots, das nach Art. 8 II auch von der Kommission vorgeschlagen werden kann, erfolgt regelmäßig durch einen Beschluss.[685] Auch „Beschlüsse zur Annahme von Verpflichtungen" (engl. *decisions accepting undertakings*) sind nach Art. 14 II S. 1 zu veröffentlichen und den bekanntermaßen Betroffenen zuzustellen.[686]

Die Befugnis, ein eingeleitetes Antidumpingverfahren mit der Festsetzung eines endgültigen Zolls abzuschließen, eröffnet ein Terrain für Verhandlungen zwischen der Kommission und den potenziell betroffenen Exporteuren (bei einem Antisubventionsverfahren ggf. auch der

---

[685] Beispiel: Beschluss der Kommission vom 29. Juli 2002 zur Annahme eines Verpflichtungsangebots im Zusammenhang mit dem Antidumpingverfahren betreffend die Einfuhren von Farbfernsehempfangsgeräten mit Ursprung in Malaysia, der Volksrepublik China, der Republik Korea, Singapur und Thailand (2002/683/EG), ABl. L 231 vom 29.8.2002, S. 42; teilweise wurden Verpflichtungsangebote auch mit der Verordnung angenommen, die den Antidumpingzoll festsetzt, von dem der betreffende Exporteur befreit ist, vgl. EuG, Rs. T-51/96, *Miwon/Rat*, Slg. 2000, S. II-1841, Rdnr. 2, und Rs. T-239/00, *SCI UK/Kommission*, Slg. 2002, S. II-2957, Rdnr. 3.

[686] Zu typischen Inhalten solcher *undertakings*: *I. Van Bael/J.-F. Bellis*, Antidumping and Other Trade Protection Laws of the EC, 2004, § 6.12. Anfang 2002 waren Verpflichtungen von 275 Unternehmen in Kraft; im Jahr 2002 nahm die Kommission in 12 Fällen Verpflichtungsangebote von insgesamt 22 Unternehmen an; als Handlungsform wurde acht Mal ein Beschluss, ein Mal eine Verordnung und drei Mal eine EGKS-Entscheidung gewählt: Einundzwanzigster Jahresbericht der Kommission an das Europäische Parlament über die Antidumping-, Antisubventions- und Schutzmaßnahmen der Gemeinschaft (2002), KOM(2003) 481 endg., S. 50 f. und 115 f. Anfang 2003 galten für 195 Unternehmen Verpflichtungen, Ende 2003 waren insgesamt noch 76 Verpflichtungen in Kraft: Zweiundzwanzigster Jahresbericht der Kommission ... (2003), KOM(2004) 828 endg., S. 8.

Regierung eines Drittlands).[687] Kommt es zu einer Einigung, wird diese in einer kontraktähnlichen Weise fixiert: Der Exporteur formuliert eine detaillierte Selbstverpflichtung zur Einhaltung von Mindestpreisen, die Union nimmt diese durch Beschluss an.[688] Im Gegenzug verzichtet sie darauf, gegen die kooperationsbereiten Exporteure einen endgültigen Antidumpingzoll zu verhängen; diese werden vom Anwendungsbereich der entsprechenden Verordnung ausgenommen.[689] Rechtlich handelt der Exporteur freiwillig („ein Ausführer ist nicht verpflichtet, derartige Verpflichtungen einzugehen", heißt es in Art. 8 II), substanziell motiviert wird er durch den drohenden Erlass einer ihn belastenden Verordnung. Beim Charakter einer freiwilligen Selbstverpflichtung bleibt es auch nach In-Kraft-Treten des Beschlusses: Der Exporteur unterliegt weder einer vertraglichen Bindung, noch entfaltet der Beschluss für ihn rechtliche Verpflichtungskraft. Insbesondere kann der Exporteur, wie sich aus Art. 8 IX und X ergibt, sein Verpflichtungsangebot wieder zurücknehmen. Die Union macht aber ihr zukünftiges Wohlverhalten von der Einhaltung der Selbstverpflichtung abhängig: Stellen die Organe fest, dass ein Exporteur seine „Verpflichtung" verletzt (engl. *breach of the undertaking*) oder ein Umgehungstatbestand vorliegt, kann gegen

[687] Hierzu Art. 8 WTO-Antidumpingübereinkommen (Anm. 678) und Art. 18 WTO-Subventionsübereinkommen (Anm. 678).

[688] In der handelsrechtlichen Literatur wird dieser Mechanismus zumeist als innovativ und flexibel gewürdigt, ohne der Formenwahl besondere Aufmerksamkeit zu widmen, *Snyder*, International Trade Law (Anm. 677), S. 247 ff.; *W. Müller/N. Khan/H.-A. Neumann*, EC Anti-dumping Law, 1998, Rdnrn. 8.1 ff., 8.39; *C. Stanbrook/Ph. Bentley*, Dumping and Subsidies, 1996, S. 177 ff.; *M. Nettesheim*, Das Antidumping- und Antisubventionsrecht der Gemeinschaft, in: E. Grabitz/A. v. Bogdandy/M. Nettesheim (Hrsg.), Europäisches Außenwirtschaftsrecht, 1994, S. 197, 229 f.; *C. Lòpez-Jurado Romero de la Cruz*, El control jurisdiccional de la actividad comunitaria en materia de dumping y de subvención, 1993, S. 336; *E. Creally*, Judicial Review of Anti-dumping and Other Safeguard Measures in the European Community, 1992, S. 89 ff. und 107; der internationale Handel wird weniger behindert als durch die Verhängung von Zöllen, Grabitz/Hilf-*Schübel*, E 6, Rdnr. 7 zu Art. 8; kritisch aus wettbewerbsrechtlicher Sicht *R. Kulms*, Competition, Trade Policy and Competition Policy in the EEC, CMLRev. 27 (1990), S. 285, 303 ff.; eine interessenbezogene Abwägung der Vor- und Nachteile bei *Van Bael/Bellis*, Anti-dumping (Anm. 686), § 6.13.

[689] Eine Darstellung gescheiterter Verhandlungen über eine Preisverpflichtung in EuG, verb. Rs. T-159/94 und T-160/94, *Ajinomoto u.a./Rat*, Slg. 1997, S. II-2461, Rdnrn. 14 ff.

ihn rückwirkend (!) ein Antidumpingzoll festgesetzt werden, ohne dass hierzu ein neues Verfahren durchgeführt werden müsste, Art. 8 IX und 10 V.[690] Darüber hinaus verlangt die Kommission von jedem, von dem eine „Verpflichtung“ angenommen wurde, in regelmäßigen Abständen Informationen über deren Einhaltung zu erteilen und die Überprüfung der Angaben zu gestatten. Kommt der Exporteur diesem Verlangen nicht nach, so wird dies als eine Verletzung der „Verpflichtung“ angesehen, Art. 8 VII.

Man erkennt, wie stark der Beschluss hier trotz seiner limitierten Verpflichtungskraft in ein System von Befugnissen eingebunden ist, in dem die Verletzung einer freiwilligen Selbstverpflichtung mit der Androhung von rechtlichen Sanktionen belegt ist. Allerdings sind diese Sanktionen keine automatische Rechtsfolge des Beschlusses, ihre Verhängung bedarf vielmehr eines erneuten Rechtsakts, der die Annahme der Verpflichtung widerruft und so den Exporteur in den Anwendungsbereich der einschlägigen Antidumpingzoll-Verordnung einbezieht, Art. 8 IX.[691] Die Wahl eines Beschlusses zur Annahme des Verpflichtungsangebots gewährleistet, dass formell allein die Union, für die Dauer der Geltung des Beschlusses, rechtlich gebunden ist.

cc. Nur Mitwirkungspflichten der Mitgliedstaaten

Schließlich ist zu diskutieren, ob Beschlüsse – ebenso wie Verordnungen, Richtlinien und staatengerichtete Entscheidungen – von der der Union grundsätzlich zustehenden Rechtsmacht Gebrauch machen können, Verpflichtungen für Mitgliedstaaten zu begründen. Zu diesem umstrittenen Problemkreis hat die ERASMUS-Entscheidung des Gerichtshofs eine wichtige Klärung gebracht.

Aus der Perspektive der Autonomie der Mitgliedstaaten stellt sich die Frage der Verpflichtungskraft nicht grundsätzlich anders als für die Rechtsbürger: Die Mitgliedstaaten sind selbständige Hoheitsträger und Rechtssubjekte, die außerhalb des institutionellen Systems der Union stehen. Eine pauschale Gleichstellung mit Pflichten, die die Organe und Einrichtungen der Union treffen, kommt nicht in Betracht. Wenn Be-

---

[690] Hält der Exporteur dies für unberechtigt, kann die Verpflichtungskonformität seines Verhaltens gerichtlich überprüft werden, EuG, Rs. T-51/96 (Anm. 685); Rs. T-340/99, *Mathisen/Rat*, Slg. 2002, S. II-2905; dazu näher unten, E. II. 3. b.

[691] Zu den Voraussetzungen unten, E. II. 3. b.

schlüsse weder unmittelbare Anwendbarkeit für sich in Anspruch nehmen noch sie sich gezielt an Mitgliedstaaten als ihre expliziten Adressaten richten, stiftet dies ein Indiz dafür, dass eine staatengerichtete Verpflichtungswirkung nicht beabsichtigt ist. Der materielle Adressat eines adressatenlosen Rechtsakts ist zunächst die Union selbst und nur diese. Die untersuchten Beschlüsse bestätigen diese Vermutung: Im Allgemeinen enthalten Beschlüsse keine Bestimmungen, die sich der Sache nach an die Mitgliedstaaten wenden, um sie gezielt mit bestimmten Verhaltenserwartungen zu konfrontieren. Vielmehr zielen Beschlüsse auf die unmittelbare Herbeiführung eines rechtlichen Gestaltungserfolgs auf Unionsebene, ohne dass es hierzu der Mitwirkung der Mitgliedstaaten bedürfte.

Auf der anderen Seite sind die Mitgliedstaaten im Verhältnis zur Union keine beliebigen ‚Dritten', sondern mit ihr zu einem Verbund verwoben, in dem sie in vieler Hinsicht die Stellung von Gliedern einer Föderation einnehmen.[692] Wesentliche normative Aspekte dieser Gliedstellung datieren bis auf die Verträge von Paris und Rom zurück.[693] Zu nennen ist im hiesigen Zusammenhang die in Art. 10 EG (vormals Art. 5 EWGV) niedergelegte Pflicht zur loyalen Zusammenarbeit der unterschiedlichen Verfassungsebenen.[694] Mithilfe dieser Norm hat der Gerichtshof eine Reihe von Rechtsinstituten begründet, die akzessorische Pflichten umschreiben, denen die Staaten kraft Mitgliedschaft in der Gemeinschaft bzw. der Union unterliegen.[695] Art. 10 EG hat konstitutiven Charakter, was bereits daran abzulesen ist, dass die Pflicht der Mitgliedstaaten, der Gemeinschaft die Erfüllung ihrer Aufgabe zu erleichtern (Art. 10 I 2 EG), über die Handlungspflichten hinausgeht, die

---

692 *Ch. Schönberger*, Die Europäische Union als Bund, AöR 129 (2004), S. 81, 109 ff.; *St. Oeter*, Föderalismus, in: v. Bogdandy (Hrsg.), Verfassungsrecht (Anm. 544), S. 59; *I. Pernice*, Europäisches und nationales Verfassungsrecht, VVDStRL 60 (2001), S. 148; *A. v. Bogdandy*, Supranationaler Föderalismus als Wirklichkeit und Idee einer neuen Herrschaftsform, 1999, S. 61 ff.

693 Zur „Doppelstellung der Mitgliedstaaten" bereits *L.-J. Constantinesco*, Das Recht der Europäischen Gemeinschaften I, 1977, S. 286 ff.

694 EuGH, Rs. 230/81, *Luxemburg/Parlament*, Slg. 1983, S. 255, Rdnr. 37; Rs. 44/84, *Hurd*, Slg. 1986, S. 29, Rdnr. 38; Rs. C-234/89, *Delimitis*, Slg. 1991, S. I-935, Rdnr. 53.

695 *A. v. Bogdandy*, Rechtsfortbildung mit Art. 5 EG-Vertrag, in: GS E. Grabitz, 1995, S. 17; Grabitz/Hilf-*v. Bogdandy*, Rdnrn. 32 ff. zu Art. 10 EG; *A. Hatje*, Loyalität als Rechtsprinzip in der Europäischen Union, 2001, S. 59 ff.

sich ausdrücklich aus dem Primär- und Sekundärrecht ergeben (Art. 10 I 1 EG).[696]

In dieses verfassungsrechtliche Spannungsfeld ist die staatengerichtete Verpflichtungskraft von Beschlüssen einzuordnen. Beschlüsse sind autonome Gestaltungsakte des Unionsrechts, die grundsätzlich Pflichten ausschließlich für die Union und damit für die Gesamtheit ihrer Organe und Einrichtungen begründen, nicht aber für die Mitgliedstaaten. Dies entbindet die Mitgliedstaaten nicht davon, loyal mit den Organen der Union zusammenzuarbeiten. Die Mitgliedstaaten trifft zum einen die allgemeine Pflicht, alle Handlungen zu unterlassen, die die Anwendung einer gemeinschaftsrechtlichen Bestimmung oder das Funktionieren der Unionsorgane beeinträchtigen könnten, Art. 10 II EG.[697] Diese Unterlassenspflicht wird von jeder Art von Beschlüssen ausgelöst. Bestimmte Beschlusstypen erfordern jedoch ein aktives Handeln der Mitgliedstaaten, um das Regelungsziel des Beschlusses nicht zu gefährden. In diesen Fällen greift die Förderungspflicht des Art. 10 I 2 EG ein, sodass sich folgende Arbeitsteilung ergibt: Der Gestaltungserfolg eines Beschlusses tritt ein, ohne dass es hierzu mitgliedstaatlicher Handlungen bedürfte, die Mitgliedstaaten sind jedoch verpflichtet, erforderlichenfalls aktiv zur Förderung dieses Erfolgs beizutragen.

In diesem Sinne hat der Gerichtshof die Frage beantwortet, welche rechtlichen Verpflichtungen ein Beschluss über ein gemeinschaftliches Aktionsprogramm den Mitgliedstaaten auferlegt. In drei Urteilen hatte er über die Rechtmäßigkeit von Förderprogrammen zu entscheiden, die der Rat in der Handlungsform Beschluss erlassen hatte.[698] Vordergründig wurde dabei vor allem um den Umfang der bildungspolitischen Kompetenz unter Art. 128 EWGV a.F. gestritten (vgl. heute, beeinflusst

---

[696] Groeben/Schwarze-*Zuleeg*, Rdnr. 8 zu Art. 10 EG; Schwarze-*Hajte*, Rdnrn. 14 und 44 zu Art. 10 EG; *Constantinesco*, Europ. Gemeinschaften (Anm. 693), S. 297.

[697] EuGH, Rs. 44/84 (Anm. 694), Rdnr. 39.

[698] Die ersten beiden Urteile vom 30.5.1989 galten dem Programm zur Förderung der Mobilität von Hochschulstudenten (ERASMUS) und dem Aktionsprogramm für die Berufsausbildung Jugendlicher (PETRA), EuGH, Rs. 242/87, *Kommission/Rat*, Slg. 1989, S. 1425, und Rs. 56/88, *Großbritannien/Rat*, Slg. 1989, S. 1615; das dritte Urteil zum Programm über Zusammenarbeit zwischen Hochschule und Wirtschaft im Bereich der Aus- und Weiterbildung auf dem Gebiet der Technologie (COMETT II) bestätigte zwei Jahre später die ERASMUS-Rechtsprechung, EuGH, verb. Rs. C-51/89, C-90/89 und C-94/89, *Großbritannien u.a./Rat*, Slg. 1991, S. I-2757.

von der Rechtsprechung, Art. 149 und 150 EG).[699] Die Frage, ob diese Programme nur unter ergänzendem Rückgriff auf Art. 235 EWGV (jetzt Art. 308 EG) aufgestellt werden konnten, war sowohl für die vertikale Kompetenzverteilung als auch für die Organkompetenzen von Bedeutung (Art. 128 EWGV sah eine Beschlussfassung des Rates mit einfacher Mehrheit ohne Beteiligung des Parlaments vor). Sowohl über die zu wählende Rechtsgrundlage als auch über die angemessene Handlungsform war es schon im Verlauf des Rechtsetzungsprozesses zu Auseinandersetzungen gekommen.[700] Die Kommission hatte zunächst gegen den Widerstand des Rates versucht, die Form einer staatengerichteten Entscheidung durchzusetzen.[701] Verständlicherweise konnte der Gerichtshof die Frage der richtigen Rechtsgrundlage für die Programm-Beschlüsse nicht beantworten, ohne zugleich über ihre Rechtswirkungen zu befinden. Unter impliziter Bezugnahme auf Art. 5 EWGV (jetzt Art. 10 EG) entschied er, dass Rechtsakte dieser Art, die gemeinschaftliche Aktionen auf dem Gebiet der Berufsausbildung vorsehen, den Mitgliedstaaten Mitwirkungspflichten auferlegen.[702] Die von der Kommission vorgetragene Ansicht, die Programm-Beschlüsse seien gänzlich verpflichtungsneutral,[703] fand damit keine Anerkennung, andererseits beschränkt sich die Pflicht der Mitgliedstaaten inhaltlich auf Unterstützungs- und Mitwirkungshandlungen.

---

[699] Zur Vorgeschichte *B. de Witte*, The Scope of Community Powers in Education and Culture in the Light of Subsequent Practice, in: Bieber/Ress (Hrsg.), Dynamik (Anm. 539), S. 261, 262 f.

[700] *Hochbaum*, Politik und Kompetenzen (Anm. 527), S. 483.

[701] Exemplarisch: Vorschlag für eine Entscheidung des Rates zur Annahme der zweiten Phase des Programms zur Zusammenarbeit von Hochschulen und Wirtschaft hinsichtlich der Aus- und Weiterbildung auf dem Gebiet der Technologie (COMETT II), KOM(1988) 429 endg., ABl. C 239 vom 14.9.1988, S. 3; dann aber: Änderung des Vorschlags für einen Beschluss des Rates zur Annahme der zweiten Phase des Programms zur Zusammenarbeit von Hochschulen und Unternehmen hinsichtlich der Ausbildung auf dem Gebiet der Technologie – COMETT II (1990–1994), KOM(1988) 738 endg., ABl. C 15 vom 19.1.1989, S. 10.

[702] EuGH, Rs. 242/87 (Anm. 698), Rdnrn. 11, 19 und Leitsatz 2; verb. Rs. C-51/89, C-90/89 und C-94/89 (Anm. 698), Rdnr. 10 und Leitsatz 2.

[703] Sitzungsbericht zu Rs. 242/87 (Anm. 698), S. 1341: „keine Rechtspflichten, sondern bloße Obliegenheiten, d.h. Belastungen, die die Betroffenen nur dann auf sich zu nehmen brauchten, wenn sie eine im voraus festgesetzte Leistung erhalten wollten“.

Diese Pflichtenteilung ist sachgerecht. Es handelt sich bei einem Förderprogramm, das mittels Beschluss aufgelegt wird, um eine originäre Aktion der Union, die zu Lasten ihres eigenen Haushalts planvoll Finanzmittel aufwenden will. Eine Finanzierungspflicht der Mitgliedstaaten kann und will ein Beschluss nicht begründen.[704] Auch die administrative Durchführung des Programms erfolgt grundsätzlich allein durch die Unionsorgane, insbesondere die Kommission.[705] Andererseits benötigt die Union für eine erfolgreiche Verwirklichung der Programmvorhaben oftmals die Unterstützung durch die Mitgliedstaaten und ihre sach- und bürgernäheren Behörden, z.B. durch die Übermittlung bestimmter Informationen.[706] Entsprechende Mitwirkungspflichten folgen bereits aus Art. 10 I 2 EG und können deshalb auch im Beschluss ausgesprochen und konkretisiert werden.[707] Auch bei einer solchen Ausgestaltung verlieren sie inhaltlich ihren Charakter als bloße Förderungspflichten nicht. Ein Beispiel aus dem geltenden Recht ist Art. 5 II des Beschlusses über das SOKRATES-Programm (dieses setzt ERASMUS fort), der die beschlussspezifischen Möglichkeiten, nationale Mitwirkungspflichten zu begründen, voll ausschöpft. Es heißt dort:

> „Die Mitgliedstaaten
> – ergreifen die für den effizienten Ablauf des Programms auf mitgliedstaatlicher Ebene erforderlichen Maßnahmen und beziehen alle an der Allgemeinbildung Beteiligten gemäß den nationalen Gepflogenheiten ein;
> – richten eine geeignete Verwaltungsstelle für die koordinierte Len-

---

[704] Calliess/Ruffert-*Blanke*, Rdnr. 1 zu Art. 151 EG.

[705] Zur rechtlichen Qualifizierung privater Einrichtungen, derer sich die Kommission auf vertraglicher Basis bei der Programmdurchführung bedient, EuG, verb. Rs. T-369/94 und T-85/95 (Anm. 558), Rdnrn. 52 f.; zur Übertragung von Verwaltungsaufgaben auf Exekutivagenturen Verordnung (EG) Nr. 58/2003 des Rates vom 19. Dezember 2002 zur Festlegung des Statuts der Exekutivagenturen, die mit bestimmten Aufgaben bei der Verwaltung von Gemeinschaftsprogrammen beauftragt werden, ABl. L 11 vom 16.1.2003, S. 1.

[706] Z.B. Art. 2 II Beschluss Nr. 819/95/EG des Europäischen Parlaments und des Rates vom 14. März 1995 über das gemeinschaftliche Aktionsprogramm SOKRATES, ABl. L 87 vom 20.4.1995, S. 10 (nicht mehr in Geltung): „Jeder Mitgliedstaat erstellt ein Verzeichnis der vom vorliegenden Programm betroffenen Arten von Hochschulen, Schulen und sonstigen Bildungseinrichtungen."

[707] Zu strikt Streinz-*Schroeder*, Rdnr. 30 zu Art. 249 EG: „rechtliche Verpflichtungen für die Mitgliedstaaten … sind in Beschlüssen nicht enthalten".

kung der Durchführung der Programmaktionen auf mitgliedstaatlicher Ebene ein (nationale Sokrates-Stellen);"[708]

Derartige Pflichten zur Förderung des von den Unionsorganen intendierten Gestaltungserfolgs sind anderer Natur als die umfassende Durchführungsverpflichtung, die für die Mitgliedstaaten aus einer Verordnung, einer Richtlinie oder einer staatengerichteten Entscheidung folgt. Die Durchführung der Programmaktionen liegt bei der Kommission, die von einem Ausschuss unterstützt wird (Art. 5 I, 7 und 8 des Beschlusses). Die nationalen Sokrates-Stellen erleichtern in erster Linie die Kommunikation zwischen der Union und den Projektträgern bzw. Mittelempfängern in den Mitgliedstaaten. In diesem Rahmen nehmen bei sog. dezentralen Aktionen mitgliedstaatliche Stellen auch die Aufgabe wahr, geeignete Zuschussempfänger auszuwählen (Anhang III Nr. 1 des Beschlusses). Eine kollektive („partnerschaftliche") Planungs- und Durchführungsverantwortung von unionalen, nationalen und regionalen Stellen, wie sie für die verordnungsrechtlich geregelte Strukturfondspolitik typisch ist, begründen Förderprogramm-Beschlüsse nicht.[709] Unbeschadet der geforderten administrativen Unterstützung des „effizienten Ablaufs des Programms auf mitgliedstaatlicher Ebene" ist entscheidend, dass die Mitgliedstaaten durch einen Förderprogramm-Beschluss nicht zur Anpassung ihrer Rechts- und Verwaltungsvorschriften an die Programmvorgaben verpflichtet sind.[710]

Die ERASMUS-Rechtsprechung konturiert damit nicht nur die bildungspolitischen Befugnisse der Union, sie markiert zugleich eine äußere Grenze der staatengerichteten Verpflichtungskraft der Handlungsform Beschluss. Bei „Programmen" handelt es sich nicht, wie irrtümlich

---

[708] Beschluss Nr. 253/2000/EG des Europäischen Parlaments und des Rates vom 24. Januar 2000 über die Durchführung der zweiten Phase des gemeinschaftlichen Aktionsprogramms im Bereich der allgemeinen Bildung Sokrates, ABl. L 28 vom 3.2.2000, S. 1, zuletzt geändert durch Verordnung (EG) Nr. 885/2004, ABl. L 168 vom 1.5.2004, S. 1.

[709] Vgl. Art. 8 Verordnung (EG) Nr. 1260/1999 des Rates vom 21. Juni 1999 mit allgemeinen Bestimmungen über die Strukturfonds, ABl. L 161 vom 26.6.1999, S. 1; hierzu *Schöndorf-Haubold*, Strukturfonds (Anm. 595), insb. S. 109 ff. und 437 ff.

[710] *Dashwood*, Limits (Anm. 546), S. 122: "Member States are under no obligation to adapt their system, so as to allow individuals and educational establishment to enjoy the full advantage of Community programmes".

oftmals angenommen wird, um eine eigene Handlungsform.[711] Es kommt vielmehr maßgeblich darauf an, in welcher Handlungsform Programme angenommen werden. Programm-Beschlüsse sind ein Unter- und Anwendungsfall des Beschlusses, für den das reguläre Rechtsregime dieser Handlungsform gilt. Bei einem Förderprogramm-Beschluss stellt sich lediglich die Frage nach Mitwirkungspflichten der Mitgliedstaaten oftmals besonders dringlich. Die allgemeine Regel, dass Beschlüsse den Mitgliedstaaten keine Verpflichtungen auferlegen, die inhaltlich über die Pflicht zur loyalen Zusammenarbeit nach Art. 10 EG hinausgehen, gilt auch hier. Beschlüsse ergehen stets – um eine Formulierung des EG-Vertrags zu wählen – „unter Ausschluss jeglicher Harmonisierung der Rechts- und Verwaltungsvorschriften der Mitgliedstaaten“[712], sie sind ungeeignet als Instrument der Rechtsangleichung. Hierin unterscheiden sich Beschlüsse grundlegend von Verordnungen, Richtlinien und staatengerichteten Entscheidungen, die für diesen Zweck eingesetzt werden können.

Im Umkehrschluss bedeutet dies, dass der Beschluss eine generell zugelassene Handlungsform ist, wenn eine vertragliche Rechtsgrundlage „Fördermaßnahmen unter Ausschluss jeglicher Harmonisierung“ vorsieht. Der geforderten Schonung mitgliedstaatlicher Autonomie kann hier durch die Wahl einer Handlungsform mit begrenzter Verpflichtungskraft Rechnung getragen werden. Fundamentale Bedeutung hat dies auf Feldern, auf denen sich die Verbandskompetenz der Union in nicht-regulativen Befugnissen erschöpft (wie z.B. Schulbildung und Kulturpolitik), sodass die Unionsorgane lediglich koordinierend, fördernd und empfehlend tätig werden können.[713] Zwar ist die Wahl einer Handlungsform mit voller staatengerichteter Verpflichtungskraft auch im Bereich der nicht-regulativen Kompetenzen nicht *per se* ausgeschlossen;[714] ihre Zulässigkeit hängt vom Inhalt der Verpflichtung ab (die U-

---

[711] *B. Biervert*, Der Mißbrauch von Handlungsformen im Gemeinschaftsrecht, 1999, S. 87; Calliess/Ruffert-*Blanke*, Rdnr. 16 zu Art. 151 EG; *Borchardt*, Die rechtlichen Grundlagen der EU, Rdnr. 357; *Oppermann*, Europarecht, Rdnr. 579; *Ipsen*, Gemeinschaftsrecht, 22/28; zur Varianz der unionsrechtlichen Programm-Begriffe noch unten, C. II. 2. d.

[712] Art. 13 II, 137 II lit. a, 149 IV erster Spiegelstrich, 150 IV, 151 V erster Spiegelstrich und 152 IV lit. c EG; fast wortgleich Art. 137 II EG; siehe auch Art. 133 VI Ua. 1 EG.

[713] Zum Typus der nicht-regulativen Kompetenz *v. Bogdandy/Bast*, Kompetenzordnung (Anm. 655), S. 450 f.

[714] *Trüe*, Rechtsetzungskompetenzen (Anm. 590), S. 281.

nion kann etwa mittels Verordnung einen verbindlichen Rahmen für Koordinierungsprozesse festlegen[715] oder durch eine Entscheidung Informations- und Konsultationspflichten begründen[716]). Wird jedoch für eine „Fördermaßnahme" die Form des Beschlusses gewählt, wird die Wahrung der Kompetenzgrenzen bereits durch Wahl einer Handlungsform mit einer limitierten Verpflichtungskraft, die in ihren Wirkungsmodus eingespeichert ist, sichergestellt. Zugleich muss die Union nicht auf den Einsatz einer verbindlichen Handlungsform verzichten, um ihre programmatischen Ziele zu formulieren und den planvollen Einsatz der Steuerungsressource Geld zu gewährleisten. Die Fähigkeit zu effektiver Selbstprogrammierung der Union bei gleichzeitiger Autonomieschonung der Mitgliedstaaten erklärt, warum seit der ERASMUS-Entscheidung des EuGH der Beschluss *de facto* ein Monopol auf die Formulierung von Gemeinschaftsprogrammen auf politisch sensiblen Feldern besitzt.

Nachzutragen ist noch, dass die limitierte Verpflichtungskraft von Beschlüssen eine Implikation für die Rechte der natürlichen oder juristischen Personen hat. Im vorangegangenen Teilabschnitt wurde ermittelt, dass Beschlüsse mit Richtlinien gemeinsam haben, keine unmittelbaren Verpflichtungen für die Rechtsbürger zu begründen. Aus der Begrenzung der staatengerichteten Verpflichtungskraft auf reine Mitwirkungspflichten folgt, dass Beschlüsse auch keine Quelle *mittelbarer* Verpflichtungen für die Rechtsbürger sind. Beschlüsse können die Mitgliedstaaten weder zur gezielten Adaptierung ihrer Rechtsvorschriften an gemeinschaftsrechtliche Vorgaben verpflichten noch zum Erlass von verpflichtungsbegründenden Verwaltungsakten. Sie entfalten deshalb auch nicht mittelbar über die Veranlassung eines mitgliedstaatlichen Umsetzungs- oder Vollzugsakts privatgerichtete Verpflichtungswirkung. Unter den verbindlichen Handlungsformen ist der Beschluss nicht nur derjenige, der die stärkste Schonung mitgliedstaatlicher Autonomie sicherstellt, sondern auch derjenige mit dem ausgeprägtesten Individualrechtsgüter schonenden Wirkungsmodus.

---

[715] Hierzu *C. de la Porte*, Is the Open Method of Coordination Appropriate for Organising Activities at European Level in Sensitive Policy Areas?, ELJ 8 (2002), S. 38; *D. Ashiagbor*, Soft Harmonisation: The 'Open Method of Coordination' in the European Employment Strategy, European Public Law 10 (2004), S. 305.

[716] EuGH, verb. Rs. 281/85, 283/85 bis 285/85 und 287/85, *Deutschland u.a./ Kommission*, Slg. 1987, S. 3203, Rdnrn. 28 ff.

dd. Überblick zur Verpflichtungskraft von Beschlüssen

Die nachstehende Tabelle 9 gibt einen Überblick über das System der Verpflichtungskraft der wichtigsten unionalen Handlungsformen. Die Zeilenfolge beschreibt eine nach unten abnehmende Reichweite der Verpflichtungskraft. Sichtbar ist zugleich die Leistungsfähigkeit der Kategorie, Differenzen der verbindlichen Handlungsformen auf den Begriff zu bringen.

Tabelle 9

	Verpflichtungskraft für die Union	**Verpflichtungskraft für Mitgliedstaaten**	**Verpflichtungskraft für Rechtsbürger**
Verordnung	ja	ja	ja
Entscheidung	ja	ja	ja (str. für staatengerichtete Entscheidung)
Richtlinie	ja	ja	nein
Beschluss	ja	nein (ggf. Mitwirkungspflichten im Umfang der Pflicht zur loyalen Zusammenarbeit)	nein
unverbindliche Handlungsformen	nein (ggf. Gleichbehandlung und Vertrauensschutz)	nein (ggf. Pflicht zur loyalen Zusammenarbeit)	nein

Der Wirkungsmodus des Beschlusses zeichnet sich durch eine charakteristische Begrenzung seiner Verpflichtungskraft aus: Verpflichtungen für die Rechtsbürger begründen Beschlüsse unter keinen Umständen, und Verpflichtungen für die Mitgliedstaaten schaffen Beschlüsse nur in dem Umfang, in dem die Unionsorgane ausnahmsweise zur Erfüllung ihrer Aufgaben der Unterstützung durch die Mitgliedstaaten bedürfen. Hinsichtlich der Verpflichtungskraft für die Organe und Einrichtungen der Union bleiben Beschlüsse nicht hinter den verbindlichen Handlungsformen des Art. 249 EG zurück.

Somit erfassen die Formulierungen, ein Beschluss habe „nur innerhalb der institutionellen Struktur der Gemeinschaft eine verbindliche Wirkung“[717] bzw. er würde „nicht das Merkmal der ‚direkten Außenwirkung‘ aufweisen“[718], durchaus zutreffend einen Teilaspekt seiner Rechtswirkungen: die Verpflichtungskraft. Die Unzulänglichkeit dieser Charakterisierungen erweist sich aber bei Untersuchung der Fähigkeit von Beschlüssen, unmittelbar Rechte für die Bürger zu kreieren.

c. Begründung von individuellen Rechten durch Beschluss

Die Erkenntnis, dass das Gemeinschaftsrecht den Einzelnen, so wie es ihnen unmittelbar Pflichten auferlegt, auch Rechte verleiht, steht am Anfang seiner zweifachen Unabhängigkeitserklärung: seiner postulierten Autonomie von den Rechtsordnungen der Mitgliedstaaten und von der allgemeinen Völkerrechtsordnung.[719] An dieser generellen subjektivrechtlichen Qualität des Gemeinschaftsrechts[720] (und in der Konsequenz des Unionsrechts als Ganzem) haben Beschlüsse selbstverständlichen Anteil. Erörterungsbedürftig ist allein, wie sich diese Fähigkeit in den Wirkungsmodus des Beschlusses, insbesondere seine limitierte Verpflichtungskraft, einfügt.

Erinnert sei zunächst daran, dass dem Unionsrecht ein Begriff von subjektiven Rechten eigentümlich ist, der von dem des deutschen Öffentlichen Rechts verschieden ist und größere Verwandtschaft zum französi-

---

[717] Juristischer Dienst des Rates (Anm. 527).

[718] *Rabe*, Verordnungsrecht (Anm. 525), S. 48.

[719] EuGH, Rs. 26/62 (Anm. 621).

[720] *M. Schroeder*, Das Gemeinschaftsrechtssystem, 2002, S. 453 ff.; *M. Zuleeg*, Die Europäische Gemeinschaft als Rechtsgemeinschaft, NJW 1994, S. 545, 546 ff.

schen Recht aufweist.[721] Individuelle Rechte entstehen nicht nur dann, wenn eine Rechtsnorm ausdrücklich der Berechtigung der Einzelnen zu dienen bestimmt ist. Sie können (als ‚Reflex') komplementär zu jeder hinreichend klaren und unbedingten Verpflichtung entstehen, die das Unionsrecht begründet. Dies erklärt, warum diese Studie die Berechtigungswirkung nicht als eigenes Ordnungskriterium zur Unterscheidung der Handlungsformen einführt: Da jede verbindliche Handlungsform zumindest Verpflichtungskraft für die Organe und Einrichtungen der Union entfaltet, ist die Fähigkeit zur Begründung individueller Rechte grundsätzlich jedem verbindlichen Rechtsakt gegeben.[722] Allein unverbindliche Handlungsformen haben kein subjektivrechtliches Potenzial.[723] Mit der gewählten verbindlichen Handlungsform variiert nicht der Kreis der potenziell Berechtigten (alle Rechtsbürger), wohl aber der Kreis derjenigen, denen gegenüber Rechte geltend gemacht werden können, und zwar entsprechend der formspezifischen Verpflichtungskraft.

Für die Berechtigungskraft des Beschlusses ist im Folgenden danach zu differenzieren, ob die Verpflichtung die Union (aa.) oder – im charakteristisch begrenzten Verpflichtungsumfang – einen Mitgliedstaat (bb.) trifft. Die Rechtsbürger können in diesem Zusammenhang unberücksichtigt bleiben, da ein Beschluss keine privatgerichtete Verpflichtungskraft besitzt. Nachteilige Wirkung für einen Einzelnen kann ein Beschluss allenfalls insofern entfalten, als aus der rechtlichen Begünstigung eines Einzelnen eine tatsächliche Benachteiligung eines Dritten entsteht, der sich in einem Konkurrenzverhältnis zum Begünstigten befindet. Hierin liegt zwar eine – möglicherweise Rechtsschutz eröffnende – nachteilige Betroffenheit des Dritten, aber keine rechtliche Verpflichtung für ihn. Kurz: Eine horizontale Direktwirkung von Beschlüssen ist ausgeschlossen.

---

[721] *Th. v. Danwitz*, Verwaltungsrechtliches System und Europäische Integration, 1996, S. 236; *Th. Schilling*, Bestand und allgemeine Lehren der bürgerschützenden allgemeinen Rechtsgrundsätze des Gemeinschaftsrechts, EuGRZ 2000, S. 3, 24 ff.; differenzierend *Kadelbach*, Verwaltungsrecht (Anm. 617), S. 381 ff.

[722] Zur subjektiven unmittelbaren Wirkung von Bestimmungen einer staatengerichteten Entscheidung EuGH, Rs. 9/70 (Anm. 614), Rdnr. 5; Rs. C-156/91, *Hansa Fleisch Ernst Mundt*, Slg. 1992, S. I-5567, Rdnrn. 12 f.; *E. Grabitz*, Entscheidungen und Richtlinien als unmittelbar wirksames Gemeinschaftsrecht, EuR 1971, S. 1.

[723] EuGH, Rs. 9/73 (Anm. 631), Rdnr. 40; Rs. 322/88 (Anm. 586), Rdnr. 16.

aa. Rechte gegenüber der Union: möglich

Da die volle Verpflichtungskraft eines Beschlusses auf die Organe und Einrichtungen der Union beschränkt ist, kommen als Anspruchsgegner für beschlussförmig begründete Individualrechte in erster Linie unionale Stellen in Betracht. Zuständig für die Durchsetzung solcher Rechte sind die Gerichte der Union.

Die Fähigkeit von Beschlüssen, als Reflex zu ihrem organgerichteten Verpflichtungspotenzial einklagbare individuelle Rechte zu schaffen, wird gemeinhin übersehen.[724] Hier wirkt wohl das Verständnis fort, Maßnahmen der Selbstorganisation eines Hoheitsträgers seien für die Bürger grundsätzlich unbeachtlich, sodass sich ein Einzelner nicht auf die Verletzung solcher Vorschriften berufen könne. Auch die Rechtsprechung des EuGH hat sich von dieser Konzeption nicht immer freigehalten. Zwar gilt allgemein: Aufgrund von eindeutigen Verpflichtungen, die eine unionsrechtliche Vorschrift auferlegt, können „allen an der Einhaltung der so umschriebenen Pflichten interessierten Privatpersonen Rechte verliehen sein", und die „Gerichte sind verpflichtet, die Rechte zu schützen, die diese Bestimmung den Rechtsbürgern verleiht".[725] Diese an die Adresse der nationalen Gerichte gerichtete Forderung hat aber den Gerichtshof nicht in allen Fällen daran gehindert, zusätzliche Anforderungen zu formulieren, wenn die Verpflichtung eines Unionsorgans in Rede stand. So lehnte er es zunächst pauschal ab, einen Rechtsakt, den ein privater Kläger angefochten hat, am Maßstab der Rats-Geschäftsordnung zu überprüfen: Deren Vorschriften seien „nicht dazu bestimmt ..., den Schutz Einzelner zu gewährleisten".[726] Nach einer späteren Differenzierung soll es darauf ankommen, ob die Geschäftsordnungsbestimmung, deren Verletzung gerügt wird, der Rechtssicherheit dient und darum individualschützenden Charakter hat.[727] Diese Unterscheidung überzeugt nicht, denn sie stellt die Vermutung einer subjektivrechtlichen Neutralität organisationsinterner Verpflichtungen auf, die das Unionsrecht sonst nicht kennt. Dogmatisch

---

[724] So etwa bei Groeben/Schwarze-*Schwartz*, Rdnr. 206 zu Art. 308 EG; Grabitz/Hilf-*Nettesheim*, Rdnr. 218 zu Art. 249 EG; *Streinz*, Europarecht, Rdnr. 270; wie hier Streinz-*Schroeder*, Rdnr. 30 zu Art. 249 EG.

[725] EuGH, Rs. 43/75 (Anm. 631), Rdnrn. 30/34 und 40.

[726] EuGH, Rs. C-69/89, *Nakajima/Rat*, Slg. 1991, S. I-2069, Rdnr. 50.

[727] EuGH, Rs. C-137/92 P, *Kommission/BASF u.a.*, Slg. 1994, S. I-2555, Rdnrn. 75 f.; EuG, verb. Rs. T-305/94 bis T-307/94 u.a., *Limburgse Vinyl Maatschappij u.a./Kommission*, Slg. 1999, S. II-931, Rdnr. 287.

überzeugender ist es, eine Lösung nicht in der Identifizierung von Normen zu suchen, auf die sich der Einzelne „berufen" kann, sondern bei der Bestimmung der Rechtsfolgen einer Pflichtverletzung. Wie in der Rechtsprechung im Übrigen etabliert, ist bei Geschäftsordnungsbestimmungen zu unterscheiden zwischen wesentlichen Formvorschriften im Sinne des Art. 230 II EG und reinen Formalien, deren Missachtung die Rechtmäßigkeit eines Akts nicht berührt.[728]

Zu der Erkenntnis, dass weder die Qualifizierung eines Akts als ‚interne' Maßnahme noch die Handlungsform Beschluss der Begründung von individuellen Rechten entgegenstehen, hat die zum Recht auf Dokumentenzugang ergangene Rechtsprechung Entscheidendes beigetragen. Im Verlauf des Jahres 1993 hatten sich Rat und Kommission interinstitutionell auf Regeln verständigt, die für den Zugang der Öffentlichkeit zu Dokumenten gelten sollten, die sich im Besitz der Organe befinden. Zur Umsetzung dieser Vereinbarung fassten Rat und Kommission jeweils einen Beschluss, wobei sie sich auf die Rechtsgrundlage über den Erlass ihrer Geschäftsordnung stützten.[729] Bei diesem rechtlichen Rahmen für den Dokumentenzugang ist es bis zur Einführung des Art. 255 EG und dem In-Kraft-Treten der dort vorgesehenen Grundsatzregelung im Wesentlichen geblieben.[730] Eine gegen den Rats-Beschluss gerichtete Nichtigkeitsklage eines Mitgliedstaates gab dem Gerichtshof die Gelegenheit, grundsätzlich zu den Rechtswirkungen eines im Rahmen der Befugnis zur Selbstorganisation erlassenen Beschlusses Stellung zu nehmen.[731] Der Gerichtshof hielt nicht nur die gewählte Rechtsgrundlage für ausreichend, um für den Bereich des

---

[728] Zur Anhörung des Parlaments als wesentliche Formvorschrift Rs. 138/79, *Roquette Frères/Rat*, Slg. 1980, S. 3333, Rdnr. 33; zu einer irrtümlich angeführten Rechtsgrundlage als „rein formaler Fehler" Rs. 165/87, *Kommission/Rat*, Slg. 1988, S. 5545, Rdnr. 19.

[729] Beschluss des Rates über den Zugang der Öffentlichkeit zu Ratsdokumenten (93/731/EG), ABl. L 340 vom 31.12.1993, S. 43; Beschluss der Kommission vom 8. Februar 1994 über den Zugang der Öffentlichkeit zu den der Kommission vorliegenden Dokumenten (94/90/EGKS, EG, Euratom), ABl. L 46 vom 18.2.1994, S. 58.

[730] Verordnung (EG) Nr. 1049/2001 des Europäischen Parlaments und des Rates vom 30. Mai 2001 über den Zugang der Öffentlichkeit zu Dokumenten des Europäischen Parlaments, des Rates und der Kommission, ABl. L 145 vom 31.5.2001, S. 43; zur Entwicklung *J. Wewers*, Das Zugangsrecht zu Dokumenten in der europäischen Rechtsordnung, 2003, S. 33 ff. und S. 235 ff.

[731] EuGH, Rs. C-58/94, *Niederlande/Rat*, Slg. 1996, S. I-2169.

betreffenden Organs die Voraussetzungen für die Gewährung von Dokumentenzugang festzulegen.[732] Er bestätigte auch die Verbindlichkeit des Beschlusses für die Behandlung darauf gerichteter Anträge der Bürger:

> „Dass der Beschluss 93/731 Rechtswirkungen gegenüber Dritten entfaltet, kann seine Qualifizierung als interne Maßnahme nicht in Frage stellen."[733]

Die Rechtsbürger können mithin aus der (Selbst-) Verpflichtung des Rates, die der Beschluss begründet, individuelle Rechte für sich ableiten. Auf der gleichen Linie liegt die Rechtsprechung des Gerichts erster Instanz, das für die Klagen abgewiesener Antragsteller zuständig ist.[734] Zum Beschluss der Kommission hat das Gericht ausgeführt:

> „Mit dem Erlass des Beschlusses 94/90 hat die Kommission gegenüber den Bürgern, die Zugang zu den in ihrem Besitz befindlichen Dokumenten erhalten wollen, zum Ausdruck gebracht, dass ihre Anträge gemäß den hierfür vorgesehenen Verfahren, Bedingungen und Ausnahmen behandelt werden. Der Beschluss 94/90 ist somit eine Handlung, die Dritten Rechte, die die Kommission zu beachten hat, verleihen kann ..."[735]

Die Thesen dieser Studie finden hier eine klare Bestätigung: Ein Unionsorgan ist an einen Beschluss gebunden, und die Rechtsbürger können, sofern die Bestimmungen des Beschlusses sich hierfür inhaltlich eignen, aus dieser Verpflichtung individuelle Rechte ableiten, zu deren Schutz die Gerichte der Union berufen sind. Die Gegenansicht, nach der ein Beschluss niemals individuelle Rechte gewährt, weil er keine ‚Außenwirkung' habe, verkennt das Rechtsregime des Beschlusses.

bb. Rechte gegenüber den Mitgliedstaaten (subjektive unmittelbare Wirkung von Beschlüssen)?

Um die vertikale Interaktion von unionaler und mitgliedstaatlicher Rechtsordnung geht es bei der Frage nach der Fähigkeit von Beschlüs-

---

[732] Ibid., Rdnr. 37.

[733] Ibid., Rdnr. 38.

[734] EuG, Rs. T-194/94, *Carvel u.a./Rat*, Slg. 1995, S. II-2765, Rdnrn. 62 ff.; aus der nachfolgenden Judikatur exemplarisch EuG, Rs. T-124/96, *Interporc/Kommission*, Slg. 1998, S. II-231, Rdnrn. 46 f.

[735] EuG, Rs. T-105/95, *WWF UK/Kommission*, Slg. 1997, S. II-313, Rdnr. 55.

sen, Rechte für die Einzelnen zu begründen, die sie gegenüber den Mitgliedstaaten geltend machen können und die die nationalen Gerichte zu schützen haben.

Ein derartiges Einwirken auf die nationale Rechtsordnung kommt grundsätzlich in Betracht, weil Beschlüsse selbstverständlichen Anteil haben an einer Qualität, die die Unionsrechtsordnung (nach einem engeren Verständnis: nur die Gemeinschaftsrechtsordnung) auszeichnet: ihr Vorrang vor jeglichem mitgliedstaatlichen Recht.[736] Der Vorrang verpflichtet alle zuständigen staatlichen Stellen einschließlich der Gerichte dazu, einer Gemeinschaftsrechtsnorm volle Wirksamkeit zu verschaffen und hierzu, falls erforderlich, jedes entgegenstehende nationale Recht unangewendet zu lassen.[737] Die Frage nach den Voraussetzungen, unter denen die Einzelnen aus der Verpflichtung eines Mitgliedstaats individuelle Rechte ableiten können, wird von einem speziellen Rechtsinstitut beantwortet: der unmittelbaren Wirkung.[738] Über subjektive unmittelbare Wirkungen einer Rechtsnorm ist mit der Zugehörigkeit zur Unionsrechtsordnung noch nicht entschieden: Der betreffende Rechtsakt muss generell geeignet sein, individuelle Rechte zu begründen, und die in Rede stehende Bestimmung muss die notwendigen inhaltlichen Anforderungen erfüllen, also dem Mitgliedstaat eine hinreichend genaue und unbedingte Verpflichtung auferlegen.[739] Die Maßstäbe für die generelle Fähigkeit zu unmittelbaren Wirkungen variieren nach Art der Handlung: Bei völkerrechtlichen Akten, die Bestandteil der Unionsrechtsordnung sind, entscheidet die Analyse von Systematik und Zweck des konkreten Abkommens über dessen subjektivrechtliche

---

[736] EuGH, Rs. 6/64, *Costa*, Slg. 1964, S. 1251, 1269; Gutachten 1/91, *EWR-Abkommen I*, Slg. 1991, S. I-6079, Rdnr. 21.

[737] EuGH, Rs. 48/71, *Kommission/Italien*, Slg. 1972, S. 529, Rdnrn. 5/10; Rs. 106/77 (Anm. 612), Rdnrn. 21/23; C-213/89, *Factortame*, Slg. 1990, S. I-2433, Rdnr. 20; Rs. C-118/00, *Larsy*, Slg. 2001, S. I-5063, Rdnrn. 51 f.

[738] Zusammenfassend EuGH, verb. Rs. C-100/89 und C-101/89, *Kaefer*, Slg. 1990, S. I-4647, Rdnr. 24; für eine Bestandsaufnahme siehe J. M. Prinssen/A. Schrauwen (Hrsg.), Direct Effect: Rethinking a Classic of EC Legal Doctrine, 2002.

[739] Zu dieser dreistufigen Prüfung *A. Wünschmann*, Geltung und gerichtliche Geltendmachung völkerrechtlicher Verträge im Europäischen Gemeinschaftsrecht, 2003, S. 46 f. und 212 ff.; *E. Klein*, Unmittelbare Geltung, Anwendbarkeit und Wirkung von Europäischem Gemeinschaftsrecht, 1988, S. 16.

Qualität.[740] Bei unionsinternen Rechtsakten des abgeleiteten Rechts kommt es entscheidend auf den Wirkungsmodus der betreffenden Handlungsform an. So ist namentlich Verbindlichkeit eine notwendige Voraussetzung; auch darf die Entfaltung unmittelbarer Wirkungen nicht primärrechtlich ausgeschlossen sein.[741]

An Verbindlichkeit fehlt es dem Beschluss nicht, hingegen könnte seine eingeschränkte staatengerichtete Verpflichtungskraft der Entfaltung subjektiver unmittelbarer Wirkungen entgegenstehen. Die Problematik wird sichtbar im Vergleich mit der Richtlinie. Unmittelbare Wirkungen entfalten Richtlinienbestimmungen nur „in Ermangelung von fristgemäß erlassenen Durchführungsmaßnahmen"[742]. Vorausgesetzt ist stets eine Umsetzungspflichtverletzung, die mit der Zuerkennung unmittelbarer Wirkungen sanktioniert wird: Der säumige Mitgliedstaat soll sich gegenüber einem Einzelnen nicht auf das eigene pflichtwidrige Verhalten berufen können.[743] Kontrastiert man dies mit dem Wirkungsmodus des Beschlusses, erscheint die Argumentationsbasis für die Zuerkennung unmittelbarer Wirkungen erheblich schmaler. Eine primärrechtliche Norm wie Art. 249 III EG, aus der eine unbedingte Verpflichtung der Mitgliedstaaten folgt, kann der Beschluss nicht ins Feld führen. Die dogmatische Anknüpfung an eine fehlende oder fehlerhafte Umsetzungsmaßnahme fällt insgesamt aus, denn zu solchen Maßnahmen kann ein Beschluss die Mitgliedstaaten gar nicht verpflichten.

Subjektive unmittelbare Wirkung eines Beschlusses kommt somit nur in Frage, soweit er selbst Pflichten für die Mitgliedstaaten begründen kann: in Anknüpfung an die Mitwirkungshandlungen, zu denen die Mitgliedstaaten im Rahmen der loyalen Zusammenarbeit mit den Unionsorganen verpflichtet sind. Hier greift der Sanktionsgedanke ein, der auch der Fehlerlehre der Richtlinie zugrunde liegt. Der Wirkungsmodus des Beschlusses eröffnet also grundsätzlich die Möglichkeit, dass sich Einzelne auf einen Beschluss berufen, um aus der Verletzung einer unbedingten und klaren Mitwirkungsverpflichtung eines Mitgliedstaats

---

[740] EuGH, Rs. 87/75, *Bresciani*, Slg. 1976, S. 129, Rdnr. 16; Rs. 104/81, *Kupferberg*, Slg. 1982, S. 3641, Rdnr. 22; verb. Rs. C-300/98 und 392/98, *Parfums Christian Dior*, Slg. 2000, S. I-11307, Rdnr. 44.

[741] So für Rahmenbeschlüsse und Beschlüsse nach Art. 34 II EU, dazu *v. Bogdandy/Bast/Arndt*, Handlungsformen (Anm. 507), S. 111 ff.; zu den PJZ-Beschlüssen unten, C. I. 5. c.

[742] EuGH, Rs. 8/81 (Anm. 582), Rdnr. 25.

[743] Ibid., Rdnr. 24.

Rechte für sich abzuleiten.[744] Da derartige Pflichten den Mitgliedstaat mit In-Kraft-Treten des Beschlusses treffen, sind diese eventuellen Wirkungen, anders als bei einer Richtlinie, nicht an den Ablauf einer (Umsetzungs-) Frist gebunden.

Hierbei handelt es sich indes nur um eine abstrakte Herleitung aus allgemeinen dogmatischen Grundsätzen, die zeigt, dass unmittelbare Wirkungen von Beschlüssen nicht von vorne herein ausgeschlossen sind. Anwendungsfälle sind in der bisherigen Praxis offenbar nicht aufgetreten. In der Tat ist es nur schwer vorstellbar, wie die Rechtsbürger daraus individuelle Rechtspositionen ableiten sollen, dass ein Mitgliedstaat die geforderte Unterstützung für die Unionsorgane vermissen lässt, wenn diese einen Beschluss anzuwenden haben. Zum einen stellt sich das Problem hinreichender Bestimmtheit der auferlegten Verpflichtung, zum anderen erweist sich die zumeist verfahrensrechtliche Natur der geforderten Mitwirkungshandlungen als problematisch.

In der Literatur herrscht Skepsis vor, ob Pflichten, die zum Umkreis der loyalen Zusammenarbeit der Verfassungsebenen gehören, unmittelbare Wirkung besitzen können.[745] Im Regelfall, so die einhellige Sicht, bedarf Art. 10 EG der Konkretisierung durch spezifische Bestimmungen, deren praktische Wirksamkeit er verstärkt.[746] So hat auch der Gerichtshof die Pflicht zur Unterstützung der programmatischen Ziele des Vertrags, die aus Art. 10 EG folgt, als zu unbestimmt angesehen, um hieraus individuelle Rechte abzuleiten.[747] Die allgemeine Pflicht zur Förderung des Gestaltungserfolgs eines Beschlusses, die die Mitglied-

---

[744] Anders Streinz-*Schroeder*, Rdnr. 30 zu Art. 249 EG: „keine Rechte ..., die vor nationalen Gerichten geltend gemacht werden können".

[745] Hiervon zu unterscheiden ist die normative Fundierung des Rechtsinstituts der unmittelbaren Wirkung, für die der Gerichtshof u.a. Art. 10 EG als Rechtsgrund angegeben hat, EuGH, Rs. 33/76, *Rewe-Zentralfinanz*, Slg. 1976, S. 1989, Rdnr. 5; Rs. 190/87, *Oberkreisdirektor des Kreises Borken*, Slg. 1988, S. 4689, Rdnr. 24; Rs. 213/89 (Anm. 737), Rdnr. 19.

[746] *Kapteyn/VerLoren van Themaat*, Introduction (Anm. 515), S. 149; Groeben/Schwarze-*Zuleeg*, Rdnrn. 2 f. zu Art. 10 EG; Streinz-*Streinz*, Rdnr. 11 zu Art. 10 EG; Schwarze-*Hatje*, Rdnr. 6 zu Art. 10 EG; Grabitz/Hilf-*v. Bogdandy*, Rdnrn. 15 und 27 ff. zu Art. 10 EG; Calliess/Ruffert-*Kahl*, Rdnrn. 15 f. zu Art. 10 EG; *Hatje*, Loyalitätsprinzip (Anm. 695), S. 61.

[747] EuGH, verb. C-Rs. 72/91 und C-73/91, *Sloman Neptun*, Slg. 1993, S. I-887, Rdnr. 28; zur Subsidiarität des Art. 10 EG EuGH, verb. Rs. C-78/90 bis 83/90, *Compagnie Commerciale de l'Ouest*, Slg. 1992, S. I-1847, Rdnr. 19; Rs. C-195/90, *Kommission/Deutschland*, Slg. 1992, S. I-3141, Rdnr. 36.

staaten aufgrund Art. 10 I 2 EG trifft, dürfte deshalb zumeist zu unbestimmt sein, als dass sie von den nationalen Gerichten selbständig angewendet werden könnte.

Dieses Hindernis wäre jedoch zu überwinden, indem der Normtext des Beschlusses die geforderten Mitwirkungshandlungen ausformuliert und so selbst für eine hinreichende Konkretisierung sorgt. Auch in diesem Fall dürfte die Art der Unterstützungshandlungen, wie sie bei Beschlüssen virulent werden können, ihrer Eignung zu unmittelbaren Wirkungen regelmäßig entgegenstehen, denn es wird sich in erster Linie um Konsultations- und Informationspflichten gegenüber den Unionsorganen handeln.[748] Ob die Rechtsbürger aus dem Verstoß eines Mitgliedstaats gegen solche verfahrensrechtlichen Pflichten individuelle Rechte ableiten können, ist in der Rechtsprechung unterschiedlich beantwortet worden, in Abhängigkeit von dem Zweck, dem die Verfahrenspflichten dienen, und von den Rechtsfolgen, die das abgeleitete Unionsrecht an einen Verstoß knüpft. Grundsätzlich betrifft eine Mitteilungspflicht allein die institutionellen Beziehungen zwischen den Mitgliedstaaten und den Unionsorganen, sodass eine unterlassene oder unzureichende Unterrichtung keine individuellen Rechte begründet, die die nationalen Gerichte zu wahren haben.[749] Ordnet das Unionsrecht dagegen ausdrücklich an, dass bestimmte staatliche Maßnahmen nicht ergriffen werden dürfen, ohne vorher einer Informationspflicht zu genügen, ist unmittelbare Wirkung möglich. In der Folge sind die unter Verletzung der Mitteilungspflicht ergangenen nationalen Vorschriften unanwendbar.[750] Diese Rechtsfolge demonstriert, dass unmittelbare Wirkungen von Verfahrenspflichten den Einzelnen nur in ganz bestimmten Konstellationen dienlich sein können, namentlich um unter Berufung auf das Unionsrecht eine mitgliedstaatliche Norm auszuschalten. Der Anwendungsvorrang kann jedoch eine ausgefallene Unterstützungshandlung nicht ersetzen. Gewiss darf ein Mitgliedstaat den Einzelnen die eigene Mitwirkungspflichtverletzung nicht entgegenhalten – justiziable Vortei-

[748] Grabitz/Hilf-*v. Bogdandy*, Rdnr. 28 zu Art. 10 EG; Groeben/Schwarze-*Zuleeg*, Rdnr. 2 zu Art. 10 EG.

[749] EuGH, Rs. 174/84, *Bulk Oil*, Slg. 1986, S. 559, Rdnr. 62; Rs. 380/87, *Enichem Base*, Slg. 1989, S. 2491, Rdnr. 23; Rs. C-235/95, *AGS Assedic Pas-de-Calais*, Slg. 1998, S. I-4531, Rdnr. 32.

[750] EuGH, Rs. C-194/94, *CIA Security*, Slg. 1996, S. I-2201, Rdnr. 44.

le wird der Einzelne aus diesem Grundsatz im Regelfall nicht ziehen können.[751]

Zusammenfassend zur Berechtigungskraft gegenüber den Mitgliedstaaten gilt: Subjektive unmittelbare Wirkungen von Beschlüssen sind nicht ausgeschlossen. Als Anknüpfungspunkt für individuelle Rechte, die die nationalen Gerichte zu schützen haben, kommt allein die Verletzung von Mitwirkungspflichten in Betracht, die Beschlüsse aufgrund von Art. 10 EG auslösen. Die geforderten Mitwirkungshandlungen müssen hinreichend genau und unbedingt dem Beschluss entnommen werden können. Praktische Anwendungsfälle sind schwer vorstellbar. Ihr subjektivrechtliches Potenzial entfalten Beschlüsse in allererster Linie gegenüber den Organen der Union, denn diese ist die Hauptverpflichtete eines Beschlusses.

5. *Kritischer Test einiger Beschlusstypen*

Die bisherige Analyse zeichnet das Bild eines kohärenten Wirkungsmodus des Beschlusses, der die Wirkungen dieser Handlungsform anhand von vier Variablen definiert. Diese These soll nun an einer Reihe weiterer Beschlusstypen getestet werden. Kritische Fragen werfen zunächst die verschiedenen Beschlusstypen im Bereich des völkerrechtlichen Handelns auf (a.). Weitere Unterabschnitte untersuchen Beschlüsse des Parlaments und der EZB (b.) sowie die in Art. 34 II EU vorgesehenen „Beschlüsse" des Rates (c.). Schließlich wird mit dem Übersee-Assoziationsbeschluss ein Rechtsakt vorgestellt, der sich in die hier entwickelte Konzeption nicht einfügt (d.).

a. Beschlusstypen im Bereich völkerrechtlichen Handelns

Zwei Beschlusstypen sind für die Außenbeziehungen der Union im Besonderen relevant: „Beschlüsse" der Unionsorgane, mit denen völkerrechtliche Abkommen angenommen werden (aa.), und „Beschlüsse" von Gremien, die durch ein solches Abkommen eingerichtet worden

---

[751] In Betracht kommen möglicherweise Staatshaftungsansprüche; diese setzen unmittelbare Wirkung der verletzten Gemeinschaftsnorm nicht notwendig voraus, verlangt ist aber, dass die Einräumung individueller Rechte bezweckt ist, EuGH, verb. Rs. C-6/90 und C-9/90 (Anm. 621), Rdnrn. 27 und 40; Rs. C-91/92 (Anm. 616), Rdnr. 27; zu den Voraussetzungen Grabitz/Hilf-*v. Bogdandy*, Rdnrn. 130 ff. zu Art. 288 EG.

sind (bb.). Für beide stellt sich die Frage nach der Konformität mit dem Wirkungsmodus des Beschlusses im bisher definierten Sinne.

aa. Annahme-Beschlüsse: von den Rechtswirkungen der Abkommen zu unterscheiden

Wenn es zu den charakteristischen Eigenschaften eines Beschlusses gehört, den Mitgliedstaaten allenfalls Mitwirkungspflichten aufzuerlegen, ist es auf den ersten Blick zweifelhaft, ob es sich bei Annahme-Beschlüssen überhaupt um Beschlüsse handelt. Die Zweifel werden vor allem durch Art. 300 VII EG genährt. Die Arbeitshypothese eines einheitlichen Rechtsregimes von Organ-Beschlüssen wäre massiv erschüttert, müsste man die beachtliche Zahl von Annahme-Beschlüssen als Akte betrachten, auf die die allgemeinen Regeln der Handlungsform nicht anwendbar sind.

Die Union verfügt über umfangreiche Befugnisse, völkerrechtliche Verträge mit Drittstaaten und internationalen Organisationen zu schließen.[752] Bislang tritt sie im Völkerrechtsverkehr überwiegend unter den Rechtspersönlichkeiten ihrer verschiedenen Gemeinschaften auf; eine Praxis unter Art. 24 und 38 EU entwickelt sich erst seit kurzem.[753] Der Gerichtshof hat den externen Abkommen weit reichende Rechtswirkungen in der internen Rechtsordnung zugeschrieben: Ein im Namen einer Gemeinschaft geschlossenes Abkommen bildet von seinem In-Kraft-Treten an einen „integrierenden Bestandteil der Gemeinschaftsrechtsordnung", teilt also ihre Vorrangqualität und die Fähigkeit ihrer Bestimmungen, in den mitgliedstaatlichen Rechtsordnungen unmittelbare Wirkungen zu entfalten.[754] Wie sich aus Art. 111 III 2 und 300 VII

---

[752] Zu den Außenkompetenzen allgemein *Nettesheim*, Kompetenzen (Anm. 544), S. 452 ff.; zum Bestand des geltenden Rechts tragen die Gemeinschaftsabkommen in etwa gleicher Anzahl bei wie Richtlinien, Fundstellennachweis des geltenden Gemeinschaftsrechts, 42. Ausgabe (Stand: 1.1.2004), eigene Erhebung; weitere empirische Daten zu den völkerrechtlichen Handlungsformen im Unionsrecht *v. Bogdandy/Bast/Arndt*, Handlungsformen (Anm. 507), S. 104 ff.

[753] Beispiel: Beschluss des Rates vom 6. Juni 2003 über die Unterzeichnung der Abkommen zwischen der Europäischen Union und den Vereinigten Staaten von Amerika über Auslieferung und Rechtshilfe in Strafsachen (2003/516/EG [sic!]), ABl. L 181 vom 19.7.2003, S. 25; ein Verzeichnis der bis zum 31.1.2004 geschlossenen Abkommen bei Mayer-*Kustor*, Rdnr. 97 zu Art. 24 EU.

[754] EuGH, Rs. 181/73, *Haegeman*, Slg. 1974, S. 449, Rdnrn. 2/6; Rs. 12/86, *Demirel*, Slg. 1987, S. 3719, Rdnrn. 7 und 14.

Handlungsform des Annahmeakts ist in den Verträgen nicht vorgeschrieben, und die Praxis der Formenwahl hat sich mehrfach gewandelt.[758] Seit Gründung der EWG bis etwa 1969 erfolgte die Annahme eines Abkommens ganz überwiegend durch Beschluss, in der folgenden Phase in der Regel durch Verordnung. Seit Mitte der 1980er Jahre dominiert erneut der Beschluss.[759] Erst in den 1990er Jahren wird vereinzelt wieder auf Verordnungen zurückgegriffen, namentlich bei Abkommen über Handel mit landwirtschaftlichen Produkten sowie bei Fischereiabkommen. Im Euratom-Bereich überwiegen seit den ersten Abkommen Annahme-Beschlüsse. Der Beschluss ist damit heute die Standardhandlungsform für die Genehmigung von externen Abkommen.

Hieran schließt sich die Frage an, ob die Form des Annahmeakts Auswirkungen auf die unionsinternen Rechtswirkungen des Abkommens hat. Nach einer älteren Auffassung soll namentlich die unmittelbare Anwendbarkeit eines Abkommens in Abhängigkeit stehen von einer Genehmigung durch Verordnung.[760] Angeregt wurde dieser Schluss durch das vorlegende Gericht in der Rechtssache *Polydor*,[761] der Gerichtshof stellte jedoch allein auf die Bestimmungen des Abkommens ab.[762] Die Rechtsprechung zeigt vielmehr, dass eine Annahme durch Beschluss unmittelbaren Wirkungen eines Abkommens nicht im Weg steht.[763] Vor diesem Hintergrund wird heute ganz überwiegend vertreten, die Form des Annahmeakts sei ohne Bedeutung für die Rechtswirkungen des Abkommens und lege auch nicht den Rang des Abkom-

---

[758] Die folgenden Ergebnisse wurden durch Auswertung einer Datenbank auf CELEX-Basis gewonnen; vgl. auch Groeben/Schwarze-*Tomuschat*, Rdnr. 53 zu Art. 300 EG.

[759] Dieser Wechsel wird eingeleitet mit Beschluss des Rates und der Kommission vom 24. März 1986 über den Abschluss des Dritten AKP-EWG-Abkommens (86/125/EWG, EGKS), ABl. L 86 vom 31.3.1986, S. 1; in der zweiten Hälfte der 1980er Jahre findet keine Annahme mittels Verordnung mehr statt; unzutreffend *Streinz*, Europarecht, Rdnr. 604.

[760] *M. d'Orville*, Die rechtlichen Grundlagen für die gemeinsame Zoll- und Handelspolitik der EWG, 1973, S. 61 f.; wohl auch *E. Klein*, Unmittelbare Geltung (Anm. 739), S. 28.

[761] EuGH, Rs. 270/80, *Polydor*, Slg. 1982, S. 329, Rdnr. 6.

[762] Ibid., Rdnrn. 8 ff.

[763] EuGH, Rs. 87/75 (Anm. 740), Rdnrn. 15 ff.; Rs. C-213/03, *Syndicat professionnel coordination des pêcheurs*, Slg. 2004, S. I-7357, Rdnrn. 39 ff.

mens in der Unionsrechtsordnung fest.[764] Es handelt sich also um zwei selbständige Rechtsakte, die verschiedenen Handlungsformen angehören.[765] Der Annahme-Beschluss bzw. die Annahme-Verordnung schaffen die internen Voraussetzungen dafür, dass ein völkerrechtlicher Vertrag Bestandteil der Unionsrechtsordnung wird und sodann die rechtlichen Wirkungen entfaltet, die Art. 300 VII EG vorsieht. Für den Annahmeakt gilt Art. 300 VII EG nicht.

Der Typus des Annahme-Beschlusses nötigt folglich nicht dazu, das allgemeine Rechtsregime des Beschlusses zu modifizieren. Die uneingeschränkte Verpflichtungskraft für die Mitgliedstaaten, die Art. 300 VII EG den Abkommen verleiht, kommt dem Annahmeakt nicht zu. Die Organe müssen deshalb für ihn auch keine Handlungsform wählen, zu deren Potenzial eine solche Verpflichtungskraft gehört.[766] Erforderlich, aber auch ausreichend ist, dass der Annahmeakt die Fähigkeit besitzt, Verpflichtungen für die Union zu begründen, in diesem Fall: die völkerrechtlichen Verpflichtungen, die aus dem genehmigten Abkommen mit seinem In-Kraft-Treten resultieren.[767] Als Besonderheit ist gleichwohl festzuhalten, dass ein Annahme-Beschluss die Voraussetzungen für die

---

[764] *Wünschmann*, Geltung (Anm. 739), S. 92 und 110; *A. Oehmichen*, Die unmittelbare Anwendbarkeit der völkerrechtlichen Verträge der EG, 1992, S. 144 f.; *G. Bebr*, Gemeinschaftsabkommen und ihre mögliche unmittelbare Anwendbarkeit, EuR 1983, S. 128, 131 f.; *Pescatore* (Anm. 756), S. 665; Groeben/Schwarze-*Tomuschat*, Rdnr. 53 zu Art. 300 EG und Rdnr. 48 zu Art. 281 EG.

[765] Dies wird durch die Dokumentationspraxis bestätigt, die ihnen selbständige Ordnungsnummern zuweist. In der Klassifikation des CELEX-Systems hat der Annahmeakt eine Dokumentationsnummer, die mit „3“ beginnt (für Rechtsakte im Rang des abgeleiteten Rechts) und den Buchstaben „R“ (für Verordnungen) oder „D“ (für Beschlüsse) enthält; das Abkommen erhält eine Dokumentationsnummer, die mit „2“ beginnt (für Rechtsakte im Rang des internationalen Rechts) und den Buchstaben „A“ (für Abkommen und Übereinkommen) enthält.

[766] Anders *Bleckmann*, Europarecht, Rdnr. 477, für den ein Beschluss als Form des Annahmeakts nur in Frage kommt, wenn das Abkommen Mitgliedstaaten und Einzelne nicht binden soll.

[767] Der Annahmeakt selbst ist ohne unmittelbare völkerrechtliche Wirkung, er legt aber fest, welcher Organwalter zur Vornahme der nötigen Handlung (Unterzeichnung, Urkundentausch, Notifikation) ermächtigt ist, damit das Abkommen nach den Regeln des Völkerrechts in Kraft treten kann, *Wünschmann*, Geltung (Anm. 739), S. 38; *Uerpmann*, Nebenverfassungen (Anm. 756), S. 354; Groeben/Schwarze-*Tomuschat*, Rdnr. 54 zu Art. 300 EG.

Geltung von Rechtsnormen schafft, die einem anderen Rechtsregime unterliegen als er selbst. Der rechtliche Gestaltungserfolg eines Annahme-Beschlusses besteht in der Einführung völkerrechtlicher Bestimmungen in die interne Rechtsordnung, die – unter der Bedingung des völkerrechtlichen In-Kraft-Tretens des Abkommens – in ihrer Verpflichtungskraft für die Mitgliedstaaten und die Organe das Potenzial eines Beschlusses übersteigen. Verantwortlich hierfür ist die primärrechtliche Anordnung in Art. 300 VII EG. Die begriffliche Unterscheidung zwischen dem Beschluss selbst und seinem Gestaltungserfolg, also zwischen dem durch Beschluss erteilten Inkraftsetzungsbefehl und den in Kraft tretenden Normen, hat bei einem Annahme-Beschluss ganz praktische Bedeutung: Die Bestimmungen des Abkommens, das dem Annahme-Beschluss als Anhang beigefügt ist, nehmen an den limitierten Rechtswirkungen des Beschlusses nicht teil.

bb. „Beschlüsse" von Kooperationsgremien sind keine Beschlüsse

Damit ist der dogmatische Boden bereitet für die Qualifizierung einer Gruppe von Rechtsakten, die als „Beschlüsse" bezeichnet sind, aber keineswegs das Rechtsregime von Beschlüssen der Organe des Art. 249 I EG teilen: die „Beschlüsse" von Kooperationsgremien, die durch ein Gemeinschaftsabkommen errichtet wurden.

Eine Vielzahl von bilateralen und multilateralen Abkommen, an denen die Union beteiligt ist, sieht heute rechtsetzende Tätigkeit einer Einrichtung vor, die sich paritätisch aus Vertretern der Vertragsparteien zusammensetzt. Solche Kooperationsgremien (firmierend als Assoziationsrat, Kooperationsrat, Gemeinsamer EWR-Ausschuss usw.) sind zur Abgabe von unverbindlichen „Empfehlungen" und oft auch zu verbindlichen „Beschlüssen" ermächtigt. Je nach dogmatischer Konzeption handelt es sich bei diesen Rechtsakten um in einem vereinfachten Verfahren geschlossene völkerrechtliche Verträge oder um die Ausübung übertragener Rechtsetzungsbefugnisse durch ein eigenständiges Organ.[768] Jedenfalls ist für diese Rechtsakte, im Unterschied zu den Abkommen, deren Bestimmungen sie konkretisieren und ergänzen, ein gesondertes Annahmeverfahren der Vertragsparteien nicht vorgesehen.

---

[768] *P. Gilsdorf*, Die Rechtswirkungen der im Rahmen der Gemeinschaftsabkommen erlassenen Organbeschlüsse, EuZW 1991, S. 459; *Ch. Vedder*, Rechtswirkungen von Assoziationsratsbeschlüssen, EuR 1994, S. 202; Groeben/Schwarze-*Tomuschat*, Rdnr. 86 zu Art. 300 EG; *v. Bogdandy/Bast/Arndt*, Handlungsformen (Anm. 507), S. 144 ff.

Der Gerichtshof hat diese Praxis anerkannt und Rechtsakte von Kooperationsgremien in ihren unionsinternen Wirkungen den Abkommen gleichgestellt: „Beschlüsse“ von Kooperationsgremien seien aufgrund des unmittelbaren Zusammenhangs mit dem Abkommen, zu dessen Durchführung sie ergehen, als Teil des Gemeinschaftsrechts anzusehen.[769] Sie haben Anteil an dessen Vorrang und können, unter den für Abkommen geltenden Voraussetzungen, unmittelbare Wirkungen entfalten.[770] Das Primärrecht hat auf diese Entwicklungen in zweifacher Weise reagiert und sie damit zugleich ausdrücklich bestätigt: Die Einsetzung eines rechtsetzenden Kooperationsgremiums zieht eine intensivere Beteiligung des Parlaments bei der Annahme des Basisabkommens nach sich, Art. 300 III Ua. 2 EG, und es gelten besondere Verfahren für die „Festlegung von Standpunkten, die im Namen der Gemeinschaft in einem durch ein Abkommen eingesetzten Gremium zu vertreten sind, sobald dieses Gremium rechtswirksame Beschlüsse … zu fassen hat“, Art. 300 II Ua. 2 EG.

Für das Verhältnis dieser „rechtswirksame[n] Beschlüsse“ (engl. *decisions having legal effects*, franz. *décisions ayant des effets juridiques*) zu Beschlüssen der regulären Rechtsetzungsorgane kann gefolgert werden: „Beschlüsse“ von Kooperationsgremien teilen das Rechtsregime von externen Abkommen, nicht aber das von Unionsorgan-Beschlüssen. Ihre Bezeichnung indiziert die verbindlichen Wirkungen, die sie für die Vertragsparteien des Abkommens und – wegen Art. 300 VII EG – auch für die Mitgliedstaaten entfalten, keineswegs jedoch die eingeschränkte Verpflichtungskraft, die für Beschlüsse im organbezogenen Anwendungsbereich des Art. 249 EG charakteristisch ist. Für die Praxis der Kooperationsgremien sind Beschlüsse im Sinne der hier entwickelten Konzeption insofern von Belang, als der Rat zur Festlegung des Standpunkts der Unionsvertreter in einem solchen Gremium regelmäßig auf einen Beschluss zurückgreift. Die „rechtswirksamen Beschlüsse“ der Kooperationsgremien selbst haben mit der Handlungsform Beschluss nur die Bezeichnung gemeinsam.

---

[769] EuGH, Rs. 30/88, *Griechenland/Kommission*, Slg. 1989, S. 3733, Rdnr. 13; zu einer unverbindlichen Handlung Rs. C-188/91, *Deutsche Shell*, Slg. 1993, S. I-363, Rdnr. 18.

[770] EuGH, Rs. C-192/89, *Sevince*, Slg. 1990, S. I-3461, Rdnrn. 8 f.; Rs. C-355/93, *Eroglu*, Slg. 1994, S. I-5113, Rdnr. 11.

b. Organisationsrechtliche Beschlüsse jenseits des Art. 249 EG

Weiter ist zu fragen, wie sich der Wirkungsmodus des Beschlusses zu den „Beschlüssen“ verhält, die die in Art. 249 I EG nicht genannten Organe und Einrichtungen der Union fassen. Achten sie die Grenzen der Verpflichtungskraft des Beschlusses, oder handelt es sich um Handlungen, die – ähnlich wie die „Beschlüsse“ der Kooperationsgremien – weiter reichende Rechtswirkungen für sich in Anspruch nehmen?

Von Interesse sind hier insbesondere „Beschlüsse“, die das Parlament ohne ko-autorenschaftliche Zurechnung des Rates erlässt. Ihre Rechtsgrundlage finden diese Akte in einigen Sonderbestimmungen des EG-Vertrags oder in der allgemeinen Geschäftsordnungsbefugnis nach Art. 199 I EG und Art. 112 EA.[771] Hinsichtlich der äußeren Form seiner Beschlüsse orientiert sich das Parlament dabei strikt an der üblichen Praxis, und dasselbe gilt offenbar auch für die Rechtswirkungen der Akte.

Die Rechtsetzungspraxis des Parlaments bedürfte mithin keiner weiteren Erörterung, wenn nicht auf die besondere formenwahlrechtliche Lage dieses Organs hinzuweisen wäre. Ein Rechtsakt, den das Parlament in alleiniger Organzurechnung erlässt, unterliegt der organbezogenen Sperrwirkung des Art. 249 I EG: Verordnungen, Richtlinien und Entscheidungen stehen als alternative Handlungsoptionen nicht zur Verfügung.[772] Aus der Perspektive des Parlaments hat deshalb der Zugriff auf eine in charakteristischer Weise wirkungsbegrenzte Handlungsform eine ganz andere Bedeutung als für Rat und Kommission. Das Dilemma – in welcher Handlungsform wäre eine über das Leistungspotenzial eines Beschlusses hinausgehende Befugnis wahrzunehmen? – wird indes von der Seite der Kompetenzen her aufgelöst. Die Verträge gehen in den Bestimmungen, die das Parlament zur Rechtsetzung ermächtigen, nicht über das hinaus, was mit Beschlüssen geleistet werden kann. Die sachlichen Anwendungsbereiche der Art. 190 V, 193 I, 195 I und IV EG betreffen organinterne oder -übergreifende Organisationsbefugnisse, die bekannten Regelungstypen von Beschlüssen zugeordnet werden können. Der Ausschluss des Parlaments aus Art. 249 I EG ist systemgerecht.

---

[771] Beispiel: Beschluss des Europäischen Parlaments vom 9. März 1994 über die Regelungen und allgemeinen Bedingungen für die Ausübung der Aufgaben des Bürgerbeauftragten (94/262/EGKS, EG, Euratom), ABl. L 113 vom 4.5.1994, S. 15.

[772] Erster Teil, C. I. 2.

Dasselbe kann gesagt werden von den Fällen, in denen das Parlament auf der Grundlage von Art. 193 III EG oder aufgrund sekundärrechtlicher Ermächtigung gemeinsam mit anderen Organen, jedoch außerhalb des Mitentscheidungsverfahrens rechtsetzend in Erscheinung tritt.[773] Hier ist die Ausgangslage insofern leicht modifiziert, als eine alternative Handlungsform zur Verfügung steht, in der solche Befugnisse wahrgenommen werden können: die Interinstitutionelle Vereinbarung. Die Abgrenzung zwischen gemeinsamen Beschlüssen und Interinstitutionellen Vereinbarungen ist nicht unproblematisch. Eine Klärung würde eine eingehende Diskussion der Interinstitutionellen Vereinbarung als Handlungsform des organübergreifenden Organisationsrechts erfordern, die hier nicht geleistet werden kann.[774] Als Grundsatz kann formuliert werden, dass sich Beschlüsse, die mehreren Organen gemeinschaftlich zugerechnet werden, nur durch das Erlassverfahren von anderen Beschlüssen unterscheiden, nicht aber in ihrem Wirkungsmodus. Interinstitutionelle Vereinbarungen dagegen zeichnet eine kontraktualistische Struktur aus, sie begründen wechselseitige Verpflichtungen der beteiligten Organe, was insbesondere von Bedeutung für ihre spätere Derogation ist. Gemeinsame Organ-Beschlüsse, beispielsweise bei Ernennungen oder der Gründung gemeinsamer Hilfseinrichtungen, können problemlos dem allgemeinen Rechtsregime des Beschlusses unterstellt werden.

Nur kurzer Erwähnung bedarf der Umstand, dass in ihrem Zuständigkeitsbereich auch die EZB, handelnd durch ihre Organe (Art. 107 III EG), Beschlüsse erlässt. Von Beginn ihrer Tätigkeit an ist die EZB davon ausgegangen, dass ihr diese in der gemeinschaftsrechtlichen Organpraxis etablierte Handlungsform ebenfalls zur Verfügung steht.[775] Die formenrechtliche Situation der EZB ist mit der der regulären Rechtsetzungsorgane vergleichbar: Der Beschluss stellt eine sinnvolle Ergänzung der ihr in Art. 110 I EG und Art. 12 ESZB-Statut ausdrücklich zuerkannten Handlungsformen dar.

---

[773] Beispiel: Beschluss des Europäischen Parlaments und des Rates vom 22. Dezember 2003 über die Nominierung für das Amt der unabhängigen Kontrollbehörde gemäß Artikel 286 des EG-Vertrags (Europäischer Datenschutzbeauftragter) (2004/55/EG), ABl. L 12 vom 17.1.2004, S. 47.

[774] Hierzu eingehend *F. v. Alemann*, Die Handlungsform der interinstitutionellen Vereinbarung, 2006.

[775] Groeben/Schwarze-*Zilioli/Kroppenstedt*, Rdnr. 37 zu Art. 110 EG.

Die Beschlüsse der EZB lassen sich überwiegend organisationsrechtlichen Typen zuordnen.[776] Gewisse Besonderheiten zeigen sich im Verhältnis zu den nationalen Zentralbanken, für die sich aus Festlegungen der EZB in Form von Beschlüssen mittelbar auch Handlungspflichten ergeben, insbesondere wenn die nationalen Zentralbanken in ihrer Eigenschaft als Anteilseigner der EZB betroffen sind.[777] Dies erklärt sich wohl aus der besonderen Stellung der nationalen Zentralbanken im Rahmen des ESZB.[778] Die zukünftige Entwicklung der Formenwahlpraxis der EZB gegenüber den Zentralbanken bleibt abzuwarten.

c. PJZ-Beschlüsse nach Art. 34 II lit. c EU sind keine Beschlüsse

Im vorstehenden Unterabschnitt wurde gezeigt, dass Beschlüsse auch jenseits des organbezogenen Anwendungsbereichs des Art. 249 EG zur Anwendung kommen. Zu untersuchen ist, ob dies nur das Gemeinschaftsrecht oder auch das unter dem EU-Vertrag erlassene Recht betrifft. In diesem Unterabschnitt sind insbesondere die „Beschlüsse" anzusprechen, von denen Art. 34 II EU spricht.

Der Vertrag von Amsterdam überführte wesentliche Teile der sog. Dritten Säule in das Gemeinschaftsrecht und eröffnete damit den rechtsetzenden Organen den Zugriff auf die Handlungsformen des EG-Vertrags.[779] Für die im Titel VI EU-Vertrag verbliebenen „Bestimmungen über die polizeiliche und justitielle Zusammenarbeit in Strafsachen" (PJZ) blieb es bei speziellen Handlungsformen, in denen die Besonderheit dieses Sektors des Unionsrechts zum Ausdruck kommt. Der Ver-

---

[776] Beispiel: Beschluss der Europäischen Zentralbank vom 5. Dezember 2002 über den Jahresabschluss der Europäischen Zentralbank (EZB/2002/11) (2003/132/EG), ABl. L 58 vom 3.3.2003, S. 38.

[777] Beispiel: Beschluss der Europäischen Zentralbank vom 18. Dezember 2003 über die prozentualen Anteile der nationalen Zentralbanken im Schlüssel für die Zeichnung des Kapitals der Europäischen Zentralbank (EZB/2003/17) (2004/43/EG), ABl. L 9 vom 15.1.2004, S. 27.

[778] Zu den Rechtswirkungen von EZB-Beschlüssen Groeben/Schwarze-*Zilioli/Kroppenstedt*, Rdnrn. 39 ff. zu Art. 110 EG; zur Struktur des ESZB *Ch. Seiler*, Das Europäische System der Zentralbanken (ESZB) als Verantwortungsverbund, EuR 2004, S. 52, 58 ff.; *M. Selmayr*, Die Wirtschafts- und Währungsunion als Rechtsgemeinschaft, AöR 1999, S. 357, 376 f.; *M. Weber*, Das Europäische System der Zentralbanken, WM 1998, S. 1465, 1466.

[779] *L. Harings*, Die Zusammenarbeit in den Bereichen Justiz und Inneres, EuR Beiheft 2/1998, S. 81, 86 f.

fassunggeber reformierte jedoch den als unbefriedigend empfundenen Formenkatalog des Art. K.3 II EUV. Die „gemeinsamen Maßnahmen“ wurden in „Rahmenbeschlüsse“ und „Beschlüsse“ gemäß Art. 34 II 2 lit. b bzw. lit. c EU aufgespalten.[780] Damit ist die Frage aufgeworfen, ob diese PJZ-Beschlüsse eine Variante der Beschlüsse im bisher diskutierten Sinne sind, also ob das allgemeine Rechtsregime der Handlungsform Beschluss, gegebenenfalls in modifizierter Fassung, auf PJZ-Beschlüsse übertragbar ist.

aa. Identifizierende Merkmale von PJZ-Beschlüssen

Die Geschäftsordnung des Rates unterscheidet zwischen Beschlüssen des EG-Vertrags (Anhang V, B.1 und B.3), für deren Gestaltung die Bestimmungen über die Verordnung entsprechende Anwendung finden, und den PJZ-Beschlüssen, die im Zusammenhang mit dem Formen-Quartett des Art. 34 II EU erwähnt werden. In Punkt D lit. c heißt es:

> „Die ... Beschlüsse ... im Sinne des Artikels 34 Absatz 2 des EU-Vertrags tragen als ... Überschrift die Bezeichnung ‚Beschluss des Rates‘, eine Ordnungsnummer (Jahr/Nummer/JI), den Zeitpunkt der Annahme und die Bezeichnung des Gegenstands.“

Der Rat versteht also den Terminus „Beschluss“ in Art. 34 II lit. c EU nicht als formneutrale Sammelbezeichnung im Sinne von ‚Rechtsakt‘, sondern als Name einer Gattung, der im Titel des konkreten Akts angeführt wird. Über das Verhältnis der PJZ-Beschlüsse zu den sonstigen Beschlüssen ist damit noch nichts gesagt: Es kann sich um eine sektorielle Variante derselben Handlungsform ebenso handeln wie um ganz unterschiedliche Handlungsformen. Im ersten Fall wären die Qualifizierungen in Art. 34 II lit. c EU als Modifikationen des unter dem EG-Vertrag etablierten Rechtsregimes des Beschlusses zu lesen. Für die Abwandlungs-Hypothese stiftet die Praxis des Rates selbst ein Indiz. Nach einer gefestigten gesetzgeberischen Konvention weisen die PJZ-Beschlüsse alle formidentifizierenden Merkmale von Beschlüssen auf: ihre konsistente Selbstbezeichnung als „Beschlüsse“ (niederl. *besluit*, dän. *afgørelse*), die typische Einleitungsformel „beschließt“ und das Fehlen einer entscheidungstypischen Schlussformel. Die äußerlichen Differenzen zu den bisher diskutierten Beschlüssen sind minimal: PJZ-Beschlüsse führen eine Ordnungsnummer mit den Buchstaben „JI“ (für

[780] Grabitz/Hilf-*Röben*, Rdnr. 10 zu Art. 34 EU; Schwarze-*Böse*, Rdnrn. 6 f. zu Art. 34 EU.

Justiz und Inneres), und bei den Bezugsvermerken des Einleitungsteils steht die Angabe „gestützt auf den Vertrag über die Europäische Union, insbesondere ... und Art. 34 Absatz 2 Buchstabe c".[781]

bb. Das primärrechtliche Regime

Das Primärrecht macht PJZ-Beschlüssen ausdrückliche Vorgaben für ihre Rechtmäßigkeit und ihre Rechtswirkungen. Aus Art. 29 I 1, 34 II 1 EU ergibt sich, dass PJZ-Beschlüsse nur für „Maßnahmen" im sachlichen Anwendungsbereich des Titels VI EU eingesetzt werden dürfen. Gemäß Art. 34 II lit. c EU soll den zielbezogenen Normen des Titels zugleich eine begrenzende Funktion für PJZ-Beschlüsse zukommen („für jeden ... Zweck ..., der mit den Zielen ... in Einklang steht"). Der Bindung an einen engen Kompetenzbereich entspricht, dass nur ein einziges Organ für den Erlass zuständig ist. Der Rat entscheidet entweder einstimmig auf Initiative eines Mitgliedstaats oder der Kommission, Art. 34 II 2 EU, oder er fasst mit qualifizierter Mehrheit PJZ-Beschlüsse zur Durchführung von PJZ-Beschlüssen, Art. 34 II 2 lit. c zweiter Halbsatz EU. Die Handlungsform ist hier enger mit Sachkompetenz, Organzuständigkeit und Verfahren verkoppelt, als es aus Art. 249 EG bekannt ist.

Über die Rechtswirkungen der PJZ-Beschlüsse trifft Art. 34 II lit. c EU drei Aussagen. Positiv schreibt er ihnen Verbindlichkeit zu, ohne dies näher zu qualifizieren, etwa im Hinblick auf einen bestimmten Adressaten. Es handelt sich demnach um eine verbindliche und formell adressatenunspezifische Handlungsform. Zweitens kann ein PJZ-Beschluss nicht „zur Angleichung der Rechts- und Verwaltungsvorschriften der Mitgliedstaaten" ergehen, diese Funktion ist dem Rahmenbeschluss nach Art. 34 II lit. b EU vorbehalten. Insoweit besteht also (scheinbar) Übereinstimmung mit Beschlüssen, die auf andere Rechtsgrundlagen gestützt sind. Gleichfalls negativ definiert werden PJZ-Beschlüsse drittens durch den Ausschluss unmittelbarer Wirkung (engl. *shall not entail direct effect*, franz. *ne peuvent entraîner d'effet direct*). Es fehlt ihnen damit zum einen an privatgerichteter Verpflichtungskraft, aber auch auf begünstigende Wirkungen von PJZ-Beschlüssen sollen sich Einzelne

---

[781] Art. 34 II EU ist nicht nur ein Katalog von Handlungsformen, sondern in Verbindung mit den zielbezogenen Bestimmungen des Titels zugleich eine Kompetenznorm, die korrekterweise als Rechtsgrundlage in den Erwägungsgründen der Akte zitiert wird; zur Angabe der Rechtsgrundlagen als Teil der Begründungspflichten unten, D. III. 1. d.

nicht berufen können. Eine Übertragung der Rechtsprechung zur subjektivrechtlichen Qualität von staatengerichteten Entscheidungen und Richtlinien wollten die Vertragsautoren von vorne herein unterbinden.[782] Rechtliche Effekte sollen PJZ-Beschlüsse (und Rahmenbeschlüsse) nur im Verhältnis von Union und Mitgliedstaaten entfalten.[783] Unklar ist, ob mit dem Ausschluss unmittelbarer Wirkungen den PJZ-Beschlüssen auch die Fähigkeit abgesprochen wird, individuelle Rechte gegenüber den Unionsorganen zu begründen. Die Durchsetzung solcher Rechte wäre jedenfalls empfindlich erschwert, weil die Zuständigkeit des Gerichtshofs in Art. 35 VI EU keine Individualnichtigkeitsklage einschließt.

Vergleicht man diese dogmatischen Konturen des PJZ-Beschlusses mit den verbindlichen Handlungsformen des Gemeinschaftsrechts, scheidet eine Übertragung von Erkenntnissen zur Verordnung und privatgerichteter Entscheidung von vorne herein aus. Die Richtlinie bildet den Bezugspunkt für den Rahmenbeschluss, nicht den PJZ-Beschluss (vgl. den Wortlaut des Art. 34 II lit. b EU mit Art. 249 III EG).[784] Es bleiben die staatengerichtete Entscheidung und der Beschluss, jeweils kupiert um ihre Fähigkeit, unmittelbare Wirkungen zu entfalten. Welcher der beiden Handlungsformen der PJZ-Beschluss näher steht, ist allein auf der Grundlage von Art. 34 II EU nicht zu beantworten. Die entscheidende Frage ist, ob sich PJZ-Beschlüsse in der Praxis (nach dem Vorbild des Beschlusses) durch die Begrenzung ihrer staatengerichteten Verpflichtungskraft auszeichnen, oder ob sie (wie staatengerichtete Entscheidungen) derartige Verpflichtungen in vollem Umfang entfalten.

cc. PJZ-Beschlüsse in der Rechtsetzungspraxis

Die Rechtsetzungspraxis seit In-Kraft-Treten des Amsterdamer Vertrags zeigt, dass Beschlüsse nach Art. 34 EU für recht unterschiedliche Zwecke eingesetzt werden können. Einige PJZ-Beschlüsse entsprechen Beschlusstypen, wie sie aus dem Gemeinschaftsrecht bekannt sind.

---

[782] Lenz/Borchardt-*Zimmerling*, Rdnr. 9 zu Art. 34 EU: „‚EuGH-feste' Bestimmung".

[783] *Harings*, Zusammenarbeit (Anm. 779), S. 88; Grabitz/Hilf-*Röben*, Rdnrn. 15 f. zu Art. 34 EU; Streinz-*Satzger*, Rdnr. 10 zu Art. 34 EU.

[784] *Zeder*, Rahmenbeschluss (Anm. 585), S. 81.

Dies gilt namentlich für den Typus des Förderprogramms[785] sowie für Organisationsakte, die dem Typus des Errichtungs-Beschlusses entsprechen.[786] Die Mehrzahl der PJZ-Beschlüsse wird jedoch für andere Regelungszwecke eingesetzt. Eine Teilgruppe von Akten erfüllt die Erwartungen, die die Überschrift des Vertragstitels weckt, indem sie die Mitgliedstaaten auf bestimmte Regeln und Verfahren für die Zusammenarbeit ihrer Behörden festlegen.[787] Ein weites Verständnis von „Zusammenarbeit" kommt in solchen PJZ-Beschlüssen zum Ausdruck, die die Mitgliedstaaten verpflichten, innerstaatlich mehr oder weniger konkret umschriebene Aktivitäten zur Erreichung kriminalpolitischer Ziele zu entfalten.[788] Teilweise legen diese PJZ-Beschlüsse eine Frist fest, bis zu deren Ablauf die vorgeschriebenen Maßnahmen zu verwirklichen sind.[789] Dass PJZ-Beschlüsse auch harmonisierende Effekte für nationale Rechtsvorschriften entfalten können, zeigen PJZ-Beschlüsse, die auf eine „Gemeinsame Maßnahme" gemäß Art. K.3 II lit. b EUV gestützt sind: Sie verpflichten zur Anpassung des nationalen Strafrechts.[790] Dass die Rechtsetzungspraxis von einem engen Verständnis des Funktionsbereichs ausgeht, der dem Rahmenbeschluss vorbehalten ist, belegen weitere PJZ-Beschlüsse, die den Mitgliedstaaten auferlegen, das innerstaatliche Recht in Übereinstimmung mit ihren Vorgaben zu bringen.[791]

---

[785] Beispiel: Beschluss des Rates vom 22. Juli 2002 über ein Rahmenprogramm für die polizeiliche und justizielle Zusammenarbeit in Strafsachen (AGIS) (2002/630/JI), ABl. L 203 vom 1.8.2002, S. 5.

[786] Beispiel: Beschluss des Rates vom 28. Mai 2001 zur Einrichtung eines Europäischen Netzes für Kriminalprävention (2001/427/JI), ABl. L 153 vom 8.6.2001, S. 1.

[787] Beispiel: Beschluss 2003/170/JI des Rates vom 27. Februar 2003 über die gemeinsame Inanspruchnahme von Verbindungsbeamten, die von den Strafverfolgungsbehörden der Mitgliedstaaten entsandt sind (2003/170/JI), ABl. L 67 vom 12.3.2003, S. 27.

[788] Beispiel: Beschluss des Rates vom 6. Dezember 2001 über den Schutz des Euro vor Fälschungen (2001/887/JI), ABl. L 329 vom 14.12.2001, S. 1.

[789] Beispiel: Beschluss des Rates vom 29. Mai 2000 zur Bekämpfung der Kinderpornographie im Internet (2000/375/JI), ABl. L 138 vom 9.6.2000, S. 1.

[790] Beispiel: Beschluss des Rates vom 28. Februar 2002 über Kontrollmaßnahmen und strafrechtliche Sanktionen im Zusammenhang mit der neuen synthetischen Droge PMMA (2002/188/JI), ABl. L 63 vom 6.3.2002, S. 14.

[791] Vgl. etwa den mit „Umsetzung" überschriebenen Art. 42 des Beschlusses des Rates vom 28. Februar 2002 über die Errichtung von Eurojust zur Verstärkung der Bekämpfung der schweren Kriminalität (2002/187/JI), ABl. L 63 vom

Im Kompetenzbereich des EG-Vertrags wären Regelungszwecke dieser Art typischerweise mit staatengerichteten Entscheidungen oder Richtlinien verfolgt worden. Ausdrücklicher Adressat der Verpflichtungsnormen sind jeweils alle Mitgliedstaaten. Der Verzicht auf eine adressatenbezogene Schlussformel bedeutet also nicht, dass die Mitgliedstaaten nicht materiell der Hauptadressat eines PJZ-Beschlusses wären. PJZ-Beschlüsse ergehen keineswegs „unter Ausschluss jeglicher Harmonisierung" in dem Sinne, wie es für Beschlüsse dargetan worden ist. Die Harmonisierung der Praxis der Strafverfolgungs- und Verbrechensbekämpfungsbehörden ist eine der wesentlichen Aufgaben von PJZ-Beschlüssen. Dabei nehmen PJZ-Beschlüsse für sich in Anspruch, die Mitgliedstaaten zur Modifizierung ihrer internen Rechtsordnung verpflichten zu können, sprechen also nicht nur die „zuständigen Verwaltungsstellen" (Art. 34 I EU) an, sondern auch den staatlichen Gesetzgeber. Der primärrechtliche Ausschluss unmittelbarer Wirkungen hat jedoch zur Folge, dass – anders als bei Richtlinien und Entscheidungen – die Einzelnen aus diesen staatengerichteten Verpflichtungen niemals individuelle Rechte ableiten können.[792]

dd. PJZ-Beschlüsse sind eine eigene Handlungsform

Der Wirkungsmodus der PJZ-Beschlüsse ist also grundverschieden von dem der Beschlüsse im bisher diskutierten Sinne. Erstere verfügen über volle staatengerichtete Verpflichtungskraft und machen von ihr typischerweise auch Gebrauch. Gemeinsam ist beiden Handlungsformen nur die Zugehörigkeit zu den verbindlichen Unionsrechtsakten und der Ausschluss privatgerichteter Verpflichtungskraft. Soweit PJZ-Beschlüsse für Aufgaben eingesetzt werden, die auch Beschlüsse leisten könnten (für Aktionsprogramme und Organisationsakte), schöpfen sie im konkreten Fall das weiter reichende Verpflichtungspotenzial der Handlungsform des EU-Vertrags nicht aus. Die charakteristische Limitierung der staatengerichteten Verpflichtungskraft von Beschlüssen ist PJZ-Beschlüssen fremd; vielmehr besteht eine weitaus größere Nähe zu den staatengerichteten Entscheidungen des EG-Vertrags.

6.3.2002, S. 1, nach dem die Mitgliedstaaten ihr Recht bis zum Ablauf einer Frist mit dem Beschluss „in Einklang bringen". Dieser Organisationsakt ist mithin keineswegs verpflichtungsneutral für die Mitgliedstaaten.

[792] Zur Kritik *v. Bogdandy/Bast/Arndt*, Handlungsformen (Anm. 507), S. 112 und 155.

PJZ-Beschlüsse sind somit keine modifizierten Beschlüsse in dem seit Jahrzehnten gemeinschaftsrechtlicher Praxis gefestigten Sinne, und ein Oberbegriff, der beide Gruppen von Rechtsakten umfassen könnte, ist sinnvoll nicht bildbar. Er müsste zwangsläufig die Unterscheidungsfähigkeit zu anderen Handlungsformen einbüßen. Die Vertragsautoren haben bei dem Versuch, das Dickicht der Gemeinsamen Maßnahme des Art. K.3 EUV zu lichten, bedauerlicherweise auf eine Bezeichnung zurückgegriffen, die noch größere Verwirrung stiftet. Art. 34 II lit. b EU fügt der Vielfalt der Bedeutungen, die der Terminus „Beschluss" im Unionsrecht besitzt, eine weitere Variante hinzu, indem nun zwei Handlungsformen existieren, die diesen Namen tragen. Dem sektorspezifischen Charakter der PJZ-Beschlüsse entspricht, dass diese Handlungsform an der Zitierung ihrer spezifischen Rechtsgrundlage in Art. 34 II lit. c EU identifiziert werden kann.

ee. Beschlüsse sind keine rein gemeinschaftsrechtliche Handlungsform

Aus dem Vorstehenden darf nicht der voreilige Schluss gezogen werden, dass der Beschluss eine rein gemeinschaftsrechtliche Handlungsform sei, „Beschlüsse" unter dem EU-Vertrag hingegen stets PJZ-Beschlüsse seien. Vielmehr finden in den Sektoren der zweiten und dritten Säule ‚normale' Beschlüsse Verwendung, wie sie aus dem Gemeinschaftsrecht bekannt sind. Für zahlreiche organisationsrechtliche Beschlusstypen folgt dies bereits aus dem Umstand, dass die handelnden Organe unter den verschiedenen Verträgen identisch sind. So findet der Geschäftsordnungs-Beschluss des Rates ohne weiteres auch dann Anwendung, wenn der Rat im Bereich des EU-Vertrags tätig wird, ebenso der Dokumentenzugangs-Beschluss des Rates (vgl. Art. 28 I und 41 I EU). Beschlüsse werden darüber hinaus auch unter spezifischen Rechtsgrundlagen des EU-Vertrags eingesetzt. Für die Annahme völkerrechtlicher Abkommen gemäß Art. 24 und 38 EU werden beispielsweise Annahme-Beschlüsse genutzt, ohne dass formbezogene Besonderheiten erkennbar wären. Der Beschluss erweist sich somit als eine ‚säulenübergreifende' Errungenschaft des Unionsrechts.

d. Der Übersee-Assoziationsbeschluss ist kein Beschluss – Abkehr vom Konzept der Vertragsergänzung als Regel

Im Bereich des Gemeinschaftsrechts musste die hier vorgeschlagene Konzeption ihren kontrafaktischen Gehalt noch nicht unter Beweis stellen, soweit Akte der regulären Rechtsetzungsorgane in Rede stehen.

Das in der Rechtsetzungspraxis entwickelte Wirkungsprofil des Beschlusses ist offenbar hinreichend flexibel, um ganz unterschiedliche Typen von Beschlüssen zu erfassen, ohne die Unterscheidungsfähigkeit zu anderen Handlungsformen einzubüßen. Es wäre jedoch überraschend, wenn das geltende Recht überhaupt keine Beispiele für gemeinschaftsrechtliche Organ-Beschlüsse aufweisen würde, die sich den hier rekonstruierten Anwendungsregeln der Praxis nicht fügen. Die gegenteilige Erwartung hieße die Anforderungen an die endogene Rationalität eines hoch differenzierten Rechtsetzungssystems überspannen, zumal diese weder durch das Primärrecht noch durch einen gefestigten Bestand wissenschaftlicher Erkenntnisse stabilisiert wird.

Als die Ausnahme von der Regel soll hier ein Rechtsakt von großer politischer Bedeutung eingehend diskutiert werden, der sog. Übersee-Assoziationsbeschluss (kurz: ÜLG-Beschluss). Er ist auch insofern von allgemeinem Interesse, als sich an ihm ein Verständnis der ‚Beschlüsse eigener Art' demonstrieren lässt, das zwar weit gehend aus der Rechtspraxis verschwunden ist, zunächst jedoch neben der mittlerweile etablierten Konzeption stark präsent war und in der Literatur heute noch fortwirkt: das Konzept der ‚Vertragsergänzung' im materiellen Sinne.

aa. Der ÜLG-Beschluss nach Art. 187 EG

Gemäß Art. 187 EG legt der Rat einstimmig die „Bestimmungen über die Einzelheiten und das Verfahren für die Assoziierung der überseeischen Länder und Hoheitsgebiete" (ÜLG) fest. Art. 187 EG ist die zentrale Rechtsgrundlage für die Ausgestaltung der durch den vierten Teil des EG-Vertrags begründeten konstitutionellen Assoziierung[793] der außereuropäischen Territorien, die „besondere Beziehungen" kolonialen Ursprungs zu ihren Mutterländern[794] unterhalten. Die in Anhang II zum EG-Vertrag aufgeführten völkerrechtlich unselbständigen ÜLG gehören nur zum Geltungsbereich des Unionsrechts, soweit dies im Rahmen des Assoziierungssystems vorgesehen ist (Art. 299 III Ua. 1 EG).[795] Der nach Art. 187 EG zu erlassende und („aufgrund ... der er-

---

[793] Streinz-*Pitschas*, Rdnr. 2 zu Art. 182 EG; Grabitz/Hilf-*Tietje*, Rdnr. 3 vor Art. 131 EGV; Groeben/Schwarze-*Zimmermann*, Vorb. zu Art. 182–188 EG, Rdnr. 13.

[794] Es handelt sich um Dänemark, Frankreich, die Niederlande und das Vereinigte Königreich.

[795] EuGH, Rs. C-260/90, *Leplat*, Slg. 1992, S. I-643, Rdnr. 10.

zielten Ergebnisse") periodisch anzupassende[796] Rechtsakt soll das Assoziierungssystem so ausgestalten, dass es den in Art. 3 I lit. s und 182 ff. EG formulierten Zielen und den allgemeinen Interessen der Union gleichermaßen gerecht wird.[797] Zu den „Grundsätzen", die der Rat dabei in Abwägung zu bringen hat, zählen alle vertraglich anerkannten Ziele des Gemeinschaftsrechts, sodass die Beschneidung eines den ÜLG in einem früheren Beschluss eingeräumten Vorteils nicht ausgeschlossen ist.[798] Ungeachtet der Freihandelskonzeption, die dem vierten Teil des EG-Vertrags zugrunde liegt (insb. Art. 183 Nr. 1, 184 I EG), sind die ÜLG nicht Bestandteil des Binnenmarkts.[799] Sie nehmen im Verhältnis zur Union eine Stellung ein, die in vieler Hinsicht der von Drittstaaten gleicht, die mit der Union eine Entwicklungsassoziation nach Art. 310 EG begründet haben.[800] Seit den ersten ÜLG-Beschlüssen ist die Gemeinschaft bzw. die Union um einen Gleichklang mit der Entwicklungspolitik im Rahmen der AKP-Zusammenarbeit bemüht.[801] Erst der jüngste ÜLG-Beschluss[802] lehnt sich stärker an die Erfahrungen mit der unionsinternen Strukturpolitik an und bindet die Regierungen und Selbstverwaltungsbehörden der ÜLG in eine „Partnerschaft" ein, wie sie mit entwicklungsbedürftigen Regionen der Union praktiziert wird.

Der auf Art. 187 EG gestützte Rechtsakt ergeht nach der ständigen Praxis des Rates unter der Bezeichnung „Beschluss", und diese ÜLG-Beschlüsse weisen alle äußeren Merkmale auf, die für die Handlungsform

---

[796] Art. 136 II EWGV verlangte noch ausdrücklich die Geltung „für einen neuen Zeitabschnitt"; zum dynamischen Charakter der Überseeassoziierung EuGH, Rs. C-310/95, *Road Air*, Slg. 1997, S. I-2229, Rdnrn. 40 f.; Rs. C-17/98, *Emesa Sugar*, Slg. 2000, S. I-675, Rdnr. 28.

[797] Streinz-*Pitschas*, Rdnr. 7 zu Art. 187 EG; Schwarze-*Martenczuk/Zimmermann*, Rdnr. 3 zu Art. 187 EG; Calliess/Ruffert-*Schmalenbach*, Rdnr. 4 zu Art. 187 EG.

[798] EuGH, Rs. C-390/95 P, *Antillean Rice Mills u.a./Kommission*, Slg. 1999, S. I-769, Rdnr. 37; Rs. C-17/98 (Anm. 796), Rdnr. 39.

[799] EuGH, Rs. C-106/97, *DADI*, Slg. 1999, S. I-5983, Rdnr. 38.

[800] Groeben/Schwarze-*Zimmermann*, Vorb. zu Art. 182–188 EG, Rdnr. 5.

[801] *U. Everling*, Die Neuregelung des Assoziationsverhältnisses zwischen der Europäischen Wirtschaftsgemeinschaft und den afrikanischen Staaten und Madagaskar sowie den überseeischen Ländern und Hoheitsgebieten, ZaöRV 24 (1964), S. 472, 565 ff.

[802] Beschluss des Rates vom 27. November 2001 über die Assoziation der überseeischen Länder und Gebiete mit der Europäischen Gemeinschaft („Übersee-Assoziationsbeschluss") (2001/822/EG), ABl. L 314 vom 30.11.2001, S. 1.

EG ergibt, sind Gemeinschaftsabkommen für die Mitgliedstaaten kraft Gemeinschaftsrecht verbindlich, unabhängig davon, ob die Mitgliedstaaten eigene völkerrechtliche Verpflichtungen eingegangen sind.[755] Aus denselben Artikeln folgt, dass externe Abkommen auch für die Unionsorgane verbindlich sind. Die Anwendung der *lex-posterior*-Regel auf spätere interne Unionsrechtsakte ist für die Dauer der völkerrechtlichen Bindung suspendiert, sodass Gemeinschaftsabkommen einen Rang zwischen Primär- und Sekundärrecht einnehmen.[756] Diese rangmäßige Einordnung darf nicht verwechselt werden mit den Voraussetzungen, unter denen der EuGH die Bindung der rechtsetzenden Organe kontrolliert, also der Frage, ob das konkrete Abkommen als Maßstabsnorm im Sinne von Art. 230 II EG geeignet ist.[757]

Um solche völkerrechtlichen und gemeinschaftsrechtlichen Verpflichtungen zu übernehmen bzw. auszulösen, bedarf es im Regelfall eines unionsinternen Annahmeakts, mit dem ein ausgehandeltes Abkommen genehmigt wird. Welches Organ hierfür zuständig ist, variiert je nach involvierter Rechtspersönlichkeit. Im Kompetenzbereich des EG-Vertrags wird nach Art. 111 und 300 II EG regelmäßig der Rat tätig, im Bereich des Euratom-Vertrags die Kommission, Art. 101 II EA. Die

---

[755] EuGH, Rs. 12/86 (Anm. 754), Rdnr. 11; Rs. C-13/00, *Kommission/Irland*, Slg. 2002, S. I-2943, Rdnr. 15; Rs. C-239/03, *Kommission/Frankreich*, Slg. 2004, S. I-9325, Rdnr. 26.

[756] EuGH, Rs. C-61/94, *Kommission/Deutschland*, Slg. 1996, S. I-3989, Rdnr. 52; Rs. C-286/02, *Bellio*, Slg. 2004, S. I-3465, Rdnr. 33; Streinz-*Schroeder*, Rdnr. 18 zu Art. 249 EG; *R. Uerpmann*, Völkerrechtliche Nebenverfassungen, in: v. Bogdandy (Hrsg.), Verfassungsrecht (Anm. 544), S. 339, 344; *P. Pescatore*, Die Rechtsprechung des Europäischen Gerichtshofs zur innergemeinschaftlichen Wirkung völkerrechtlicher Abkommen, in: FS H. Mosler, 1983, S. 661; anders *A. Bleckmann*, Die Rechtsquellen des Europäischen Gemeinschaftsrechts, NVwZ 1993, S. 824, 825: „innergemeinschaftlich den Rang von Verordnungen".

[757] EuGH, verb. Rs. 21/72 bis 24/72, *International Fruit Company*, Slg. 1972, S. 1219, Rdnrn. 5 ff.; Rs. C-280/93, *Deutschland/Rat*, Slg. 1994, S. I-4973, Rdnrn. 109 ff.; Rs. C-149/96 (Anm. 631), Rdnrn. 47 und 49; Rs. C-377/98, *Niederlande/Parlament und Rat*, Slg. 2001, S. I-7079, Rdnr. 52; verb. Rs. C-27/00 und C-122/00, *Omega Air*, Slg. 2002, S. I-2569, Rdnrn. 89 ff.; zur Bindung der Unionsorgane an die WTO-Übereinkommen *Wünschmann*, Geltung (Anm. 739), S. 209 ff.; *Uerpmann*, Nebenverfassungen (Anm. 756), S. 343 ff.; *Dillon*, International Trade (Anm. 677), S. 355 ff.; *A. v. Bogdandy*, Rechtsgleichheit, Rechtssicherheit und Subsidiarität im transnationalen Wirtschaftsrecht, EuZW 2001, S. 357, 360 ff.; *M. Hilf/F. Schorkopf*, WTO und EG: Rechtskonflikte vor den EuGH?, EuR 2000, S. 74.

Beschluss herausgearbeitet wurden. Die Aufgaben, die ein ÜLG-Beschluss zu leisten hat, lassen jedoch erkennen, dass es sich hier nicht um einen Beschluss im bisher diskutierten Sinne handeln kann. Gefordert ist nicht ein Rechtsakt mit selbstverpflichtender Wirkung für die Union, sondern eine Grundsatzregelung, die die Interessen privater Rechtssubjekte, der ÜLG, der Mitgliedstaaten und der Union in Ausgleich bringt und hierzu Rechte begründet und Pflichten auferlegt.

Am geltenden Übersee-Assoziationsbeschluss ist unschwer der Nachweis zu erbringen, dass die in Anspruch genommenen Rechtswirkungen über die eines Beschlusses hinausgehen, sodass der ÜLG-Beschluss insgesamt einem anderen Rechtsregime unterstehen muss. Dies gilt weniger für die Entwicklungskooperation im engeren Sinne, die, wie es für diesen Bereich der Leistungsverwaltung typisch ist, Steuerungseffekte in erster Linie über finanzielle Transfers erzielt (Art. 18 ff. Beschluss 2001/822/EG). Die in diesem Zusammenhang den Mitgliedstaaten, zu denen die ÜLG gehören, auferlegten Pflichten könnten noch als Mitwirkungspflichten bezeichnet werden; Finanzierungspflichten für Mitgliedstaaten begründet der ÜLG-Beschluss nicht. Der regulative Charakter des ÜLG-Beschlusses kommt umso deutlicher zum Ausdruck in seinen handelsrechtlichen Vorschriften. Ein Art. 28 EG nachgebildetes Verbot richtet sich an die Union und die Mitgliedstaaten, begünstigt also Wirtschaftsteilnehmer aus den ÜLG, lässt aber Beschränkungen aus Allgemeinwohlgründen zu (Art. 38). Die Handelsregelungen der ÜLG unterliegen einem Verbot diskriminierender Behandlung der Mitgliedstaaten (Art. 40). Von großer praktischer Bedeutung ist die Ermächtigung der Kommission, zum Schutz des Binnenmarkts handelsbeschränkende Maßnahmen zu ergreifen oder die Mitgliedstaaten zu Schutzmaßnahmen zu ermächtigen (Art. 42). Der ÜLG-Beschluss erstreckt darüber hinaus eine Reihe zwingender abfallrechtlicher Gemeinschaftsvorschriften auf die ÜLG (Art. 39).

Der geltende ÜLG-Beschluss greift also, wie bereits seine Vorgänger, auf vielfältige Weise regelnd in die Rechtsstellung von Wirtschaftsteilnehmern ein und begründet für die beteiligten Hoheitsträger konkrete Pflichten, wie es sonst nur die Verträge selbst oder Verordnungen zu leisten im Stande sind. Überdies hat der Gerichtshof wiederholt Bestimmungen von ÜLG-Beschlüssen unmittelbare Wirkung zuerkannt, weil sie den Mitgliedstaaten eine hinreichend genaue Verpflichtung auferlegen.[803] Vor diesem Hintergrund wird im Schrifttum nahezu einhellig

---

[803] EuGH, Rs. 91/78, *Hansen*, Slg. 1979, S. 935, Rdnrn. 16 und 23; verb. Rs. C-100/89 und C-101/89, *Kaefer*, Slg. 1990, S. I-4647, Rdnr. 28.

die Auffassung vertreten, der ÜLG-Beschluss schaffe als Rechtsakt *sui generis* für alle Mitgliedstaaten und damit zugleich für die ÜLG unmittelbar verbindliches Recht.[804]

Diese eklatante Abweichung vom Wirkungsmodus des Beschlusses verlangt nach einer Erklärung. Die nüchterne Feststellung, dass Rat und Kommission (die den novellierten ÜLG-Beschluss in der Praxis vorschlägt) an einer einmal etablierten und von der Judikatur nicht in Frage gestellten Formenwahlpraxis festhalten, um sich auf inhaltliche Fragen zu konzentrieren, ist gewiss nicht falsch. Die mehr als vierzig Jahre zurückreichende Frage nach der ursprünglichen Motivation, die zu solcher Pfadabhängigkeit führte, könnte getrost auf sich beruhen, wenn in ihr nicht ein allgemeineres Problem zum Ausdruck käme, das heute noch virulent ist. Der Schlüssel zum Verständnis der Formenwahl für den ÜLG-Beschluss liegt in seiner Klassifizierung als „autonome Vertragsergänzung", die auch in der aktuellen Literatur weite Verbreitung hat.[805]

bb. Kein primärrechtlicher Rang des ÜLG-Beschlusses

Nach einer Lesart der Klassifizierung als „autonome Vertragsergänzung" handelt es sich bei einem Rechtsakt nach Art. 187 EG um Primärrecht, also eine autonome Vertrags*änderung*.[806] Der ÜLG-Beschluss gehörte dann zum Typus der primärrechtlichen Beschlüsse, über deren Besonderheit noch zu sprechen sein wird.

Der These einer den Bestand des Primärrechts ergänzenden und damit primärrechtsändernden Wirkung des ÜLG-Beschlusses kann jedoch nicht zugestimmt werden. Die Befugnis zur punktuellen Vertragsänderung durch Organakt ist eine Ausnahme vom allgemeinen Modus nach

---

804 *Geiger*, EUV/EGV, Rdnr. 2 zu Art. 187 EG: „materiell: eine Verordnung gem. Art. 249"; Groeben/Schwarze-*Zimmermann*, Rdnr. 6 zu Art. 187 EG; *Everling*, Neuregelung (Anm. 801), S. 565; differenzierend Streinz-*Pitschas*, Rdnr. 6 zu Art. 187 EG.

805 *Everling*, Neuregelung (Anm. 801), S. 565; *Rabe*, Verordnungsrecht (Anm. 525), S. 51; *Ipsen*, Gemeinschaftsrecht, 7/16; aus dem gegenwärtigen Schrifttum Streinz-*Pitschas*, Rdnr. 5 zu Art. 187 EGV; Schwarze-*Martenczuk/Zimmermann*, Rdnr. 4 zu Art. 187 EG; Groeben/Schwarze-*Zimmermann*, Rdnr. 6 zu Art. 187 EG; Grabitz/Hilf-*Tietje*, Rdnr. 10 zu Art. 136 EGV.

806 Grabitz/Hilf-*Vedder/Folz*, Rdnr. 23 zu Art. 48 EU; *Kapteyn/VerLoren van Themaat*, Introduction (Anm. 515), S. 323.

Art. 48 EU, die sich eindeutig aus der vertraglichen Rechtsgrundlage ergeben muss. Art. 187 EG fehlt es an Merkmalen, die eine solche Einordnung rechtfertigen könnten. Weder ist eine Mitwirkung der Mitgliedstaaten in Form von Annahmeakten vorgesehen, noch ermächtigt Art. 187 EG ausdrücklich zur Abweichung, Änderung oder gleichrangigen Ergänzung von geltenden Vertragsbestimmungen.[807]

Auch die Rechtsprechung behandelt ÜLG-Beschlüsse als Akte des abgeleiteten Gemeinschaftsrechts. Gericht und Gerichtshof hatten keine Bedenken, die Einrede der Rechtswidrigkeit analog Art. 241 EG gegen einen ÜLG-Beschluss zuzulassen.[808] Im Rahmen einer Vorabentscheidung überprüfte der Gerichtshof dessen Rechtmäßigkeit am Maßstab allgemeiner Rechtsgrundsätze.[809] Ein ÜLG-Beschluss ist damit ein Rechtsakt, der allen primärrechtlichen Bestimmungen untergeordnet ist, nicht nur seiner spezifischen Rechtsgrundlage im Vierten Teil des EG-Vertrags. Konflikte mit übrigem Sekundärrecht müssen nach den allgemeinen Regeln, insbesondere *lex specialis* und *lex posterior*, gelöst werden.[810]

Ihre fehlerhafte Einordnung als Primärrecht verdanken die ÜLG-Beschlüsse wohl der früheren Fassung des Art. 187 EG. Gemäß Art. 136 I EWGV waren für einen ersten Zeitraum von fünf Jahren die konkretisierenden Bestimmungen für die Assoziierung in einem „Durchführungsabkommen" der Mitgliedstaaten festgelegt worden, also im Rang von Primärrecht (Art. 311 EG).[811] Der EWG-Vertrag sah mithin nach Ablauf dieser Frist einen Wechsel von Form und Rang der Assoziie-

---

[807] Grabitz/Hilf-*Tietje*, Rdnr. 10 zu Art. 136 EGV; vgl. EuGH, verb. Rs. C-100/89 und C-101/89 (Anm. 803), Rdnr. 9; zur Unterscheidung von völkervertragsrechtlichem Handeln der Mitgliedstaaten gegenüber einseitigem Handeln des Rates „in Anwendung einer Bestimmung des Vertrags" nach Art. 136 II EWGV GA Mischo, ibid., Nrn. 12 und 14.

[808] EuGH, Rs. C-390/95 P (Anm. 798), Rdnrn. 32 ff.; in der Vorinstanz EuG, verb. Rs. T-480/93 und T-483/93, *Antillean Rice Mills u.a./Kommission*, Slg. 1995, S. II-2305, Rdnrn. 90 ff.

[809] EuGH, Rs. C-17/98 (Anm. 796), Rdnrn. 34 und 53.

[810] EuGH, Rs. C-106/97 (Anm. 799), Rdnrn. 41 ff.

[811] Dieses lief am 31. Dezember 1962 aus; erst am 5. Februar 1964 erließ der Rat den ÜLG-Beschluss 64/349/EWG, der am 1. Juni 1964 in Kraft trat. Zum historischen Hintergrund der Entkolonialisierung und des zeitgleichen In-Kraft-Tretens des ersten Abkommens mit den AKP-Staaten (Yaounde I) Groeben/Boeckh/Thiesing/Ehlermann-*Becker* (1983), Vorb. zu Art. 131–136 EWGV, Rdnrn. 7 ff.

rungsbestimmungen vor, verlieh jedoch auch in seiner alten Fassung keine Befugnis, geltendes Primärrecht zu derogieren.[812] Möglicherweise trifft es jedoch zu, dass dieser primärrechts*ersetzende* Charakter die Wahl einer Form *sui generis* ursprünglich motiviert hat.[813]

cc. Das Konzept des vertragsergänzenden Beschlusses

Die Bezeichnung der auf Art. 187 EG gestützten Akte als „Beschlüsse" und ihre wissenschaftliche Qualifizierung als Vertragsergänzung sind nicht zwingend als Hinweise auf ihren angeblich primärrechtlichen Rang zu verstehen. Das Konzept ‚Vertragsergänzung' und die mit ihm verschwisterte Formgestaltung entstammt einer historischen Etappe der Integration, in der eine präzise Rekonstruktion der Rangverhältnisse im Gemeinschaftsrecht eine geringere Rolle spielte als heute.[814] Erst mit der Deutung des Primärrechts als Verfassung verbindet sich die Rezeption des Rechtsinstituts des Verfassungsvorrangs und damit eines unbedingten Geltungsvorrangs vor jeglichem Sekundärrecht. Demgegenüber lässt der Terminus ‚Vertragsergänzung' den Rang des so qualifizierten Rechtsakts im Vagen und stellt in Abgrenzung zur ‚Vertragsanwendung' auf die materielle Qualität seiner Bestimmungen ab.[815] Letztlich

---

[812] Dass das Außer-Kraft-Treten der Primärrechtsnormen primärrechtlich vorgesehen war, übersehen Grabitz/Hilf-*Vedder/Folz*, Rdnr. 23 zu Art. 48 EU. Auch im Fall des Fehlens einer Befristung wäre zu prüfen, ob Art. 136 II EWGV nicht dazu ermächtigte, Primärrecht durch einen rangniedrigeren Akt zu ersetzen. Abs. 4 Ua. 3 des „Bananenprotokolls" vom 25.3.1957, einem Anhang zum Durchführungsabkommen nach Art. 136 EWGV, sah die Möglichkeit seiner Ablösung durch eine Gemeinsame Marktorganisation vor; es blieb in Kraft bis zum Erlass der entsprechenden Verordnung im Jahr 1993, dazu EuGH, Rs. C-280/93, *Deutschland/Rat*, Slg. 1994, S. I-4973, Rdnrn. 6 f. und 114 ff. Im geltenden Recht sind derartige ‚Entsteinerungsklauseln' in Art. 104 XIV Ua. 2 EG zur Ablösung des Protokolls über das Verfahren bei einem übermäßigen Defizit und in Art. 6 des Protokolls über die Konvergenzkriterien nach Artikel 121 EG vorgesehen.

[813] *Kapteyn/VerLoren van Themaat*, Introduction (Anm. 515), S. 322 f.

[814] Zur strikten Normativität der Verträge als evolutionäre Errungenschaft *v. Bogdandy/Bast*, Kompetenzordnung (Anm. 655), S. 442 f.; zur völkerrechtlichen Gegenkonzeption *Wagner*, Beschlußrecht (Anm. 605), S. 236, 242 et passim; zu optimistisch für die frühe Phase der Gemeinschaftspraxis *Nettesheim*, Kompetenzen (Anm. 544), S. 418.

[815] Vgl. *Rabe*, Verordnungsrecht (Anm. 525), S. 50: „diese Beschlüsse [sind] ... den im weitesten Sinne vertragsausführenden Rechtsakten des Art. 189 über-

liegt dem die – noch stark von völkerrechtlichen Vorbildern geprägte – Vorstellung zugrunde, dass der Rat, wenn er ‚vertragsergänzend' tätig wird, an die Stelle einer Konferenz der Mitgliedstaaten tritt und Lücken füllt, die der Vertrag dilatorisch offen gelassen hat.[816] Dogmatisch lässt sich dies nur schwer präzise fassen. Die auf *Laband* zurückgehende Unterscheidung zwischen bloßer Ausführung und detaillierender Ergänzung allgemeiner Normen ist rechtstheoretisch kaum haltbar.[817] Der gemeinschaftsrechtliche Begriff der Durchführung umfasst zu Recht alle Varianten ermächtigungskonformer Normkonkretisierung.[818]

Für die Handlungsformenlehre ist das überholte Konzept der Vertragsergänzung von allgemeiner Bedeutung, weil mit ihm die Vorstellung einherging, die kodifizierten Handlungsformen des Art. 249 EG könnten oder sollten zumindest für diesen Zweck nicht eingesetzt werden. In seiner Kritik an der Formenwahlpraxis des Rates unter Art. 223 II EWGV formuliert *Wohlfahrth* diese frühe Lesart der Verträge:

> „Auch hier wäre es – wie bei allen Beschlüssen, die eine Änderung, Ausfüllung oder Ergänzung des Vertrages vorsehen – richtig gewesen, einen Beschluss eigener Art zu fassen."[819]

Einigkeit darüber, welche Rechtsgrundlagen den Rat zur ‚Lückenfüllung' bzw. ‚Vertragsergänzung' ermächtigen, die durch Beschluss zu erfolgen habe, konnte indes nie erzielt werden. Besondere Attraktion ging von solchen Befugnisnormen aus, unter denen der Rat Sachverhalte in

---

geordnet, ob man ihnen im Einzelfall den Rang des Vertrages einräumt oder ihnen eine besondere Rangstufe ‚auf halber Höhe' zwischen den rechtsgestaltenden Akten des Art. 189 und dem Vertrag zuerkennt."; Groeben/Boeckh-*Daig* (1960), Vorb. zu Art. 189–192 EWGV, S. 209: „Rechtshandlungen des Rates ..., die in *materieller* Hinsicht ... auf der gleichen Stufe wie der Vertrag stehen" [Hervorhebung im Original].

[816] Sehr deutlich bei Groeben/Boeckh-*Daig* (1960), Vorb. zu Art. 145–154 EWGV, S. 30.

[817] *P. Laband*, Das Staatsrecht des Deutschen Reiches, Bd. 2, 1911, S. 88; zur Kritik *Ross*, Rechtsquellen (Anm. 652), S. 410 f.

[818] EuGH, Rs. 41/69, *ACF Chemiefarma/Kommission*, Slg. 1970, S. 661, Rdnrn. 60/62; Rs. 16/88 (Anm. 547), Rdnr. 11; Rs. C-240/90, *Deutschland/Kommission*, Slg. 1992, S. I-5383, Rdnrn. 36 f.; Rs. C-417/93, *Parlament/Rat*, Slg. 1995, S. I-1185, Rdnr. 30; Rs. C-239/01, *Deutschland/Kommission*, Slg. 2003, S. I-10333, Rdnr. 54; ausführlich *Möllers*, Durchführung (Anm. 558), S. 484 ff.

[819] Wohlfarth/Everling/Glaesner/Sprung-*Wohlfarth* (1960), Rdnr. 18 zu Art. 189 EWGV.

den Anwendungsbereich einzelner Vertragskapitel nachträglich einbeziehen kann.[820] Die Rechtsetzungspraxis ist dieser formenpolitischen Empfehlung kaum je gefolgt. Selbst sicher geglaubte Kandidaten wie die Einbeziehung der See- und Luftschifffahrt in die Gemeinsame Verkehrspolitik (heute Art. 80 II EG)[821] oder die Anwendung des Wettbewerbskapitels auf die Landwirtschaft (heute Art. 36 I EG)[822] wurden von Kommission und Rat als reguläre Rechtsetzungsermächtigungen interpretiert. Auf sie wurde nicht etwa ein einmaliger „Grundsatzbeschluss“[823] über das ‚Ob‘ der Anwendung gestützt, sondern vielfältige Rechtsakte verkehrspolitischen bzw. agrarrechtlichen Inhalts – in den Handlungsformen des Art. 249 EG.[824]

Gewisse Gefolgschaft vermochte das Konzept des Vertragsergänzungs-Beschlusses bei Art. 227 II Ua. 2 EWGV für sich zu verbuchen, wonach der Rat „die Bedingungen für die Anwendung“ gewisser Vertragsbestimmungen auf die französischen überseeischen Departements beschließen konnte. Hierauf gestützt erließ der Rat in den 1960er Jahren eine Reihe von „Beschlüssen“, die als konstitutive Ausdehnung des Vertrags zu verstehen waren.[825] Im gleichen Zeitraum ergingen jedoch auch Verordnungen und Richtlinien, die Art. 227 II EWGV als eine ihrer Rechtsgrundlagen anführten.[826] Der formenpolitische Streit erledigte sich, als der Gerichtshof die allgemeine Einbeziehung der französischen überseeischen Departements in den Geltungsbereich des Vertrags feststellte, womit Art. 227 II EWGV nach Ablauf der dort vorgesehenen

---

820 Eine Aufzählung von Rechtsgrundlagen für angeblich „vertragsändernde Beschlüsse“ bei *Rabe*, Verordnungsrecht (Anm. 525), S. 50 f.; ebenso *Pabel*, Rechtscharakter (Anm. 667), S. 111.

821 Wohlfarth/Everling/Glaesner/Sprung-*Everling* (1960), Komm. zu Art. 84 EWGV: „Befugnis zur autonomen Vertragsergänzung“.

822 Wohlfarth/Everling/Glaesner/Sprung-*Glaesner* (1960), Rdnr. 3 zu Art. 42 EWGV: „dürfte … lediglich ein Beschluss eigener Art … angebracht sein“.

823 *Rabe*, Verordnungsrecht (Anm. 525), S. 95.

824 Dies übersieht *Oppermann*, Europarecht (Anm. 577), Rdnr. 580, der auf vermeintliche „unbenannte Beschlüsse“ unter Art. 84 II EGV (jetzt Art. 80 II EG) verweist.

825 Zuerst am 11. Mai 1960: Beschluss zur Anwendung der Bestimmungen des Vertrages über den Kapitalverkehr auf Algerien und die französischen überseeischen Departements, ABl. 43 vom 12.7.1960, S. 919/60.

826 Beispiel: Richtlinie des Rats zur Angleichung der Rechtsvorschriften der Mitgliedstaaten für färbende Stoffe, die in Lebensmitteln verwendet werden dürfen, ABl. 115 vom 11.11.1962, S. 2645/62.

Zweijahresfrist gegenstandslos geworden war.[827] In der heutigen Fassung ermächtigt Art. 299 II Ua. 2 EG eindeutig nicht mehr zu primärrechtsausdehnenden Beschlüssen, sondern zu „spezifischen Maßnahmen" des Sekundärrechts.

Der eigentliche Deutungswandel hin zu einer strikten Hierarchisierung von Primär- und Sekundärrecht, unter der die Qualifizierung ‚Vertragsergänzung' keine sinnvolle Funktion erfüllt, vollzog sich an Art. 235 EWGV (jetzt Art. 308 EG). In der älteren Literatur findet sich verbreitet – wenngleich mit abweichenden normativen Implikationen – die Auffassung, dieser Artikel beinhalte eine Kompetenz zur „Vertragslückenschließung" bzw. zur „Vertragsergänzung".[828] Manche Autoren zogen den Schluss, für die nach Art. 235 EWGV zu erlassenden „Vorschriften" seien, wie bei vertragsergänzenden Maßnahmen generell, Beschlüsse *sui generis* zu wählen, oder dieser Konnex wurde stillschweigend vorausgesetzt.[829] Der erste Rechtsakt unter Art. 235 EWGV aus

---

[827] EuGH, Rs. 148/77, *Hansen*, Slg. 1978, S. 1787, Rdnrn. 10 f.; ein späterer Beschluss über das sog. POSEIDOM-Programm, mit dem die Gemeinschaft eine kohärente Politik gegenüber den französischen überseeischen Gebieten zu formulieren suchte, trägt teils Züge eines Rahmenprogramms zur Lenkung späterer Rechtsetzungsaktivitäten, teils eines Programms zur Lenkung von Finanzmitteln, setzt die Anwendbarkeit des Vertrags jedoch voraus, Beschluss des Rates vom 22. Dezember 1989 zur Einführung eines Programms zur Lösung der spezifisch auf die Abgelegenheit und Insellage der französischen überseeischen Departements zurückzuführenden Probleme (POSEIDOM) (89/687/EWG), ABl. L 399 vom 30.12.1989, S. 39.

[828] Groeben/Boeckh-*Ehring* (1960), Rdnr. 11 zu Art. 235 EWGV; Wohlfarth/Everling/Glaesner/Sprung-*Wohlfarth* (1960), Rdnr. 6 zu Art. 235 EWGV; *Rabe*, Verordnungsrecht (Anm. 525), S. 152; *Möller*, Verordnung (1967) (Anm. 568), S. 84; *H. v. Meibom*, Lückenfüllung bei den Europäischen Gemeinschaftsverträgen, NJW 1968, S. 2165, 2166 f.; *Ipsen*, Gemeinschaftsrecht, 4/30, 20/37 und 22/15; *Ch. Tomuschat*, Die Rechtsetzungsbefugnisse der EWG in Generalermächtigungen, EuR Sonderheft 1976, S. 45, 64; *W. Meng*, Das Recht der Internationalen Organisationen, 1979, S. 92 f. und 96; dagegen bereits *U. Everling*, Die allgemeine Ermächtigung der Europäischen Gemeinschaft zur Zielverwirklichung nach Art. 235 EWGV, EuR Sonderheft 1976, S. 2, 16 f.

[829] *v. Meibom*, Lückenfüllung (Anm. 828), S. 2169; *M. Zuleeg*, Die Kompetenzen der Europäischen Gemeinschaften gegenüber den Mitgliedstaaten, JöR n.F. 20 (1971), S. 1, 17; *Constantinesco*, Europ. Gemeinschaften (Anm. 693), S. 279 f. und 595; wohl auch *Ipsen*, Gemeinschaftsrecht, 4/34; für Wahlfreiheit dagegen *Rabe*, Verordnungsrecht (Anm. 525), S. 155; *R. H. Lauwaars*, Art. 235 als Grundlage für die flankierenden Politiken im Rahmen der Wirtschafts- und Währungsunion, EuR 1976, S. 100, 106; Grabitz/Hilf-*Grabitz*, Rdnr. 83 zu

dem Jahr 1962 erging tatsächlich, obwohl er erkennbar die Rechtswirkungen einer Verordnung erzielen sollte, unter der Bezeichnung „Beschluss".[830] Von dieser Praxis kam der Rat jedoch rasch ab und erließ die auf Art. 235 EWGV gestützten Akte in den Folgejahren ganz überwiegend in den Handlungsformen des Art. 189 EWGV.[831] Als dann ab 1973 auch wieder „Beschlüsse" unter Art. 235 EWGV angenommen wurden, waren dies Beschlüsse mit formcharakteristisch begrenztem Wirkungsmodus.[832]

Zur heute gesicherten Erkenntnis, dass unter Art. 308 EG der Vertrag nicht ergänzt, sondern angewendet wird, indem der Rat im Zusammenwirken mit Kommission und Parlament von einer vertraglich zugewiesenen Befugnis Gebrauch macht,[833] hat die Rechtsprechung Wesentliches beigetragen. Gegen das Verständnis zumindest einzelner Mitgliedstaaten beharrte er auf der Unterscheidung von „Handlungen des Rates" unter Art. 235 EWGV zu *inter-se*-Abkommen der Mitgliedstaaten; die Anwendung völkerrechtlicher Rechtsinstitute (etwa die Erklärung eines Vorbehalts) auf Erstere sei ausgeschlossen.[834] Diese Rechtsprechung beinhaltet die volle Justiziabilität nicht nur der formellen, sondern auch der materiellen Voraussetzungen des Art. 308 EG. Au-

---

Art. 235 EGV; strenger *G. Graf Henckel von Donnersmarck*, Planimmanente Krisensteuerung in der Europäischen Wirtschaftsgemeinschaft, 1971, S. 64 f.: „‚Beschlüsse sui generis' sind ausgeschlossen".

[830] Beschluss des Rates zur Erhebung einer Ausgleichsabgabe auf bestimmte Waren, die durch Verarbeitung landwirtschaftlicher Erzeugnisse entstehen, ABl. 30 vom 20.4.1962, S. 999/62 (nicht mehr in Geltung).

[831] Übersichten bei *D.-W. Dorn*, Art. 235 EWGV – Prinzipien der Auslegung, 1986, S. 9 und 158 ff., fortgeführt bei *M. Bungenberg*, Art. 235 EGV nach Maastricht, 1999, S. 293 ff.; zur Entwicklung *T. Lorenz/W. Pühs*, Eine Generalermächtigung im Wandel der Zeit, ZG 1998, S. 142, 145 ff.

[832] Groeben/Schwarze-*Schwartz*, Rdnr. 210 zu Art. 308 EG; nach einer CELEX-Recherche des Verfassers war der Beschluss in den 1990er Jahren die am häufigsten unter Art. 235 E(W)GV gewählte Handlungsform.

[833] Hierzu nur Streinz-*Streinz*, Rdnrn. 1 und 4 zu Art. 308 EG; Schwarze-*Schreiber*, Rdnrn 3 f. zu Art. 308 EG; Groeben/Schwarze-*Zuleeg*, Rdnr. 2 zu Art. 5 EG; vereinzelt findet sich noch die Qualifizierung als ‚autonome Vertragsergänzung', etwa Grabitz/Hilf-*Frohmeyer*, Rdnr. 10 zu Art. 80 EG; ganz isoliert die Ansicht, Art. 308 EG ermächtige zur Abweichung von Primärrecht, Groeben/Schwarze-*Meng*, Rdnr. 110 zu Art. 48 EU.

[834] EuGH, Rs. 38/69, *Kommission/Italien*, Slg. 1970, S. 47, Rdnrn. 10/11; Rs. 91/79, *Kommission/Italien*, Slg. 1980, S. 1099, Rdnr. 7.

ßerhalb der vertraglich vorgesehenen Verfahren ist jede Änderung oder Ergänzung der Verträge ausgeschlossen, auch unter Art. 308 EG.[835] Mit diesem Durchbrechungsverbot war ein wesentlicher Grundstein für den Verfassungscharakter der Verträge gelegt.[836]

dd. Der ÜLG-Beschluss ist ein anachronistischer „Beschluss" *sui generis*

Betrachtet man im Lichte dieser allgemeinen Entwicklung die Praxis des Rates unter Art. 187 EG, wird deutlich, wie anachronistisch die formenpolitische Konzeption ist, die dem geltenden ÜLG-Beschluss zugrunde liegt. Der auf die 1960er Jahre zurückgehende Konnex einer als ‚vertragsergänzend' qualifizierten Befugnis mit der Form eines „Beschlusses" hat sich hier perpetuiert. Art. 187 EG hat den Anschluss an die formendogmatische Entwicklung verpasst, wie sie bei Art. 308 EG längst stattgefunden hat. Damit steht der ÜLG-Beschluss heute als singuläres Phänomen im Unionsrecht da: Er ist der vielleicht letzte „Beschluss" *sui generis* eines regulären Rechtsetzungsorgans. Für zukünftige Rechtsetzung ist von der Prämisse auszugehen, dass für die „Festlegungen", die der Rat unter Art. 187 EG zu treffen hat, nicht weniger als für die „Vorschriften" nach Art. 308 EG alle regulären Handlungsformen des Gemeinschaftsrechts zur Verfügung stehen. Aus Gründen der Rechtsklarheit ist für den grundlegenden Übersee-Assoziierungsrechtsakt die Wahl einer Verordnung zu fordern.

6. *Zwischenergebnis zum Wirkungsmodus des Beschlusses*

In einem ersten Resümee seien die bisherigen Erträge zum Wirkungsmodus des Beschlusses festgehalten. Die spezifischen Rechtswirkungen dieser Handlungsform wurden aus Struktur und Inhalt der Normen rekonstruiert, die Akte der regulären Rechtsetzungsorgane in Anspruch nehmen, die durch ihre äußere Form als Beschlüsse autoqualifiziert sind. Ordnungskriterien gewann die Untersuchung durch eine Systematisierung der Rechtswirkungen der in Art. 249 EG kodifizierten Handlungsformen.

---

[835] EuGH, Gutachten 2/94, *EMRK-Beitritt*, Slg. 1996, S. I-1759, Rdnrn. 29 f.; so auch BVerfGE 89, S. 155, 210.

[836] *Schroeder*, Gemeinschaftsrechtssystem (Anm. 720), S. 128 ff. und 363 ff.; Grabitz/Hilf-*Vedder/Folz*, Rdnr. 9 zu Art. 48 EU.

Zu einer trennscharfen Unterscheidung des Beschlusses von den kodifizierten Handlungsformen gelangt man anhand von vier Variablen: Verbindlichkeitsmodus, formelle Adressierung, Stufen der Normgebung und Verpflichtungsmodus.

Erstens ist zu unterscheiden, ob Rechtswirkungen verbindlich, unverbindlich oder regelfallverbindlich sind. Verbindlichkeit zeichnet eine Handlungsform dann aus, wenn die normativen Sätze eines Rechtsakts, der dieser Form angehört, strikte Beachtung verlangen können. Gemäß dieser Definition gehört der Beschluss uneingeschränkt zu den verbindlichen Handlungsformen. Dies ergibt sich aus Merkmalen seiner äußeren Form, der Normativität der Sprache seiner Bestimmungen sowie aus der Abwesenheit entgegenstehender Hinweise. Zurückzuweisen ist eine Deutung, nach der Beschlüsse außerhalb der institutionellen Struktur der Union keine verbindlichen Wirkungen entfalten. Im Hinblick auf seinen Verbindlichkeitsmodus stimmt der Beschluss mit Verordnung, Richtlinie und Entscheidung überein.

Zweitens lassen sich die unionalen Handlungsformen danach ordnen, ob ihre Rechtswirkungen adressatenspezifisch oder adressatenunspezifisch eintreten. Adressat im formellen Sinne ist derjenige, den ein Rechtsakt als seinen Empfänger bezeichnet. Die entsprechenden formentypischen Schlussformeln grenzen den personellen und räumlichen Wirkungsbereich eines Akts ein. Das Fehlen einer formellen Adressierung charakterisiert den Beschluss als eine adressatenlose und damit adressatenunspezifisch wirkende Handlungsform. Diese Eigenschaft eines formell unbeschränkten Wirkungsbereichs eint Verordnung und Beschluss sowie, unter den unverbindlichen Handlungsformen, die Entschließung.

Drittens kann differenziert werden, ob eine Handlungsform eine einstufige oder zweistufige Struktur der Normgebung vorsieht. Begriffsprägend für die Familie der zweistufigen Handlungsformen ist die Richtlinie. Bei ihr bleibt der Normgebungsprozess ohne eine zweite Rechtsetzungsphase auf mitgliedstaatlicher Ebene unvollständig. Einstufige Handlungsformen dagegen entfalten ihre Rechtswirkungen bereits dann, wenn sie auf unionsrechtlicher Ebene in Kraft treten; sie können den projektierten Rechtszustand selbst herbeiführen. Der Beschluss gehört zu den einstufigen Handlungsformen. Beschlüsse sind auf die unmittelbare Herbeiführung eines rechtlichen Gestaltungserfolgs in der Unionsrechtsordnung gerichtet. Seine Einstufigkeit verbindet den Beschluss mit Verordnung, Entscheidung und Entschließung.

Als vierte Variable, die schließlich auch eine Unterscheidung von Beschluss und Verordnung ermöglicht, ist der formenspezifische Verpflichtungsmodus zu benennen. Die Hauptalternativen sind universelle, limitierte und fehlende Verpflichtungskraft. Universelle, nur geltungsräumlich beschränkte Verpflichtungskraft zeichnet die Verordnung aus. Dies folgt aus ihrer unmittelbaren Anwendbarkeit (Art. 249 II 2 EG), welche die Eignung ihrer Bestimmungen bedingt, unmittelbare Quelle von Rechten und Pflichten für Mitgliedstaaten und Rechtsbürger zu sein. Das Fehlen originärer Verpflichtungskraft kennzeichnet die unverbindlichen Handlungsformen. Der Beschluss besitzt limitierte Verpflichtungskraft.

Zu deren näherer Bestimmung ist zwischen verschiedenen Verpflichtungsadressaten zu unterscheiden. In Bezug auf die Union als Verband und damit die Gesamtheit ihrer Organe und Einrichtungen ist die Verpflichtungskraft des Beschlusses unbeschränkt. Zum einen entfaltet jeder Beschluss in dem Sinne negative Verpflichtungskraft, dass er von allen Handlungsträgern der Union beachtet werden muss, solange nicht die Voraussetzungen für seine Derogation vorliegen. Zum anderen besitzt ein Beschluss das Vermögen, einem Organ oder einer Einrichtung der Union gezielte Handlungspflichten aufzuerlegen. Im Verhältnis zu den Rechtsbürgern ist er verpflichtungsneutral: Beschlüsse enthalten weder an private Rechtssubjekte gerichtete Ge- oder Verbote noch ermächtigen sie eine hoheitliche Stelle, solche zu erlassen. Dieser Ausschluss privatgerichteter Verpflichtungskraft grenzt den Beschluss scharf von Verordnung und Entscheidung ab, zeigt aber eine Gemeinsamkeit zur Richtlinie auf, die ebenfalls keine unmittelbare Quelle von Pflichten für private Rechtssubjekte ist. Gegenüber den Mitgliedstaaten zeichnet sich der Beschluss durch eine starke Beschränktheit, nicht aber durch einen vollständigen Ausschluss seiner Verpflichtungskraft aus. Grundsätzlich sind Beschlüsse autonome Gestaltungsakte des Unionsrechts, die für die Mitgliedstaaten keine Pflichten begründen. Die Verpflichtungen, denen die Mitgliedstaaten gleichwohl unterliegen, werden durch Art. 10 EG bestimmt und zugleich inhaltlich begrenzt. Im Rahmen ihrer Pflicht zur loyalen Zusammenarbeit mit den Organen der Union trifft die Mitgliedstaaten die allgemeine Pflicht, alles zu unterlassen, was die Anwendung eines Beschlusses beeinträchtigen könnte, Art. 10 II EG. Darüber hinaus kann ausnahmsweise auch aktives Handeln der Mitgliedstaaten gefordert sein, um das Regelungsziel eines Beschlusses nicht zu gefährden. In diesem Fall greift die Förderungspflicht des Art. 10 I 2 EG ein. Entsprechende Mitwirkungspflichten können auch im Normtext des Beschlusses ausgesprochen und konkretisiert werden. Eine umfassende Durchführungsverpflichtung, wie sie andere verbindliche Handlungsformen auslösen, entfalten Beschlüsse nicht; sie ergehen stets „unter Ausschluss jeglicher Harmonisierung der Rechts- und Verwaltungsvorschriften der Mitgliedstaaten". Beschlüsse sind damit, im Gegensatz zu Richtlinien, auch keine mittelbare Quelle von Verpflichtungen für die Rechtsbürger.

Da im Unionsrecht individuelle Rechte bereits dann entstehen können, wenn eine Bestimmung eine hinreichend klare und unbedingte Verpflichtung auferlegt, definiert der spezifische Verpflichtungsmodus der Handlungsformen zugleich den Umfang, in dem sie Berechtigungskraft zu entfalten vermögen. Eine horizontale Direktwirkung von Beschlüssen zwischen Rechtsbürgern ist mithin ausgeschlossen, weil ein Beschluss keine privatgerichtete Verpflichtungskraft entfaltet. Hingegen korrespondiert seine unbeschränkte organgerichtete Verpflichtungskraft mit seiner Eignung, individuelle Rechte zu begründen: Die Rechtsbürger können aus einem Beschluss Ansprüche gegenüber den Unionsorganen und -einrichtungen ableiten, für deren Durchsetzung die Gerichte der Union zuständig sind. Grundsätzlich besitzt ein Beschluss auch die Fähigkeit, Rechte gegenüber den Mitgliedstaaten zu begründen, zu deren Schutz die staatlichen Gerichte berufen sind. Subjektive unmittelbare Wirkungen von Beschlüssen können jedoch nur als Reflex zu einer unbedingten und hinreichend klaren Mitwirkungsverpflichtung entstehen, denn weiter reicht ihre staatengerichtete Verpflichtungskraft nicht.

II. Die derogatorische Kraft der Beschlüsse

Auf der Grundlage der gewonnenen Erkenntnisse über die charakteristischen Rechtswirkungen, die Beschlüsse für sich in Anspruch nehmen, können diese Akte nunmehr in ihrem Zusammenspiel mit anderen unionalen Handlungen beobachtet werden. Gefragt wird nach der derogatorischen Kraft, hier verstanden als das Vermögen eines Rechtsakts, geltende Rechtsakte derselben Rechtsordnung zu ändern oder aufzuheben. Dabei soll in einem weiten Sinne als konkludente Änderung oder partielle Aufhebung auch jede spätere Regelung verstanden werden, die zwar Wortlaut und Geltung eines früheren Rechtsakts formell unangetastet lässt, seinen Anwendungsbereich jedoch verkürzt (Abweichung) oder seine Anwendbarkeit *ad hoc* suspendiert (Aussetzung).[837] Von In-

---

[837] Auf die Unterscheidung von Invalidation (Vernichtbarkeit) und echter Derogation (Vernichtung) kommt es im vorliegenden Kontext nicht an; zur

teresse ist im hiesigen Zusammenhang sowohl die aktive derogatorische Kraft von Beschlüssen als auch ihre passive derogatorische Kraft, Letztere definiert als das Vermögen, sich gegen eine Derogation durch einen späteren Rechtsakt erfolgreich zu sperren.

Systematisch behandelt diese Studie die derogatorische Kraft als Problem des Wirkungsmodus. Es handelt sich um eine (partiell) über die Handlungsform der Akte determinierte Eigenschaft, die sich auf ihr Vermögen bezieht, rechtliche Wirkungen zu erzielen, indem sie den Bestand des geltenden Rechts modifizieren. Einige der in diesem Zusammenhang zu diskutierenden Fragen ließen sich auch als Problem des Gültigkeitsregimes einordnen, da sich die Grenzen der derogatorischen Kraft zumeist nicht auf das rechtliche Können, sondern auf das rechtliche Dürfen beziehen. Wenn im Folgenden von einer erfolgreichen Derogation die Rede ist, ist eine *rechtmäßige* Derogation gemeint.

Die Untersuchung erfolgt in drei Schritten. Zunächst wird der Beschluss unter Rückgriff auf die Kategorie des Rangs in die Normenhierarchie des Unionsrechts eingeordnet (1.). Bezüglich der Beschlüsse im Rang des abgeleiteten Rechts gilt das Interesse insbesondere solchen Konstellationen, in denen ein Beschluss eine generelle Widerständigkeit gegen seine Derogation durch spätere Organhandlungen behaupten kann (2.). Anschließend wird untersucht, nach welchen Regeln Normkollisionen zwischen Beschlüssen und gleichrangigen Akten in anderen Handlungsformen zu lösen sind (3.).

1. Der Rang der Beschlüsse

a. Zum Begriff des Rangs

Mit dem Begriff des Rangs greift diese Studie auf eine Kategorie zurück, die Aussagen über die systematische Stellung ermöglicht, die eine Rechtsnorm innerhalb einer Rechtsordnung einnimmt.[838] Rangtheoretische Aussagen gehören zum selbstverständlichen Arsenal des Verfassungsrechts. Rechtsinstitute wie der Vorrang der Verfassung oder der Vorrang des Gesetzes werden heute allgemein als Ausdruck einer Normenhierarchie gedeutet, als Folge des Rangs dieser Normen. Theoretisch ausgearbeitet wurde die Kategorie von der Lehre vom rechtlichen

---

Terminologie, allerdings auf der Grundlage eines engeren Derogationsbegriffs, *E. Wiederin*, Bundesrecht und Landesrecht, 1995, S. 51 ff.

[838] *F. B. Callejón*, Das System der Rechtsquellen in der spanischen Verfassungsordnung, JöR n.F. 49 (2001), S. 413, 418.

Stufenbau,[839] deren Einsichten für die Zwecke dieser Studie fruchtbar gemacht werden können, ohne sämtliche Prämissen akzeptieren zu müssen.

Grundlegend ist die Annahme, dass jede Rechtsnorm ihre Geltung aus einer anderen Rechtsnorm ableitet.[840] Dieser Ableitungszusammenhang lässt sich auch als Erzeugungszusammenhang beschreiben, insofern sich die Voraussetzungen für die Setzung einer Rechtsnorm aus anderen Rechtsnormen ergeben müssen.[841] Die so erzeugten Normen können die Bedingungen für die Erzeugung weiterer Rechtsnormen festlegen usw. Das Verhältnis von bedingenden und bedingten Normen kann metaphorisch als eine Hierarchie bezeichnet werden, als Rangordnung höherer und niedrigerer Akte.[842]

Der entscheidende gedankliche Schritt der Stufenbaulehre ist, diese normlogischen Überlegungen zu einem Strukturprinzip der Rechtsordnung zu verallgemeinern, die insgesamt als eine hierarchisch geordnete Folge von Norm*gruppen* beschrieben wird.[843] Die Vielzahl von Ableitungsketten von bedingenden und bedingten Normen wird in diesem Modell dergestalt zusammengebunden, dass sich eine Ordnung der Rechtssatzformen ergibt, die jeweils eine einheitliche Stufe der Geltungskraft auszeichnet (Normen mit Verfassungsrang, mit Gesetzesrang, usw.). Das Charakteristische einer übergeordneten Stufe besteht darin, dass sie die rechtlichen Voraussetzungen für die Erzeugung der Normen der untergeordneten Stufen festlegt, wobei der Begriff nicht nur das Verfahren der Rechtsetzung umfasst, sondern auch die einschlägigen materiell-rechtlichen Maßstabsnormen (den „Inbegriff der Konstitutionsbedingungen", wie *Ross* formuliert[844]).

Hierin liegt eine wichtige praktische Bedeutung einer normhierarchischen Deutung der Rechtsordnung: Sie erlaubt die Identifizierung von Maßstabsnormen, anhand derer die Rechtmäßigkeit eines Akts beurteilt

---

[839] *A. Merkl*, *H. Kelsen* und *A. Ross*, jew. Anm. 652.

[840] *Kelsen*, Reine Rechtslehre (Anm. 652), S. 4 ff.

[841] *Merkl*, Prolegomena (Anm. 652), S. 280.

[842] Der Rechtsbegriff des Rangs ist eine terminologische Anleihe an die Herrschaftsstruktur traditionaler Gesellschaften, *J. Millar*, Vom Ursprung des Unterschieds in den Rangordnungen und Ständen der Gesellschaft (1771), 1985, S. 47 ff.; *M. Weber*, Wirtschaft und Gesellschaft, 1980, S. 130 ff. und 580 ff.

[843] *H. Kelsen*, Allgemeine Theorie der Normen, 1979, S. 208.

[844] *Ross*, Rechtsquellen (Anm. 652), S. 360.

werden kann.[845] Von der rechtlichen Bedingtheit eines Akts kann auf seine derogatorische Kraft geschlossen werden: Ein ranghöherer Akt kann bzw. darf einen rangniedrigeren derogieren, nicht aber umgekehrt (*lex superior derogat legi inferiori*).[846] Die rangmäßige Einordnung eines Rechtsakts stellt mithin eine Kollisionsregel zur Verfügung, mit der Normenkonflikte bewältigt werden können.[847] Dies gilt jedoch nur, wie die Lehre vom Stufenbau anerkennt,[848] soweit nicht das positive Recht andere Anordnungen bezüglich der derogatorischen Kraft der in den Konflikt involvierten Rechtsnormen trifft.

b. Die Regel: Beschlüsse sind Organakte im Rang des abgeleiteten Rechts

Mithilfe dieses begrifflichen Apparats lässt sich unschwer eine rangmäßige Einordnung der Organ-Beschlüsse vornehmen. Beschlüsse werden, ebenso wie die in Art. 249 EG genannten Handlungen, nach Verfahrens- und Zuständigkeitsregeln erzeugt, die sich aus den Unionsverträgen ergeben.[849] Aufgrund dieses Erzeugungszusammenhangs spricht man von abgeleitetem Recht (dem Sekundärrecht) im Gegensatz zu originärem Unions- bzw. Gemeinschaftsrecht (dem Primärrecht). Die Verträge definieren die Konstitutionsbedingungen des abgeleiteten Rechts und gehen ihm deshalb im Rang vor.[850] In der Konsequenz müssen Beschlüsse mit allen Anforderungen übereinstimmen, die sich aus den Verträgen ergeben, es sei denn, die Verträge erlauben punktuell ihre eigene Derogation durch einen Akt des abgeleiteten Rechts ausdrücklich. Diese hierarchische Unterordnung besteht zu allen Rechtsnormen, die

---

[845] Ibid., S. 360 f.

[846] *Merkl*, Prolegomena (Anm. 652), S. 276.

[847] Darüber hinaus folgt aus der rangmäßigen Zuordnung das Gebot einer kollisionsvermeidenden Auslegung rangniedrigeren Rechts im Lichte des ranghöheren, für das Unionsrecht EuGH, Rs. 218/82, *Kommission/Rat*, Slg. 1983, S. 4063, Rdnr. 15; Rs. C-135/93, *Spanien/Kommission*, Slg. 1995, S. I-1651, Rdnr. 37; Rs. C-61/94 (Anm. 756), Rdnr. 52; Grabitz/Hilf-*Pernice/Mayer*, Rdnr. 49 zu Art. 220 EG.

[848] *Merkl*, Prolegomena (Anm. 652), S. 278.

[849] Zum allgemeinen Kompetenznormerfordernis oben, Erster Teil, B. II. 1.

[850] Sie bilden, in der Formulierung des EuGH, „Grundlage, Rahmen und Grenzen" für das abgeleitete Recht, Rs. 26/78, *Viola*, Slg. 1978, S. 1771, Rdnrn. 9/14.

den Rang der Verträge teilen, namentlich den in der Unionsrechtsordnung anerkannten allgemeinen Rechtsgrundsätzen.[851]

Der Text der Verträge wählt einen leicht anderen Ausgangspunkt, um eine zweistufige Hierarchisierung des Unionsrechts zum Ausdruck zu bringen. Die relevanten Vertragsbestimmungen knüpfen an der Zurechnung eines Rechtsakts zu einem durch die Verträge konstituierten Organ an. Die allgemeinste Formulierung findet sich in Art. 5 EU,[852] ebenso Art. 7 I 2 EG und, mit engerem Anwendungsbereich, Art. 249 I EG. Die Maßstabsfunktion der Verträge für das organgeschaffene Recht ergibt sich ferner aus den Vorschriften über die Rechtmäßigkeitskontrolle, wonach alle „Handlungen der Organe der Gemeinschaft und der EZB" (Art. 234 I lit. b EG, ähnlich Art. 230 I EG) wegen „Verletzung dieses Vertrags" (Art. 230 II EG) für nichtig erklärt werden können.

Das organgeschaffene und das abgeleitete Unionsrecht sind zwar weit gehend, aber doch nicht zur Gänze identische Klassen von Rechtsakten.[853] So enthalten die Beitrittsakten zahlreiche Bestimmungen, die aufgrund einer ausdrücklichen Anordnung ihrem Rang nach zum abgeleiteten Recht gehören, und gleichwohl Handlungen der Mitgliedstaaten, nicht der Organe sind (daher gilt Art. 230 I EG auch für diese Teile einer Beitrittsakte nicht).[854] Umgekehrt setzt Art. 230 I EG nicht zwingend voraus, dass die Rechtsgrundlage der betreffenden Organhandlung in den Verträgen zu finden ist oder sich auf sie zurückführen lässt.[855] Darüber hinaus existieren (wie sogleich zu diskutieren sein wird) Handlungen der Organe, die, wenn man auf ihre derogatorische Kraft abstellt, primärrechtlichen Rang einnehmen.

---

[851] Zum primärrechtlichen Rang der allgemeinen Rechtsgrundsätze *Schilling*, Bestand und allgemeine Lehren (Anm. 721), S. 29 f., aus der Judikatur EuGH, Rs. C-25/02, *Rinke*, Slg. 2003, S. I-8349, Rdnrn. 25 f.

[852] Dort zugleich eine umfassende Formulierung für das geschriebene Primärrecht.

[853] Häufig werden die Begriffe in eins gesetzt, etwa *Lenaerts/Van Nuffel*, Constitutional Law (Anm. 524), Rdnrn. 17-001 und 17-051; *Fastenrath/Müller-Gerbes*, Europarecht, Rdnr. 318.

[854] EuGH, verb. Rs. 31/86 und 35/86, *LAISA u.a./Rat*, Slg. 1988, S. 2285, Rdnrn. 9 ff.; Rs. C-313/89, *Kommission/Spanien*, Slg. 1991, S. I-5231, Rdnr. 10.

[855] EuGH, Rs. C-316/91, *Parlament/Rat*, Slg. 1994, S. I-625, Rdnr. 9; die Organe werden hier im Rahmen einer Organleihe auf komplementärrechtlicher Grundlage tätig.

Für die ganz überwiegende Zahl der Beschlüsse spielen diese Feindifferenzierungen indes keine Rolle: Als Organhandlungen, die ihren Geltungsgrund in den Verträgen finden, stehen Beschlüsse im Rang des abgeleiteten Rechts. Ihre derogatorische Kraft erstreckt sich grundsätzlich allein auf ältere Rechtsakte, die ihrerseits im Rang des abgeleiteten Rechts stehen.

Dieser Regelfall kann als weiterer Aspekt des Wirkungsmodus des Beschlusses festgehalten werden. Er beschreibt den Ausgangspunkt, von dem aus Abweichungen entweder als forminterne Variation oder als Ausdruck einer Differenz in der Handlungsform gedeutet werden können. Diese Alternative stellt sich zum einen bei „Beschlüssen", denen es an Derogationsvermögen gegenüber abgeleitetem Unionsrecht fehlt (c.), zum anderen bei „Beschlüssen", denen das positive Recht aktive derogatorische Kraft gegenüber bestimmten primärrechtlichen Bestimmungen zuspricht (d.).

c. Komplementärrechtliche „Beschlüsse" sind keine Beschlüsse

Rangtheoretische Erwägungen liefern ein durchschlagendes Kriterium, um die Differenz der Beschlüsse der Organe und Einrichtungen der Union vom Typus des komplementärrechtlichen Beschlusses aufzuzeigen, ohne dass im Detail auf andere Aspekte des Wirkungsmodus eingegangen werden müsste.

Wenn ein als „Beschluss" bezeichneter Akt weder von einem Unionsorgan erlassen worden ist noch auf eine Rechtsgrundlage der Verträge zurückgeführt werden kann, dann hat man keinen Akt des abgeleiteten Rechts vor sich. Vorausgesetzt, es handelt sich bei einem solchen „Beschluss" auch nicht um Primärrecht, dann steht er außerhalb der Normenhierarchie des Unionsrechts.[856] So verhält es sich bei den Handlungen der Gesamtheit der Mitgliedstaaten, die hier zusammenfassend als Komplementärrecht bezeichnet werden.

Hierunter sind *inter-se*-Abkommen der Mitgliedstaaten zu verstehen, die in einer sachlichen Nähe zum Unions- bzw. Gemeinschaftsrecht stehen, aber nicht die Anforderungen erfüllen (wollen), die Art. 48, 49 EU an die Erzeugung von Primärrecht stellt. Diese Nähe wird unterstrichen, wenn die Ausarbeitung des Komplementärrechts im institutionellen Kontext der Union geschieht, indem sich die im Rat vertretenen Mitgliedstaaten *ad hoc* als Regierungskonferenz konstituieren, und der

[856] EuGH, Rs. 44/84 (Anm. 694), Rdnr. 37.

betreffende Akt in seiner äußeren Form einem Unionsrechtsakt stark angenähert ist. Solche „Beschlüsse der im Rat vereinigten Vertreter der Regierungen der Mitgliedstaaten" haben in einer bestimmten Phase der Integration große wissenschaftliche Beachtung erfahren.[857] Die irreführend auch „uneigentliche Ratsbeschlüsse"[858] genannten Rechtsakte der Mitgliedstaaten haben das heutige Verständnis der „Beschlüsse *sui generis*" stark beeinflusst.[859] Vor diesem Hintergrund mag es überraschen, dass die Akte der vereinigten Regierungsvertreter in der Praxis nur selten tatsächlich als „Beschlüsse" bezeichnet werden, sondern zumeist als „Entschließung" ergehen, zuweilen auch als „Schlussfolgerungen", „Erklärung", „Vereinbarung" oder „Abkommen".[860] Die Bezeichnung „Beschluss" wird, soweit überhaupt eine Regel erkennbar ist, in den (wenigen) Fällen gewählt, in denen die Verträge ein gemeinsames Handeln der Mitgliedstaaten ausdrücklich vorsehen, namentlich zur Ernennung der Mitglieder des Gerichtshofs und des Gerichts (Art. 223 I, 224 II EG)[861] oder zu Vereinbarungen über den Schutz der Unions-

---

[857] *J. H. Kaiser*, Die im Rat vereinigten Vertreter der Regierungen der Mitgliedstaaten, in: FS C. F. Ophüls, 1965, S. 108; *Wagner*, Beschlußrecht (Anm. 605), S. 224 ff.; *G. Bebr*, Acts of Representatives of the Governments of the Member States, SEW 1966, S. 529; *H. G. Schermers*, Besluiten van de vertegenwoordigers der lid-Staten; Gemeenschapsrecht?, SEW 1966, S. 545; *P. Pescatore*, Remarques sur la nature juridique des «décisions des représentants des états membres réunis au sein du conseil», SEW 1966, S. 579; *M. Zuleeg*, Das Recht der Europäischen Gemeinschaften im innerstaatlichen Bereich, 1969, S. 27; *Ipsen*, Gemeinschaftsrecht, 22/2 ff.; monographisch *J. Wuermeling*, Kooperatives Gemeinschaftsrecht, 1988; zur Konzeption des Gerichtshofs EuGH, Rs. 44/84 (Anm. 694), Rdnr. 36.

[858] In der neueren Literatur etwa Calliess/Ruffert-*Ruffert*, Rdnr. 127 zu Art. 249 EG; *Schweitzer/Hummer*, Europarecht, Rdnr. 182; *Geiger*, EUV/EGV, vor Rdnr. 27 zu Art. 249 EG.

[859] Im Anschluss an *Everlings* wirkungsmächtigen Aufsatz zu den „Beschlüssen, Entschließungen, Erklärungen und Vereinbarungen des Rates oder der Mitgliedstaaten der Europäischen Gemeinschaft" (Anm. 539) gerieten Beschlüsse der Organe weit gehend aus dem Blickfeld; hierzu oben, A. III. 3.

[860] *v. Bogdandy/Bast/Arndt*, Handlungsformen (Anm. 507), S. 124 f.

[861] Beispiel: Beschluss der Vertreter der Regierungen der Mitgliedstaaten der Europäischen Gemeinschaften vom 1. Januar 1973 über die Ernennung von Richtern und eines Generalanwalts beim Gerichtshof, ABl. L 2 vom 1.1.1973, S. 32.

bürger durch diplomatische Vertretungen (Art. 20 S. 2 EG).[862] Die begriffsprägende Sammelbezeichnung „Beschlüsse“ geht wohl auf die große Aufmerksamkeit zurück, die den sog. Beschleunigungsbeschlüssen zur Verwirklichung der Zollunion seinerzeit zuteil wurde.[863]

Im Einzelnen sind Rechtsnatur und Rechtsregime des Komplementärrechts weiterhin umstritten. Nach einer vom Verfasser geteilten Auffassung handelt es sich um völkerrechtliche Handlungen der Mitgliedstaaten, deren sachliche Nähe zum Unionsrecht zu einer erleichterten Aktivierung der Art. 10 und 12 I EG führt.[864] Für andere Autoren rechtfertigt ein Hinweis der Verträge auf kollektives Handeln der Mitgliedstaaten eine Einordnung als Unions- bzw. Gemeinschaftsrechtsakt.[865] Noch weiter gehen diejenigen, die der Gesamtheit der Mitgliedstaaten echte Organstellung im System der Verträge zubilligen wollen.[866] Der Streit mag hier auf sich beruhen, zumal die rechtlichen Konsequenzen der begrifflichen Qualifizierungen nicht immer klar sind.

---

[862] Beispiel: Beschluss der im Rat vereinigten Vertreter der Regierungen der Mitgliedstaaten vom 19. Dezember 1995 über den Schutz der Bürger der Europäischen Union durch die diplomatischen und konsularischen Vertretungen (95/553/EG), ABl. L 314 vom 28.12.1995, S. 73; hierzu *St. Kadelbach*, Unionsbürgerschaft, in: v. Bogdandy (Hrsg.), Verfassungsrecht (Anm. 544), S. 539, 560 ff.

[863] Beschluss der im Rat vereinigten Vertreter der Regierungen der Mitgliedstaaten der EWG vom 12.5.1960 bzw. vom 15.5.1962 über die beschleunigte (bzw. zusätzliche) Verwirklichung der Vertragsziele, ABl. 58 vom 12.9.1960, S. 1217/60, sowie ABl. 41 vom 28.5.1962, S. 1284/62; zu diesen *Everling*, Wirkung von Beschlüssen (Anm. 539), S. 135 f.; *Wellens/Borchardt*, Soft Law (Anm. 537), S. 299.

[864] *v. Bogdandy/Bast/Arndt*, Handlungsformen (Anm. 507), S. 125 ff.; Grabitz/Hilf-*v. Bogdandy*, Rdnr. 19 zu Art. 10 EG; *Bieber/Epiney/Haag*, Die Europäische Union, Rdnr. 45 zu § 6; Mayer-*Budischowsky*, Rdnrn. 27 f. zu Art. 48 EU; ähnlich Grabitz/Hilf-*Vedder/Folz*, Rdnrn. 7 f. zu Art. 48 EU; *Nicolaysen*, Europarecht I, S. 276; *Streinz*, Europarecht, Rdnr. 275; *I. E. Schwartz*, EG-Rechtsetzungsbefugnisse, insbesondere nach Art. 235 – ausschließlich oder konkurrierend?, EuR Sonderheft 1976, S. 27, 28 f.; in diesem Sinne EuGH, Rs. 44/84 (Anm. 694), Rdnr. 39.

[865] *Lenaerts/Van Nuffel*, Constitutional Law (Anm. 524), Rdnr. 18-004; *Hartley*, Foundations (Anm. 623), S. 94 ff.; *Kapteyn/VerLoren van Themaat*, Introduction (Anm. 515), S. 341 ff.; Streinz-*Schroeder*, Rdnr. 24 zu Art. 249 EG; Grabitz/Hilf-*Nettesheim*, Rdnr. 219 zu Art. 249 EG.

[866] *Wuermeling*, Koop. Gemeinschaftsrecht (Anm. 857), S. 67 ff.

Fest steht jedenfalls, dass es sich bei den Akten der Gesamtheit der Mitgliedstaaten auch dann, wenn sie ausnahmsweise als „Beschlüsse“ bezeichnet werden, um Handlungen handelt, deren Rechtsregime praktisch keine Gemeinsamkeiten aufweist mit den Beschlüssen, die die Organe der Union aufgrund einer unionsvertraglichen Kompetenz erlassen. Dies ist sehr deutlich an ihrem unterschiedlichen Derogationsvermögen ablesbar: Komplementärrechtlichen Handlungen fehlt es an aktiver derogatorischer Kraft gegenüber Unionsrechtsakten gleich welchen Rangs und welcher Form, denn außerhalb der vertraglich vorgesehenen Verfahren ist die Unionsrechtsordnung als Ganze gegen Einflussnahmen durch die Mitgliedstaaten immunisiert.[867] Umgekehrt besitzen auch die Unionsorgane keine Änderungs-, sondern nur eine Verdrängungsbefugnis gegenüber geltendem Komplementärrecht, eben weil es sich um Handlungen der Mitgliedstaaten handelt.[868] Normenkollisionen müssen im Rahmen der durch die Verträge definierten *vertikalen* Kompetenzverteilung und gegebenenfalls mithilfe des Anwendungsvorrangs als Konfliktentscheidungsregel gelöst werden.[869] Die Differenz zu den unionsrechtlichen Handlungsformen schlägt sich auch im jeweiligen Verfahrensregime nieder. Da das Komplementärrecht seine Geltung nicht aus den Unionsverträgen, sondern aus dem Konsens der über ihre Regierungsvertreter handelnden Mitgliedstaaten ableitet, ist stets die Zustimmung aller beteiligten Staaten erforderlich, wohingegen bei Beschlüssen und Entschließungen des Rates in Ermangelung einer spezifischen Bestimmung Art. 205 I EG zur Anwendung kommt. Kurz: „Uneigentliche Ratsbeschlüsse“ sind keine Beschlüsse.

d. Die Ausnahme: primärrechtliche Beschlüsse

Eine Sonderstellung in der Unionsrechtsordnung nehmen Rechtsakte ein, durch die Rechtsnormen im Rang von Primärrecht erzeugt werden,

---

[867] EuGH, verb. Rs. 90/63 und 91/63, *Kommission/Belgien und Luxemburg*, Slg. 1964, S. 1329, 1344; Rs. 59/75 (Anm. 631), Rdnr. 21; Rs. 43/75 (Anm. 631), Rdnrn. 56/58; *v. Bogdandy/Bast*, Kompetenzordnung (Anm. 655), S. 442 f.

[868] Erster Teil, C. II. 3. b.

[869] EuGH, Rs. 130/73, *Vandeweghe*, Slg. 1973, S. 1329, Rdnrn. 2 ff.; Rs. 230/81, *Luxemburg/Parlament*, Slg. 1983, S. 255, Rdnrn. 34 ff.; Rs. 235/87, *Matteucci*, Slg. 1988, S. 5589, Rdnr. 14; Rs. C-55/00, *Gottardo*, Slg. 2002, S. I-413, Rdnr. 33; *Thym*, Ungleichzeitigkeit (Anm. 570), S. 298 f. und 311 f.; *B. de Witte*, Old-fashioned Flexibility, in: G. de Búrca/J. Scott (Hrsg.), Constitutional Change in the EU, 2000, S. 31, 46 ff.

ohne dass die Mitgliedstaaten in das Rechtsetzungsverfahren eingebunden sind (autonome Vertragsänderungen). Die punktuelle Befugnis zur Erzeugung organgeschaffenen Primärrechts wird zunächst allgemein charakterisiert (aa.), rangtheoretisch eingeordnet (bb.) und in ihrer Relevanz für die Handlungsformen evaluiert (cc.). Auf dieser Grundlage kann das Phänomen primärrechtlicher Beschlüsse mit den bisherigen Erkenntnissen zum Rechtsregime des Beschlusses abgeglichen werden (dd.). Zu entscheiden ist, ob es sich trotz der Abweichung hinsichtlich der derogatorischen Kraft um eine Variante derselben Handlungsform handelt (ee.).

aa. Befugnisse zur autonomen Vertragsänderung

Eine autonome Vertragsänderung ist dadurch definiert, dass ein Unionsorgan (im geltenden Recht stets: der Rat[870]) geltendes Primärrecht ändern, ergänzen oder ersetzen darf, wobei die so geschaffenen Rechtsnormen den Rang der ursprünglichen teilen.[871] Ob eine solche Befugnis eingeräumt ist oder lediglich in einem materiellen Sinne ‚Vertragsergänzung' durch Vorschriften im Rang des abgeleiteten Rechts stattfinden soll, muss durch Auslegung der Rechtsgrundlage ermittelt werden.

Für das Recht der internationalen Organisationen sind Ermächtigungen an die Vertragsorgane, die Satzung der Organisation in einem erleichterten Verfahren zu ändern, nichts Ungewöhnliches.[872] Den Interessen der Vertragsstaaten wird dadurch Rechnung getragen, dass die Änderungsbefugnis regelmäßig inhaltlich begrenzt ist. Dagegen liegt im Verfassungsrecht vieler Mitgliedstaaten die Befugnis zur Änderung der Verfassung (oder zumindest eines Großteils ihrer Bestimmungen, vgl. Art. 79 III GG) in den Händen von Verfassungsorganen, die hierfür auf ein gesondertes Verfahren zurückzugreifen haben. Im Unionsrecht sind autonome Vertragsänderungen, völkerrechtlichen Vorbildern folgend,

---

[870] Unzutreffend *Geiger*, EUV/EGV, Rdnr. 28 zu Art. 249 EG, der EG-Vertrag sehe „eine erleichterte Form der Vertragsänderung" durch Beschlüsse der im Rat vereinigten Regierungsvertreter vor.

[871] *Lenaerts/Van Nuffel*, Constitutional Law (Anm. 524), Rdnr. 7-003; *Oppermann*, Europarecht, Rdnr. 507.

[872] *Schermers/Blokker*, International Institutional Law (Anm. 536), §§ 1178 ff.; *Seidl-Hohenveldern/Loibl*, Das Recht der IO'en (Anm. 536), Rdnrn. 1529 ff.

nur punktuell vorgesehen.[873] Auch ein besonderes Erlassverfahren ist diesen Rechtsgrundlagen nicht zugeordnet. Typischerweise wird Einstimmigkeit im Rat verlangt, im Übrigen aber variieren die Anforderungen. Gewisse (mittlerweile aufgehobene) Bestimmungen der Römischen Verträge zeigen, dass selbst dieses Verfahrenselement nicht begriffsnotwendig für autonome Vertragsänderungen ist.[874]

Zu den ‚klassischen' Fällen gehört die Befugnis des Rates, die Zahl der Kommissions-Mitglieder zu ändern und die Zahl der Generalanwälte zu erhöhen, Art. 213 I Ua. 2 und 222 I 2 EG.[875] Gleichfalls zum institutionellen Recht zählt die Bildung fachgerichtlicher Kammern nach Art. 225a EG.[876] Im Bereich der Gerichtsverfassung brachte der Vertrag von Nizza erstmals eine Befugnis zur autonomen Änderung der Satzung des Gerichtshofs, Art. 245 II EG.[877] Ferner können eine Reihe von Bestimmungen des ESZB-Statuts und der Satzung der Europäischen Investitionsbank autonom geändert werden, Art. 107 V, 266 III 2 EG. Die weitreichendsten Befugnisse dieser Art kennt der Euratom-Vertrag. Der Rat darf „durch einstimmigen Beschluss" ganze Vertragskapitel umgestalten, namentlich über die Versorgung mit Grundstoffen, die Überwachung der Sicherheit und über das Eigentum an spaltbaren Stoffen, Art. 76, 85 und 90 EA.[878]

Ins Auge sticht die Heterogenität dieser Bestimmungen und der sehr unterschiedliche Umfang, in dem sich das Primärrecht für seine Verän-

---

[873] Eine andere Gewichtung würde für einige Mitgliedstaaten verfassungsrechtliche Probleme aufwerfen; für die Rechtslage unter dem Grundgesetz BVerfGE 89, S. 155, 209; zum Problem *Möllers*, Staat (Anm. 529), S. 401 f.

[874] Art. 33 VIII EWGV sah die Möglichkeit der Änderung der Art. 33 I bis VII EWGV mit qualifizierter Mehrheit vor; ferner Art. 38 III S. 2 EWGV.

[875] Beispiel: Beschluss des Rates vom 30. März 1981 über die Erhöhung der Zahl der Generalanwälte beim Gerichtshof (81/209/Euratom, EGKS, EWG), ABl. L 100 vom 11.4.1981, S. 21.

[876] Beispiel: Beschluss des Rates vom 2. November 2004 zur Errichtung des Gerichts für den öffentlichen Dienst der Europäischen Union (2004/752/EG, Euratom), ABl. L 333 vom 9.11.2004, S. 7.

[877] Beispiel: Beschluss des Rates vom 26. April 2004 zur Änderung der Artikel 51 und 54 des Protokolls über die Satzung des Gerichtshofs (2004/407/EG, Euratom), ABl. L 132 vom 29.4.2004, S. 5.

[878] Beispiel zu Art. 76 EA: Vorschlag für einen Beschluss des Rates zur Festlegung neuer Bestimmungen zu Kapitel 6 „Versorgung" des Vertrages zur Gründung der Europäischen Atomgemeinschaft, KOM(1982) 732 endg., ABl. C 330 vom 16.12.1982, S. 4 (nicht angenommen).

derung durch Organakt öffnet. Ein Schwerpunkt ist bei den institutionellen Vorschriften zu erkennen, vor allem bezüglich der Gerichte.[879] Bei anderen Befugnissen wird eine hohe anfängliche Regelungsdichte der Verträge durch eine Öffnung für eine spätere Revision kompensiert.[880] Ein ähnlicher Gedanke liegt den Bestimmungen des Euratom-Vertrags, aber auch der erleichterten Änderung des ESZB-Statuts zugrunde.[881] Sie ermöglichen die flexible Anpassung an veränderte Umstände, unter denen sich ein gegebenes Regelungsregime als nicht hinreichend effektiv zur Verfolgung übergreifender Ziele erweisen könnte, etwa durch eine Revision der geldpolitischen Instrumente der EZB.

bb. Einordnung in die Normenhierarchie

Die rangmäßige Einordnung derartiger Rechtsakte fällt nicht leicht.[882] Sowohl nach ihrer Urheberschaft (Handeln eines Unionsorgans) als auch nach ihren Konstitutionsbedingungen (Rechtsgrundlage im Vertrag) müssten sie dem abgeleiteten Recht angehören. Ihr Rang ist jedoch anders zu beurteilen, wenn man auf die derogatorische Kraft abstellt, die ihnen das positive Recht zuweist. Die im Zuge einer autonomen Vertragsänderung erlassenen Bestimmungen können nur von Normen derogiert werden, die im primärrechtlichen Rang stehen, nicht jedoch von Rechtsakten des abgeleiteten Rechts. Hingegen ist ihre aktive derogatorische Kraft gegenüber geltendem Primärrecht auf definierte Teile des Primärrechts begrenzt. Welche Bestimmungen der Verträge im Wege der autonomen Vertragsänderung derogiert werden können, ist durch Auslegung der einschlägigen Rechtsgrundlage zu ermitteln. Im Grenzfall können sogar sämtliche Bestimmungen der Verträge gegen ihre Derogation abgeschirmt sein, sodass nur eine autonome Vertragsergänzung (hier in einem formellen, rangtheoretischen Sinne verstanden)

---

[879] Vgl. auch Art. 107 V EG i.V.m. Art. 36 ESZB-Statut.

[880] So konnte nach Art. 215 II EA der Rat das primärrechtlich festgelegte erste Forschungs- und Ausbildungsprogramm ändern; Art. 126 EWGV erlaubte die Neubestimmung der Aufgaben des Sozialfonds, etwa durch Beschluss des Rates vom 1. Februar 1971 über die Reform des Europäischen Sozialfonds (71/66/EWG), ABl. L 28 vom 4.2.1971, S. 15.

[881] Zu Art. 76 EA EuGH, Rs. 7/71, *Kommission/Frankreich*, Slg. 1971, S. 1103, Rdnrn. 21/26.

[882] Vgl. *S. Magiera*, Zur Reform der Normenhierarchie im Recht der Europäischen Union, integration 1995, S. 197, 199.

erfolgen darf.[883] Auch in einem solchen Fall werden jedoch Rechtsnormen erzeugt, die allen Rechtsakten im Rang des abgeleiteten Rechts übergeordnet sind und somit diesen gegenüber als Maßstabsnormen herangezogen werden können: Autonome Vertragsänderungen sind organgeschaffenes Primärrecht.

Interessanterweise hat diese rangmäßige Zuordnung keine Ausschlusswirkung für das Rechtskontrollregime: Nach ständiger Rechtsprechung sind die gerichtlichen Verfahren der Rechtmäßigkeitskontrolle gegenüber *allen* Handlungen der Organe eröffnet, die dazu bestimmt sind, Rechtswirkungen zu erzeugen.[884] Damit erstreckt sich die Möglichkeit der Anfechtung nicht nur auf Akte im Rang des abgeleiteten Rechts.[885] Maßgeblich ist allein die autorenschaftliche Zurechnung zu einem Unionsorgan, das der Jurisdiktion des Gerichtshofs untersteht.[886] Besonderheiten ergeben sich bei (halb-)autonomen Vertragsänderungen begriffsgemäß dadurch, dass nach Maßstab der einschlägigen Rechtsgrundlage die Derogation *bestimmter* Primärrechtsnormen keine „Verletzung dieses Vertrags" im Sinne des Art. 230 II EG darstellt.

Die Rechtssache *König*, der bislang einzige Fall gerichtlicher Kontrolle von organgeschaffenem Primärrecht, bestätigt dessen Justiziabilität.[887] Der Gerichtshof urteilte im Vorabentscheidungsverfahren über die Gültigkeit einer Verordnung zur Ergänzung des Anhangs II zum EWG-Vertrag, die auf Art. 38 III S. 2 EWGV gestützt war (in Art. 32 III EG nicht mehr enthalten).[888] Die Rechtmäßigkeit der primärrechtsändernden Verordnung wurde sowohl unter formellen Gesichtspunkten als

---

[883] Eine solche Befugnisnorm war Art. 38 III S. 2 EWGV, der eine Änderung des Anhangs II des EWG-Vertrags nur in Form seiner Ergänzung ermöglichte; im geltenden Recht erlaubt Art. 22 II EG lediglich eine halbautonome Vertragsergänzung, *Lenaerts/Van Nuffel*, Constitutional Law (Anm. 524), Rdnr. 7-008.

[884] EuGH, Rs. 22/70, *Kommission/Rat*, Slg. 1971, S. 263, Rdnrn. 38/42.

[885] So aber *Lenaerts/Van Nuffel*, Constitutional Law (Anm. 524), Rdnr. 17-058.

[886] Deshalb musste der Gerichtshof in der *Flughafentransit*-Entscheidung auch nicht abstrakt über die Rechtsnatur des unter dem EU-Vertrag erzeugten Rechts entscheiden, EuGH, Rs. C-170/96, *Kommission/Rat*, Slg. 1998, S. I-2763, Rdnrn. 16 f.

[887] EuGH, Rs. 185/73, *König*, Slg. 1974, S. 607.

[888] Verordnung Nr. 7 a zur Aufnahme bestimmter Waren in die Liste des Anhangs II des Vertrages zur Gründung der Europäischen Wirtschaftsgemeinschaft (EWG-Rat, 18.12.1959), ABl. 7 vom 30.1.1961, S. 71/61.

auch im Hinblick auf ihre Konformität mit den materiellen Maßstäben der Rechtsgrundlage geprüft.[889]

cc. Folgerungen für die Handlungsformen

Für die Dogmatik der Handlungsformen beinhaltet das angeführte Urteil eine wichtige Botschaft: Eine Verordnung ist zu autonomen Vertragsänderungen grundsätzlich geeignet.[890] Die unkommentierte Duldung dieser Formenwahl seitens des Gerichtshofs widerlegt apodiktische Aussagen wie die folgende aus der Feder *Ipsens*:

> „Die gekennzeichneten Formen rechtlicher Verbindlichkeit (Verordnung, Entscheidung, Richtlinie) sind zur Herstellung einer Vertragsänderung nicht geeignet. Deshalb verbleibt es hier bei einer Handlungsform (Beschluss), die nicht zu den vertraglich formalisierten gehört."[891]

In der Praxis haben Beschlüsse tatsächlich eine dominierende Rolle als Handlungsform für autonome ebenso wie für halbautonome Vertragsänderungen gespielt. Die Rechtssache *König* zeigt, dass dies das Ergebnis einer Ermessensbetätigung bezüglich der Formenwahl ist, nicht Ausdruck eines umgekehrten Typenzwangs aus Art. 249 EG.

Wenn aber die Verträge neben Verordnungen im Rang des abgeleiteten Rechts vertragsändernde Verordnungen zulassen, dann müssen auch primärrechtliche Beschlüsse nicht automatisch aus einem ansonsten einheitlichen Rechtsregime dieser Handlungsform herausfallen. Es ist also ein konstruktiv gangbarer Weg, primärrechtliche Beschlüsse als eine Variation innerhalb einer Handlungsform zu deuten, die lediglich Besonderheiten hinsichtlich ihrer derogatorischen Kraft aufweisen. Vorausgesetzt ist aber, dass diese Beschlüsse im Übrigen den formcharakteristischen Wirkungsmodus des Beschlusses besitzen. Dies ist im Folgenden zu untersuchen, wobei auch die annahmebedürftigen Be-

---

[889] EuGH, Rs. 185/73 (Anm. 887), Rdnrn. 5 ff. und 9 ff.; zu den Grenzen der Befugnis des Rates unter Art. 38 III S. 2 EWGV Rs. 77/83, *CILFIT*, Slg. 1984, S. 1257, Rdnr. 12.

[890] Ablehnend *Rabe*, Verordnungsrecht (Anm. 525), S. 50 und 95; zustimmend *Möller*, Verordnung (1967) (Anm. 568), S. 107.

[891] *Ipsen*, Gemeinschaftsrecht, 21/41; ebenso Wohlfarth/Everling/Glaesner/Sprung-*Glaesner* (1960), Rdnr. 5 zu Art. 39 EWGV: „kann … nicht in einer in Art. 189 vorgesehenen Form ergehen".

schlüsse über halbautonome Vertragsänderungen wieder aufgegriffen werden,[892] da sie die gleichen Probleme aufwerfen.

dd. Limitierte Verpflichtungskraft von Beschlüssen über (halb-)autonome Vertragsänderungen?

Die Übersicht über die vertraglichen Befugnisse zum Erlass primärrechtlicher Organakte zeigt, dass das Problem nicht bereits von der kompetenzrechtlichen Seite her gelöst wird. Der Umfang der Kompetenzen geht teils erheblich über das hinaus, was mit Beschlüssen mit ihrem begrenzten Wirkungsmodus erreicht werden kann. Im Euratom-Bereich beispielsweise geht es um – bislang ungenutzte – Befugnisse zur Neuregelung von privatgerichteten Verpflichtungen und von Eingriffsbefugnissen der Kommission, die bis zur Verhängung von Zwangsmaßnahmen reichen. Wenn hierfür ein Beschluss gewählt würde, käme darin ein grundlegend anderes Formenverständnis zum Ausdruck, als es im Bereich des abgeleiteten Rechts leitend ist.

Was die tatsächliche Nutzung der Rechtsgrundlagen angeht, ist die Formenwahlpraxis nicht einheitlich, wobei der Nachweis einer Regel auch durch die verhältnismäßig geringe Zahl der Akte erschwert wird. Für Vorschriften des institutionellen Rechts wird offenbar stets ein Beschluss gewählt, ebenso vormals unter Art. 126 EWGV. Auf Art. 14 VII und 38 III EWGV dagegen stützte der Rat Verordnungen[893] und in einem Fall eine Richtlinie[894]. In jüngerer Zeit werden jedoch offenbar für alle autonomen oder halbautonomen Vertragsänderungen Beschlüsse eingesetzt. Einige Beschlüsse wie der Eigenmittelbeschluss[895] mit seinen intensiven staatengerichteten Verpflichtungen[896] zeigen klar, dass das Konzept der Wirkungsbegrenzung zumindest nicht durchgängig praxisleitend ist.

---

[892] Oben, C. I. 3. c.

[893] Beispiel: Verordnung (EWG) Nr. 1059/69 des Rates vom 28. Mai 1969 zur Festlegung der Handelsregelung für bestimmte, aus landwirtschaftlichen Erzeugnissen hergestellte Waren, ABl. L 141 vom 12.6.1969, S. 1; ferner Anm. 888.

[894] Richtlinie 67/364/EWG des Rates vom 31. Mai 1967 über die erste während der dritten Stufe durchzuführende Herabsetzung der Zollsätze zwischen den Mitgliedstaaten für bestimmte in Anhang II des Vertrages aufgeführte Erzeugnisse, ABl. 108 vom 7.6.1967, S. 2158/67.

[895] Beschluss des Rates 2000/597/EG, Euratom (Anm. 603).

[896] Hierzu nur *Meermagen*, Eigenmittelsystem (Anm. 603), S. 212 ff.

Die Rechtsetzungspraxis bietet damit ein zweigeteiltes Bild, das wenig befriedigen kann. Eine Reihe von primärrechtlichen Beschlüssen entsprechen in ihren Rechtswirkungen den Beschlüssen des abgeleiteten Rechts, wie sie bisher diskutiert wurden. Dies gilt insbesondere für den Bereich des institutionellen Rechts. Anderseits existieren primärrechtliche Beschlüsse, bei denen die Formenwahl nicht auf eine Intention zur Limitierung der Rechtswirkungen schließen lässt, sondern offenbar von einem Verständnis geleitet ist, nach dem die Handlungsformen des Art. 249 EG für Rechtsakte im Rang des Primärrechts nicht angemessen sind. Anders als bei den ‚vertragsergänzenden' Beschlüssen des abgeleiteten Rechts ist auch keine absterbende Tendenz erkennbar.

Man ist versucht, eine ähnliche Deutung wie bei Beschlüssen zur Annahme völkerrechtlicher Abkommen zu wagen. Demnach hätten auch primärrechtliche Beschlüsse eine zweigliedrige logische Struktur, nach der der rechtliche Erfolg des Beschlusses in der Modifizierung der unionalen Rechtsordnung bestünde, indem ihr neue Rechtsnormen im Rang des Primärrechts hinzugefügt werden: Der Beschluss selbst verpflichtete nicht, sondern gestaltete bloß. Hierzu müsste aber zwischen dem Beschluss selbst und den (möglicherweise verpflichtenden) Rechtsnormen, die er in Kraft setzt, unterschieden werden können. In dem bekanntesten Fall einer halbautonomen Vertragsänderung, dem sog. Direktwahlakt zur Einführung unmittelbarer Wahlen zum Europäischen Parlament,[897] ist der primärrechtsändernde Gesetzgeber in der Tat nach diesem zweigliedrigen Modell verfahren: Der betreffende Rechtsakt ist als „Beschluss und Akt" bezeichnet und besteht aus zwei Teilen: einem Beschluss des Rates, der am Tag seiner Veröffentlichung in Kraft getreten ist, und den ihm beigefügten Bestimmungen („Akt"), der die Artikel beinhaltet, die Gegenstand des mitgliedstaatlichen Annahmeverfahrens waren und erst nach dessen Abschluss in Kraft traten. Dieses Modell hat sich in der späteren Praxis jedoch nicht durchgesetzt.[898] Bei den Eigenmittelbeschlüssen unter Art. 269 II EG sind beide Normelemente miteinander verschmolzen; bei einigen Rechtsgrundlagen für halbautonome Vertragsänderungen bildet schon ihrem Wortlaut nach der Beschluss selbst den Gegenstand des Annahmeverfahrens.[899]

---

[897] Beschluss und Akt 76/87/EGKS, EWG, Euratom (Anm. 601).

[898] Beschluss zur Änderung des dem Beschluss 76/87/EGKS, EWG, Euratom des Rates vom 20. September 1976 beigefügten Akts zur Einführung allgemeiner unmittelbarer Wahlen der Abgeordneten des Europäischen Parlaments (93/81/Euratom, EGKS, EWG), ABl. L 33 vom 9.2.1993, S. 15.

[899] Vgl. Art. 17 I und 42 S. 2 EU.

Beschlüsse zu autonomer Vertragsänderung bieten gar keine Anhaltspunkte für eine unterschiedliche rechtliche Qualifizierung ihrer Normbestandteile. Für eine Unterscheidung zwischen Inkraftsetzungsbefehl und den in Kraft gesetzten Normen ist mithin bei primärrechtlichen Beschlüssen ebenso wenig Raum wie etwa bei einer Verordnung oder einer Richtlinie.

ee. Ergebnis zur Qualifizierung primärrechtlicher Beschlüsse

Der Handlungsformendogmatik bleibt damit nur übrig, das uneinheitliche Bild der primärrechtlichen Beschlüsse zur Kenntnis zu nehmen und einzelfallbezogen zu differenzieren. In den Fällen, in denen sich solche Beschlüsse am Vorbild des abgeleiteten Rechts orientieren und keine Verpflichtungskraft gegenüber Bürgern oder Mitgliedstaaten für sich in Anspruch nehmen, besteht auch keine Veranlassung dazu, sie aus dem allgemeinen Rechtsregime des Beschlusses auszuklammern. Namentlich die im nächsten Kapitel zu entwickelnden Anforderungen an Wirksamkeit und Rechtmäßigkeit von Beschlüssen finden Anwendung. Sie sind als eine Variante dieser Handlungsform zu interpretieren, deren Besonderheit sich nur auf ihre derogatorische Kraft bezieht.

Die (wenigen) Fälle, in denen primärrechtliche Beschlüsse privatgerichtete oder unbeschränkte staatengerichtete Verpflichtungskraft für sich in Anspruch nehmen, fallen aus dem hier entwickelten Rechtsregime des Beschlusses heraus. *De lege ferenda* ist an die frühe Praxis des Rates zu erinnern, in der weniger Bedenken gegen Verordnungen mit primärrechtsändernder Wirkung bestanden. Auf dem Weg zu einer verstärkten Konsistenz der Formenwahlpraxis wäre es wünschenswert, zukünftig für autonome und halbautonome Vertragsänderungen, sofern von ihnen andere Rechtswirkungen als von Beschlüssen im abgeleiteten Recht ausgehen, eine Verordnung einzusetzen. Die Unionsorgane könnten sich am Verfassungsrecht der Mitgliedstaaten orientieren, die die Handlungsform des verfassungsändernden Gesetzes kennen.

2. Voraussetzungen für relativen Vorrang eines Beschlusses

Die ganz überwiegende Mehrzahl der Beschlüsse steht im Rang des abgeleiteten Rechts. Für eine Handlungsform, die in erster Linie organgerichtete Verpflichtungskraft entfaltet, ist dies ein prekärer Befund: Die Handlungen, zu denen ein Beschluss die Organe der Union anleiten will oder die er mit seiner negativen Verpflichtungskraft unterdrücken will, stehen mit ihm auf gleicher Rangstufe. Die verpflichtende Wirkung, die ein Beschluss für späteres Organhandeln entfaltet, droht damit jederzeit durch das Eingreifen der *lex-posterior*-Regel unterlaufen zu werden.[900] Zu fragen ist also nach den Voraussetzungen, die die Unionsrechtsordnung für die Derogation eines Beschlusses durch spätere Akte des abgeleiteten Rechts aufstellt.[901] Dem dient die Aufarbeitung hierarchischer Strukturen innerhalb des abgeleiteten Unionsrechts (a.), die das Verständnis für eine Reihe praktisch bedeutsamer Beschlusstypen erleichtert: der Geschäftsordnungs-Beschlüsse (b.), des Komitologiebeschlusses (c.) und der Rahmenprogramm-Beschlüsse (d.).

a. Strategien zu partieller Hierarchisierung des abgeleiteten Rechts

Auf den ersten Blick handelt es sich bei dem aufgeworfenen Problem des wechselseitigen Derogationsvermögens um ein Scheinproblem, erfährt doch Unionsrecht eine fundamentale Strukturierung durch seine Gliederung nach vertraglichen Rechtsgrundlagen. In der Tat wirkt sich der destabilisierende Effekt der *lex-posterior*-Regel dramatischer in Rechtsordnungen aus, die die rechtsetzende Gewalt in einem einzigen Verfassungsorgan bündeln und diesem ein Standardnormerlassverfahren zuweisen. Die Union dagegen verfügt nur über begrenzte Befugnisse, die nach Maßgabe einzelner Befugnisnormen ausgeübt werden. Dies reduziert die Wahrscheinlichkeit, dass es zu Konflikten zwischen Sekundärrechtsakten kommt. Gleichwohl schließt das Prinzip der begrenzten Ermächtigung horizontale Kompetenzüberlappungen und damit Konflikte zwischen Rechtsakten, die auf verschiedene Rechtsgrundlagen gestützt sind, keineswegs a priori aus.[902] Die gegenteilige Erwartung mag für die frühen Römischen Verträge eine gewisse Plausibilität gehabt haben, als die Verbandskompetenzen der Gemeinschaften, bildlich gesprochen, als isolierte Inseln aus dem Meer staatlicher Allzuständigkeit herausragten. Infolge der zurückliegenden Vertragsänderungen gleicht die Kompetenzlandschaft heute mehr einem Atoll, bei dem vielfältige Übergänge und Verbindungen eine zusammenhängende

---

[900] Zum Problem bereits oben, C. I. 4. b. aa.

[901] Außer Betracht bleiben dabei zunächst die Anforderungen an eine zulässige Derogation, die sich allein auf die Handlungsform der beteiligten Akte beziehen (dazu in Abschnitt 3.).

[902] So aber z.B. *Zilioli/Selmayr*, European Central Bank (Anm. 665), S. 635.

Landmasse erahnen lassen.[903] Bezeichnenderweise hat sich zur Abgrenzung von Rechtsgrundlagen mit überlappendem sachlichem Anwendungsbereich eine ausgedehnte Rechtsprechung entwickelt.[904]

Verschärft wird die Problematik konfligierender und einander derogierender Rechtsakte durch gewisse Eigenarten des Unionsrechts, die eine überraschend a-hierarchische Struktur des abgeleiteten Rechts zur Folge haben. Diese Eigenarten können hier nur zusammenfassend referiert werden; sie sind vom Verfasser an anderer Stelle ausführlich dargelegt worden.[905] Entgegen einer verbreiteten Annahme gliedert sich das abgeleitete Unionsrecht nicht in weitere Rangstufen, die der Hierarchie von Primär- und Sekundärrecht vergleichbar sind.[906] Das Unionsrecht kennt zwar eine Mehrzahl von Rechtsetzungsorganen und eine Vielzahl von Rechtsetzungsverfahren, von denen bzw. in denen Sekundärrecht erzeugt wird. Weder diese noch jene aber lassen sich in eine hierarchische Ordnung bringen, aus der sich eine Hierarchie des Derogationsvermögens der Sekundärrechtsakte gewinnen ließe.[907] Es gehört nicht zu den Voraussetzungen, unter denen ein späterer Rechtsakt des abgeleiteten Rechts einen früheren abändern kann, dass der frühere Rechtsakt vom gleichen Organ und unter Anwendung des gleichen Verfahrens erlassen worden ist.[908] Der Satz von der Parallelität von Erlass- und Änderungs-

---

[903] Zum Zusammenhang von vertikalen Kompetenzverschiebungen und horizontalen Kompetenzkonflikten *M. Nettesheim*, Horizontale Kompetenzkonflikte in der EG, EuR 1993, S. 243, 244.

[904] Aufarbeitung bei *Trüe*, Rechtsetzungskompetenzen (Anm. 590), S. 511 ff.

[905] *Bast*, Handlungsformen (Anm. 664), S. 503 ff.

[906] Zur Höherstufung der in die Unionsrechtsordnung eingeführten Akte des Völkerrechts oben, C. I. 5. a. aa.

[907] Anders die herrschende Lehre, die von nationalen Vorgaben geleitet ist, etwa Groeben/Schwarze-*Schmidt*, Rdnr. 24 zu Art. 249 EG; Schwarze-*Biervert*, Rdnr. 10 zu Art. 249 EG; Calliess/Ruffert-*Ruffert*, Rdnr. 11 zu Art. 249 EG; wie hier *R. Bieber/I. Salomé*, Hierarchy of Norms in European Law, CMLRev. 33 (1996), S. 907, 915 f.

[908] EuGH, Rs. 111/63, *Lemmerz-Werke/Hohe Behörde*, Slg. 1965, S. 893, 919 und Leitsatz 4 (Änderung im milderen Verfahren zulässig); Rs. 30/70, *Scheer*, Slg. 1970, S. 1197, Rdnr. 21 (Änderung durch ein anderes Organ zulässig); verb. Rs. 281/85, 283/85 bis 285/85 und 287/85 (Anm. 716), Rdnr. 31 (keine Anwendung von Verfahrenserfordernissen anderer Rechtsgrundlagen); Rs. 165/87 (Anm. 728), Rdnr. 17 (Rechtsgrundlage des geänderten Akts irrelevant); Rs. C-259/95, *Parlament/Rat*, Slg. 1997, S. I-5303, Rdnr. 27 (kein Vorrang von Mitentscheidungsakten).

verfahren (auch bekannt als Lehre vom *actus contrarius* oder als Prinzip des *parallélisme des formes*, nach dem französischen Verfassungsrecht[909]) findet im Unionsrecht keine allgemeine Anwendung. Die Organzuständigkeit und das anzuwendende Verfahren für den Erlass eines Rechtsakts ergeben sich ausschließlich aus der einschlägigen Rechtsgrundlage in der zum Erlasszeitpunkt geltenden Fassung, und diese bestimmt auch die sachliche Reichweite der Regelungsbefugnis: Rechtsetzungs- und -ersetzungsbefugnis laufen parallel. Es existiert kein allgemeiner Grundsatz, nach dem stets ergänzend auf die Rechtsgrundlage zurückgegriffen werden müsste, die dem geänderten Rechtsakt zugrunde lag. Vielmehr hat der Gerichtshof im Umgang mit konkurrierenden Rechtsgrundlagen mit überlappenden sachlichen Anwendungsbereichen eine Doktrin entwickelt, nach der Mehrfachabstützungen möglichst zu vermeiden sind und der Regelungsschwerpunkt des zu erlassenden Akts maßgeblich ist.[910]

Das Unionsrecht hat jedoch eine Reihe von Alternativstrategien entwickelt, die es ermöglichen, zwischen Akten des abgeleiteten Rechts eine Anwendung der *lex-posterior*-Regel gezielt auszuschließen. Der wesentliche Unterschied zwischen dem absoluten Vorrang, den eine Geltungsrangstufe begründet, und einem relativen Vorrang, der zwischen zwei partiell gegeneinander hierarchisierten Rechtsakten besteht, ist im Verhältnis zu dritten Rechtsakten ablesbar: Gegenüber allen anderen Rechtsakten des abgeleiteten Rechts, die in die partielle Hierarchie nicht einbezogen sind, nehmen beide den gleichen Rang ein. Ein relativ nachrangiger Akt kann einen relativ vorrangigen nicht abändern oder aufheben, wohl aber alle weiteren Akte, die sich mit beiden auf gleicher Rangstufe befinden.[911] Auf die entsprechenden Strategien ist im Folgenden einzugehen und das Verhalten des Beschlusses in solchen Konstellationen zu beobachten.

---

[909] *Th. Schilling*, Rang und Geltung von Normen in gestuften Rechtsordnungen, 1994, S. 190.

[910] EuGH, Rs. C-300/89, *Kommission/Rat*, Slg. 1991, S. I-2867, Rdnrn. 17 ff.; Rs. 70/88, *Parlament/Rat*, Slg. 1991, S. I-4529, Rdnr. 17; aus jüngerer Zeit Rs. C-491/01, *BAT*, Slg. 2002, S. I-11453, Rdnr. 94; Rs. C-281/01, *Kommission/Rat*, Slg. 2002, S. I-12049, Rdnr. 34; Rs. C-211/01, *Kommission/Rat*, Slg. 2003, S. I-8913, Rdnrn. 39 f.

[911] Es handelt sich um eine nicht-transitive Vorrangrelation, wie sie für die *lex-specialis*-Regel beschrieben worden ist, *M. Jestaedt*, Der Europäische Verfassungsverbund, in: GS W. Blomeyer, 2004, S. 637, 665.

aa. Befugnisübertragung: Bindung an den eigenen Basisrechtsakt

Die bekannteste und praktisch bedeutsamste Hierarchisierungsstrategie ist die Unterscheidung von Basis- und Durchführungsrechtsakten, die in Art. 202 dritter Spiegelstrich und Art. 211 vierter Spiegelstrich EG normiert ist. Ein Durchführungsrechtsakt in diesem Sinne liegt vor, wenn die Kommission oder der Rat eine durch Organakt übertragene Befugnis ausüben, ein Rechtsakt also seine Rechtsgrundlage nicht unmittelbar im Vertrag, sondern in einem Akt des abgeleiteten Rechts findet.[912]

Unbestritten ist ein Durchführungsrechtsakt an die materiellen und formellen Voraussetzungen gebunden, die in seinem Basisrechtsakt niedergelegt sind: Der befugnisbegründende Akt (in der Terminologie der Stufenbaulehre: die bedingende Norm) genießt Vorrang vor dem zu seiner Durchführung erlassenen (vor der bedingten Norm). Dies gebietet die Rechtslogik und ist vom Gerichtshof anerkannt.[913] Von dieser Vorrangregel sind auch diejenigen Fälle erfasst, in denen Basis- und Durchführungsrechtsakt demselben Erlassorgan zugerechnet werden.[914] Ein Basisrechtsakt kann jedoch ausdrücklich zu seiner Derogation durch einen Durchführungsrechtsakt ermächtigen, solange es sich um „nicht wesentliche" Bestimmungen des Basisrechtsakts handelt.[915]

Nach einer in der Literatur verbreiteten Sichtweise begründet die unionsrechtliche Unterscheidung von Basis- und Durchführungsrechtsakten eine allgemeine Normenhierarchie, die der zwischen Gesetz und Rechtsverordnung in den Verfassungsordnungen der Mitgliedstaaten

---

912 Eine vertiefende Übersicht bei *Möllers*, Durchführung (Anm. 558), S. 483 ff.

913 EuGH, Rs. 46/86, *Romkes*, Slg. 1987, S. 2671, Rdnr. 16; verb. Rs. 6/88 und 7/88, *Spanien/Kommission*, Slg. 1989, S. 3639, Rdnr. 15; Rs. C-156/93, *Parlament/Kommission*, Slg. 1995, S. I-2019, Rdnr. 18; undeutlich noch Rs. 23/75, *Rey Soda*, Slg. 1975, S. 1279, Rdnrn. 10/14; überschreitet ein Durchführungsrechtsakt die durch seine Rechtsgrundlage gezogenen Grenzen, liegt Unzuständigkeit im Sinne des Art. 230 II EG vor, Rs. 264/86, *Frankreich/Kommission*, Slg. 1988, S. 974, Rdnr. 22.

914 EuGH, Rs. 38/70, *Tradax*, Slg. 1971, S. 145, Rdnr. 10; Rs. C-103/96, *Eridania Beghin-Say*, Slg. 1997, S. I-1453, Rdnr. 20.

915 EuGH, Rs. 25/70, *Köster*, Slg. 1970, S. 116, Rdnr. 6; Rs. C-417/93 (Anm. 818), Rdnr. 30; *J. Kalbheim/G. Winter*, Delegation Requirements for Rulemaking by the Commission, in: Winter (Hrsg.), Sources (Anm. 532), S. 585, 598; vgl. auch Art. 2 lit. b Beschluss 1999/468/EG des Rates (Anm. 641).

entspricht.[916] Der Verfasser hat an anderer Stelle die Gegenansicht begründet, dass Durchführungsrechtsakte keineswegs eine eigene („tertiäre“) Rangstufe unterhalb des vertragsunmittelbaren Sekundärrechts darstellen.[917] Ein angemesseneres Modell aus dem nationalen Verfassungsrecht ist das delegierte Regierungsgesetz, wie es die spanische, die italienische und die portugiesische Verfassung kennen.[918] Ebenso wie ein Durchführungsrechtsakt der Kommission, der sich auf einen Basisrechtsakt des Rates stützt, ist ein delegiertes Regierungsgesetz an die Bestimmungen des delegierenden Parlamentsgesetzes gebunden. Im Verhältnis zu allen übrigen Gesetzen aber nimmt ein delegiertes Regierungsgesetz gleichen Rang ein, es kann also – in dem durch die Verfassung und das Basisgesetz zugelassenen Umfang – alle übrigen Gesetze derogieren.[919] Auch zwischen einem unionsrechtlichen Durchführungsrechtsakt und seinem konkreten Basisrechtsakt besteht eine solche partielle Hierarchie, die keine allgemeine Höherstufung des vertragsunmittelbaren Sekundärrechts bewirkt.[920] In Anlehnung an die romanische Terminologie sollten Durchführungsrechtsakte deshalb als *habilitiertes Recht* bezeichnet werden.

Für die Dogmatik der Handlungsformen birgt diese Struktur eine wichtige Vereinfachung: Art. 202 dritter Spiegelstrich EG führt nicht zu einer Verdopplung der Zahl der Handlungsformen unter dem Gesichtspunkt ihres Rangs. Vertragsunmittelbare Verordnungen, Richtlinien,

---

[916] *Isaac/Blanquet*, Droit communautaire (Anm. 573), S. 148 f.; Groeben/Schwarze-*Schmitt von Sydow*, Rdnr. 77 zu Art. 211 EG; Groeben/Schwarze-*Schmidt*, Rdnr. 24 zu Art. 249 EG; zur gemeineuropäischen Unterscheidung von Gesetz und Rechtsverordnung *v. Bogdandy*, Gubernative (Anm. 506), S. 227 ff., zum Sonderfall unter Art. 34 und 37 Constitution française ibid., S. 262 ff.

[917] *Bast*, Handlungsformen (Anm. 664), S. 509 ff.

[918] Art. 82 ff. Constitución Española, Art. 76 f. Costituzione italiana, Art. 112 II, 198 Constituição Portuguesa.

[919] *I. de Otto*, Derecho Constitucional, 1987, S. 182 ff.; *J. Santamaría Pastor*, Fundamentos de derecho administrativo, 1988, S. 645 ff.; *G. Zagrebelsky*, Manuale di diritto costituzionale, Bd. 1, 1990, S. 208 ff.; monographisch für die spanische Rechtsordnung *E. Virgala Foruria*, La delegación legislativa en la Constitución y los decretos legislativos como normas con rango incondicionado de ley, 1991, rechtsvergleichend S. 50 ff.

[920] Bezeichnenderweise spricht der Gerichtshof von der Maßstäblichkeit des Basisrechtsakts stets im Singular, vgl. EuGH, Rs. C-239/01 (Anm. 818), Rdnrn. 55 und 58.

Entscheidungen und Beschlüsse einerseits, habilitierte Verordnungen, Richtlinien, Entscheidungen und Beschlüsse andererseits sind im Hinblick auf ihr Derogationsvermögen nicht grundlegend unterschieden. Habilitierte Rechtsakte sind Akte im Rang des abgeleiteten Rechts, deren Rechtmäßigkeit sich lediglich, über das Primärrecht hinaus, am Maßstab ihres jeweiligen Habilitationsakts messen lassen muss.

Entsprechend verhält sich das Phänomen des habilitierten Rechts auch gegenüber der Dogmatik des Beschlusses weit gehend invariant. Beschlüsse ergehen sowohl auf vertragsunmittelbarer Rechtsgrundlage als auch als habilitierte Beschlüsse,[921] ohne dass ihr Wirkungsmodus hiervon berührt wäre. Als Beispiel für habilitierte Beschlüsse seien die Beschlüsse im handelspolitischen Sektor genannt, die auf Grundverordnungen des Rates gestützt sind.[922] Andere habilitierte Beschlüsse finden ihre Rechtsgrundlagen in Richtlinien und staatengerichteten Entscheidungen[923] oder ihrerseits in Beschlüssen[924]. Dies zeigt im Übrigen, dass habilitierte Rechtsakte durchaus nicht den Wirkungsmodus ihres Basisrechtsakts teilen müssen: Das spezifische Profil des Beschlusses kann einen Rückgriff auf diese Handlungsform zweckmäßig erscheinen lassen, auch wenn der Beschluss zur Durchführung eines Rechtsakts ergeht, der weiter reichende Verpflichtungskraft entfaltet. Die umgekehrte Konstellation – etwa eine habilitierte Verordnung, die auf einen Be-

---

[921] Statistisch beruhen im geltenden Recht etwa doppelt so viele Beschlüsse auf einer vertragsunmittelbaren Rechtsgrundlage wie auf einem Habilitationsakt. Habilitierte Beschlüsse stammen zu etwa gleichen Teilen von Rat und Kommission, bei vertragsunmittelbaren Beschlüssen überwiegen Beschlüsse des Rates gegenüber Beschlüssen der Kommission, der EZB und des Mitentscheidungsgesetzgebers im Verhältnis von ca. 3:1; Fundstellennachweis des geltenden Gemeinschaftsrechts, 42. Ausgabe (Stand: 1.1.2004), eigene Erhebung.

[922] Oben, C. I. 4. b. bb. (3).

[923] Beispiel: Beschluss der Kommission vom 8. Mai 1996 zur Festlegung einer Liste und einer gemeinsamen Nomenklatur der Bestandteile kosmetischer Mittel (96/335/EG), ABl. L 132 vom 1.6.1996, S. 1, gestützt auf Richtlinie 76/768/EWG des Rates vom 27. Juli 1976, ABl. L 262 vom 27.9.1976, S. 169.

[924] Beispiel: Beschluss der Kommission vom 5. November 1997 über die Zustimmung zu einem Fördermechanismus für die Gründung von grenzüberschreitenden Gemeinschaftsunternehmen von KMU (97/761/EG), ABl. L 310 vom 13.11.1997, S. 28, gestützt auf Beschluss des Rates vom 9. Dezember 1996 (97/15/EG), ABl. L 6 vom 10.1.1997, S. 25.

schluss gestützt ist – scheint in der Praxis nicht vorzukommen.[925] Eine solche Gestaltung wäre wohl nur zulässig, wenn der habilitierte Rechtsakt das weiter reichende Verpflichtungspotenzial, das ihm seine Handlungsform ermöglicht, im konkreten Fall nicht ausschöpft.

So groß die Relevanz partieller Hierarchisierung kraft Ableitungszusammenhangs für das Unionsrecht insgesamt ist – als Habilitationsakt, der relativen Vorrang genießt, kommt dem Beschluss in der Praxis nur eine eingeschränkte Bedeutung zu. Dieser Mechanismus greift aber namentlich dann, wenn zwischen *zwei* Beschlüssen die *lex-posterior*-Regel dadurch suspendiert ist, dass sie im Verhältnis von Grund- und Durchführungsakt stehen.

bb. Allgemeine Norm und Einzelakt

In allgemeinen Rechtsprinzipien wurzelt eine zweite Strategie zur partiellen Hierarchisierung des abgeleiteten Rechts: dem Vorrang allgemeiner Normen vor Einzelakten, die zu ihrer Anwendung ergehen. Hierüber verwirklicht sich ein rechtsstaatlicher Gehalt des Prinzips der negativen Legalität, der ebenso grundlegend ist wie die Gliederung der Rechtsordnung nach Stufen ihrer Geltungskraft.[926]

Zwischen einer allgemeinen Norm und einem Einzelakt muss nicht notwendig ein kompetenzieller Ableitungszusammenhang bestehen, wie er für das habilitierte Recht charakteristisch ist. Die Befugnis zur einzelfallbezogenen Anwendung kann der gleichen Normenschicht entstammen wie die angewendete Rechtsnorm. Die so gegeneinander hierarchisierten Rechtsakte mögen demselben Organ zuzurechnen sein und sich auch sonst in ihrem Erlassverfahren nicht unterscheiden: Dies ändert an der Maßstäblichkeit einer allgemeingültigen Handlung nichts. Sie kann nicht stillschweigend durch eine Einzelfallentscheidung geändert werden.[927] Für das unter dem Montanvertrag erzeugte Recht, das ganz überwiegend von der Kommission (der Hohen Behörde) erlassen wurde, war der Vorrang der Allgemeinen vor den Individuellen EGKS-

---

[925] Hiervon auszunehmen sind der ÜLG-Beschluss sowie der Eigenmittelbeschluss, die auch in dieser Hinsicht dem hier entwickelten Rechtsregime des Beschlusses widerstreiten, dazu oben, C. I. 5. d. und C. II. 1. d. ee.

[926] *v. Bogdandy*, Gubernative (Anm. 506), S. 166.

[927] EuGH, Rs. C-313/90, *CIRFS u.a./Kommission*, Slg. 1993, S. I-1125, Rdnr. 44; EuG, Rs. T-2/93, *Air France/Kommission*, Slg. 1994, S. II-323, Rdnr. 102.

Entscheidungen stets fraglos.[928] Es ist gerade diese Unabhängigkeit des Satzes vom Vorrang allgemeiner Normen von einer Hierarchie der Organe oder der Rechtsetzungsverfahren, die seine Leistungsfähigkeit begründet, eine komplexe Rechtsordnung zu strukturieren und zugleich Willkürfreiheit in der Rechtsanwendung zu befördern. Ein Unionsorgan kann, wie es der Gerichtshof formuliert hat, von allgemeinen Regeln

> „bei ihrer Anwendung auf den Einzelfall nicht abweichen, ohne Störungen im Rechtsetzungssystem der Gemeinschaft hervorzurufen und den Grundsatz der Gleichheit der Bürger vor dem Gesetz zu verletzen."[929]

Zu den Besonderheiten des Unionsrechts gehört, dass es die Unterscheidung von allgemeinen Normen und Einzelakten nicht in das Handlungsformensystem abbildet.[930] Allgemeine Normen können in alle verbindlichen Handlungsformen eingekleidet sein, mit Ausnahme von privatgerichteten Entscheidungen. So kann eine staatengerichtete Entscheidung allgemeingültigen Charakter haben und folglich als Maßstabsnorm für eine staatengerichtete Entscheidung, die zu ihrer Anwendung ergeht, geeignet sein.[931] Andererseits können auch Verordnungen, materiell betrachtet, Einzelfallmaßnahmen darstellen. Für den Vorrang allgemeiner Maßnahmen gegenüber implementierenden kommt es deshalb auf die Handlungsform der beteiligten Akte nicht an.[932] Selbst unverbindliche Handlungen besitzen, wenn sie der Ermessensbindung an allgemeine Kriterien dienen, relativen Vorrang vor Einzelfallentscheidungen.[933]

---

[928] Zur Normenhierarchie unter dem EGKS-Vertrag exemplarisch EuGH, verb. Rs. 154/78, 205/78 u.a., *Ferriera Valsabbia*, Slg. 1980, S. 907, Rdnrn. 5 f.

[929] EuGH, Rs. 113/77 (Anm. 680), Rdnr. 21.

[930] *Bieber/Salomé*, Hierarchy of Norms (Anm. 907), S. 919 f.

[931] EuG, Rs. T-478/93, *Wafer Zoo*, Slg. 1995, S. II-1479, Rdnrn. 38 f.

[932] *Lenaerts/Van Nuffel*, Constitutional Law (Anm. 524), Rdnr. 17-054: "legislative measures take precedence over implementing provisions, even though both may take the form of one of the instruments listed in Article 249"; anders Grabitz/Hilf-*Nettesheim*, Rdnr. 233 zu Art. 249 EG, der aus dem Satz vom Vorrang allgemeiner Normen auf einen Vorrang von Verordnungen vor Entscheidungen schließt.

[933] EuG, Rs. T-465/93, *Murgia Messapica*, Slg. 1994, S. II-361, Rdnr. 56; verb. Rs. T-369/94 und T-85/95 (Anm. 558), Rdnr. 86; weitere Nachweise in Anm. 519 und Anm. 927.

Die Anwendbarkeit dieser Vorrangregel auf den Beschluss bedarf keiner weiteren Begründung. Das Verbot der stillschweigenden Änderung einer allgemeinen Maßnahme durch eine individuelle liegt beispielsweise der Rechtsprechung zur organgerichteten Verpflichtungskraft der Beschlüsse über den Dokumentenzugang zugrunde.[934] Ein weiteres Beispiel ist die Maßstäblichkeit eines Förderprogramm-Beschlusses für die zu seiner administrativen Durchführung ergehenden Handlungen, mit denen eine beantragte Subvention gewährt oder versagt wird.[935]

cc. Selbstbindung kraft Vertrauensschutzgrundsatz

Eine dritte Strategie der Rechtsordnung, durch die zwei Akte des abgeleiteten Rechts gegeneinander hierarchisiert werden, ist das Einwirken des Vertrauensschutzgrundsatzes.[936] In einem solchen Fall unterliegt ein Organ auch dann einer Selbstbindung, wenn der frühere Akt zu dem nachfolgenden nicht im Verhältnis von Grund- und Durchführungsmaßnahme bzw. von allgemeiner Norm und Einzelakt steht.

Unter der Prämisse der Positivität des Rechts ist eine wirksame Selbstverpflichtung eines Organs durch eine einseitige Handlung die Ausnahme – im Gegensatz zu kooperativer Normerzeugung mittels gegenseitiger Verträge.[937] Von kontraktualistischen Formen der Selbstbindung ist hier jedoch nicht die Rede, sondern von Konstellationen, in denen ein Organ legitime Erwartungen in den Fortbestand einer einmal geschaffenen Rechtslage geweckt hat, von der es nicht mehr ohne weiteres abweichen kann.

---

[934] Oben, C. I. 4. c. aa.

[935] EuG, verb. Rs. T-369/94 und T-85/95 (Anm. 558), Rdnr. 86, zum MEDIA-Programmbeschluss: „Rechtsnormen ..., deren Beachtung der Gemeinschaftsrichter sicherzustellen hat".

[936] Zum Vertrauensschutzgrundsatz *J. Raitio*, The Principle of Legal Certainty in EC Law, 2003, S. 200 ff.; *J. A. Usher*, General Principles of EC Law, 1998, S. 54 ff.

[937] Kontrakte können, zumindest im Normfall, nicht einseitig aufgehoben werden, sondern nur durch einen *actus contrarius*, an dem diejenigen, die wechselseitige Verpflichtungen eingegangen sind, beteiligt sind; vgl. Art. 39 WVRK; *G. Dahm/J. Delbrück/R. Wolfrum*, Völkerrecht, Bd. I/3, 2002, S. 717; für das Interorganverhältnis *Bobbert*, Interinstitutionelle Vereinbarungen (Anm. 532), S. 99 ff.

Der Gerichtshof hat betont, dass die Rechtsbürger grundsätzlich kein Vertrauen in die Beibehaltung einer für sie günstigen Situation setzen können, die die Unionsorgane im Rahmen ihres Ermessens gestalten dürfen.[938] Die vorschnelle Annahme einer Selbstbindung auf dem Umweg über berechtigte Erwartungen Dritter könnte nämlich die Ziele gefährden, um deren Verfolgung willen die Rechtsetzungsbefugnis besteht.[939] Dies betrifft auch die Fälle, in denen ein Organ eine Befugnis auf ein anderes Organ überträgt (Fremdhabilitierung) oder sich selbst zu Durchführungsmaßnahmen in einem erleichterten Verfahren ermächtigt (echte Selbsthabilitierung): Ein Verlust der ursprünglichen Rechtsetzungsbefugnis tritt nicht ein.[940] Umso mehr gilt dies, wenn ein Organ zunächst lediglich eine Teil- oder Rahmenregelung getroffen hat, um später auf derselben Rechtsgrundlage weitere Rechtsakte zu erlassen (unechte Selbsthabilitierung).[941] Eine rechtswidrige Enttäuschung legitimer Erwartungen durch den Gesetzgeber setzt ganz besondere Umstände voraus.[942]

Eine wirksame Selbstbindung nahm der Gerichtshof in einem Streit über die Festsetzung der Dienstbezüge an.[943] Die Kommission klagte gegen eine auf das Beamtenstatut gestützte Rats-Verordnung wegen Missachtung eines zuvor gefassten Rats-Beschlusses. In diesem unveröffentlichten Beschluss hatte der Rat festgelegt, aufgrund welcher Indikatoren er die Anpassung der Bezüge vornehmen wolle; der späteren Verordnung lagen jedoch andere Kriterien zugrunde. Der Gerichtshof kam – entgegen der Stellungnahme des Generalanwalts – zu dem Ergebnis, es handele sich bei dem Beschluss um einen verbindlichen Rechtsakt.[944] Den dogmatischen Bezugspunkt bildet die Rechtsgrundlage in der Beamtenstatut-Grundverordnung, wonach der Rat darüber „beschließt", ob eine Anpassung der Bezüge angebracht ist. Da diese Vorschrift dem

---

[938] EuGH, Rs. 52/81, *Faust/Kommission*, Slg. 1982, S. 3745, Rdnr. 27; Rs. C-372/96, *Pontillo*, Slg. 1998, S. I-5091, Rdnrn. 22 f.; Rs. C-17/98 (Anm. 796), Rdnr. 34.

[939] EuGH, Rs. C-4/96 (Anm. 631), Rdnr. 31; Rs. C-17/98 (Anm. 796), Rdnr. 33.

[940] GA Colomer, Rs. C-17/98 (Anm. 796), Nrn. 42 ff.

[941] GA Tesauro, verb. Rs. C-51/89, C-90/89 und C-94/89 (Anm. 698), Nr. 2.

[942] Zu einem solchen Fall EuGH, Rs. 120/86, *Mulder*, Slg. 1988, S. 2321, Rdnr. 24.

[943] EuGH, Rs. 81/72, *Kommission/Rat*, Slg. 1973, S. 575.

[944] GA Warner, ibid., S. 592.

Rat die Wahl der Mittel und Formen für die Festlegung der Besoldungspolitik überlasse, sei er auch befugt, seine Beschlussfassung in mehrere aufeinander folgende Abschnitte zu gliedern.[945] Für den Gerichtshof war der Rat somit bereits in die Entscheidungsfindung eingetreten und hatte sich zur Beachtung bestimmter Kriterien verpflichtet.[946] Dieses Ergebnis überzeugt und steht in Übereinstimmung mit den formendogmatischen Erkenntnissen dieser Studie zu den Rechtswirkungen eines Beschlusses.

Damit war die Frage noch nicht beantwortet, ob der Rat gehindert war, diesen Beschluss durch eine spätere Verordnung auf identischer Rechtsgrundlage zu derogieren. Die Verbindlichkeit eines Rechtsakts allein vermag ihn nicht vor späterer Veränderung abzuschirmen; die *lex-posterior*-Regel streitet für das Gegenteil. Der Gerichtshof aber erkannte im konkreten Fall eine Selbstbindung aufgrund des Vertrauensschutzgrundsatzes.[947] Wenn dieser auch, so der Gerichtshof, in erster Linie bei Einzelentscheidungen Anwendung finde, sei es doch nicht ausgeschlossen, dass er auch bei der Ausübung allgemeiner Befugnisse zu beachten sei.[948]

Jenseits des konkreten Falls kann festgehalten werden, dass unter besonderen Umständen eine unechte Selbsthabilitierung eines Organs über das Einwirken des primärrechtlichen Vertrauensschutzgrundsatzes eine Selbstbindung bewirken kann, die einer Anwendung der *lex-posterior*-Regel entgegensteht. Das diskutierte Urteil zeigt, dass in einem solchen Fall ein Beschluss relativen Vorrang vor einer späteren Verordnung genießen kann, die sich auf dieselbe Rechtsgrundlage stützt.

dd. Hierarchie kraft vertraglicher Anordnung

Eine vierte Strategie, mit der das Unionsrecht das Prinzip der negativen Legalität zur Geltung bringen kann, ist die Anordnung eines Vorrangverhältnisses durch das höherrangige Recht, ohne dass allgemeine Rechtsgrundsätze dabei eine Rolle spielen. Insbesondere aus Wortlaut und systematischer Stellung ihrer jeweiligen Rechtsgrundlage kann sich ergeben, dass zwei geltungsranggleiche Akte partiell gegeneinander hie-

---

945 EuGH, ibid., Rdnr. 7.

946 Ibid., Rdnr. 8.

947 Ibid., Rdnr. 9.

948 Ibid., Rdnr. 10.

rarchisiert sein sollen. Anders als in der vorherigen Konstellation nutzen der änderungsfeste frühere Akt und der nachrangige spätere Akt unterschiedliche Kompetenznormen, und anders als bei einer Habilitierung besteht zwischen beiden Rechtsakten kein Ableitungszusammenhang. Das höherrangige Recht spielt hier sein überlegenes Potenzial aus, durch ausdrückliche oder implizite Anordnung die *lex-posterior*-Regel zwischen bestimmten Rechtsakten zu suspendieren, sodass ein späterer Akt in den Grenzen und unter den Bedingungen vorzunehmen ist, die in einem früheren festgelegt sind.

Ein Beispiel verdeutlicht diesen Mechanismus: Gemäß Art. 89 EG kann der Rat „Durchführungsverordnungen" zu Art. 87 und 88 EG erlassen. Die Befugnis der Kommission, beihilfenrechtliche Entscheidungen an die Mitgliedstaaten zu richten, beruht jedoch nicht auf einer Verordnung nach Art. 89 EG, sondern auf Art. 88 II Ua. 1 EG. Entscheidungsbefugnis der Kommission und Verordnungsbefugnis des Rates wurzeln beide unmittelbar im Vertrag. Gleichwohl ist die Kommission bei der Ausübung ihrer Befugnis an die Verordnungen des Rates nach Art. 89 EG gebunden. Deren relativer Vorrang würde sich im Zweifel auch aus dem Satz vom Vorrang allgemeingültiger Handlungen ergeben: Im konkreten Fall folgt er schon aus dem Wortlaut des Art. 89 EG.[949] Die Attraktivität der vom Vertrag gewählten Lösung besteht darin, dass die Kommission von ihrer vertragsunmittelbaren Befugnis Gebrauch machen kann, auch wenn eine „Durchführungsverordnung" des Rates (noch) nicht existiert.[950]

Dass die partielle Hierarchisierung kraft vertraglicher Anordnung auch das Verhältnis von Rechtsakten betreffen kann, die gleichermaßen allgemeingültigen Charakter haben, zeigen die Art. 161 und 162 EG. Die Festlegung der „allgemeinen Regeln" für die Strukturfonds nach Art. 161 I EG genießen relativen Vorrang vor den „Durchführungsbeschlüssen" nach Art. 37, 148 und 162 I EG mit Regeln für die jeweiligen Fonds; die Systematik des Vertragstitels und der Wortlaut des Art. 161

---

[949] Ein ähnlicher Fall partieller Hierarchisierung ist die Befugnis der EZB, Geldbußen und Zwangsgelder festzusetzen. Diese ergibt sich unmittelbar aus Art. 110 III EG, bei ihrer Ausübung ist die EZB jedoch auf die „Grenzen und allgemeinen Bedingungen" verpflichtet, die der Rat nach dem Verfahren des Art. 107 VI EG festlegt.

[950] Vgl. die abweichende Regelungstechnik im Kartellrecht: Bis zum In-Kraft-Treten der „Vorschriften" nach Art. 87 I EWGV (jetzt Art. 83 EG) verfügte die Kommission nur über die Befugnisse nach Art. 88 und 89 EWGV (jetzt Art. 84 und 85 EG).

EG schließen die Anwendung der *lex-posterior-* und der *lex-specialis-*Regel aus. Die unterschiedlich aufwändigen Verfahren unterstreichen die intendierte Hierarchisierung von Rahmenregelung und sektorieller Regelung.[951] Im Unterschied zu einem relativen Vorrang kraft Habilitierung jedoch setzt eine partielle Hierarchisierung kraft vertraglicher Anordnung keine Differenz der Erlassverfahren voraus.[952] Eine Abweichung von der Rahmenregelung ist nur unter ihrer ausdrücklichen Änderung zulässig, wozu dann beide Rechtsgrundlagen kumulativ in Anspruch genommen werden müssten. Eine Hierarchisierung kraft vertraglicher Anordnung beinhaltet stets auch ein Durchbrechungsverbot, sonst wäre sie wirkungslos.

Diese Strategie zur partiellen Hierarchisierung des abgeleiteten Rechts hat für das Verständnis bestimmter Beschlusstypen zentrale Bedeutung. Diese Beschlüsse können, wie in den folgenden Unterabschnitten diskutiert wird, die ihnen von den Verträgen zugewiesene Funktion der Steuerung nachfolgenden Organhandelns nur dadurch erreichen, dass sie gegen ihre Derogation durch bestimmte spätere Rechtsakte abgeschottet sind.

b. Relativer Vorrang des sekundären Verfahrensrechts der Organe

Die Figur der partiellen Hierarchisierung kann einige Phänomene im geltenden Recht erklären, die die Dogmatik des Unionsrechts bislang nur schwer in den Griff bekommt. So will ein konzeptioneller Vorschlag im geltenden Recht eine eigene Handlungsform identifizieren, für die in Anlehnung an das französische Verfassungsrecht die Bezeichnung *loi organique* vorgeschlagen wird. Akte mit ‚organischem' Charakter sollen Vorrang vor dem abgeleiteten Recht genießen, also eine eigene Rangstufe zwischen Primär- und Sekundärrecht bilden.[953] Die Kriterien für die Identifizierung ‚organischer' Akte sind nicht recht klar; teilweise lebt hier das vage Konzept der ‚vertragsergänzenden' Akte

---

[951] Schwarze-*Priebe*, Rdnr. 2 zu Art. 162 EG.

[952] Im Ergebnis, nicht aber in der Begründung überzeugt deshalb EuG, Rs. T-285/94, *Pfloeschner/Kommission*, Slg. 1995, S. II-3029, Rdnr. 51.

[953] *Lenaerts/Van Nuffel*, Constitutional Law (Anm. 524), Rdnr. 17-054; *Monjal*, Hiérarchie des normes (Anm. 573), Rdnrn. 44 und 562; propositiv *R. Bieber/B. Kahil*, "Organic Law" in the European Union, in: G. Winter (Hrsg.), Sources and Categories of European Union Law, 1996, S. 423.

wieder auf.[954] Das Hauptanwendungsgebiet für ‚organische' Akte ist das Verfahrensrecht der Verfassungsorgane, und an dieser Stelle kommt der Beschluss ins Spiel. Zwar hat der Beschluss kein Monopol auf verfahrensrechtliche Handlungen, aufgrund seines spezifisch organverpflichtenden Wirkungsmodus ist er hierfür jedoch prädestiniert.

Die Handlungsform, in der namentlich die Geschäftsordnungen der Organe erlassen werden, ist nicht einheitlich. Die entsprechenden Akte sind teils schlicht als „Geschäftsordnung" bezeichnet und weisen sich damit als Handlungsform *sui generis* aus.[955] Der Rat dagegen wählt für Erlass oder Änderung seiner Geschäftsordnung stets einen Beschluss, ebenso zuletzt die EZB. Die Kommission gibt der ihren bei einer grundlegenden Neufassung die Bezeichnung „Geschäftsordnung", Änderungsakte aber ergehen als Beschluss. Die Geschäftsordnungen der Rechtsetzungsorgane werfen offensichtlich rangtheoretische Probleme auf. Sie konkretisieren die organinternen Verfahrensregelungen, die die Verträge vorsehen. Könnten die Organe von den selbst gesetzten Regeln im Zuge eines Rechtsetzungsprojekts nach Belieben abweichen, wären diese Regeln weit gehend funktionslos. Andererseits handelt es sich um Akte des abgeleiteten Rechts, die damit grundsätzlich als Maßstabsnormen für ranggleiche spätere Rechtsakte ungeeignet sind. Eine Verschärfung des Problems geht von den vertraglichen Rechtsgrundlagen aus, die für den Erlass der Geschäftsordnungen jeweils eine einfache Mehrheit ausreichen lassen, sodass eine Stabilisierung über das Verfahrensregime ausscheidet.[956] Die von den Verträgen gewollte Verbindlichkeit der Geschäftsordnungen verlangt nach einer Strategie, um das Prinzip der negativen Legalität dennoch zur Geltung zu bringen.

Der Gerichtshof hat in dieser Frage eindeutig Stellung bezogen, sich einer klaren dogmatischen Begründung jedoch enthalten. Eine Durchbrechung der Geschäftsordnung des Rates ist auch dann ausgeschlossen, wenn er gesetzgebend tätig wird:

> „Folglich ist der Rat gehalten, die Verfahrensregeln zu beachten, die er selbst in … seiner Geschäftsordnung aufgestellt hat. Er kann davon selbst mit einer größeren Mehrheit, als sie für den Erlass oder

[954] *Bieber*, Verfahrensrecht (Anm. 532), S. 255 ff.: „vertragsergänzendes Funktionsrecht".

[955] Beispiel: Kodifizierte Fassung der Geschäftsordnung des EWSA (2004/788/EG, Euratom), ABl. L 348 vom 24.11.2004, S. 27.

[956] Art. 199 I EG, Art. 207 III i.V.m. 205 I EG und Art. 218 II i.V.m. 219 I EG.

> die Änderung der Geschäftsordnung erforderlich ist, nicht abweichen, ohne die Geschäftsordnung, die ein aufgrund von Artikel 5 des Vertrages zur Einsetzung eines gemeinsamen Rates und einer gemeinsamen Kommission erlassener Rechtsakt ist, förmlich abzuändern."[957]

Die Formel „er selbst" verweist auf den Mechanismus einer Selbstbindung, ohne dass die Bedingungen angegeben würden, unter denen diese gelingt. Ein Vertrauenstatbestand ist offenbar nicht vorausgesetzt. Der Hinweis auf den Fusionsvertrag, die seinerzeitige Rechtsgrundlage für die GO-Rat, unterstreicht die primärrechtlich intendierte Verbindlichkeit dieses Rechtsakts. Eine Bezugnahme auf einen höheren Rang aufgrund eines ‚organischen' Charakters findet sich aber nicht.

Nach dem in dieser Studie unterbreiteten Vorschlag lässt sich die Maßstäblichkeit der Geschäftsordnung eines Rechtsetzungsorgans am besten mit dem relativen Vorrang erklären, den die Verträge diesem Rechtsakt implizit beilegen. Ein unter Durchbrechung der Bestimmungen einer Geschäftsordnung erlassener Rechtsakt ist wegen Verstoßes gegen das Primärrecht rechtswidrig, es besteht eine von den Verträgen gewollte partielle Hierarchie. Einer ergänzenden Inanspruchnahme des Prinzips der Rechtssicherheit, auf das sich das Gericht erster Instanz zur Begründung der Maßstäblichkeit der GO-Kommission bezieht, bedarf es nicht.[958] Ein Verbot der stillschweigenden Derogation von organgerichteten Verfahrensvorschriften, die im abgeleiteten Recht niedergelegt sind, gehört im Ergebnis zum gesicherten Erkenntnisstand des Unionsrechts.[959]

c. Relativer Vorrang des Komitologiebeschlusses

Als Kandidat für einen Rechtsakt mit ‚organischem' Charakter gilt auch der Komitologiebeschluss, den der Rat nach Art. 202 dritter Spiegelstrich EG fasst.[960] Das Primärrecht weist hier dem Rat die Befugnis zu,

---

[957] EuGH, Rs. 68/86 (Anm. 645), Rdnr. 48.

[958] EuG, verb. Rs. T-305/94 bis T-307/94 u.a. (Anm. 727), Rdnr. 286.

[959] *Lenaerts/Van Nuffel*, Constitutional Law (Anm. 524), Rdnr. 17-108; zur Maßstäblichkeit der Geschäftsordnung eines Komitologieausschusses EuGH, Rs. C-263/95, *Deutschland/Kommission*, Slg. 1998, S. I-441, Rdnrn. 27 f.

[960] Beschluss 1999/468/EG des Rates (Anm. 641); *Lenaerts/Van Nuffel*, Constitutional Law (Anm. 524), Rdnr. 17-141; *A. Verhoeven*, The European Union in Search of a Democratic and Constitutional Theory, 2002, S. 243.

die Grundsätze und Regeln festzulegen, denen die Modalitäten für die Ausübung habilitierter Rechtsetzungsbefugnisse entsprechen müssen. Die materiellen Verpflichtungsadressaten des Komitologiebeschlusses sind mithin der Rat selbst und das Parlament, wenn diese Organe aufgrund einer vertragsunmittelbaren Rechtsgrundlage tätig werden und eine Befugnisübertragung auf die Kommission vornehmen wollen.

Die rangmäßige Einordnung des Komitologiebeschlusses wirft Probleme auf. Nach allgemeinen Regeln handelt es sich um einen Akt des organgeschaffenen, abgeleiteten Gemeinschaftsrechts. Seine vom Vertrag gewollte Verbindlichkeit für spätere Rechtsetzungshandlungen streitet für einen Rang über dem abgeleiteten Recht. Einer Qualifizierung als eine autonome Vertragsergänzung primärrechtlichen Rangs ist der Gerichtshof jedoch in einem Urteil zum ersten Komitologiebeschluss entgegengetreten: Er stelle „eine Maßnahme des abgeleiteten Rechts" dar, die „den Bestimmungen des EWG-Vertrags ... nichts hinzufügen" könne.[961]

Die Frage, unter welchen Voraussetzungen der geltende Komitologiebeschluss gleichwohl als Maßstab zur Prüfung der Rechtmäßigkeit eines späteren, von Parlament und Rat im Mitentscheidungsverfahren erlassenen Rechtsakts dienen kann, wurde in einem jüngeren Klageverfahren aufgeworfen.[962] Die Kommission vertrat als Klägerin die Auffassung, der Gemeinschaftsgesetzgeber müsse in jedem Fall die durch den Beschluss festgesetzten Grundsätze und Regeln beachten, sodass dieser „primärrechtlicher Natur" sei.[963] Der Generalanwalt kam zum gleichen Ergebnis: Der Komitologiebeschluss sei ein „Primärrechtsakt sui generis"[964]. Das Parlament auf der Beklagtenseite dagegen betonte, ein Akt des abgeleiteten Rechts könne das Ermessen des Gemeinschaftsgesetzgebers nicht binden, berief sich also auf die *lex-posterior*-Regel.[965] Der Gerichtshof entschied diesen Streit in einem Sinne, der sich hergebrachter Terminologie entzieht: Er bekräftigte die Qualifizierung als Akt des abgeleiteten Rechts, der den Bestimmungen des EG-Vertrags „nichts

---

[961] EuGH, Rs. C-240/90 (Anm. 818), Rdnr. 42.

[962] EuGH, Rs. C-378/00, *Kommission/Parlament und Rat*, Slg. 2003, S. I-937.

[963] Ibid., Rdnr. 37.

[964] GA Geelhoed, ibid., Nr. 78, und Nr. 82: „eine primärrechtliche Regelung".

[965] EuGH, Rs. C-378/00 (Anm. 962), Rdnr. 38.

hinzufügen kann“[966], und bestätigte gleichwohl die Ansicht der Kommission, dass Parlament und Rat den Komitologiebeschluss bei ihrer Rechtsetzung strikt beachten müssen. Dieser Vorrang ergebe sich aus der Rechtsgrundlage des Beschlusses in Art. 202 EG.[967]

Für das Konzept der partiellen Hierarchisierung ist dieses Ergebnis leicht erklärbar und auch das einzig zutreffende. Als Akt, der seine Konstitutionsbedingungen im Vertrag findet, ist der Komitologiebeschluss nicht Teil des Primärrechts, sondern ihm untergeordnet. Seine Maßstäblichkeit für diejenigen Rechtsakte des abgeleiteten Rechts, die eine Habilitierung der Kommission vorsehen, folgt aus einer eindeutigen Anordnung, die der Vertrag in Art. 202 EG ausspricht („müssen ... entsprechen“). Der Komitologiebeschluss genießt also relativen Vorrang vor diesen Basisrechtsakten. Auf die Verfahrensvoraussetzungen der so gegeneinander hierarchisierten Rechtsakte kommt es nach allgemeinen Regeln nicht an. Ohne förmliche Änderung des Komitologiebeschlusses dürfen weder der Rat noch Rat und Parlament gemeinsam von seinen Bestimmungen abweichen.

d. Relativer Vorrang von Rahmenprogramm-Beschlüssen

Das Konzept des relativen Vorrangs erklärt schließlich einen weiteren Beschlusstypus, von dem bislang nur am Rande die Rede war: den des Rahmenprogramms. Genauer gesagt gibt das Konzept Antworten auf die Frage, unter welchen Voraussetzungen eine partielle Hierarchisierung von Rahmenprogramm und Maßnahmen, die zu seiner Umsetzung ergehen, gelingt.

Das Unionsrecht verwendet den Begriff des Programms in unterschiedlichen Bedeutungen. Übergreifend ist mit einem „Programm“ ein kohärentes Bündel von Einzelmaßnahmen gemeint, die jedoch je nach Kontext verschiedener Art sein können. Das Umweltrecht der Union kennt beispielsweise die Regelungsmethode, die Mitgliedstaaten durch Richtlinien zur Aufstellung von Programmen zu verpflichten, um durch planvolle Konzertierung nationaler Maßnahmen bestimmte Umweltqualitätsziele zu erreichen.[968] Unter den Programmen auf Unionsebene

---

[966] Ibid., Rdnr. 39.

[967] Ibid., Rdnr. 40.

[968] Vgl. EuGH, Rs. C-184/97, *Kommission/Deutschland*, Slg. 1999, S. I-7837, Rdnrn. 55 ff., zu Art. 7 der Richtlinie 76/464/EWG des Rates vom 4. Mai 1976

können zwei Arten typologisch unterschieden werden. Ein Regelungstyp sind die hier als Förderprogramme bezeichneten Rechtsakte, die ein Bündel von Aktionen zusammenfassen, die die Union finanziell unterstützt. Ein anderer Typus sind die Rahmenprogramme oder Allgemeinen Programme, in denen Ziele und Gegenstände für vorrangig zu verfolgende Rechtsetzungsaktivitäten der Union gebündelt werden. Es handelt sich um sektorielle Legislativprogramme, die sich die Union gibt, um das Handeln ihrer Organe vorzustrukturieren. Der rationalisierende Gehalt solcher Rahmenprogramme ist evident. Sie dienen der Selbstorganisation eines Hoheitsträgers, der sich um Kohärenz seines Handelns durch „phasenspezifische Problemabschichtung"[969] bemüht.[970]

Die rechtlich spannende Frage ist, unter welchen Voraussetzungen ein solches Rahmenprogramm in der Lage ist, späteres gesetzgeberisches Handeln nicht nur indikativ zu planen, sondern – zumindest partiell – zu determinieren. Notwendige Bedingung für die Maßstäblichkeit eines Rahmenprogramms ist seine organgerichtete Verpflichtungskraft, die nur eine verbindliche Handlungsform gewährleisten kann. Legislativprogramme in unverbindlichen Handlungsformen sind niemals in der Lage, die Rechtmäßigkeit einer späteren Handlung in Frage zu stellen. Die praktische Nützlichkeit einer Rahmenprogramm-Entschließung des Rates, von Schlussfolgerungen des Europäischen Rates oder einer Mitteilung der Kommission mag der eines verbindlichen Rahmenprogramms nicht nachstehen: Ihre ‚Bindungswirkung' ist eine bloß politische.[971] Der Rückgriff auf eine Entschließung zur Festlegung eines Rahmenprogramms erfolgt insbesondere dann, wenn die Verträge keine spezifische Rechtsgrundlage für eine programmierende Handlung zur Verfügung stellen.[972] Die prädestinierte Handlungsform für ein ver-

---

betreffend die Verschmutzung infolge der Ableitung bestimmter gefährlicher Stoffe in die Gewässer der Gemeinschaft, ABl. L 129 vom 18.5.1976, S. 23.

[969] *Schmidt-Aßmann*, Rechtsformen (Anm. 506), S. 536.

[970] Mit Bezug zu technokratischem Planungsdenken *Ipsen*, Gemeinschaftsrecht, 22/28: „entspricht dem zeitbemessenen, gestuften und planhaften Vollzug der Integration".

[971] Vgl. z.B. die große praktische Bedeutung des sozialpolitischen Aktionsprogramms von 1974, das als Entschließung des Rates erlassen wurde (Anm. 522).

[972] Entschließung des Rates vom 25. Juli 1983 über Rahmenprogramme für die Tätigkeiten der Gemeinschaft im Bereich Forschung, Entwicklung und Demonstration und über das erste Rahmenprogramm 1984–1987, ABl. C 208

bindliches Rahmenprogramm ist der Beschluss. Er kombiniert die Verbindlichkeit seiner Wirkungen mit der gewünschten Limitierung seiner Verpflichtungskraft, sodass beispielsweise ein Rahmenprogramm über geplante Harmonisierungsmaßnahmen schon aufgrund der gewählten Handlungsform noch keine harmonisierenden Effekte auslöst.

Die Wahl einer verbindlichen Handlungsform allein löst das Problem der Maßstäblichkeit für späteres Handeln noch nicht. Nur ganz ausnahmsweise folgt schon aus dem Vertrauensschutzgrundsatz, dass ein Organ sich selbst verbindliche Rechtsetzungsaufträge erteilen kann, an denen es sich festhalten lassen muss.[973] Im Normalfall benötigt ein rechtlich bindendes Rahmenprogramm als ‚Anker' im höherrangigen Recht eine eigene Rechtsgrundlage, damit eine partielle Hierarchisierung greift. Zusätzlich muss in dieser Rechtsgrundlage mit hinreichender Deutlichkeit zum Ausdruck kommen, dass ein zu verabschiedendes Rahmenprogramm Vollständigkeit beansprucht. Erst dann kann anderweitiges Tätigwerden kraft eines primärrechtlich angeordneten Vorrangs als rechtlich fehlerhaft bezeichnet werden.

Rechtsgrundlagen diesen Typs sah der EWG-Vertrag in Art. 54 I und 63 I EWGV vor. Die beiden hierauf gestützten „Allgemeinen Programme" des Rates vom 18. Dezember 1961 zur Aufhebung der Beschränkungen der Niederlassungsfreiheit bzw. der Dienstleistungsfreiheit hatten Modellcharakter für alle späteren Rahmenprogramme.[974] Dem seinerzeitigen Stand der Formenlehre entsprechend, wurden sie noch nicht als Beschluss, sondern als formal ungekennzeichnete Rechtsakte erlassen. Das zeitgenössische Schrifttum deutete die „Allgemeinen Programme" als Handlungstyp eigener Art jenseits des Formenkatalogs in Art. 189 EWGV.[975] Bei Erlass der in ihnen vorgesehenen Harmonisierungs-

---

vom 4.8.1983, S. 1, nennt mit Art. 235 EWGV als bisher einzige Entschließung eine spezifische Rechtsgrundlage.

[973] Oben, C. II. 2. a. cc.

[974] Allgemeines Programm zur Aufhebung der Beschränkungen des freien Dienstleistungsverkehrs, ABl. 2 vom 15.1.1962, S. 32/62; Allgemeines Programm zur Aufhebung der Beschränkungen der Niederlassungsfreiheit, ABl. 2 vom 15.1.1962, S. 36/62.

[975] Groeben/Boeckh/Thiesing/Ehlermann-*Troberg* (1983), Rdnr. 3 zu Art. 54 EWGV; *Ipsen*, Gemeinschaftsrecht, 22/28 ff., führt sie als eigenen Punkt unter den „sonstigen Rechtshandlungen" des Gemeinschaftsrechts auf; *Louis*, Les règlements (Anm. 560), S. 279, klassifiziert sie als *actes fonctionnels préparatoires*. Den beiden „Allgemeinen Programmen" ist wohl zu verdanken, dass bis heute in der Literatur die Ansicht verbreitet ist, das Gemeinschaftsrecht kenne

Richtlinien müsse sich der Rat, so die überwiegende Ansicht, in dem mit den „Programmen“ gesetzten Rahmen bewegen. Für die Mitgliedstaaten und die Marktteilnehmer entfalteten die Programme keine Verpflichtungswirkung.[976] Um diese Verpflichtungskraft für die Organe zu begründen, wurde teilweise unter Verweis auf einen vertragsergänzenden Charakter ein quasi-primärrechtlicher Rang der „Allgemeinen Programme“ behauptet.[977] Die Diskussion verlor an Bedeutung, nachdem der Gerichtshof die unmittelbare Anwendbarkeit der Niederlassungs- und Dienstleistungsfreiheit festgestellt hatte, der die vertragliche Verweisung auf die „Allgemeinen Programme“ nicht entgegenstand.[978]

Retrospektiv haben die beiden „Allgemeinen Programme“ in doppelter Hinsicht eine Wegbereiterfunktion erfüllt. Sie demonstrierten zum einen das Bedürfnis für eine Handlungsform, die Verpflichtungskraft für die rechtsetzenden Organe mit Verpflichtungsneutralität gegenüber Dritten kombiniert. Diesem funktionalen Bedürfnis entspricht der Beschluss mit seinem spezifischen Wirkungsmodus. Zum anderen standen sie Modell für den Beschlusstypus des Rahmenprogramms, indem sie einen Weg aufzeigten, wie durch eine Handlung des abgeleiteten Rechts eine wirksame Strukturierung zukünftiger Rechtsetzungsaktivitäten geleistet werden kann, indem hierzu eine eigene Rechtsgrundlage geschaffen wird.

Die heutige Fassung der Verträge greift an verschiedenen Stellen auf diese Regelungstechnik zurück, und als Standardhandlungsform für Rahmenprogramme hat sich der Beschluss etabliert. So führte die Einheitliche Europäische Akte mit Art. 130i EWGV (heute Art. 166 I, II EG) eine Rechtsgrundlage für „mehrjährige Rahmenprogramme“ im Bereich Forschung und Technologie ein, deren Durchführung nach

---

eine Handlungsform namens „Programm“, jüngst etwa *M. Kaltenborn*, Gibt es einen *numerus clausus* der Rechtsquellen?, Rechtstheorie 2003, S. 459, 472; bereits oben, C. I. 4. b. cc.

[976] Groeben/Boeckh/Thiesing/Ehlermann-*Troberg* (1983), Rdnrn. 4 f. zu Art. 54 EWGV; *Constantinesco*, Europ. Gemeinschaften (Anm. 693), S. 536; *Ipsen*, Gemeinschaftsrecht, 22/30; *Rabe*, Verordnungsrecht (Anm. 525), S. 51.

[977] Groeben/Boeckh/Thiesing/Ehlermann-*Troberg* (1983), Rdnr. 3 zu Art. 54 EWGV: „Bindungswirkung ..., die derjenigen eines Programmsatzes des Vertrages gleicht“; *Rabe*, Verordnungsrecht (Anm. 525), S. 51: „autonome Vertragsergänzungen durch Beschlüsse eigener Art“.

[978] EuGH, Rs. 2/74, *Reyners*, Slg. 1974, S. 631, Rdnrn. 24/28; Rs. 33/74, *van Binsbergen*, Slg. 1974, S. 1299, Rdnrn. 24/26; der Amsterdamer Vertrag hat die entsprechenden Rechtsgrundlagen als gegenstandslos gestrichen.

Art. 130k EWGV „im Wege spezifischer Programme" erfolgt (heute Art. 166 III, IV EG).[979] Die partielle Hierarchisierung der entsprechenden Rechtsakte folgt mit großer Deutlichkeit aus dem Vertrag, und Art. 166 I EG verlangt ausdrücklich die Vollständigkeit des Rahmenprogramms.[980] Ein weiteres Beispiel findet sich in Art. 175 III Ua. 1 EG, nach dem Parlament und Rat „allgemeine Aktionsprogramme" beschließen, in denen die „vorrangigen Ziele" der Umweltpolitik niedergelegt werden.[981] Die Durchführung dieser Rahmenprogramme wird durch Rechtsakte nach Art. 175 I und II EG vorgenommen. Erneut erweist sich, dass ein vertraglich angeordneter relativer Vorrang eine Differenz der maßgeblichen Rechtsetzungsverfahren nicht voraussetzt.

3. Konflikt und Kooperation mit anderen Handlungsformen

Es wurde gezeigt, dass die Verträge verschiedene Techniken entwickelt haben, um innerhalb der Rangstufe des abgeleiteten Rechts partielle Hierarchien zu etablieren, obwohl dem Unionsrecht eine hierarchische Strukturierung des abgeleiteten Rechts über die gewählten Rechtsetzungsverfahren und die handelnden Organe fremd ist. Untersucht wird im Folgenden, ob eine hierarchisierende Wirkung auch allein von der Handlungsform der miteinander in Konflikt tretenden Akte ausgehen kann. Mit Blick auf den Beschluss ist zu klären, welchen Einfluss die Handlungsform eines abgeleiteten Rechtsakts auf sein aktives und passives Derogationsvermögen besitzt. Angenommen, dass sonstige Faktoren einer wechselseitigen Derogation nicht entgegenstehen: Handlungen in welchen Formen kann ein Beschluss derogieren? Und von Handlungen in welchen Formen kann seinerseits ein Beschluss derogiert werden?

---

[979] Beschluss Nr. 1513/2002/EG des Europäischen Parlaments und des Rates vom 27. Juni 2002 über das Sechste Rahmenprogramm der Europäischen Gemeinschaft im Bereich der Forschung, technologischen Entwicklung und Demonstration als Beitrag zur Verwirklichung des Europäischen Forschungsraums und zur Innovation (2002–2006), ABl. L 232 vom 29.8.2002, S. 1, zuletzt geändert durch Beschluss Nr. 786/2004/EG, ABl. L 138 vom 30.4.2004, S. 7.

[980] Zu dieser speziellen Hierarchisierung kraft Vertrags *Bieber/Salomé*, Hierarchy of Norms (Anm. 907), S. 916 f.

[981] Beschluss Nr. 1600/2002/EG des Europäischen Parlaments und des Rates vom 22. Juli 2002 über das sechste Umweltaktionsprogramm der Europäischen Gemeinschaft, ABl. L 242 vom 10.9.2002, S. 1.

a. Grundsatz der Austauschbarkeit der Formen

Der Einfluss der Handlungsform auf das wechselseitige Derogationsvermögen von Unionsrechtsakten ist vergleichsweise wenig erforscht. Als Ausgangspunkt kann die heute überwiegend geteilte Einsicht dienen, dass das geltende Recht keine Hierarchie nach sekundärrechtlichen Handlungsformen kennt.[982] Dies widerstreitet rechtswissenschaftlicher Erfahrung aus dem staatlichen Verfassungsrecht und wurde in der jüngeren Diskussion um die Reform der Handlungsformen vielfach als Defizit des Unionsrechts beklagt.[983]

Die Gleichrangigkeit der Handlungsformen war zunächst nicht unbestritten. Manchen Autoren schien es unter rechtsstaatlichen Gesichtspunkten zwingend geboten, bereits *de constitutione lata* Kriterien für eine hierarchische Ordnung der Formen zu entwickeln.[984] Eine überzeugende Durchführung dieses Vorhabens wollte jedoch nicht recht gelingen.[985] Vereinzelte Vorschläge, die Reihenfolge der Aufzählung in Art. 249 EG als eine Hierarchie zu deuten,[986] vermochten sich nicht durchzusetzen. Damit muss das abgeleitete Unionsrecht auf eine Strukturierung durch eine dominante Handlungsform – vergleichbar dem nationalen Gesetz – verzichten.[987] Es gilt der Grundsatz der Austauschbarkeit der Formen.

Die verfassungsrechtliche Grundentscheidung für ein wechselseitiges Derogationsvermögen von Akten in unterschiedlichen Handlungsformen ist systemgerecht. Sie korrespondiert erstens mit der Gleichrangigkeit der rechtsetzenden Verfassungsorgane und der Verfahren der

---

[982] *Lenaerts/Van Nuffel*, Constitutional Law (Anm. 524), Rdnr. 17-054; *Bieber/Salomé*, Hierarchy of Norms (Anm. 907), S. 917; Streinz-*Schroeder*, Rdnr. 21 zu Art. 249 EG; *Streinz*, Europarecht, Rdnr. 376; Lenz/Borchardt-*Hetmeier*, Rdnr. 21 zu Art. 249 EG; anders *Senden*, Soft Law (Anm. 508), S. 55; *Constantinesco*, Europ. Gemeinschaften (Anm. 693), S. 596 f.; wohl auch Grabitz/Hilf-*Nettesheim*, Rdnrn. 233 f. zu Art. 249 EG.

[983] Nachweise in Anm. 322.

[984] *E.-W. Fuß*, Rechtssatz und Einzelakt im Europäischen Gemeinschaftsrecht (Teil 1), NJW 1964, S. 327, 329 f.

[985] Bezeichnend die Schwierigkeiten bei *Schwarze*, Verwaltungsrecht (Anm. 543), S. 235.

[986] *Louis*, Les règlements (Anm. 560), S. 144; *Geiger*, EUV/EGV, Rdnr. 3 zu Art. 249 EG.

[987] Zum Gesetz *Ross*, Rechtsquellen (Anm. 652), S. 34 f., *Callejón*, System (Anm. 838), S. 421 f.

Rechtserzeugung. Die maßgeblichen Strukturierungsleistungen für die Rechtsordnung erfolgen über eine horizontale Kompetenzordnung, die jedem Rechtsakt spezifische Voraussetzungen für seinen Erlass zuordnet. Die interne Ordnung des abgeleiteten Rechts ist damit in erster Linie eine horizontale, nicht eine vertikale. In den von übergreifenden Maßstabsnormen gezogenen Grenzen wird die Reichweite einer Rechtsetzungsbefugnis grundsätzlich allein von der einschlägigen Rechtsgrundlage bestimmt und findet im bestehenden Sekundärrecht keine Grenze – in welchen Formen und Verfahren auch immer dieses erlassen worden ist. Eine hierarchische Ordnung der Handlungsformen würde zweitens schwerlich zu einer verfassungsrechtlichen Ausgangslage passen, in der die meisten Rechtsgrundlagen den Erlassorganen ein Formenwahlermessen einräumen. Wenn ein älterer Rechtsakt nur durch einen Akt in gleicher Handlungsform novelliert werden könnte, wäre ein einmal eingeschlagener formenpolitischer Weg unter einer bestimmten Rechtsgrundlage nur noch umständlich (durch vorgeschalteten Aufhebungsakt) zu korrigieren.

Durch Gleichrangigkeit und Austauschbarkeit der Formen wird indes nur der praktische Regelfall bestimmt. Sie beschreiben den methodischen Ausgangspunkt, von dem aus formenspezifische Beschränkungen der aktiven derogatorischen Kraft als rechtfertigungsbedürftige Ausnahmen zu verstehen sind. Solche Beschränkungen sind insofern der Kategorie der Handlungsform immanent, als diese im Unionsrecht die spezifische Fähigkeit eines Rechtsakts definiert, rechtliche Wirkungen zu entfalten, und damit eine qua Handlungsform zugewiesene ‚Leistungsobergrenze' festlegt. Kein Rechtsakt kann allein dadurch, dass er sich im Konflikt mit einem älteren Rechtsakt durchsetzen soll, seinen eigenen Bestimmungen ein rechtliches Vermögen zusprechen, das über die von seiner Handlungsform gezogenen Grenzen hinausgeht – dies ist nur eine andere Formulierung für die Parallelität von Rechtsetzungs- und -ersetzungsbefugnis.

Hieraus folgt in einem ersten Schritt eine allgemein anerkannte Ausnahme vom Grundsatz der wechselseitigen Derogationsfähigkeit der Handlungsformen: Es gehört nicht zum Leistungsvermögen einer Handlung mit unverbindlichem Wirkungsmodus, einen verbindlichen Rechtsakt abzuändern, denn hierzu nähme Erstere eine Rechtswirkung in Anspruch, die sie nicht besitzt.[988] Indirekt gelangt man also doch zu

---

[988] EuGH, Rs. 149/73, *Witt*, Slg. 1973, S. 1587, Rdnr. 3; Rs. C-149/96 (Anm. 631), Rdnr. 56; *Senden*, Soft Law (Anm. 508), S. 56 und 245; *Baldwin*, Rules

einer hierarchischen Unterscheidung zwischen zwei Gruppen von Handlungsformen, insofern im Konfliktfall alle Rechtsakte, die durch ihre Handlungsform als unverbindlich qualifiziert sind, hinter solchen in verbindlichen Handlungsformen zurücktreten. Es sollte deshalb präziser vom Grundsatz der Austauschbarkeit der verbindlichen Handlungsformen gesprochen werden.

Hieran schließt sich die Frage an, ob die Unterschiedlichkeit ihres Wirkungsmodus auch zu Schranken für das Derogationsvermögen zwischen verbindlichen Rechtsakten führt. In der Literatur wird teilweise die Ansicht vertreten, aufgrund der Differenz ihrer Einwirkungen auf die nationalen Rechtsordnungen könne zwar eine Verordnung eine Richtlinie ändern, nicht aber umgekehrt.[989] Andere halten zumindest eine konkludente Änderung einer Verordnung durch eine Richtlinie für ausgeschlossen.[990] Auch wird vertreten, es könne weder eine Richtlinie durch eine staatengerichtete Entscheidung aufgehoben werden noch eine Entscheidung durch eine Richtlinie; einer entgegenstehenden Praxis der Rechtsetzungsorgane wird mit einer Umdeutung zugunsten der „wahren“ Handlungsform des Aufhebungsakts begegnet.[991]

Derartige Thesen erscheinen zu apodiktisch und schränken den Grundsatz der Austauschbarkeit der Formen über Gebühr ein, ohne dass eine überzeugende normative Rechtfertigung in Sicht ist.[992] Es wäre erst zu demonstrieren, dass ein unionales Rechtsetzungsorgan in jedem Fall zu einer Konfusion der Rechtswirkungen beiträgt und damit gegen das Prinzip der Rechtssicherheit verstößt, wenn es einen bislang verordnungsrechtlich geregelten Sachverhalt – unter konkludenter oder ausdrücklicher Aufhebung gewisser Bestimmungen einer Verordnung –

(Anm. 537), S. 226; Groeben/Schwarze-*Schmidt*, Rdnr. 24 zu Art. 249 EG; *Streinz*, Europarecht, Rdnr. 376.

[989] Schwarze-*Biervert*, Rdnr. 10 zu Art. 249 EG; Streinz-*Schroeder*, Rdnr. 21 zu Art. 249 EG; *Fastenrath/Müller-Gerbes*, Europarecht, Rdnr. 361; kontraintuitiv differenzierend *A. Haratsch*, Zur Dogmatik von Rücknahme und Widerruf von Rechtsakten der Europäischen Gemeinschaft, EuR 1998, S. 387, 408 f., der die Anwendung der *lex-posterior*-Regel zwischen Verordnungen, Richtlinien und Entscheidungen problemlos für möglich hält, nicht aber die (ersatzlose) Aufhebung einer Verordnung mittels Richtlinie oder Entscheidung.

[990] Grabitz/Hilf-*Nettesheim*, Rdnr. 235 zu Art. 249 EG.

[991] *Haratsch*, Rücknahme (Anm. 989), S. 412 ff.

[992] Wie hier Lenz/Borchardt-*Hetmeier*, Rdnr. 22 zu Art. 249 EG.

nunmehr einer richtlinienförmigen Regulierung unterstellt.[993] Die maßgebliche Schranke ist, dass die neu in die Rechtsordnung eingefügten Rechtsnormen keine anderen Rechtswirkungen entfalten, als die Handlungsform ihres (nicht des geänderten!) Rechtsakts zulässt. Die bloße Invalidierung einer geltenden Rechtsnorm, die in jedem Änderungsakt liegt, entfaltet nicht automatisch die Rechtswirkungen der invalidierten Norm.[994]

b. Grenzen des Derogationsvermögens des Beschlusses im Konflikt mit anderen Handlungsformen

In Anwendung der vorstehend entwickelten Regeln kann das formspezifische Derogationsvermögen des Beschlusses (genauer: der Beschlüsse im Rang des abgeleiteten Rechts) entfaltet werden.

Grundsätzlich sind Rechtsakte des abgeleiteten Rechts, also auch Beschlüsse, untereinander derogationsfähig. Diese Aussage ist insofern zu qualifizieren, als ein Beschluss nicht durch einen Rechtsakt in einer unverbindlichen Handlungsform geändert oder aufgehoben werden kann; in umgekehrter Richtung bestehen keine Bedenken.[995] Rechtsakte in anderen verbindlichen Handlungsformen, namentlich Verordnungen, Richtlinien und Entscheidungen, können einen Beschluss ganz oder teilweise aufheben und gegebenenfalls an die Stelle der aufgehobenen Normen neue Bestimmungen setzen, die dem spezifischen Wirkungsmodus des Änderungsakts entsprechen.

---

[993] Ein Beispiel für diese – zugegebenermaßen seltene – Praxis ist die Richtlinie 2004/38/EG des Europäischen Parlaments und des Rates vom 29. April 2004 über das Recht der Unionsbürger und ihrer Familienangehörigen, sich im Hoheitsgebiet der Mitgliedstaaten frei zu bewegen und aufzuhalten, zur *Änderung der Verordnung* (EWG) Nr. 1612/68 und zur Aufhebung der Richtlinien 64/221/EWG, ..., ABl. L 158 vom 30.4.2004, S. 77.

[994] Unzulässig generalisierend daher EuG, Rs. T-267/94, *Oleifia Italiani/ Kommission*, Slg. 1997, S. II-1239, Rdnr. 36; vgl. für das deutsche Verfassungsrecht BVerfGE 14, S. 197, 219 f. (die Aufhebung einer gesetzlichen Vorschrift, die der Zustimmung des Bundesrates bedurfte, ist nicht ihrerseits zustimmungspflichtig).

[995] Beispiel: Beschluss des Rates vom 20. Dezember 1996 zur Aufhebung der Empfehlung 76/494/EWG über die rationelle Nutzung der von Straßenfahrzeugen verbrauchten Energie durch Verbesserung des Fahrverhaltens (97/9/ EG), ABl. L 3 vom 7.1.1997, S. 8.

Differenziert zu beantworten ist die Frage, ob ein Beschluss eine Verordnung, eine Richtlinie oder eine Entscheidung ändern kann. Hier ist das spezifische beschränkte Potenzial des Beschlusses im Blick zu behalten. Eine angemessene Lösung kann durch die konkrete Betrachtung der geänderten Vorschriften erzielt werden, also auf der Mikroebene der konfligierenden Bestimmungen der Rechtsakte.

Einerseits ist es ausgeschlossen, durch einen Beschluss Bestimmungen in einen Rechtsakt einzufügen, die vom Wirkungsmodus des Beschlusses nicht abgedeckt sind. Ein Beschluss kann somit keine Vorschriften einer Verordnung modifizieren, in denen den Rechtsbürgern Pflichten auferlegt werden, oder den Inhalt einer Richtlinienbestimmung ändern, die einer mitgliedstaatlichen Umsetzung bedarf. Durch eine inhaltliche Veränderung solcher Bestimmungen werden neue Verpflichtungen begründet, die einem Beschluss fremd sind.[996]

Anderseits bestehen keine Bedenken dagegen, durch Beschluss eine Bestimmung abzuändern, die als solche auch in einen Beschluss hätte aufgenommen werden können. Zu denken ist etwa an die Errichtung eines Komitologieausschusses, die in einer habilitierenden Verordnung erfolgte. Es ist nicht ersichtlich, warum Struktur und Zusammensetzung dieses Ausschusses nicht durch einen späteren Beschluss geändert werden könnten.

Ein Sonderfall schließlich ist die Suspendierung oder die ersatzlose Aufhebung einer Bestimmung durch Beschluss. Die vorläufige oder endgültige Aufhebung einer Vorschrift mit staaten- oder privatgerichteter Verpflichtungskraft entfaltet nicht selbst eine solche Wirkung: Die Rücknahme einer Verpflichtung ist verpflichtungsneutral. In dieser rein negatorischen Hinsicht können alle Bestimmungen von Verordnungen, Richtlinien oder Entscheidungen auch von einem Beschluss derogiert werden.[997] Das geltende Recht sieht Derartiges in Art. 14 IV der Anti-

---

[996] Rechtlich zweifelhaft deshalb der Beschluss des Rates vom 1. Juni 1987 zur Verlängerung der Geltungsdauer des Beschlusses 85/214/EWG und der Entscheidung 86/23/EWG (87/288/EWG), ABl. L 145 vom 5.6.1987, S. 86; auch die Ausdehnung der zeitlichen Geltung einer staatengerichteten Entscheidung legt konstitutiv neue Verpflichtungen auf.

[997] Beispiel: Beschluss der Kommission vom 5. April 2004 zur Einstellung der mit der Verordnung (EG) Nr. 1264/2003 eingeleiteten Untersuchung betreffend die angebliche Umgehung der mit der Verordnung (EG) Nr. 2320/97 des Rates gegenüber den Einfuhren bestimmter nahtloser Rohre oder nicht legiertem Stahl mit Ursprung in Russland eingeführten Antidumpingmaßnahmen …

dumpinggrundverordnung ausdrücklich vor: Die befristete Aussetzung einer durch Verordnung eingeführten Schutzmaßnahme soll durch einen Beschluss erfolgen. Gewisse Zweifel an einer solchen Gestaltung bestehen im Hinblick auf unterschiedliche Voraussetzungen für das In-Kraft-Treten (dazu im nachfolgenden Kapitel), die jedoch durch amtliche Veröffentlichung eines Aufhebungs- bzw. Aussetzungs-Beschlusses auszuräumen sind.

Zusammenfassend kann festgestellt werden: Unter den verbindlichen Handlungsformen des abgeleiteten Rechts zeichnet sich der Beschluss durch eine vergleichsweise schwach ausgeprägte passive derogatorische Kraft aus; lediglich unverbindlichen Handlungsformen ist es verwehrt, einen Beschluss aufzuheben oder abzuändern. Dringlicher noch als bei anderen Handlungsformen muss die Rechtsordnung deshalb auf eine Strategie partieller Hierarchisierung zurückgreifen, will sie einem Beschluss relative Stabilität gegenüber später erlassenem Recht verleihen. Auch im Hinblick auf seine aktive derogatorische Kraft unterliegt der Beschluss vergleichsweise starken Beschränkungen, die den formspezifischen Limitierungen seines Wirkungsmodus folgen.

Die in Unterkapitel I. diagnostizierte relative ‚Schwäche' des Beschlusses, anderen Personen als den Organen und Einrichtungen der Union rechtliche Verpflichtungen aufzuerlegen, wiederholt sich rechtsordnungsintern in der relativen ‚Schwäche' des Beschlusses, derogierend auf das geltende Recht einzuwirken. Hier wie dort aber ist die vermeintliche Schwäche als die eigentliche Stärke der Handlungsform anzusehen. Durch sein begrenztes Vermögen, andere Rechtsakte zu modifizieren, eignet sich ein Beschluss in besonderer Weise dazu, geltende Rechtsnormen zu ergänzen, ohne ihre Geltung anzutasten. Das Paradigma der Interaktion, in die ein Beschluss mit anderen Rechtsakten tritt, ist nicht das des Konflikts, sondern das der Kooperation.

III. Zusammenfassung zum Wirkungsmodus des Beschlusses

Der erste Teil dieses Kapitels charakterisiert den Beschluss als eine Handlungsform, deren Wirkungsmodus sich durch vier Aspekte auszeichnet. Ein Beschluss ist ein Unionsrechtsakt, der verbindliche Rechtswirkungen entfaltet, keinen formellen Adressaten besitzt, auf die

---

(2004/316/EG), ABl. L 100 vom 6.4.2004, S. 45; durch Art. 2 dieses Beschlusses wird Verordnung (EG) Nr. 1264/2003 aufgehoben.

unmittelbare Herbeiführung eines rechtlichen Gestaltungserfolgs gerichtet ist und eine spezifische Beschränkung seiner Verpflichtungskraft aufweist. Uneingeschränkte Verpflichtungskraft besitzt der Beschluss gegenüber den Organen und Einrichtungen der Union, und in diesem Rahmen hat er auch die Fähigkeit, individuelle Rechte zu begründen. Staatengerichtete Verpflichtungskraft kann ein Beschluss nur insofern entfalten, als die Mitgliedstaaten loyal mit den Organen der Union zusammenarbeiten müssen und in diesem Umfang auch zu gezielten Mitwirkungshandlungen verpflichtet werden können. Privatgerichtete Verpflichtungskraft nimmt ein Beschluss nicht für sich in Anspruch, weder unmittelbar, indem er selbst derartige Wirkungen entfaltet, noch mittelbar, indem er eine hoheitliche Stelle zu Umsetzungs- oder Vollzugshandlungen mit privatgerichteter Verpflichtungskraft anhält. Unter den verbindlichen Handlungsformen des Unionsrechts ist der Beschluss diejenige, die die weitreichendste Schonung mitgliedstaatlicher Autonomie und individueller Rechtspositionen sicherstellt.[998]

Der zweite Teil des Kapitels widmet sich der derogatorischen Kraft, definiert als das Vermögen, geltende Rechtsakte der Unionsrechtsordnung zu ändern oder aufzuheben. Für das Derogationsvermögen eines Beschlusses sind drei Gesichtspunkte relevant: seine Einordnung in die Normenhierarchie (sein Rang), eine mögliche Einbindung in eine partielle Hierarchisierung und formspezifische Grenzen seines Derogationsvermögens.

Zum Rang: Grundlegend für das Unionsrecht ist der absolute Vorrang der Verträge und der ihnen im Rang gleichstehenden Rechtsnormen (Primärrecht) vor abgeleitetem Recht, also den von den Organen und Einrichtungen der Union nach vertraglich festgelegten Regeln erzeugten Rechtsakten. Nach beiden Voraussetzungen – Urheberschaft und Konstitutionsbedingungen – gehören Beschlüsse dem abgeleiteten Recht an. Ihre aktive derogatorische Kraft erstreckt sich grundsätzlich allein auf ältere Rechtsakte, die ihrerseits im Rang des abgeleiteten Rechts stehen.

Ausnahmen können sich aus den Verträgen ergeben, wenn diese punktuell ihre Derogation durch einen Akt des organgeschaffenen Rechts zulassen. Ergibt sich aus der einschlägigen Rechtsgrundlage, dass die so erzeugten Normen den Rang der ursprünglichen teilen, handelt es sich um organgeschaffenes Primärrecht. Das geltende Recht kennt zwei Va-

---

[998] Eine ausführlichere Zusammenfassung dieser Aspekte des Wirkungsmodus oben, C. I. 6.

rianten: autonome Vertragsänderungen durch den Rat und sog. halbautonome Vertragsänderungen, bei denen die Annahme des vertragsändernden Organakts durch die Mitgliedstaaten erforderlich ist. Im Verhältnis zum abgeleiteten Recht findet auf organgeschaffenes Primärrecht die allgemeine Vorrangregel Anwendung; im Verhältnis zu älterem Primärrecht ist seine aktive derogatorische Kraft auf definierte Bestimmungen begrenzt. Organgeschaffenes Primärrecht untersteht der Rechtskontrolle des Gerichtshofs, da es sich um Handlungen der Organe gemäß Art. 230 I, 234 I lit. b EG handelt.

Für (halb-)autonome Vertragsänderungen können unterschiedliche Handlungsformen gewählt werden. In der jüngeren Organpraxis dominieren Rechtsakte, die sich durch ihre äußere Form als Beschlüsse qualifizieren. Die Rechtswirkungen dieser Akte weisen in einigen Fällen nicht die für Beschlüsse charakteristische Beschränkung ihrer Verpflichtungskraft auf. Für die Mehrzahl der primärrechtlichen Beschlüsse aber gilt das allgemeine Rechtsregime dieser Handlungsform.

Zur partiellen Hierarchie: Innerhalb des abgeleiteten Rechts bestehen keine weiteren Rangstufen, die mit einem absoluten Vorrang einhergehen (die hierarchisierenden Wirkungen des Art. 300 VII EG ausgeklammert). Vielmehr bestimmt sich das Derogationsvermögen eines Rechtsakts nach seiner Rechtsgrundlage, ohne dass es darauf ankommt, auf welche Rechtsgrundlage der derogierte Rechtsakt gestützt wurde. Im Unionsrecht herrscht keine Parallelität von Erlass- und Änderungsverfahren, sondern von Rechtsetzungs- und Rechtsersetzungsbefugnis. Ein Rechtsakt des abgeleiteten Rechts ist jedoch dann gegen seine Derogation durch einen späteren Akt des abgeleiteten Rechts geschützt, wenn zwischen ihnen eine partielle Hierarchie besteht. Einen solchen relativen Vorrang begründet erstens eine Befugnisübertragung (Habilitierung), die eine Bindung des habilitierten Rechtsakts an seinen eigenen Basisrechtsakt zur Folge hat. Zweitens genießen allgemeine Normen Vorrang vor Einzelakten, die zu ihrer Durchführung ergehen, auch wenn keine Habilitierung vorliegt. Drittens genießt ein Akt des abgeleiteten Rechts Vorrang vor einem späteren Akt auf gleicher Rechtsgrundlage, wenn eine Derogation den Vertrauensschutzgrundsatz verletzen würde. Viertens kann eine partielle Hierarchie durch die Verträge angeordnet sein, sodass dann auch zwischen gleichermaßen allgemeingültigen Akten, die unterschiedliche Rechtsgrundlagen nutzen, die *lex-posterior*-Regel ausgeschlossen ist.

Beschlüsse können in allen vier Konstellationen auftreten, sowohl als relativ nachrangige als auch als relativ vorrangige Akte. Besonderheiten ergeben sich insofern, als Beschlüsse aufgrund ihrer primär organgerichteten Verpflichtungskraft oftmals dringlicher als andere Handlungsformen einer Absicherung gegen ihre Derogation durch spätere Organakte bedürfen. Ohne einen Vorrang kraft partieller Hierarchie wären bestimmte Beschlüsse des abgeleiteten Rechts, die der Selbstorganisation der Union dienen, praktisch wirkungslos. Dies gilt etwa für die Geschäftsordnungen der Organe, den Komitologiebeschluss, Rahmenprogramm-Beschlüsse und Dokumentenzugangs-Beschlüsse.

Zum formspezifischen Derogationsvermögen: Grundsätzlich sind alle Rechtsakte des abgeleiteten Unionsrechts untereinander derogationsfähig, unabhängig von der Handlungsform der konfligierenden Akte. Aus der Parallelität von Rechtsetzungs- und -ersetzungsbefugnis folgen jedoch Ausnahmen von der Austauschbarkeit der Handlungsformen: Kein Änderungsakt kann seinen Bestimmungen im Zuge einer Derogation ein rechtliches Vermögen zusprechen, das über die von seinem Wirkungsmodus gezogenen Grenzen hinausgeht. Damit steht das formspezifische Derogationsvermögen des Beschlusses in direkter Abhängigkeit von den charakteristischen Beschränkungen seiner Verpflichtungskraft. Ein Beschluss kann einen Rechtsakt in einer verbindlichen Handlungsform nur insoweit ändern, als die geänderten Bestimmungen auch in einen Beschluss hätten aufgenommen werden können, ohne seine formale Identität in Frage zu stellen. Die Suspendierung oder ersatzlose Aufhebung einer Bestimmung durch Beschluss ist unabhängig von der Handlungsform des geänderten Akts möglich. Eine Derogationssperre errichtet ein Beschluss kraft seiner Handlungsform nur im Verhältnis zu unverbindlichen Handlungsformen.

Somit sind die grundlegenden rechtlichen Eigenschaften des Beschlusses definiert: Die durch Merkmale ihrer äußeren Form geeinte Gattung von Rechtsakten zeichnet sich durch charakteristische Gemeinsamkeiten ihres Wirkungsmodus aus, die diese Gattung von anderen Handlungsformen unterscheiden. Die Arbeitshypothese, dass sich im Anwendungsbereich des Art. 249 EG eine Handlungsform namens Beschluss nachweisen lässt, hat sich in vollem Umfang bestätigt.

Darüber hinaus sind zwei Erweiterungen seines Einsatzbereichs zu notieren: Erstens wird der Beschluss von weiteren Organen und Einrichtungen der Union genutzt, namentlich durch das Parlament, die EZB und für gemeinsame Beschlüsse bei atypischen Organkombinationen. Der Beschluss unterliegt nicht den organbezogenen Sperrwirkungen des Art. 249 I EG. Zweitens ist der Beschluss nicht auf den kompetenziellen Anwendungsbereich des Gemeinschaftsrechts begrenzt, sondern findet auch unter dem EU-Vertrag Verwendung.

Zu verzeichnen sind indes auch ‚gescheiterte' Erweiterungsversuche. „Beschlüsse" der Wanderarbeitnehmer-Verwaltungskommission sind, ungeachtet ihrer äußeren Form, keine Beschlüsse, denn diesem Gremium wird in Verordnung (EWG) Nr. 1408/71 keine verbindliche Rechtsetzungsbefugnis zugewiesen. Ferner sind „Beschlüsse" von Kooperationsgremien, die ihre Rechtsgrundlage in einem externen Abkommen finden, in ihren Rechtswirkungen mit diesen Abkommen verwandt, nicht jedoch mit Beschlüssen. Drittens unterliegen komplementärrechtliche Akte der Mitgliedstaaten einem anderen Rechtsregime, ohne dass ihre gelegentliche Bezeichnung als „Beschluss" daran etwas ändern würde.

Das Bild einer kohärenten Handlungsform wird an drei Stellen durch Außenseiter getrübt, die zwar die gleiche äußere Form wie Beschlüsse nutzen, deren Wirkungsmodus aber ein signifikant anderer ist. Erstens handelt es sich bei den „Beschlüssen" des Rates gemäß Art. 34 II lit. c EU um eine eigene Handlungsform des EU-Vertrags, deren Rechtsregime in vieler Hinsicht von dem des Beschlusses abweicht. Das Rechtsgrundlagenzitat der PJZ-Beschlüsse erlaubt eine eindeutige Identifizierung. Zwei weitere Beschlusstypen haben zwar zahlenmäßig keine große Bedeutung für das Unionsrecht, repräsentieren aber grundlegend abweichende Verständnisse der Wahl einer atypischen Handlungsform. Der Übersee-Assoziationsbeschluss unter Art. 187 EG ist der vielleicht letzte Vertreter des ‚vertragsergänzenden Beschlusses', der nach einer aus den 1960er Jahren stammenden Konzeption unter solchen Rechtsgrundlagen zu wählen sei, die den Rat zum Erlass von Rechtsakten mit ‚vertragsergänzendem' Charakter (im materiellen Sinne) ermächtigen. Ein ähnliches Verständnis liegt einigen primärrechtlichen Beschlüssen zugrunde, bei denen die formale Qualifizierung als Beschluss allein auf ihrem vertragsändernden oder -ergänzenden Charakter (im formellen, rangtheoretischen Sinne) gründet. Beide Arten von atypischen Beschlüssen sind nur aufgrund einer Einzelfallanalyse ihrer Bestimmungen zu identifizieren und aus dem Rechtsregime des Beschlusses auszusondern.

Damit hat die Studie ihren endgültigen Gegenstand gefunden. Erwartungsgemäß gehört nur ein Teil der als „Beschlüsse" bezeichneten Rechtsakte der Handlungsform Beschluss an. Der ganz überwiegende Teil der adressatenlosen „Beschlüsse" aber, die die durch die Verträge errichteten Organe und Einrichtungen erlassen, wird durch ihren Wirkungsmodus zu einer kohärenten Gattung geeint. Für die so definierte Handlungsform ist nunmehr ihr Gültigkeits- und Kontrollregime zu entwickeln.

D. Das Gültigkeitsregime: Anforderungen an Wirksamkeit und Rechtmäßigkeit von Beschlüssen

Um vorbehaltlos als legitimes Kind in die Unionsrechtsordnung aufgenommen zu werden, muss ein neuer Rechtsakt gewisse Voraussetzungen erfüllen, die speziell aus seiner Handlungsform fließen: Die Kategorie der Handlungsform dient als Speicher für ein Ensemble spezifischer Gültigkeitsanforderungen. Erst die Identifizierung der gewählten Handlungsform erlaubt die Feststellung, ob das betreffende Organ rechtmäßig gehandelt hat und die Handlung wirksam ist.[999] Die Analyse des Gültigkeitsregimes des Beschlusses, der sich die Studie nunmehr widmet, wird auf der Grundlage des geltenden Rechts die einschlägigen Maßstabsnormen identifizieren und ihre Anwendung auf den Beschluss explizieren.

Nach einer Präzisierung der einschlägigen Begriffe (I.) werden die formspezifischen Anforderungen an die Wirksamkeit (II.) und an die Rechtmäßigkeit von Beschlüssen (III.) untersucht. Ein eigenes Unterkapitel gilt den Anforderungen an die Rechtmäßigkeit der Formenwahl (IV.). Schließlich soll nach einer spezifischen Fehlerfolgenlehre für Beschlüsse gefragt werden (V.), soweit dies nicht dem Kapitel über die Verfahren der judikativen Kontrolle vorweg greift. Eine zusammenfassende Betrachtung des Gültigkeitsregimes des Beschlusses erlaubt eine Bewertung der Ausgewogenheit seiner Regimeelemente (VI.).

I. Begriffsklärung: formspezifische Wirksamkeit und Rechtmäßigkeit

Das Recht der Union stellt, wie jede entwickelte Rechtsordnung, komplexe Anforderungen an die Gültigkeit des von ihren Organen erzeugten Rechts. Begrifflich lässt sich die Gesamtheit der Gültigkeitsanforderungen zum Erfordernis der Widerspruchsfreiheit zu vorrangigem Recht synthetisieren. Steht ein Rechtsakt im Konflikt mit einer dieser Anforderungen, greifen die von der Rechtsordnung aufgestellten Regeln und Verfahren für fehlerhafte Rechtsakte ein. Die Rechtsfolgen des Verfehlens von Gültigkeitsvoraussetzungen variieren nach Art und

---

[999] Groeben/Schwarze-*Schmidt*, Rdnr. 25 zu Art. 249 EG.

Schwere des Fehlers. Sie reichen von der Inexistenz des Rechtsakts bis zur Unbeachtlichkeit des Fehlers. Für die Zwecke dieser Studie soll zwischen solchen Anforderungen unterschieden werden, deren Missachtung die der Kategorie der Rechtswidrigkeit zugeordneten Rechtsfolgen auslöst (Rechtmäßigkeitserfordernisse),[1000] und Anforderungen, deren Missachtung verhindert, dass der betreffende Rechtsakt Rechtswirkungen entfaltet (Wirksamkeitserfordernisse). Im Weiteren wird sich erweisen, dass das Unionsrecht scharf zwischen Rechtmäßigkeit und Wirksamkeit eines Rechtsakts unterscheidet. Im vorliegenden Zusammenhang soll übergreifend von Gültigkeitserfordernissen gesprochen werden, wenn beide Gruppen von Anforderungen gemeint sind.[1001]

Eine Reihe von Ordnungsgesichtspunkten sind denkbar, nach denen die Anforderungen an Legalität und Wirksamkeit weiter unterschieden werden könnten. Gültigkeitserfordernisse können sich aus geschriebenem Recht ergeben oder als allgemeine Rechtsgrundsätze ausgeformt sein. Manche Anforderung entstammt speziell der gewählten Rechtsgrundlage, andere gelten Kompetenznormen übergreifend. Für dieses Kapitel ist die Unterscheidung von formenvariablen und formenneutralen Gültigkeitserfordernissen maßgeblich: Aus der Gesamtheit der Anforderungen an Legalität und Wirksamkeit werden nur diejenigen untersucht, die mit der Handlungsform der Akte variieren. Nur selten werden sich jedoch Anforderungen finden lassen, die exklusiv einer einzigen Handlungsform zugeordnet sind. Von einer formspezifischen Regel soll bereits dann die Rede sein, wenn sie bei einigen Handlungsformen Beachtung beansprucht, im Fall anderer Formen nicht. Das Gültigkeitsregime einer Handlungsform ist demnach die Gesamtheit der spezifischen Rechtmäßigkeits- und Wirksamkeitsregeln, die durch die Wahl gerade dieser Handlungsform aktiviert werden.

[1000] Die Regelfolgen der Rechtswidrigkeit sind Anfechtbarkeit und erleichterte Aufhebbarkeit des Akts, dazu näher unten, D. V.

[1001] Es sei darauf hingewiesen, dass der Gerichtshof in Anknüpfung an Art. 234 I lit. b EG Gültigkeit zumeist als Synonym für Rechtmäßigkeit verwendet.

II. Die Wirksamkeit von Beschlüssen

1. Formenvariable Regeln für das In-Kraft-Treten der Akte

Regelungen über die Wirksamkeit sieht das Unionsrecht in Art. 254 EG und Art. 163 EA vor. Diese Artikel legen die Bedingungen fest, unter denen die von ihrem Anwendungsbereich erfassten Rechtsakte in Kraft treten (Art. 254 I 2, II 2 EG) bzw. wirksam werden (Art. 254 III EG). Beide Begriffe bezeichnen dasselbe rechtliche Phänomen: Unter In-Kraft-Treten ist das Entfalten von Rechtswirkungen, mithin der Beginn der Wirksamkeit zu verstehen.[1002] Art. 254 EG definiert sowohl die Voraussetzungen als auch den Zeitpunkt des In-Kraft-Tretens. Eng mit dem In-Kraft-Treten verbunden, aber von diesem begrifflich zu unterscheiden ist das Auslösen der Klagefrist des Art. 230 V EG, der an Tatbestände des Art. 254 EG anknüpft: an die in der deutschen Vertragsfassung des Art. 230 EG irreführend als „Bekanntgabe" bezeichnete Veröffentlichung (franz. *publication*) und die dort „Mitteilung" genannte individuelle Bekanntgabe (franz. *notification*).[1003] Hieraus ergibt sich eine Folge von drei Zeitpunkten, die für die Wirksamkeit von Bedeutung sind: erstens Annahme und Feststellung des Akts, zweitens seine Bekanntgabe oder Veröffentlichung, drittens das In-Kraft-Treten. Annahme, Feststellung und, so sie stattfinden, Bekanntgabe bzw. Veröffentlichung erfolgen nach den rechtlichen Vorgaben in dieser Reihenfolge.

Die rechtliche Existenz des Akts beginnt mit der Beschlussfassung durch das Organ, dem der Rechtsakt zugerechnet wird.[1004] Mit dieser Handlung wird der interne Willensbildungsprozess des Erlassorgans abgeschlossen und der endgültige Rechtstext festgelegt. In der Rechtsprechung wird dieser Zeitpunkt als der des Erlasses bezeichnet; er ist maßgeblich zur Beurteilung der Rechtmäßigkeit des Akts.[1005] In zeitli-

---

[1002] *E. Grabitz*, Rechtshandlungen der Gemeinschaftsorgane, in: Kommission (Hrsg.), Dreißig Jahre Gemeinschaftsrecht, 1983, S. 91, 102.

[1003] Lenz/Borchardt-*Borchardt*, Rdnrn. 61 f. zu Art. 230 EG.

[1004] Terminologisch anders Schwarze-*Schoo*, Rdnr. 5 zu Art. 254 EG, Groeben/Schwarze-*Schmidt*, Rdnr. 14 zu Art. 254 EG, und Streinz-*Gellermann*, Rdnr. 4 zu Art. 254 EG, die Existenz und In-Kraft-Treten gleichsetzen; wie hier *T. C. Hartley*, The Foundations of European Community Law, 1998, S. 128.

[1005] EuGH, verb. Rs. 15/76 und 16/76, *Frankreich/Kommission*, Slg. 1979, S. 321, Rdnr. 7; verb. Rs. C-248/95 und C-249/95, *SAM*, Slg. 1997, S. I-4475, Rdnr. 46; Rs. C-241/00, *National Farmers' Union*, Slg. 2002, S. I-9079, Rdnr. 37;

cher Nähe dazu erfolgt die sog. Feststellung des Rechtsakts durch Unterschriften der zuständigen Organwalter, im Regelfall des Präsidenten und des Generalsekretärs des Erlassorgans.[1006] Durch die Unterzeichnung wird der vollständige Wortlaut des Rechtsakts in allen seinen verbindlichen Fassungen urkundlich fixiert, sodass im Streitfall die Übereinstimmung des zugestellten oder veröffentlichten Texts mit dem angenommenen geprüft werden kann.[1007]

Das Erfordernis der ordnungsgemäßen Beschlussfassung mit anschließender Feststellung trifft alle Rechtsakte unabhängig von ihrer Handlungsform. Weitere Bedingungen für das In-Kraft-Treten der Akte dagegen sind formenvariabel ausgestaltet. Als alternative Anknüpfungspunkte sieht Art. 254 EG die Veröffentlichung im Amtsblatt und die Bekanntgabe gegenüber dem Adressaten vor. Die Systematik des Art. 254 EG erschließt sich unter Hinzuziehung des Art. 163 EA, der unverändert Art. 191 EWGV entspricht. Vom Anwendungsbereich des Art. 254 EG erfasst sind die drei verbindlichen Handlungsformen des Art. 249 EG.[1008] Zwischen diesen differenziert Art. 254 EG nach ihren formspezifischen Rechtswirkungen. Die Handlungsformen, die ein adressatenspezifischer Wirkungsmodus auszeichnet, bedürfen lediglich

---

EuG, Rs. T-115/94, *Opel Austria/Rat*, Slg. 1997, S. II-39, Rdnrn. 87 f.; Rs. T-369/00, *Département du Loiret/Kommission*, Slg. 2003, S. II-1789, Rdnr. 48.

[1006] Zuständigkeitsregeln für die Unterzeichnung der Rechtsakte finden sich in Art. 15 GO-Rat (Anm. 449), Art. 18 GO-Kommission (Anm. 452), Art. 68 Nr. 6 GO-Parlament (Anm. 451) und Art. 17 GO-EZB (Anm. 452); für die Unterzeichnung von Rechtsakten, die nach dem Verfahren des Art. 251 EG ergehen, hält Art. 254 I 1 EG eine Spezialregelung vor, aus der sich die gemeinsame Zurechnung dieser Akte zu Parlament und Rat ergibt, Schwarze-*Schoo*, Rdnr. 1 zu Art. 254 EG; Groeben/Schwarze-*Schmidt*, Rdnr. 3 zu Art. 254 EG.

[1007] Die Vorschriften über die Feststellung dienen der Rechtssicherheit und sind deshalb wesentliche Formvorschriften i.S.d. Art. 230 II EG, EuGH, Rs. C-137/92 P, *Kommission/BASF u.a.*, Slg. 1994, S. I-2555, Rdnrn. 75 f.; Rs. C-286/95 P, *Kommission/ICI*, Slg. 2000, S. I-2341, Rdnr. 42; Rs. C-107/99, *Italien/Kommission*, Slg. 2002, S. I-1091, Rdnr. 45. Darüber hinaus gehört die Unterschrift im Namen des handelnden Organs zu den Förmlichkeiten, aus denen der Adressat eines Schriftstücks schließen kann, mit einer verbindlichen Handlung konfrontiert zu sein, verb. Rs. 42/59 und 49/59, *SNUPAT/Hohe Behörde*, Slg. 1961, S. 111, 154; verb. Rs. 23/63, 24/63 und 52/63, *Usines Émile Henricot u.a./Hohe Behörde*, Slg. 1963, S. 467, 484 f.

[1008] Für die unverbindlichen Handlungsformen des Art. 249 EG ist im Vertrag kein Zeitpunkt vorgegeben, zu dem die rechtlichen Wirkungen dieser Akte erstmals eintreten.

der Bekanntgabe gegenüber ihrem formellen Adressaten. Für die Wirksamkeit einer Verordnung, als Rechtsakt mit adressatenunspezifischem Wirkungsmodus, ist amtliche Veröffentlichung vorausgesetzt, mithin also die ‚Bekanntgabe' gegenüber jedermann. Diese klare Zuordnungslogik wird in Art. 254 EG durch zwei weitere Kriterien modifiziert, die Art. 163 EA nicht kennt: Veröffentlichung, nicht Bekanntgabe ist für das In-Kraft-Treten von solchen Richtlinien und Entscheidungen maßgeblich, die im Mitentscheidungsverfahren ergehen. Dasselbe gilt für EG-Richtlinien, die an alle Mitgliedstaaten gerichtet sind.

Der Zeitpunkt der Veröffentlichung oder der Bekanntgabe kann, muss aber nicht zugleich der Zeitpunkt des In-Kraft-Tretens sein. Für veröffentlichungsbedürftige Rechtsakte sehen Art. 254 I und II EG subsidiär das In-Kraft-Treten am zwanzigsten Tag nach ihrer amtlichen Publikation vor. Vorrangig ist aber die Festlegung auf ein früheres oder späteres Datum, die der Rechtsakt selbst trifft.[1009] Auch bei den von Art. 254 III EG erfassten Rechtsakten ist eine vom Tag der Bekanntgabe abweichende Festlegung des Zeitpunkts des In-Kraft-Tretens nicht ausgeschlossen.[1010] Damit ist technisch die Möglichkeit eröffnet, die Geltung von Rechtsakten auf einen Zeitraum zu erstrecken, der vor oder nach dem Eintritt einer notwendigen Bedingung für das In-Kraft-Treten liegt. Eine rückwirkende Geltungsanordnung ist aber nur ausnahmsweise zulässig.[1011]

Zu untersuchen ist nun, wie diese allgemeinen Regeln über das In-Kraft-Treten auf Beschlüsse anzuwenden sind. Keine Besonderheiten greifen, wie erwähnt, bei der Bestimmung des Erlass-Zeitpunkts ein. In der Praxis ergibt sich das Datum der Beschlussfassung, wie bei anderen Handlungsformen, bereits aus dem Titel des Rechtsakts und aus der Unterzeichnungsformel.[1012] Problematisch ist jedoch, welche weiteren

---

[1009] EuGH, Rs. 17/67, *Neumann*, Slg. 1967, S. 571, 610; Rs. 57/72, *Westzucker*, Slg. 1973, S. 321, Rdnr. 19.

[1010] Vgl. z.B. Art. 2 Entscheidung des Rates vom 31. März 1998 zur Änderung der Entscheidung 97/534/EG der Kommission über das Verbot der Verwendung von Material angesichts der Möglichkeit der Übertragung transmissibler spongiformer Enzephalopathien (98/248/EG), ABl. L 102 vom 2.4.1998, S. 26.

[1011] Dazu näher unten, D. II. 5.

[1012] Nach der GO-Rat (Anm. 449) ist in den Titel einer Verordnung der Zeitpunkt der Annahme aufzunehmen (Anhang V, A.I, lit. a); auch als Datum der Ausfertigung ist der Zeitpunkt einzusetzen, zu dem der Rechtsakt erlassen worden ist (A.4, lit. b). Diese Bestimmungen sind auf Richtlinien, Entscheidungen

Bedingungen für das Wirksamwerden eines Beschlusses erfüllt sein müssen. Für das hier zu entwickelnde allgemeine Rechtsregime des Beschlusses ist es nicht ausreichend, dass die Praxis häufig davon Gebrauch macht, in den Normtext eine ausdrückliche Bestimmung über das In-Kraft-Treten aufzunehmen. Das dogmatische Interesse gilt der Frage, wie Fälle zu behandeln sind, in denen dies unterbleibt.

2. *Keine Pflicht zur individuellen Bekanntgabe von Beschlüssen*

Unter Bekanntgabe versteht die Rechtsprechung den Zugang beim Adressaten, sodass dieser die Möglichkeit besitzt, von dem Inhalt des Rechtsakts Kenntnis zu nehmen.[1013] Für Rechtsakte, die unter Art. 254 III EG und Art. 163 II EA fallen, ist die Bekanntgabe Wirksamkeits-, nicht aber Rechtmäßigkeitsvoraussetzung: Die Legalität eines Rechtsakts wird von Ereignissen, die nach dem Zeitpunkt seines Erlasses liegen, nicht berührt.[1014] Auch für die Wirksamkeit kommt es nicht auf die Förmlichkeit der Bekanntgabe an. Unregelmäßigkeiten bei der Zustellung werden durch tatsächliche Kenntnisnahme geheilt; sie können lediglich unter bestimmten Voraussetzungen verhindern, dass die Klagefrist des Art. 230 V EG zu laufen beginnt.[1015] In Ermangelung einer Bekanntgabe oder einer amtlichen Veröffentlichung wird die Klagefrist von dem Zeitpunkt an in Lauf gesetzt, zu dem der Betroffene genaue Kenntnis vom Inhalt und von der Begründung der fraglichen Handlung erlangt. Es obliegt jedoch demjenigen, der von der Existenz einer ihn betreffenden Handlung erfährt, binnen angemessener Frist ihren vollständigen Wortlaut anzufordern.[1016]

---

und Beschlüsse unter dem EG-Vertrag entsprechend anzuwenden (B.3); ebenso in Art. 68 Nr. 2 und Nr. 6 GO-Parlament (Anm. 451).

[1013] EuGH, Rs. 8/56, *A.L.M.A./Hohe Behörde*, Slg. 1957, S. 189, 200; Rs. 6/72, *Europemballage u.a./Kommission*, Slg. 1973, S. 215, Rdnr. 10.

[1014] EuGH, verb. Rs. 3/58 bis 18/58, 25/58 und 26/58, *Barbara Erzbergbau u.a./Hohe Behörde*, Slg. 1960, S. 373, 406; EuG, Rs. T-145/89, *Baustahlgewebe/Kommission*, Slg. 1995, S. II-987, Rdnr. 30.

[1015] EuGH, Rs. 48/69, *ICI/Kommission*, Slg. 1972, S. 619, Rdnrn. 39/43.

[1016] EuGH, Rs. 236/86, *Dillinger Hüttenwerke/Kommission*, Slg. 1988, S. 3761, Rdnr. 14; Rs. C-180/88, *Wirtschaftsvereinigung Eisen- und Stahlindustrie/Kommission*, Slg. 1990, S. I-4413, Rdnr. 22; EuG, Rs. T-465/93, *Murgia Messapica*, Slg. 1994, S. II-361, Rdnr. 29.

Der Übertragung dieser Kriterien auf Beschlüsse stehen keine Einwände entgegen, soweit es den Lauf der Klagefrist betrifft: Die Frist beginnt jedenfalls mit der Möglichkeit der Kenntnisnahme von Inhalt und Begründung des Beschlusses durch einen potenziellen Kläger, wobei es gleichgültig ist, ob die Kenntnis auf Bekanntgabe oder anderen Umständen beruht.[1017] Wenn ein Beschluss einem späteren Kläger formell bekannt gegeben wurde, ist dies für Art. 230 V EG von Bedeutung.

Für die Wirksamkeit eines Beschlusses als solche stellt die Bekanntgabe keinen geeigneten Anknüpfungspunkt dar. Als notwendige Bedingung des In-Kraft-Tretens kommt eine individuelle Bekanntgabe nur bei Handlungsformen in Frage, die einen formellen Adressaten besitzen.[1018] Dies ist bei dem Beschluss, für den ein adressatenunspezifischer Wirkungsmodus konstitutiv ist, nicht der Fall.[1019] Art. 254 III EG ist somit weder direkt noch analog auf Beschlüsse anwendbar.[1020]

3. Veröffentlichungspflicht für Beschlüsse?

Schwieriger zu beantworten ist die Frage nach der Veröffentlichungsbedürftigkeit von Beschlüssen. Von den alternativen Anknüpfungspunkten des Art. 254 EG passt allein die Veröffentlichung zu einer Handlungsform mit adressatenunspezifischem Wirkungsmodus. Im Ergebnis jedoch ist, wie zu zeigen sein wird, eine generelle Veröffentlichungspflicht für Beschlüsse zu verneinen. Veröffentlichungsbedürftig sind lediglich – in Analogie zu Art. 254 I EG – solche Beschlüsse, die im Mitentscheidungsverfahren ergehen. Alle übrigen Beschlüsse wer-

---

[1017] EuGH, Rs. 48/69 (Anm. 1015), Rdnrn. 39/43; Rs. 76/79, *Koenecke/Kommission*, Slg. 1980, S. 665, Rdnr. 7; Rs. C-309/95, *Kommission/Rat*, Slg. 1998, S. I-655, Rdnrn. 19 ff.

[1018] Ausnahmsweise kennt das geltende Recht das Institut einer informatorischen Bekanntgabe von Beschlüssen, die ohne Einfluss auf die Wirksamkeit ist: Art. 14 II Verordnung (EG) Nr. 384/96 („Antidumpinggrundverordnung", Anm. 679) verlangt, dass „den bekanntermaßen betroffenen Parteien eine Kopie der Verordnung oder des Beschlusses zugesandt" wird, der zur Annahme von Verpflichtungen oder zur Einstellung von Untersuchungen oder Verfahren ergangen ist und im Amtsblatt veröffentlicht wurde; ebenso Art. 24 II Verordnung (EG) Nr. 2026/97 („Antisubventionsgrundverordnung", Anm. 679).

[1019] *Isaac/Blanquet*, Droit communautaire (Anm. 573), S. 157; *Monjal*, Hiérarchie des normes (Anm. 573), Rdnr. 44.

[1020] Konsequenterweise nennt Art. 18 GO-Rat (Anm. 449), der die Bekanntgabe der Rechtsakte regelt, Beschlüsse nicht.

den, vorbehaltlich einer abweichenden Festlegung im Rechtsakt selbst, mit ihrer Beschlussfassung wirksam. Auch eine bloß informatorische Veröffentlichung ist nicht in jedem Fall rechtlich geboten.

a. Normativer Rahmen

Dass von jeher eine Veröffentlichungspflicht für Verordnungen galt, erklärt sich aus ihrem gesetzesgleichen Wirkungsmodus, aus ihrem Potenzial, unmittelbar verpflichtende Wirkungen für einen unbeschränkten Kreis von Betroffenen zu entfalten. Art. 191 EWGV galt als Ausdruck des grundlegenden Prinzips, nach dem ein hoheitlicher Rechtsakt den Bürgern nicht entgegengehalten werden darf, bevor sie die Möglichkeit hatten, von ihm Kenntnis zu nehmen.[1021] Seit der Neufassung des Art. 191 EGV durch den Vertrag von Maastricht bedürfen nunmehr auch alle Richtlinien und Entscheidungen der Veröffentlichung, die im Mitentscheidungsverfahren ergehen, sowie diejenigen EG-Richtlinien, die an alle Mitgliedstaaten adressiert sind. Kraft Verweisung in Art. 110 II EG gilt Art. 254 EG auch für die Verordnungen und Entscheidungen der EZB. Da die EZB nicht in das Mitentscheidungsverfahren eingebunden ist, führt dies nur für Verordnungen zu einem Publikationserfordernis. Dies entspricht der Rechtslage nach Art. 163 EA. Die Veröffentlichung von Rechtsakten, die unter dem EU-Vertrag angenommen werden, ist nicht primärrechtlich determiniert.[1022]

Dieses differenzierte Regime zeigt, dass die Verträge nicht von einer allgemeinen Publikationspflicht für Unions- oder Gemeinschaftsrechtsakte ausgehen. In der Praxis ist es gleichwohl üblich, eine Vielzahl nicht veröffentlichungsbedürftiger Rechtsakte im Amtsblatt zu publizieren, entweder in der Reihe L (Rechtsvorschriften) oder in der Reihe C (Mitteilungen und Bekanntmachungen).[1023] Ob eine solche informatorische Veröffentlichung stattfindet, liegt grundsätzlich im Ermessen des erlas-

---

[1021] EuGH, Rs. 98/78, *Racke*, Slg. 1979, S. 69, Rdnr. 15.

[1022] Der EGKS-Vertrag verlangte in Art. 15 KS die Veröffentlichung von Entscheidungen, Empfehlungen und Stellungnahmen der Hohen Behörde, die keinen Einzelfall betreffen. Nach Art. 4 II und Art. 5 der Entscheidung Nr. 22/60 (Anm. 246) erfolgte die Veröffentlichung im Amtsblatt der Gemeinschaften in allen Amtssprachen. Für den Zeitpunkt des In-Kraft-Tretens sah Art. 6 Entscheidung Nr. 22/60 eine Regelung vor, die Art. 191 I EWGV entsprach.

[1023] Zur Struktur des Amtsblatts Europa Institut an der Universität Zürich (Hrsg.), EG/EU-Recht: Wie suchen? Wo finden?, 2001, S. 127 ff.

senden Organs.[1024] Der Rat hat die Ausübung seines Ermessens an allgemeine Regeln gebunden und hierzu in seiner Geschäftsordnung festgelegt, welche Arten von Rechtsakten ohne weiteres, welche vorbehaltlich eines anders lautenden Verfahrensbeschlusses und welche nur auf eine entsprechende Anordnung hin zu veröffentlichen sind.[1025] Als weitere Quelle einer Pflicht zu informatorischer Veröffentlichung kommt das materielle Sekundärrecht in Frage. Bei Rechtsakten, die ihre Rechtsgrundlage in einem Akt des abgeleiteten Rechts finden (habilitierte Rechtsakte), kann die Pflicht zu ihrer Publikation im jeweiligen Basisrechtsakt angeordnet sein.[1026] Die rechtliche Bedeutung einer informatorischen Veröffentlichung unterscheidet sich jedoch auch in diesen Fällen von der kraft primärrechtlicher Anordnung.[1027] Nur für Rechtsakte, die von Art. 254 I, II EG und Art. 163 I EA erfasst sind, ist Veröffentlichung eine notwendige Bedingung dafür, dass sie ihre Rechtswirkungen entfalten können: Die Veröffentlichungspflicht korrespondiert hier mit einer wirksamkeitsbezogenen Veröffentlichungsbedürftigkeit.[1028]

Nach allgemeinen Regeln bleibt eine fehlerhafte oder verspätete Veröffentlichung auch bei einem publikationsbedürftigen Rechtsakt ohne

---

[1024] *Ipsen*, Gemeinschaftsrecht, 21/45; für die EZB siehe Art. 110 II Ua. 5 EG.

[1025] Art. 17 GO-Rat (Anm. 449); die Art. 17.2 und Art. 17.6 GO-EZB (Anm. 452) gehen von der Möglichkeit der Veröffentlichung von EZB-Leitlinien und EZB-Weisungen aus, ohne Kriterien hierfür anzugeben; siehe auch Beschluss der EZB vom 10. November 2000 über die Veröffentlichung von bestimmten Rechtsakten und -instrumenten der Europäischen Zentralbank (EZB/2000/12), ABl. L 55 vom 24.2.2001, S. 68.

[1026] So für bestimmte kartell-, fusionskontroll- und beihilfenrechtliche Entscheidungen: Art. 30 Verordnung (EG) Nr. 1/2003 des Rates vom 16. Dezember 2002 zur Durchführung der in den Artikeln 81 und 82 des Vertrags niedergelegten Wettbewerbsregeln, ABl. L 1 vom 4.1.2003; Art. 20 Verordnung (EG) Nr. 139/2004 des Rates vom 20. Januar 2004 über die Kontrolle von Unternehmenszusammenschlüssen („EG-Fusionskontrollverordnung"), ABl. L 24 vom 29.1.2004, S. 1; Art. 26 Verordnung (EG) Nr. 659/1999 des Rates vom 22. März 1999 über besondere Vorschriften für die Anwendung von Artikel 93 des EG-Vertrages, ABl. L 83 vom 27.3.1999, S. 1.

[1027] Die Reihe L des Amtsblatts differenziert konsequenterweise penibel zwischen veröffentlichungsbedürftigen (Teil I.) und nicht veröffentlichungsbedürftigen Rechtsakten (Teil II.).

[1028] EuGH, Rs. 185/73, *König*, Slg. 1974, S. 607, Rdnr. 6.

Einfluss auf die Rechtmäßigkeit.[1029] Es ist sogar unschädlich, wenn zum Zeitpunkt des In-Kraft-Tretens die Rechtsgrundlage, auf die sich der Akt stützt, bereits weggefallen ist.[1030] Das Datum der Veröffentlichung ist entscheidend für die Klagefrist des Art. 230 V EG, wobei Einheit und einheitliche Geltung des Gemeinschaftsrechts verlangen, dass dieser Zeitpunkt im gesamten Unionsgebiet einheitlich ist.[1031] Anders als bei der individuellen Bekanntgabe kommt es daher nicht auf die Verhältnisse eines einzelnen Klägers, sondern auf die Möglichkeit der Kenntnisnahme durch die Allgemeinheit an. Dies setzt die tatsächliche Verfügbarkeit des betreffenden Amtsblatts in allen Amtssprachen beim Amt für amtliche Veröffentlichungen in Luxemburg voraus, wobei bis zum Beweis des Gegenteils das Datum maßgeblich ist, das auf derjenigen Nummer des Amtsblatts vermerkt ist, die den Text des Rechtsakts enthält.[1032]

b. Veröffentlichungsbedürftigkeit analog Art. 254 EG?

Das Bestehen einer vertraglichen Spezialregelung setzt einer möglichen Zuordnung des Beschlusses zu den veröffentlichungsbedürftigen Handlungsformen enge Grenzen. Eine formbezogene Veröffentlichungspflicht mit konstitutiver Bedeutung für die Wirksamkeit müsste in Analogie zu Art. 254 EG begründet werden. Als mögliche Anknüpfungspunkte sind die drei Ordnungskriterien des Artikels zu unterscheiden: die Handlungsform des Akts, die Adressierung an alle Mitgliedstaaten und das Verfahren des Art. 251 EG.

aa. Keine Analogie zu Art. 254 II EG

Auch nach der Reform des Art. 254 EG ist die Verordnung die einzige Handlungsform, die ohne Qualifizierung einer konstitutiven Veröffentlichungspflicht unterliegt. Aus dem Katalog der verbindlichen Handlungsformen des Art. 249 EG sind Richtlinien und Entscheidungen nur unter bestimmten Voraussetzungen veröffentlichungsbedürftig. Allein

---

[1029] EuGH, Rs. C-149/96, *Portugal/Rat*, Slg. 1999, S. I-8440, Rdnr. 54; Lenz/Borchardt-*Borchardt*, Rdnr. 82 zu Art. 230 EG; ungenau Calliess/Ruffert-*Ruffert*, Rdnr. 6 zu Art. 254 EG.

[1030] EuGH, Rs. 185/73 (Anm. 1028), Rdnr. 6.

[1031] EuGH, Rs. 98/78 (Anm. 1021), Rdnr. 16.

[1032] Ibid., Rdnr. 17; Rs. C-337/88, *SAFA*, Slg. 1990, S. I-1, Rdnr. 12.

aus seiner Zugehörigkeit zu den verbindlichen Handlungsformen kann deshalb nicht auf die Publikationsbedürftigkeit des Beschlusses geschlossen werden. Verordnung und Beschluss haben darüber hinaus gemeinsam, ihrer Struktur nach an keinen spezifischen Adressaten gerichtet zu sein. Ob diese Gemeinsamkeit ausreicht, um eine Analogiebildung zu tragen, ist jedoch sehr zweifelhaft. Die primärrechtlich vorgesehene Sperrwirkung für das Entfalten von Rechtswirkungen einer (noch) nicht veröffentlichten Verordnung steht im engsten Zusammenhang mit ihrer Fähigkeit, unmittelbar bürgerverpflichtende Wirkungen zu entfalten. Dieser grundlegende Unterschied zu einem Beschluss, der kraft seines Wirkungsmodus den Bürgern unter keinen Umständen entgegengehalten werden kann, widerstreitet einer Übertragung des Art. 254 II 1. Fall EG.

Aus dem adressatenbezogenen Kriterium des Art. 254 II 2. Fall EG lässt sich ebenfalls kein Argument gewinnen, das für die Veröffentlichungsbedürftigkeit von Beschlüssen spricht. Die konstitutive Veröffentlichungspflicht für EG-Richtlinien, die an alle Mitgliedstaaten gerichtet sind, grenzt diese von solchen Richtlinien ab, die an einen einzelnen Mitgliedstaat oder eine Gruppe von Mitgliedstaaten adressiert sind. Beschlüsse sind hiervon schon deshalb nicht erfasst, weil sie überhaupt keinen formellen Adressaten besitzen. Überdies fallen nicht einmal Entscheidungen, die an alle Mitgliedstaaten gerichtet sind, unter Art. 254 II EG, sodass auch hier kein Raum für eine Analogie ist.

bb. Analogie zu Art. 254 I EG: Beschlüsse gemäß Art. 251 EG sind publikationsbedürftig

Mehr argumentative Möglichkeiten eröffnet das erlassverfahrensbezogene Kriterium des Art. 254 I EG. Erinnert sei zunächst daran, dass diese Regelung ihrem Wortlaut nach Beschlüsse nicht umfasst, weil der Begriff „Entscheidungen“ in diesem Absatz, ebenso wie in Art. 253 und 254 III EG, Entscheidungen im Sinne des Art. 249 IV EG meint.[1033] Zu untersuchen ist also, ob Beschlüsse, die im Mitentscheidungsverfahren ergehen, ebenso wie die in Art. 254 I EG genannten Handlungen einer konstitutiven Veröffentlichungspflicht unterliegen.

Ein solcher Schluss auf die Anwendbarkeit der Rechtsfolgen des Art. 254 I EG setzt voraus, dass diese Bestimmung keinen abschließenden

---

[1033] Oben, A. I. 2. b.

Charakter hat. Da der Wortlaut hierüber keinen Aufschluss gibt, ist zunächst der systematische Kontext der Norm bedeutsam.

Einen ersten Zusammenhang stellt Art. 254 I EG selbst her, indem er auf Art. 251 EG verweist. Dort ist ohne Bezug auf eine bestimmte Handlungsform von der „Annahme eines Rechtsakts" die Rede. Wenn Art. 254 I EG gleichwohl nicht den umfassenden Terminus „Rechtsakt" verwendet, spricht dies gegen eine Erstreckung auf Handlungen, die keine „Verordnungen, Richtlinien und Entscheidungen" sind. Aus dem systematischen Zusammenhang des Art. 254 I EG mit Art. 249 EG ergibt sich jedoch, dass hierin noch keine definitive Aussage über die Analogiefähigkeit des Art. 254 I EG liegt. Wie mit Blick auf die Römische Fassung des EWG-Vertrags und im Vergleich mit den Art. 161 bis 164 EA deutlich wird, erstreckt sich der Anwendungsbereich des Art. 254 EG auf die drei *verbindlichen* Handlungsformen des Art. 249 II bis IV EG. Hieraus kann geschlossen werden, dass sich der exklusive Charakter des Art. 254 I EG auf die übrigen in Art. 249 EG genannten Formen bezieht: Empfehlungen und Stellungnahmen sind die Arten von Rechtsakten, die nicht von Art. 254 I EG erfasst sein sollen, selbst wenn sie im Verfahren des Art. 251 EG ergehen sollten.[1034]

Dass Art. 254 I EG für verbindliche Handlungsformen keinen abschließenden Charakter hat, ergibt sich aus dem historischen Kontext der Normentstehung und seinem hierüber rekonstruierbaren Zweck. Art. 191 I EGV (jetzt Art. 254 I EG) wurde im Zuge der ‚Erfindung' des Mitentscheidungsverfahrens des Art. 189b EGV (jetzt Art. 251 EG) in den Vertrag eingeführt. Dieses Verfahren ist das Produkt einer die Regierungskonferenz von Maastricht begleitenden Debatte, die sich um die Stellung des Parlaments im Verfassungsgefüge der Gemeinschaft bzw. der zu gründenden Union drehte.[1035] Mit einem Ausbau der legislativen Funktionen des Parlaments verband sich die Hoffnung auf eine

---

[1034] Die GO-Rat (Anm. 449), Anhang V, B.1, rechnet mit dieser Möglichkeit nicht. In der Praxis existieren Empfehlungen, die u.a. auf Art. 150 IV EG gestützt sind, z.B. Empfehlung des Europäischen Parlaments und des Rates vom 10.7.2001 über die Mobilität von Studierenden, in der Ausbildung stehenden Personen, Freiwilligen, Lehrkräften und Ausbildern in der Gemeinschaft, ABl. L 215 vom 9.8.2001, S. 30.

[1035] *A. Tizzano*, The Instruments of Community Law and the Hierarchy of Norms, in: J. A. Winter u.a. (Hrsg.), Reforming the Treaty on European Union, 1996, S. 207, 208 f.; *R. Bieber/I. Salomé*, Hierarchy of Norms in European Law, CMLRev. 33 (1996), S. 907, 921 ff.; *H. Hofmann*, Normenhierarchien im europäischen Gemeinschaftsrecht, 2000, S. 31 ff.

Stärkung der demokratischen Legitimation der Union. Man schuf deshalb ein Rechtsetzungsverfahren mit einer starken parlamentarischen Komponente: ein Gesetzgebungsverfahren im parlamentarisch-demokratischen Sinne des Begriffs.[1036] Die *ratio* der Veröffentlichungsregel des Art. 254 I EG ist folglich, diejenigen Rechtsakte, die sich unter dem Gesichtspunkt ihres Erlassverfahrens *als Gesetzgebung* darstellen, einer Veröffentlichungspflicht zu unterwerfen. Die Union greift hier auf einen für das zeitgenössische Rechtsverständnis gleichsam selbstverständlichen Konnex von Gesetzgebung und Publizität der Normen zurück.[1037]

Für die Frage nach dem abschließenden Charakter des Art. 254 I EG liefert dies ein gewichtiges Argument. Eine auf die Exklusivität dieser Vorschrift zielende Interpretation würde ihrem Zweck nicht gerecht, ohne Rücksicht auf die Form diejenigen Handlungen zu erfassen, bei denen es sich in einem parlamentarisch-demokratischen Sinne um Gemeinschaftsgesetze und folglich um veröffentlichungsbedürftige Rechtsakte handelt. Ausschließende Funktion hat Art. 254 I EG nur insofern, als unverbindliche Rechtsakte nach überkommenem Verständnis nicht als Gesetzgebungsakte verstanden werden können.

Damit steht einer Öffnung des Art. 254 I EG für Handlungsformen außerhalb des Art. 249 EG nichts entgegen. Umgekehrt drängt eine Auslegung im historischen Kontext und nach Sinn und Zweck der Regelung darauf, die Rechtsfolgen des Art. 254 I EG auf alle Handlungen zu erstrecken, die mit den von ihrem Wortlaut erfassten Handlungsformen vergleichbar sind. Die Formulierung des Analogietatbestands als solches bereitet keine Probleme: Gemeinsam ist den in Art. 254 I EG ge-

---

[1036] *R. Bieber*, Europäische Gesetzgebung nach dem Vertrag von Maastricht, ZG 1994, S. 297; *S. Boyron*, The Co-decision Procedure, in: P. Craig/C. Harlow (Hrsg.), Lawmaking in the European Union, 1998, S. 147; zur Verortung des Parlaments im Institutionengefüge der Union *Ph. Dann*, Parlamente im Exekutivföderalismus, 2004, S. 306 ff.; *ders.*, European Parliament and Executive Federalism, ELJ 9 (2003), S. 549, 557 ff.

[1037] *Ch. Tomuschat*, Normenpublizität und Normenklarheit in der Europäischen Gemeinschaft, in: FS H. Kutscher, 1981, S. 461, 465; vgl. *I. Kant*, Zum ewigen Frieden, Werkausgabe Bd. XI, 1977, S. 191, 244: „Wenn ich von … den verschiedenen empirisch-gegebenen Verhältnissen der Menschen im Staat oder auch der Staaten unter einander … abstrahire, so bleibt mir noch die Form der Publizität übrig, deren Möglichkeit ein jeder Rechtsanspruch in sich enthält, weil ohne jene es keine Gerechtigkeit (die nur als öffentlich kundbar gedacht werden kann), mithin auch kein Recht, das nur von ihr erteilt wird, geben würde.“

nannten „Verordnungen, Richtlinien und Entscheidungen" ihr verbindlicher Wirkungsmodus. Gesetzgebung in einem durch Art. 251 EG definierten verfahrensbezogenen Sinne liegt immer dann vor, wenn Parlament und Rat gemeinsam verbindliches Recht setzen. Folglich ist Art. 254 I EG analog auf Beschlüsse, die im Mitentscheidungsverfahren erlassen werden, anzuwenden.[1038]

Dem steht nicht entgegen, dass Beschlüsse keine an den Einzelnen adressierten Gebote oder Verbote enthalten und demnach nach einem engen Verständnis keine Gesetze im materiellen Sinne sind. Dieser Einwand verkennt nicht nur, dass Art. 254 I EG im Gegensatz zu Art. 254 II EG ein formeller Begriff von Gesetzgebung zugrunde liegt. Auch Richtlinien enthalten keine unmittelbar an den Einzelnen adressierten Ge- oder Verbote. Ebenso wie Beschlüsse vermögen Richtlinien jedoch unter bestimmten Voraussetzungen individuelle Rechte zu begründen, deren Wahrnehmung die Möglichkeit der Kenntnisnahme voraussetzt. Im Übrigen vereinseitigt die traditionelle Konzeption des Gesetzes im materiellen Sinne die rechtsstaatliche Funktion der Publikation eines Rechtsakts: den Schutz des Einzelnen vor einer Beeinträchtigung seiner Rechte aufgrund einer für ihn unzugänglichen Rechtsnorm. Diese Konzeption muss ergänzt werden um die demokratische Funktion der Publikation von Gesetzgebungsakten: Diese sind das Medium verfassungsrechtlich eingebundener Selbstbestimmung der Bürger, die einen Anspruch auf Transparenz des in ihrem Namen gesetzten Rechts haben.

Im Ergebnis gilt: Beschlüsse unterliegen, wenn sie im Verfahren des Art. 251 EG erlassen werden, einer Veröffentlichungspflicht, die konstitutiv für ihre Wirksamkeit ist.

Die Praxis scheint dem zu folgen. Beschlüsse, die im Mitentscheidungsverfahren ergehen, werden nicht nur – soweit erkennbar – durchweg im Amtsblatt, Reihe L, veröffentlicht. Die Veröffentlichung erfolgt auch in dem für „Veröffentlichungsbedürftige Rechtsakte" reservierten Teil I.[1039] Dass es sich hierbei nicht um eine Folgerung aus dem Typus des

---

[1038] Art. 68 Nr. 7 GO-Parlament (Anm. 451), der eine generelle Veröffentlichungspflicht für alle Rechtsakte statuiert, die von Rat und Parlament gemeinsam angenommen werden, hat somit auch für Beschlüsse nur deklaratorische Bedeutung. Ohne eine normative Verankerung in Art. 254 I EG käme einer Veröffentlichung gemäß Art. 68 Nr. 7 GO-Parlament überdies nur informatorischer Charakter zu.

[1039] Beispiel: Beschluss Nr. 1445/2000/EG des Europäischen Parlaments und des Rates vom 22. Mai 2000 über den Einsatz von Flächenstichprobenerhebun-

Förderprogramm-Beschlusses handelt, zeigt der Vergleich mit entsprechenden Beschlüssen unter Rechtsgrundlagen, die nicht auf Art. 251 EG verweisen. Letztere werden in der Reihe L im Teil II. für „Nicht veröffentlichungsbedürftige Rechtsakte" eingeordnet.[1040] Die Zuordnung ist, in Übereinstimmung mit der redaktionellen Konvention, bereits am Titel des Beschlusses erkennbar: Bei veröffentlichungsbedürftigen Beschlüssen enthält die sog. Bezugsnummer, wie bei Verordnungen üblich, zuerst die laufende Nummer des Rechtsakts, dann das Jahr, wobei die Abkürzung „Nr." vorangestellt wird. Bei nicht veröffentlichungsbedürftigen Beschlüssen wird die Abkürzung „Nr." weggelassen und die laufende Nummer folgt auf das Jahr, wie es bei Richtlinien üblich ist.[1041]

c. Keine Veröffentlichungspflicht kraft allgemeiner Rechtsgrundsätze

Wie erwähnt, kennt das Unionsrecht das Institut der Veröffentlichung mit informatorischem Charakter. Obwohl deren Unterbleiben weder zur Rechtswidrigkeit noch zur Unwirksamkeit eines Akts führt, soll an dieser Stelle ergänzend danach gefragt werden, ob für die große Zahl der Beschlüsse jenseits des Art. 254 I EG eine Pflicht zur informatorischen Veröffentlichung besteht.

Der Rat hat als einziges Organ sein Publikationsermessen gebunden. Eine Pflicht zur informatorischen Veröffentlichung von Beschlüssen wird in der GO-Rat jedoch nicht begründet. Nach dem abgestuften Regime, das nach Art des Rechtsakts unterscheidet, unterliegen Beschlüsse weder einer allgemeinen noch einer regelmäßigen Veröffentlichungspflicht (Art. 17 I und II GO-Rat). Vielmehr muss bei „sonstige[n] Rechtsakten wie Beschlüsse[n] oder Entschließungen" der Rat oder der Ausschuss der Ständigen Vertreter (AStV) die Veröffentlichung „von Fall zu Fall unter Berücksichtigung der etwaigen Veröffent-

---

gen und Fernerkundungen in der Agrarstatistik im Zeitraum 1999–2003, ABl. L 163 vom 4.7.2000, S. 1.

[1040] Beispiele: Beschluss des Rates vom 3. Dezember 2001 über das Europäische Jahr der Menschen mit Behinderungen 2003 (2001/903/EG) (Anm. 675), gestützt auf Art. 13 EG in der Fassung des Amsterdamer Vertrags; Beschluss des Rates vom 26. Januar 2004 über ein Aktionsprogramm der Gemeinschaft zur Förderung einer aktiven europäischen Bürgerschaft (Bürgerbeteiligung) (2004/100/EG), ABl. L 30 vom 4.2.2004, S. 6, gestützt auf Art. 308 EG.

[1041] Zur redaktionellen Praxis Europa Institut an der Universität Zürich (Hrsg.), EG/EU-Recht (Anm. 1023), S. 134 ff.

lichung des Basisrechtsaktes“ durch einstimmigen Verfahrensbeschluss anordnen (Art. 17 IV lit. d GO-Rat). Eine im materiellen Sekundärrecht wurzelnde Verpflichtung zur informatorischen Veröffentlichung von Beschlüssen sprechen die Antidumping- und die Antisubventionsgrundverordnung aus.[1042]

Eine weiter gehende Pflicht zur informatorischen Veröffentlichung von Beschlüssen könnte sich allenfalls aus dem Einwirken allgemeiner Rechtsgrundsätze auf die Ermessensausübung der Organe ergeben. In der Literatur wurde immer wieder *de constitutione lata* eine solche Publikationspflicht für bestimmte Arten von Rechtsakten postuliert.[1043] Gegenstand der Kritik war insbesondere, dass Richtlinien und ihnen vergleichbare staatengerichtete Entscheidungen nach der als unbefriedigend empfundenen Regelung des Art. 191 EWGV nicht veröffentlicht werden mussten. Für *Lauwaars* beispielsweise unterlagen alle Gemeinschaftsakte, die die Interessen anderer Personen als die ihrer Adressaten berühren können, einer Publikationspflicht kraft ungeschriebenen Rechts.[1044] Die Veröffentlichung dieser Akte soll jedoch nicht von der Pflicht zur individuellen Bekanntgabe freistellen.[1045] Noch weiter geht *Oppermann*, der „aus rechtsstaatlichen Erfordernissen“ in Analogie zu Art. 254 EG eine Veröffentlichungspflicht für Akte folgert, die „nach

---

[1042] In Art. 14 II Verordnung (EG) Nr. 384/96 (Anm. 679) heißt es: „Verordnungen und Beschlüsse zur Annahme von Verpflichtungen oder zur Einstellung von Untersuchungen oder Verfahren werden im Amtsblatt der Europäischen Gemeinschaften veröffentlicht“; entsprechend in Art. 24 II Verordnung (EG) Nr. 2026/97 (Anm. 679).

[1043] So ergab sich für *P. Pescatore* eine Veröffentlichungspflicht für völkerrechtliche Abkommen der Gemeinschaft „aus einem allgemeinen rechtsstaatlichen Gedanken derart, dass in unseren demokratischen Rechtssystemen keine unveröffentlichten oder unzugänglichen Rechtsvorschriften rechtens sein können“, *ders.*, Die Rechtsprechung des Europäischen Gerichtshofs zur innergemeinschaftlichen Wirkung völkerrechtlicher Abkommen, in: FS H. Mosler, 1983, S. 661, 684; dagegen unter Hinweis auf Art. 191 EGV GA Saggio, Rs. C-149/96 (Anm. 1029), Nr. 11. Heute sieht Art. 17 I lit. g GO-Rat (Anm. 449) die informatorische Veröffentlichung der Gemeinschaftsabkommen verbindlich vor. Dies erstreckt sich jedoch nicht auf den internen Annahmeakt; zur Unterscheidung oben, C. I. 5. a. aa.

[1044] *R. H. Lauwaars*, Lawfulness and Legal Force of Community Decisions, 1973, S. 167 f.

[1045] Ibid., S. 168.

außen gerichtete Rechtswirkungen zu erzeugen geeignet" sind.[1046] Dies soll ausdrücklich auch für die „Rechtsakte *sui generis*" gelten, zu denen *Oppermann* Beschlüsse zählt.

Dass eine solche pauschale Analogie nicht begründet werden kann, wurde bereits dargetan. Art. 254 EG differenziert gerade nicht nach dem Kriterium ‚außengerichteter' Rechtswirkungen. Namentlich staatengerichtete Entscheidungen, denen diese Qualität unbestritten zukommt, unterfallen allein Art. 254 III EG. Die vertraglichen Spezialregelungen für die Veröffentlichung der Rechtsakte können, wie auch der Gerichtshof betont hat, nicht ohne weiteres durch den Rückgriff auf allgemeine Prinzipien überspielt werden.[1047] Vielmehr dient das differenzierte Regime des Art. 254 EG seinerseits rechtsstaatlichen Grundsätzen, insbesondere dem Prinzip der Rechtssicherheit, indem es eindeutige Regelungen für Bedingungen und Zeitpunkt des In-Kraft-Tretens vorsieht. Auch eine vom In-Kraft-Treten der Akte unabhängige Pflicht zur Veröffentlichung, wie sie *Lauwaars* für adressatenbezogene Rechtsakte mit Drittwirkung vorgeschlagen hat, wird man nicht in dieser Allgemeinheit annehmen können. Gewiss mag sich das Einwirken ungeschriebener Rechtsgrundsätze auf die Ausübung des Publikationsermessens der Organe im Einzelfall zu einer Veröffentlichungspflicht verdichten. In anderen Fällen dagegen kann es gute Gründe geben, einen Rechtsakt nicht oder nicht in vollem Umfang zu veröffentlichen. Zu nennen sind hier z.B. legitime Geheimhaltungsbedürfnisse des von einer privatgerichteten Entscheidung Betroffenen[1048] oder die Gefährdung des Regelungsziels bei vorzeitiger Publizität einer staatengerichteten Entscheidung oder einer EZB-Weisung. Der erste Gesichtspunkt kann z.B. bei Beschlüssen über handelspolitische Schutzmaßnahmen relevant sein, der zweite bei Beschlüssen zur Festlegung eines gemeinsamen Standpunkts nach Art. 300 II Ua. 2 EG. Die demokratische Verantwortlichkeit der Organe gegenüber den Unionsbürgern (Art. 6 I EU) drängt zwar grundsätzlich auf die Veröffentlichung jeglicher Rechtsakte der Union. Das geltende Primärrecht stellt die abschließende Entscheidung über eine informatorische Veröffentlichung jedoch zu Recht in das prinzipiengeleitete Ermessen des Erlassorgans. Die Hand-

---

[1046] *Oppermann*, Europarecht, Rdnr. 591; ihm folgend *M. Kaltenborn*, Gibt es einen *numerus clausus* der Rechtsquellen?, Rechtstheorie 2003, S. 459, 474; ferner *Constantinesco*, Europ. Gemeinschaften (Anm. 693), S. 584 f.

[1047] EuGH, verb. Rs. 73/63 und 74/63, *Rotterdam*, Slg. 1964, S. 3, 29.

[1048] Vgl. EuGH, Rs. 41/69, *ACF Chemiefarma/Kommission*, Slg. 1970, S. 661, Rdnrn. 101/104.

lungsform des Akts und seine hierüber definierten Rechtswirkungen sind nur ein Gesichtspunkt, den es dabei zu beachten gilt. Auch für Beschlüsse wird man *de constitutione lata* nicht in der von *Oppermann* favorisierten Allgemeinheit von einer primärrechtlichen Pflicht zur informatorischen Veröffentlichung ausgehen können. Rechtspolitisch wäre es hingegen wünschenswert, Beschlüsse nicht den strengen Anforderungen des Art. 17 IV GO-Rat zu unterwerfen. Eine den verbindlichen Wirkungen des Beschlusses angemessene Einordnung wäre die in Art. 17 II GO-Rat, der von einer Veröffentlichung als Regelfall ausgeht, dem Rat oder dem AStV aber erlaubt, mit einfacher Mehrheit gegen eine Veröffentlichung zu votieren.[1049]

4. Beschlüsse werden mit Beschlussfassung wirksam

Für die Wirksamkeit der Beschlüsse kommt man zu einem auf den ersten Blick überraschenden Ergebnis: Eine analoge Anwendung des Art. 254 EG ist nur begründbar für Beschlüsse, die im Mitentscheidungsverfahren ergehen. Im Übrigen sind weder individuelle Bekanntgabe noch amtliche Veröffentlichung notwendige Bedingungen für das In-Kraft-Treten eines Beschlusses. Falls der betreffende Rechtsakt nicht selbst eine anderweitige Festlegung trifft, kommt demnach als Zeitpunkt, zu dem die Rechtswirkungen eines Beschlusses eintreten, nur der *Zeitpunkt seines Erlasses* in Frage.[1050] Der Beschluss zeichnet sich also durch die Fähigkeit zur *ad-hoc*-Wirksamkeit aus.

Ad-hoc-Wirksamkeit ist für eine verbindliche Handlung ein ungewöhnliches Charakteristikum. Das Unionsrecht kennt sie sonst nur bei unverbindlichen Handlungen, die keinen bestimmten Adressaten haben (insbesondere Rats-Entschließungen). Dem Rechtsregime des Beschlus-

---

[1049] Eine mit Blick auf das Demokratieprinzip gleichfalls unbefriedigende Regelung ist Art. 17 V GO-Rat (Anm. 449) bezüglich der – potenziell unmittelbar wirksamen – Rechtsakte von Kooperationsgremien, die durch ein Abkommen zur Rechtsetzung ermächtigt wurden, vgl. EuGH, Rs. C-192/89, *Sevince*, Slg. 1990, S. I-3461, Rdnrn. 8 f.

[1050] Dies entspricht der Rechtsauffassung der Organe: „Beschlüsse der Gemeinschaften enthalten in der Regel keine Bestimmung über ihr Wirksamwerden; man kann daher im Allgemeinen davon ausgehen, dass sie am Tage ihres Erlasses wirksam werden.“, Leitlinie 20.14. des Gemeinsamen Leitfadens des Europäischen Parlaments, des Rates und der Kommission für Personen, die in den Gemeinschaftsorganen an der Abfassung von Rechtstexten mitwirken (Anm. 159).

ses scheint hier noch das fortwirkende Verständnis als ‚interne' Handlungen anzuhaften. Ginge man davon aus, dass Beschlüsse keine ‚Außenwirkung' entfalten, wäre ihr spontanes In-Kraft-Treten unproblematisch: Da rechtliche Interessen Dritter (vermeintlich) nicht berührt sind, können die Organe unmittelbar mit Abschluss des Erlassverfahrens rechtliche Folgerungen aus den mit dem Beschluss gesetzten rechtlichen Tatsachen ziehen. Es wurde jedoch bereits dargelegt, dass die Vorstellung einer strikten Trennung von Außen- und Innensphäre eines Hoheitsträgers auf das Unionsrecht nicht anwendbar ist.[1051] Beschlüsse werden mit einem Verständnis als ‚interne' Handlung ohnehin verfehlt, da sie ‚externe' Wirkungen entfalten, die an den rechtlichen Gestaltungserfolg anknüpfen, der durch den Beschluss unmittelbar herbeigeführt wird. Dass das Eintreten der ‚externen' Rechtswirkungen eines Beschlusses nicht durch ein nach der Beschlussfassung liegendes Ereignis aufschiebend bedingt ist, könnte als solches durchaus rechtsstaatliche Bedenken provozieren.

Dass von dieser Seite des Gültigkeitsregimes des Beschlusses gleichwohl keine Gefahren für die rechtsstaatliche Integrität des Unionsrechts zu besorgen sind, hängt mit dem selbstbeschränkenden Wirkungsmodus des Beschlusses zusammen. Die Festsetzungen, die ein Beschluss vornimmt, sind im Regelfall qualitativ nicht dazu geeignet, den Bürgern rechtlich zum Nachteil zu gereichen. Entsteht in einer atypischen Konstellation für einen Dritten aus den Vorteilen, die ein Beschluss einräumt, ein faktischer Nachteil, werden dessen Rechte zureichend durch die Anwendbarkeit der allgemeinen Regeln über die Klagefristen geschützt. Im Übrigen ist die Rechtmäßigkeit eines *ad-hoc*-In-Kraft-Tretens im Einzelfall am Maßstab für zulässige Rückwirkungen zu messen.[1052] Soweit von einem Beschluss bürgerbegünstigende Wirkungen ausgehen, insbesondere einklagbare individuelle Rechte entstehen, besteht kein Bedürfnis dafür, das Entstehen dieser Wirkungen an weitere Voraussetzungen als die Beschlussfassung des Organs zu binden. Dies würde in der Konsequenz bedeuten, den Bürgern das Fehlen einer förmlichen Bekanntgabe oder Veröffentlichung entgegenzuhalten, was der Gerichtshof zu Recht abgelehnt hat.[1053] Dass die Wahrnehmung solcher Rechte erleichtert wird, wenn eine informatorische Veröffentlichung erfolgt, steht auf einem anderen Blatt.

[1051] Oben, C. I. 1. b., und Erster Teil, B. I.

[1052] Dazu im nächsten Abschnitt, D. II. 5.

[1053] EuGH, Rs. C-192/89 (Anm. 1049), Rdnr. 24.

In einer etwas misslichen Lage befinden sich insoweit allein die Mitgliedstaaten, die unter Umständen zur Förderung des rechtlichen Erfolgs eines Beschlusses verpflichtet sind, der weder veröffentlicht noch ihnen gegenüber bekannt gegeben worden ist. Die Mitgliedstaaten sind jedoch in einem solchen Maße in das System der unionalen Rechtsetzung eingebunden, dass praktische Probleme hierdurch kaum aufgeworfen werden dürften. Bislang hat der Gerichtshof eine Pflicht zur loyalen Zusammenarbeit mit den Organen bei der Durchführung eines Beschlusses auch nur in Fällen angenommen, in denen die Mitgliedstaaten über ihre Vertreter im Rat an der Ausarbeitung des Beschlusses mitgewirkt haben und eine informatorische Veröffentlichung erfolgte.[1054] Im Übrigen ist daran zu erinnern, dass eine Umgehung der Vorschriften des Art. 254 EG nicht zu befürchten ist: Wählt das Erlassorgan einen Beschluss statt einer Handlungsform, deren In-Kraft-Treten Veröffentlichung oder Bekanntgabe voraussetzt, können eben auch nur die begrenzten Rechtswirkungen eines Beschlusses erzielt werden.[1055]

Eine besondere Konstellation entsteht dort, wo durch einen Beschluss Rechtsnormen in die Unionsrechtsordnung eingeführt werden, die die Fähigkeit besitzen, die Mitgliedstaaten unmittelbar zu verpflichten. Dies betrifft die Annahme von externen Abkommen, denen mit ihrem In-Kraft-Treten die Wirkungen des Art. 300 VII EG zukommen. Es wurde jedoch dargelegt, dass die Rechtswirkungen eines Abkommens nicht von der Form der Annahmehandlung abhängen.[1056] Dies gilt auch für den Zeitpunkt seines In-Kraft-Tretens, der sich nach den Regeln des Völkerrechts bestimmt. Konsequenterweise sieht Art. 17 I lit. g GO-Rat vor, dass der Zeitpunkt des In-Kraft-Tretens eines im Namen der Gemeinschaft angenommenen Abkommens im Amtsblatt bekannt gegeben wird, ohne dieser Bekanntgabe konstitutive Wirkung zuzuschreiben. Mit Blick auf die ständige Übung der Organe, Beschlüsse zur Annahme eines Abkommens informatorisch zu veröffentlichen, erklärte der Gerichtshof dieses Publikationsdatum für maßgeblich zur Bestimmung der Frist des Art. 230 V EG.[1057] Insoweit findet auf einen Annahme-Beschluss die prozessrechtliche Regel für einen veröffentlichungsbedürftigen Rechtsakt Anwendung.

[1054] Nachweise in Anm. 698.

[1055] Erster Teil, D. I. 2. b.

[1056] Oben, C. I. 5. a. aa.

[1057] EuGH, Rs. C-122/95, *Deutschland/Rat*, Slg. 1998, S. I-973, Rdnrn. 36 ff.

Die Evaluierung der Fähigkeit des Beschlusses, *ad hoc* wirksam zu werden, hat somit keine rechtsstaatlichen Defizite zu Tage gefördert, die die Adäquanz der Verknüpfung seiner Regimeelemente in Frage stellen. Umgekehrt sprechen eine Reihe von Gesichtspunkten dafür, in diesem rechtlichen Potenzial des Beschlusses eine Stärke dieser Handlungsform zu sehen. Die gestalterische Wirkung und die verpflichtende Kraft von Beschlüssen zeigt sich in erster Linie in der institutionellen Sphäre der Union. Unter Effektivitätsgesichtspunkten ist es wünschenswert, die Funktion von Beschlüssen, der Selbstorganisation der Organe zu dienen und den Rechtsetzungsprozess zu strukturieren, nicht dadurch zu schwächen, dass ihre Wirksamkeit von weiteren Bedingungen abhängt. Die Fähigkeit der Union, sich durch einen Akt ihrer Organe für die Dauer seiner Geltung strikt zu verpflichten, wird hierdurch unterstrichen. Im Übrigen ist das praktische Bedürfnis, das zu Entwicklung und verstetigtem Einsatz dieser Handlungsform geführt hat, auch bei seiner Dogmatisierung in Rechnung zu stellen. Eine Vertragsreform, die die Wirksamkeit von Beschlüssen von ihrer amtlichen Publikation abhängig machte, würde wohl bald zur Herausbildung einer neuen Kategorie von Akten führen, nämlich dem noch-nicht-veröffentlichten Beschluss, dem nach dem Willen seiner Urheber *ad hoc* selbstverpflichtende Wirkungen zukommen sollen.

5. Keine formspezifischen Regeln für die Rückwirkung von Beschlüssen

Die vertraglichen Bestimmungen eröffnen die Möglichkeit, die Geltung eines Rechtsakts auf einen Zeitraum zu erstrecken, der vor dem Eintritt der Bedingungen seines In-Kraft-Tretens liegt. Rechtmäßig ist eine solche Rückwirkung jedoch nur unter bestimmten Voraussetzungen.[1058] Der Gerichtshof hat folgenden allgemeinen Prüfungsmaßstab entwickelt:

> „Der Grundsatz der Rechtssicherheit verbietet es zwar im Allgemeinen, den Beginn der Geltungsdauer eines Rechtsakts der Gemeinschaft auf einen Zeitpunkt vor dessen Veröffentlichung zu legen; dies kann aber ausnahmsweise dann anders sein, wenn das an-

[1058] Zu den konstruktiven Problemen *S. L. Kaleda*, Immediate Effect of Community Law in the New Member States, ELJ 10 (2004), S. 102, 103 ff.

gestrebte Ziel es verlangt und das berechtigte Vertrauen der Betroffenen gebührend beachtet ist.«[1059]

Für den hiesigen Zusammenhang ist von Interesse, dass der Gerichtshof diese Anforderungen ohne Bezugnahme auf rechtliche Qualitäten formuliert, die nur bestimmten Handlungsformen eigen sind. Die Rechtmäßigkeit einer rückwirkenden Geltungsanordnung eines Beschlusses ist mithin an keinem anderen Maßstab zu messen, als er auf Rechtsakte in anderen Handlungsformen anzulegen ist. Der rechtsgüterschonende Wirkungsmodus des Beschlusses führt lediglich dazu, dass die erforderliche Abwägung tendenziell leichter zugunsten einer Rückwirkung ausfällt als etwa bei einer Verordnung. Wenn ein sachlicher Grund für eine Rückwirkung spricht, dürften Vertrauensschutzgesichtspunkte dem kaum je entgegenstehen.[1060] Bei individualbegünstigenden Maßnahmen kann im Einzelfall eine Rückwirkung sogar rechtlich geboten sein.[1061]

Für das Rechtsregime des Beschlusses im Besonderen relevant ist die Rückwirkungsdogmatik wegen dessen Fähigkeit zu *ad-hoc*-Wirksamkeit. Der Gerichtshof verlangt nämlich einen Rechtfertigungsgrund und die Berücksichtigung legitimer Erwartungen auch in Fällen einer bloßen *de-facto*-Rückwirkung. Eine solche liegt vor, wenn bei einem veröffentlichungsbedürftigen Rechtsakt keine oder nur eine sehr kurze Frist zwischen Publikation und In-Kraft-Treten liegt.[1062] Der Grundsatz der Rechtssicherheit verlangt, dass gegebenenfalls ein angemessener Aufschub eingeräumt wird.[1063] Diesen Gedanken wird man für Beschlüsse insofern fruchtbar machen können, als Einzelfälle denkbar sind, in denen es rechtswidrig wäre, von der Möglichkeit der *ad-hoc*-Wirksamkeit

---

[1059] EuGH, Rs. C-459/02, *Gerekens*, Slg. 2004, S. I-7315, Rdnr. 23; st. Rspr.: Rs. 98/78, *Racke*, Slg. 1979, S. 69, Rdnr. 20; Rs. 258/ 80, *Rumi/Kommission*, Slg. 1982, S. 478, Rdnr. 11; Rs. C-337/88, *SAFA*, Slg. 1990, S. I-1, Rdnr. 13.

[1060] Beispiel: Beschluss Nr. 2317/2003/EG des Europäischen Parlaments und des Rates vom 5. Dezember 2003 über ein Programm zur Verbesserung der Qualität der Hochschulbildung und Förderung des interkulturellen Verständnisses durch die Zusammenarbeit mit Drittstaaten (Erasmus Mundus) (2004–2008), ABl. L 345 vom 31.12.2003, S. 1; der Beschluss trat gemäß Art. 13 am zwanzigsten Tag nach seiner Veröffentlichung in Kraft, die Laufzeit des Programms begann gemäß Art. 1 am 1.1.2004, also rückwirkend.

[1061] *Grabitz*, Rechtshandlungen (Anm. 1002), S. 104; ein Beispiel für eine ohne weiteres zulässige rückwirkende Begünstigung in EuGH, Rs. C-310/95, *Road Air*, Slg. 1997, S. I-2229, Rdnrn. 45 f.

[1062] *Lauwaars*, Lawfulness and Legal Force (Anm. 1044), S. 173 f.

[1063] EuGH, Rs. 17/67, *Neumann*, Slg. 1967, S. 571, 611.

eines Beschlusses Gebrauch zu machen, weil hierin eine verbotene *de-facto*-Rückwirkung läge.

III. Das Rechtmäßigkeitsregime des Beschlusses

Die Anforderungen an die Wirksamkeit erwiesen sich als in erheblichem Umfang über die Handlungsform determiniert. Das Gegenteil kann gesagt werden von den Rechtmäßigkeitserfordernissen. Die Maßstäbe zur Beurteilung der formellen und materiellen Rechtmäßigkeit von Unionsrechtsakten ergeben sich in erster Linie aus ihrer Rechtsgrundlage, werden also über die Kompetenzen gesteuert, nicht über die Handlungsformen. Ergänzt werden sie um Maßstabsnormen mit Querschnittscharakter, die sich partiell dem Text der Verträge entnehmen lassen (z.B. das Subsidiaritätsprinzip, Art. 5 II EG), überwiegend aber als ungeschriebene Rechtsgrundsätze ausgeformt sind, die von der Rechtsprechung anerkannt und konkretisiert wurden. Aus der Gesamtheit von Maßstabsnormen zeichnen sich nur wenige durch einen formenvariablen Charakter aus.[1064] Allein sie sind relevant für das im Folgenden zu entwickelnde spezifische Rechtmäßigkeitsregime des Beschlusses.

Das Zentrum formenvariabler Rechtmäßigkeitserfordernisse bilden die Begründungspflichten (1.), ein zweiter Komplex ist das Sprachenregime der Akte (2.), und drittens sind in diesem Zusammenhang die Rechtsgrundlagen zu nennen, die ein Formenwahlgebot aufstellen. Letzteres gehört systematisch zu den Anforderungen, die das Unionsrecht an die Formenwahl richtet; ihnen gilt ein eigenes Unterkapitel (IV.).

1. Begründungspflichten

a. Normativer Rahmen

Art. 253 EG und Art. 162 EA verlangen, dass Verordnungen, Richtlinien und Entscheidungen mit Gründen zu versehen sind und auf vertraglich vorgesehene Vorschläge und Stellungnahmen Bezug nehmen. Im Folgenden sollen beide Pflichtengruppen zusammenfassend als Begründungspflichten bezeichnet werden. Sie erstrecken sich auf die genannten Handlungen im organbezogenen Anwendungsbereich des Art. 249 I EG und auf Verordnungen und Entscheidungen der EZB, Art.

[1064] Eine Übersicht bei *Bast*, Handlungsformen (Anm. 664), S. 526 ff.

100 II Ua. 4 EG. Für Handlungen unter dem EU-Vertrag gelten diese Bestimmungen nicht (vgl. Art. 28 und 41 EU). Jenseits des Art. 253 EG folgen, wie der Gerichtshof festgestellt hat, gewisse Begründungspflichten aus dem Grundsatz der Rechtssicherheit.[1065] Art. 17.2 und 17.4 der Geschäftsordnung der EZB ergänzen die primärrechtlichen Regeln um Begründungspflichten für EZB-Leitlinien und Empfehlungen der EZB.

In der interinstitutionell vereinbarten Praxis werden die Bezugsvermerke und die Erwägungsgründe in den Einleitungsteil des Rechtsakts aufgenommen, der sich unmittelbar an den Titel des Rechtsakts anschließt.[1066] Normativ fixiert ist dies in Anhang V zur Geschäftsordnung des Rates in Punkt A.1, lit. c bis lit. e.[1067] Die Erwägungsgründe und der verfügende Teil eines Rechtsakts bilden eine Einheit, sodass der Wortlaut der Begründung nicht außerhalb des förmlichen Rechtsetzungsverfahrens erlassen oder abgeändert werden kann.[1068] In der Praxis ist der Einleitungsteil eines Rechtsakts zwischen den am Erlassverfahren beteiligten Organen oftmals ebenso umstritten wie der verfügende Teil. Dies erklärt sich daraus, dass der Gerichtshof zur Auslegung der normativen Bestimmungen des Rechtsakts ausgiebig auf die Erwägungsgründe zurückgreift, insbesondere zur Generierung teleologischer Argumente.[1069] Aus der Einheit des Rechtsakts folgt auch, dass der Rat, wenn er auf Vorschlag der Kommission beschließt, die im Einleitungsteil angegebene Rechtsgrundlage, die das Erlassverfahren determiniert, nur einstimmig ändern kann, Art. 250 I EG.

[1065] EuGH, Rs. C-325/91, *Frankreich/Kommission*, Slg. 1993, S. I-3283, Rdnr. 26; näher dazu unten, D. III. 1. d.

[1066] Die fortlaufend geänderten „Interinstitutionellen Regeln für Veröffentlichungen“ sind abrufbar unter <http://publications.eu.int/code/de/de-000300.htm> (25.4.2005). Dort findet sich unter 3.2. ein Schema für den „Aufbau der Rechtsakte“.

[1067] Die GO-Kommission und die GO-EZB (Anm. 452) kennen keine parallelen Bestimmungen; anders noch für Handlungen der Kommission im Bereich des EGKS-Vertrags Art. 2 der Entscheidung Nr. 22/60 (Anm. 246), auf die der heutige Aufbau der Rechtsakte zurückgeht.

[1068] EuGH, Rs. 131/86, *Großbritannien/Rat*, Slg. 1988, S. 905, Rdnr. 37: „Begründung wesentlicher Bestandteil eines Rechtsakts“; Rs. C-137/92 P (Anm. 1007), Rdnr. 67: „ein unteilbares Ganzes“; weitere Nachweise in Anm. 447.

[1069] *F. Müller/R. Christensen*, Juristische Methodik, Bd. 2: Europarecht, 2003, S. 83 f.; *H. Kutscher*, Methoden der Auslegung des Gemeinschaftsrechts aus der Sicht eines Richters, in: Gerichtshof der Europäischen Gemeinschaften (Hrsg.), Begegnungen von Justiz und Hochschule, 1976, S. I-1, 23.

In der Judikatur spielen die Begründungspflichten eine bedeutende Rolle, weil im Zuge einer Nichtigkeitsklage häufig ein Verstoß gegen Art. 253 EG geltend gemacht wird. Eine fehlende oder unzureichende Begründung stellt eine Verletzung wesentlicher Formvorschriften im Sinne des Art. 230 II EG dar und führt zur Nichtigerklärung des angegriffenen Akts, Art. 231 I EG.[1070] Die Begründungspflichten sind damit systematisch den Anforderungen an die Rechtmäßigkeit der Akte zugeordnet. Bereits in einem frühen Urteil hat der Gerichtshof beschrieben, welchen Zwecken die Begründungspflichten dienen:

> „Die Vorschrift von Artikel 190 [EWGV] will den Parteien die Wahrnehmung ihrer Rechte, dem Gerichtshof die Ausübung seiner Rechtskontrolle und den Mitgliedstaaten sowie deren etwa beteiligten Angehörigen die Unterrichtung darüber ermöglichen, in welcher Weise [ein Organ, hier:] die Kommission den Vertrag angewandt hat.“[1071]

An dieser funktionalen Bestimmung, aus der sich die Anforderungen an Inhalt und Umfang der Begründung ergeben, hält die Rechtsprechung bis heute fest.[1072] Im Zentrum steht die Ermöglichung der Legalitätskontrolle durch EuGH und EuG.[1073] Die Wahrnehmung der Rechte der Parteien, von denen der Gerichtshof spricht, meint in erster Linie das Recht, ein gerichtliches Rechtsschutzverfahren anzustrengen.[1074] Schwächer ausgeprägt ist demgegenüber die Funktion, die politische Öffentlichkeit über das Handeln der Organe zu informieren und dieses zu legitimieren. Sie kommt in der Formel von der „Unterrichtung“ der Mitgliedstaaten und ihrer Staatsangehörigen nur blass zum Ausdruck. Ein Hinweis auf die Erleichterung der politischen Kontrolle des Europäischen Parlaments gegenüber Akten, an deren Ausarbeitung es nicht

---

[1070] Eine unzureichende Begründung wird auch von Amts wegen geprüft, EuGH, Rs. C-291/89, *Interhotel/Kommission*, Slg. 1991, S. I-2257, Rdnr. 14; Rs. 367/95 P, *Kommission/Sytraval u.a.*, Slg. 1998, S. I-1719, Rdnr. 67; Rs. C-378/00, *Kommission/Parlament und Rat*, Slg. 2003, S. I-937, Rdnr. 34.

[1071] EuGH, Rs. 24/62, *Deutschland/Kommission*, Slg. 1963, S. 141, 155.

[1072] EuGH, Rs. C-241/95, *Accrington Beef*, Slg. 1996, S. I-6699, Rdnr. 39; Rs. C-233/94, *Deutschland/Rat und Parlament*, Slg. 1997, S. I-2405, Rdnr. 25; EuG, verb. Rs. T-228/99 und T-233/99, *WestLB u.a./Kommission*, Slg. 2003, S. II-435, Rdnr. 278.

[1073] *M. Shapiro*, The Giving Reasons Requirement, The University of Chicago Legal Forum 1992, S. 179, 201 f.

[1074] Lenz/Borchardt-*Hetmeier*, Rdnr. 2 zu Art. 253 EG.

oder nur peripher beteiligt war, findet sich ebenso wenig wie der Rekurs auf die Rolle der einzelstaatlichen Parlamente. Gar nicht erwähnt wird die in der Literatur häufig angeführte Funktion der Selbstkontrolle des handelnden Organs.[1075]

b. Formenvariabler Charakter

Der formenvariable Charakter der Begründungspflichten ist weniger deutlich als bei den Anforderungen an die Wirksamkeit der Akte. Vom Wortlaut des Art. 253 EG sind unterschiedslos „Verordnungen, Richtlinien und Entscheidungen" erfasst. Formenspezifisch sind diese Anforderungen zunächst insofern, als Empfehlungen und Stellungnahmen nach der Konzeption der Verträge keine Erwägungsgründe anführen und nicht auf vorbereitende Handlungen Bezug nehmen müssen. Dies ergibt sich aus dem systematischen Zusammenhang von Art. 249 und 253 EG (bzw. Art. 161 und 162 EA). Die Römischen Verträge wichen damit vom Montan-Vertrag ab, der auch für die unverbindlichen Stellungnahmen der Hohen Behörde Begründungspflichten statuierte. Die jüngeren Gemeinschaftsverträge kennen nur ausnahmsweise das Erfordernis, einen unverbindlichen Akt zu begründen, namentlich die „mit Gründen versehene Stellungnahme" der Kommission nach Art. 226 und 277 EG (bzw. Art. 141 und 142 EA).

Dies betrifft nur das ‚Ob' einer Begründung, nicht den geforderten Umfang. Zu Letzterem hat die Rechtsprechung den Grundsatz aufgestellt und in einer Vielzahl von Urteilen näher konkretisiert, dass die von Art. 253 EG vorgeschriebene Begründung der „Natur" des betreffenden Rechtsakts angepasst sein muss.[1076] Diese Differenzierung galt zunächst der Verordnung.[1077] Bei einem „Rechtsakt von allgemeiner

---

[1075] *T. Müller-Ibold*, Die Begründungspflicht im europäischen Gemeinschaftsrecht und im deutschen Recht, 1990; S. 18 f.; *Nicolaysen*, Europarecht I, S. 347; Calliess/Ruffert-*Calliess*, Rdnr. 7 zu Art. 253 EG; Groeben/Schwarze-*Schmidt*, Rdnr. 4 zu Art. 253 EG; für die deutsche Rechtsordnung *J. Lücke*, Begründungszwang und Verfassung, 1987, S. 39 ff.

[1076] Aus der jüngeren Rechtsprechung EuGH, Rs. C-110/97, *Niederlande/Rat*, Slg. 2001, S. I-8763, Rdnr. 163; Rs. C-445/00, *Österreich/Rat*, Slg. 2003, S. I-8549, Rdnr. 49.

[1077] Zum Folgenden Calliess/Ruffert-*Calliess*, Rdnrn. 13 ff. zu Art. 253 EG; *Müller-Ibold*, Begründungspflicht (Anm. 1075), S. 89 ff.; *Grabitz*, Rechtshandlungen (Anm. 1002), S. 100 f.; *Lauwaars*, Lawfulness and Legal Force (Anm. 1044), S. 153 ff.

Geltung" könne sich der Gesetzgeber „darauf beschränken, die Gesamtlage anzugeben, die zum Erlass der Maßnahme geführt hat, und die allgemeinen Ziele zu bezeichnen, die mit ihr erreicht werden sollen"[1078]; ausreichend ist eine Begründung, die den wesentlichen Inhalt der von den Organen gesetzten Rechtsnormen erklärt.[1079] Die Weite des Ermessens, das der Gesetzgeber beim Erlass von Handlungen „mit allgemeinem Anwendungsbereich, insbesondere Verordnungen"[1080] besitzt, korrespondiert also mit weniger strengen Begründungspflichten, als sie für Einzelakte gelten. Mit dieser Argumentation modifizierte der Gerichtshof seine zum EGKS-Vertrag zunächst entwickelte Rechtsprechung, nach der die eingeschränkte richterliche Kontrolle von Ermessensentscheidungen unterschiedslos für gesteigerte Begründungsanforderungen stritt.[1081] Unter den Funktionen der Begründungspflicht verlagert sich das Gewicht jetzt ganz auf die Ermöglichung judikativer Legalitätskontrolle. Demgegenüber kommt der Rechtfertigungspflicht gegenüber der Öffentlichkeit der Unionsbürger offenbar geringere Bedeutung zu; sie würde bei Rechtsakten mit normativem Charakter auf gesteigerte Begründungsanforderungen drängen.[1082]

Den tatsächlichen Hintergrund für diese Modulation bildet die Masse der von Kommission und Rat erlassenen Verordnungen, die sich zur Standardhandlungsform des Agrarrechts, zumal der laufenden Verwaltung mit ihrer routinemäßigen Normproduktion, entwickelt hatte. Am Beispiel solcher habilitierter Verordnungen entwickelte der Gerichtshof den Grundsatz, dass für die Frage, ob der Begründungspflicht genügt wird, nicht nur der Wortlaut der Erwägungsgründe relevant ist, sondern auch der Kontext, in dem der Rechtsakt steht.[1083] Insbesondere

---

[1078] EuGH, Rs. 5/67, *Beus*, Slg. 1968, S. 127, 144.

[1079] EuGH, Rs. 87/78, *Welding*, Slg. 1978, S. 2457, Rdnr. 10; Rs. 134/78, *Danhuber*, Slg. 1979, S. 1007, Rdnr. 6.

[1080] EuGH, Rs. 166/78, *Italien/Rat*, Slg. 1979, S. 2575, Rdnr. 8.

[1081] EuGH, verb. Rs. 36/59 bis 38/59 und 40/59, *Präsident Ruhrkohlen-Verkaufsgesellschaft u.a./Hohe Behörde*, Slg. 1960, S. 885, 921 f.

[1082] Die vom Gerichtshof nicht beanstandete Formelhaftigkeit subsidiaritätsbezogener Begründungserwägungen hat hier ihren Ursprung, vgl. EuGH, Rs. C-233/94, *Deutschland/Parlament und Rat*, Slg. 1997, S. I-2405, Rdnrn. 27 f.; diese Rechtsprechung hat vielfach Kritik provoziert, zuletzt etwa *U. Mager*, Die Prozeduralisierung des Subsidiaritätsprinzips im Verfassungsentwurf des Europäischen Konvents, ZEuS 2003, S. 471, 476.

[1083] EuGH, Rs. 78/74, *Deuka*, Slg. 1975, S. 421, Rdnr. 6.

sind die Bestimmungen des Basisrechtsakts ergänzend heranzuziehen;[1084] eine Bezugnahme auf die einschlägige Rechtsgrundlage[1085] oder frühere gleichartige Maßnahmen kann als Begründung ausreichen.[1086]

Dogmatisch beschränkt sich die dargestellte Lockerung der Begründungsanforderungen nicht auf Verordnungen. Entscheidend ist letztlich nicht die Handlungsform, sondern die „Rechtsnatur", d.h. die Abgrenzung von Rechtsakten mit allgemeiner Geltung und einzelfallbezogenen Maßnahmen. Diese Differenzierung ist auch dann vorzunehmen, wenn eine andere Handlungsform als eine Verordnung vorliegt.[1087] Die Variabilität des geforderten Umfangs der Begründung hat folglich nur mittelbar formenbezogenen Charakter, und zwar insofern die Rechtsnatur eines Akts über seinen formspezifischen Wirkungsmodus mitbestimmt wird.[1088] Bei Verordnungen und Richtlinien besteht eine Regelfallvermutung für einen allgemeingültigen Charakter. Bestätigt sich diese, führt das zu weniger strengen Anforderungen an die Detailliertheit der Erwägungsgründe.

c. Beschlüsse unterliegen einer Begründungspflicht

Bei der Begründungspflichtigkeit von Beschlüssen ergeben sich ähnliche Probleme, wie sie bei der Veröffentlichungsbedürftigkeit diskutiert wurden. Der Wortlaut des Art. 253 EG umfasst Beschlüsse nicht; es stellt sich die Frage nach der analogen Anwendung dieser Bestimmung. Der systematische Zusammenhang mit Art. 249 EG und der Vergleich mit dem zum Entstehungszeitpunkt geltenden EGKS-Vertrag ergibt, dass jedenfalls Empfehlungen und Stellungnahmen keinen Begründungspflichten unterliegen sollen.[1089] Ebenso wie bei Art. 254 I EG kommt aber eine Deutung in Betracht, nach der Art. 253 EG alle ver-

---

[1084] EuGH, Rs. 29/77, *Roquette Frères*, Slg. 1977, S. 1835, Rdnrn. 13/18; Rs. 35/80, *Denkavit*, Slg. 1981, S. 45, Rdnr. 33.

[1085] EuGH, Rs. 112/80, *Dürbeck*, Slg. 1981, S. 1095, Rdnr. 20.

[1086] EuGH, Rs. 250/84, *Eridania*, Slg. 1986, S. 117, Rdnr. 39.

[1087] EuGH, verb. Rs. 154/78, 205/78, 206/78, 226/78 bis 228/78, 263/78, 264/78, 31/79, 39/79, 83/79 und 85/79, *Ferriera Valsabbia*, Slg. 1980, S. 907, Rdnr. 18, zu einer Allgemeinen EGKS-Entscheidung; Rs. 37/83, *Rewe*, Slg. 1984, S. 1229, Rdnr. 13, zu einer Richtlinie.

[1088] Engere Anbindung an die Handlungsform bei Schwarze-*Schoo*, Rdnrn. 6 f. zu Art. 253 EG.

[1089] Calliess/Ruffert-*Calliess*, Rdnr. 1 zu Art. 253 EG.

bindlichen Handlungsformen, die der EG-Vertrag (aner-)kennt, erfassen will. Die Erstreckung der Rechtsfolgen des Art. 253 EG auf verbindliche Handlungen jenseits des Art. 249 EG setzt jedoch voraus, dass Art. 253 EG keine abschließende Spezialregelung darstellt, sondern eine analogiefähige Norm.

Die teleologische Auslegung des Art. 253 EG streitet für eine Öffnung: Im Anschluss an die Rechtsprechung besteht der Zweck der primärrechtlichen Begründungspflichten in erster Linie darin, die externe Kontrolle der rechtsetzenden Organe durch die Judikative zu verstärken. Diese funktionale Anbindung an das Rechtskontrollregime spricht gegen einen abschließenden Charakter des Art. 253 EG, denn der Kreis der kontrollbedürftigen Akte ist ebenfalls nicht auf die in Art. 249 II-IV EG genannten Handlungsformen beschränkt.[1090] Dann aber drängt das Gebot der Adäquanz von Wirkungsmodus, Gültigkeits- und Kontrollregime darauf, Art. 253 EG im Wege der Analogie keinen geringeren Anwendungsbereich zuzuschreiben als die Gesamtheit der zulässigen Klagegegenstände nach Art. 230 I EG.[1091] Die Trias „Verordnungen, Richtlinien und Entscheidungen" in Art. 253 EG hat somit die gleiche Bedeutung wie die Formel „Handlungen ..., die keine Empfehlungen oder Stellungnahmen sind", erfasst also „alle Handlungen der Organe, die dazu bestimmt sind, Rechtswirkungen zu erzeugen, ohne Unterschied ihrer Rechtsnatur oder Form"[1092]. Die Verbindlichkeit einer Handlung zieht das Erfordernis nach sich, Erwägungsgründe anzugeben und auf vorbereitende Handlungen Bezug zu nehmen.[1093] Etwaigen

[1090] Erster Teil, D. II. 1.

[1091] Zum Schluss vom Vorliegen einer anfechtbaren Entscheidung auf die Begründungsbedürftigkeit des Akts EuGH, verb. Rs. 8/66 bis 11/66, *Cimenteries C.B.R. Cementbedrijven u.a./Kommission*, Slg. 1967, S. 99, 124 f.

[1092] EuGH, Rs. 22/70, *Kommission/Rat*, Slg. 1971, S. 263, Rdnrn. 3/4; zweifelnd noch zur Begründungspflicht bei einem atypischen Rechtsakt ibid., Rdnrn. 98/99, kritisch kommentiert bei *Lauwaars*, Lawfulness and Legal Force (Anm. 1044), S. 152; zur neueren Rechtsprechung sogleich und im nachfolgenden Unterabschnitt, D. III. 1. d.

[1093] So im Ergebnis auch *Kaltenborn*, Rechtsquellen (Anm. 1046), S. 474; *A. Wünschmann*, Geltung und gerichtliche Geltendmachung völkerrechtlicher Verträge im Europäischen Gemeinschaftsrecht, 2003, S. 94; *Oppermann*, Europarecht, Rdnr. 591; Wohlfarth/Everling/Glaesner/Sprung-*Wohlfarth* (1960), Rdnr. 1 zu Art. 190 EWGV; anders *Hartley*, Foundations (Anm. 1004), S. 101 f. und 121: "legal acts *sui generis* are not covered"; einschränkend aber S. 124.

Rigiditäten, die mit dieser Interpretation verbunden sind, kann bei der Ermittlung des Umfangs der geforderten Begründung begegnet werden.

Im Ergebnis unterliegen Beschlüsse, weil sie einer verbindlichen Handlungsform angehören, ebenso wie die ausdrücklich genannten Verordnungen, Richtlinien und Entscheidungen den Begründungspflichten des Art. 253 EG.

Bestätigung findet dies in einem Urteil des Gerichts erster Instanz aus dem Jahr 1996.[1094] In diesem Rechtsstreit wandten sich die *Confindustria*, ein italienischer Interessenverband, und einer ihrer Repräsentanten gegen einen auf Art. 194 II EGV (jetzt Art. 258 II EG) gestützten Beschluss, mit dem der Rat die Mitglieder des Wirtschafts- und Sozialausschusses ernannt hatte.[1095] Die Kläger rügten unter anderem eine Verletzung des Art. 190 EGV (jetzt Art. 253 EG), da die Begründung des angefochtenen Rechtsakts sich in der bloßen Wiedergabe des Wortlauts von Art. 195 EGV (jetzt Art. 259 EG) erschöpfe.[1096] Der Rat hielt die Begründung für ausreichend; es sei nicht erforderlich, detailliert darzulegen, warum er die berücksichtigten Kandidaten ernannt und andere, unter anderem den Kläger, ausgeschlossen habe.[1097] Bemerkenswert ist, dass lediglich der Umfang der Begründungspflicht zwischen den Parteien streitig war, nicht jedoch die Frage, ob Art. 190 EGV überhaupt auf einen Beschluss Anwendung findet. Auch das Gericht ging ohne weiteres davon aus, dass der Streit am Maßstab des Art. 190 EGV und der zu seiner Auslegung ergangenen Rechtsprechung zu entscheiden sei, ohne Ausführungen zur Handlungsform des angegriffenen Akts für erforderlich zu halten.[1098] Im Ergebnis hielt das Gericht den

---

[1094] EuG, Rs. T-382/94, *Confindustria u.a./Rat*, Slg. 1996, S. II-519.

[1095] Beschluss 94/660/EG, Euratom des Rates vom 26. September 1994 über die Ernennung der Mitglieder des Wirtschafts- und Sozialausschusses für die Zeit vom 21. September 1994 bis zum 20. September 1998, ABl. L 257 vom 5.10.1994, S. 20.

[1096] EuG, Rs. T-382/94 (Anm. 1094), Rdnrn. 45 f.

[1097] Ibid., Rdnrn. 47 f.

[1098] Ibid., Rdnr. 49; ebenso selbstverständlich prüfen die Gerichte mögliche Begründungsmängel von Beschlüssen zur Einstellung eines Antidumpingverfahrens, EuGH, Rs. C-121/86, *Epicheiriseon u.a./Rat*, Slg. 1989, S. 3919, Rdnrn. 10 ff.; EuG, Rs. T-132/01, *Euroalliages u.a./Kommission*, Slg. 2003, S. II-2359, Rdnr. 48; eine Begründungspflicht statuiert in einem solchen Fall (nach hier vertretener Ansicht: deklaratorisch) auch das materielle Sekundärrecht, die Antidumpinggrundverordnung; näher zum Rechtsschutz gegen derartige Beschlüsse unten, E. II. 3.

Beschluss, unter Berücksichtigung der näheren Angaben zu den ernannten Personen im verfügenden Teil des Beschlusses, für ausreichend begründet.

d. Insbesondere: Beschlüsse müssen ihre Rechtsgrundlage angeben

Die Pflicht, die Gründe anzugeben, auf denen ein Rechtsakt beruht, schließt die Angabe seiner Rechtsgrundlage ein. Dieses Erfordernis hat der Gerichtshof im Zuge seiner Rechtsprechung zur Abgrenzung konkurrierender Rechtsgrundlagen herausgearbeitet.[1099] Fehlt eine solche Angabe oder ist sie vage („gestützt auf den Vertrag"), stellt dies eine Verletzung wesentlicher Formvorschriften dar, es sei denn, die gewählte Rechtsgrundlage kann dem sonstigen Text des Rechtsakts mit hinreichender Klarheit entnommen werden.[1100] Wurde eine falsche Rechtsgrundlage gewählt, liegt darin eine vorrangig zu prüfende Verletzung höherrangigen Rechts und gegebenenfalls unzuständiges Handeln im Sinne des Art. 230 II EG.[1101] Allein eine irrige Bezugnahme auf eine (weitere) Rechtsgrundlage genügt jedoch nicht für eine Nichtigerklärung des Rechtsakts, wenn sich dies nicht in unterschiedlichen Anforderungen an die Rechtmäßigkeit, insbesondere im Hinblick auf das Erlassverfahren, ausgewirkt hat.[1102]

Da der Gerichtshof die Pflicht, die Rechtsgrundlage eines Akts zu bezeichnen, in Art. 253 EG normativ verankert, gilt dieses Erfordernis analog auch für Beschlüsse.[1103] In einem späteren Urteil hat der Gerichtshof diese Pflicht in einen weiteren Kontext gestellt und aus allgemeinen Rechtsgrundsätzen hergeleitet:

[1099] *N. Emiliou*, Opening Pandora's Box, ELRev. 19 (1994), S. 488, 493; zur stabilisierenden Funktion der Begründungspflicht für die vertikale Kompetenzordnung *A. v. Bogdandy/J. Bast*, Die vertikale Kompetenzordnung der Europäischen Union, EuGRZ 2001, S. 441, 455.

[1100] EuGH, Rs. 45/86, *Kommission/Rat*, Slg. 1987, S. 1493, Rdnr. 9.

[1101] *Nicolaysen*, Europarecht I, S. 349.

[1102] EuGH, Rs. 165/87, *Kommission/Rat*, Slg. 1988, S. 5545, Rdnr. 19; Rs. C-491/01, *BAT*, Slg. 2002, S. I-11453, Rdnr. 98; verb. Rs. C-184/02 und C-223/02, *Spanien und Finnland/Parlament und Rat*, Slg. 2004, S. I-7789, Rdnrn. 43 f.; EuG, Rs. T-14/93, *UIC/Kommission*, Slg. 1995, S. II-1503, Rdnrn. 57 f. und 64 f.

[1103] So auch GO-Rat (Anm. 449), Anhang V, A.1, lit. c i.V.m. B.3, für Beschlüsse des Rates und von Parlament und Rat gemeinsam erlassene Beschlüsse.

> „[Das] Gebot der Rechtssicherheit verlangt, dass jede Maßnahme, die rechtliche Wirkungen erzeugen soll, ihre Bindungswirkung einer Bestimmung des Gemeinschaftsrechts entnimmt, die ausdrücklich als Rechtsgrundlage bezeichnet sein muss …“[1104]

Ein verbindlicher Rechtsakt muss sich also nicht nur auf eine kompetenzbegründende Norm zurückführen lassen, Klarheit und Vorhersehbarkeit unionsrechtlicher Vorschriften verlangen auch, dass er diese ausdrücklich benennt. Der Sache nach liegt hierin keine Verschärfung der Anforderungen, die sich bereits aus Art. 253 EG ergeben. Vielmehr werden bestimmte basale Begründungspflichten auf Rechtsakte erstreckt, die vom Anwendungsbereich des Art. 253 EG nicht erfasst sind,[1105] im konkreten Fall eine Mitteilung der Kommission, die nach den vom Gerichtshof etablierten Kriterien anfechtbarkeitbegründende „Rechtswirkungen“ entfaltete. Von Bedeutung ist diese Argumentation nicht nur für Kommissions-Mitteilungen, sondern auch z.B. für verbindliche Rechtsakte nach dem EU-Vertrag.

Im Ergebnis kann als gesichert gelten, dass Beschlüsse ihre Rechtsgrundlage angeben müssen. An diesem Maßstab gemessen stellt sich die Rechtsetzungspraxis ambivalent dar. Im Regelfall nennen Beschlüsse, wie alle anderen verbindlichen Rechtsakte, ausdrücklich die Bestimmungen der Verträge bzw. des abgeleiteten Rechts, auf die sie gestützt sind. Bei einer nicht ganz unerheblichen Zahl von Beschlüssen aber beschränkt sich die Angabe auf die Wendung „gestützt auf den Vertrag zur Gründung der Europäischen (Wirtschafts-) Gemeinschaft“. Gerade diese pauschale Formel hat der Gerichtshof als nicht ausreichend angesehen, um Art. 253 EG zu genügen.[1106] Üblicherweise findet diese Formel nur bei unverbindlichen Handlungen Verwendung, insbesondere bei Entschließungen des Rates.

Eine Durchsicht der kritischen Beschlüsse ergibt, dass sie überwiegend einem bestimmten Regelungstypus zugeordnet werden können. Es handelt sich um Beschlüsse, mit denen ein Ausschuss oder ein ähnliches Gremium geschaffen und dessen Aufgabe und Zusammensetzung festgelegt wird (Errichtungs-Beschlüsse).[1107] Ausschüsse mit sektoriell be-

---

[1104] EuGH, Rs. C-325/91, *Frankreich/Kommission*, Slg. 1993, S. I-3283, Rdnr. 26.

[1105] Dies übersieht *Hartley*, Foundations (Anm. 1004), S. 101 f.

[1106] Anm. 1100.

[1107] Die Errichtung von Ausschüssen ist von jeher als legitimer Gegenstand des Beschlusses *sui generis* anerkannt, *R. Thierfelder*, Die Entscheidung im

grenzten Aufgaben existieren im institutionellen Gefüge der Union in unüberschaubarer Vielzahl und Gestaltung. In der wissenschaftlichen Diskussion hat das Ausschusswesen der EU, die sog. Komitologie, allergrößte Aufmerksamkeit auf sich gezogen und unterschiedlichste Theoretisierungen erfahren.[1108] Typologisch lässt sich unterscheiden zwischen Ausschüssen, die sich aus Vertretern der Mitgliedstaaten zusammensetzen, und solchen, die aus wissenschaftlichen Experten und/oder Vertretern von Interessengruppen bestehen. Als Komitologie im engeren Sinne werden nur Ausschüsse des ersten Typs bezeichnet, soweit sie nach Maßgabe des Komitologiebeschlusses an der Wahrnehmung habilitierter Rechtsetzungsbefugnisse der Kommission mitwirken.

Das Problem eines fehlenden Rechtsgrundlagenzitats stellt sich in erster Linie bei Errichtungs-Beschlüssen, die den zweiten Ausschusstyp betreffen.[1109] Als Urheber solcher Beschlüsse tritt zumeist die Kommission auf,[1110] selten auch der Rat.[1111] Die Praxis, „Beratende Ausschüsse" oder „Wissenschaftliche Ausschüsse" ohne eigene Rechtspersönlichkeit bei der Kommission zu errichten, reicht bis in die frühen Tage des Gemeinschaftsrechts zurück.[1112] Namentlich im Bereich der Agrarpolitik und des Verbraucher-, Gesundheits- und Umweltschutzes existieren

---

EWG-Vertrag, 1968, S. 55 f.; *H.-J. Rabe*, Das Verordnungsrecht der Europäischen Wirtschaftsgemeinschaft, 1963, S. 48, 51 f.

[1108] M. Andenas/A. Türk (Hrsg.), Delegated Legislation and the Role of Committees in the EC, 2000; Ch. Joerges/J. Falke (Hrsg.), Das Ausschußwesen der Europäischen Union, 2000; Ch. Joerges/E. Vos (Hrsg.), EU Committees, 1999; *K. Lenaerts/A. Verhoeven*, Towards a Legal Framework for Executive Rule-making in the EU?, CMLRev. 37 (2000), S. 645.

[1109] Die Mitwirkungsbefugnisse eines Komitologieausschusses werden in demjenigen Rechtsakt festgelegt, der die Befugnisübertragung auf die Kommission vornimmt (Art. 202 dritter Spiegelstrich Satz 1 EG). Als in Bezug zu nehmende Rechtsgrundlage dient die Vertragsbestimmung, aus der sich die sachliche Regelungsbefugnis des Rates bzw. des Mitentscheidungsgesetzgebers ergibt.

[1110] Beispiel: Beschluss der Kommission vom 8. November 1996 über die Einsetzung eines Beratenden Energieausschusses (96/642/EG), ABl. L 292 vom 15.11.1996, S. 34.

[1111] Beispiel: Beschluss des Rates vom 16. September 1985 zur Einsetzung eines Beratenden Ausschusses für die pharmazeutische Ausbildung (85/434/EWG), ABl. L 253 vom 24.9.1985, S. 43.

[1112] Beispiel: Beschluss der Kommission über die Einsetzung eines Beratenden Ausschusses für Wein, ABl. 72 vom 8.8.1962, S. 2034/62.

zahlreiche Gremien dieser Art.[1113] Nur vereinzelt errichten die Verträge selbst sektorielle Ausschüsse mit beratenden Aufgaben (z.B. Art. 79 EG) oder erteilen eine ausdrückliche Ermächtigung zu ihrer Einsetzung (z.B. Art. 130 EG). Rechtsgrundlagen für Errichtungs-Beschlüsse der Kommission sehen die Verträge nicht vor. Die Frage nach der Rechtmäßigkeit der Begründungspraxis ist demnach in Zusammenhang mit der Frage zu diskutieren, woraus die Kommission überhaupt eine Befugnis herleiten kann, solche Handlungen vorzunehmen.

Wie im Ersten Teil dargestellt, kennt das Unionsrecht in engen Grenzen den Kompetenzbegründungsmodus ungeschriebener, implizit durch die Verträge übertragener Befugnisse.[1114] Wenig problematisch etwa ist die Auslegungsregel, dass eine ausdrücklich zugewiesene Sachregelungsbefugnis stillschweigend die Befugnis einschließt, auf dem entsprechenden Gebiet Ausschüsse einzurichten. In diesem Fall ist in den Begründungserwägungen auf die in Anspruch genommene vertragliche Rechtsgrundlage hinzuweisen; aus ihr ergibt sich auch das anwendbare Verfahren. Anders als bei der Errichtung von Komitologieausschüssen durch den Rat oder den Mitentscheidungsgesetzgeber stehen der Kommission solche Sachregelungsbefugnisse jedoch nicht in der erforderlichen Breite zur Verfügung, um die hier fraglichen Errichtungs-Beschlüsse abzudecken.

Im Bereich der Selbstorganisation der Organe sind weitere implizite Befugnisse anerkannt, die zusammenfassend als interne Organisationsbefugnis (franz. *pouvoir d'organisation interne*) bezeichnet werden.[1115] Die Rechtsprechung leitet sie teils aus einem Grundsatz der funktionel-

---

[1113] Vgl. Beschluss der Kommission vom 23. April 2004 zur Arbeitsweise der Beratungsgruppen im Bereich der Gemeinsamen Agrarpolitik (2004/391/EG), ABl. L 120 vom 24.4.2004, S. 50; Beschluss der Kommission vom 3. März 2004 zur Einsetzung Wissenschaftlicher Ausschüsse im Bereich Verbrauchersicherheit, öffentliche Gesundheit und Umwelt (2004/210/EG), ABl. L 66 vom 4.3.2004, S. 45.

[1114] Erster Teil, B. I.

[1115] *M. Nettesheim*, Kompetenzen, in: A. v. Bogdandy (Hrsg.), Europäisches Verfassungsrecht, 2003, S. 415, 433 ff. und 465 f.; *Ch. Bobbert*, Interinstitutionelle Vereinbarungen im Europäischen Gemeinschaftsrecht, 2001, S. 70 ff.; *D. Triantafyllou*, Vom Vertrags- zum Gesetzesvorbehalt, 1996, S. 267 ff.; *R. Bieber*, Das Verfahrensrecht von Verfassungsorganen, 1992, S. 70 f.; *M. Hilf*, Die Organisationsstruktur der Europäischen Gemeinschaften, 1982, S. 11 ff.

len Autonomie der durch die Verträge errichteten Organe,[1116] teils aus der Bestimmung her, nach der sich das betreffende Organ seine Geschäftsordnung gibt.[1117] Die Selbstorganisationsbefugnis des Parlaments berechtigt zu „geeigneten Maßnahmen, um das ordnungsgemäße Funktionieren des Organs und den Ablauf seiner Verfahren sicherzustellen"[1118]. Die für Rat und Kommission gebräuchliche Formel spricht in Anlehnung an Art. 281 II EG vom Ziel, ein „reibungsloses Arbeiten ihrer Dienststellen im Interesse einer ordnungsgemäßen Verwaltung zu gewährleisten"[1119].

Als Maßnahme, mit der die Kommission das reibungslose Arbeiten ihrer *eigenen* Dienststellen im engeren Sinne sicherstellt, wird man die hier fraglichen Errichtungs-Beschlüsse nicht bezeichnen können. Die Beratenden Ausschüsse sind gerade keine Ausschüsse der Kommission, sondern werden nach einer gebräuchlichen Formulierung „bei" der Kommission gebildet.[1120] In einem weisungshierarchischen Sinne der Kommission unterstellt sind die Experten und Interessenvertreter, die die Mitgliedstaaten oder repräsentative Organisationen der Zivilgesellschaft entsenden, nicht. Der Zweck solcher Gremien besteht gerade darin, *externe* Expertise, über die die Kommission mit ihrem schmalen bürokratischen Unterbau nicht verfügt, für das institutionelle System der Union zu nutzen.

Die zitierten Formeln zur Organisationsbefugnis wird man indes nur als eine partielle Definition ihres Umfangs zu verstehen haben. Bei zutreffender Wertung ist auch die Errichtung unselbständiger, einem Organ *beigeordneter* Behörden und Gremien von seiner Selbstorganisati-

---

[1116] EuGH, verb. Rs. 7/56 und 3/57 bis 7/57, *Algera u.a./Gemeinsame Versammlung*, Slg. 1957, S. 83, 122 f.

[1117] EuGH, Rs. 230/81, *Luxemburg/Parlament*, Slg. 1983, S. 255, Rdnr. 38; verb. Rs. 358/85 und 51/86, *Frankreich/Parlament*, Slg. 1988, S. 4821, Rdnr. 32; Rs. C-58/94, *Niederlande/Rat*, Slg. 1996, S. I-2169, Rdnr. 40.

[1118] EuGH, Rs. 294/83, *Les Verts/Parlament*, Slg. 1986, S. 1339, Rdnr. 44; Rs. C-345/95, *Frankreich/Parlament*, Slg. 1997, S. I-5215, Rdnr. 31.

[1119] EuGH, Rs. C-58/94 (Anm. 1117), Rdnr. 37; EuG, Rs. T-105/95, *WWF UK/Kommission*, Slg. 1997, S. II-313, Rdnr. 54; verallgemeinernd für alle Organe und Einrichtungen Rs. C-15/00, *Kommission/EIB*, Slg. 2003, S. I-7281, Rdnr. 68.

[1120] Vgl. aber EuG, Rs. T-188/97, *Rothmans International/Kommission*, Slg. 1999, S. II-2463, Rdnr. 62, wonach die Komitologieausschüsse im Hinblick auf das Recht auf Dokumentenzugang als Teil der Kommission anzusehen sind.

onsbefugnis gedeckt.[1121] Es entspricht einem funktionalen Erfordernis, mitgliedstaatliche Vertreter, zivilgesellschaftliche Akteure und wissenschaftliche Sachverständige in das institutionelle System der Union einzubinden. Dies dient der Unterstützung des Organs bei der Erfüllung seiner Aufgaben, im Fall der Kommission insbesondere bei der Ausarbeitung von Rechtsetzungsvorschlägen. Die Errichtung solcher Gremien ist mithin eine stillschweigende Befugnis, die die Verträge zugleich mit der vertragsunmittelbaren Errichtung der Rechtsetzungsorgane diesen zugewiesen haben.[1122] Auf einen speziellen Kompetenztitel in den Verträgen müssen die Organe zur Ausübung dieser Befugnis nicht zurückgreifen.[1123]

Für Inhalt und Umfang der Begründung der Errichtungsakte ergibt sich aus dieser kompetenzrechtlichen Einordnung Folgendes. Dass die Errichtungs-Beschlüsse zu begründen sind, folgt bereits aus der Wahl der Handlungsform. Eine spezielle Rechtsgrundlage müssen sie nicht angeben, weil sie aufgrund einer impliziten Befugnis ergehen, die kein Annex zu einer bestimmten Spezialermächtigung ist. Auch der Hinweis auf die vertragliche Ermächtigung zum Erlass der Geschäftsordnung des Organs wäre nur insofern zutreffend, als in ihr die ungeschriebene Befugnis zur Selbstorganisation, auf die das Organ zurückgreift, partiell zum Ausdruck kommt. Die Formel „gestützt auf den Vertrag" reicht aus, um anzuzeigen, im Anwendungsbereich welchen Vertrages die allgemeinen Befugnisse des Organs zu lokalisieren sind, das sich zur Wahrnehmung seiner Aufgaben der Unterstützung eines unselbständigen Gremiums bedienen will. Im Gegenzug wird man allerdings eine

---

[1121] *Nettesheim*, Kompetenzen (Anm. 1115), S. 465; anders *Hilf*, Organisationsstruktur (Anm. 1115), S. 115, der eine derartige Befugnis nur dem Rat zuerkennen will.

[1122] So im Ergebnis auch *P. Strohmeier*, Die Befugnis von Rat und Kommission der Europäischen Gemeinschaft zur Einsetzung von Ausschüssen, 1972, S. 207 ff., und *L.-J. Constantinesco*, Das Recht der Europäischen Gemeinschaften I, 1977, S. 371; vor diesem kompetenzrechtlichen Hintergrund ist es zweifelhaft, ob der Rat ohne Bezugnahme auf eine ausdrückliche Ermächtigung ein beratendes Gremium im Verantwortungsbereich der Kommission einrichten darf; dazu *Hilf*, Organisationsstruktur (Anm. 1115), S. 120 ff.; vgl. etwa Art. 1 Beschluss des Rates vom 26. Juli 1971 zur Einsetzung eines Beratenden Ausschusses für öffentliche Bauaufträge (71/306/EWG), ABl. L 185 vom 16.8.1971, S. 15.

[1123] Solange die Gremien nur beratende Aufgaben wahrnehmen, liegt auch keine Befugnisübertragung vor, die zu einem Konflikt mit der *Meroni*-Doktrin führen würde, dazu oben, C. I. 1. d.

nachvollziehbare Darstellung der Gründe verlangen müssen, aus denen sich das Bedürfnis ergibt, auf dem fraglichen Gebiet ein neues beratendes Gremium zu schaffen oder ein vorhandenes umzugestalten.

e. Kein einheitlicher Umfang der Begründungspflichten für Beschlüsse

Über das basale Erfordernis hinaus, die gewählte Rechtsgrundlage zu bezeichnen, lassen sich kaum allgemeine Aussagen über den notwendigen Inhalt der Begründung eines Beschlusses machen. Die Handlungsform des Akts und die hierüber definierten Rechtswirkungen sind nur eines der maßgeblichen Kriterien. Die Begründung muss dem je in Rede stehenden Akt angemessen sein, wobei auch Umstände seines Erlasses, die sich im Text des Rechtsakts nicht notwendig widerspiegeln, von Belang sind.[1124] Ergeht z.B. ein Beschluss zur Annahme eines Verpflichtungsangebots eines Unternehmens, das von einem Antidumpingverfahren betroffen ist, muss man in Rechnung stellen, dass der Antragsteller am Verwaltungsverfahren beteiligt war und die Gründe für den Beschluss genau kennt.[1125]

Auch im Übrigen finden auf Beschlüsse die allgemeinen Regeln Anwendung. Ist der Beschluss seiner Rechtsnatur nach eine allgemeingültige Handlung, wie es z.B. für den Typus der Förderprogramme charakteristisch ist, gelten die Maßstäbe für normative Akte, deren Begründung in erster Linie der Ermöglichung objektiver Legalitätskontrolle dient. Regelt ein Beschluss eine spezifische Situation, kommt es zusätzlich auf die Perspektive möglicherweise indirekt belasteter Dritter an, deren Klagerechte zu berücksichtigen sind. Im Hinblick auf die von einem Beschluss ausgehenden formspezifischen Rechtswirkungen wird man jedoch allgemein sagen können, dass die Begründungsanforderungen an Beschlüsse zumeist eher am unteren Ende der Skala für verbindliche Rechtsakte liegen. Die Rechtsbürger haben von Beschlüssen typischerweise keine individuellen Nachteile zu erwarten. Adressat ihrer Begründung ist in aller Regel nicht der potenziell belastete Rechtsbürger, sondern „nur“ der das Handeln der Unionsorgane legitimierende und gegebenenfalls kritisch diskutierende Unionsbürger.

[1124] EuGH, Rs. 13/72, *Niederlande/Kommission*, Slg. 1973, S. 27, Rdnrn. 11/12; Rs. 819/79, *Deutschland/Kommission*, Slg. 1981, S. 21, Rdnr. 19.

[1125] Oben, C. I. 4. b. bb. (3).

2. Das Sprachenregime des Beschlusses

Das unionsrechtliche Sprachenregime wird im Wesentlichen über Verordnung Nr. 1 gesteuert, die auf Art. 217 EWGV (jetzt Art. 290 EG) gestützt ist.[1126] Weitere Vorschriften finden sich in den Geschäftsordnungen der Organe, vgl. Art. 6 Verordnung Nr. 1.[1127]

In welchen Sprachen ein Akt auszuformulieren ist, hängt davon ab, wem gegenüber seine Rechtswirkungen eintreten. Verordnungen und „andere Schriftstücke von allgemeiner Geltung" sind in allen Amtssprachen abzufassen, Art. 4 Verordnung Nr. 1. Schriftstücke, die sich an einen Mitgliedstaat oder an eine der Hoheitsgewalt eines Mitgliedstaats unterstehende Person richten, sind in der Sprache dieses Staates abzufassen, Art. 3 Verordnung Nr. 1. Dem Sprachenregime des abgeleiteten Rechts liegt also die Unterscheidung zugrunde, die hier als der adressatenbezogene Aspekt des Wirkungsmodus bezeichnet wurde.[1128] Er wird, wie gesehen, über die Handlungsform des Akts determiniert. Hieraus folgt eine eindeutige Zuordnung für den Beschluss: Ein Rechtsakt, der als Beschluss ergeht, ist qua Handlungsform ein „Schriftstück von allgemeiner Geltung" im Sinne des Art. 4 Verordnung Nr. 1. Ein Beschluss ist in allen Amtssprachen abzufassen und in allen seinen sprachlichen Fassungen gleichermaßen verbindlich.[1129]

[1126] Verordnung Nr. 1 zur Regelung der Sprachenfrage für die Europäische Wirtschaftsgemeinschaft vom 15. April 1958, gleich lautend Verordnung Nr. 1 zur Regelung der Sprachenfrage für die Europäische Atomgemeinschaft, ABl. 17 vom 6.10.1958, S. 385/58 und S. 401/58, jeweils beitrittsbedingt mehrfach geändert; Verordnung Nr. 1 (EWG) gilt wegen Art. 28 I und 41 I EU auch für Handlungen unter dem EU-Vertrag.

[1127] Art. 14 GO-Rat (Anm. 449); Art. 18 GO-Kommission (Anm. 452); nach Art. 17.8 GO-EZB (Anm. 452) finden „die Grundsätze der Verordnung Nr. 1" auf die in Art. 110 EG genannten Handlungsformen Anwendung; direkt erfassen Art. 290 EG und Verordnung Nr. 1 das Handeln der EZB nicht, da diese nicht zu den „Organen der Gemeinschaft" zählt, *C. Zilioli/M. Selmayr*, The European Central Bank, CMLRev. 37 (2000), S. 591, 630 f.; *Y. Yvon*, Sprachenvielfalt und europäische Einheit, EuR 2003, S. 681, 687.

[1128] Für einen weiteren Anwendungsbereich des Art. 4 Verordnung Nr. 1 *Yvon*, Sprachenvielfalt (Anm. 1127), S. 684; Streinz-*Herrmann*, Rdnr. 16 zu Art. 290 EG; Mayer-*A. Huber*, Rdnr. 19 zu Art. 290 EG.

[1129] Unklar Schwarze-*Priebe*, Rdnr. 8 zu Art. 290 EG, der zur Auslegung des Art. 4 Verordnung Nr. 1 EG auf die Veröffentlichungspraxis abstellt, sodass nicht alle Beschlüsse erfasst wären.

Darüber hinaus erweitert Art. 5 Verordnung Nr. 1 indirekt den Kreis der Akte, die in allen Amtssprachen abzufassen sind. Aus dieser Bestimmung, nach der das Amtsblatt der Europäischen Union in allen Amtssprachen erscheint, ergibt sich, dass alle gemäß Art. 254 EG veröffentlichungsbedürftigen Rechtsakte simultan in allen Amtssprachen Geltung erlangen.[1130] Dies erfasst, wie oben ausgeführt, auch Beschlüsse, die im Mitentscheidungsverfahren angenommen wurden.

Verordnung Nr. 1 enthält keine Rechtsfolgenanordnung für den Fall eines Verstoßes gegen ihre Bestimmungen. Der Gerichtshof hat am Beispiel einer Sammelentscheidung, die an Adressaten in mehreren Mitgliedstaaten gerichtet war, entschieden, dass ein Rechtsakt in allen verbindlichen Sprachen Gegenstand der Beschlussfassung und Feststellung durch das erlassende Organ sein muss.[1131] Die Missachtung dieses Gebots stellt eine Verletzung wesentlicher Formvorschriften dar.[1132] Selbst eine vorbereitende Handlung, die unter Verletzung von Art. 3 Verordnung Nr. 1 abgefasst wurde, kann zur Nichtigerklärung des endgültigen Rechtsakts führen.[1133] Diese strengen Maßstäbe sind ohne weiteres auf Handlungen, die Art. 4 Verordnung Nr. 1 unterliegen, zu verallgemeinern. Beschlüsse, die nicht in allen Amtssprachen angenommen und ausgefertigt werden, sind rechtswidrig.

Diese Rechtsansicht wird von den rechtsetzenden Organen offenbar geteilt. Der Verfasser vermochte nur einen einzigen publizierten Gemein-

---

[1130] EuGH, Rs. C-361/01 P, *Kik/Harmonisierungsamt für den Binnenmarkt*, Slg. 2003, S. I-8283, Rdnrn. 85 und 87.

[1131] EuGH, Rs. C-137/92 P (Anm. 1007), Rdnrn. 70 und 75; die fehlende Feststellung eines Rechtsakts in allen seinen Bestandteilen und verbindlichen Fassungen führt stets zur Rechtswidrigkeit des Akts, Rs. C-286/95 P, *Kommission/ICI*, Slg. 2000, S. I-2341, Rdnrn. 42 ff.; Rs. C-107/99, *Italien/Kommission*, Slg. 2002, S. I-1091, Rdnr. 47.

[1132] Der Rat hat sich insoweit eine flexiblere Handhabung vorbehalten, Art. 14 I GO-Rat (Anm. 449), nach der er aus Dringlichkeitsgründen auch über einen Vorschlag beschließen kann, der nicht in allen sprachlichen Fassungen vorliegt, in denen der Rechtsakt Verbindlichkeit erlangen soll. Für diese Regelung sprechen praktische Gesichtspunkte, sie steht jedoch im Widerspruch zu Verordnung Nr. 1, die der Rat nach Art. 290 EG nur einstimmig ändern kann. Ein Verfahrensbeschluss des Rates, wie ihn Art. 14 I GO-Rat vorsieht, wird diesen Anforderungen nicht gerecht; zur Durchbrechungsfeindlichkeit von Verfahrensvorschriften oben, C. II. 2. b.

[1133] EuGH, Rs. C-263/95, *Deutschland/Kommission*, Slg. 1998, S. I-441, Rdnrn. 27 und 32.

schaftsakt zu ermitteln, der sich als „Beschluss“ bezeichnet, aber ausdrücklich nur in einer Amtssprache verbindlich ist. Bei diesem zur Konkretisierung der Akte über den Beitritts Spaniens und Portugals ergangenen Rechtsakt handelt es sich um eine irreführend bezeichnete atypische Entscheidung, deren Rechtmäßigkeit bereits im Hinblick auf ihren unzulässigen Adressaten zweifelhaft ist.[1134]

IV. Die Rechtmäßigkeit der Formenwahl

Zu den spezifischen Gültigkeitsanforderungen, die sich *aufgrund* der gewählten Handlungsform ergeben, gesellen sich diejenigen Anforderungen, die das Unionsrecht *an* die Formenwahl richtet. Die rechtliche Steuerung der Formenwahl erfolgt im Wesentlichen über das Prinzip der Verhältnismäßigkeit (1.). Darüber hinaus können sich Vorgaben aus der einschlägigen Rechtsgrundlage ergeben (2.). In beiden Fällen können Fehler bei der Formenwahl zur Rechtswidrigkeit des erlassenen Akts führen.

1. Steuerung der Formenwahl über das Verhältnismäßigkeitsprinzip

Die unionsrechtlichen Rechtsgrundlagen enthalten zumeist keine Vorschriften über die Handlungsform der zu erlassenden Rechtsakte, und nur selten wird sich durch Auslegung ein ungeschriebenes Formenwahlgebot ermitteln lassen. Formenwahlermessen ist im geltenden Unionsrecht der Regelfall.[1135]

Es kennzeichnet die Ermessensentscheidung eines rechtsetzenden politischen Organs, dass in den Entscheidungsprozess Erwägungen eingehen können, die einer rechtlichen Überprüfung durch ein judikatives Organ nicht zugänglich sind.[1136] Rechtsstaatliche Gesichtspunkte drängen jedoch darauf, auch im Fall eines weiten Ermessens, wie es die Formenwahl zumeist auszeichnet, die zugrunde liegenden Abwägungen nicht gänzlich von rechtlicher Kontrolle freizustellen. Dem Aspekt der

---

[1134] Zitiert in Anm. 488.

[1135] Dies ist im Ersten Teil gezeigt worden, B. II. 2.

[1136] Zur Unterscheidung von verfassungsrechtlichem Rahmen und politischer Gestaltungsfreiheit *Ch. Starck*, Die Verfassungsauslegung, HStR VII, § 164, Rdnrn. 6 ff.; für das Gemeinschaftsrecht *Schwarze*, Verwaltungsrecht (Anm. 543), S. 283.

politischen Gestaltungsfreiheit der Rechtsetzungsorgane ist durch angemessene Zurückhaltung bei der Kontrolldichte Rechnung zu tragen.

Als Kontrollmaßstab eignet sich der Rechtsgrundsatz der Verhältnismäßigkeit, der eine unvollständige Positivierung[1137] in Art. 5 III EG gefunden hat. Nach der Rechtsprechung des Gerichtshofs entspricht ein Rechtsakt dem Verhältnismäßigkeitsprinzip, wenn die gewählten Mittel zur Erreichung des angestrebten Zwecks geeignet sind und das Maß des hierzu Erforderlichen nicht übersteigen.[1138] Dieser Test wird in der Literatur auf die Formenwahl übertragen, teilweise ergänzt – in Anlehnung an die deutsche Dogmatik – um eine gesonderte Angemessenheitsprüfung.[1139] Primärrechtlichen Niederschlag fand diese Sicht im Protokoll zu Subsidiarität und Verhältnismäßigkeit, das die Formenwahl als Problem der Verhältnismäßigkeit thematisiert.[1140]

Demnach führt erstens die Wahl einer in Bezug auf die Zielverwirklichung ungeeigneten Handlungsform zur Rechtswidrigkeit des Rechtsakts.[1141] Die weiter reichende Forderung nach der Wahl einer optimal geeigneten Handlungsform[1142] ist überzogen und verkennt die vertraglich eingeräumten Ermessensspielräume.[1143] Zweitens folgt aus dem Erforderlichkeitskriterium, dass unter zwei gleichermaßen geeigneten Handlungsformen diejenige zu wählen ist, mit der geringere Eingriffe in

---

[1137] *O. Koch*, Der Grundsatz der Verhältnismäßigkeit in der Rechtsprechung des Gerichtshofs der Europäischen Gemeinschaften, 2003, S. 171; Groeben/Schwarze-*Zuleeg*, Rdnr. 37 zu Art. 5 EG.

[1138] EuGH, verb. Rs. 279/84, 280/84, 285/84 und 286/84, *Rau/Kommission*, Slg. 1987, S. 1069, Rdnr. 34; Rs. C-426/93, *Deutschland/Rat*, Slg. 1995, S. I-3723, Rdnr. 42; Rs. C-491/01 (Anm. 1102), Rdnr. 122.

[1139] Grabitz/Hilf-*Nettesheim*, Rdnrn. 78 und 103 zu Art. 249 EG; Schwarze-*Biervert*, Rdnr. 13 zu Art. 249 EG; *Koenig/Haratsch*, Europarecht, Rdnr. 297; Mayer-*Vcelouch*, Rdnr. 6 zu Art. 249 EG; *M. Kaltenborn*, Rahmengesetzgebung im Bundesstaat und im Staatenverbund, AöR 128 (2003), S. 412, 445; *Grabitz*, Rechtshandlungen (Anm. 1002), S. 97.

[1140] Protokoll über die Anwendung der Grundsätze der Subsidiarität und der Verhältnismäßigkeit (1997), Nr. 6, Satz 3.

[1141] Calliess/Ruffert-*Rossi*, Rdnr. 58 zu Art. 308 EG.

[1142] Calliess/Ruffert-*Jung*, Rdnr. 28 zu Art. 71 EG; *Koenig/Haratsch*, Europarecht, Rdnr. 296; *S. Magiera*, Die Rechtsakte der EG-Organe, Jura 1989, S. 595, 598; *Grabitz*, Rechtshandlungen (Anm. 1002), S. 97.

[1143] Groeben/Schwarze-*Schwartz*, Rdnr. 208 zu Art. 308 EG.

rechtlich geschützte Interessen verbunden sind.[1144] Neben den Rechten Einzelner ist dabei auch die Integrität der mitgliedstaatlichen Rechtsordnungen als komplexes ‚Rechtsgut' in die Betrachtung einzustellen.[1145] Letzteres wurde in der älteren Literatur als Prinzip des Interventionsminimums bezeichnet.[1146] Hieraus wird vielfach abgeleitet, dass eine Richtlinie gegenüber einer Verordnung stets das mildere Mittel darstelle.[1147]

Trotz seiner scheinbaren Klarheit birgt das Gebot des geringst möglichen Eingriffs erhebliche Probleme, die einer Operationalisierung bislang entgegenstanden und wohl auch zukünftig stehen. Erstens müssen diejenigen rechtlichen Wirkungen, die mit der gewählten Handlungsform zusammenhängen, von solchen Wirkungen isoliert werden, die allein mit dem Rechtsinhalt verbunden sind. Die im konkreten Fall angewandte Regelungsmethode und insbesondere die Regelungsdichte dürften aber für die Erforderlichkeit meist relevanter sein als die gewählte Handlungsform.[1148] Auch das Protokoll zu Subsidiarität und Verhältnismäßigkeit präferiert eine Richtlinie gegenüber einer Verordnung nur „unter sonst gleichen Gegebenheiten". Zweitens beinhaltet das Verhältnismäßigkeitsprinzip unterschiedliche Schutzrichtungen, je nachdem, ob man auf die Interessen der betroffenen Rechtsbürger abstellt oder auf den Zweck des geringst möglichen Eingriffs in die nationale Rechtsordnung. Beide Schutzrichtungen drängen nicht in jedem Fall auf die Wahl der gleichen Handlungsform, insbesondere wenn ein

---

[1144] *Koenig/Haratsch*, Europarecht, Rdnr. 297; Calliess/Ruffert-*Jung*, Rdnr. 28 zu Art. 71 EG; *Grabitz*, Rechtshandlungen (Anm. 1002), S. 97.

[1145] Groeben/Schwarze-*Zuleeg*, Rdnr. 37 zu Art. 5 EG.

[1146] *M. Zuleeg*, Die Kompetenzen der Europäischen Gemeinschaften gegenüber den Mitgliedstaaten, JöR n.F. 20 (1971), S. 1, 16; *U. Everling*, Die ersten Rechtsetzungsakte der Organe der Europäischen Gemeinschaften, BB 1959, S. 52, 53; einschränkend *Rabe*, Verordnungsrecht (Anm. 1107), S. 82; kritisch Wohlfarth/Everling/Glaesner/Sprung-*Wohlfarth* (1960), Rdnr. 16 zu Art. 189 EGV.

[1147] Calliess/Ruffert-*Calliess*, Rdnr. 52 zu Art. 5 EG; Streinz-*Streinz*, Rdnr. 276 zu Art. 5 EG; Schwarze-*Lienbacher*, Rdnr. 35 zu Art. 5 EG; Schwarze-*Biervert*, Rdnr. 13 zu Art. 249 EG; *Herdegen*, Europarecht, Rdnr. 178; *Huber*, Recht der Europäischen Integration, Rdnr. 107 zu § 8; kritisch *P. Pescatore*, Mit der Subsidiarität leben, in: FS U. Everling, 1995, S. 1071, 1079.

[1148] Zur Unterscheidung von Regelungsmethoden und Handlungsformen *A. v. Bogdandy/J. Bast/F. Arndt*, Handlungsformen im Unionsrecht, ZaöRV 62 (2002), S. 77, 81 f.

Rechtsakt (auch) begünstigende Wirkungen entfalten soll.[1149] Drittens schließlich verhält sich die Handlungsform oft nicht invariant gegenüber dem Eignungskriterium, namentlich wenn eine Handlungsform mit größerer Eingriffsintensität Vorteile bei der Implementierung verspricht.[1150]

Nur unter einer – praktisch ausgesprochen unwahrscheinlichen – *ceteris-paribus*-Annahme lässt sich eine Ordnung der Handlungsformen nach der Eingriffsintensität etablieren. Als dogmatischer Anknüpfungspunkt bietet sich die Kategorie der Verpflichtungskraft an, denn dieser Aspekt des Wirkungsmodus thematisiert gerade die Frage, in welchem Umfang ein Rechtsakt das Vermögen besitzt, in rechtlich geschützte Interessen einzugreifen. Das Prinzip des formenbezogenen Interventionsminimums verlangt, dass „unter sonst gleichen Gegebenheiten" eine Handlungsform mit limitierterer Verpflichtungskraft gewählt wird. Die Reihung der Handlungsformen in Tabelle 9[1151] kann als Abfolge von jeweils milderen Mitteln im Sinne des Erforderlichkeitskriteriums gelesen werden: Eine Richtlinie verdient den Vorzug vor einer Verordnung oder einer Entscheidung (wegen der größeren Schonung privater Rechtsgüter!), ein Beschluss ist vorzugswürdig gegenüber den drei anderen verbindlichen Handlungsformen, und ein unverbindlicher Rechtsakt gegenüber einem verbindlichen.

Speziell für den Beschluss kann gesagt werden: Das Verhältnismäßigkeitsprinzip verlangt die Prüfung, ob ein projektierter Rechtsakt gleichen Inhalts ohne Einbußen für die Zweckerreichung statt als Verordnung, Entscheidung oder Richtlinie in der Handlungsform des Beschlusses erlassen werden kann. Kraft seines Wirkungsmodus, der die Schonung mitgliedstaatlicher Autonomie und privater Rechtsgüter gleichermaßen sicherstellt, ist ein Beschluss bei gleicher Eignung das mildere Mittel im Sinne eines formenbezogenen Interventionsminimums. Unter diesem Gesichtspunkt ist ein Beschluss nur dann eine rechtswidrige Formenwahl, wenn eine unverbindliche Handlungsform zur Zweckerreichung ausreicht.

[1149] Zu Recht skeptisch daher *Ch. Trüe*, Das System der Rechtsetzungskompetenzen der Europäischen Gemeinschaft und der Europäischen Union, 2002, S. 116 f.

[1150] Überzeugend Groeben/Schwarze-*Pipkorn/Bardenhewer-Rating/Taschner*, Rdnr. 68 zu Art. 95 EG, für den Bereich der Rechtsangleichung.

[1151] Oben, in C. I. 4. b. dd.

2. *Beschlüsse unter Rechtsgrundlagen mit gebundenem Formenwahlermessen*

In Fällen, in denen eine Rechtsgrundlage das Formenwahlermessen des Erlassorgans auf bestimmte Handlungsformen einengt oder nur eine einzige Handlungsform zulässt, gehören die besonderen Maßstäbe dieser Form(en) zum vollständigen Tatbestand der Befugnisnorm. Ein Formenwahlgebot zugunsten des Beschlusses würde deshalb den bereits entwickelten Rechtmäßigkeitsanforderungen nichts Neues hinzufügen, sondern lediglich zur Aktivierung des spezifischen Begründungs- und Sprachenregimes führen. Im Folgenden gilt das Interesse allein der Frage, ob ein Beschluss eine rechtmäßige Formenwahl sein kann, obwohl die einschlägige Rechtsgrundlage eine andere Handlungsform ausdrücklich vorsieht. Nach der hier vertretenen Ansicht ist dies der Fall, wenn die vertraglich angestrebten Wirkungen bzw. Wirkungsbegrenzungen auch durch einen Beschluss sichergestellt werden.

a. Verordnungs-Vorbehalte: Beschlüsse unzulässig

Das Primärrecht verlangt in Art. 89 EG und Art. 24, 217 EA vom Rat, in Art. 39 III lit. d EG und Art. 79 III EA von der Kommission den Einsatz der Verordnung. Aus dem Wortlaut des Art. 229 EG folgt ein Verordnungsvorbehalt, wenn dem Gerichtshof *compétence de pleine juridiction* zur Überprüfung von Zwangsmaßnahmen eingeräumt werden soll. Im Sekundärrecht ist die Verordnung für wettbewerbsrechtliche Gruppenfreistellungen und bestimmte handelspolitische Schutzmaßnahmen vorgeschrieben.[1152] Es mag erstaunen, dass lediglich zwei Ermächtigungsnormen des EG-Vertrags einen ausdrücklichen Verordnungsvorbehalt errichten – und das, obwohl niemals eine derartige

---

[1152] Art. 1 Verordnung Nr. 19/65/EWG des Rates vom 2. März 1965 über die Anwendung von Artikel 85 Absatz 3 des Vertrages auf Gruppen von Vereinbarungen und aufeinander abgestimmten Verhaltensweisen, ABl. 36 vom 6.3.1965, S. 533; Art. 1 Verordnung (EWG) Nr. 2821/71 des Rates vom 20. Dezember 1971 über die Anwendung von Artikel 85 Absatz 3 des Vertrages auf Gruppen von Vereinbarungen, Beschlüssen und aufeinander abgestimmten Verhaltensweisen, ABl. L 285 vom 29.12.1971, S. 46; Art. 1 Verordnung (EG) Nr. 994/98 des Rates vom 7. Mai 1998 über die Anwendung der Artikel 92 und 93 des Vertrags zur Gründung der Europäischen Gemeinschaft auf bestimmte Gruppen horizontaler Beihilfen, ABl. L 142 vom 14.5.1998; Art. 14 I Verordnung (EG) Nr. 384/96 („Antidumpinggrundverordnung", Anm. 679); Art. 24 I Verordnung (EG) Nr. 2026/97 („Antisubventionsgrundverordnung", Anm. 679).

Rechtsgrundlage durch Vertragsänderung weggefallen ist. Beide gehören der ältesten Schicht der Verträge an. In den Vorentwürfen zu den späteren Art. 48 III lit. d und 94 EWGV war von „Durchführungsbeschlüssen“ die Rede.[1153]

Verschiedene Gründe kommen in Betracht, die es dem Verfassung- oder Gesetzgeber geboten erscheinen lassen, einem rechtsetzenden Organ die Wahl einer Verordnung vorzuschreiben. Das Augenmerk liegt zum einen auf ihrer Fähigkeit, unmittelbar Rechte und Pflichten zu begründen. Dieses Motiv mag etwa im Fall der Verbleibe-Verordnung nach Art. 39 EG (vormals Art. 48 EWGV) ausschlaggebend gewesen sein, die die Voraussetzungen definiert, unter denen ein Freizügigkeitsrecht ausgeübt werden kann.[1154] Weniger das Potenzial zur unmittelbaren Anwendbarkeit als ihr adressatenunspezifischer Wirkungsmodus kommt zum Tragen, wenn die Verordnung zur Normierung eines gemeinschaftsrechtlichen Verwaltungsverfahrens vorgegeben wird. Zwar regelt eine Verordnung, wie sie Art. 89 EG (vormals Art. 94 EWGV) vorsieht, auch unmittelbar die Rechte und Pflichten von Verfahrensbeteiligten.[1155] Im Vordergrund steht jedoch nicht der ‚Durchgriff‘ auf den Bürger, sondern die Allgemeinheit der Regelung, weniger also die Verpflichtungs*kraft* als die Verpflichtungs*gleichheit*. Die Verpflichtung selbst, etwa die zur Zurückforderung einer unrechtmäßigen Beihilfe, wird erst durch eine einzelfallbezogene Entscheidung konkretisiert. Die Bindung dieser Entscheidungsbefugnis an allgemeine und veröffentlichte Regeln und Verfahren soll die Rationalität der Rechtsanwendung sichern und Diskriminierungen verhindern. Dieser Gedanke kommt auch im Formenwahlgebot des Art. 229 EG und in den wettbewerbsrechtlichen Grundverordnungen zum Ausdruck.[1156]

[1153] Aus den heute zugänglichen Materialien ergibt sich, dass sich die Konferenz der Gründungsstaaten erst in einem späten Verhandlungsstadium dafür entschieden hat, von der Nomenklatur der Handlungsformen des Montanvertrags abzuweichen, vgl. R. Schulze/Th. Hoeren (Hrsg.), Dokumente zum Europäischen Recht, Bd. 1: Gründungsverträge, 1999, Dokument 68 vom 14.2.1957, S. 1085, und Dokument 71 vom 6.3.1957, S. 1099.

[1154] Verordnung (EWG) Nr. 1251/70 der Kommission vom 29. Juni 1970 über das Recht der Arbeitnehmer, nach Beendigung einer Beschäftigung im Hoheitsgebiet eines Mitgliedstaats zu verbleiben, ABl. L 142 vom 30.6.1970, S. 24.

[1155] Groeben/Schwarze-*Mederer*, Rdnr. 2 zu Art. 89 EG.

[1156] Zutreffend Groeben/Schwarze-*Zuleeg*, Rdnr. 20 zu Art. 5 EG: „Ist allein die Verordnung vorgesehen, kann sich die Befugnis zu Entscheidungen für Einzelfälle lediglich aus dem Zusammenhang herleiten.“

Diese Erwägungen müssten gewiss nicht zwingend dazu führen, das Formenwahlermessen bei derartigen Regelungsanliegen gänzlich auszuschließen, denn die genannten Gesichtspunkte könnten, wie bei anderen Rechtsgrundlagen, als ermessensleitende Kriterien bei der Formenwahl Berücksichtigung finden. Gleichwohl steht es dem Verfassung- oder Gesetzgeber frei, sich einer Regelungstechnik zu bedienen, nach der eine Befugnis in jedem einzelnen Fall in einer Handlungsform mit hohem Interventionsniveau ausgeübt werden soll. Der Verzicht auf eine mit Art. 14 V KS vergleichbare Bestimmung indiziert jedenfalls, dass der EWG-Vertrag mit einem – heute anachronistisch anmutenden – Formenwahlgebot zugunsten der Verordnung alle anderen Handlungsformen dezidiert ausschließen wollte. Ein ausdrücklicher Verordnungsvorbehalt geht daher dem allgemeinen Prinzip des Interventionsminimums vor.[1157]

Der durch einen Verordnungsvorbehalt ausgesprochene Ausschluss anderer Handlungsformen gilt somit nicht nur für Richtlinien, Entscheidungen sowie unverbindliche Handlungen, sondern auch für Beschlüsse.

b. Richtlinien-Gebote: Beschlüsse zulässig

Etwas häufiger finden sich primärrechtliche Richtlinien-Gebote, namentlich im Bereich der Niederlassungs- und Dienstleistungsfreiheit, Art. 44 bis 47 EG (i.V.m. Art. 55 EG), bei den Mindestsozialvorschriften, Art. 137 II lit. b EG, sowie bei Rechtsangleichung unter Art. 94 EG.[1158] Adressat des Gebots ist der Rat bzw. sind Rat und Parlament gemeinsam. Von den mittlerweile weggefallenen Rechtsgrundlagen, die die Kommission zur Rechtsetzung ermächtigten, sahen Art. 13 II, 33 VII, 45 II Ua. 4 und 97 EWGV die Form der Richtlinie vor. Richtliniengebote im abgeleiteten Recht bestehen, soweit erkennbar, nicht.[1159]

[1157] Dies entspricht im Ergebnis der ganz überwiegenden Auffassung, Schwarze-*Biervert*, Rdnr. 12 zu Art. 249 EG; *Koenig/Haratsch*, Europarecht, Rdnr. 60; *Rabe*, Verordnungsrecht (Anm. 1107), S. 75 f.; anders noch *Zuleeg*, Kompetenzen (Anm. 1146), S. 14; wohl auch *Geiger*, EUV/EGV, Rdnr. 3 zu Art. 249 EG.

[1158] Ohne aktuelle Bedeutung sind Art. 96 und 132 EG; bis auf Art. 96 II EA sind auch die Rechtsgrundlagen mit Richtlinien-Geboten im Euratom-Vertrag praktisch irrelevant.

[1159] Rund ein Drittel aller geltenden Richtlinien beruhen auf einer Rechtsgrundlage im abgeleiteten Recht, Fundstellennachweis des geltenden Gemein-

Die Rechtsgrundlagen im EG-Vertrag, die noch heute die Wahl einer Richtlinie verlangen, stehen weniger unter Anachronismusverdacht als die vereinzelten Verordnungsvorbehalte. Art. 118a EGV, der Vorläufer von Art. 137 EG, ist erst durch den Maastrichter Vertrag eingeführt worden. Rechtsgrundlagen in den Kapiteln über das Niederlassungsrecht bzw. die Dienstleistungen gehören zu den intensiv und wiederkehrend genutzten Bestimmungen der Verträge. Hingegen hat Art. 94 EG wegen Art. 95 EG massiv an Bedeutung verloren. Die meisten Richtlinien, die auf die genannten Bestimmungen gestützt sind, gehören dem bekanntesten Richtlinientypus an, dem der Harmonisierungs-Richtlinie. Zwar ist in der Praxis der Konnex zwischen Rechtsangleichung und Richtlinie weitaus lockerer als gemeinhin angenommen; in keine Richtung besteht ein Exklusivitätsverhältnis.[1160] Zu Rechtsangleichungen nach den genannten Bestimmungen halten die Verträge jedoch offenbar ausschließlich Richtlinien für angemessen.[1161]

Zu fragen ist aber, ob der Zweck eines Formenwahlgebots zugunsten der Richtlinie überhaupt in der Fixierung gerade auf diese Handlungsform besteht oder nicht vielmehr im *Ausschluss* bestimmter Handlungsformen, namentlich von Verordnung und staatengerichteter Entscheidung, also den Formen mit unmittelbar bürgerverpflichtender Kraft. Nach der hier vertretenen Auffassung wirkt ein Richtliniengebot in anderer Weise als ein Verordnungsvorbehalt, insofern bei Ersterem Handlungsformen mit einem schonenderen Wirkungsmodus als Richtlinien zugelassen sind.

Über die Stellung der Richtlinie im System der Handlungsformen besteht keine Einigkeit. Nach einer verbreiteten Deutung ist die Richtlinie ein Instrument der Rahmenregelung, das den Mitgliedstaaten substanzielle Gestaltungsspielräume bei der Umsetzung der vorgegebenen Ziele belassen soll.[1162] Demnach bestünde die Funktion der Richtliniengebote der Verträge in erster Linie in der Schonung der mitgliedstaatli-

---

schaftsrechts, 42. Ausgabe (Stand: 1.1.2004), eigene Erhebung; vgl. *v. Bogdandy/Bast/Arndt*, Handlungsformen (Anm. 1148), S. 93.

[1160] Oben, C. I. 3. a.

[1161] Erläuternd Groeben/Schwarze-*Taschner*, Rdnrn. 42 ff. zu Art. 94 EG.

[1162] *Kaltenborn*, Rahmengesetzgebung (Anm. 1139), S. 443 ff.; *A. Schramm*, Zweistufige Rechtsakte, ZÖR 2001, S. 65, 81 und 94 f.; Streinz-*Schroeder*, Rdnr. 69 zu Art. 249 EG; *Geiger*, EUV/EGV, Rdnr. 10 zu Art. 249 EG; *P. J. G. Kapteyn/P. VerLoren van Themaat*, Introduction to the Law of the European Communities, 1998, S. 329; *Magiera*, Rechtsakte (Anm. 1142), S. 599; *D. Oldekop*, Die Richtlinien der EWG, 1968, S. 144 ff., insb. 161 ff.

chen Rechtsordnungen bzw. der Wahrung von Gestaltungsspielräumen der Akteure in den nationalen politischen Systemen.[1163] Diese Auffassung sieht sich nachhaltiger Enttäuschung durch eine Praxis der Rechtsetzungsorgane ausgesetzt, in der die Detailliertheit von Richtlinienbestimmungen der von Verordnungen in keiner Weise nachsteht.[1164] Gedeckt wird dies von der heute gesicherten dogmatischen Erkenntnis, dass die Dichte der Regelung keine ungeschriebene Kompetenzschranke der Richtlinie ist, sodass sie den innerstaatlichen Instanzen detaillierte Vorgaben für den herbeizuführenden und beizubehaltenden Rechtszustand machen kann.[1165] Ohne die Errichtung einer solchen Schranke scheinen die Richtliniengebote der Verträge weit gehend leer zu laufen; sie sicherten zumeist bloß symbolische Aktionsmöglichkeiten der Mitgliedstaaten.

Nach der hier vertretenen Ansicht besteht das eigenständige dogmatische Profil der Richtlinie in erster Linie darin, dass sie für die Mitgliedstaaten unmittelbare Verpflichtungskraft besitzt, aber im Gegensatz zu Verordnungen und staatengerichteten Entscheidungen für die Bürger keine unmittelbaren Verpflichtungen zu begründen vermag.[1166] Aus dieser Perspektive sind die Richtliniengebote der Verträge zu interpretieren. Unter solchen Rechtsgrundlagen dürfen keine Rechtsnormen erlassen werden, die den Bürgern entgegengehalten werden könnten, und dies muss bereits durch die Wahl der Handlungsform sichergestellt werden. In jedem Fall ausgeschlossen sind deshalb Verordnungen und staatengerichtete Entscheidungen, denn sie besitzen ebendieses rechtli-

---

[1163] Streinz-*Taschner*, Rdnr. 43 zu Art. 94 EG; Calliess/Ruffert-*Kahl*, Rdnr. 11 zu Art. 94 EG; Lenz/Borchardt-*Coen*, Rdnr. 6 zu Art. 137 EG.

[1164] Zur Evaluierung von Reformalternativen *G. Winter*, The Directive: Problems of Construction and Directions for Reform, in: ders. (Hrsg.), Sources and Categories of European Union Law, 1996, S. 487, 488 ff.; zu den Konsequenzen für die mitgliedstaatlichen Rechtsformen *St. Kadelbach*, Allgemeines Verwaltungsrecht unter europäischem Einfluß, 1999, S. 301.

[1165] EuGH, verb. Rs. 52/65 und 55/65, *Deutschland/Kommission*, Slg. 1966, S. 219, 237; Rs. 102/79, *Kommission/Belgien*, Slg. 1980, S. 1473, Rdnr. 11; *P. Craig/G. de Búrca*, EU Law, 2003, S. 115; Groeben/Schwarze-*Taschner*, Rdnr. 19 zu Art. 94 EG; Groeben/Schwarze-*Zuleeg*, Rdnr. 20 zu Art. 5 EG; Dauses-*Lukes*, B. II, Rdnr. 65; Grabitz/Hilf-*Nettesheim*, Rdnr. 133 zu Art. 249 EG; *Nicolaysen*, Europarecht I, S. 332; *Borchardt*, Die rechtlichen Grundlagen der EU, Rdnr. 339; *N. Weber*, Die Richtlinie im EWG-Vertrag, 1974, S. 72; *Ipsen*, Gemeinschaftsrecht, 21/29.

[1166] Oben, C. I. 4. a.

che Potenzial.[1167] Ein Richtliniengebot ist als Verordnungs- und Entscheidungsverbot zu lesen. Will der Gesetzgeber gleichwohl eine Verordnung erlassen, muss er Art. 308 EG als ergänzende Befugnisnorm heranziehen.[1168] Dagegen ist es rechtlich nicht zu beanstanden, auf der Basis derartiger Rechtsgrundlagen Rechtsakte zu erlassen, die kraft ihrer Handlungsform die Schonung individueller Rechtsgüter in gleicher Weise sicherstellen wie eine Richtlinie.[1169]

Diese Interpretation kann sich auf die Rechtsprechung zu den unverbindlichen Empfehlungen berufen. In der Rechtssache *Grimaldi* hat der Gerichtshof ausgeführt, dass Empfehlungen unter anderem dann erlassen werden, wenn nach Ansicht der Organe kein Anlass zu einer zwingenderen Regelung besteht.[1170] Ungeachtet ihres unverbindlichen Wirkungsmodus seien die nationalen Gerichte zur Berücksichtigung von staatengerichteten Empfehlungen verpflichtet, wenn diese Aufschluss über die Auslegung von Rechtsvorschriften geben, die zu ihrer Umsetzung erlassen wurden, oder wenn sie verbindliche gemeinschaftliche Vorschriften ergänzen sollen.[1171] Mit diesem Institut der empfehlungskonformen Auslegung konzipiert der Gerichtshof staatengerichtete Empfehlungen als unverbindliche Richtlinien, deren Harmonisierungsvorschläge es in das Ermessen der Mitgliedstaaten stellen, sich zu einer Umsetzung zu entschließen. Kommen Mitgliedstaaten diesen Vorschlägen jedoch nach, müssen sie sich am Normprogramm der Empfehlung in der Auslegung, die ihr der Gerichtshof gibt, festhalten lassen. Die rechtliche Situation ist derjenigen einer überschießenden Richtlinienumsetzung nicht unähnlich, bei der das staatliche Recht freiwillig auf das Gemeinschaftsrecht verweist.[1172] Empfehlungen haben damit ein

---

1167 Groeben/Schwarze-*Zuleeg*, Rdnr. 20 zu Art. 5 EG; *Zuleeg*, Kompetenzen (Anm. 1146), S. 14.

1168 EuGH, Rs. 8/73, *Massey-Ferguson*, Slg. 1973, S. 897, Rdnr. 3.

1169 Anders etwa Schwarze-*Biervert*, Rdnr. 12 zu Art. 249 EG.

1170 EuGH, Rs. C-322/88, *Grimaldi*, Slg. 1989, S. I-4407, Rdnr. 13.

1171 Ibid., Rdnr. 18.

1172 EuGH, verb. Rs. C-297/88 und C-197/89, *Dzozi*, Slg. 1990, S. I-3763, Rdnrn. 36 ff.; dazu Grabitz/Hilf-*Nettesheim*, Rdnr. 151 zu Art. 249 EG; restriktiv *M. Habersack*/*Ch. Mayer*, Die überschießende Umsetzung von Richtlinien, JZ 1999, S. 913.

rechtliches Profil, mit dem sie durchaus als („weiches") Instrument der Harmonisierung geeignet sind.[1173]

Wendet man diese Erkenntnisse auf die Richtliniengebote an, ist kein Grund erkennbar, warum auf diese Rechtsgrundlagen nicht auch Empfehlungen gestützt werden sollten, sowohl zur Ergänzung von Richtlinien als auch als Alternative zu einer verbindlichen Harmonisierung. Die gegenteilige Ansicht wäre mit dem Subsidiaritätsprinzip des Art. 5 II EG, das im Bereich der Harmonisierungskompetenzen anzuwenden ist,[1174] kaum vereinbar. Gewiss gehen die Verträge davon aus, dass das Ziel der Verwirklichung des Binnenmarkts, dem die zu erlassenden Vorschriften dienen, oft nur unter Rückgriff auf verbindliche Harmonisierungsinstrumente erreicht werden kann. Dies gilt jedoch keineswegs in jedem einzelnen Fall, in dem die unmittelbare Anwendbarkeit der Grundfreiheiten zur Koordinierung der nationalen Rechtsordnungen nicht genügt, sodass die zersplitterte Regelungslage auf eine Harmonisierungsmaßnahme drängt. Subsidiaritäts- und Verhältnismäßigkeitsprinzip verlangen nicht nur die Prüfung, ob ein Tätigwerden des Gemeinschaftsgesetzgebers erforderlich ist, sondern auch, ob einem Regelungsanliegen nicht mit einem ‚weicheren' Instrument als dem der Richtlinie genügt werden kann.[1175]

Der Wirkungsmodus der Richtlinie definiert mithin nur die Obergrenze der Regelungsintensität, die eine Maßnahme unter einer Rechtsgrundlage mit Richtliniengebot auszeichnen darf. Zugelassen sind folglich nicht nur Empfehlungen, sondern auch Beschlüsse. Zwar ist ein Beschluss als solcher nicht geeignet, als Instrument der Rechtsangleichung zu dienen.[1176] Vielfältige Gestaltungen sind jedoch denkbar, bei denen richtlinienförmige Harmonisierung sinnvoll durch Beschlüsse flankiert und ergänzt werden kann. Es ist beispielsweise nicht ersichtlich, warum ein Programm, das der Förderung der Zusammenarbeit der zuständigen Verwaltungen im Bereich der Niederlassungsfreiheit diente (vgl. Art. 44

[1173] *L. Senden*, Soft Law in European Community Law, 2004, S. 167; *Triantafyllou*, Gesetzesvorbehalt (Anm. 1115), S. 298; Grabitz/Hilf-*Nettesheim*, Rdnr. 209 zu Art. 249 EG.

[1174] EuGH, Rs. C-377/98, *Niederlande/Parlament und Rat*, Slg. 2001, S. I-7079, Rdnrn. 30 ff.; Rs. C-491/01 (Anm. 1102), Rdnr. 179.

[1175] *Ch. Calliess*, Subsidiaritäts- und Solidaritätsprinzip in der Europäischen Union, 1999, S. 276; zu unverbindlichen Handlungen als „Maßnahmen" im Sinne des Art. 5 II EG: ibid., S. 101 f.

[1176] Oben, C. I. 4. b. cc.

II lit. b EG), in der hierzu wenig geeigneten Form der Richtlinie aufgelegt werden müsste statt in der optimalen Form des Beschlusses. Die Gefahr einer Umgehung zwingender Vorschriften, namentlich über die Veröffentlichungspflicht für Richtlinien, ist schon deshalb nicht gegeben, weil in der Handlungsform des Beschlusses eben auch nur die Rechtswirkungen eines Beschlusses erzielt werden können.

Als Ergebnis kann festgehalten werden, dass ein Richtliniengebot die Wahl eines Beschlusses nicht ausschließt. Die Praxis agiert in dieser Frage zögerlich. Immerhin finden sich vereinzelt Beschlüsse, die auf eine Rechtsgrundlage mit Richtliniengebot gestützt wurden. Es handelt sich insbesondere um die Annahme völkerrechtlicher Abkommen. So wurde beispielsweise der Beschluss zur Annahme der WTO-Übereinkommen unter anderem auf Art. 54, 57 und 100 EGV (jetzt Art. 44, 47 und 94 EG) gestützt.[1177] Weitere Beispiele bestätigen, dass allein wegen der Handlungsform des Beschlusses nicht ergänzend auf Art. 308 EG zurückgegriffen werden muss.[1178]

c. Ermächtigung zu Entscheidungen: Beschlüsse unzulässig

Rechtsgrundlagen, die den Rat ausdrücklich zur Wahl einer Entscheidung verpflichten, sieht der EG-Vertrag nicht (mehr) vor.[1179] Art. 37 II Ua. 3 EG ermächtigt den Rat zum Erlass von Entscheidungen, stellt aber die Formenwahl in sein Ermessen. Nur noch begrenzte Bedeutung hat Art. 119 II EG, der die Wahl zwischen Richtlinien und Entscheidungen eröffnet.[1180]

[1177] Beschluss des Rates vom 22.12.1994 über den Abschluss der Übereinkünfte im Rahmen der multilateralen Verhandlungen der Uruguay-Runde (1986–1994) im Namen der Europäischen Gemeinschaft in Bezug auf die in ihre Zuständigkeiten fallenden Bereiche (94/800/EG), ABl. L 336 vom 23.12.1994, S. 1.

[1178] Beschluss des Rates vom 19. Juni 1978 zum Abschluss des Europäischen Übereinkommens zum Schutz von Tieren in landwirtschaftlichen Tierhaltungen (78/923/EWG), ABl. L 323 vom 17.11.1978, S. 12, gestützt auf Art. 43 und 100 EWGV (jetzt Art. 37 und 94 EG).

[1179] Die Liste bei *Ipsen*, Gemeinschaftsrecht, 20/8, ist überholt und fehlerhaft; zu Art. 60 II Ua. 2 und 87 III lit. e EG oben, A. I. 2. c.

[1180] Art. 119 II EG ist gemäß Art. 119 IV, 122 VI EG seit dem 1.1.1999 nur auf Mitgliedstaaten anwendbar, die die einheitliche Währung noch nicht eingeführt haben.

Die Kommission dagegen ermächtigten die Verträge verschiedentlich zu Entscheidungen. Nach Typologisierungen von *Lauwaars* und *Schmitt von Sydow* betrifft dies einerseits die Genehmigung der Inanspruchnahme von Schutzklauseln, andererseits die autonome Anwendung des Vertrages, insbesondere die Begutachtung mitgliedstaatlicher Maßnahmen unter Legalitäts- und Opportunitätsgesichtspunkten.[1181] Die Analyse der heute noch geltenden Rechtsgrundlagen ergibt jedoch, dass diese ein Formenwahlgebot zumeist nur implizit enthalten, im Sinne eines Bewirkungsauftrags, der sinnvoll nur mit einer Entscheidung zu erfüllen ist. Die Kommission kann Ausnahmen „genehmigen" (Art. 38 II EG) oder hierzu „ermächtigen" (Art. 119 III und 134 I 2, II EG), ohne dass die zu wählende Handlungsform benannt wäre.[1182] Selbst im Bereich der Beihilfenaufsicht nach Art. 88 II EG gibt das Primärrecht die staatengerichtete Entscheidung nicht eindeutig vor;[1183] diesbezügliche Formenwahlgebote folgen jedoch aus dem Sekundärrecht.[1184] Eine ausdrückliche Pflicht zur Wahl der Entscheidung sehen, soweit erkennbar, nur Art. 75 IV, 76 II Ua. 2 und 85 II EG vor.[1185] Art. 86 III EG lässt die Wahl zwischen staatengerichteten Entscheidungen und Richtlinien. Im Bereich des Euratom-Vertrags ermächtigt Art. 83 EA zu privatgerichteten Entscheidungen, ebenso der EG-Vertrag in Art. 110 III EG zugunsten der EZB.

Eine ausdrückliche Pflicht zur Wahl der Entscheidungsform halten die Verträge offenbar nur selten für erforderlich. Wann immer das ermächtigte Organ dazu berufen ist, gegenüber einem bestimmten Adressaten eine ihn betreffende verbindliche Anordnung zu treffen, ergeben sich Zulässigkeit und Zweckmäßigkeit einer solchen Formenwahl auch ohne dies mit hinreichender Deutlichkeit. Ist der Adressat ein Mitgliedstaat,

---

[1181] *H. Schmitt von Sydow*, Organe der erweiterten Gemeinschaften, 1980, S. 60 ff.; *Lauwaars*, Lawfulness and Legal Force (Anm. 1044), S. 180.

[1182] Ähnlich in Art. 95 VI Ua. 1 EG: „beschließt ... zu billigen oder abzulehnen"; der Begriff „Entscheidung" in Ua. 2 EG ist, wie ein Vergleich der Sprachfassungen zeigt, in einem formneutralen Sinne zu verstehen.

[1183] Vgl. den niederländischen Text des Art. 88 II Ua. 2 EG, der nicht von *beschikking* spricht.

[1184] Art. 4, 7, 13, 16 und 25 Verordnung (EG) Nr. 659/1999 des Rates (Anm. 1026).

[1185] Der Rat war jedoch verpflichtet, die Kommission mit der Durchführung der Art. 81, 82 EG zu betrauen und ihr über Art. 85 II EG hinausgehende Entscheidungs-Befugnisse einzuräumen, EuGH, Rs. 16/88, *Kommission/Rat*, Slg. 1989, S. 3457, Rdnr. 10.

kommt konkurrierend eine Richtlinie in Frage, und wenn allen Mitgliedstaaten eine Verpflichtung auferlegt werden soll, auch eine Verordnung. Wird dagegen ausdrücklich eine Entscheidung verlangt, dient dies der Rechtssicherheit, weil ein Rechtsakt, der sich als förmliche Entscheidung qualifiziert, den Adressaten nicht im Zweifel lässt über seine Rechtswirkungen und diesen zugleich auf sein fristgebundenes Klagerecht nach Art. 230 EG aufmerksam macht.

Auf eine Befugnisnorm, die eine verbindliche Anordnung gegenüber einer Einzelperson oder einem Mitgliedstaat verlangt, kann ein Beschluss schon deshalb nicht gestützt werden, weil ihm das rechtliche Potenzial zu derartigen Anordnungen fehlt. Soll eine Anordnung oder Feststellung ausdrücklich als Entscheidung nach Art. 249 IV EG ergehen, ist zusätzlich der Gesichtspunkt der Rechtsschutzeröffnung zu beachten. In beiden Fällen kommt ein Beschluss als Alternative nicht in Frage.

d. Empfehlungs-Ermächtigungen an den Rat: Beschlüsse unzulässig

Im Anwendungsbereich des Gemeinschaftsrechts verfügt die Kommission über eine allgemeine Befugnis zur Abgabe von Empfehlungen und Stellungnahmen, Art. 211 zweiter Gedankenstrich EG. Daneben kennt der EG-Vertrag die Technik, den Rat punktuell zu ermächtigen, eine Empfehlung auszusprechen. Wo der Rat alternativ unter den gleichen Voraussetzungen auf verbindliche Handlungsformen zurückgreifen kann (Art. 37 II 3 EG), kommt der Nennung der Empfehlung nur die klarstellende Funktion zu, dass nicht in jedem einzelnen Fall ein verbindlicher Rechtsakt verlangt ist. Eigenständige Bedeutung hat eine Empfehlungsbefugnis des Rates bei der sog. multilateralen Überwachung der Wirtschaftspolitiken und bei den Förderkompetenzen, Art. 99 IV, 149 IV, 151 V und 152 IV lit. c EG. Die Beschränkung auf eine unverbindliche Handlungsform ist hier Ausdruck einer stark begrenzten Verbandskompetenz. Soweit nicht andere Rechtsgrundlagen weiter reichende Befugnisse vermitteln, darf der Rat auf den genannten Feldern deshalb *nur* Empfehlungen erlassen. Auf Rechtsgrundlagen, die ausschließlich zu Empfehlungen ermächtigen, können keine verbindlichen Rechtsakte gestützt werden, mithin auch keine Beschlüsse.

e. Beschränkung auf eine Gruppe von Handlungsformen

Aufgrund der vorstehenden Ergebnisse zu den Wirkungen eines Formenwahlgebots sind auch die (wenigen) Fälle zu lösen, in denen die Rechtsgrundlage das Formenwahlermessen nicht gänzlich ausschließt, sondern bestimmte Formen zur Auswahl stellt.

Nach Art. 40 und 83 I EG besteht eine Wahlmöglichkeit zwischen Richtlinien oder Verordnungen, unter Art. 37 II Ua. 3 EG zusätzlich noch zwischen Entscheidungen und Empfehlungen. Da hier der Rückgriff auf die Verordnung eröffnet, aber nicht zwingend vorgeschrieben ist, sind Handlungsformen mit geringerer Regelungsintensität nicht ausgeschlossen. Ein Formenwahlgebot zugunsten der Richtlinie ermöglicht, wie dargelegt, den Erlass von Beschlüssen und Empfehlungen. Die staatengerichtete Entscheidung kombiniert in ihren Rechtswirkungen spezifische Eigenschaften von Verordnung und Richtlinie und ist deshalb ebenfalls zugelassen. In der Konsequenz stehen alle Handlungsformen des Gemeinschaftsrechts unter solchen Rechtsgrundlagen zur Verfügung. Lediglich privatgerichtete Entscheidungen sind nicht umfasst, da eine direkt aus dem Vertrag abgeleitete Anordnungsbefugnis, die sich auf Einzelpersonen bezieht, mit größerer Deutlichkeit zugewiesen sein muss.

Gestützt auf Art. 86 III EG kann die Kommission Richtlinien oder Entscheidungen an die Mitgliedstaaten richten. Diese Alternative findet sich sonst nur in der Übergangsvorschrift des Art. 119 II EG, bis zum Amsterdamer Vertrag auch in Art. 97 II EGV.[1186] Nach der Logik eines formenbezogenen Interventionsminimums ist unter diesen Rechtsgrundlagen der Erlass von Verordnungen ausgeschlossen, Beschluss und Empfehlung sind grundsätzlich zugelassen. In der Form eines Beschlusses könnten jedoch keine verbindlichen Anordnungen gegenüber Mitgliedstaaten, wie sie hier verlangt sind, ergehen. Beschlüssen kann deshalb nur eine ergänzende Funktion zukommen. Bei einer Ermächtigung an die Kommission, wie sie Art. 86 III EG vorsieht, ist zusätzlich zu beachten, dass hierin keine implizite Befugnis liegt, in der Handlungsform des Beschlusses internationale Verträge zu schließen. Der Grundsatz der Parallelität von Innen- und Außenkompetenzen bezieht sich nur auf die Verbandskompetenz, nicht auf die Organkompetenz, sodass

---

[1186] Ein vager Hinweis auf die „Natur der im Art. 97 II [EWGV] vorgesehenen Aktionsmittel", die die Kommission „berücksichtigen" muss, in EuGH, Rs. 4/69, *Lütticke/Kommission*, Slg. 1971, S. 325, Rdnr. 16.

für die Annahme eines Abkommens grundsätzlich der Rat zuständig ist, Art. 300 II EG.[1187]

Im Ergebnis schließt weder die Formel „Richtlinien oder Entscheidungen" noch die Formel „Verordnungen oder Richtlinien" und erst recht nicht die Formel „Verordnungen, Richtlinien und Entscheidungen" den Rückgriff auf den Beschluss als Handlungsform aus.

V. Keine formspezifische Fehlerfolgenlehre des Beschlusses

Zu den ungewöhnlichen Eigenschaften des Unionsrechts gehört, dass die Anforderungen an die Wirksamkeit und Rechtmäßigkeit (teilweise) formspezifisch ausgestaltet sind, die Fehlerfolgen jedoch ganz überwiegend formenneutral. Wie *Arzoz* herausgearbeitet hat, geht die Rechtsprechung von einem einheitlichen System von Rechtsfolgen für fehlerhafte Rechtsakte aus.[1188] Bemerkenswert ist insbesondere der Verzicht auf eine Unterscheidung zwischen allgemeingültigen Handlungen und Einzelakten. Regelfolgen der Rechtswidrigkeit sind jeweils Anfechtbarkeit und erleichterte Aufhebbarkeit der Akte.

Die prozessualen Voraussetzungen, unter denen die Rechtswidrigkeit eines Beschlusses festgestellt und er für nichtig oder unanwendbar erklärt werden kann, werden im nächsten Kapitel diskutiert. An dieser Stelle soll lediglich der Befund festgehalten werden, dass einheitliche Kriterien anzulegen sind für die Grenzziehung zwischen bloßer Rechtswidrigkeit und der Inexistenz eines Akts. Nach der Rechtsprechung besteht grundsätzlich die Vermutung der Rechtmäßigkeit, nach der fehlerhafte Rechtsakte angewendet werden müssen, solange sie nicht vom Gerichtshof für nichtig erklärt oder durch eine spätere Handlung eines Rechtsetzungsorgans derogiert worden sind.[1189] Der Maßstab zur Bestimmung der äußeren Grenze dieser Vermutung ist ein formenneutraler: Inexistenz, also *ipso-jure*-Nichtigkeit eines Akts ohne

---

[1187] EuGH, Rs. C-327/91, *Frankreich/Kommission*, Slg. 1994, S. I-3641, Rdnr. 41.

[1188] *X. Arzoz*, Rechtsfolgen der Rechtswidrigkeit von Verordnungen der Europäischen Gemeinschaften, JöR n.F. 49 (2001), S. 299, 308; Replik von *Ch. Busse*, Das Schicksal rechtswidriger Verordnungen im EG-Recht, JöR n.F. 50 (2002), S. 541, 551 und 554 f.

[1189] Dies gilt auch für kompetenzwidriges Handeln, vgl. Art. 230 II EG; anders *Nettesheim*, Kompetenzen (Anm. 1115), S. 430.

judikative Nichtigerklärung, ist nur bei Handlungen anzunehmen, die mit „besonders schweren und offensichtlichen Fehlern" behaftet sind.[1190]

Keine formspezifischen Regeln gelten ferner für die Aufhebung von rechtswidrigen Rechtsakten: Rücknahme und Widerruf von Unionsrechtsakten mit Wirkung *ex nunc* sind grundsätzlich jederzeit möglich, wobei nach dem Prinzip der Parallelität der Kompetenzen das Organ, das für den Erlass eines Rechtsakts zuständig wäre, auch die Befugnis zu seiner Ersetzung oder zu seiner Aufhebung besitzt.[1191] Ein die Aufhebung hinderndes schutzwürdiges Vertrauen in den Fortbestand einer einmal geschaffenen Regelungslage entsteht im Normalfall nicht, unabhängig von der Rechtmäßigkeit oder Rechtswidrigkeit der ursprünglichen Maßnahme.[1192] Probleme bereitet die rückwirkende Aufhebung eines Rechtsakts. Zwar ist die Aufhebung mit Wirkung *ex tunc* selbst bei einer begünstigenden Handlung nicht *per se* ausgeschlossen, ihr stehen aber in aller Regel die Grundsätze der Rechtssicherheit und des Vertrauensschutzes entgegen. Hier kommt der Frage der Rechtmäßigkeit ausschlaggebende Bedeutung zu.[1193] Die rückwirkende Aufhebung eines rechtswidrigen Rechtsakts ist zulässig, wenn sie innerhalb einer angemessenen Frist erfolgt und ein eventuell schutzwürdiges Vertrauen in ausreichendem Maße berücksichtigt wurde.[1194] Diesen zunächst für privatgerichtete Entscheidungen entwickelten Maßstab hat die Recht-

---

[1190] EuGH, Rs. 15/85, *Consorzio Cooperative d'Abruzzo/Kommission*, Slg. 1987, S. 1005, Rdnr. 10; Rs. C-137/92 P (Anm. 1007), Rdnrn. 48 ff.; zu einer Richtlinie Rs. C-475/01, *Kommission/Griechenland*, Slg. 2004, S. I-8923, Rdnr. 19; eingehend zur Inexistenz von Gemeinschaftsrechtsakten *C. Annacker*, Der fehlerhafte Rechtsakt im Gemeinschafts- und Unionsrecht, 1998, S. 81 ff.; kritisch für die Fehlerlehre der Verordnung *Arzoz*, Rechtsfolgen (Anm. 1188), S. 321 ff.

[1191] EuGH, Rs. 214/85, *Dandolo/Kommission*, Slg. 1987, S. 2163, Rdnr. 13; *A. Haratsch*, Zur Dogmatik von Rücknahme und Widerruf von Rechtsakten der Europäischen Gemeinschaft, EuR 1998, S. 387, 401 ff., der jedoch von einer Aufhebungszuständigkeit des Organs ausgeht, das den Rechtsakt erlassen hat.

[1192] Nachweise in Anm. 938; zur Ausnahme einer wirksamen Selbstbindung eines Organs oben, C. II. 2. a. cc.

[1193] EuGH, verb. Rs. 7/56 und 3/57 bis 7/57 (Anm. 1116), S. 115 ff.; verb. Rs. 42/59 und 49/59, *SNUPAT/Hohe Behörde*, Slg. 1961, S. 111, 161 f.; Rs. 159/82, *Verli-Wallance/Kommission*, Slg. 1983, S. 2711, Rdnr. 8.

[1194] EuGH, Rs. 14/81, *Alpha Steel/Kommission*, Slg. 1982, S. 749, Rdnr. 10; Rs. 15/85 (Anm. 1190), Rdnr. 12.

sprechung ohne Modifizierung auf die Rücknahme von rechtswidrigen Verordnungen angewendet.[1195] Rechtswidrige Akte sind damit unabhängig von ihrer Handlungsform unter erleichterten Voraussetzungen mit Wirkung *ex tunc* aufhebbar.

VI. Zusammenfassung zum Gültigkeitsregime des Beschlusses

Die Analyse der formenvariabel ausgestalteten Gültigkeitsanforderungen erbrachte vier Gesichtspunkte, die das Gültigkeitsregime des Beschlusses definieren.

Erstens ist für das In-Kraft-Treten eines Beschlusses allein eine ordnungsgemäße Beschlussfassung durch das Erlassorgan mit anschließender Feststellung in allen verbindlichen Sprachfassungen erforderlich. Vorbehaltlich einer abweichenden Regelung im Text des Beschlusses ist seine Wirksamkeit weder durch eine amtliche Veröffentlichung noch durch eine individuelle Bekanntgabe aufschiebend bedingt. Etwas anderes gilt nur, wenn der Beschluss im Mitentscheidungsverfahren erlassen wurde. In diesem Fall unterliegt er analog Art. 254 I EG einer Pflicht zur Veröffentlichung, die konstitutiv für seine Wirksamkeit ist. Im Übrigen stehen informatorische Veröffentlichung und Zusendung an bekanntermaßen Betroffene grundsätzlich im Ermessen des Erlassorgans. Rechtliche Bedeutung kommt ihnen nur für die Klagefrist des Art. 230 V EG zu.

Zweitens müssen Beschlüsse analog Art. 253 EG begründet werden, sonst liegt eine Verletzung wesentlicher Formvorschriften vor. Für den gebotenen Umfang der Begründung gelten die allgemeinen Regeln, die insbesondere zwischen Rechtsakten mit allgemeiner Geltung und Einzelakten differenzieren. In allen Fällen, in denen Beschlüsse auf spezifische vertragliche Bestimmungen gestützt sind, ist diese Rechtsgrundlage anzugeben.

Drittens unterliegt das Sprachenregime des Beschlusses der Verordnung Nr. 1. Beschlüsse sind stets „andere Schriftstücke von allgemeiner Geltung" im Sinne des Art. 4 Verordnung Nr. 1 und somit in allen Amtssprachen abzufassen. Ein Beschluss, der nicht in allen Sprachfassungen beschlossen und festgestellt wurde, ist rechtswidrig.

[1195] EuGH, Rs. C-248/89, *Cargill/Kommission*, Slg. 1991, S. I-2987, Rdnr. 20; Rs. C-365/89, *Cargill*, Slg. 1991, S. I-3045, Rdnr. 18; dazu *Arzoz*, Rechtsfolgen (Anm. 1188), S. 304 ff.; *Haratsch*, Rücknahme (Anm. 1191), S. 389.

Viertens gelten für Beschlüsse besondere Regeln für eine rechtmäßige Formenwahl. Der Grundsatz des formenbezogenen Interventionsminimums führt zur Rechtwidrigkeit eines Beschlusses, wenn das Regelungsziel ebenso gut in einer unverbindlichen Handlungsform erreicht werden könnte und sich die Formenwahl deshalb auch bei Anerkennung eines weiten Ermessensspielraums als unverhältnismäßig darstellt. Darüber hinaus ist die Wahl eines Beschlusses dann ausgeschlossen, wenn eine Rechtsgrundlage ausschließlich eine Verordnung, eine Entscheidung bzw. eine Empfehlung zulässt. Dagegen sind Beschlüsse grundsätzlich zugelassen, wenn eine Rechtsgrundlage die Wahl einer Richtlinie vorsieht: Die vereinzelten Richtliniengebote der Verträge sind als Verordnungs- und Entscheidungsverbote zu lesen, lassen jedoch Handlungsformen zu, die individuelle Rechtsgüter in gleicher Weise schonen wie eine Richtlinie. Stellt eine Rechtsgrundlage Verordnung und Richtlinie zur Auswahl, sind Beschlüsse ebenfalls zugelassen.

Wertet man diese dogmatischen Erkenntnisse mit Blick auf das Gebot der Adäquanz von Wirkungsmodus und Gültigkeitsregime, treten keine rechtsstaatlichen Defizite zu Tage. Das Unionsrecht zeigt sich hinreichend flexibel, um auf die Herausbildung einer praxisgenerierten Handlungsform angemessen zu reagieren. Dort, wo das Primärrecht Anforderungen an die Gültigkeit der Rechtsakte formuliert, die sich auf kodifizierte Handlungsformen beziehen, ließen sich Regelungslücken mit der Argumentationsfigur der Analogie schließen. Der Aspekt des Wirkungsmodus, der in Art. 253 und 254 I EG den Analogietatbestand begründet, ist die Verbindlichkeit. In Art. 4 Verordnung Nr. 1 vermeidet der Auffangbegriff der „anderen Schriftstücke“ eine systemwidrige Lücke im Sprachenregime. Bei den Anforderungen an die Formenwahl ließ sich der Beschluss anhand seines spezifischen Verpflichtungsmodus einordnen.

Allein bei den Regelungen für das In-Kraft-Treten der Akte ‚scheitert‘ eine Zuordnung des Beschlusses zu Art. 254 II oder III EG. Es handelt sich um Spezialregelungen, die bei bestimmten Arten von Rechtsakten, zu denen der Beschluss nicht gehört, das In-Kraft-Treten vom Eintritt weiterer Bedingungen abhängig machen. Das Unionsrecht kennt *de constitutione lata* keinen Rechtsgrundsatz, nach dem jegliche Akte veröffentlichungsbedürftig sind, die Rechtswirkungen nach ‚außen‘ entfalten oder die Interessen Dritter berühren. Folglich besitzen Beschlüsse die Fähigkeit zur *ad-hoc*-Wirksamkeit. Eine rechtsstaatlich defizitäre Situation entsteht dadurch nicht, denn das erleichterte In-Kraft-Treten steht in angemessenem Verhältnis zu formspezifischen Limitierungen der Verpflichtungskraft. Das grundlegende Prinzip ist gewahrt, dass ein

Rechtsakt den Bürgern nicht entgegengehalten werden darf, bevor sie die Möglichkeit hatten, von ihm Kenntnis zu nehmen. Es ist vielmehr grundsätzlich wünschenswert, dass die organgerichteten Verpflichtungswirkungen eines Beschlusses einschließlich ihrer individualrechtsbegründenden Reflexe unmittelbar mit Beschlussfassung eintreten. Problematischen Konstellationen ist mit dem Institut der verbotenen *de-facto*-Rückwirkung zu begegnen.

Das Gültigkeitsregime des Beschlusses kann somit als ein Beleg dafür dienen, dass ein entwicklungsoffenes Formensystem auch bei Anerkennung eines weiten Formenwahlermessens mit tragenden Verfassungsprinzipien kompatibel ist. Begünstigt wird dies durch den Umstand, dass das Unionsrecht ganz überwiegend formenneutrale Rechtmäßigkeitsanforderungen an seine Rechtsakte richtet. Nur auf wenigen Feldern – Begründungspflicht und Sprachenregime – disponieren die rechtsetzenden Organe mit der Formenwahl zugleich unmittelbar über die Maßstäbe, an denen die Rechtmäßigkeit des betreffenden Akts zu messen ist.

E. Das Kontrollregime: Rechtmäßigkeitskontrolle und Individualrechtsschutz gegenüber Beschlüssen

Dieses Kapitel widmet sich den gerichtlichen Verfahren, in denen die Rechtswidrigkeit eines Beschlusses geltend gemacht werden kann. Als Basis dienen die Erkenntnisse im Ersten Teil der Studie, der die Strategien des Gerichtshofs im Umgang mit den Handlungsformen beleuchtet. Die Stellung des Beschlusses im unionalen Prozessrecht soll im Besonderen am Gegenstand der Nichtigkeitsklage, des Vorabentscheidungsverfahrens und der Rechtswidrigkeitseinrede diskutiert werden. Auf diesen drei Rechtsbehelfen und Verfahren ruht die Hauptlast der Rechtskontrolle gegenüber den Unionsorganen.[1196] Dies rechtfertigt, auf andere Verfahrensarten wie die Untätigkeitsklage nach Art. 232 EG oder die Schadensersatzklage nach Art. 235, 288 II EG nicht einzugehen.

[1196] EuGH, Rs. 294/83, *Les Verts/Parlament*, Slg. 1986, S. 1339, Rdnr. 23; Rs. 314/85, *Foto-Frost*, Slg. 1987, S. 4199, Rdnr. 16; Rs. C-50/00 P, *Unión de Pequeños Agricultores/Rat*, Slg. 2002, S. I-6677, Rdnr. 40; Rs. C-491/01, *BAT*, Slg. 2002, S. I-11453, Rdnr. 39.

Die folgenden Unterkapitel (I. bis IV.) untersuchen, wie die Zulässigkeitsvoraussetzungen der genannten Rechtsbehelfe und Verfahren auf Beschlüsse Anwendung finden. Dabei wird, soweit erforderlich, danach unterschieden, ob die betreffende Prozesspartei eine natürliche oder juristische Person im Sinne des Art. 230 IV EG ist oder ob sie zu den in Art. 230 II EG genannten privilegierten Klägern gehört.[1197] Ein eigenes Unterkapitel gilt den Rechtswirkungen eines Urteils im Fall einer begründeten Nichtigkeitsklage (V.).

Die Durchsicht der Judikatur zeigt, dass bereits zahlreiche praktische Erfahrungen mit Klagen gesammelt wurden, in denen es streitentscheidend auf die Rechtmäßigkeit eines Beschlusses ankam. Ermöglicht wird dies von der allgemeinen Konzeption der Rechtsprechung, das unionale Prozessrecht weit gehend von der Dogmatik der Handlungsformen zu lösen, insbesondere die einschlägigen Zulässigkeitsvoraussetzungen handlungsformenneutral auszugestalten. Hierzu bedurfte es eines flexiblen Umgangs mit den Artikeln, in denen die Verträge der Verordnung eine Sonderstellung im unionalen Prozessrecht einräumen. Für Art. 230 IV EG wurde dies im Ersten Teil ausführlich diskutiert, Aufmerksamkeit wird nachfolgend Art. 231 II und 241 EG zu widmen sein.

Das Verschwinden der prozessrechtlichen Sonderstellung der Verordnung kontrastiert mit einer Entwicklungsrichtung, die die Dogmatik der Bestandskraft eingeschlagen hat. Die Bestandskraft von Unionsrechtsakten ist offenbar nicht formenneutral ausgestaltet, insbesondere nimmt die Entscheidung eine Sonderstellung ein. Bereits die formelle Bestandskraft (= Unanfechtbarkeit) nach Art. 230 V EG ist insofern formenspezifisch geprägt, als die Klagefrist mit Bekanntgabe und Veröffentlichung an Tatbestände anknüpft, die in formenvariabler Weise für die Wirksamkeit der Akte von Bedeutung sind. Die Handlungsform hat, wie zu zeigen sein wird, auch Einfluss auf die Frage, unter welchen Voraussetzungen die Unanfechtbarkeit eines Rechtsakts dazu führt, dass dessen Rechtmäßigkeit in einem anderen Verfahren nicht mehr in Frage gestellt werden kann (materielle Bestandskraft).

[1197] Der Sonderfall eines beschränkt privilegierten Klägers nach Art. 230 III EG bleibt unberücksichtigt.

I. Beschlüsse als Gegenstand der Anfechtung durch privilegierte Kläger

Eine tragende Säule des Systems der unionalen Legalitätskontrolle ist die Nichtigkeitsklage, die ein Mitgliedstaat, das Parlament, der Rat oder die Kommission nach Art. 230 II EG (bzw. Art. 146 II EA) erheben kann. Ihr wesentliches Charakteristikum besteht darin, die betreffenden Organe oder Mitgliedstaaten vom Erfordernis eines spezifischen Rechtsschutzinteresses freizustellen.[1198] Neben der Beachtung der Klagefrist des Art. 230 V EG setzt die Zulässigkeit der Klage lediglich voraus, dass sie gegen einen in Art. 230 I EG bezeichneten Klagegegenstand gerichtet ist.

Es wurde bereits erörtert, dass der Gerichtshof den Kreis der anfechtbaren Handlungen so weit gezogen hat, dass kein Rechtsakt allein wegen der gewählten Handlungsform der Anfechtung entzogen ist.[1199] Abgrenzungsprobleme ergeben sich, wenn die Zurechnung zu einem in Art. 230 I EG genannten Erlassorgan zweifelhaft ist oder wenn, etwa aufgrund der Wahl einer unverbindlichen Handlungsform, das Kriterium der Rechtswirkungen in Frage steht. Ohne weiteres zulässig ist die Nichtigkeitsklage gegen alle Akte der Organe des Art. 249 I EG oder der EZB, die in einer verbindlichen Handlungsform ergangen sind. So liegt der Fall bei Beschlüssen: Sie sind förmliche Organakte, und die Verbindlichkeit ihrer Rechtswirkungen ergibt sich unmittelbar aus der gewählten Handlungsform. Weisen die rechtsetzenden Organe einem Akt die Form eines Beschlusses zu, so machen sie von einer Rechtskontrolle eröffnenden Qualifikationsbefugnis Gebrauch: Die fristgemäße Anfechtung eines Beschlusses durch einen privilegierten Kläger ist stets zulässig.

Die unproblematische Anfechtbarkeit von Beschlüssen wird durch die Routine unterstrichen, mit der der Gerichtshof solche Rechtssachen behandelt. Zulässigkeitsfragen sind im Regelfall überhaupt nicht diskussionsbedürftig, selbst bei der Klage der Kommission gegen den ersten ERASMUS-Beschluss, dessen Rechtswirkungen die Parteien unterschiedlich beurteilten.[1200] Weitere Beispiele aus der Judikatur sind die

---

1198 EuGH, Rs. 166/78, *Italien/Rat*, Slg. 1979, S. 2575, Rdnr. 6; Rs. 45/86, *Kommission/Rat*, Slg. 1987, S. 1493, Rdnr. 3; Rs. 131/86, *Großbritannien/Rat*, Slg. 1988, S. 905, Rdnr. 6.

1199 Erster Teil, D. II. 1. b.

1200 Oben Anm. 698.

Klage der Niederlande gegen den Dokumentenzugangs-Beschluss des Rates[1201] oder, aus jüngster Zeit, die erfolgreiche Anfechtung eines EZB-Beschlusses durch die Kommission.[1202] Weniger bekannte Fälle sind die Nichtigkeitsklagen Griechenlands gegen einen Beschluss des Rates zur Einstellung eines Antidumpingverfahrens[1203] oder Portugals gegen einen Kommissions-Beschluss über eine Einfuhrregelung für bestimmte Textilwaren.[1204] Als unzulässig wies der EuGH eine Organklage gegen den ersten Komitologiebeschluss ab.[1205] Die Klage scheiterte jedoch nicht aufgrund ihres Gegenstandes, sondern an der damals noch nicht anerkannten Aktivlegitimation des Parlaments. Mit Erfolg focht das Parlament später einen Programm-Beschluss des Rates an, der auf die falsche Rechtsgrundlage gestützt war, sodass Mitwirkungsrechte des Parlaments verletzt wurden (vgl. Art. 230 III EG in der Fassung des Amsterdamer Vertrags).[1206]

Den zahlenmäßig größten Komplex bilden Klagen eines Organs oder eines Mitgliedstaats, die sich gegen einen Beschluss zur Annahme eines Gemeinschaftsabkommens richten. Mit einer solchen Klage können zum einen Rechtsfehler geltend gemacht werden, die dem Annahme-Beschluss als solchen anhaften, etwa eine unzureichende Rechtsgrundlage.[1207] Die Anfechtung kann sich aber auch darauf stützen, das genehmigte Abkommen selbst verstoße gegen das Primärrecht.[1208] Dass ein Abkommen völkerrechtlich bereits in Kraft getreten ist, steht der Zulässigkeit einer gegen den Annahmeakt gerichteten Nichtigkeitsklage

---

[1201] Oben Anm. 731.

[1202] Oben Anm. 665.

[1203] EuGH, Rs. C-129/86, *Griechenland/Rat*, Slg. 1989, S. 3963.

[1204] EuGH, Rs. C-159/96, *Portugal/Kommission*, Slg. 1998, S. I-7379; zur Anfechtung eines handelspolitischen Kommissions-Beschlusses im Kontext der Überseeassoziierung siehe Rs. C-430/92, *Niederlande/Kommission*, Slg. 1994, S. I-5197.

[1205] EuGH, Rs. 302/87, *Parlament/Rat*, Slg. 1988, S. 5615.

[1206] EuGH, Rs. C-22/96, *Parlament/Rat*, Slg. 1998, S. I-3231.

[1207] EuGH, Rs. 165/87, *Kommission/Rat*, Slg. 1988, S. 5545; Rs. C-360/93, *Parlament/Rat*, Slg. 1996, S. I-1195; Rs. C-268/94, *Portugal/Rat*, Slg. 1996, S. I-6177; Rs. C-36/98, *Spanien/Rat*, Slg. 2001, S. I-779; Rs. C-281/01, *Kommission/Rat*, Slg. 2002, S. I-12049; Rs. C-211/01, *Kommission/Rat*, Slg. 2003, S. I-8913.

[1208] EuGH, Rs. C-149/96, *Portugal/Rat*, Slg. 1999, S. I-8395.

nicht entgegen.[1209] Auch die Möglichkeit eines präventiven Rechtsgutachtens nach Art. 300 VI EG schließt die *ex-post*-Legalitätskontrolle eines Abkommens nicht aus.[1210] Eine spezielle Anfechtungskonstellation resultiert aus der Verteilung der Organkompetenzen im Bereich des Euratom-Vertrags. Gemäß Art. 101 II EA werden Annahme-Beschlüsse von der Kommission nach Zustimmung des Rates gefasst. Der interne Zustimmungsakt des Rates ergeht in der Praxis ebenfalls als Beschluss, der seinerseits eine anfechtbare Handlung im Sinne des Art. 146 I EA darstellt.[1211]

II. Beschlüsse als Gegenstand einer Individualnichtigkeitsklage

1. Möglichkeit und Voraussetzungen

So unproblematisch die Anfechtung von Beschlüssen durch einen privilegierten Kläger, so erläuterungsbedürftig ist der Fall einer zulässigen Nichtigkeitsklage einer natürlichen oder juristischen Person gemäß Art. 230 IV EG (bzw. Art. 146 IV EA). Zwei Problemebenen sind zu unterscheiden: die abstrakte Möglichkeit eines Einzelnen, Rechtsschutz gegen einen Akt in der Handlungsform Beschluss zu erhalten, und die konkreten Bedingungen, unter denen die Zulässigkeitsvoraussetzungen einer solchen Klage erfüllt sein können.

Mit einem angemessenen Verständnis der Dogmatik der Individualnichtigkeitsklage überrascht es nicht, dass Beschlüsse grundsätzlich als zulässige Klagegegenstände in Betracht kommen.[1212] Spätestens seit der Anerkennung der Individualanfechtbarkeit von Richtlinien steht fest,

---

[1209] EuGH, Rs. C-327/91, *Frankreich/Kommission*, Slg. 1994, S. I-3641, Rdnrn. 15 f.; Rs. C-122/95, *Deutschland/Rat*, Slg. 1998, S. I-973, Rdnr. 42.

[1210] EuGH, Gutachten 1/75, *Lokale Kosten*, Slg. 1975, S. 1355, 1361; Gutachten 3/94, *Bananenabkommen*, Slg. 1995, S. I-4577, Rdnr. 22; Rs. C-29/99, *Kommission/Rat*, Slg. 2002, S. I-11221, Rdnr. 54.

[1211] EuGH, Rs. C-29/99 (Anm. 1210), Rdnrn. 40 und 67.

[1212] Bejahend zur Individualanfechtbarkeit „atypischer Rechtsakte" bereits *H.-W. Daig*, Nichtigkeits- und Untätigkeitsklagen im Recht der Europäischen Gemeinschaften, 1985, Rdnr. 22; fragwürdig *P. J. G. Kapteyn/P. VerLoren van Themaat*, Introduction to the Law of the European Communities, 1998, S. 323: "In general, a private person cannot appeal directly to the Court against ... acts *sui generis*"; problematisch auch *A. Lengauer*, Nichtigkeitsklage vor dem EuGH, 1998, S. 95: Umdeutung in eine Entscheidung oder Verordnung.

dass kein Rechtsakt allein wegen der Wahl der Handlungsform durch das erlassende Organ einer Anfechtung nach Art. 230 IV EG entzogen ist.[1213] Hierzu haben die unionalen Gerichte einen spezifisch prozessrechtlichen Entscheidungsbegriff entwickelt, der von dem des Art. 249 IV EG unabhängig ist.[1214] Diese Entwicklung wurde vor allem am Beispiel von Verordnungen, später auch von Richtlinien diskutiert, wohingegen die Individualanfechtbarkeit von Beschlüssen bislang wenig Beachtung fand. Dies hat gewiss auch sprachliche Gründe: Dass ein Beschluss eine Entscheidung im Sinne des Art. 230 IV EG sein kann, klingt in der Mehrzahl der Unionssprachen wie eine Banalität, nicht zuletzt auf Französisch, der Sprache, in der in Luxemburg gedacht und gesprochen wird.[1215] Eine präzise Lektüre des Vertragstexts zeigt jedoch, dass eine *décision*, die an niemanden gerichtet ist, auch vom französischen Wortlaut des Art. 230 IV EG nicht umfasst ist. Gleichwohl ist nach der allgemeinen Regel ein Beschluss dann eine individuell anfechtbare Entscheidung, wenn er den Kläger wegen bestimmter persönlicher Eigenschaften oder besonderer, ihn aus dem Kreis aller übrigen Personen heraushebender Umstände berührt und ihn daher in ähnlicher Weise individualisiert wie den Adressaten einer Entscheidung.[1216]

Damit ist indes nur abstrakt festgehalten, dass Beschlüsse einer Individualanfechtung nicht entzogen sind. Das eigentliche Problem liegt auf einer anderen Ebene. Die *Plaumann*-Formel liefert Kriterien dafür, wann ein von einem Rechtsakt Betroffener hinreichend individualisiert ist, um zur Erhebung einer Klage befugt zu sein, setzt eine Betroffenheit im Sinne des Art. 230 IV EG jedoch voraus. Wie aber kann ein Beschluss überhaupt eine nachteilige Betroffenheit auslösen, wenn es zu seinen wesentlichen Eigenschaften gehört, die Rechtsbürger nicht zu verpflichten? Schließt sein Wirkungsmodus nicht aus, dass die Voraussetzungen des Art. 230 IV EG jemals tatsächlich vorliegen?[1217]

1213 EuG, Rs. T-135/96, *UEAPME/Rat*, Slg. 1998, S. II-2335, Rdnr. 63.

1214 Erster Teil, D. II. 2. c.

1215 So erklärt sich die in der deutschen Urteilsfassung merkwürdig klingende Formulierung des EuG, Rs. T-17/00, *Rothley u.a./Parlament*, Slg. 2000, S. II-2085, Rdnr. 62, zum OLAF-Beschluss des Parlaments: „Demnach ist die angefochtene Handlung eine generelle Rechtsnorm, auch wenn [sic!] sie als Beschluss bezeichnet wird."

1216 EuGH, Rs. 25/62, *Plaumann/Kommission*, Slg. 1963, S. 211, 238.

1217 Ein ähnliches Problem stellt sich für die Richtlinie, EuG, verb. Rs. T-172/98 und T-175/98 bis T-177/98, *Salamander u.a./Parlament und Rat*, Slg. 2000, S. II-2487, Rdnrn. 30 und 58.

Die Praxis zeigt, dass solche Fälle durchaus vorkommen, wenngleich nicht häufig und nur in ganz bestimmten Konstellationen. Zulässige Direktklagen gegen Beschlüsse resultieren aus Interessenkonflikten zwischen privaten Rechtssubjekten, die wirtschaftlich oder in anderer Weise um ‚knappe Güter' konkurrieren.[1218] Interveniert ein Unionsorgan mit einem Beschluss in einen solchen Konflikt, kann in der Begünstigung der einen Seite zugleich eine Benachteiligung der anderen liegen, ohne dass Letztere die Gestalt einer rechtlichen Verpflichtung annehmen müsste. Dies mag zum einen dadurch geschehen, dass von einem Beschluss eine Berechtigungswirkung ausgeht, die einem konkurrierenden Dritten versagt bleibt. Zum anderen kann ein Beschluss zum Inhalt haben, eine rechtlich mögliche Verpflichtung nicht aufzuerlegen, also auf die von einem konkurrierenden Dritten begehrte Intervention in den Konflikt zu verzichten. Für beide Konstellationen finden sich in der Judikatur Beispiele, die im Folgenden diskutiert werden.

2. *Konkurrentenklage gegen einen Ernennungs-Beschluss*

Eine Fallkonstellation, in der ein Beschluss einen Einzelnen im Sinne des Art. 230 IV EG individuell und unmittelbar betrifft, kann aus einem Ernennungs-Beschluss resultieren.[1219] In der Ernennung einer bestimmten Persönlichkeit zum Mitglied eines Organs oder einer sonstigen Einrichtung liegt für alle weiteren Personen, die sich erfolglos um dieses Amt beworben haben, ein unmittelbarer Nachteil. Für den nicht berücksichtigten Konkurrenten ist der adressatenlose Ernennungs-Beschluss dann eine anfechtbare Entscheidung, wenn auch das Erfordernis der hinreichenden Individualisierung erfüllt ist, der Kläger sich also

---

[1218] Eine weitere Konstellation individuell anfechtbarer Beschlüsse kann entstehen, wenn das Unionsrecht ein Mitglied eines Organs und damit einen potenziell durch einen Beschluss Verpflichteten zugleich als anfechtungsberechtigte Einzelperson behandelt. Dies ist unter bestimmten Umständen bei Mitgliedern des Parlaments der Fall, da diese Dritte im Sinne des Art. 230 I letzte Alternative EG sein können, EuGH, Rs. C-314/91, *Weber/Parlament*, Slg. 1993, S. I-1093, Rdnr. 11. Diese Konstellation lag der Rechtssache *Rothley u.a./Parlament* (Anm. 1215) zugrunde; die Klage gegen den vom Gericht als Rechtsnorm mit allgemeiner Geltung qualifizierten OLAF-Beschluss des Parlaments scheiterte (nur) mangels hinreichender Individualisierung der klagenden Abgeordneten. Die Verpflichtungskraft des Beschlusses für die Mitglieder des Parlaments sowie für die Gesamtheit seines Personals hat das Gericht ausdrücklich festgestellt, Rdnr. 67.

[1219] Zu diesem Beschlusstypus oben, C. I. 2. c.

durch besondere Eigenschaften aus dem Kreis aller Nicht-Ernannten heraushebt.

Vor dem Gerichtshof wurde eine solche negative Konkurrentenklage erstmals unter dem Montanvertrag erhoben. Die Klage einer Privatperson gegen einen Beschluss des Rates zur Ernennung von Mitgliedern des Beratenden EGKS-Ausschusses scheiterte jedoch daran, dass im Rahmen der Anfechtungsklage nach Art. 33 II KS ein Rechtsakt des Rates oder des Parlaments generell kein zulässiger Klagegegenstand war und die Klage gegen Beschlüsse dieser Organe nach Art. 38 KS nur von einem Mitgliedstaat oder der Kommission erhoben werden konnte.[1220]

Im Unterschied zum Montanvertrag ermöglichte Art. 173 II EWGV (jetzt Art. 230 IV EG) Individualklagen auch gegen Maßnahmen des Rates, sodass dieses Hindernis der gemeinsamen Klage eines italienischen Interessenverbandes (*CIDA*) und zweier seiner Repräsentanten nicht im Weg stand. Die Kläger beantragten die Nichtigerklärung eines Rats-Beschlusses zur Ernennung von Mitgliedern des Wirtschafts- und Sozialausschusses (WSA).[1221] Die *CIDA* leitete ihre individuelle Betroffenheit daraus ab, dass keines ihrer Mitglieder mehr im WSA vertreten war. Die beiden Repräsentanten verwiesen auf die Ernennungsmodalitäten nach Art. 195 I EWGV, wonach der Rat die WSA-Mitglieder aus einer von jedem Mitgliedstaat vorgelegten Liste auswählt, die doppelt so viele Kandidaten enthält, wie seinen Staatsangehörigen Sitze im WSA zugewiesen sind (anders jetzt Art. 259 I EG). Beide waren auf der italienischen Vorschlagsliste vertreten, wurden vom Rat jedoch nicht berücksichtigt.[1222] Der Rat hielt die Klagen insgesamt für unzulässig, weil der streitige Beschluss allein die ernannten Mitglieder des WSA als „seine ausschließlichen Adressaten“ betreffe.[1223] Der Gerichtshof wies die Klage der *CIDA* als unzulässig ab, weil der EG-Vertrag einer Interessenorganisation kein Recht verleihe, bei der Auswahl der Kandidaten berücksichtigt zu werden.[1224] Dagegen seien die beiden natürlichen Personen dadurch hinreichend individualisiert, dass sie von einem Mitgliedstaat vorgeschlagen wurden.[1225]

[1220] EuGH, Rs. 66/76, *CFDT/Rat*, Slg. 1977, S. 305, Rdnrn. 9/12.

[1221] EuGH, Rs. 297/86, *CIDA u.a./Rat*, Slg. 1988, S. 3531.

[1222] Ibid., Rdnr. 8.

[1223] Ibid., Rdnr. 7.

[1224] Ibid., Rdnr. 11.

[1225] Ibid., Rdnr. 13.

Dieses Ergebnis überzeugt und steht im Einklang mit den von der Rechtsprechung entwickelten Kriterien. Im Lichte späterer Urteile, namentlich der mit der Rechtssache *Codorniu* eingeleiteten Judikatur,[1226] wirkt seine Begründung im Detail jedoch schwerfällig. Sie bezeugt die Schwierigkeiten im Umgang mit der ungewohnten Handlungsform Beschluss, deren Eigenart noch keine ausreichende Berücksichtigung fand. Der Gerichtshof wählte als Obersatz die für Klagen gegen eine drittgerichtete Entscheidung einschlägige Formulierung[1227] und verwies auf die Rechtssache *van der Kooy*, in der es um staatengerichtete Entscheidungen ging.[1228] Er scheint dem Beklagten also darin gefolgt zu sein, den fraglichen Beschluss als an die ernannten Mitglieder adressiert anzusehen, mithin als „eine an eine andere Person gerichtete Entscheidung" im Sinne von Art. 230 IV 3. Alt. EG. Dass der streitige Beschluss überhaupt keinen Adressaten besitzt, wurde übergangen.[1229] Nach der in dieser Studie vertretenen Konzeption ist bei einem Beschluss die dritte Alternative des Art. 230 IV EG niemals einschlägig, da diese den Fall behandelt, in dem ein Rechtsakt in der Handlungsform Entscheidung ergangen ist, die aber an eine andere Person (Mitgliedstaat oder Privatperson) adressiert ist. Hält man eine exakte Zuordnung zu einer der Alternativen des Art. 230 IV EG für erforderlich, wäre analog auf die zweite Alternative zurückzugreifen und die Nichtigkeitsklage gegen eine ‚Entscheidung, die als Beschluss ergangen ist', zuzulassen. Die Rechtsprechung hat sich indes vom Wortlaut des Art. 230 IV EG mittlerweile so weit gelöst, dass eine formenbezogene Differenzierung der Zulässigkeitsvoraussetzungen nicht mehr erforderlich ist.

[1226] EuGH, Rs. C-309/89, *Codorniu/Rat*, Slg. 1994, S. I-1853, Rdnr. 19.

[1227] EuGH, Rs. 297/86 (Anm. 1221), Rdnr. 10: „dass ein Dritter ... nur dann individuell von einer an einen anderen gerichteten Entscheidung betroffen ist, wenn ...".

[1228] EuGH, verb. Rs. 67/85, 68/85 und 70/85, *van der Kooy u.a./Kommission*, Slg. 1988, S. 219.

[1229] Glücklicher daher GA Lenz in seinen Schlussanträgen, es sei zu prüfen, „ob die CIDA sowie die Kläger ..., die *nicht zu den Adressaten* des streitigen Beschlusses gehörten, gleichwohl unmittelbar und individuell von diesem Beschluss betroffen sind" (Nr. 9, Hervorhebung hinzugefügt); ebenso das EuG in einem späteren Urteil zu einem Ernennungs-Beschluss: „Die Kläger sind nicht Adressaten des streitigen Beschlusses und können daher nur dann gemäß Artikel 173 Absatz 4 EG-Vertrag eine Nichtigkeitsklage gegen diesen Beschluss erheben, wenn er sie unmittelbar und individuell betrifft.", EuG, Rs. T-381/94, *Sindacato Pensionati Italiani u.a./Rat*, Slg. 1995, S. II-2741, Rdnr. 21.

Unbeschadet dieser dogmatischen Feinheiten kann festgehalten werden, dass der EuGH in der Rechtssache *CIDA* die Individualanfechtung eines Beschlusses in der Konstellation einer Konkurrentenklage anerkannt hat, wenn der Kläger aus dem unbestimmten Kreis der nicht begünstigten Konkurrenten hinreichend herausgehoben ist. Zwei spätere Entscheidungen des Gerichts erster Instanz über Klagen, mit denen Ernennungs-Beschlüsse angefochten wurden, bekräftigen diesen Prüfungsmaßstab.[1230]

3. Anfechtung eines Beschlusses in einem Antidumping- bzw. Antisubventionsverfahren

Der zweite Bereich, in dem Beschlüsse typischerweise Drittbetroffenheit auslösen, sind handelspolitische Schutzmaßnahmen.[1231] Dies liegt in der Konfliktstruktur begründet, die die Antidumping- und Antisubventionspolitik prägt: Auf der einen Seite stehen die im Unionsgebiet ansässigen Wirtschaftszweige, in deren Interesse Maßnahmen gegen Dumping- bzw. Subventionspraktiken ergriffen werden. Regelmäßig geht die Verfahrenseröffnung durch die Kommission auf einen Antrag eines inländischen Herstellers oder seines Interessenverbands zurück. Auf der anderen Seite stehen die Exporteure aus Drittländern bzw. die mit ihnen verbundenen Importeure, die sich gegen Schutzmaßnahmen zur Wehr setzen. Beide Seiten sind von den einschlägigen Grundverordnungen mit Verfahrensrechten ausgestattet, die die Unionsorgane im Zuge ihrer Willensbildung beachten müssen.[1232] Regelmäßig lassen sich deshalb die durch den (Nicht-) Erlass einer handelspolitischen Schutzmaßnahme Betroffenen bereits durch ihre Beteiligung an einem kontradiktorisch strukturierten Verwaltungsverfahren identifizieren.

Der Gerichtshof hat sich schon unter der Geltung früherer Antidumpinggrundverordnungen dafür entschieden, diesen Sektor der auswärtigen Beziehungen einer effektiven Rechtmäßigkeitskontrolle zu unterstellen und Individualnichtigkeitsklagen betroffener Unternehmen

---

[1230] EuG, Rs. T-382/94, *Confindustria u.a./Rat*, Slg. 1996, S. II-519, Rdnr. 15; Rs. T-381/94 (Anm. 1229), Rdnr. 22; erstere wurde oben, D. III. 1. c., näher besprochen.

[1231] Zu den einschlägigen Beschlusstypen oben, C. I. 4. b. bb. (3).

[1232] *C. Nowak*, Konkurrentenschutz in der EG, 1997, S. 118 ff.

weithin für zulässig zu erklären.[1233] Dem Aspekt der Gewaltenteilung zwischen politischen und judikativen Organen wird erst auf der Begründetheitsebene durch die Anerkennung eines weiten Ermessens von Rat und Kommission bei der Würdigung komplexer wirtschaftlicher Sachverhalte Rechnung getragen. In diesem Kontext steht die Grundsatzentscheidung des EuGH, dass die allgemeine Geltung einer (Schutzzoll-) Verordnung ihrer Anfechtung durch eine natürliche oder juristische Person nicht entgegensteht.[1234] Bei den handelspolitischen Schutzmaßnahmen ergibt sich die hinreichende Individualisierung regelmäßig aus der qualifizierten Verfahrensbeteiligung des klagenden Unternehmens(-verbands), die oftmals ihren Ausdruck in einer namentlichen Erwähnung in der angegriffenen Verordnung findet. Dies gehört heute zum gefestigten Bestand der prozessrechtlichen Dogmatik. Weniger bekannt ist die Anwendung dieser Grundsätze auf die umgekehrte Konstellation, in der sich die Organe entschieden haben, ein Verfahren abzuschließen, ohne (weitere) Schutzmaßnahmen zu ergreifen. In der Position des Klägers treten hier die inländischen Hersteller bzw. ihre Interessenvertreter auf, und der Klagegegenstand ist keine Verordnung, sondern (oftmals) ein Beschluss.

a. Rechtsschutz gegen Verfahrenseinstellungs-Beschlüsse

Die maßgeblichen Urteile ergingen zu einer Reihe von Verfahren, die die *Fediol*, die Vereinigung der europäischen Ölmühlenindustrie, angestrengt hatte.[1235] In einem ersten Urteil aus dem Jahr 1983 bejahte der Gerichtshof die Anfechtbarkeit einer formlosen Mitteilung der Kommission, die nach einer Voruntersuchung, an der die Klägerin beteiligt war, zu dem Entschluss gekommen war, kein förmliches Antisubventionsverfahren einzuleiten.[1236] Der EuGH entschied, dass der Schutz der Garantien, die die Grundverordnung einem Antragsteller einräumt, danach verlangt, diese Mitteilung an die Klägerin als anfechtbare Ent-

---

[1233] Ein Überblick bei *H.-J. Rabe*, Rechtsschutz im Außenwirtschaftsrecht der EG, EuR 1991, S. 236.

[1234] EuGH, verb. Rs. 239/82 und 275/82, *Allied u.a./Kommission*, Slg. 1984, S. 1005, Rdnr. 11; Rs. 264/82, *Timex/Rat*, Slg. 1985, S. 849, Rdnr. 12.

[1235] Zum wirtschaftlichen und rechtlichen Hintergrund GA Mancini, verb. Schlussanträge zu Rs. 187/85 und Rs. 188/85, jeweils *Fediol/Kommission*, Slg. 1988, S. 4155.

[1236] EuGH, Rs. 191/82, *Fediol/Kommission*, Slg. 1983, S. 2913, Rdnrn. 27 ff.

scheidung im Sinne des Art. 230 IV EG zu qualifizieren.[1237] Weitere Urteile aus dem Jahr 1988 betreffen förmliche, im Amtsblatt veröffentlichte Beschlüsse, mit denen die Kommission zwei auf Antrag der *Fediol* eingeleitete Antisubventionsverfahren eingestellt hat.[1238] Seitdem ist die Klagebefugnis eines Antragstellers gegen verfahrensbeendigende Beschlüsse im Antidumping- bzw. Antisubventionsrecht allgemein anerkannt.[1239]

Der Gerichtshof wendet hier eine dogmatische Figur an, die sich auch in anderen Bereichen des EG-Eigenverwaltungsrechts, namentlich im Wettbewerbsrecht, zeigen lässt: Wo die Unionsorgane unmittelbar zur einzelfallbezogenen Entscheidung im Konflikt zwischen konkurrierenden wirtschaftlichen Interessen befugt sind, kann auch der Entschluss, ein Verwaltungsverfahren nicht zu eröffnen oder es nicht mit Erlass eines belastenden Rechtsakts abzuschließen, ein zulässiger Klagegegenstand sein. Ob dieser Entschluss in die Handlungsform einer drittgerichteten Entscheidung, in die eines Beschlusses oder in ein formloses Schreiben gekleidet ist, ist nicht entscheidend. Wer seine nachteilige wirtschaftliche Betroffenheit substantiiert behauptet, kann den Entschluss der Kommission, gegen eine angeblich wettbewerbswidrige Vereinbarung oder verbotene Beihilfe nicht einzuschreiten, gerichtlich überprüfen lassen. Für eine hinreichende Individualisierung reicht es aus, dass der Kläger am vorprozessualen Verfahren beteiligt war und sich auf Verfahrensrechte berufen kann, die ihm das Gemeinschaftsrecht einräumt.[1240]

In einem weiteren Urteil aus dem Jahr 2001 äußerte sich das Gericht zu den Rechtsfolgen einer erfolgreichen Anfechtung eines Einstellungs-

---

[1237] Ibid., Rdnr. 30.

[1238] EuGH, Rs. 187/85, *Fediol/Kommission*, Slg. 1988, S. 4155; Rs. 188/85, *Fediol/Kommission*, Slg. 1988, S. 4193.

[1239] EuGH, Rs. 70/87, *Fediol/Kommission*, Slg. 1989, S. 1781; Rs. C-121/86, *Epicheiriseon u.a./Rat*, Slg. 1989, S. 3919; Rs. C-315/90, *Gimelec u.a./Kommission*, Slg. 1991, S. I-5589; EuG, Rs. T-212/95, *Oficemen/Kommission*, Slg. 1997, S. II-1161, Rdnrn. 57 f.; erweitert auf eine stillschweigende Entscheidung des Rates, einen endgültigen Antidumpingzoll nicht aufzuerlegen, in EuGH, Rs. C-76/01 P, *Eurocoton u.a./Rat*, Slg. 2003, S. I-10091, Rdnrn. 64 und 67.

[1240] Für das Beihilfenrecht EuGH, Rs. 169/84, *Cofaz u.a./Kommission*, Slg. 1986, S. 391, Rdnrn. 23 ff.; für das Kartellrecht Rs. 26/76, *Metro/Kommission*, Slg. 1977, 1875, Rdnr. 13; zur Übertragung auf handelsrechtliche Verwaltungsverfahren *J. Schwarze*, Rechtsschutz gegen Anti-Dumpingmaßnahmen der EG, EuR 1986, S. 217, 223.

Beschlusses.[1241] Nachdem die Kommission das bevorstehende Auslaufen bestimmter Antidumpingzölle bekannt gegeben hatte, beantragte der spätere Kläger gemäß Art. 11 II der Antidumpinggrundverordnung die Überprüfung der auslaufenden Maßnahmen (sog. *sunset review*). Nach Durchführung eines förmlichen Verfahrens gelangte die Kommission zu der Auffassung, weitere Antidumpingmaßnahmen seien nicht erforderlich, und fasste einen entsprechenden Beschluss. Im Rahmen der hiergegen erhobenen Nichtigkeitsklage bestritt die Kommission zwar nicht die individuelle und unmittelbare Betroffenheit des Antragstellers, ihm fehle jedoch ein Rechtsschutzinteresse, da die Nichtigerklärung des Einstellungs-Beschlusses nicht zum Wiederaufleben der Schutzmaßnahmen führe. Dem widersprach das Gericht. Erstens verlange der Schutz der Verfahrensrechte eines Antragstellers, ein negatives Ergebnis eines *sunset review* effektiver gerichtlicher Kontrolle zu unterwerfen.[1242] Zweitens habe die Aufhebung des Einstellungs-Beschlusses zur Folge, dass die zu überprüfenden Schutzmaßnahmen bis zum Abschluss der Überprüfung in Kraft blieben.[1243] Das Gericht bringt hier die allgemeine Regel über die *ex-tunc*-Wirkung einer Nichtigerklärung zur Anwendung, nach der ein Verwaltungsverfahren in den Stand zurückversetzt wird, in dem es sich vor Erlass des aufgehobenen Rechtsakts befand. Entsprechend lebt nach Nichtigerklärung eines Einstellungs-Beschlusses der in Art. 11 II der Grundverordnung angeordnete Suspensiveffekt eines *sunset review* wieder auf.[1244]

b. Rechtsschutz gegen Verpflichtungsannahme-Beschlüsse

Anders stellt sich die Frage nach dem Rechtsschutz gegenüber Verpflichtungsannahme-Beschlüssen, in deren Folge eine Antidumpingzoll-Verordnung auf diejenigen Exporteure keine Anwendung findet, die freiwillige Preisverpflichtungen angeboten haben. Nach der Rechtsprechung ist kein direkter Klageweg eröffnet gegen den Entschluss der Kommission, ein Verpflichtungsangebot abzulehnen, denn durch diesen

---

[1241] EuG, Rs. T-188/99, *Euroalliages/Kommission*, Slg. 2001, S. II-1757.

[1242] Ibid., Rdnr. 29.

[1243] Ibid., Rdnr. 27.

[1244] Folgerichtig sind Zulässigkeitsfragen nicht mehr erörterungsbedürftig in EuG, Rs. T-132/01, *Euroalliages u.a./Kommission*, Slg. 2003, S. II-2359.

wird das Verfahren nicht abgeschlossen.[1245] Das betroffene Unternehmen kann jedoch jede sich auf die Ablehnung seines Verpflichtungsangebots beziehende Rechtswidrigkeit geltend machen, indem es die Verordnung zur Einführung eines endgültigen Antidumpingzolls angreift.[1246] Eine Pflicht der Organe, ein Verpflichtungsangebot anzunehmen, das sie nach erfolgter Einzelfallprüfung für unzureichend halten, kennt die Antidumpinggrundverordnung nicht.[1247]

Nimmt hingegen die Kommission ein Verpflichtungsangebot an, sind zwei Prozesskonstellationen denkbar. Ein inländischer Hersteller kann gegen diesen Beschluss Klage erheben, wenn er die angenommene Verpflichtung für nicht ausreichend hält, um die durch die Dumpingpraktik verursachte Schädigung zu neutralisieren.[1248] Die Zulässigkeit einer solchen Klage setzt nach den allgemeinen Regeln eine qualifizierte Verfahrensbeteiligung des Klägers voraus.[1249] Beispielsfälle für diese Konstellation vermochte der Verfasser in der Judikatur nicht auszumachen.[1250] Prekärer ist die Rechtsschutzposition des Exporteurs, der sich einer Preisverpflichtung unterworfen hat. Da er sein Angebot freiwillig unterbreitet, wird ihm die Anfechtung des Beschlusses versagt sein,[1251] zumal von dem Beschluss selbst keine rechtlichen Verpflichtungen für ihn ausgehen.

[1245] EuGH, verb. Rs. C-133/87 und C-150/87, *Nashua/Kommission und Rat*, Slg. 1990, S. I-719, Rdnr. 9; hierzu *E. Creally*, Judicial Review of Anti-dumping and Other Safeguard Measures in the European Community, 1992, S. 200; Grabitz/Hilf-*Schübel*, E 6, Rdnr. 15 zu Art. 8.

[1246] EuGH, verb. Rs. C-133/87 und C-150/87 (Anm. 1245), Rdnr. 10, unter Hinweis auf Rs. 240/84, *NTN Toyo Bearing/Rat*, Slg. 1987, S. 1809.

[1247] EuGH, Rs. 240/84 (Anm. 1246), Rdnr. 34; verb. Rs. 294/86 und 77/87, *Technointorg/Kommission und Rat*, Slg. 1988, S. 6077, Rdnrn. 45 ff.

[1248] Grabitz/Hilf-*Berrisch/Kamann*, E 10, Rdnr. 42; *M. Lux*, Die Rechtsprechung des Europäischen Gerichtshofs zum Antidumpingrecht (Teil 1), RIW 1991, S. 828, 841; *K. Hailbronner/H.-Ch. v. Heydebrand u. d. Lasa*, Der gerichtliche Rechtsschutz im Antidumping- und Antisubventionsrecht der Europäischen Wirtschaftsgemeinschaft, RIW 1986, S. 889, 892; anders *Nowak*, Konkurrentenschutz (Anm. 1232), S. 127, der auf den (fingierten) Einstellungsbeschluss gemäß Art. 8 V der Grundverordnung als Klagegegenstand abstellt.

[1249] *Schwarze*, Antidumpingmaßnahmen (Anm. 906), S. 233.

[1250] Vgl. EuGH, Rs. 295/86, *Garelly/Kommission*, Slg. 1987, S. 3117, Rdnr. 14, zur Rechtsstellung eines unabhängigen Importeurs; zur Einordnung *W. Müller/N. Khan/H.-A. Neumann*, EC Anti-dumping Law, 1998, Rdnr. 25.54.

[1251] *Schwarze*, Antidumpingmaßnahmen (Anm. 906), S. 233.

Die Lage ändert sich, wenn die Unionsseite ihre Verpflichtungsannahme zu einem späteren Zeitpunkt widerruft. Hier ist die Frage nach dem Rechtsschutz für den Exporteur ausgesprochen praxisrelevant. Gemäß Art. 8 IX der Grundverordnung kann ein endgültiger Antidumpingzoll eingeführt werden, wenn der Exporteur seine Verpflichtung verletzt hat und er Gelegenheit zur Stellungnahme bekommt. Gegen diese nachträgliche Einbeziehung in den Anwendungsbereich der betreffenden Verordnung kann sich der Exporteur mit der Nichtigkeitsklage zur Wehr setzen.[1252] Dabei kann er nicht nur – wie stets – geltend machen, den Organen sei bei der Feststellung einer dumpingverursachten Schädigung ein Verfahrens- oder Beurteilungsfehler unterlaufen. Der Kläger kann zu seiner Verteidigung außerdem die Verpflichtungskonformität seines Verhaltens vorbringen,[1253] denn wenn ihm tatsächlich keine Verletzung der Verpflichtung vorzuwerfen ist, beruht der Widerruf und damit die Antidumpingzoll-Verordnung auf einem Beurteilungsfehler.[1254] In dieser prozessualen Konstellation wird bemerkenswerterweise der Text des Verpflichtungsangebots durch das Gericht wie eine Rechtsnorm ausgelegt und angewendet. Dabei liegt in jeder nachgewiesenen Verletzung ein ausreichender Grund, die Annahme der Verpflichtung zu widerrufen.[1255] Zu einer einschränkenden Auslegung des Art. 8 IX, etwa dem Erfordernis einer erheblichen Verletzung, sah sich das Gericht in Hinblick auf das weite Ermessen der Organe nicht veranlasst.[1256] Ob ein Widerruf einer Verpflichtungsannahme durch die

---

[1252] Nach der bis zum 20.3.2004 geltenden Fassung der Antidumpinggrundverordnung musste hierzu die Antidumpingzoll-Verordnung durch den Rat geändert werden. Das Verfahren nach Art. 8 IX ist nunmehr insofern vereinfacht, als nur noch ein einziger Rechtsakt der Kommission notwendig ist, um die Annahme der Verpflichtung zu widerrufen und den Zoll einzuführen. Damit ist zukünftig die Klage gegen diesen Rechtsakt zu richten; zur früheren Rechtslage Grabitz/Hilf-*Berrisch/Kamann*, E 10, Rdnr. 41; *Müller/Khan/Neumann*, EC Anti-dumping Law (Anm. 1250), Rdnrn. 8.49 und 25.52.

[1253] EuG, Rs. T-51/96, *Miwon/Rat*, Slg. 2000, S. II-1841; Rs. T-340/99, *Mathisen/Rat*, Slg. 2002, S. II-2905.

[1254] EuG, Rs. T-340/99 (Anm. 1253), Rdnr. 35; zur haftungsrechtlichen Relevanz einer fehlerhaft festgestellten Verletzung EuG, Rs. T-178/98, *Fresh Marine/Kommission*, Slg. 2000, S. II-3331, Rdnrn. 57 ff.; EuGH, Rs. C-472/00 P, *Kommission/Fresh Marine*, Slg. 2003, S. I-7541, Rdnr. 31.

[1255] EuG, Rs. T-51/96 (Anm. 1253), Rdnr. 52.

[1256] So aber Grabitz/Hilf-*Schübel*, E 6, Rdnr. 22 zu Art. 8, unter Hinweis auf das Verhältnismäßigkeitsprinzip.

Kommission auch dann möglich ist, wenn keine Verletzung oder Umgehung vorliegt bzw. nachgewiesen werden kann (etwa mit Blick auf unerwartete Schwierigkeiten bei der Überwachung), ist bislang nicht entschieden worden.[1257] Art. 8 IX der Grundverordnung dürfte in diesem Fall Sperrwirkung entfalten, sodass erst auf neuer Tatsachengrundlage eine förmliche Interimsüberprüfung nach Art. 11 III eingeleitet werden müsste.[1258]

4. Ergebnis zur Individualanfechtbarkeit von Beschlüssen

An den Möglichkeiten eines Einzelnen, im Wege der Direktklage gegen einen Beschluss vorzugehen, erweist sich die Leistungsfähigkeit der Konzeption des Gerichtshofs, die Individualnichtigkeitsklage von der Handlungsform der Entscheidung abzukoppeln: Trotz seines spezifischen Individualrechtsgüter schonenden Wirkungsmodus drängt sich in bestimmten Dreieckskonstellationen auf, die Individualanfechtung auch von Beschlüssen zuzulassen.

Bei der Anfechtung von Ernennungs-Beschlüssen stellt nicht die nachteilige Betroffenheit konkurrierender Bewerber, sondern das Erfordernis ihrer hinreichenden Individualisierung die entscheidende Hürde dar. Bei Beschlüssen im Bereich der handelspolitischen Schutzmaßnahmen dagegen ergibt sich die Individualisierung des betroffenen Dritten zumeist schon aus seiner Beteiligung an einem kontradiktorisch strukturierten Verwaltungsverfahren. Der hohe Formalisierungsgrad der Antidumping- und Antisubventionspolitik spiegelt sich in der – normativ vorgegebenen – Formenwahlpraxis, ein Verfahren, das nicht mit Erlass einer (weiteren) Schutzzoll-Verordnung abgeschlossen wird, durch informatorisch publizierten und zugestellten Beschluss einzustellen. Gegen diesen Beschluss kann der Antragsteller mit der Anfechtungsklage vorgehen.

Besonderheiten ergeben sich, wenn als Schutzmaßnahme eigener Art ein Verpflichtungsannahme-Beschluss ergeht. Es entspricht dem frei-

---

[1257] EuGH, Rs. 256/84, *Koyo Seiko/Rat*, Slg. 1987, S. 1899, Rdnrn. 12 und 21, betrifft allein die Zulässigkeit eines (neuen) Überprüfungsverfahrens während der Geltung einer laufenden Verpflichtung.

[1258] Anders wohl Grabitz/Hilf-*Schübel*, E 6, Rdnr. 17 zu Art. 8, der die rechtliche Bindung der Organe auf Kooperationspflichten beschränkt sieht; vgl. zur Vorläufer-Grundverordnung EuGH, Rs. 113/77, *NTN Toyo Bearing/Rat*, Slg. 1979, S. 1185, Rdnrn. 17 ff.

willigen Charakter der zugrunde liegenden Selbstverpflichtung, dass der betroffene Exporteur gegen diesen Beschluss keine direkte Klage erheben kann. Der Exporteur profitiert jedoch von der organgerichteten Verpflichtungskraft eines Beschlusses, weil die Organe nur noch im Fall einer nachgewiesenen Verletzung der Selbstverpflichtung eine Schutzzoll-Verordnung verhängen dürfen. Die Bindung der Organe an einen Verpflichtungsannahme-Beschluss kann mit einer gegen die Verordnung gerichteten Klage durchgesetzt werden.

III. Beschlüsse als Gegenstand eines Vorabentscheidungsverfahrens

1. Vorabentscheidung über die Rechtmäßigkeit eines Beschlusses

Der Gerichtshof betont immer wieder, dass die Nichtigkeitsklage nach Art. 230 EG und das Vorabentscheidungsverfahren nach Art. 234 EG (bzw. Art. 150 EA) komplementäre Funktionen für das unionale Rechtsschutzsystem erfüllen.[1259] Zur Wahrung der objektiven Legalität wie für den Schutz der Rechte der Einzelnen ist die Möglichkeit, dem Gerichtshof eine Frage über die Gültigkeit eines Gemeinschaftsrechtsakts vorzulegen, unverzichtbar.[1260] Soweit für den Ausgangsrechtsstreit entscheidungserheblich, können auf diesem Weg alle „Handlungen der Organe" auf ihre Rechtmäßigkeit überprüft werden. Der Begriff der Handlungen entspricht dem in Art. 230 I EG, wobei es auf die Erzeugung von verbindlichen Rechtswirkungen nicht ankommt.[1261]

Alle Beschlüsse der unionalen Rechtsetzungsorgane kommen somit als Gegenstand eines Vorabentscheidungsverfahrens in Frage. Beispielsfälle hierfür vermochte der Verfasser in der Judikatur nicht zu entdecken. Dies bestätigt die Annahme, dass Beschlüsse ihre Rechtswirkungen in erster Linie in der institutionellen Sphäre der Union sowie im Verhältnis der Rechtsbürger zu den Unionsorganen entfalten. Der Ausschluss

---

[1259] Nachweise in Anm. 1196.

[1260] *W. Cremer*, Gemeinschaftsrecht und deutsches Verwaltungsprozessrecht, Verw. 2004, S. 165, 169 ff., *C. Nowak*, Das Verhältnis zwischen zentralem und dezentralem Individualrechtsschutz im Europäischen Gemeinschaftsrecht, EuR 2000, S. 724; *K. Lenaerts*, The Legal Protection of Private Parties under the EC Treaty, in: Scritti in onore di Giuseppe Federico Mancini, Bd. 2, 1998, S. 591, 595.

[1261] EuGH, Rs. C-322/88, *Grimaldi*, Slg. 1989, S. I-4407, Rdnr. 8; *K. Lenaerts/D. Arts*, Procedural Law of the European Union, 1999, Rdnr. 6-007.

privatgerichteter Verpflichtungskraft und der nur sehr eingeschränkte Umfang staatengerichteter Verpflichtungskraft haben zur Folge, dass es für die Entscheidung eines vor staatlichen Gerichten ausgetragenen Rechtsstreits kaum je auf die Gültigkeit oder auch nur auf die Auslegung eines Beschlusses ankommt.[1262] Gänzlich ausgeschlossen sind derartige Prozesskonstellationen indes nicht. So ist denkbar, dass ein nationaler Verwaltungsakt, der zur Durchführung eines Förderprogramm-Beschlusses ergeht, vor einem staatlichen Gericht angefochten wird und sich aus diesem Rechtsstreit ein Vorabentscheidungsersuchen an den Gerichtshof ergibt.

2. Bestandskraft von Beschlüssen mit Wirkung für den nationalen Richter

Einschränkungen für die Eignung von Beschlüssen, Gegenstand eines Vorabentscheidungsverfahrens zu sein, ergeben sich aus dem Rechtsinstitut der Bestandskraft. Zwar kommt es im Vorabentscheidungsverfahren auf die Wahrung einer Frist grundsätzlich nicht an.[1263] Die Regeln für die Unanfechtbarkeit von Rechtsakten nach Art. 230 V EG gelten jedoch partiell auch für die Gültigkeitskontrollvorlage nach Art. 234 I lit. b EG. Entscheidungen im Sinne des Art. 249 IV EG, die von ihrem formellen Adressaten nicht fristgemäß angefochten worden sind, werden diesem gegenüber bestandskräftig, und diese Bestandskraft erstreckt sich auch auf das Vorabentscheidungsverfahren.[1264] Dies gilt sowohl für die Fälle, in denen eine Privatperson es unterlassen hat, eine an sie gerichtete Entscheidung anzufechten, als auch für staatengerichtete Entscheidungen, deren Rechtmäßigkeit der angesprochene Mitgliedstaat nach Ablauf der Klagefrist somit nicht mehr in Frage stellen kann. Die Wahl einer Handlungsform, die ihrem Adressaten erkennbar die Möglichkeit primären Rechtsschutzes im Wege der Direktklage eröff-

---

[1262] *Lenaerts/Arts*, Procedural Law (Anm. 1261), Fn. 13 zu Rdnr. 6-007, zu einigen beispielhaft aufgezählten Beschlüssen: "it would seem virtually impossible ... for any question of interpretation to have any relevance to a decision in main proceedings".

[1263] EuGH, Rs. 156/77, *Kommission/Belgien*, Slg. 1978, S. 1881, Rdnr. 25.

[1264] EuGH, ibid., Rdnrn. 21/24; Rs. C-183/91, *Kommission/Griechenland*, Slg. 1993, S. I-3131, Rdnrn. 9 f.; Rs. C-178/95, *Wiljo*, Slg. 1997, S. I-585, Rdnr. 19; Rs. C-239/99, *Nachi Europe*, Slg. 2001, S. I-1197, Rdnr. 29; Rs. C-241/01, *National Farmers' Union*, Slg. 2002, S. I-9079, Rdnr. 34; Rs. C-11/00, *Kommission/EZB*, Slg. 2003, S. I-7147, Rdnr. 74.

net, zieht nach Ablauf der Frist des Art. 230 V EG den Eintritt materieller Bestandskraft nach sich: das Anfechtungsrecht korrespondiert mit einer Anfechtungslast für den Adressaten. Diesen Gedanken, der im Prinzip der Rechtssicherheit wurzelt, hat die Rechtsprechung seit der Rechtssache *Textilwerke Deggendorf* auf weitere Streitgegenstände ausgedehnt.[1265] In materielle Bestandskraft erwachsen auch Rechtsakte, die zwar keine an den potenziellen Nichtigkeitskläger gerichteten Entscheidungen sind, deren Anfechtung nach Art. 230 IV EG gleichwohl offenkundig zulässig gewesen ist.[1266] So kann die Rechtswidrigkeit einer einzelfallbezogenen staatengerichteten Entscheidung, die der von ihr betroffenen Privatperson mitgeteilt wurde, nach Ablauf der Klagefrist von dieser Person auch im Vorabentscheidungsverfahren nicht mehr geltend gemacht werden. Entsprechendes gilt für Rechtsakte in anderen Handlungsformen, bei denen es sich offenkundig um anfechtbare Entscheidungen im prozessrechtlichen Sinne handelt, also zum Beispiel Antidumpingzoll-Verordnungen.[1267] Die Unzulässigkeit einer hypothetischen Klage nach Art. 230 IV EG ist jedoch auch nach der neueren Rechtsprechung keine allgemeine Zulässigkeitsvoraussetzung einer Gültigkeitskontrollvorlage nach Art. 234 I lit. b EG: Die Ausdehnung der Bestandskraft von Rechtsakten auf das Vorabentscheidungsverfahren ist auf Fälle beschränkt, in denen die Zulässigkeit einer Individualnichtigkeitsklage außer Zweifel stand.[1268]

Wendet man diese Grundsätze auf Beschlüsse an, ist als Ausgangspunkt festzuhalten, dass Beschlüsse niemals gegenüber einem Adressaten in Bestandskraft erwachsen, da es sich um adressatenlose Rechtsakte handelt. Bestandskraft von Beschlüssen mit Wirkung auch für den nationalen Richter kommt nur in solchen Fällen in Betracht, in denen ihre Anfechtbarkeit durch einen Einzelnen gleichwohl offenkundig gewesen ist. Zur Übertragung der *Deggendorf*-Rechtsprechung auf gewisse Beschlüsse wird man aber eine gefestigte Rechtsprechung verlangen müs-

---

[1265] *H. Ch. Röhl*, Die anfechtbare Entscheidung nach Art. 230 Abs. 4 EGV, ZaöRV 60 (2000), S. 331; 358 ff.; *H.-G. Kamann/M. Selmayr*, Das Risiko der Bestandskraft, NVwZ 1999, S. 1041.

[1266] EuGH, Rs. C-188/92, *TWD Textilwerke Deggendorf*, Slg. 1994, S. I-833, Rdnrn. 17 f.; Rs. C-241/95, *Accrington Beef*, Slg. 1996, S. I-6699, Rdnr. 15; Rs. C-408/95, *Eurotunnel*, Slg. 1997, S. I-6315, Rdnr. 29.

[1267] EuGH, Rs. C-239/99 (Anm. 1264), Rdnr. 37; Rs. C-11/00 (Anm. 1264), Rdnr. 75.

[1268] GA Tesauro, Rs. C-408/95 (Anm. 1266), Nr. 19; *Nowak*, Verhältnis (Anm. 1260), S. 733.

sen, in der sich ihre Individualanfechtbarkeit erwiesen hat. Die Untersuchung im vorangegangenen Abschnitt hat ergeben, dass dies nur in wenigen typischen Konstellationen der Fall ist, die sich überdies zumeist kaum dafür eignen dürften, zu einem Rechtsstreit vor einem nationalen Gericht zu führen. Immerhin hat die Rechtsprechung zur Anfechtbarkeit von Beschlüssen in einem Antidumping- bzw. Antisubventionsverfahren einen ähnlichen Grad an Festigkeit erreicht wie die Judikatur zu Antidumpingverordnungen, auf die der Gerichtshof seine *Deggendorf*-Rechtsprechung übertragen hat. Ein Beschluss über die Einstellung eines Antidumpingverfahrens trägt in ähnlicher Weise eine „Doppelnatur" wie eine solche Verordnung, nämlich für bestimmte Wirtschaftsteilnehmer eine anfechtbare Entscheidung zu sein und zugleich ein Rechtsakt mit allgemeiner Geltung (die Rechtsfolgen der Verfahrenseinstellung haben objektive Wirkung gegenüber jedermann).[1269] Ein inländischer Hersteller, auf dessen Antrag hin die Kommission das Auslaufen einer Schutzmaßnahme überprüft und bestätigt hat, kann die anschließende Freigabe einer Sicherheit durch die staatlichen Zollbehörden nicht mehr mit dem Argument vor dem nationalen Richter angreifen, der Einstellungs-Beschluss der Kommission sei rechtswidrig gewesen: Der Antragsteller hätte den Einstellungs-Beschluss ohne Zweifel vor dem Gericht erster Instanz anfechten können. Eine diesbezügliche Gültigkeitskontrollvorlage scheidet nach Ablauf der Klagefrist des Art. 230 V EG aus.[1270]

IV. Inzidente Rechtmäßigkeitskontrolle von Beschlüssen

Das dritte Standbein der unionalen Legalitätskontrolle ist die Überprüfung der Rechtmäßigkeit gemäß Art. 241 EG (parallel: Art. 156 EA). Die Erstreckung dieser Kontrollmöglichkeit auf Beschlüsse bedarf der Diskussion, weil Art. 241 EG seinem Wortlaut nach nur für Verordnungen gilt. Hierzu wird diese Bestimmung in das System des unionalen Prozessrechts eingeordnet und die Ausweitung seines formenbezogenen Anwendungsbereichs durch die Rechtsprechung nachvollzogen (1.). Auf dieser Grundlage können die Zulässigkeitsvoraussetzungen einer Inzidentrüge gegen Beschlüsse entwickelt werden (2.).

[1269] Vgl. Anm. 1267.

[1270] Anders *Kamann/Selmayr*, Bestandskraft (Anm. 1265), S. 1044, mit Blick auf fehlende Evidenz der Anfechtbarkeit.

1. Stellung des Art. 241 EG im Rechtskontroll- und Rechtsschutzsystem

Art. 241 EG bietet keinen selbständigen Klageweg, sondern eröffnet einer Prozesspartei die Einrede der Rechtswidrigkeit, über die inzident die Rechtmäßigkeit eines Akts an den Maßstäben des Art. 230 II EG – also umfassend – geprüft wird.[1271] Sie kann grundsätzlich in allen Verfahrensarten vor dem Gerichtshof oder dem Gericht erhoben werden. Der Rechtswidrigkeitseinrede liegt ein ähnlicher Gedanke zugrunde wie der Gültigkeitskontrolle im Vorabentscheidungsverfahren,[1272] unmittelbar aber gilt Art. 241 EG für Verfahren nach Art. 234 I lit. b EG nicht (und damit auch nicht die noch zu klärende Beschränkung auf Verordnungen), da der Rechtsstreit nicht „vor dem Gerichtshof", sondern vor einem nationalen Gericht anhängig ist.[1273] Sieht man von dem Fall einer Aufsichtsklage der Kommission ab, sind unter Art. 241 EG zwei Rechtsakte berührt, die beide dem organgeschaffenen Unionsrecht angehören, wobei die Rechtswidrigkeit des früheren die Rechtswidrigkeit des streitgegenständlichen späteren nach sich zieht.[1274]

Art. 241 EG greift „ungeachtet des Ablaufs der in Art. 230 V EG genannten Frist", verhindert also, dass ein unanfechtbar gewordener Rechtsakt in materielle Bestandskraft erwächst. Liegen die Voraussetzungen einer Rechtswidrigkeitseinrede vor, räumt der Vertrag dem Prinzip der Rechtmäßigkeit Vorrang ein vor dem Prinzip der Rechtssicherheit, das sich mit der Wahrung der Klagefrist verbindet.[1275] Im Ge-

---

[1271] EuGH, verb. Rs. 31/62 und 33/62, *Wöhrmann u.a./Kommission*, Slg. 1962, S. 1029, 1042; Rs. 33/80, *Albini/Rat und Kommission*, Slg. 1981, S. 2141, Rdnr. 17; verb. Rs. 87/77, 130/77, 22/83, 9/84 und 10/84, *Salerno u.a./Kommission und Rat*, Slg. 1985, S. 2523, Rdnr. 36.

[1272] EuGH, Rs. 216/82, *Universität Hamburg*, Slg. 1983, S. 2771, Rdnr. 10; Lenz/Borchardt-*Borchardt*, Rdnr. 1 zu Art. 241 EG; Grabitz/Hilf-*Grabitz*, Rdnr. 1 zu Art. 184 EGV.

[1273] Klärend hierzu EuGH, Rs. C-239/99 (Anm. 1264), Rdnr. 34.

[1274] Praktische Bedeutung hat Art. 241 EG vor allem in Bereichen, in denen direkter Verwaltungsvollzug durch Unionsorgane stattfindet, so im Dienstrecht, vgl. z.B. EuGH, Rs. 828/79, *Adam/Kommission*, Slg. 1982, S. 269, Rdnrn. 15 ff.; Rs. T-285/94, *Pfloeschner/Kommission*, Slg. 1995, S. II-3029, Rdnrn. 26 ff.; oder im Antidumpingrecht, Rs. C-69/89, *Nakajima/Rat*, Slg. 1991, S. I-2069, Rdnrn. 12 ff.

[1275] Wird die Rechtswidrigkeitseinrede im Rahmen einer Nichtigkeitsklage erhoben, muss selbstverständlich die Klagefrist des Art. 230 V EG bezüglich des angefochtenen Rechtsakts beachtet werden, EuGH, Rs. C-64/93, *Donatab u.a./Kommission*, Slg. 1993, S. I-3595, Rdnr. 20.

genzug beschränkt sich die Rechtsfolge auf die Unanwendbarkeitserklärung des inzident angegriffenen Rechtsakts im konkreten Verfahren.[1276] Die zuständigen Organe haben jedoch eine Rücknahme oder Ersetzung der rechtswidrigen Handlung zu prüfen.[1277]

Nach seinem missverständlichen deutschen Wortlaut setzt Art. 241 EG voraus, dass es in dem Rechtsstreit „auf die Geltung [einer Verordnung] ankommt". In der Formulierung des Gerichtshofs muss die gerügte Handlung die „Rechtsgrundlage" für den angegriffenen Rechtsakt bilden.[1278] Dies erfasst zunächst Fälle, in denen ein kompetenzieller Ableitungszusammenhang zwischen beiden Rechtsakten besteht, also ein Habilitationsakt inzident angegriffen wird. Die Analyse der Rechtsprechung zeigt indes, dass „Rechtsgrundlage" hier weiter gefasst im Sinne von Maßstabsnorm zu verstehen ist, was alle Konstellationen einschließt, in denen die Unanwendbarkeit der früheren Handlungen Einfluss auf die Rechtmäßigkeit der späteren hätte.[1279] Die Formel, nach der die gerügte Handlung „mittelbar oder unmittelbar auf den Sachverhalt anwendbar sein [muss], der den Gegenstand der Klage bildet"[1280], bestimmt die Entscheidungserheblichkeit als Grenze der Zulässigkeit einer Rechtswidrigkeitseinrede.[1281] Für die Anwendbarkeit des Art. 241 EG auf Beschlüsse ist diese Erkenntnis von besonderer Bedeutung, weil

---

[1276] EuGH, *Birke/Kommission und Rat*, Slg. 1982, S. 4425, Rdnr. 47; Lenz/Borchardt-*Borchardt*, Rdnr. 13 zu Art. 241 EG; *A. Middeke*, in: H.-W. Rengeling/A. Middeke/M. Gellermann (Hrsg.), Handbuch des Rechtsschutzes in der Europäischen Union, 2003, Rdnr. 23 zu § 11; kritisch zu dieser Rechtsfolgenbestimmung mit beachtlichen Gründen *X. Arzoz*, Rechtsfolgen der Rechtswidrigkeit von Verordnungen der Europäischen Gemeinschaften, JöR n.F. 49 (2001), S. 299, 316 f.

[1277] *Lenaerts/Arts*, Procedural Law (Anm. 1261), Rdnr. 9-019.

[1278] EuGH, Rs. 92/78, *Simmenthal/Kommission*, Slg. 1979, S. 777, Rdnrn. 38/43; verb. Rs. 87/77, 130/77, 22/83, 9/84 und 10/84 (Anm. 1271), Rdnr. 36.

[1279] Inzident angegriffen wurde in der Rs. 92/78 (Anm. 1278) eine „Bekanntmachung" der Kommission über Ausschreibungsmodalitäten, die im Zusammenhang mit verordnungsrechtlich geregelten Agrarmarktinterventionen standen. Klagegegenstand selbst war eine den Kläger individuell betreffende staatengerichtete Entscheidung, die auf eine Verordnung gestützt war; zu eng daher *Arzoz*, Rechtsfolgen (Anm. 1276), S. 313: „nur bezüglich der unmittelbaren normativen Rechtsgrundlage".

[1280] EuGH, Rs. 32/65, *Italien/Rat und Kommission*, Slg. 1966, S. 457, 487.

[1281] EuG, verb. Rs. T-6/92 und T-52/92, *Reinarz/Kommission*, Slg. 1993, S. II-1047, Rdnr. 57.

damit in allen Situationen, in denen ein Rechtsakt relativen Vorrang vor anderen Akten des abgeleiteten Rechts genießt (partielle Hierarchisierung),[1282] eine Rechtswidrigkeitseinrede möglich ist.

Dazu müsste aber Art. 241 EG über seinen Wortlaut hinaus überhaupt auf andere Handlungsformen anwendbar sein. Zur Klärung dieser Frage bedarf es der Einordnung der Rechtswidrigkeitseinrede in das System des unionalen Rechtsschutzes. In Literatur und Rechtsprechung besteht Einigkeit darüber, dass ihre Funktion in erster Linie in der Vervollständigung des Rechtsschutzes für den Einzelnen besteht: Art. 241 EG kompensiert den Ausschluss der Individualanfechtung von Akten, die für den Kläger keine Entscheidungen im Sinne des Art. 230 IV EG sind.[1283] Für den Gerichtshof ist Art. 241 EG

> „der Ausdruck eines allgemeinen Grundsatzes, der jeder Partei das Recht gewährleistet, zum Zwecke der Nichtigerklärung einer sie unmittelbar und individuell betreffenden Entscheidung die Gültigkeit derjenigen früheren Rechtshandlungen der Gemeinschaftsorgane zu bestreiten, welche die Rechtsgrundlage für die angegriffene Entscheidung bilden, falls die Partei nicht das Recht hatte, gemäß Artikel 173 EWG-Vertrag [jetzt Art. 230 EG] unmittelbar gegen diese Rechtshandlungen zu klagen, deren Folgen sie nunmehr erleidet, ohne dass sie ihre Nichtigerklärung hätte beantragen können."[1284]

Diese systematische Einordnung führte den Gerichtshof in der Entscheidung *Simmenthal/Kommission*, der das Zitat entstammt, zu einer Erstreckung des Anwendungsbereichs des Art. 241 EG auf Handlungen, die,

> „obwohl nicht in der Form der Verordnung ergangen, gleichartige Wirkungen wie eine Verordnung entfalten und aus diesen Gründen von keinem anderen Rechtssubjekt als den Organen und den Mitgliedstaaten im Rahmen des Art. 173 angegriffen werden können."[1285]

[1282] Dazu oben, C. II. 2. a.

[1283] Streinz-*Ehricke*, Rdnr. 1 zu Art. 241 EG; Schwarze-*Schwarze*, Rdnr. 1 zu Art. 241 EG; Groeben/Schwarze-*Gaitanides*, Rdnr. 6 zu Art. 241 EG.

[1284] EuGH, Rs. 92/78 (Anm. 1278), Rdnrn. 38/43; Rs. C-239/99 (Anm. 1264), Rdnr. 35; ähnlich zu Art. 36 III KS bereits Rs. 9/56, *Meroni*, Slg. 1958, S. 9, 27; Rs. 258/80, *Rumi/Kommission*, Slg. 1982, S. 478, Rdnr. 6.

[1285] EuGH, Rs. 92/78 (Anm. 1278), Rdnrn. 38/43.

Unter „gleichartigen Wirkungen wie eine Verordnung" ist das Merkmal der allgemeinen Geltung zu verstehen,[1286] das der Gerichtshof von jeher als das typische Charakteristikum der Verordnung gedeutet hat. Der allgemeingültige, normative Charakter einer Verordnung – so er denn im konkreten Fall vorliegt – ist dafür verantwortlich, dass sie von einem Einzelnen nicht mit der Nichtigkeitsklage angefochten werden kann, wenn nicht besondere Umstände dennoch zu einer Individualbetroffenheit des Klägers führen. Zur Vermeidung von Rechtsschutzlücken ist es nur konsequent, auch Rechtsakte in anderen Handlungsformen, die aufgrund ihres allgemeingültigen Charakters („aus diesen Gründen") der Individualanfechtung entzogen sind, in den Anwendungsbereich des Art. 241 EG einzubeziehen.[1287] Allerdings begrenzt diese Funktionsbestimmung zugleich den Umfang einer Ausdehnung. Es gibt kein funktionales Erfordernis, gegen Rechtsakte, die von einem Einzelnen *nicht mehr* mit der Nichtigkeitsklage angegriffen werden können, die Einrede der Rechtswidrigkeit zu gestatten.[1288] Hier greifen die allgemeinen Bestandskraftregeln ein: Nach Ablauf der Klagefrist können Entscheidungen, von deren Rechtmäßigkeit die eines späteren Unionsrechtsakts abhängt, von ihrem formellen Adressaten auch nicht mehr inzident angegriffen werden. Unter Anwendung der *Deggendorf*-Rechtsprechung gilt dies für alle Handlungen, deren Individualanfechtbarkeit außer Zweifel stand.[1289] In den von einem Einzelnen angestreng-

---

[1286] EuG, verb. Rs. T-6/92 und T-52/92 (Anm. 1281), Rdnr. 56; EuGH, Rs. C-171/00 P, *Libéros/Kommission*, Slg. 2002, S. I-451, Rdnr. 36 (Inzidentrüge gegen eine als „Verwaltungsmitteilungen" ergangene Verhaltensnorm mit allgemeiner Geltung).

[1287] Wie hier *M. Vogt*, „Bestandskraft" von EG-Rechtsakten und Anwendungsbereich des Art. 241 EGV, EuR 2004, S. 618, 628 ff.; Lenz/Borchardt-*Borchardt*, Rdnr. 9 zu Art. 241 EG; Streinz-*Ehricke*, Rdnr. 11 zu Art. 241 EG; *Ch. Koenig/M. Pechstein/C. Sander*, EU-/EG-Prozessrecht, 2002, Rdnr. 889; für eine Einbeziehung von Richtlinien bereits *E.-W. Fuß*, Die „Richtlinie" des Europäischen Gemeinschaftsrechts, DVBl. 1965, S. 378, 383; gegen eine Erstreckung auf Richtlinien und Entscheidungen *G. Bebr*, Judicial Remedy of Private Parties against Normative Acts of the European Communities, CMLRev. 4 (1966), S. 7, 14, Grabitz/Hilf-*Grabitz*, Rdnr. 16 zu Art. 184 EGV, und Groeben/Schwarze-*Gaitanides*, Rdnr. 7 zu Art. 241 EG, in der Annahme, von der Rechtmäßigkeit eines Akts in diesen Handlungsformen könne niemals die einer anfechtbaren Entscheidung abhängen.

[1288] Calliess/Ruffert-*Cremer*, Rdnr. 5 zu Art. 241 EG.

[1289] Ungeklärt ist bislang, ob der Grundgedanke, der der formenbezogenen Ausweitung des Art. 241 EG zugrunde liegt, auch seine teleologische Redukti-

ten Verfahren ist die ursprüngliche Unzulässigkeit einer Klage nach Art. 230 IV EG ein ungeschriebenes Tatbestandsmerkmal des Art. 241 EG.

Die dargestellten rechtsschutzsystematischen Überlegungen greifen nur für Klagen natürlicher oder juristischer Personen, denn den privilegierten Klägern steht die Nichtigkeitsklage ohne eine besondere Zulässigkeitshürde offen. In der Literatur wird deshalb gefordert, diesen Klägern die Rechtswidrigkeitseinrede zu verwehren oder zumindest den Nachweis eines schutzwürdigen Interesses zu verlangen.[1290] Der Gerichtshof hat eine Stellungnahme lange vermieden,[1291] sich zuletzt aber dahin gehend geäußert, dass einem institutionellen Kläger die Rechtswidrigkeitseinrede gegen eine Verordnung auch nach Ablauf der Klagefrist gestattet ist.[1292] Staatengerichtete Entscheidungen dagegen werden für ihren Adressaten mit Ausschlusswirkung auch für Art. 241 EG bestandskräftig.[1293]

2. *Voraussetzungen einer Rechtswidrigkeitseinrede gegen Beschlüsse*

Damit ist der normative Rahmen abgesteckt, in dem die Anwendbarkeit des Art. 241 EG auf Beschlüsse zu diskutieren ist. Vorausgesetzt ist zunächst, dass der inzident gerügte Beschluss die Grundlage für die angefochtene Handlung darstellt: Es muss ein rechtlicher Zusammenhang bestehen, aufgrund dessen die Rechtmäßigkeit des streitgegenständlichen Akts von der des betreffenden Beschlusses abhängt. Derartige Fallkonstellationen sind vielfältig denkbar. Erstens kennt das Unions-

---

on in den Fällen stützt, in denen die Individualanfechtbarkeit einer Verordnung außer Zweifel stand; dagegen ausdrücklich *Lenaerts/Arts*, Procedural Law (Anm. 1261), Rdnr. 9-008; *Vogt*, Bestandskraft (Anm. 1287), S. 632 ff.; wohl auch EuGH, Rs. C-11/00 (Anm. 1264), Rdnr. 76.

[1290] Groeben/Schwarze-*Gaitanides*, Rdnr. 7 zu Art. 241 EG; Lenz/Borchardt-*Borchardt*, Rdnr. 8 zu Art. 241 EG; Schwarze-*Schwarze*, Rdnr. 6 zu Art. 241 EG; Calliess/Ruffert-*Cremer*, Rdnr. 6 zu Art. 241 EG; Streinz-*Ehricke*, Rdnr. 10 zu Art. 241 EG; Grabitz/Hilf-*Grabitz*, Rdnr. 14 zu Art. 184 EGV; *Bebr*, Judicial Remedy (Anm. 1287), S. 11 ff.

[1291] Offen geblieben in EuGH, Rs. 32/65 (Anm. 1280); hierzu die Schlussanträge von GA Mancini, Rs. 204/86, *Griechenland/Rat*, Slg. 1988, S. 5323, Nr. 7, und GA Darmon, Rs. 258/89, *Kommission/Spanien*, Slg. 1991, S. 3977, Nrn. 18 ff.

[1292] EuGH, Rs. C-11/00 (Anm. 1264), Rdnr. 76.

[1293] Ibid., Rdnr. 74.

recht Beschlüsse, die eine Rechtsgrundlage für habilitierte Rechtsakte bieten. Zweitens sind im vorliegenden Kontext auch andere partielle Hierarchisierungen umfasst. Das betrifft beispielsweise Rahmenprogramm-Beschlüsse oder Beschlüsse mit ‚organischem' Charakter wie den Komitologiebeschluss, die für die Rechtmäßigkeit einer Vielzahl nachfolgender Rechtsakte von Bedeutung sind.

Hinsichtlich der weiteren Zulässigkeitsvoraussetzungen der Rechtswidrigkeitseinrede ist zwischen privilegierten Klägern und Individualklägern zu unterscheiden, da sich das Problem der ursprünglichen Anfechtbarkeit des gerügten Beschlusses in unterschiedlicher Weise stellt.

a. Privilegierte Kläger: kein normativer Charakter erforderlich

Bei Klagen, die von einem Unionsorgan oder einem Mitgliedstaat erhoben werden, ist nach dem bisherigen Stand der Rechtsprechung noch Manches unklar. Wie erwähnt, hat der Gerichtshof im Fall von Verordnungen, gestützt auf den Wortlaut des Art. 241 EG, dem Prinzip der Rechtmäßigkeit Vorrang eingeräumt vor dem Erfordernis, eine Aushöhlung der Klagefrist des Art. 230 V EG zu verhindern; bei Entscheidungen dagegen soll das Prinzip der Rechtssicherheit überwiegen und eine Durchbrechung der Bestandskraft ausschließen. Diese formenbezogene Differenzierung erlaubt unterschiedliche Deutungen, mit abweichenden Folgerungen für Beschlüsse.

Stellt man auf die Struktur der Handlungsformen ab, kommt es maßgeblich auf den adressatenbezogenen Aspekt des Wirkungsmodus an, denn dieser liefert das wesentliche Unterscheidungsmerkmal von Verordnungen und Entscheidungen. Als Handlungsform mit adressatenunspezifischem Wirkungsmodus wäre demnach ein Beschluss unter Art. 241 EG wie eine Verordnung zu behandeln. Dieser Ansatz führt zu sachgerechten Ergebnissen. Dass Entscheidungen (und, in folgerichtiger Weiterentwicklung der Rechtsprechung, auch Richtlinien) für die Mitgliedstaaten, an die sie gerichtet sind, nach Ablauf der Klagefrist materiell bestandskräftig werden, rechtfertigt sich gerade aus der eindeutigen Identifizierbarkeit des Adressatenkreises, dem gegenüber die primären Rechtswirkungen der Akte eintreten. Den adressierten Mitgliedstaaten die Einrede der Rechtswidrigkeit gegen unanfechtbar gewordene Entscheidungen und Richtlinien zu gestatten, hätte – namentlich im Rahmen einer Aufsichtsklage der Kommission – zur Konsequenz, die Frist des Art. 230 V EG praktisch bedeutungslos werden zu lassen.[1294] Dagegen befinden sich die privilegiert klagebefugten Organe gegenüber einer Richtlinie, einer Entscheidung oder einem Beschluss ebenso wenig in der Rolle eines Adressaten wie gegenüber einer Verordnung. Dies rechtfertigt die analoge Anwendung des Art. 241 EG auf alle verbindlichen Handlungsformen, wenn die Einrede von einem privilegiert klagebefugten Nichtadressaten, also einem Unionsorgan, erhoben wird.

Zu einem etwas anderen Ergebnis gelangt man, liest man den Begriff „Verordnungen" in Art. 241 EG im Sinne von ‚Rechtsakte mit Verordnungscharakter'. Dann käme es nicht auf die formale Charakteristik, sondern auf den materiellen Gehalt des inzident gerügten Rechtsakts an – also nicht auf ein notwendiges, sondern auf ein typisches Merkmal der Verordnung. Ein privilegierter Kläger könnte gegen einen Rechtsakt unabhängig von dessen Handlungsform die Rechtswidrigkeitseinrede erheben, wenn es sich um einen Rechtsakt mit allgemeiner Geltung handelt.[1295] Auch zugunsten dieses Ansatzes lassen sich beachtliche Gründe anführen. Bei einer allgemeinen Norm besteht die Gefahr, dass sich eine Rechtsverletzung, die ihr anhaftet, in einer unbestimmten Zahl von Einzelakten wiederholt, die zur Vollziehung dieser Rechtsnorm erlassen werden. Wohl aus diesem Grund erwachsen fehlerhafte Rechtsnormen im Öffentlichen Recht der meisten Mitgliedstaaten niemals in materielle Bestandskraft.[1296] Das Unionsrecht dagegen kennt eine allgemeine Regel dieses Inhalts nicht. So hat der Gerichtshof entschieden, der normative Charakter einer staatengerichteten Entscheidung stehe dem Eintritt materieller Bestandskraft für ihren Adressaten nicht entge-

---

[1294] EuGH, Rs. 156/77 (Anm. 1263), Rdnrn. 21/24; Rs. C-74/91, *Kommission/Deutschland*, Slg. 1992, S. I-5437, Rdnr. 10; Rs. C-52/00, *Kommission/Frankreich*, Slg. 2002, S. I-3827, Rdnr. 28; wie hier Streinz-*Ehricke*, Rdnr. 11 zu Art. 241 EG; ähnlich Schwarze-*Schwarze*, Rdnr. 7 zu Art. 241 EG; im Ergebnis auch Grabitz/Hilf-*Grabitz*, Rdnr. 16 zu Art. 184 EGV; mit Rückausnahmen für bestimmte staatengerichtete Entscheidungen *Vogt*, Bestandskraft (Anm. 1287), S. 628 und 636; zweifelnd an der Gleichsetzung von Entscheidungen und Richtlinien mit Blick auf Art. 254 II EG *Lenaerts/Arts*, Procedural Law (Anm. 1261), Rdnr. 9-009.

[1295] Ausgeschlossen sind damit nur unverbindliche Handlungsformen, denn diese haben keinen Maßstabscharakter für einen späteren Unionsrechtsakt, und privatgerichtete Entscheidungen, denn diese haben niemals allgemeine Geltung.

[1296] *Arzoz*, Rechtsfolgen (Anm. 1276), S. 302 f., 308 f. und 317 ff.; *C. Ladenburger*, Verfahrensfehlerfolgen im französischen und im deutschen Verwaltungsrecht, 1999, S. 398 und 407.

gen.[1297] Es wäre deshalb wenig kohärent, bei Richtlinien und Beschlüssen dieses Kriterium als maßgeblich anzusehen.

Die besseren Gründe sprechen daher für eine formale Identifizierung der zulässigerweise nach Art. 241 EG angreifbaren Handlungen: Adressatenspezifische Handlungen werden nach Ablauf der Klagefrist für ihren Adressaten bestandskräftig, Beschlüsse hingegen können ebenso wie Verordnungen mit der Rechtswidrigkeitseinrede angegriffen werden, wenn sie Vorrang vor dem streitgegenständlichen Akt einnehmen. Auf eine gesonderte Prüfung ihres normativen Charakters kommt es nicht an.

b. Individualkläger: ursprüngliche Unzulässigkeit der Anfechtung erforderlich

Im Fall der Klage einer natürlichen oder juristischen Person liefert die Rechtsprechung klarere Kriterien, welche Handlungen inzident angegriffen werden können, obwohl sie nicht als Verordnung ergangen sind: Aus rechtsschutzsystematischen Gründen erstreckt sich der Anwendungsbereich des Art. 241 EG auf alle Handlungen, die der Kläger aufgrund ihres allgemeingültigen Charakters nicht mit der Nichtigkeitsklage hat angreifen können. Ausgenommen von Art. 241 EG sind damit nur die wenigen Fälle, in denen ein Beschluss für den Individualkläger unzweifelhaft eine anfechtbare Entscheidung ist. Die entsprechenden Drittbetroffenheits-Konstellationen wurden oben dargestellt. So kann sich eine hinreichend individualisierte Person in einem späteren Verfahren nicht mehr darauf berufen, der Ernennungs-Beschluss zugunsten eines Konkurrenten sei rechtswidrig gewesen. In allen anderen Fällen kommt es für die Zulässigkeit einer Rechtswidrigkeitseinrede gegen einen Beschluss allein auf den unmittelbaren rechtlichen Zusammenhang mit dem streitgegenständlichen Rechtsakt an.

In diesem Sinne hat das Gericht erster Instanz in der Rechtssache *Limburgse Vinyl* entschieden.[1298] Der private Nichtigkeitskläger berief sich auf die Rechtswidrigkeit einer Bestimmung der Geschäftsordnung der Kommission, die im Verfahren zum Erlass der angefochtenen Entscheidung angewendet worden war. Das Gericht erklärte die Rechtswidrigkeitseinrede gegen einen Rechtsakt, „von dem die formelle Gültigkeit

---

[1297] EuGH, Rs. C-241/01 (Anm. 1264), Rdnrn. 25, 32 und 36.

[1298] EuG, verb. Rs. T-305/94 bis T-307/94 u.a., *Limburgse Vinyl Maatschappij u.a./Kommission*, Slg. 1999, S. II-931.

dieser Entscheidung abhängt", für zulässig, sofern der Betroffene nicht die Möglichkeit hatte, die Nichtigerklärung des früheren Rechtsakts zu beantragen.[1299] Damit ist erstmals die Möglichkeit einer inzidenten Rechtmäßigkeitskontrolle von Beschlüssen anerkannt worden, denn die Ausführungen des Gerichts schließen die als Beschluss ergangene Geschäftsordnung des Rates ausdrücklich ein. Maßgeblich war für das Gericht, dass die Geschäftsordnungen der Organe wesentliche Formvorschriften für den Erlass weiterer Rechtsakte festlegen, also nach der hier vorgeschlagenen Terminologie relativen Vorrang vor diesen genießen.[1300] Dieses Ergebnis folgt unmittelbar aus der Anwendung der Grundsätze, die der Gerichtshof in *Simmenthal/Kommission* entwickelt hat.[1301] Das Gericht dagegen glaubte sich zu einer Weiterentwicklung der Rechtsprechung veranlasst, weil die Kommissions-Geschäftsordnung weder die „Rechtsgrundlage" der angefochtenen Entscheidung darstelle noch „gleichartige Wirkungen wie eine Verordnung" entfalte.[1302] In der Sache ergibt sich hieraus keine Differenz, denn jedenfalls jetzt ist klar, dass an den rechtlichen Zusammenhang zwischen angefochtener und gerügter Handlung keine weiteren Anforderungen zu stellen sind als die Entscheidungserheblichkeit der Einrede und die ursprüngliche Unzulässigkeit einer gegen die gerügte Handlung gerichteten Individualnichtigkeitsklage.

V. Begrenzung der Wirkungen der Nichtigerklärung eines Beschlusses

Eine weitere Stelle, an der die Verträge ihrem Wortlaut nach der Verordnung eine Sonderstellung im Prozessrecht einräumen, ist Art. 231 EG (bzw. Art. 147 EA). Dieser Artikel befasst sich mit den Rechtsfolgen einer begründeten Nichtigkeitsklage.

[1299] Ibid., Rdnr. 286.

[1300] Dass das Gericht die Einrede auf solche Bestimmungen einer Geschäftsordnung beschränkt, die dem Schutz des Einzelnen dienen (ibid., Rdnr. 287), ist der Konzeption nur begrenzter Einklagbarkeit von Verstößen gegen ‚interne' Handlungen geschuldet, die an anderer Stelle kritisiert wurde, C. I. 4. c. aa. Die Erkenntnis der Anwendbarkeit des Art. 241 EG auf Beschlüsse ist hiervon nicht berührt.

[1301] Zitiert bei Anm. 1285.

[1302] EuG, verb. Rs. T-305/94 bis T-307/94 u.a. (Anm. 1298), Rdnr. 286.

Gemäß Art. 231 I EG erklären der Gerichtshof oder das Gericht den angefochtenen Rechtsakt bzw. die angefochtene Bestimmung des Rechtsakts durch Gestaltungsurteil für nichtig. Die gleichen Urteilswirkungen treten im Fall einer Ungültigkeitserklärung nach Art. 234 I lit. b EG ein: Eine Nichtig- oder Ungültigkeitserklärung wirkt *erga omnes* und *ex tunc*, der betreffende Rechtsakt wird rückwirkend so angesehen, als habe er niemals existiert.[1303] Art. 231 II EG gibt den beiden Gerichten ein Korrekturinstrument an die Hand, mit dem sie der Rigidität dieser Rechtsfolgenbestimmung entgehen können: Es steht in ihrem Ermessen, im Urteilstenor diejenigen Wirkungen des für nichtig erklärten Rechtsakts zu bezeichnen, die „als fortgeltend zu betrachten sind".[1304] Von derselben Befugnis geht der Gerichtshof für die Ungültigkeitserklärung nach Art. 234 I lit. b EG aus.[1305] Eine Begrenzung der Urteilswirkungen kommt zum einen in zeitlicher Hinsicht in Frage, namentlich indem das Fortgelten des rechtswidrigen Rechtsakts bis zu einer Neuregelung angeordnet wird.[1306] In Betracht kommt ferner, die Wirkung des Rechtsakts insoweit aufrechtzuerhalten, als er als Rechtsgrundlage für Durchführungsmaßnahmen gedient hat, deren Be-

---

[1303] EuGH, Rs. 66/80, *International Chemical*, Slg. 1981, S. 1191, Rdnr. 18; Rs. C-228/92, *Roquette Frères*, Slg. 1994, S. I-1445, Rdnr. 17.

[1304] Davon zu unterscheiden ist die Teilnichtigkeit eines Rechtsakts, die daraus resultiert, dass eine Nichtigerklärung nur in dem Umfang erfolgt, in dem der Rechtsakt zulässigerweise angefochten wurde (*ne ultra petita*) und die Klage begründet ist, EuGH, Rs. C-310/97 P, *Kommission/AssiDomaen Kraft Products*, Slg. 1999, S. I-5363, Rdnrn. 52 f.; Grabitz/Hilf-*Booß*, Rdnr. 8 zu Art. 231 EG; wohl überholt ist EuGH, Rs. 92/78 (Anm. 1278), Rdnrn. 106/110, zu einer rechtswidrigen staatengerichteten Entscheidung, die eine Vielzahl von Marktteilnehmern betraf: „die Nichtigerklärung [ist] zu beschränken auf die ablehnende Einzelentscheidung, die sich im Hinblick auf die Klägerin aus der Entscheidung ... ergibt"; nach der neueren Rechtsprechung wäre dies bereits als Problem der Zulässigkeit der Klage zu thematisieren, vgl. Rs. 240/84 (Anm. 1246), Rdnr. 7.

[1305] EuGH, Rs. 145/79, *Roquette Frères*, Slg. 1980, S. 2917, Rdnr. 52; Rs. 112/83, *Produits de maïs*, Slg. 1985, S. 719, Rdnr. 17; Rs. 41/84, *Pinna*, Slg. 1986, S. 1, Rdnr. 26; Rs. C-228/92 (Anm. 1303), Rdnrn. 19 f.; hierzu *U. Everling*, Der Ausschluss der Rückwirkung bei der Feststellung der Ungültigkeit von Verordnungen durch den Gerichtshof der Europäischen Gemeinschaften, in: FS B. Börner, 1992, S. 57, 60 ff.

[1306] EuGH, Rs. C-295/90, *Parlament/Rat*, Slg. 1992, S. I-4193, Rdnr. 27; Rs. C-21/94, *Parlament/Rat*, Slg. 1995, S. I-1827, Rdnr. 32; Rs. C-378/00, *Kommission/Parlament und Rat*, Slg. 2003, S. I-937, Rdnr. 76.

stand nicht angetastet werden soll.[1307] In Ausnahmefällen können sämtliche Wirkungen des für nichtig erklärten Rechtsakts aufrechterhalten werden.[1308]

Die Motive dafür, dem Gerichtshof diese Befugnis nur im Fall einer rechtswidrigen Verordnung einzuräumen, sind nicht klar. Die Literatur sieht Zusammenhänge zur Fähigkeit der Verordnung, Rechte und Pflichten der „Marktbürger" zu begründen,[1309] oder zu ihrer Eigenschaft, sich meist an einen unbestimmten oder doch zumindest großen Adressatenkreis zu wenden.[1310] Möglicherweise beruht der formenbezogene Anwendungsbereich des Art. 231 II EG auch auf der – praktisch überholten – Vorstellung, allein bei Verordnungen komme eine Vielzahl von Vollzugsmaßnahmen auf nationaler oder unionaler Ebene in Betracht, die nicht wegen Fehlens einer gültigen Rechtsgrundlage ihrerseits rechtsfehlerhaft werden sollen.[1311] Die Gründe der Rechtssicherheit, des Vertrauensschutzes und der Achtung von Rechten Dritter, auf denen Art. 231 II EG beruht,[1312] mögen indes, je nach den Umständen des Einzelfalls, auch bei anderen Handlungsformen eine rückwirkende Nichtigerklärung als unangemessene Fehlersanktion erscheinen lassen. Die *ratio legis* des Art. 231 II EG drängt darauf, die Abwägungsspielräume, die diese Norm eröffnet, für alle anfechtbaren Handlungen einzuräumen.

Der Gerichtshof jedenfalls hat nicht gezögert, die formenbezogene Beschränkung des Art. 231 II EG zu überwinden. Hierzu bedient er sich einer ähnlichen Argumentationsfigur wie bei Art. 241 EG, indem er auf den hinter der Vertragsnorm stehenden Rechtsgedanken rekurriert und die vertragliche Regelung als dessen unvollständige Positivierung interpretiert. Der Gerichtshof macht von der in Art. 231 II EG „für den Fall

---

[1307] EuGH, Rs. C-271/94, *Parlament/Rat*, Slg. 1996, S. I-168, Rdnr. 40; Rs. C-106/96, *Großbritannien/Kommission*, Slg. 1998, S. I-2729, Rdnr. 42; Rs. 22/96, *Parlament/Rat*, Slg. 1998, S. I-3231, Rdnr. 42; vgl. auch die in Anm. 1305 zitierten Urteile.

[1308] EuGH, Rs. C-360/93, *Parlament/Rat*, Slg. 1996, S. I-1195, Rdnr. 36; Rs. C-159/96 (Anm. 1204), Rdnr. 53.

[1309] *J. Schwarze*, Europäisches Verwaltungsrecht, 1988, S. 228.

[1310] Grabitz/Hilf-*Booß*, Rdnr. 9 zu Art. 231 EG; Groeben/Schwarze-*Gaitanides*, Rdnr. 7 zu Art. 231 EG.

[1311] Vgl. Lenz/Borchardt-*Borchardt*, Rdnr. 3 zu Art. 231 EG.

[1312] Schwarze-*Schwarze*, Rdnr. 7 zu Art. 231 EG; Lenz/Borchardt-*Borchardt*, Rdnr. 6 zu Art. 231 EG; Streinz-*Ehricke*, Rdnr. 6 zu Art. 231 EG.

der Nichtigerklärung einer Verordnung ausdrücklich zuerkannten Befugnis" immer dann Gebrauch, wenn „wichtige Gründe der Rechtssicherheit" es verlangen, ohne dass es auf die Form der in Rede stehenden Handlung ankommt. Die zitierten Wendungen finden sich erstmals in einem Urteil aus dem Jahr 1986, in dem der Gerichtshof bestimmte Wirkungen des für nichtig erklärten Haushaltsplans aufrechterhielt.[1313] In späteren Urteilen ging er von dieser Begrenzungsbefugnis ohne großen Begründungsaufwand bei Richtlinien[1314] und staatengerichteten Entscheidungen[1315] aus.

Es verwundert daher nicht, dass sich in der Rechtsprechung auch Fallbeispiele finden, in denen Wirkungen von erfolgreich angefochtenen Beschlüssen aufrechterhalten wurden. Als der Gerichtshof auf eine Klage des Parlaments einen Annahme-Beschluss des Rates wegen einer unzureichenden Rechtsgrundlage für nichtig erklärte, ordnete er mit Einverständnis beider Parteien das Fortgelten sämtlicher Wirkungen des Beschlusses an.[1316] Ausschlaggebend hierfür war, dass das Abkommen völkerrechtlich bereits in Kraft getreten war. In einem weiteren Fall konservierte der Gerichtshof die Wirkungen eines Rats-Beschlusses über ein Förderprogramm, insoweit er als Rechtsgrundlage für Durchführungsakte der Kommission gedient hatte.[1317] In vollem Umfang erhalten blieben ferner die Wirkungen eines habilitierten Kommissions-Beschlusses, der wegen Befugnisüberschreitung für nichtig erklärt wurde.[1318] Hier hatte die Kommission eine begünstigende Einfuhrregelung für kontingentierte Waren aus einem Drittstaat getroffen. Legitime Erwartungen der Wirtschaftsteilnehmer, die ihnen eingeräumten Rechte ausüben zu können, verlangten nach einer derart weit reichenden Begrenzung der Urteilswirkungen. Dieses Urteil demonstriert anschaulich, zu welchen Inkohärenzen es führen würde, die von Art. 231 II EG dem Gerichtshof eingeräumte Befugnis auf Verordnungen zu beschränken. Vertrauensschutzgesichtspunkte, die für die (partielle) Aufrechter-

---

[1313] EuGH, Rs. 34/86, *Rat/Parlament*, Slg. 1986, S. 2155, Rdnr. 48.

[1314] EuGH, Rs. C-295/90 (Anm. 1306), Rdnr. 26; Rs. C-21/94 (Anm. 1306), Rdnr. 31.

[1315] EuGH, Rs. C-271/94 (Anm. 1307), Rdnr. 40; Rs. C-360/93 (Anm. 1308), Rdnr. 35.

[1316] EuGH, Rs. C-360/93 (Anm. 1308), Rdnrn. 32 ff.; ebenso in Rs. C-211/01 (Anm. 1207), Rdnrn. 55 und 57.

[1317] EuGH, Rs. 22/96 (Anm. 1307), Rdnr. 42.

[1318] EuGH, Rs. C-159/96 (Anm. 1204), Rdnrn. 52 f.

haltung eines rechtswidrigen Akts sprechen, verbinden sich regelmäßig mit dessen Fähigkeit, individuelle Rechte zu begründen. Hierauf hat die Verordnung unter den unionalen Handlungsformen kein Monopol.

VI. Zusammenfassung zum Kontrollregime des Beschlusses

Die Darstellung des judikativen Kontrollregimes des Beschlusses fußt auf den Erkenntnissen im Ersten Teil der Studie, der die weit gehende Entkopplung von Handlungsform und Rechtskontrollform herausgearbeitet hat. So überrascht es nicht, dass Beschlüsse grundsätzlich als Gegenstände einer Nichtigkeitsklage, einer Vorabentscheidung über die Gültigkeit und einer Rechtswidrigkeitseinrede zugelassen sind.

Die Nichtigkeitsklage eines privilegierten Klägers nach Art. 230 II EG setzt neben der Beachtung der Klagefrist lediglich voraus, gegen eine Handlung eines Organs gerichtet zu sein, die verbindliche Rechtswirkungen entfaltet. Diese Voraussetzungen sind bei einem Beschluss stets erfüllt.

Die Nichtigkeitsklage einer natürlichen oder juristischen Person nach Art. 230 IV EG gegen einen Beschluss ist nur zulässig, wenn es sich um eine Entscheidung im prozessrechtlichen Sinne handelt, er also den Kläger unmittelbar und individuell betrifft. Aufgrund des spezifischen Verpflichtungsmodus des Beschlusses ist eine Einzelperson, die außerhalb der institutionellen Sphäre der Union steht, im Normalfall nicht nachteilig von ihm betroffen. In bestimmten Konstellationen aber kann ein begünstigender Beschluss konkurrierende Dritte unmittelbar betreffen, sodass die Zulässigkeit der Klage von der hinreichenden Individualisierung des Drittbetroffenen abhängt.

Diese Voraussetzungen sind, neben Fällen einer negativen Konkurrentenklage gegen einen Ernennungs-Beschluss, typischerweise bei Beschlüssen über handelspolitische Schutzmaßnahmen erfüllt. Gegen einen Beschluss, der ein Antidumping- oder Antisubventionsverfahren beendet, ohne die vom Antragsteller begehrten Schutzmaßnahmen zu ergreifen, kann dieser mit der Individualnichtigkeitsklage vorgehen. Es handelt sich für ihn um eine offenkundig anfechtbare Entscheidung im Sinne der *Deggendorf*-Rechtsprechung.

Diese prozessrechtliche Qualifizierung kann sich als Zulässigkeitshindernis im Rahmen eines Vorabentscheidungsverfahrens oder einer Rechtmäßigkeitskontrolle nach Art. 241 EG auswirken: Ein Beschluss, gegen den eine Individualnichtigkeitsklage offenkundig zulässig gewesen ist, wird für den potenziellen Kläger nach Ablauf der Klagefrist des Art. 230 V EG materiell bestandskräftig. Insoweit gelten dieselben Regeln wie bei einer förmlichen Entscheidung im Verhältnis zu ihrem Adressaten.

Dies hat für die Gültigkeitskontrollvorlage unter Art. 234 I lit. b EG keine große praktische Bedeutung, da ein Beschluss zwar ohne weiteres eine „Handlung eines Organs" ist, sich aber aufgrund seines Wirkungsmodus wenig dazu eignet, in einem Rechtsstreit vor einem staatlichen Gericht entscheidungserheblich zu sein.

Anders ist dies unter Art. 241 EG, der für eine Vielzahl von Beschlusstypen relevant werden kann. Die Rechtswidrigkeitseinrede gegen einen Beschluss ist, über den engen Wortlaut der Bestimmung hinaus, grundsätzlich zulässig, wenn die Rechtmäßigkeit des klagegegenständlichen Akts von der des inzident gerügten Beschlusses abhängt. Hinsichtlich der weiteren Zulässigkeitsvoraussetzungen ist zwischen privilegierten und individuellen Klägern zu differenzieren. Die in Art. 230 II EG genannten Kläger können unter den gleichen Voraussetzungen wie gegen Verordnungen inzident gegen Beschlüsse vorgehen. Bei einem Individualkläger kommt es darauf an, dass die Nichtigkeitsklage aufgrund der allgemeinen Geltung des angegriffenen Beschlusses ursprünglich unzulässig gewesen ist.

Die Wirkungen der gerichtlichen Nichtigerklärung eines Beschlusses können gemäß Art. 231 II EG begrenzt werden, indem der Urteilstenor die Wirkungen des nichtigen Akts bezeichnet, die als fortgeltend zu betrachten sind. Die *ratio* der Vorschrift drängt darauf, diese Begrenzungsbefugnis nicht nur bei Verordnungen anzuerkennen, sondern bei allen anfechtbaren Handlungen.

Die Untersuchung des Kontrollregimes des Beschlusses vervollständigt das Bild eines Rechtskontrollsystems, das seine Prüfungsmaßstäbe weithin formenneutral ausgestaltet. Besonderheiten ihrer Anwendung auf Beschlüsse resultieren aus seinem spezifischen Wirkungsmodus. Nur in bestimmten Konstellationen sind Rechtsbürger von dem Gestaltungserfolg, den ein Beschluss herbeiführt, unmittelbar nachteilig betroffen. Das unionale Prozessrecht stuft in solchen Fällen auch Beschlüsse als anfechtbare Entscheidungen ein. Im Gegenzug gelten die Bestandskraftregeln, die für förmliche Entscheidungen entwickelt worden sind, auch für Beschlüsse, deren Individualanfechtbarkeit offenkundig gewesen ist.

F. Das Leistungsprofil des Beschlusses – eine zusammenfassende Würdigung

In einem abschließenden Kapitel sollen die funktionalen Vorteile des Beschlusses, sein spezifisches Leistungsprofil, zusammenfassend gewürdigt werden.

Der Beschluss ist eine Erfindung, die nicht in einem planenden Zentrum entworfen wurde. Erste Skizzen gehen auf die Gründungsjahre der EWG zurück, als sich rasch das Bedürfnis nach einer Formengestaltung zeigte, die verbindliche Rechtsetzung von Rat und Kommission ermöglicht, ohne die spezifischen Rechtswirkungen einer der kodifizierten Handlungsformen in Anspruch zu nehmen. Der Beschluss setzte sich im Wettbewerb mit „Verwaltungsordnungen", adressatenlosen „Entscheidungen" und formal ungekennzeichneten Handlungen schließlich durch. Ein genauer Zeitpunkt lässt sich nicht bestimmen, ab dem die juristischen Dienste der Organe einen „Beschluss" nicht mehr als bloß negativ definierten ‚sonstigen' Rechtsakt verstanden, sondern als Vertreter einer eigenen Formengattung. Seit den 1970er Jahren jedenfalls findet der Beschluss konsistente Verwendung in heute bekannter Gestalt und Wirkungsweise. Für bestimmte Regelungszwecke nutzte man eben, mittlerweile routiniert, eine adressatenlose *décision/Beschluss*. Nach und nach weiteten sich die Standard-Anwendungsfälle aus, beispielsweise kam ab Mitte der 1980er Jahre die Annahme völkerrechtlicher Abkommen hinzu. Impulse zum Verständnis als eigenständige Handlungsform gab auch die Rechtsprechung des Gerichtshofs. Herausragend ist das ERASMUS-Urteil (1989), das den Typus des Förderprogramms absegnete und mit dogmatischen Konturen anreicherte. Bezeichnend ist die Selbstverständlichkeit, mit der in den 1990er Jahren der Mitentscheidungsgesetzgeber und die EZB den Beschluss in ihre Rechtsetzungspraxis aufnahmen.

Warum hat sich der Beschluss als attraktives Formenwahlangebot bewährt? Die einfachste Antwort ist, dass in den Verträgen eine Handlungsform mit dem rechtlichen Profil des Beschlusses nicht vorgesehen ist. In seiner kritischen Bestandsaufnahme der Formenwahlpraxis beklagt *Koopmans* die Überlastung der Verordnung für "rules which only impose obligations on Community institutions, or which have only an internal effect in the institutions of the Community",[1319] und fordert die Einführung einer Handlungsform "specifically suited to this purpose".[1320] Mit anderen Worten: Gäbe es den Beschluss nicht bereits, man müsste ihn erfinden. *Koopmans* Funktionsbeschreibung scheint genau die Lücke im Kanon der kodifizierten Handlungsformen zu treffen, die durch den Beschluss geschlossen wurde: Benötigt wird eine Handlungsform, die gleich einer Verordnung mit strikt verbindlicher Kraft auftritt, ihre Rechtswirkungen aber gezielt in der institutionellen Sphäre der Union entfaltet.

Allerdings ist der Beschluss keineswegs auf einen eng definierten Kreis möglicher Verwendungszwecke im institutionellen Recht fixiert. Nach dem Vorbild der kodifizierten Handlungsformen des Art. 249 EG ist der Beschluss auf einem Abstraktionsniveau definiert, das eine normative Zuordnung zu einzelnen Politikfeldern und Regelungstypen ausschließt: Der Beschluss ist ein sektorübergreifendes und multifunktionales Rechtsetzungsinstrument. Es gehört zu seinem Leistungsprofil, in ähnlicher Weise indeterminiert zu sein wie die Handlungsformen des Art. 249 EG, und dies nicht nur, weil auch er organ- und verfahrensübergreifend zur Verfügung steht: Beschlüsse können einen konkreten Einzelfall betreffen (z.B. eine Ernennung) oder abstrakt-generelle Vorschriften niederlegen (z.B. der Komitologiebeschluss); ein Beschluss kann legislativen Charakter besitzen, im verfahrensbezogenen wie im materiellen Sinne des Begriffs (z.B. Förderprogramme), aber auch rein exekutiv-administrativen (z.B. Einstellung eines Antidumpingverfahrens).

Noch eine weitere Indeterminiertheit ist für das Verständnis des Beschlusses bedeutsam: Beschlüsse sind nicht per Definition ‚interne' Handlungen in dem Sinne, dass sie stets in Ausübung einer *pouvoir d'organisation interne* ergingen oder Rechtswirkungen für Personen außerhalb der institutionellen Sphäre der Union ausgeschlossen wären. Gewiss eignet sich der Beschluss einerseits gerade für Organisationsrechtsakte (z.B. Geschäftsordnungen, Errichtung von Ausschüssen usw.), da er auf diesem Feld seine organgerichtete Verpflichtungskraft voll ausspielen kann, um Willensbildungsprozesse der Union zu strukturieren oder ihre institutionelle Struktur auszugestalten. Andererseits

---

[1319] *Th. Koopmans*, Regulations, Directives, Measures, in: FS U. Everling, 1995, S. 691, 697.

[1320] Die Möglichkeit einer praxisgenerierten Handlungsform stellt *Koopmans* nicht in Rechnung; ibid. zum Komitologiebeschluss: "it is just something the Council 'decided'".

tritt die Union durch Beschlüsse unmittelbar in Kommunikation mit den Rechtsbürgern. Zu nennen sind hier nur die Förderprogramme, die zur Verhaltenssteuerung auf Anreizmechanismen setzen, oder Beschlüsse über das individuelle Recht auf Dokumentenzugang, oder die Annahme einer freiwilligen Selbstverpflichtung, die ein kontraktähnliches Rechtsverhältnis begründet. Eine Charakterisierung als ‚interne' Handlung würde nicht zuletzt auch die Beschlüsse verfehlen, mit denen die Union externe Abkommen annimmt und hierzu die gesamte inhaltliche Breite ihrer vertraglichen Befugnisse nutzt.

Solche Distanz zu einem engen Kompetenz- oder Funktionsbereich hebt den Beschluss auf Augenhöhe mit den Handlungsformen des Art. 249 EG, begründet allerdings noch nicht seine Besonderheit ihnen gegenüber. Die Vorteile des Beschlusses verkennt, wer allein auf die Rechtswirkungen blickt, die ein als Beschluss qualifizierter Akt positiv zu entfalten vermag. So befragt, verblassen ohnehin alle Handlungsformen im direkten Vergleich mit der Verordnung, die gleichsam alles ‚kann', was in der Macht der Union steht. Zum spezifischen Leistungsprofil des Beschlusses dringt man jedoch vor, wenn man die Blickrichtung dialektisch umkehrt. Jenseits der Verordnung zeichnen sich die Handlungsformen gerade durch ihre Fähigkeit aus, bestimmte Rechtswirkungen *nicht* zu ermöglichen. Ihr jeweiliger Wirkungsmodus dient als Informationsspeicher für formspezifische Wirkungsbegrenzungen. Hier zeigt sich ein (vermeintliches) Paradox, das für die Systemlogik der unionalen Handlungsformen fundamental ist: In der rechtlichen ‚Schwäche' einer Handlungsform, ihrem spezifischen Unvermögen, liegt eine funktionale Stärke.[1321] Die Differenzierung des Unionsrechts nach Handlungsformen gibt den Rechtsetzungsorganen die Chance, nuanciert und kontrolliert von ihren Befugnissen Gebrauch zu machen – gegebenenfalls eben unverbindlich, adressatenspezifisch, umsetzungsbedürftig oder mit beschränkter Verpflichtungskraft zu handeln. Mit der Wahl einer ‚schwächeren' Handlungsform können sie unintendierte Rechtswirkungen vermeiden, sei es, weil diese Wirkungen im konkreten Fall politisch nicht beabsichtigt sind, sei es, weil sie unter der einschlägigen Rechtsgrundlage nicht erlaubt wären.

In dieser Perspektive tritt das Leistungsprofil des Beschlusses klar hervor. Sein formspezifisches Unvermögen manifestiert sich in seinem Verpflichtungsmodus. Der Vorteil des Beschlusses liegt in der konse-

[1321] Zur Übertragung dieses Gedankens auf das Völkerrecht *A. v. Bogdandy*, Lawmaking by International Organizations, in: R. Wolfrum/V. Röben (Hrsg.), Developments of International Law in Treaty Making, 2005, S. 171, 172.

quenten Wahrung individueller Rechte und in der Schonung mitgliedstaatlicher Autonomie, die er den übrigen verbindlichen Handlungsformen voraushat. Wann immer die Union verbindliche Festlegungen treffen will, ohne die Rechtsbürger oder die Mitgliedstaaten zu verpflichten, ist ein Beschluss das angemessene Mittel der Wahl.

Ausblick: Zur Reform der Handlungsformen

Im Juli 2003 hat der Europäische Konvent den Entwurf eines „Vertrags über eine Verfassung für Europa" vorgelegt, der an die Stelle von EU- und EG-Vertrag treten soll. Die nachfolgende Regierungskonferenz einigte sich schließlich auf einen endgültigen Vertragstext.[1322] Angesichts der Unwägbarkeiten des Ratifizierungsprozesses ist derzeit (Mai 2005) noch nicht absehbar, ob die Reformvorschläge des Konvents jemals geltendes Recht werden.

Der folgende Überblick bezieht sich nur selektiv auf das Verfassungsdokument und untersucht die Reformvorschläge zu den Handlungsformen, ohne das veränderte verfassungsrechtliche Umfeld eingehend zu würdigen. Das Interesse gilt vorrangig der Frage, in welchen Punkten der Verfassungsvertrag – gesetzt, er träte unverändert in Kraft – mit der bisherigen Logik der Handlungsformen bricht. Drei Aspekte sollen aus dieser Perspektive analysiert werden: die Einführung der sog. Gesetzgebungsakte (A.), Veränderungen für das Institut der Formenwahl (B.) sowie, nicht überraschend, die Frage nach der Zukunft des Beschlusses, insbesondere sein Verhältnis zum neuen „Europäischen Beschluss" (C.).

A. Einführung eines Europäischen Gesetzgebungsakts

Regelungstechnik und Systematik des Art. I-33 VVE orientieren sich eng am Vorbild des Art. 249 EG. Art. I-33 I Ua. 1 VVE verlangt eine Kompetenz, die sich aus anderen Bestimmungen ergibt, und stellt zu ihrer Ausübung (nominell) sechs Handlungsformen zur Verfügung. Die differenzierte Zuordnung, welches Organ welche Handlungsformen nutzen kann, erfolgt in Art. I-34 und I-35 VVE. Art. I-33 I Ua. 2 bis 6 VVE verknüpft die formale Identität eines Rechtsakts wie bisher mit bestimmten Rechtswirkungen.

Stellt man auf den Wirkungsmodus ab, können für alle Handlungsformen des Art. 249 EG Nachfolger bestimmt werden, auf die die dogma-

[1322] ABl. C 310 vom 16.12.2004, S. 1, im Folgenden zitiert als VVE.

tischen Erkenntnisse zu übertragen sind, die unter den geltenden Verträgen gesammelt wurden (vgl. Art. IV-438 IV VVE). Der Verordnung entspricht sowohl das Europäische Gesetz als auch die Europäische Verordnung in der ersten Alternative des Art. I-33 I Ua. 4 Satz 2 VVE (einstufige Europäische Verordnung). Die Richtlinie soll abgelöst werden durch das Europäische Rahmengesetz und die Europäische Verordnung in der zweiten Alternative (zweistufige Europäische Verordnung); neu ist lediglich ihre ausdrückliche Qualifizierung als Akt „mit allgemeiner Geltung". Die Entscheidung findet ihren Nachfolger im Europäischen Beschluss, allerdings nur in der Variante des Art. I-33 I Ua. 5 Satz 2 VVE (adressatengerichteter Europäischer Beschluss); daneben sieht Satz 1 einen adressatenunspezifischen Europäischen Beschluss vor, der insoweit dem bisher bekannten Beschluss entspricht. Empfehlung und Stellungnahme bleiben definitorisch unverändert (erstmals aber erhält der Rat eine allgemeine Befugnis zur Abgabe von Empfehlungen, Art. I-35 III VVE). Einerseits verbergen sich also hinter den neuen Bezeichnungen teils mehrere Handlungsformen, andererseits differenziert Art. I-33 VVE zwischen Handlungsformen mit gleichem Wirkungsmodus.

Verantwortlich für diese Vermehrung der Handlungsformen – die im Kontrast zum erklärten Reformziel einer Vereinfachung steht – ist die Einführung einer neuen Unterscheidung: zwischen „Gesetzgebungsakten" (franz. *actes législatifs*, engl. *legislative acts*) und Rechtsakten „ohne Gesetzescharakter" (franz. *actes non législatifs*, engl. *non-legislative acts*). In der Einführung des Gesetzes-Begriffs in das Verfassungsrecht der Union liegt ein beträchtliches innovatives Potenzial, das dem des Verfassungs-Begriffs wohl nicht nachsteht.[1323] Die kursorische Betrachtung im Rahmen dieses Ausblicks beschränkt sich indes auf die rechtsordnungsinternen Konsequenzen, ohne die diskurspolitischen Aspekte und ihre mittelfristigen Folgen für das unionale Verfassungsrecht zu würdigen.

Als Gesetzgebungsakte definiert der Verfassungsvertrag Gesetze und Rahmengesetze, Art. I-33 I Ua. 2 und 3, I-34 VVE. Das Rechtsregime der legislativen Handlungsformen weicht von dem der übrigen ab. Fol-

---

[1323] Zu Letzterem *D. Grimm*, Integration durch Verfassung, Leviathan 32 (2004), S. 448, 459 ff.; *A. Albi/P. Van Elsuwege*, The EU Constitution, National Constitutions and Sovereignty, ELRev. 29 (2004), S. 741, 748 f.; *K. Lenaerts/ D. Gerard*, The Structure of the Union According to the Constitution for Europe, ELRev. 29 (2004), S. 289, 322; *A. v. Bogdandy*, Europäische Verfassung und europäische Identität, JZ 2004, S. 53, 59.

gen für den *Wirkungsmodus* hat Art. I-36 VVE, nach dem nur ein Gesetzgebungsakt als Rechtsgrundlage für eine sog. delegierte Verordnung in Frage kommt (dagegen steht das alternative Habilitierungsregime unter Art. I-37 VVE für alle verbindlichen Rechtsakte offen).[1324] Ebenso ist es gemäß Art. I-13 II 1. Alt. VVE einem Gesetzgebungsakt vorbehalten, eine ausschließliche Kompetenz für den Abschluss externer Abkommen zu begründen. Das *Gültigkeitsregime* ist insofern berührt, als Gesetze und Rahmengesetze stets publikationsbedürftig sind, Art. I-39 I VVE (dies ist allerdings, wie Art. I-39 II VVE zeigt, keine exklusive Rechtsfolge). Unklar ist, ob die Nutzung einer legislativen Handlungsform Einfluss auf das *Kontrollregime* hat. Eine dahin gehende Vermutung wird von Art. III-365 IV 3. Alt. VVE genährt, der Individualklagen gegen Rechtsakte „mit Verordnungscharakter“ unter erleichterten Voraussetzungen zulässt. Die beginnende Diskussion tendiert zu einer Auslegung, die Rechtsakte mit Gesetzescharakter hiervon ausschließt.[1325] Tatbestandswirkung hat die Qualifizierung als Gesetzgebungsakt für Art. IV-444 II VVE, weil nur Rechtsgrundlagen, die Gesetze oder Rahmengesetze vorsehen, durch verfassungsändernden Beschluss des Europäischen Rates in das „ordentliche Gesetzgebungsverfahren“ (den Nachfolger des Mitentscheidungsverfahrens) überführt werden können.

[1324] Die Abgrenzung zwischen beiden Habilitierungsregimen ist unklar: „Ergänzung und Änderung bestimmter nicht wesentlicher Vorschriften“ einerseits, Festlegung „einheitlicher Bedingungen für die Durchführung“ andererseits stehen in keinem Ausschließungsverhältnis. Im Überlappungsbereich besteht deshalb für den Gesetzgeber wohl eine Wahlmöglichkeit zwischen Art. I-36 und I-37 VVE.

[1325] *F. C. Mayer*, Individualrechtsschutz im Europäischen Verfassungsrecht, DVBl. 2004, S. 606, 610 ff.; *W. Cremer*, Der Rechtsschutz des Einzelnen gegen Sekundärrechtsakte der Union gem. Art. III-270 Abs. 4 Konventsentwurf des Vertrags über eine Verfassung für Europa, EuGRZ 2004, S. 577, 582; *M. Borowski*, Die Nichtigkeitsklage gem. Art. 230 Abs. 4 EGV, EuR 2004, S. 879, 910; *J. Temple Lang*, Declarations, Regional Authorities, Subsidiarity, Regional Policy Measures, and the Constitutional Treaty, ELRev. 29 (2004), S. 94, 102 f.; die Gegenansicht wird begründet in *A. v. Bogdandy/J. Bast*, *La loi européenne*: Promise and Pretence, in: D. Curtin u.a. (Hrsg.), The EU Constitution: The Best Way Forward?, 2005, S. 171, 176; skeptisch auch *S. Flogatis/A. Pottakis*, Judicial Protection Under the Constitution, European Constitutional Law Review 1 (2005), S. 108, 109; wohl auch *R. Barents*, The Court of Justice in the Draft Constitution, Maastricht Journal of European and Comparative Law 11 (2004), S. 121, 134.

Derartige Modifikationen lassen sich ohne große Reibung in die bisherige Dogmatik der Handlungsformen einordnen. Neuartig sind jedoch weitere Rechtsfolgen, die der Verfassungsvertrag an das Vorliegen eines Gesetzgebungsakts knüpft: die Anwendbarkeit bestimmter Transparenzregeln.[1326] Der Rat tagt und beschließt öffentlich, wenn er „Gesetzgebungsvorschläge" berät, Art. I-24 VI, I-50 II VVE. Weiter beschränken sich die besonderen Mechanismen zur Subsidiaritätskontrolle, insbesondere die Einbeziehung der nationalen Parlamente in ein sog. Frühwarnsystem, auf Gesetzgebungsakte (Art. 3 des Protokolls Nr. 2 über Subsidiarität und Verhältnismäßigkeit). Dasselbe gilt für die Pflicht zur frühzeitigen Unterrichtung der nationalen Parlamente über Rechtsetzungsvorschläge (Art. 2 bis 5 des Protokolls Nr. 1 über die Rolle der nationalen Parlamente). Eine formenbezogene Qualifizierung lenkt hier die Aufmerksamkeit der Öffentlichkeit und der nationalen Parlamente auf bestimmte Rechtsetzungsprojekte und ermöglicht politische Kontrolle. Derartige Aufgaben hatten die unionalen Handlungsformen bislang nicht zu erfüllen.

Einen eklatanten Bruch mit der bisherigen Logik der Handlungsformen würde es darstellen, wenn – über die Anwendbarkeit der genannten Transparenzregeln hinaus – auch das Erlassverfahren im engeren Sinne über die Handlungsformen gesteuert würde. Dem ist jedoch nicht so, auch nicht bei den beiden legislativen Handlungsformen. Neben dem ordentlichen Gesetzgebungsverfahren existiert eine Mehrzahl von „besonderen Gesetzgebungsverfahren", Art. I-34 II VVE. Welches Gesetzgebungsverfahren anzuwenden ist, ergibt sich (nach wie vor) aus der einschlägigen Rechtsgrundlage, ohne dass die Verfahrensdifferenzierung Einfluss auf das Rechtsregime der erlassenen Akte hätte. Das Erlassverfahren als solches qualifiziert einen Rechtsakt auch nicht automatisch als Gesetzgebungsakt. In den besonderen Gesetzgebungsverfahren entscheidet der Rat einstimmig oder mit qualifizierter Mehrheit, das Parlament ist im Anhörungs- oder im Zustimmungsverfahren beteiligt. Alle vier Kombinationen finden bei legislativen wie bei nicht-legislativen Rechtsetzungsbefugnissen Verwendung.[1327] Dem Verfassungsvertrag liegt also *kein* verfahrensbezogen-formeller Gesetzesbegriff zugrunde, der sich in das Handlungsformensystem abbilden könnte.

[1326] Offen ist, ob sich diese formspezifischen Regeln systematisch dem Gültigkeitsregime zuordnen lassen; dies wird davon abhängen, ob eine Regelverletzung Einfluss auf die Rechtmäßigkeit des späteren Rechtsakts haben kann.

[1327] Eine tabellarische Übersicht bei *A. Maurer*, Orientierungen im Verfahrensdickicht?, integration 2003, S. 440, 445.

Der Verfassungsvertrag folgt der bisherigen Struktur, das Verfahrensregime der Rechtsakte über die Kompetenzen zu steuern. In einer Hinsicht jedoch koppelt er Kompetenzen und Handlungsformen stärker aneinander als die geltenden Verträge: Die ganz überwiegende Mehrzahl der Kompetenznormen des Verfassungsvertrags ermächtigt *entweder* zur Rechtsetzung in legislativen Handlungsformen *oder* in nichtlegislativen Handlungsformen – Mischkompetenzen sind nur in wenigen Ausnahmefällen vorgesehen.[1328] Eine eigene rechtliche Beurteilung, ob eine geplante Handlung *materiell* legislativen Charakter hat, ist von den Verfassungsorganen somit in aller Regel nicht gefordert. Es liegt immer schon eine autoritative Stellungnahme des Verfassunggebers vor. Die Handlungsformenlehre ist damit weiterhin von der schwierigen Aufgabe entlastet, einen operativ anwendbaren materiellen Gesetzesbegriff für die Union zu entwickeln. Der Begriff der Gesetzgebungsakte, wie ihn der Verfassungsvertrag verwendet, ist eine Sammelbezeichnung für Rechtsakte, die auf eine Rechtsgrundlage gestützt sind, die der Verfassunggeber als legislativ klassifiziert hat.[1329]

[1328] Will der Gesetzgeber im Bereich einer als ‚legislativ' klassifizierten Rechtsgrundlage zu ‚nicht-legislativen' Handlungsformen vordringen, muss er eine Befugnisübertragung nach Art. I-36 oder I-37 VVE vornehmen; die wichtigste Ausnahme ist die sog. Flexibilitätsklausel des Art. I-18 I VVE, die – wie bisher Art. 308 EG – von „Maßnahmen" spricht.

[1329] Es darf bezweifelt werden, ob sich Konvent und Regierungskonferenz bei dieser Klassifizierungsaufgabe in allen Fällen von einer überzeugenden Konzeption haben leiten lassen. Dies zeigt der Vergleich mit Rechtsgrundlagen, die den Rat zum Erlass von Europäischen Verordnungen ermächtigen; näher hierzu *J. Bast*, Legal Instruments, in: A. von Bogdandy/J. Bast (Hrsg.), Principles of European Constitutional Law, 2006 (im Erscheinen); kritisch auch *M. Dougan*, The Convention's Draft Constitutional Treaty, ELRev. 28 (2003), S. 763, 784; *F. Dehousse/W. Coussens*, The Convention's Draft Constitutional Treaty: Old Wine in a New Bottle?, Studia Diplomatica 56 (2003), Heft 1–2, S. 5, 59; *K. Lenaerts*, A Unified Set of Instruments, European Constitutional Law Review 1 (2005), S. 57, 61.

B. Einschränkung des Formenwahlermessens

Weitere Veränderungen, die der Verfassungsvertrag vorsieht, betreffen das Formenwahlermessen der Organe. Insgesamt zeigt sich eine Tendenz zur stärkeren Einhegung, das Institut der Formenwahl bleibt jedoch auch unter dem Verfassungsvertrag zentral.

Ablesbar ist der Wille zu einer verstärkten Kontrolle bereits an der prominenten Platzierung des Verhältnismäßigkeitsprinzips. Art. I-38 I VVE bindet die Ausübung eines Formenwahlermessens ausdrücklich an dieses Prinzip, ebenso Art. I-11 IV VVE („gehen Maßnahmen der Union ... formal nicht über das ... erforderliche Maß hinaus"). Dies entspricht geltender Rechtslage, die Positivierung als solche trägt zur Überwindung der Schwierigkeiten einer judikativen Kontrolle nichts bei.

Von größerer Bedeutung ist die Konzeption des Verfassungsvertrags, in den meisten Rechtsgrundlagen enumerativ die wählbaren Handlungsformen zu nennen. *Ipsens* Ideal einer Regelzuordnung von Kompetenzen und Handlungsformen scheint eine späte Verwirklichung zu finden. Die Motive sind aus den Materialien nicht ersichtlich (insgesamt hat Teil III des Verfassungsvertrags in den Beratungen des Konvents nur eine untergeordnete Rolle gespielt); sie liegen wohl eher im Bereich des Politisch-Symbolischen und der Verfassungsästhetik. Die operative Relevanz der formalen Kennzeichnung besteht in erster Linie in der impliziten Klassifizierung als legislative oder nicht-legislative Rechtsgrundlage. In den meisten Fällen stellt der Verfassungsvertrag die gesamte Breite der jeweiligen Formengruppe zur Verfügung, indem er zu Regelungen „durch Europäische Gesetze oder Rahmengesetze" bzw. „durch Europäische Verordnungen oder Beschlüsse" ermächtigt. Im Übrigen scheinen sich Konvent und Regierungskonferenz mit einer Kodifizierung der Formenwahlpraxis und der Perpetuierung geltender Formenwahlgebote begnügt zu haben. Innovative Begrenzungsabsichten sind kaum erkennbar. Umgekehrt legt der Verfassungsvertrag an einer Reihe von Stellen ohne Not ein maximales Interventionsniveau fest (Europäische Gesetze). Die Regelungstechnik des Art. I-33 I VVE, mehrere Handlungsformen unter einer Bezeichnung zu bündeln, trägt das Ihrige zur Persistenz des Formenwahlermessens bei: Wenn der Rat zum Erlass von Europäischen Verordnungen ermächtigt wird, steht ihm die Wahl zwischen zwei Handlungsformen offen.[1330] Entsprechendes gilt für eine Ermächtigung zu Europäischen Beschlüssen. Im Bereich nicht-legislativer Kompetenzen besteht mithin ausnahmslos Formenwahlermessen. Dieses ist auch im Verfassungsvertrag der Regelfall, mit einer Tendenz zur Einengung auf bestimmte Wahlalternativen. Beschränkungen treffen vor allem den Gesetzgeber, dem bestimmte wirkungsbegrenzte Handlungsformen nicht mehr zur Verfügung stehen sollen (dazu sogleich).

Für die Frage nach Kontinuität oder Bruch ist ferner entscheidend, ob der Verfassungsvertrag eine enumerative Schließung des Formensystems beabsichtigt. Der Wortlaut des Art. I-33 I VVE bringt gegenüber Art. 249 EG keine neuen Gesichtspunkte; die teleologischen Argumente, die für ein entwicklungsoffenes Formensystem sprechen, greifen auch unter dem Verfassungsvertrag. An diesem generellen Befund sind jedoch Korrekturen vorzunehmen, die mit der Einführung der Gesetzgebungsakte zusammenhängen. Der Verfassungsvertrag intendiert offenbar eine Zweiteilung: Hinsichtlich der Gesetzgebungsakte enthält Art. I-33 VVE einen abschließenden Kanon von zwei Handlungsformen, außerhalb der legislativen Kompetenzen und für den Bereich des habilitierten Rechts bleibt es bei einer Formenprägungsbefugnis. Beide Teilaussagen finden in Art. I-33 II VVE ihre normative Basis. Zweck der Regelung ist in erster Linie der Schutz des Vorschlagsmonopols der Kommission und der Beteiligungsrechte des Parlaments gegen ein Ausweichen des Rates auf nicht-kodifizierte Handlungsformen (wie Entschließungen und Schlussfolgerungen). Mittelbar aber bewirkt sie eine Schließung des Kanons legislativer Handlungsformen.[1331] Auf der anderen Seite setzt Art. I-33 II VVE ersichtlich voraus, dass außerhalb des Gesetzgebungsverfahrens andere Handlungsformen als die in der betreffenden Rechtsgrundlage genannten auch unter dem Verfassungsvertrag ihre Berechtigung haben. Die ausdrückliche Beschränkung des Verbots auf den Bereich der Gesetzgebungsakte provoziert den Gegenschluss, dass jenseits dessen eine Formenprägungsbefugnis besteht.[1332]

[1330] *Nota bene* erhält somit auch die EZB die Befugnis, zweistufige Europäische Verordnungen (= Richtlinien) zu erlassen, Art. I-35 II i.V.m. I-33 I Ua. 4 Satz 2 2. Alt. VVE.

[1331] Gesetzgebungsakte ergehen – mit den in Art. I-34 III VVE genannten Ausnahmen – durchweg auf Vorschlag der Kommission, Art. I-26 II VVE.

[1332] *W. Obexer*, Der Entwurf eines Verfassungsvertrags für Europa, Europablätter 2004, S. 4, 8; *K. Lenaerts/J.-M. Binon/P. Van Nuffel*, L'Union européenne en quête d'une Constitution, Journal des tribunaux – Droit Européen 2003,

Im Ergebnis erkennt der Verfassungsvertrag an, dass ein funktionales Bedürfnis nach Flexibilität im Bereich der Handlungsformen besteht. Rigidität erschien nur bei legislativer Tätigkeit angebracht. Die Zweckmäßigkeit dieser Einschränkung ist aus Sicht des Verfassers mit einem Fragezeichen zu versehen. Im Vergleich zur gegenwärtigen Rechtslage verlieren Rat und Parlament die Möglichkeit, wirkungsbegrenztere Handlungsformen als Verordnung und Richtlinie zu erlassen, wenn sie unter einer legislativen Kompetenz tätig werden. Namentlich Beschluss und Empfehlung werden aus ihrem Handlungsarsenal gestrichen. Dies kontrastiert in bemerkenswerter Schärfe mit der rhetorischen Aufwertung des Verhältnismäßigkeitsprinzips und mit der prozeduralen Verstärkung der Subsidiaritätskontrolle.

Zu ergänzen ist, dass der Verfassungsvertrag die Strategie des Gerichtshofs zur Neutralisierung von rechtskontrollverschließenden Wirkungen der Formenwahl weit gehend bestätigt und kodifiziert. Zentralbegriff des Rechtskontrollsystems bleibt die „Handlung", Art. III-365 I, III-369 I lit. b VVE. Dieser Terminus tritt jetzt auch bei der Individualnichtigkeitsklage an die Stelle der „Entscheidung", Art. III-365 IV VVE. Das Enumerationsprinzip im Bereich des Individualrechtsschutzes ist damit auch terminologisch glücklich überwunden.[1333] Ebenso wird in Art. III-366 II VVE der Bezug auf die Verordnung ersetzt, und auch bei der Einrede der Rechtswidrigkeit nach Art. III-378 VVE hat sich die Regierungskonferenz zu diesem Schritt durchringen können: Die Inzidentrüge ist nunmehr gegen alle „Rechtsakt[e] mit allgemeiner Geltung" unabhängig von der gewählten Handlungsform zugelassen.

S. 289, 294; *H. Hofmann*, A Critical Analysis of the New Typology of Acts in the Draft Treaty Establishing a Constitution for Europe, European Integration Online Papers Vol. 7 (2003) No. 9, S. 7 <http://eiop.or.at/eiop/texte/2003-009a.htm> (25.4.2005); anders *J. Schwarze*, Ein pragmatischer Verfassungsentwurf, EuR 2003, S. 535, 554.

[1333] Erneute Aufladungen des Rechtsschutzes mit handlungsformenbezogenen Differenzierungen drohen jedoch von Art. III-365 IV 3. Alt. VVE, siehe oben in diesem Ausblick.

C. Zur Zukunft des Beschlusses unter dem Verfassungsvertrag

Der neue Europäische Beschluss speist sich aus drei Quellen: der Entscheidung nach Art. 249 IV EG, der praxisgenerierten Handlungsform Beschluss und den sektorspezifischen Handlungsformen des Art. 12 EU.[1334] Ein Einsatzgebiet findet er im Bereich der Gemeinsamen Außen- und Sicherheitspolitik (GASP): Hier steht aus dem Kanon des Art. I-33 VVE allein der Europäische Beschluss zur Verfügung. Für diesen Sektor des Unionsrechts gilt weiterhin ein Sonderregime, geprägt durch den Ausschluss gerichtlicher Kontrolle (Art. III-376 I VVE), die dominierende Rolle des Europäischen Rates (Art. I-40 II, III-295 VVE) und das Fehlen parlamentarischer Beteiligung von nennenswertem Gewicht (Art. I-40 VIII VVE). Jedenfalls hinsichtlich seines Kontrollregimes ist der Europäische GASP-Beschluss von den übrigen Europäischen Beschlüssen strikt zu unterscheiden. Außerhalb der GASP werden Europäische Beschlüsse in einer Vielzahl von Rechtsgrundlagen genannt, bevorzugt in solchen, die in der Praxis für Entscheidungen oder Beschlüsse genutzt wurden.

Unter dem Dach einer gemeinsamen Bezeichnung sind damit drei heterogene Handlungsformen versammelt, für die der Verfassungsvertrag nur wenige gemeinsame Regelungen treffen konnte.

Gemäß Art. I-35 I, II VVE werden Europäische Beschlüsse von Rat, Kommission, Europäischem Rat und EZB erlassen. Das Fehlen des Parlaments erklärt sich aus der Zuordnung des Europäischen Beschlusses zu den Rechtsakten ohne Gesetzescharakter. Dies schließt den Rückgriff auf Europäische Beschlüsse im ordentlichen Gesetzgebungsverfahren per Definition aus. Die Rechtsetzungsbefugnisse des Parlaments, die bisher in Form von Beschlüssen wahrgenommen wurden, werden den besonderen Gesetzgebungsverfahren zugeschlagen und in Form von Gesetzen ausgeübt,[1335] oder sie bleiben formal ungekennzeichnet.[1336] Bei den „Europäischen Durchführungsbeschlüssen“, von denen

[1334] Die PJZ-Beschlüsse nach Art. 34 II lit. c EU dagegen tragen zu diesem Fusionsprodukt nicht bei: Sie sollen mit der formellen Überwindung der Säulenstruktur der geltenden Verträge ersatzlos wegfallen.

[1335] Art. III-330 II, III-333 III und 335 IV VVE.

[1336] Art. III-333 I und III-335 I VVE.

Art. I-37 IV VVE spricht, handelt es sich um Europäische Beschlüsse der Kommission oder des Rates, die ihre Rechtsgrundlage in einem Habilitationsakt finden.

Die Heterogenität des Europäischen Beschlusses zeigt sich bei der Definition seines Wirkungsmodus: Ein Europäischer Beschluss ist entweder ohne nähere Qualifizierung „in allen seinen Teilen" verbindlich oder nur für seinen Adressaten, wenn er an einen solchen gerichtet ist, Art. I-33 I Ua. 5 VVE. Diese Unterscheidung wird in Art. I-39 II, III VVE aufgegriffen und als Differenzierungskriterium für das In-Kraft-Treten genutzt. Europäische Beschlüsse, die „an keinen bestimmten Adressaten gerichtet sind", sind veröffentlichungsbedürftig, andere Europäische Beschlüsse werden durch individuelle Bekanntgabe wirksam. Keine Rolle spielt die Unterscheidung in Art. I-38 II VVE, der alle Europäischen Beschlüsse den Begründungspflichten unterwirft, die aus Art. 253 EG bekannt sind.

Damit hat der Beschluss nach jahrzehntelanger Nutzung in der Praxis erstmals den Sprung in ein europäisches Gründungsdokument geschafft. Der Verfassungsvertrag erkennt die Existenz von adressatenlosen verbindlichen Rechtsakten an und stellt einen verfassungsrechtlichen Rahmen zur Verfügung, in dem sie sich entwickeln können. Beschlüsse unterliegen nunmehr ausdrücklich einer Begründungspflicht und sind als mögliche Formenwahlalternative in die Verhältnismäßigkeitsprüfung einzustellen, wenn der Verfassungsvertrag Europäische Beschlüsse vorsieht oder zulässt. Das charakteristische Moment der begrenzten Verpflichtungskraft hat keinen Eingang in den Verfassungstext gefunden. Es wird nur versteckt erkennbar aus dem Vergleich der einstufigen Europäischen Verordnung mit dem adressatenlosen Europäischen Beschluss, wonach Letzterem gerade nicht die Fähigkeit zugesprochen wird, unmittelbar in jedem Mitgliedstaat zu gelten. Diese Sehschwäche gegenüber der Besonderheit des Beschlusses erklärt auch, warum adressatenlose Europäische Beschlüsse – anders als unter den geltenden Verträgen – zu ihrer Wirksamkeit der Veröffentlichung bedürfen: Da die Befähigung, „in allen seinen Teilen verbindlich" zu sein, für sich genommen privatgerichtete Verpflichtungskraft nicht ausschließt, kommt eine *ad-hoc*-Wirksamkeit als allgemeine Regel nicht in Frage. Das eigenständige rechtliche Profil des Beschlusses wird auch zukünftig einer Stabilisierung durch die Rechtsetzungspraxis bedürfen. Sie entscheidet letztlich darüber, ob der Beschluss als Handlungsform fortbesteht oder mit der einstufigen Europäischen Verordnung fusioniert.

So begrüßenswert die Anerkennung des Beschlusses als solche ist, so unschön ist die Bündelung unter die Sammelbezeichnung des Europäischen Beschlusses. Hier trägt der Verfassungsvertrag nichts zur Behebung der bestehenden Kommunikationsprobleme bei der Unterscheidung von Beschluss und Entscheidung bei und verschärft sie zusätzlich durch die Einbeziehung der Handlungsformen des Art. 12 EU. Es bleibt abzuwarten, ob es den rechtsetzenden Organen gelingt, die jeweils gewählte Handlungsform bereits mit hinreichender Deutlichkeit in der äußeren Form des Rechtsakts zum Ausdruck zu bringen.

Bedauerlich ist ferner der intendierte Ausschluss einer Handlungsform mit dem Wirkungsmodus des Beschlusses aus dem Bereich legislativen Handelns. Namentlich bei den nicht-regulativen Kompetenzen (Art. I-17 VVE) geht dem Gesetzgeber ein wohlgeformtes Handlungsinstrument verloren. Dass zukünftig Förderprogramme „unter Ausschluss jeglicher Harmonisierung durch Europäisches Gesetz oder Rahmengesetz" erlassen werden sollen (z.B. Art. III-279 III VVE) leuchtet ebenso wenig ein wie die Vorgabe, die Komitologieverfahren zukünftig in einer Handlungsform festzulegen, die unmittelbar in jedem Mitgliedstaat gilt (Art. I-37 III VVE). Hier werden die Vorteile verkannt, die in einer wirkungsbegrenzten Handlungsform liegen.

Es ist zu hoffen, dass der adressatenlose Beschluss mit charakteristisch beschränkter Verpflichtungskraft trotz dieser Zurückschneidung zu einem nicht-legislativen Instrument unter dem Verfassungsvertrag eine Zukunft hat. Die Chancen dafür stehen gut. Die partielle Definition seines Wirkungsmodus in Art. I-33 VVE gibt ihm eine verfassungsrechtliche Basis, und die praktischen Bedürfnisse, die diese Handlungsform hervorgebracht haben, bestehen fort.

Zusammenfassung in Thesen

1. Das Unionsrecht nutzt die Kategorie der Handlungsform zur Ordnung und Gliederung des Rechts, das von den Organen und Einrichtungen der Union erlassen wird. Die Zentralnorm für das unionale Handlungsformensystem ist Art. 249 EG.

2. Art. 249 EG stellt den in Absatz 1 genannten Organen – Parlament und Rat als Mitentscheidungsgesetzgeber, dem Rat sowie der Kommission – einen identischen Grundbestand an Handlungsformen zur Verfügung, die sie zur Erfüllung ihrer Rechtsetzungsaufgaben nutzen können. Art. 249 EG zeigt, dass weder das angewendete Rechtsetzungsverfahren noch die autorenschaftliche Zurechnung die Handlungsform eines Rechtsakts determinieren.

3. Rechtsetzende Tätigkeit eines Unionsorgans setzt nach dem Prinzip der begrenzten Ermächtigung eine Rechtsgrundlage voraus, die sich unmittelbar aus den Unionsverträgen ergibt oder auf sie zurückgeführt werden kann, Art. 5 EU. Dieses Kompetenznormerfordernis gilt für jedes amtliche Handeln und damit unabhängig von der gewählten Handlungsform.

4. Die sachlich einschlägige Rechtsgrundlage, die nach objektiven Kriterien zu ermitteln ist, legt fest, welches Organ für die Wahrnehmung einer der Union zugewiesenen Kompetenz zuständig und welches Rechtsetzungsverfahren anzuwenden ist. Die weit überwiegende Zahl der Rechtsgrundlagen schweigt über die Handlungsform der auf sie gestützten Rechtsakte oder stellt ausdrücklich eine Mehrzahl von Handlungsformen zur Auswahl: Formenwahlermessen ist im geltenden Recht der Regelfall.

5. Kompetenz und Handlungsform sind mithin als selbständige Kategorien zu begreifen, die unterschiedliche Strukturierungsleistungen für die Unionsrechtsordnung erbringen. Die Kompetenzordnung entlastet die Handlungsformen von wichtigen Funktionen, die das staatliche Verfassungsrecht ihnen üblicherweise zuordnet. Dies erhöht die Anforderungen an Lückenlosigkeit und Unverbrüchlichkeit der Kompetenzordnung, erlaubt aber eine vergleichsweise schwache verfassungsrechtliche Determinierung der Formenwahl und -gestaltung.

6. Der funktionalen Entlastung der Handlungsformen entspricht eine zurückhaltende Kontrolldichte gegenüber der Formenwahlpraxis, mit der der Gerichtshof einen weiten Gestaltungsspielraum der Rechtsetzungsorgane anerkennt. Fälle eines sanktionierten Formenmissbrauchs sind nicht nachweisbar.

7. Den dynamischen Charakter der Handlungsformen unterstreicht die Offenheit des unionalen Formensystems. Das Formenwahlermessen geht einher mit der Abwesenheit eines Typenzwangs, die die Nutzung von atypischen Handlungen und damit die Prägung neuer Handlungsformen ermöglicht. Abschließenden Charakter hat Art. 249 EG nur insofern, als er die dort kodifizierten Handlungsformen exklusiv den in Absatz 1 genannten Rechtsetzungsorganen zuweist.

8. Die Offenheit des Formensystems für neue, praxisgenerierte Handlungsformen verspricht funktionale Vorteile durch Lernfähigkeit und Flexibilität bei der Wahrnehmung der Kompetenzen, die der Union zugewiesen sind. Die implizite Formenprägungsbefugnis der Rechtsetzungsorgane muss jedoch unter Beachtung der Kompetenzgrenzen des Verbands ausgeübt werden. Die Rechtswirkungen, die ein atypischer Rechtsakt gegenüber den Mitgliedstaaten in Anspruch nimmt, müssen von den Verträgen, insbesondere Art. 249 EG, als zulässig anerkannt sein.

9. Materiell-rechtlich sind atypische Rechtsaktgestaltungen am Gebot der Formenklarheit zu messen. Aus der Perspektive der Rechtsadressaten müssen die Rechtswirkungen, die einem Akt zukommen, klar und vorhersehbar sein. Einem rechtsetzenden Organ ist überdies ein Ermessensmissbrauch vorzuwerfen, wenn es eine atypische Handlung zwecks Verschleierung von Rechtswirkungen einsetzt.

10. Die wissenschaftliche Begriffsbildung, wann von der Entstehung einer praxisgenerierten Handlungsform zu sprechen ist, kann sich am Modell einer Handlungsform orientieren, das Art. 249 EG zugrunde liegt. Danach zeichnet sich eine Handlungsform durch vier Elemente aus: formale Identität, Wirkungsmodus, Gültigkeitsregime und Kontrollregime.

11. Formale Identität bezeichnet die Zugehörigkeit eines Rechtsakts zu einem vertraglich vorgesehenen oder durch die Praxis etablierten Handlungstypus. Es handelt sich um eine objektive Eigenschaft eines Rechtsakts, die der Gesamtheit seiner Bestimmungen zukommt. Die übrigen Elemente einer Handlungsform, ihr Rechtsregime, bezeichnen

unterschiedliche Arten von Rechtsfolgen, die an diese Gattungszugehörigkeit anschließen.

12. Die Festlegung der formalen Identität (Formenwahl) erfolgt im regulären Rechtsetzungsverfahren, indem der Text des erlassenen Akts einen definierten Handlungstypus in Bezug nimmt (Autoqualifikation). Die Festlegung der formalen Identität liegt in der Zuständigkeit des Erlassorgans und ist gegen eine nachträgliche Korrektur durch judikative Organe abgeschirmt. Als Träger formidentifizierender Merkmale kommen alle Textbestandteile eines Rechtsakts in Frage, unter Einschluss von Titel und Einleitungsteil.

13. In der Praxis haben sich Konventionen der Gesetzgebungstechnik herausgebildet, die eine Feststellung der gewählten Handlungsform aufgrund der äußeren Form eines Rechtsakts ermöglichen. Die Rechtsetzungsorgane variieren hierzu bestimmte Stellen im standardisierten Aufbau der Rechtsakte, insbesondere den Titel des Rechtsakts, der den Namen der gewählten Handlungsform nennt, sowie die Abschlussklausel am Ende des verfügenden Teils. Diese Konventionen sind teilweise in den Geschäftsordnungen der Organe normativ fixiert.

14. Konstitutiv für die äußere Form eines Beschlusses ist die Kombination zweier Merkmale: die Bezeichnung als „afgørelse", „Beschluss" und „besluit" im Titel der dänischen, deutschen und niederländischen Fassung sowie das charakteristische Fehlen einer gesonderten Abschlussklausel. Der Verzicht auf eine Schlussformel, wie sie bei Entscheidungen üblich ist, erlaubt die Identifizierung eines Beschlusses auch in den Amtssprachen, die terminologisch zwischen „Beschluss" und „Entscheidung" nicht differenzieren.

15. Der Wirkungsmodus ist die Schlüsselkategorie der Handlungsformen des Unionsrechts. Er bezeichnet die Gesamtheit der Rechtswirkungen, die einem Rechtsakt aufgrund seiner formalen Identität zukommen können. Die Besonderheit des unionalen Handlungsformensystems besteht darin, den Rechtsetzungsorganen eine Mehrzahl von vorgeprägten Handlungstypen zur Verfügung zu stellen, die sich durch eine charakteristische Kombination von Rechtswirkungen auszeichnen.

16. Die vier Variablen, die eine Systematisierung der wichtigsten Handlungsformen anhand ihres Wirkungsmodus erlauben, sind Verbindlichkeitsmodus, formelle Adressierung, Stufen der Normgebung und Verpflichtungsmodus.

17. Bezüglich des Verbindlichkeitsmodus ist zu unterscheiden zwischen verbindlichen, unverbindlichen und regelfallverbindlichen

Rechtswirkungen. Verordnung, Richtlinie, Entscheidung und Beschluss sind verbindliche Handlungsformen, Empfehlung und Entschließung unverbindliche. Innerdienstliche Rundschreiben und Verwaltungsmitteilungen sind vorbehaltlich eines begründungsbedürftigen Ausnahmefalls verbindlich (sog. Verhaltensnormen).

18. Das Kriterium der formellen Adressierung differenziert danach, ob die Rechtswirkungen eines Akts gegenüber einem festgelegten Adressaten oder adressatenunspezifisch eintreten. Verordnung, Beschluss und Entschließung sind adressatenunspezifische Handlungsformen, Richtlinie, Entscheidung und Empfehlung adressatenspezifische.

19. In Bezug auf die Normgebungsstruktur ist zu unterscheiden zwischen einstufigen Handlungen, die den projektierten Rechtszustand selbst herbeiführen, und zweistufigen, die auf mittelbare Rechtsetzung ausgerichtet sind. Verordnung, Entscheidung, Beschluss und Entschließung sind strukturell einstufige Handlungsformen, Richtlinie und Empfehlung sind auf eine zweistufige Normgebungsstruktur festgelegt.

20. Hinsichtlich des Verpflichtungsmodus kann zwischen universeller, limitierter und fehlender Verpflichtungskraft unterschieden werden. Verordnungen und Entscheidungen vermögen im räumlichen Geltungsbereich des Unionsrechts jedes Rechtssubjekt unmittelbar zu verpflichten. Unverbindlichen Handlungsformen fehlt es an originärer Verpflichtungskraft. Richtlinie und Beschluss zeichnen sich durch eine charakteristisch beschränkte Verpflichtungskraft aus. Wie alle verbindlichen Handlungsformen besitzen sie die Fähigkeit, die Union und damit die Gesamtheit ihrer Organe und Einrichtungen zu verpflichten. Die Richtlinie entfaltet volle staatengerichtete Verpflichtungskraft, sie ist jedoch keine unmittelbare Quelle privatgerichteter Verpflichtungen. Beschlüsse sind für die Mitgliedstaaten grundsätzlich verpflichtungsneutral, können jedoch Mitwirkungsverpflichtungen konkretisieren, denen die Mitgliedstaaten aus Art. 10 I 2 EG unterliegen. Privatgerichtete Verpflichtungskraft entfalten Beschlüsse weder unmittelbar noch mittelbar über die Veranlassung einer entsprechenden Umsetzungs- oder Vollzugshandlung.

21. Individuelle Rechte können im Unionsrecht komplementär zu jeder unbedingten und hinreichend klaren Verpflichtung entstehen. Der Verpflichtungsmodus bestimmt damit zugleich die Reichweite der Berechtigungskraft der Handlungsformen. Verordnung und Entscheidung unterliegen insoweit keinen formspezifischen Beschränkungen. Richtlinien können bei Verletzung der Umsetzungsverpflichtung individuelle Rechte gegenüber den Mitgliedstaaten begründen. Beschlüsse besitzen

grundsätzlich die Fähigkeit zu subjektiven unmittelbaren Wirkungen bei Verletzung einer hinreichend konkretisierten Mitwirkungspflicht. Wie alle verbindlichen Handlungsformen können Beschlüsse als Reflex zu ihrer organgerichteten Verpflichtungskraft individuelle Rechte begründen, die die Gerichte der Union zu wahren haben.

22. Diese vier Aspekte des Wirkungsmodus einer Handlungsform bezeichnen Obergrenzen von Wirkungen, die ein so qualifizierter Rechtsakt entfalten kann, ohne dass jede seiner Bestimmungen sie tatsächlich in Anspruch nehmen müsste. Auch Verordnungen können unverbindliche oder inhaltlich verpflichtungsneutrale Bestimmungen enthalten, sich materiell an einen geschlossenen Adressatenkreis wenden oder von den Mitgliedstaaten Ausführungsrechtsetzung verlangen. Jenseits der Verordnung, die virtuell ‚alles' kann, was in der Rechtsmacht der Union steht, beinhaltet der Wirkungsmodus der Handlungsformen je spezifische Wirkungsbegrenzungen, die sich die Rechtsetzungsorgane zu Nutze machen können, wenn sie bestimmte Rechtswirkungen nicht erzielen wollen.

23. An den Wirkungsmodus einer Handlungsform schließen sich formspezifische Beschränkungen ihres Derogationsvermögens an. Grundsätzlich sind Rechtsakte in verbindlichen Handlungsformen untereinander derogationsfähig. Die Reichweite des Änderungsvermögens gegenüber geltenden Rechtsakten reicht jedoch nur so weit wie der Verpflichtungsmodus des Änderungsakts. Durch Beschluss können deshalb nur Bestimmungen geändert werden, die auch in einem Beschluss hätten aufgenommen werden können, ohne seine formale Identität in Frage zu stellen. Die schlichte Aufhebung einer bürger- oder staatenverpflichtenden Bestimmung ist ohne Rücksicht auf die Handlungsform des geänderten Akts durch Beschluss möglich.

24. Das Derogationsvermögen der Rechtsakte hängt darüber hinaus von ihrer Einordnung in die Normenhierarchie sowie einer möglichen Einbindung in eine partielle Hierarchisierung ab. Ausnahmsweise kennt das Unionsrecht organgeschaffenes Primärrecht, insbesondere primärrechtliche Beschlüsse über (halb-)autonome Vertragsänderungen. Sofern diese Rechtsakte im Übrigen den Wirkungsmodus des Beschlusses besitzen, sind sie als forminterne Variation anzusehen, die auf das Gültigkeits- und Kontrollregime ohne Einfluss ist.

25. Das Unionsrecht nimmt den unterschiedlichen Wirkungsmodus seiner Handlungsformen zum Anlass, einige Anforderungen an die Gültigkeit der Rechtsakte formenvariabel auszugestalten. Dies betrifft

jedoch nur einen vergleichsweise kleinen Ausschnitt aus der Gesamtheit der Wirksamkeits- und Rechtmäßigkeitserfordernisse.

26. Die Regelungen über die Wirksamkeit sind insofern teilweise formenvariabel ausgestaltet, als das In-Kraft-Treten eines Rechtsakts von Bedingungen abhängen kann, die über das allgemeine Erfordernis einer ordnungsgemäßen Beschlussfassung hinausgehen. Rechtsakte, die unter Art. 254 I oder II EG fallen, unterliegen einer Veröffentlichungspflicht, die konstitutiv für ihre Wirksamkeit ist. Für nicht veröffentlichungsbedürftige Richtlinien und Entscheidungen gilt das Erfordernis der individuellen Bekanntgabe gemäß Art. 254 III EG. Art. 254 I EG ist analog auf Beschlüsse anzuwenden, die im Mitentscheidungsverfahren ergehen.

27. Das In-Kraft-Treten von Rechtsakten, die Art. 254 EG nicht erfasst, ist nicht durch ein Ereignis aufschiebend bedingt, das nach der Beschlussfassung liegt. Eine allgemeine Veröffentlichungspflicht für verbindliche Rechtsakte – mit konstitutivem oder informatorischem Charakter – besteht nicht. Beschlüsse, die nicht unter Art. 254 I EG fallen, treten mit Abschluss des Erlassverfahrens in Kraft, sofern der betreffende Rechtsakt keine abweichende Regelung enthält.

28. Zur Beurteilung der Rechtmäßigkeit eines Akts ist seine Handlungsform in drei Hinsichten relevant: für das Begründungsregime, für das Sprachenregime und für die Anforderungen an die Formenwahl.

29. Die Begründungspflichten des Art. 253 EG gelten für Verordnungen, Richtlinien und Entscheidungen sowie analog für alle weiteren verbindlichen Handlungen, die der Rechtskontrolle des Gerichtshofs nach Art. 230 I EG unterliegen. Demnach sind auch Beschlüsse stets begründungsbedürftig. Der gebotene Umfang der Begründung hängt nicht unmittelbar von der gewählten Handlungsform ab.

30. Das Sprachenregime des organgeschaffenen Unionsrechts richtet sich nach Verordnung Nr. 1. Gemäß ihrer Art. 3 bis 5 sind adressatenspezifisch wirkende Rechtsakte in der Sprache des Adressaten abzufassen, adressatenunspezifische oder veröffentlichungsbedürftige Rechtsakte dagegen in allen Amtssprachen. Beschlüsse sind stets „andere Schriftstücke von allgemeiner Geltung" im Sinne des Art. 4. Sie sind in allen Amtssprachen zu beschließen und auszufertigen.

31. Die Formenwahl ist – unter Beachtung des grundsätzlich weiten Ermessens des Erlassorgans – am Verhältnismäßigkeitsprinzip zu messen. Es gilt der Grundsatz des formenbezogenen Interventionsminimums, wonach bei gleicher Eignung eine Handlungsform mit begrenzterer Verpflichtungskraft vorzuziehen ist. Darüber hinaus kann die ein-

schlägige Rechtsgrundlage bestimmte Handlungsformen ausdrücklich oder implizit ausschließen. Sofern nicht ausnahmsweise eine Handlungsform mit unbeschränkter Verpflichtungskraft vorgegeben ist, gilt auch hier der Grundsatz des Interventionsminimums. So ist die Wahl eines Beschlusses unter einer Rechtsgrundlage, die eine Richtlinie vorsieht, zugelassen und gegebenenfalls geboten.

32. Für das System der judikativen Rechtmäßigkeitskontrolle ist die Handlungsform von geringerer Bedeutung, als es der Wortlaut des EG-Vertrags nahe legt. Im Rahmen des Art. 234 I lit. b EG werden unterschiedslos „Handlungen der Organe" überprüft. Art. 230 I EG verlangt zusätzlich, dass der angefochtene Akt verbindliche Rechtswirkungen entfaltet. „Entscheidungen" im Sinne des Art. 230 IV EG sind alle Handlungen, die den Kläger unmittelbar und individuell betreffen. „Handlung" und „Entscheidung" im Sinne des Art. 230 EG sind prozessrechtliche Begriffe, die eine bestimmte Handlungsform des angegriffenen Akts nicht voraussetzen. In kritischen Fällen, in denen Organzurechnung oder verbindliche Wirkungen zweifelhaft sind, beansprucht der Gerichtshof die Qualifikationsbefugnis bezüglich dieser Rechtskontrollformen exklusiv für sich, ohne dass die Handlungsform des Akts davon berührt wäre.

33. Die Relevanz der Handlungsformen für die Rechtskontrolle ergibt sich zum einen aus kontrolleröffnenden Wirkungen der Formenwahl. Ein Rechtsakt, der einer verbindlichen Handlungsform angehört, ist ohne weiteres eine anfechtbare Handlung im Sinne des Art. 230 I EG. Dies gilt für die Handlungsformen des Art. 249 II–IV EG ebenso wie für den Beschluss. Ferner ist eine förmliche Entscheidung belastenden Inhalts für ihren Adressaten offenkundig eine anfechtbare Entscheidung im Sinne des Art. 230 IV EG.

34. Zum anderen wird die Anwendung der formneutralen Zulässigkeitsvoraussetzungen der Art. 230 I und IV EG durch den Wirkungsmodus des streitgegenständlichen Akts bestimmt. So schließt der Individualrechtsgüter schonende Verpflichtungsmodus einer Richtlinie in aller Regel aus, dass sie für Privatpersonen eine anfechtbare Entscheidung ist. Auch von einem Beschluss sind die Bürger mangels privatgerichteter Verpflichtungskraft zumeist nicht nachteilig betroffen. In bestimmten Konstellationen aber kann ein Beschluss mit bürgerbegünstigenden Wirkungen einen konkurrierenden Dritten unmittelbar und individuell betreffen.

35. Anfechtbare Handlungen bzw. Entscheidungen werden mit Ablauf der Frist des Art. 230 V EG unanfechtbar. Die rechtskontrolleröff-

nenden Wirkungen der Formenwahl korrespondieren mit einer Anfechtungslast für den potenziellen Kläger. Offenkundig anfechtbare Entscheidungen werden für den Klageberechtigten auch mit Wirkung für andere Verfahren materiell bestandskräftig. Bei bestimmten Beschlüssen im Antidumping- und Antisubventionssektor wird diese Offenkundigkeitsschwelle typischerweise erreicht.

36. Über die ausdrücklich genannten Verordnungen hinaus ist die Einrede der Rechtswidrigkeit unter Art. 241 EG gegen alle verbindlichen Handlungen zulässig, von deren Rechtmäßigkeit die des klagegegenständlichen Akts abhängt. Bei einem Individualkläger ist zusätzlich vorausgesetzt, dass der inzident gerügte Rechtsakt aufgrund seiner allgemeinen Geltung für den Kläger unanfechtbar war. Für die Mitgliedstaaten werden adressatenspezifisch wirkende Handlungen (Richtlinien und staatengerichtete Entscheidungen) mit Ausschlusswirkung auch für Art. 241 EG materiell bestandskräftig.

37. Der Beschluss ist als gelungene Ergänzung des kodifizierten Formenkanons anzusehen. Seine Regimeelemente stehen in einem adäquaten Verhältnis zueinander. Die Pflichten zu Begründung und Abfassung in allen Amtssprachen entsprechen seinem Charakter als verbindliche und adressatenunspezifisch wirkende Handlungsform. Die Fähigkeit zur *ad-hoc*-Wirksamkeit korrespondiert mit der eingeschränkten Verpflichtungskraft und begegnet keinen durchgreifenden rechtsstaatlichen Bedenken. In Konstellationen, in denen Beschlüsse für bestimmte Rechtsbürger individuelle Nachteile hervorrufen, ist effektiver Rechtsschutz sichergestellt. Im Übrigen steht den Einzelnen gegen einen Beschluss mit allgemeiner Geltung die Einrede der Rechtswidrigkeit offen.

38. Die funktionalen Vorteile des Beschlusses beruhen auf der Kombination von verbindlichen Rechtswirkungen gegenüber jedermann mit einer charakteristisch beschränkten Verpflichtungskraft. Dies erlaubt den Einsatz von Beschlüssen zu vielfältigen Regelungszwecken, bei denen es auf die Fähigkeit ankommt, gestaltend auf die Unionsrechtsordnung einzuwirken und die Union als organisatorische Gesamtheit verbindlich festzulegen, ohne gegenüber Bürgern und Mitgliedstaaten Verpflichtungen begründen zu wollen.

Summary

The present thesis concerns the legal instruments of European Union law. EU law is understood here as a single legal order which encompasses Community law as a qualified part. The term legal instrument (*Handlungsform*, literally 'form of action') refers to the various forms which an EU legal act can take. A legal instrument is either codified in the Treaties on which the Union is founded—*e.g.*, the type 'regulation' as defined in Article 249(2) EC—or it was developed in law-making practice—*e.g.*, the type 'decision *sui generis*'.

The first part of the study develops basic concepts of the EU's legal instruments, in order to clarify the legal significance in EU law of this category and to expose the specific ordering functions it serves.

The point of origin in positive law is Article 249 EC, from which a model is derived of what makes up a legal instrument. In contrast to expectations grounded in national law, Article 249(1) EC already indicates that in EU law various law-making institutions are empowered to use an identical set of instruments. In order to qualify a legal instrument, the author that an act is attributed to is not determinative, nor is the procedure in which it was enacted. As evidenced by Article 249(2)–(5) EC, an EU legal instrument is defined by a bundle of legal effects that an act entails precisely due to its affiliation with a given type of act. This characteristic bundle of legal effects is called here the operating mode (*Wirkungsmodus*) of that instrument. Attached to the operating mode, there is a particular set of requirements concerning an act's legality and its entry into force, *i.e.*, a specific regime of validity (*Gültigkeitsregime*). Likewise, the respective instrument determines a particular set of rules concerning legal review, which forms its regime of control (*Kontrollregime*).

Since most of the legal bases in the Treaties do not specify a particular instrument, the law-making institutions enjoy a wide margin of discretion when choosing the appropriate legal instrument in a given case. They may not only pick one of the instruments listed in the catalogue of Article 249 EC but also make use of an atypical composition of legal effects, as long as these effects remain foreseeable and are generally permitted by the Treaties. By way of continuation and proliferation to other fields, a new legal instrument can emerge from law-making practice. If it proves to be a useful innovation, such a new creature may eventually appear in the text of the institution's Rules of Procedure, or even in the Treaties. European constitutional law thus provides for an open system of legal instruments, which permits a high degree of learning aptitude. This flexibility is counterbalanced by a rigid and complete system of competences which does not allow for any irregular displacement through institutional action. A strict competence requirement applies regardless of the instrument chosen, be it a codified one or one coined in practice.

The European Court of Justice largely respects the prerogative of the law-making institutions to choose a legal instrument and thereby determine an act's legal effects. Contrary to a widespread opinion, there is no evidence in the case-law that the ECJ claims for itself the power to re-qualify the 'truly' chosen instrument according to substantive criteria, at least if the instrumental identity of the act at hand is beyond doubt according to formal criteria (predominantly by express auto-qualification). What the Court in fact reserves for itself is determining the scope of legal review. For these purposes, the ECJ construes the relevant EC Treaty provisions, in particular the terms "acts" and "decision" in Article 230(1) and (4), as purely procedural law concepts that do not refer to any specific instrument. Hence, a possible danger of circumvention is eased by a system of legal review in which there is only a limited role to play for the instrument's regime of control. By choosing a legal instrument, *e.g.*, a formal decision directed to a private person, the law-making institutions can assuredly *open* legal review. Yet they can never bar access to the courts simply by choosing, or avoiding, a particular instrument.

The second part of the study turns to the probably most important innovation in the field of legal instruments: the decision *sui generis* (in German called *Beschluss*, in contrast to the decision pursuant to Article 249(4) EC, which is called *Entscheidung*). By exploring the legal regime of this non-codified instrument, further insights into the EU's system of legal instruments are won.

The term decision appears with different meanings in the text of the Treaties. Occasionally, the instrument mentioned in Article 249 EC is referred to; in this case, the Danish, Dutch, and German versions use the terms *beslutning*, *beschikking*, and *Entscheidung* respectively. In most instances, the Treaties employ the term decision as a synonym for the term act without an implied reference to any particular instrument; in this case, the aforementioned languages mostly use the terms *afgørelse*, *besluit*, and *Beschluss*. Hence, the Treaties—aside from Article

34(2)(c) EU, which concerns a separate legal instrument—do not expressly recognize a legal instrument called *Beschluss*. Yet, starting from the early days of Community law, acts titled as *Beschluss* (*afgørelse*, *besluit*) appeared in the law-making practice of the Council, the Commission, and the Parliament. This type has meanwhile evolved into one of the most commonly used instruments of EU law. Apart from their denomination, these acts can be identified by their introductory clause ("has decided as follows", in contrast to "has adopted the following decision") and the lack of a closing phrase indicating to whom the decision is addressed. These decisions *sui generis* may therefore also be called addresseeless decisions, to be distinguished from decisions in the sense of Article 249(4) that always specify the addressee on whom they are binding.

In order to qualify the operating mode of addresseeless decisions, the present study employs the criteria of binding force, formal addressee, implementation structure, and obligatory force. Firstly, these decisions belong to the group of instruments having binding force, as opposed to non-binding instruments such as recommendations, opinions, and resolutions. Secondly, just as the regulation, the decision *sui generis* is associated with the group of instruments whose effects arise *vis-à-vis* everyone, in contrast to legal instruments whose effects are limited to a formally defined addressee, such as the directive and the recommendation. Thirdly, one has to distinguish instruments that show a one-step implementation structure from those with a two-step structure that requires an implementing act on the part of the Member States. The paradigm of the latter group is the directive. The addresseeless decision belongs to the former because it immediately becomes fully operative when the act enters into force. The fourth criterion concerns the capacity to impose legal obligations. All binding instruments can oblige the institutions and bodies of the Union, but their obligatory force *vis-à-vis* the Member States and the citizens varies. Whereas both regulations and decisions with a specified addressee can directly impose obligations on anyone within the Union's jurisdiction, the obligatory force of directives is limited to the Member States. The operating mode of decisions *sui generis* is even more confined. As a rule, they neither oblige Member States nor private parties. Only exceptionally can they assign duties to the Member States to facilitate the practical results intended by them, as the ECJ held in its *Erasmus* judgment concerning an incentive measure in the form of an addresseeless decision. As a corollary to their binding force and their capacity to oblige the Union institutions, addresseeless decisions can create rights on which individuals can rely before a Union court. This has been confirmed by the ECJ in the context of the right of access to documents.

Concerning the regime of validity, it turns out that under the current Treaties only a few among the general conditions for legality and effect are linked to the legal instruments. Since decisions *sui generis* are not covered by the wording of Article 254 EC, neither publication nor notification is required for them to enter into force. Concluding by analogy to Article 254(1) EC, publication is obligatory solely for addresseeless decisions enacted under the co-decision procedure. Other addresseeless decisions take effect immediately after their adoption, unless otherwise provided in the relevant act. As to the conditions for legality, three elements have to be pointed out: the giving reasons requirement, the language regime, and the standard for the choice of instrument. Despite the narrow wording of Article 253 EC, its duty to state reasons applies to addresseeless decisions since it covers the full range of acts that can be challenged under Article 230(1) EC. The language regime under Regulation No. 1 is two-fold. Acts having a specified addressee must be drafted in the language of the addressee, whereas acts of general application and acts whose publication is obligatory have to be drafted in all official languages. Because decisions *sui generis* at all events have no specified addressee, they fall under the requirement of multilingualism. The institutions' choice of instrument is governed by the principle of proportionality, notwithstanding a wide margin of discretion. Other things being equal, the principle requires choice of the legal instrument with the most confined obligatory force.

As to the regime of control, a decision *sui generis* is in any case an act whose legality can be challenged under Article 230(1) EC, due to its binding force. This finding has been confirmed by several cases before the ECJ, in particular actions against addresseeless decisions concluding an international agreement. A decision having no addressee may constitute a decision in the meaning of Article 230(4) EC, as well. Bearing in mind that decisions *sui generis* do not impose obligations on private persons, this may only be the case in triangular situations in which the decision is benefiting a competitor of the plaintiff. This constellation routinely comes up in anti-dumping proceedings when the institutions make use of addresseeless decisions for terminating investigations or accepting undertakings. These acts may be of direct and individual concern to the private complainant that initiated the proceeding. An addresseeless decision can also give rise to an admissible plea of illegality under Article 241 EC. Regardless of the legal instrument at hand, this plea is admissible against all acts of general application whose legality is of relevance in the particular case before the ECJ, provided that the act has not become definitive as against the plaintiff who could undoubtedly have sought its annulment under Article 230 EC.

In sum, the decision *sui generis* should be regarded as a useful complement to the codified legal instruments. The elements of its legal regime are adequately balanced. The duty to state the reasons on which an addresseeless decision is based and the requirement to draft it in all official languages correspond to its binding force and its nature of having no addressee. Its capacity to enter into force without prior publication is justified in view of the limited obligatory force of that instrument, which is mainly designed to be binding on the institutions and bodies of the Union. In constellations in which a private party is adversely affected by an addresseeless decision, effective legal protection is assured either through a direct action or through a plea of illegality. The functional advantages of that instrument are due to the combination of binding force with a characteristically confined obligatory force, which no codified legal instrument provides for. It offers a unique choice for various regulatory purposes whenever a Union policy is meant to be determined without the aim of imposing obligations on individuals or Member States. A high degree of protection of private interests and of Member States' autonomy is inscribed in the operating mode of that instrument. This is the pivotal point of the EU's system of legal instruments: the law-making institutions are given a range of options for deliberately limiting the legal effects of their acts—in adopting non-binding acts, in limiting effects on specified addressees, in enacting laws that require transposition, or in using instruments with a confined obligatory force.

Literaturverzeichnis

Adam, H., Die Mitteilungen der Kommission: Verwaltungsvorschriften des Europäischen Gemeinschaftsrechts? Eine Untersuchung zur rechtsdogmatischen Einordnung eines Instruments der Kommission zur Steuerung der Durchführung des Gemeinschaftsrechts, 1999

Albi, A./Van Elsuwege, P., The EU Constitution, National Constitutions and Sovereignty: An Assessment of a "European Constitutional Order", ELRev. 29 (2004), S. 741

Alemann, F. von, Die Handlungsform der interinstitutionellen Vereinbarung: Eine Untersuchung des Interorganverhältnisses der europäischen Verfassung, 2006

Allkemper, L., Der Rechtsschutz des Einzelnen nach dem EG-Vertrag: Möglichkeiten seiner Verbesserung, 1995

Andenas, M./Türk, A. (Hrsg.), Delegated Legislation and the Role of Committees in the EC, 2000

Annacker, C., Der fehlerhafte Rechtsakt im Gemeinschafts- und Unionsrecht, 1998

Arnauld, A. von, Normenhierarchien innerhalb des primären Gemeinschaftsrechts: Gedanken im Prozess der Konstitutionalisierung Europas, EuR 2003, S. 191

Arnull, A., The European Union and its Court of Justice, 1999

Arnull, A., Private Applicants and the Action for Annulment since Codorniu, CMLRev. 38 (2001), S. 7

Arzoz, X., Rechtsfolgen der Rechtswidrigkeit von Verordnungen der Europäischen Gemeinschaften, JöR n.F. 49 (2001), S. 299

Ashiagbor, D., Soft Harmonisation: The 'Open Method of Coordination' in the European Employment Strategy, European Public Law 10 (2004), S. 305

Baldwin, R., Rules and Government, 1995

Barents, R., The Court of Justice in the Draft Constitution, Maastricht Journal of European and Comparative Law 11 (2004), S. 121

Bast, J., Handlungsformen, in: A. von Bogdandy (Hrsg.), Europäisches Verfassungsrecht: Theoretische und dogmatische Grundzüge, 2003, S. 479

Bast, J., Legal Instruments, in: A. von Bogdandy/J. Bast (Hrsg.), Principles of European Constitutional Law, 2006 (im Erscheinen)

Bebr, G., Judicial Control of the European Communities, 1962

Bebr, G., Acts of Representatives of the Governments of the Member States, SEW 1966, S. 529

Bebr, G., Gemeinschaftsabkommen und ihre mögliche unmittelbare Anwendbarkeit, EuR 1983, S. 128

Bengoetxea, J., The Legal Reasoning of the European Court of Justice: Towards a European Jurisprudence, 1993

Bengoetxea, J., Direct Applicability or Effect, in: M. Hoskins/W. Robinson (Hrsg.), A True European: Essays for Judge David Edward, 2004, S. 353

Bernhardt, R., Quellen des Gemeinschaftsrechts: Die „Verfassung" der Gemeinschaft, in: Kommission (Hrsg.), Dreißig Jahre Gemeinschaftsrecht, 1983, S. 77

Bieber, R., Das Verfahrensrecht von Verfassungsorganen: Ein Beitrag zur Theorie der inner- und interorganschaftlichen Rechtsetzung in der europäischen Gemeinschaft, im Staatsrecht und Völkerrecht, 1992

Bieber, R., Europäische Gesetzgebung nach dem Vertrag von Maastricht, ZG 1994, S. 297

Bieber, R./Epiney, A./Haag, M., Die Europäische Union: Europarecht und Politik, 6. Aufl. 2005

Bieber, R./Kahil, B., "Organic Law" in the European Union, in: G. Winter (Hrsg.), Sources and Categories of European Union Law: A Comparative and Reform Perspective, 1996, S. 423

Bieber, R./Salomé, I., Hierarchy of Norms in European Law, CMLRev. 33 (1996), S. 907

Biervert, B., Der Mißbrauch von Handlungsformen im Gemeinschaftsrecht: eine Untersuchung des gemeinschaftsrechtlichen Handlungsformensystems unter Einbeziehung der Rechtsordnungen Deutschlands, Frankreichs und Englands, 1999

Bitter, St., Procedural Rights and the Enforcement of EC Law through Sanctions, in: A. Bodnar/M. Kowalski/K. Raible/F. Schorkopf

(Hrsg.), The Emerging Constitutional Law of the European Union, 2003, S. 15

Bleckmann, A., Die Beihilfekompetenz der Europäischen Gemeinschaften: Ein Beitrag zum Prinzip der begrenzten Ermächtigung, DÖV 1977, S. 615

Bleckmann, A., Zur Funktion des Gewohnheitsrechts im Europäischen Gemeinschaftsrecht, EuR 1981, S. 101

Bleckmann, A., Die Bindungswirkung der Praxis der Organe und der Mitgliedstaaten der EG bei der Auslegung und Lückenfüllung des Europäischen Gemeinschaftsrechts: Die Rolle des Art. 5 EWG-Vertrag, in: R. Bieber/G. Ress (Hrsg.), Die Dynamik des Europäischen Gemeinschaftsrechts, 1987, S. 161

Bleckmann, A., Die Rechtsquellen des Europäischen Gemeinschaftsrechts, NVwZ 1993, S. 824

Bleckmann, A., Europarecht: Das Recht der Europäischen Union und der Europäischen Gemeinschaften, 6. Aufl. 1997

Bobbert, Ch., Interinstitutionelle Vereinbarungen im Europäischen Gemeinschaftsrecht, 2001

Bockey, A., Die Entscheidung der Europäischen Gemeinschaft, 1997

Bodewig, Th./Voß, Th., Die „offene Methode der Koordinierung" in der Europäischen Union – „schleichende Harmonisierung" oder notwendige „Konsentierung" zur Erreichung der Ziele der EU?, EuR 2003, S. 310

Bogdandy, A. von, Rechtsfortbildung mit Art. 5 EG-Vertrag, in: GS E. Grabitz, 1995, S. 17

Bogdandy, A. von, Supranationaler Föderalismus als Wirklichkeit und Idee einer neuen Herrschaftsform: Zur Gestalt der Europäischen Union nach Amsterdam, 1999

Bogdandy, A. von, The Legal Case for Unity: The European Union as a Single Organization with a Single Legal System, CMLRev. 36 (1999), S. 887

Bogdandy, A. von, Gubernative Rechtsetzung: Eine Neubestimmung der Rechtsetzung und des Regierungssystems unter dem Grundgesetz in der Perspektive gemeineuropäischer Dogmatik, 2000

Bogdandy, A. von, Rechtsgleichheit, Rechtssicherheit und Subsidiarität im transnationalen Wirtschaftsrecht, EuZW 2001, S. 357

Bogdandy, A. von, Europäische Prinzipienlehre, in: ders. (Hrsg.), Europäisches Verfassungsrecht: Theoretische und dogmatische Grundzüge, 2003, S. 149

Bogdandy, A. von, Europäische Verfassung und europäische Identität, JZ 2004, S. 53

Bogdandy, A. von, Lawmaking by International Organizations: Some Thoughts on Non-Binding Instruments and Democratic Legitimacy, in: R. Wolfrum/V. Röben (Hrsg.), Developments of International Law in Treaty Making, 2005, S. 171

Bogdandy, A. von/Bast, J., Die vertikale Kompetenzordnung der Europäischen Union, EuGRZ 2001, S. 441

Bogdandy, A. von/Bast, J., *La loi européenne*: Promise and Pretence, in: D. Curtin/A. E. Kellermann/St. Blockmans (Hrsg.), The EU Constitution: The Best Way Forward?, 2005, S. 171

Bogdandy, A. von/Bast, J./Arndt, F., Handlungsformen im Unionsrecht: Empirische Analysen und dogmatische Strukturen in einem vermeintlichen Dschungel, ZaöRV 62 (2002), S. 77

Borchardt, K.-D., Die rechtlichen Grundlagen der Europäischen Union: Eine systematische Darstellung für Studium und Praxis, 2. Aufl. 2002

Börner, B., Die Entscheidungen der Hohen Behörde: Eine Studie zum supranationalen Verwaltungsprozeß, 1965

Borowski, M., Die Nichtigkeitsklage gem. Art. 230 Abs. 4 EGV, EuR 2004, S. 879

Borries, R. von, Die Europäische Zentralbank als Gemeinschaftsinstitution, ZEuS 1999, S. 281

Bothe, M., „Soft Law“ in den Europäischen Gemeinschaften?, in: FS H.-J. Schlochauer, 1981, S. 761

Boyron, S., The Co-decision Procedure: Rethinking the Constitutional Fundaments, in: P. Craig/C. Harlow (Hrsg.), Lawmaking in the European Union, 1998, S. 147

Bumke, Ch., Publikumsinformation: Erscheinungsformen, Funktionen und verfassungsrechtlicher Rahmen einer Handlungsform des Gewährleistungsstaates, Verw. 2004, S. 3

Bungenberg, M., Art. 235 EGV nach Maastricht: Die Auswirkungen der Einheitlichen Europäischen Akte und des Vertrages über die Europäische Union auf die Handlungsbefugnis des Art. 235 EGV (Art. 308 EGV n.F.), 1999

Busse, Ch., Das Schicksal rechtswidriger Verordnungen im EG-Recht, JöR n.F. 50 (2002), S. 541

Callejón, F. B., Das System der Rechtsquellen in der spanischen Verfassungsrechtsordnung, JöR n.F. 49 (2001), S. 413

Calliess, Ch., Subsidiaritäts- und Solidaritätsprinzip in der Europäischen Union, 2. Aufl. 1999

Calliess, Ch./Ruffert, M. (Hrsg.), Kommentar zu EU-Vertrag und EG-Vertrag, 2. Aufl. 2002

Carré de Malberg, R., La Loi, expression de la volonté générale, 1931

Chapus, R., Droit administratif général, Bd. 1, 15. Aufl. 2001

Cini, M., The Soft Law Approach: Commission Rule-making in the EU's State Aid Regime, Journal of European Public Policy 8 (2001), S. 192

Constantinesco, L.-J., Das Recht der Europäischen Gemeinschaften I: Das institutionelle Recht, 1977

Craig, P., Standing, Rights, and the Structure of Legal Argument, European Public Law 9 (2003), S. 493

Craig, P./de Búrca, G., EU Law: Text, Cases, and Materials, 3. Aufl. 2003

Creally, E., Judicial Review of Anti-dumping and Other Safeguard Measures in the European Community, 1992

Cremer, W., Individualrechtsschutz gegen Richtlinien, EuZW 2001, S. 453

Cremer, W., Gemeinschaftsrecht und deutsches Verwaltungsprozessrecht: Zum dezentralen Rechtsschutz gegenüber EG-Sekundärrecht, Verw. 2004, S. 165

Cremer, W., Der Rechtsschutz des Einzelnen gegen Sekundärrechtsakte der Union gem. Art. III-270 Abs. 4 Konventsentwurf des Vertrags über eine Verfassung für Europa, EuGRZ 2004, S. 577

Curtin, D., The Province of Government: Delimiting the Direct Effect of Directives in the Common Law Context, ELRev. 15 (1990), S. 195

Dahm, G./Delbrück, J./Wolfrum, R., Völkerrecht, Bd. I/3: Die Formen des völkerrechtlichen Handelns, die inhaltliche Ordnung der internationalen Gemeinschaft, 2. Aufl. 2002

Daig, H.-W., Nichtigkeits- und Untätigkeitsklagen im Recht der Europäischen Gemeinschaften, 1985

Dann, Ph., European Parliament and Executive Federalism: Approaching a Parliament in a Semi-Parliamentary Democracy, ELJ 9 (2003), S. 549

Dann, Ph., Parlamente im Exekutivföderalismus: Eine Studie zum Verhältnis von föderaler Ordnung und parlamentarischer Demokratie in der Europäischen Union, 2004

Danwitz, Th. von, Verwaltungsrechtliches System und Europäische Integration, 1996

Dashwood, A., The Limits of European Community Powers, ELRev. 21 (1996), S. 113

D'Atena, A., L'anomalo assetto delle fonti comunitarie, Il Diritto dell'Unione Europea 6 (2001), S. 591

Dauses, M. A. (Hrsg.), Handbuch des EU-Wirtschaftsrechts, Loseblatt (Stand: April 2005)

Dehousse, F./Coussens, W., The Convention's Draft Constitutional Treaty: Old Wine in a New Bottle?, Studia Diplomatica 56 (2003), Heft 1–2, S. 5

de la Porte, C., Is the Open Method of Coordination Appropriate for Organising Activities at European Level in Sensitive Policy Areas?, ELJ 8 (2002), S. 38

della Cananea, G., Beyond the State: the Europeanization and Globalization of Procedural Administrative Law, European Public Law 9 (2003), S. 563

de Otto, I., Derecho Constitucional: Sistemas de fuentes, 1987

de Witte, B., The Scope of Community Powers in Education and Culture in the Light of Subsequent Practice, in: R. Bieber/G. Ress (Hrsg.), Die Dynamik des Europäischen Gemeinschaftsrechts, 1987, S. 261

de Witte, B., The Pillar Structure and the Nature of the European Union: Greek Temple or French Gothic Cathedral?, in: T. Heukels u.a. (Hrsg.), The European Union after Amsterdam, 1998, S. 51

de Witte, B., Old-fashioned Flexibility: International Agreements between Member States of the European Union, in: G. de Búrca/J. Scott (Hrsg.), Constitutional Change in the EU: From Uniformity to Flexibility?, 2000, S. 31

Dewost, J.-L., Décisions des institutions en vue du développement des compétences et des instruments juridiques, in: R. Bieber/G. Ress

(Hrsg.), Die Dynamik des Europäischen Gemeinschaftsrechts, 1987, S. 321

Dillon, S., International Trade and Economic Law and the European Union, 2002

Dorn, D.-W., Art. 235 EWGV – Prinzipien der Auslegung: Die Generalermächtigung zur Rechtsetzung im Verfassungssystem der Gemeinschaften, 1986

Dörr, O., Die Entwicklung der ungeschriebenen Außenkompetenzen der EG, EuZW 1996, S. 39

d'Orville, M., Die rechtlichen Grundlagen für die gemeinsame Zoll- und Handelspolitik der EWG, 1973

Dougan, M., The Convention's Draft Constitutional Treaty: Bringing Europe Closer to its Lawyers?, ELRev. 28 (2003), S. 763

Douglas-Scott, S., Constitutional Law of the European Union, 2002

Ellis, E., Sources of Law and the Hierarchy of Norms, in: D. Feldman (Hrsg.), English Public Law, 2004, S. 44

Emiliou, N., Opening Pandora's Box: The Legal Basis of Community Measures before the Court of Justice, ELRev. 19 (1994), S. 488

Engel, Ch., Die Grammatik des Rechts: Funktionen der rechtlichen Instrumente des Umweltschutzes im Verbund mit ökonomischen und politischen Instrumenten, in: H.-W. Rengeling (Hrsg.), Instrumente des Umweltschutzes im Wirkungsverbund, 2001, S. 17

Epiney, A., Unmittelbare Anwendbarkeit und objektive Wirkung von Richtlinien, DVBl. 1996, S. 409

Europa Institut an der Universität Zürich (Hrsg.), EG/EU-Recht: Wie suchen? Wo finden?, 2001

Everling, U., Die ersten Rechtsetzungsakte der Organe der Europäischen Gemeinschaften, BB 1959, S. 52

Everling, U., Die Neuregelung des Assoziationsverhältnisses zwischen der Europäischen Wirtschaftsgemeinschaft und den afrikanischen Staaten und Madagaskar sowie den überseeischen Ländern und Hoheitsgebieten, ZaöRV 24 (1964), S. 472

Everling, U., Die allgemeine Ermächtigung der Europäischen Gemeinschaft zur Zielverwirklichung nach Art. 235 EWGV, EuR Sonderheft 1976, S. 2

Everling, U., Zur rechtlichen Wirkung von Beschlüssen, Entschließungen, Erklärungen und Vereinbarungen des Rates oder der Mitgliedstaaten der Europäischen Gemeinschaft, in: GS L.-J. Constantinesco, 1983, S. 133

Everling, U., Zur direkten innerstaatlichen Wirkung der EG-Richtlinien: Ein Beispiel richterlicher Rechtsfortbildung auf der Basis gemeinsamer Rechtsgrundsätze, in: FS K. Carstens, Bd. 1, 1984, S. 95

Everling, U., Probleme atypischer Rechts- und Handlungsformen bei der Auslegung des europäischen Gemeinschaftsrechts, in: R. Bieber/ G. Ress (Hrsg.), Die Dynamik des Europäischen Gemeinschaftsrechts, 1987, S. 417

Everling, U., Der Ausschluss der Rückwirkung bei der Feststellung der Ungültigkeit von Verordnungen durch den Gerichtshof der Europäischen Gemeinschaften, in: FS B. Börner, 1992, S. 57

Fastenrath, U./Müller-Gerbes, M., Europarecht: Grundlagen und Schwerpunkte, 2000

Figueroa Regueiro, P. V., Invocability of Substitution and Invocability of Exclusion: Bringing Legal Realism to the Current Developments of the Case-Law of "Horizontal" Direct Effect of Directives, Jean Monnet Working Paper 7/2002 <http://www.jeanmonnetprogram.org/papers/02/020701.html> (25.4.2005)

Fischer, H. G., Europarecht: Grundlagen des Europäischen Gemeinschaftsrechts in Verbindung mit deutschem Staats- und Verwaltungsrecht, 3. Aufl. 2001

Fischer-Appelt, D., Agenturen der Europäischen Gemeinschaft: Eine Studie zu Rechtsproblemen, Legitimation und Kontrolle europäischer Agenturen mit interdisziplinären und rechtsvergleichenden Bezügen, 1999

Flogatis, S./Pottakis, A., Judicial Protection Under the Constitution, European Constitutional Law Review 1 (2005), S. 108

Frankenberg, G., The Return of the Contract: Problems and Pitfalls of European Constitutionalism, ELJ 6 (2000), S. 257

Fuß, E.-W., Rechtssatz und Einzelakt im Europäischen Gemeinschaftsrecht, NJW 1964, S. 327 (Teil 1) und S. 945 (Teil 2)

Fuß, E.-W., Die „Richtlinie" des Europäischen Gemeinschaftsrechts, DVBl. 1965, S. 378

Geiger, R., EUV/EGV: Vertrag über die Europäische Union und Vertrag zur Gründung der Europäischen Gemeinschaft, 4. Aufl. 2004

Generalsekretariat des Rates der Europäischen Gemeinschaften (Dienst der Rechts- und Sprachsachverständigen), Muster und Hinweise für die Rechtsakte, die von den Gruppen der Rechts- und Sprachsachverständigen des Rates der Europäischen Gemeinschaften überarbeitet werden, 2. Ausgabe Oktober 2002

Generalsekretariat des Rates der Europäischen Union (Dienst der Rechts- und Sprachsachverständigen), Muster und Hinweise für Rechtsakte im Rahmen des Rates der Europäischen Union, 4. Ausgabe Juli 2002

Giegerich, Th., Europäische Verfassung und deutsche Verfassung im transnationalen Konstitutionalisierungsprozeß: Wechselseitige Rezeption, konstitutionelle Evolution und föderale Verflechtung, 2003

Gilsdorf, P., Die Rechtswirkungen der im Rahmen von Gemeinschaftsabkommen erlassenen Organbeschlüsse, EuZW 1991, S. 459

Glaesner, H. J., Übertragung rechtsetzender Gewalt auf internationale Organisationen in der völkerrechtlichen Praxis, DÖV 1959, S. 653

Goerlich, H., „Formenmißbrauch" und Kompetenzverständnis: Eine exemplarische Studie zur geschriebenen Verfassung im Bundesstaat, 1987

Grabitz, E., Gemeinschaftsrecht bricht nationales Recht, 1966

Grabitz, E., Entscheidungen und Richtlinien als unmittelbar wirksames Gemeinschaftsrecht, EuR 1971, S. 1

Grabitz, E., Quellen des Gemeinschaftsrechts: Rechtshandlungen der Gemeinschaftsorgane, in: Kommission (Hrsg.), Dreißig Jahre Gemeinschaftsrecht, 1983, S. 91

Grabitz, E./Hilf, M. (Hrsg.), Das Recht der Europäischen Union, Loseblatt (Stand: März 2005)

Greaves, R., The Nature and Binding Effect of Decisions under Article 189 EC, ELRev. 21 (1996), S. 3

Grimm, D., Integration durch Verfassung: Absichten und Aussichten im europäischen Konstitutionalisierungsprozess, Leviathan 32 (2004), S. 448

Groeben, H. von der/Boeckh, H. von (Hrsg.), Kommentar zum EWG-Vertrag, 1. Aufl. 1960

Groeben, H. von der/Boeckh, H. von/Thiesing, J./Ehlermann, C.-D. (Hrsg.), Kommentar zum EWG-Vertrag, 3. Aufl. 1983

Groeben, H. von der/Schwarze J. (Hrsg.), Vertrag über die Europäische Union und Vertrag zur Gründung der Europäischen Gemeinschaft: Kommentar, 6. Aufl. 2003/2004

Groß, Th., Exekutive Vollzugsprogrammierung durch tertiäres Gemeinschaftsrecht?, DÖV 2004, S. 20

Grote, R., Das Regierungssystem der V. französischen Republik: Verfassungstheorie und -praxis, 1995

Gundel, J., Rechtsschutz gegen Kommissions-Mitteilungen zur Auslegung des Gemeinschaftsrechts, EuR 1998, S. 90

Habersack, M./Mayer, Ch., Die überschießende Umsetzung von Richtlinien: Normauslegung und Rechtsweg im Grenzbereich zwischen deutschem und europäischem Privatrecht, JZ 1999, S. 913

Hailbronner, K./Heydebrand und der Lasa, H.-Ch. von, Der gerichtliche Rechtsschutz im Antidumping- und Antisubventionsrecht der Europäischen Wirtschaftsgemeinschaft, RIW 1986, S. 889

Haratsch, A., Zur Dogmatik von Rücknahme und Widerruf von Rechtsakten der Europäischen Gemeinschaft, EuR 1998, S. 387

Harings, L., Die Zusammenarbeit in den Bereichen Justiz und Inneres, EuR Beiheft 2/1998, S. 81

Hartisch, W., Die unmittelbare Wirkung von Richtlinien in dreipoligen Rechtsbeziehungen, 2003

Hartley, T. C., The Foundations of European Community Law, 4. Aufl. 1998

Hatje, A., Die gemeinschaftsrechtliche Steuerung der Wirtschaftsverwaltung: Grundlagen, Erscheinungsformen, verfassungsrechtliche Grenzen am Beispiel der Bundesrepublik Deutschland, 1998

Hatje, A., Loyalität als Rechtsprinzip in der Europäischen Union, 2001

Heller, H., Der Begriff des Gesetzes in der Reichsverfassung, VVDStRL 4 (1928), S. 98

Henckel von Donnersmarck, G. Graf, Planimmanente Krisensteuerung in der Europäischen Wirtschaftsgemeinschaft, 1971

Herdegen, M., Europarecht, 5. Aufl. 2003

Herrmann, Ch., Richtlinienumsetzung durch die Rechtsprechung, 2003

Hilf, M., Die Organisationsstruktur der Europäischen Gemeinschaften, 1982

Hilf, M., Der Justizkonflikt um EG-Richtlinien: gelöst, EuR 1988, S. 1

Hilf, M./Schorkopf, F., WTO und EG: Rechtskonflikte vor den EuGH?, EuR 2000, S. 74

Hobe, St., Europarecht, 2. Aufl. 2004

Hochbaum, I., Politik und Kompetenzen der Europäischen Gemeinschaften im Bildungswesen, BayVBl. 1987, S. 481

Hoffmann-Riem, W., Gesetz und Gesetzesvorbehalt im Umbruch: Zur Qualitäts-Gewährleistung durch Normen, AöR 130 (2005), S. 5

Hofmann, H., Normenhierarchien im europäischen Gemeinschaftsrecht, 2000

Hofmann, H., A Critical Analysis of the New Typology of Acts in the Draft Treaty Establishing a Constitution for Europe, European Integration Online Papers Vol. 7 (2003) No. 9, <http://eiop.or.at/eiop/texte/2003-009a.htm> (25.4.2005)

Huber, P. M., Europäisches und nationales Verfassungsrecht, VVDStRL 60 (2001), S. 194

Huber, P. M., Recht der Europäischen Integration, 2. Aufl. 2002

Ipsen, H. P., Europäisches Gemeinschaftsrecht, 1972

Isaac, G./Blanquet, M., Droit communautaire général, 8. Aufl. 2001

Jacqué, J.-P., Droit institutionnel de l'Union européenne, 2. Aufl. 2003

Jarass, H. D., Die Kompetenzverteilung zwischen der Europäischen Gemeinschaft und den Mitgliedstaaten, AöR 121 (1996), S. 173

Jarass, H. D./Beljin, S., Grenzen der Privatbelastung durch unmittelbar wirkende Richtlinien, EuR 2004, S. 714

Jellinek, G., Gesetz und Verordnung, 1887 (Nachdruck 1919)

Jesch, D., Gesetz und Verwaltung: Eine Problemstudie zum Wandel des Gesetzmäßigkeitsprinzips, 2. Aufl. 1968

Jestaedt, M., Der Europäische Verfassungsverbund: Verfassungstheoretischer Charme und rechtstheoretische Insuffizienz einer Unschärferelation, in: GS W. Blomeyer, 2004, S. 637

Joerges, Ch./Falke, J. (Hrsg.), Das Ausschußwesen der Europäischen Union: Praxis der Risikoregulierung im Binnenmarkt und ihre rechtliche Verfassung, 2000

Joerges, Ch./Vos, E. (Hrsg.), EU Committees: Social regulation, Law and Politics, 1999

Junker, C., Der Verwaltungsakt im deutschen und französischen Recht und die Entscheidung im Recht der Europäischen Gemeinschaften, 1990

Kadelbach, St., Allgemeines Verwaltungsrecht unter europäischem Einfluß, 1999

Kadelbach, St., Unionsbürgerschaft, in: A. von Bogdandy (Hrsg.), Europäisches Verfassungsrecht: Theoretische und dogmatische Grundzüge, 2003, S. 539

Kaiser, J. H., Die im Rat vereinigten Vertreter der Regierungen der Mitgliedstaaten, in: FS C. F. Ophüls, 1965, S. 108

Kaiser, J. H., Grenzen der EG-Zuständigkeit, EuR 1980, S. 97

Kalbheim, J./Winter, G., Delegation Requirements for Rule-making by the Commission, in: G. Winter (Hrsg.), Sources and Categories of European Union Law: A Comparative and Reform Perspective, 1996, S. 583

Kaleda, S. L., Immediate Effect of Community Law in the New Member States: Is there a Place for a Consistent Doctrine?, ELJ 10 (2004), S. 102

Kaltenborn, M., Gibt es einen *numerus clausus* der Rechtsquellen?, Rechtstheorie 2003, S. 459

Kaltenborn, M., Rahmengesetzgebung im Bundesstaat und im Staatenverbund, AöR 128 (2003), S. 412

Kamann, H.-G./Selmayr, M., Das Risiko der Bestandskraft, NVwZ 1999, S. 1041

Kant, I., Zum ewigen Frieden: Ein philosophischer Entwurf, in: W. Weischedel (Hrsg.), Immanuel Kant Werkausgabe Bd. XI, 1977, S. 191

Kapteyn, P. J. G./VerLoren van Themaat, P., Introduction to the Law of the European Communities, 3. Aufl. 1998

Kelsen, H., Reine Rechtslehre, 2. Aufl. 1960 (Nachdruck 1992)

Kelsen, H., Allgemeine Theorie der Normen, 1979

Klagian, W., Die objektiv unmittelbare Wirkung von Richtlinien, ZÖR 2001, S. 305

Klein, E., Unmittelbare Geltung, Anwendbarkeit und Wirkung von Europäischem Gemeinschaftsrecht, 1988 (Vorträge, Reden und Berichte aus dem Europa-Institut der Universität des Saarlandes, Nr. 119)

Klein, E., Die Internationalen und Supranationalen Organisationen als Völkerrechtssubjekte, in: W. Graf Vitzthum (Hrsg.), Völkerrecht, 2. Aufl. 2001

Koch, Ch., Arbeitsebenen der Europäischen Union: Das Verfahrensrecht der Integrationsverwaltung, 2003

Koch, O., Der Grundsatz der Verhältnismäßigkeit in der Rechtsprechung des Gerichtshofs der Europäischen Gemeinschaften, 2003

Koenig, Ch./Haratsch, A., Europarecht, 4. Aufl. 2003

Koenig, Ch./Pechstein, M./Sander, C., EU-/EG-Prozessrecht, 2. Aufl. 2002

Kohler, Ch., Zur institutionellen Stellung des Gerichtshofes der Europäischen Gemeinschaften: Status, Ausstattung, Haushalt, EuGRZ 2003, S. 117

Koller, D., Die Bedeutung von EG-Richtlinien im Zeitraum vor Ablauf der Umsetzungsfrist: Wirkungen für die nationale Rechtsordnung, 2003

Koopmans, Th., Regulations, Directives, Measures, in: FS U. Everling (2 Bde.), 1995, S. 691

Kovar, R., La déclaration no 16 annexée au Traité sur l'Union européenne: chronique d'un échec annoncé?, CDE 1997, S. 3

Krause, P., Rechtsformen des Verwaltungshandelns: Überlegungen zu einem System der Handlungsformen der Verwaltung, mit Ausnahme der Rechtsetzung, 1974

Kraußer, H.-P., Das Prinzip begrenzter Ermächtigung im Gemeinschaftsrecht als Strukturprinzip des EWG-Vertrages, 1991

Kulms, R., Competition, Trade Policy and Competition Policy in the EEC: The Example of Anti-dumping, CMLRev. 27 (1990), S. 285

Kutscher, H., Methoden der Auslegung des Gemeinschaftsrechts aus der Sicht eines Richters, in: Gerichtshof der Europäischen Gemeinschaften (Hrsg.), Begegnungen von Justiz und Hochschule, 1976, S. I-1

Laband, P., Das Budgetrecht nach den Bestimmungen der Preußischen Verfassungs-Urkunde (1871), Nachdruck 1971

Laband, P., Das Staatsrecht des Deutschen Reiches, Bd. 2, 5. Aufl. 1911

Lackhoff, K./Nyssens, H., Direct Effect of Directives in Triangular Situations, ELRev. 23 (1998), S. 397

Ladenburger, C., Verfahrensfehlerfolgen im französischen und im deutschen Verwaltungsrecht, 1999

Larenz, K., Methodenlehre der Rechtswissenschaft, 6. Aufl. 1991

Läufer, Th., Die Organe der EG: Rechtsetzung und Haushaltsverfahren zwischen Kooperation und Konflikt, 1990

Lauwaars, R. H., Lawfulness and Legal Force of Community Decisions, 1973

Lauwaars, R. H., Art. 235 als Grundlage für die flankierenden Politiken im Rahmen der Wirtschafts- und Währungsunion, EuR 1976, S. 100

Léger, Ph. (Hrsg.), Commentaire article par article des traités UE et CE, 2000

Lenaerts, K., Some Reflections on the Separation of Powers in the European Community, CMLRev. 28 (1991), S. 11

Lenaerts, K., The Legal Protection of Private Parties under the EC Treaty: A Coherent System of Judicial Review?, in: Scritti in onore di Giuseppe Federico Mancini, Bd. 2, 1998, S. 591

Lenaerts, K., A Unified Set of Instruments, European Constitutional Law Review 1 (2005), S. 57

Lenaerts, K./Arts, D., Procedural Law of the European Union, 1999

Lenaerts, K./Binon, J.-M./Van Nuffel, P., L'Union européenne en quête d'une Constitution: bilan des travaux de la Convention sur l'avenir de L'Europe, Journal des tribunaux – Droit Européen 2003, S. 289

Lenaerts, K./Gerard, D., The Structure of the Union According to the Constitution for Europe: The Emperor is Getting Dressed, ELRev. 29 (2004), S. 289

Lenaerts, K./Van Nuffel, P., Constitutional Law of the European Union, 2. Aufl. 2005

Lenaerts, K./Verhoeven, A., Towards a Legal Framework for Executive Rule-making in the EU? The Contribution of the New Comitology Decision, CMLRev. 37 (2000), S. 645

Lengauer, A., Nichtigkeitsklage vor dem EuGH: Parteistellung natürlicher und juristischer Personen, 1998

Lenz, C. O./Borchardt, K.-D. (Hrsg.), EU- und EG-Vertrag: Kommentar, 3. Aufl. 2003

Lenz, M./Tynes, D. S./Young, L., Horizontal What? Back to Basics, ELRev. 25 (2000), S. 509

Lòpez-Jurado Romero de la Cruz, C., El control jurisdiccional de la actividad comunitaria en materia de dumping y de subvención, 1993

Lorenz, T./Pühs, W., Eine Generalermächtigung im Wandel der Zeit: Art. 235 EG-Vertrag, ZG 1998, S. 142

Louis, J.-V., Les règlements de la Communauté économique européenne, 1969

Louis, J.-V., The Economic and Monetary Union: Law and Institutions, CMLRev. 41 (2004), S. 575

Lücke, J., Begründungszwang und Verfassung: Zur Begründungspflicht der Gerichte, Behörden und Parlamente, 1987

Luhmann, N., Rechtssoziologie, 1987

Luhmann, N., Verfassung als evolutionäre Errungenschaft, RJ 9 (1990), S. 176

Lux, M., Die Rechtsprechung des Europäischen Gerichtshofs zum Antidumpingrecht (Teil 1), RIW 1991, S. 828

Mager, U., Die staatengerichtete Entscheidung als supranationale Handlungsform, EuR 2001, S. 661

Mager, U., Die Prozeduralisierung des Subsidiaritätsprinzips im Verfassungsentwurf des Europäischen Konvents: Verbesserter Schutz vor Kompetenzverlagerung auf die Gemeinschaftsebene?, ZEuS 2003, S. 471

Magiera, S., Die Rechtswirkungen von EG-Richtlinien im Konflikt zwischen BFH und EuGH, DÖV 1985, S. 937

Magiera, S., Die Rechtsakte der EG-Organe, Jura 1989, S. 595

Magiera, S., Zur Reform der Normenhierarchie im Recht der Europäischen Union, integration 1995, S. 197

Maunz, Th./Dürig, G., Grundgesetz Kommentar, Loseblatt (Stand: September 2004)

Maurer, A., Orientierungen im Verfahrensdickicht?, integration 2003, S. 440

Maus, I., Zur Aufklärung der Demokratietheorie, 1994

Mayer, F. C., Die drei Dimensionen der europäischen Kompetenzdebatte, ZaöRV 61 (2001), S. 577

Mayer, F. C., The Language of the European Constitution – beyond Babel?, in: A. Bodnar/M. Kowalski/K. Raible/F. Schorkopf (Hrsg.), The Emerging Constitutional Law of the European Union, 2003, S. 359

Mayer, F. C., Individualrechtsschutz im Europäischen Verfassungsrecht, DVBl. 2004, S. 606

Mayer, H. (Hrsg.), Kommentar zu EU- und EG-Vertrag, Loseblatt (Stand: Januar 2005)

Mayer, O., Deutsches Verwaltungsrecht, Bd. 1, 3. Aufl. 1924

Meermagen, B., Beitrags- und Eigenmittelsystem: Die Finanzierung inter- und supranationaler Organisationen, insbesondere der Europäischen Gemeinschaften, 2002

Meibom, H. von, Die Rechtsetzung durch die Organe der Europäischen Gemeinschaften, BB 1959, S. 127

Meibom, H. von, Zur rechtlichen Systematik der Beschlußtätigkeit [i.O. irrtümlich: Beschlußfähigkeit] der Organe der Europäischen Gemeinschaften, BB 1959, S. 583

Meibom, H. von, Lückenfüllung bei den Europäischen Gemeinschaftsverträgen, NJW 1968, S. 2165

Meng, W., Das Recht der internationalen Organisationen, eine Entwicklungsstufe des Völkerrechts, 1979

Merkl, A., Prolegomena einer Theorie des rechtlichen Stufenbaus, in: FS H. Kelsen, 1931, S. 252

Millar, J., Vom Ursprung des Unterschieds in den Rangordnungen und Ständen der Gesellschaft (1771), 1985

Möller, W., Die Verordnung der Europäischen Gemeinschaften, 1967

Möller, W., Die Verordnung der Europäischen Gemeinschaften, JöR n.F. 18 (1969), S. 1

Möllers, Ch., Staat als Argument, 2000

Möllers, Ch., Durchführung des Gemeinschaftsrechts: Vertragliche Dogmatik und theoretische Implikationen, EuR 2002, S. 483

Möllers, Ch., Verfassunggebende Gewalt – Verfassung – Konstitutionalisierung, in: A. von Bogdandy (Hrsg.), Europäisches Verfassungsrecht: Theoretische und dogmatische Grundzüge, 2003, S. 1

Monjal, P.-Y., Recherches sur la hiérarchie des normes communautaires, 2000

Morand, C.-A., Les recommandations, les résolutions et les avis du droit communautaire, CDE 6 (1970), S. 623

Müller, F./Christensen, R., Juristische Methodik, Bd. 2: Europarecht, 2003

Müller, W./Khan, N./Neumann, H.-A., EC Anti-dumping Law: A Commentary on Regulation 384/98, 1998

Müller-Graff, P.-Ch., Kompetenzen in der Europäischen Union, in: W. Weidenfeld (Hrsg.), Europahandbuch, 1999, S. 779

Müller-Ibold, T., Die Begründungspflicht im europäischen Gemeinschaftsrecht und im deutschen Recht: Eine rechtsvergleichende Untersuchung, 1990

Nettesheim, M., Horizontale Kompetenzkonflikte in der EG, EuR 1993, S. 243

Nettesheim, M., Das Antidumping- und Antisubventionsrecht der Gemeinschaft, in: E. Grabitz/A. von Bogdandy/M. Nettesheim (Hrsg.), Europäisches Außenwirtschaftsrecht, 1994

Nettesheim, M., Effektive Rechtsschutzgewährleistung im arbeitsteiligen System europäischen Rechtsschutzes, JZ 2002, S. 928

Nettesheim, M., Kompetenzen, in: A. von Bogdandy (Hrsg.), Europäisches Verfassungsrecht: Theoretische und dogmatische Grundzüge, 2003, S. 415

Nicolaysen, G., Zur Theorie von den implied powers in den Europäischen Gemeinschaften, EuR 1966, S. 129

Nicolaysen, G., Europarecht II: Das Wirtschaftsrecht im Binnenmarkt, 1996

Nicolaysen, G., Europarecht I: Die europäische Integrationsverfassung, 2. Aufl. 2002

Nowak, C., Konkurrentenschutz in der EG: Interdependenz des gemeinschaftlichen und mitgliedstaatlichen Rechtsschutzes des Konkurrenten, 1997

Nowak, C., Das Verhältnis zwischen zentralem und dezentralem Individualrechtsschutz im Europäischen Gemeinschaftsrecht, EuR 2000, S. 724

Obexer, W., Der Entwurf eines Verfassungsvertrags für Europa, Europablätter 2004, S. 4

Oehmichen, A., Die unmittelbare Anwendbarkeit der völkerrechtlichen Verträge der EG: Die EG-Freihandels- und Assoziierungsverträge und andere Gemeinschaftsabkommen im Spannungsfeld von Völkerrecht, Gemeinschaftsrecht und nationalem Recht, 1992

Oeter, St., Föderalismus, in: A. von Bogdandy (Hrsg.), Europäisches Verfassungsrecht: Theoretische und dogmatische Grundzüge, 2003, S. 59

Öhlinger, Th./Potacs, M., Gemeinschaftsrecht und staatliches Recht: Die Anwendung des Europarechts im innerstaatlichen Bereich, 2. Aufl. 2001

Oldekop, D., Die Richtlinien der EWG, 1968

Ophüls, C. F., Staatshoheit und Gemeinschaftshoheit, in: FS Heymanns Verlag, 1965, S. 519

Oppermann, Th., Europarecht: Ein Studienbuch, 2. Aufl. 1999

Osieke, E., Constitutional Law and Practice in the International Labour Organisation, 1985

Ossenbühl, F., § 61: Gesetz und Recht: Die Rechtsquellen im demokratischen Rechtsstaat, in: J. Isensee/P. Kirchhof (Hrsg.), Handbuch des Staatsrechts der Bundesrepublik Deutschland, Bd. III: Das Handeln des Staates, 2. Aufl. 1996, S. 281

Ostertun, D., Gewohnheitsrecht in der Europäischen Union: Eine Untersuchung der normativen Geltung und der Funktion von Gewohnheitsrecht im Recht der Europäischen Union, 1996

Pabel, H., Rechtscharakter und Anwendung der Entscheidung im Vertrag zur Gründung der Europäischen Wirtschaftsgemeinschaft, 1969

Pechstein, M., Die Anerkennung der rein objektiven unmittelbaren Richtlinienwirkung, EWS 1996, S. 261

Pechstein, M./Koenig, Ch., Die Europäische Union, 3. Aufl. 2000

Pernice, I., Kompetenzabgrenzung im Europäischen Verfassungsverbund, JZ 2000, S. 866

Pernice, I., Europäisches und nationales Verfassungsrecht, VVDStRL 60 (2001), S. 148

Pescatore, P., Remarques sur la nature juridique des «décisions des représentants des états membres réunis au sein du conseil» SEW 1966, S. 579

Pescatore, P., Die Gemeinschaftsverträge als Verfassungsrecht, in: FS H. Kutscher, 1981, S. 319

Pescatore, P., Die Rechtsprechung des Europäischen Gerichtshofs zur innergemeinschaftlichen Wirkung völkerrechtlicher Abkommen, in: FS H. Mosler, 1983, S. 661

Pescatore, P., Mit der Subsidiarität leben: Gedanken zu einer drohenden Balkanisierung der Europäischen Gemeinschaft, in: FS U. Everling (2 Bde.), 1995, S. 1071

Peters, A., Elemente einer Theorie der Verfassung Europas, 2001

Picht, R., Generation Erasmus: Zum Europabild junger Europäer, Merkur Bd. 660 (2004), S. 306

Pitschas, R., Strukturen des europäischen Verwaltungsrechts: Das kooperative Sozial- und Gesundheitsrecht der Gemeinschaft, in: E.

Schmidt-Aßmann/W. Hoffmann-Riem (Hrsg.), Strukturen des Europäischen Verwaltungsrechts, S. 123

Prechal, S., Directives in European Community Law: A Study of Directives and Their Enforcement in National Courts, 1995

Prinssen, J. M./Schrauwen, A. (Hrsg.), Direct Effect: Rethinking a Classic of EC Legal Doctrine, 2002

Rabe, H.-J., Das Verordnungsrecht der Europäischen Wirtschaftsgemeinschaft, 1963

Rabe, H.-J., Rechtsschutz im Außenwirtschaftsrecht der EG, EuR 1991, S. 236

Raitio, J., The Principle of Legal Certainty in EC Law, 2003, S. 200 ff.

Rasmussen, H., The European Court of Justice, 1998

Rengeling, H.-W./Middeke, A./Gellermann, M. (Hrsg.), Handbuch des Rechtsschutzes in der Europäischen Union, 2. Aufl. 2003

Riedel, E., Farewell to the Exclusivity of the Sources Triad in International Law?, European Journal of International Law 2000, Vol. 2, S. 58

Röhl, H. Ch., Die anfechtbare Entscheidung nach Art. 230 Abs. 4 EGV, ZaöRV 60 (2000), S. 331

Röhl, H. Ch., Rechtsschutz gegen EG-Verordnungen, Jura 2003, S. 830

Rosenne, S., The Meaning of 'Authentic Text' in Modern Treaty Law, in: FS H. Mosler, 1983, S. 759

Ross, A., Theorie der Rechtsquellen: Ein Beitrag zur Theorie des positiven Rechts auf Grundlage dogmenhistorischer Untersuchungen, 1929 (Nachdruck 1989)

Santamaría Pastor, J., Fundamentos de derecho administrativo, 1988

Schatz, U., Zur rechtlichen Bedeutung von Art. 189 Abs. 3 EWGV für die Rechtsangleichung durch Richtlinien, NJW 1967, S. 1694

Schermers, H. G., Besluiten van de vertegenwoordigers der lid-Staten; Gemeenschapsrecht?, SEW 1966, S. 545

Schermers, H. G./Blokker, N. M., International Institutional Law, 3. Aufl. 1995

Schermers, H. G./Waelbroeck, D., Judicial Protection in the European Union, 6. Aufl. 2001

Scherzberg, A., Verordnung – Richtlinie – Entscheidung, in: H. Siedentopf (Hrsg.), Europäische Integration und nationalstaatliche Verwaltung, 1991, S. 17

Scherzberg, A., Mittelbare Rechtssetzung durch Gemeinschaftsrecht: Richtlinien als Instrument der europäischen Integration, Jura 1992, S. 572

Scherzberg, A., Die innerstaatlichen Wirkungen von EG-Richtlinien, Jura 1993, S. 225

Schilling, Th., Rang und Geltung von Normen in gestuften Rechtsordnungen, 1994

Schilling, Th., Bestand und allgemeine Lehren der bürgerschützenden allgemeinen Rechtsgrundsätze des Gemeinschaftsrechts, EuGRZ 2000, S. 3

Schmidt-Aßmann, E., Die Lehre von den Rechtsformen des Verwaltungshandelns: Ihre Bedeutung im System des Verwaltungsrechts und für das verwaltungsrechtliche Denken der Gegenwart, DVBl. 1989, S. 533

Schmidt-Aßmann, E., Das allgemeine Verwaltungsrecht als Ordnungsidee: Grundlagen und Aufgaben der verwaltungsrechtlichen Systembildung, 2. Aufl. 2004

Schmidt-Aßmann, E./Hoffmann-Riem, W. (Hrsg.), Verwaltungsorganisationsrecht als Steuerungsressource, 1997

Schmidt-Aßmann, E./Hoffmann-Riem, W. (Hrsg.), Strukturen des Europäischen Verwaltungsrechts, 1999

Schmitt von Sydow, H., Organe der erweiterten Europäischen Gemeinschaften – Die Kommission, 1980

Schönberger, Ch., Die Europäische Union als Bund: Zugleich ein Beitrag zur Verabschiedung des Staatenbund-Bundesstaat-Schemas, AöR 129 (2004), S. 81

Schöndorf-Haubold, B., Die Strukturfonds der Europäischen Gemeinschaft: Rechtsformen und Verfahren europäischer Verbundverwaltung, 2005

Schramm, A., Zweistufige Rechtsakte oder: Über Richtlinien und Grundsatzgesetze, ZÖR 56 (2001), S. 65

Schroeder, W., Das Gemeinschaftsrechtssystem: Eine Untersuchung zu den rechtsdogmatischen, rechtstheoretischen und verfassungsrechtlichen Grundlagen des Systemdenkens im Europäischen Gemeinschaftsrecht, 2002

Schübel-Pfister, I., Sprache und Gemeinschaftsrecht: Die Auslegung der mehrsprachig verbindlichen Rechtstexte durch den Europäischen Gerichtshof, 2004

Schübel-Pfister, I., Kommissionsmitteilungen im Lebensmittelrecht, ZLR 2004, S. 403

Schüle, A., Marktinterventionen der Hohen Behörde und finanzielle Einrichtung, ZaöRV 19 (1958), S. 464

Schulze, R./Hoeren, Th. (Hrsg.), Dokumente zum Europäischen Recht, Bd. 1: Gründungsverträge, 1999

Schwartz, I. E., EG-Rechtsetzungsbefugnisse, insbesondere nach Art. 235 – ausschließlich oder konkurrierend?, EuR Sonderheft 1976, S. 27

Schwarze, J., Das allgemeine Völkerrecht in den innergemeinschaftlichen Rechtsbeziehungen, EuR 1983, S. 5

Schwarze, J., Rechtsschutz gegen Anti-Dumpingmaßnahmen der EG: Zu Verfahren und richterlicher Kontrolle auf dem Gebiet der Außenwirtschaftsverwaltung der Gemeinschaft, EuR 1986, S. 217

Schwarze, J., Europäisches Verwaltungsrecht: Entstehung und Entwicklung im Rahmen der Europäischen Gemeinschaft (2 Bde.), 1988

Schwarze, J., Sources of European Administrative Law, in: St. Martin (Hrsg.), The Construction of Europe: Essays in Honour of Emile Noël, 1994, S. 183

Schwarze, J., Ein pragmatischer Verfassungsentwurf: Analyse und Bewertung des vom Europäischen Verfassungskonvent vorgelegten Entwurfs eines Vertrags über eine Verfassung für Europa, EuR 2003, S. 535

Schwarze, J. (Hrsg.), EU-Kommentar, 2000

Schweitzer, M., Die Rechtshandlungen der Europäischen Gemeinschaften und ihre Wirkung in den Mitgliedstaaten, in: FS F. Klein, 1994, S. 85

Schweitzer, M./Hummer, W., Europarecht: Das Recht der Europäischen Union – Das Recht der Europäischen Gemeinschaften (EGKS, EG, EAG) – mit Schwerpunkt EG, 5. Aufl. 1996

Seidl-Hohenveldern, I./Loibl, G., Das Recht der Internationalen Organisationen einschließlich der Supranationalen Gemeinschaften, 7. Aufl. 2000

Seiler, Ch., Das Europäische System der Zentralbanken (ESZB) als Verantwortungsverbund: Systemgebundene Aufgabenerfüllung durch eigenständige Kompetenzträger, EuR 2004, S. 52

Selmayr, M., Die Wirtschafts- und Währungsunion als Rechtsgemeinschaft, AöR 1999, S. 357

Senden, L., Soft Law in European Community Law, 2004

Shapiro, M., The Giving Reasons Requirement, The University of Chicago Legal Forum 1992, S. 179

Snyder, F., Soft Law and Institutional Practice in the European Community, in: St. Martin (Hrsg.), The Construction of Europe: Essays in Honour of Emile Noël, 1994, S. 197

Snyder, F., Interinstitutional Agreements: Forms and Constitutional Limitations, in: G. Winter (Hrsg.), Sources and Categories of European Union Law: A Comparative and Reform Perspective, 1996, S. 453

Snyder, F., International Trade and Customs Law of the European Union, 1998

Stanbrook, C./Bentley, Ph., Dumping and Subsidies: The Law and Procedures Governing the Imposition of Anti-dumping and Countervailing Duties in the European Community, 3. Aufl. 1996

Starck, Ch., Der Gesetzesbegriff des Grundgesetzes: Ein Beitrag zum juristischen Gesetzesbegriff, 1970

Starck, Ch., § 164: Die Verfassungsauslegung, in: J. Isensee/P. Kirchhof (Hrsg.), Handbuch des Staatsrechts der Bundesrepublik Deutschland, Bd. VII: Normativität und Schutz der Verfassung – Internationale Beziehungen, 1992, S. 189

Steindorff, E., Grenzen der EG-Kompetenzen, 1990

Streinz, R. (Hrsg.), EUV/EGV, 2003

Streinz, R., Europarecht, 6. Aufl. 2003

Strohmeier, P., Die Befugnis von Rat und Kommission der Europäischen Gemeinschaft zur Einsetzung von Ausschüssen, 1972

Temple Lang, J., Declarations, Regional Authorities, Subsidiarity, Regional Policy Measures, and the Constitutional Treaty, ELRev. 29 (2004), S. 94

Thierfelder, R., Die Entscheidung im EWG-Vertrag, 1968

Thym, D., Ungleichzeitigkeit und europäisches Verfassungsrecht: Die Einbettung der verstärkten Zusammenarbeit, des Schengener Rechts und anderer Formen von Ungleichzeitigkeit in den einheitlichen rechtlichen institutionellen Rahmen der Europäischen Union, 2004

Tizzano, A., The Instruments of Community Law and the Hierarchy of Norms, in: J. A. Winter/D. Curtin/A. E. Kellermann/B. de Witte (Hrsg.), Reforming the Treaty on European Union: The Legal Debate, 1996, S. 207

Tizzano, A., Prime note sul progetto di Costituzione europea, Il Diritto dell'Unione Europea 2003, S. 249

Tomuschat, Ch., Die Rechtsetzungsbefugnisse der EWG in Generalermächtigungen, insbesondere in Art. 235 EWGV, EuR Sonderheft 1976, S. 45

Tomuschat, Ch., Normenpublizität und Normenklarheit in der Europäischen Gemeinschaft, in: FS H. Kutscher, 1981, S. 461

Torrent, R., Whom is the European Central Bank the Central Bank of? CMLRev. 36 (1999), S. 1229

Triantafyllou, D., Vom Vertrags- zum Gesetzesvorbehalt: Beitrag zum positiven Rechtmäßigkeitsprinzip in der EG, 1996

Trüe, Ch., Das System der Rechtsetzungskompetenzen der Europäischen Gemeinschaft und der Europäischen Union, 2002

Uerpmann, R., Völkerrechtliche Nebenverfassungen, in: A. von Bogdandy (Hrsg.), Europäisches Verfassungsrecht: Theoretische und dogmatische Grundzüge, 2003, S. 339

Usher, J. A., General Principles of EC Law, 1998

Usher, J. A., Direct and Individual Concern – an Effective Remedy or a Conventional Solution?, ELRev. 28 (2003), S. 575

Van Bael, I./Bellis, J.-F., Anti-dumping and Other Trade Protection Laws of the EC, 4. Aufl. 2004

Vedder, Ch., Rechtswirkungen von Assoziationsratsbeschlüssen: Die Kus-Entscheidung des EuGH, EuR 1994, S. 202

Verhoeven, A., The European Union in Search of a Democratic and Constitutional Theory, 2002

Virgala Foruria, E., La delegación legislativa en la Constitución y los decretos legislativos como normas con rango incondicionado de ley, 1991

Vogt, M., „Bestandskraft" von EG-Rechtsakten und Anwendungsbereich des Art. 241 EGV, EuR 2004, S. 618

Wade, H. W. R./Forsyth, C. F., Administrative Law, 9. Aufl. 2004

Wagner, H., Grundbegriffe des Beschlußrechts der Europäischen Gemeinschaften, 1965

Weatherill, St., Breach of Directives and Breach of Contract, ELRev. 26 (2001), S. 177

Weber, M., Wirtschaft und Gesellschaft (1925), Nachdruck 1980

Weber, M., Das Europäische System der Zentralbanken, WM 1998, S. 1465

Weber, N., Die Richtlinie im EWG-Vertrag, 1974

Wegmann, M., Die Nichtigkeitsklage Privater gegen Normativakte der Europäischen Gemeinschaften, 1976

Wegmüller, R., Der Anwendungsvorrang von Richtlinien – eine Diskussion ohne Ende?, RIW 1991, S. 501

Wellens, K. C./Borchardt, G. M., Soft Law in European Community Law, ELRev. 14 (1989), S. 267

Wenig, H./Müller, W., Ex geneva lux? Europäisches Antidumpingrecht im Lichte der Spruchpraxis des WTO-Streitbeilegungssystems, EWS 2003, S. 498 (Teil 1) und S. 544 (Teil 2)

Wewers, J., Das Zugangsrecht zu Dokumenten in der europäischen Rechtsordnung: Die Entwicklung eines Rechts auf Transparenz zugunsten des Unionsbürgers und seine Einordnung in die Strukturprinzipien des Gemeinschaftsrechts, 2003

Wiederin, E., Bundesrecht und Landesrecht: Zugleich ein Beitrag zu Strukturproblemen der bundesstaatlichen Kompetenzverteilung in Österreich und in Deutschland, 1995

Winter, G., The Directive: Problems of Construction and Directions for Reform, in: ders. (Hrsg.), Sources and Categories of European Union Law: A Comparative and Reform Perspective, 1996, S. 487

Winter, G. (Hrsg.), Sources and Categories of European Union Law: A Comparative and Reform Perspective, 1996

Wohlfarth, E./Everling, U./Glaesner, H. J./Sprung, R. (Hrsg.), Die Europäische Wirtschaftsgemeinschaft: Kommentar zum Vertrag, 1960

Wuermeling, J., Kooperatives Gemeinschaftsrecht: Die Rechtsakte der Gesamtheit der EG-Mitgliedstaaten, insbesondere die Gemeinschaftskonventionen nach Art. 220 EWGV, 1988

Wünschmann, A., Geltung und gerichtliche Geltendmachung völkerrechtlicher Verträge im Europäischen Gemeinschaftsrecht, 2003

Yvon, Y., Sprachenvielfalt und europäische Einheit: Zur Reform des Sprachenregimes der Europäischen Union, EuR 2003, S. 681

Zagrebelsky, G., Manuale di diritto costituzionale, Bd. 1: Il sistema delle fonti del diritto, 1990

Zeder, F., Der Rahmenbeschluss als Instrument der EU-Rechtsangleichung im Strafrecht am Beispiel des Rahmenbeschlusses gegen Geldfälschung, ÖJZ 2001, S. 81

Zilioli, C./Selmayr, M., The European Central Bank: An Independent Specialized Organization of Community Law, CMLRev. 37 (2000), S. 591

Zuleeg, M., Das Recht der Europäischen Gemeinschaften im innerstaatlichen Bereich, 1969

Zuleeg, M., Die Kompetenzen der Europäischen Gemeinschaften gegenüber den Mitgliedstaaten, JöR n.F. 20 (1971), S. 1

Zuleeg, M., Die Europäische Gemeinschaft als Rechtsgemeinschaft, NJW 1994, S. 545

Zuleeg, M., Die Organisationsstruktur der Europäischen Union: Eine Analyse der Klammerbestimmungen des Vertrags von Amsterdam, EuR Beiheft 2/1998, S. 151

Zuleeg, M., Die Vorzüge der Europäischen Verfassung, in: A. von Bogdandy (Hrsg.), Europäisches Verfassungsrecht: Theoretische und dogmatische Grundzüge, 2003, S. 931

Sachregister

Max-Planck-Institut für ausländisches öffentliches Recht und Völkerrecht

Beiträge zum ausländischen öffentlichen Recht und Völkerrecht

Hrsg.: A. von Bogdandy, R. Wolfrum

Bde. 27–59 erschienen im Carl Heymanns Verlag KG Köln, Berlin (Bestellung an: Max-Planck-Institut für Völkerrecht, Im Neuenheimer Feld 535, 69120 Heidelberg); ab Band 60 im Springer Berlin, Heidelberg, New York, London, Paris, Tokyo, Hong Kong, Barcelona

---

184 *Jürgen Bast:* **Grundbegriffe der Handlungsformen der EU.** 2006. XXI, 485 Seiten. Geb. € 94,95

183 Uwe *Säuberlich:* **Die außervertragliche Haftung im Gemeinschaftsrecht.** 2005. XV, 314 Seiten. Geb. € 74,95

182 Florian *von Alemann:* **Die Handlungsform der interinstitutionellen Vereinbarung.** 2006. XVI, 518 Seiten. Geb. € 94,95

180 Jeanine *Bucherer:* **Die Vereinbarkeit von Militärgerichten mit dem Recht auf ein faires Verfahren gemäß Art. 6 Abs. 1 EMRK, Art. 8 Abs. 1 AMRK und Art. 14 Abs. 1 des UN-Paktes über bürgerliche und politische Rechte.** 2005. XVIII, 307 Seiten. Geb. € 74,95

179 Annette *Simon:* **UN-Schutzzonen – Ein Schutzinstrument für verfolgte Personen?** 2005. XXI, 322 Seiten. Geb. € 74,95

178 Petra *Minnerop:* **Paria-Staaten im Völkerrecht?** 2004. XXIII, 579 Seiten. Geb. € 99,95

177 Rüdiger *Wolfrum,* Volker *Röben* (eds.): **Developments of International Law in Treaty Making.** 2005. VIII, 632 Seiten. Geb. € 99,95 zzgl. landesüblicher MwSt.

176 Christiane *Höhn:* **Zwischen Menschenrechten und Konfliktprävention. Der Minderheitenschutz im Rahmen der Organisation für Sicherheit und Zusammenarbeit in Europa (OSZE).** 2005. XX, 418 Seiten. Geb. € 84,95

175 Nele *Matz:* **Wege zur Koordinierung völkerrechtlicher Verträge. Völkervertragsrechtliche und institutionelle Ansätze.** 2005. XXIV, 423 Seiten. Geb. € 84,95

174 Jochen Abr. *Frowein:* **Völkerrecht – Menschenrechte – Verfassungsfragen Deutschlands und Europas. Ausgewählte Schriften.** Hrsg. von Matthias *Hartwig,* Georg *Nolte,* Stefan *Oeter,* Christian *Walter.* 2004. VIII, 732 Seiten. Geb. € 119,95

173 Oliver *Dörr* (Hrsg.): **Ein Rechtslehrer in Berlin. Symposium für Albrecht Randelzhofer.** 2004. VII, 117 Seiten. Geb. € 54,95

172 Lars-Jörgen *Geburtig:* **Konkurrentenrechtsschutz aus Art. 88 Abs. 3 Satz 3 EGV. Am Beispiel von Steuervergünstigungen.** 2004. XVII, 412 Seiten (4 Seiten English Summary). Geb. € 84,95

171 Markus *Böckenförde:* **Grüne Gentechnik und Welthandel. Das Biosafety-Protokoll und seine Auswirkungen auf das Regime der WTO.** 2004. XXIX, 620 Seiten. Geb. € 99,95

170 Anja *v. Hahn:* **Traditionelles Wissen indigener und lokaler Gemeinschaften zwischen geistigen Eigentumsrechten und der *public domain.*** 2004. XXV, 415 Seiten. Geb. 84,95

169 Christian *Walter,* Silja *Vöneky,* Volker *Röben,* Frank *Schorkopf* (eds.): **Terrorism as a Challenge for National and International Law: Security versus Liberty?** 2004. XI, 1484 Seiten. Geb. € 169,95 zzgl. landesüblicher MwSt.

168 Kathrin *Osteneck:* **Die Umsetzung von UN-Wirtschaftssanktionen durch die Europäische Gemeinschaft.** 2004. XXXIX, 579 Seiten. Geb. € 99,95

167 Stephan *Sina:* **Der völkerrechtliche Status des Westjordanlandes und des Gaza-Streifens nach den Osloer Verträgen.** 2004. XXI, 410 Seiten. Geb. € 84,95

166 Philipp *Dann:* **Parlamente im Exekutivföderalismus.** 2004. XXIII, 474 Seiten. Geb. € 89,95

165 Rüdiger *Wolfrum* (Hrsg.): **Gleichheit und Nichtdiskriminierung im nationalen und internationalen Menschenrechtsschutz.** 2003. VIII, 299 Seiten. Geb. € 74,95

164 *Rüdiger Wolfrum, Nele Matz:* **Conflicts in International Environmental Law.** 2003. XI, 213 Seiten. Geb. € 64,95 zzgl. landesüblicher MwSt.

163 Adam *Bodnar,* Michał *Kowalski,* Karen *Raible,* Frank *Schorkopf* (eds.): **The Emerging Constitutional Law of the European Union.** 2003. IX, 595 Seiten. Geb. € 99,95 zzgl. landesüblicher MwSt.

162 Jochen Abr. *Frowein,* Klaus *Scharioth,* Ingo *Winkelmann,* Rüdiger *Wolfrum* (Hrsg.): **Verhandeln für den Frieden/Negotiating for Peace. Liber Amicorum Tono Eitel.** 2003. XIII, 866 Seiten. Geb. € 129,95

161 Michaela *Fries:* **Die Bedeutung von Artikel 5 (f) der Rassendiskriminierungskonvention** im deutschen Recht. 2003. XIX, 429 Seiten. Geb. € 84,95

160 Helen *Keller:* **Rezeption des Völkerrechts.** 2003. XXXV, 855 Seiten. Geb. € 129,95

159 Cordula *Dröge:* **Positive Verpflichtungen der Staaten in der Europäischen Menschenrechtskonvention.** 2003. XX, 432 Seiten. Geb. € 89,95

158 Dagmar *Richter:* **Sprachenordnung und Minderheitenschutz im schweizerischen Bundesstaat.** 2005. LIV, 1315 Seiten. Geb. € 179,95

157 Thomas *Giegerich:* **Europäische Verfassung und deutsche Verfassung im transnationalen Konstitutionalisierungsprozeß: Wechselseitige Rezeption, konstitutionelle Evolution und föderale Verflechtung.** 2003. LXV, 1534 Seiten. Geb. € 199,95

156 Julia *Sommer:* **Verwaltungskooperation am Beispiel administrativer Informationsverfahren im Europäischen Umweltrecht.** 2003. XXX, 891 Seiten. Geb. € 129,95

155 Frank *Schorkopf:* **Die Maßnahmen der XIV EU-Mitgliedstaaten gegen Österreich – Möglichkeiten und Grenzen einer „streitbaren Demokratie" auf europäischer Ebene.** 2002. XIII, 217 Seiten. Geb. € 64,95

154 *Hanri Mostert:* **The Constitutional Protection and Regulation of Property and its Influence on the Reform of Private Law and Landownership in South Africa and Germany.** 2002. XXV, 643 Seiten. Geb. € 99,95 zzgl. landesüblicher MwSt.

153 Stefan *Ohlhoff:* **Methoden der Konfliktbewältigung bei grenzüberschreitenden Umweltproblemen im Wandel.** 2003. XXX, 651 Seiten. Geb. € 99,95

152 Hans-Joachim *Cremer,* Thomas *Giegerich,* Dagmar *Richter,* Andreas *Zimmermann* (Hrsg.): **Tradition und Weltoffenheit des Rechts. Festschrift für Helmut Steinberger.** 2002. XVI, 1483 Seiten. Geb. € 199,–

151 Nico *Krisch:* **Selbstverteidigung und kollektive Sicherheit.** 2001. VIII, 449 Seiten. Geb. € 84,95

150 Beate *Schulte zu Sodingen:* **Der völkerrechtliche Schutz der Wälder: nationale Souveränität, multilaterale Schutzkonzepte und unilaterale Regelungsansätze.** 2002. XXXI, 575 Seiten. Geb. € 99,95

149 Mahendra *Singh:* **German Administrative Law in Common Law Perspective.** 2001. XXXI, 377 Seiten. Geb. € 79,95 zzgl. landesüblicher MwSt.

148 Utz *Remlinger:* **Die Einwirkung des Gemeinschaftsrechts auf die Rückabwicklung rechtswidriger Beihilfeverhältnisse.** 2001. XXVI, 393 Seiten. Geb. € 84,95

147 *Dagmar Patricia Stroh:* **Die nationale Zusammenarbeit mit den Internationalen Straftribunalen für das ehemalige Jugoslawien und für Ruanda.** 2002. XXVII, 395 Seiten. Geb. € 84,95

146 Rainer *Grote,* Thilo *Marauhn* (Hrsg.): **Religionsfreiheit zwischen individueller Selbstbestimmung, Minderheitenschutz und Staatskirchenrecht – Völker- und verfassungsrechtliche Perspektiven.** 2001. VIII, 632 Seiten. Geb. € 99,95

145 Silja *Vöneky:* **Die Fortgeltung des Umweltvölkerrechts in internationalen bewaffneten Konflikten.** 2001. XXVIII, 593 Seiten. Geb. € 99,95

144 Niels *Krüger:* **Anwendbarkeit von Umweltschutzverträgen in der Antarktis.** 2000. XXII, 360 Seiten. Geb. € 79,95

143 Bettina *Kellersmann:* **Die gemeinsame, aber differenzierte Verantwortlichkeit von Industriestaaten und Entwicklungsländern für den Schutz der globalen Umwelt.** 2000. XXII, 380 Seiten. Geb. € 79,95